Consolidação da Jurisprudência do Tribunal Superior do Trabalho

Organizador
Julio Eduardo Mendes

Advogado. Pós-graduado em Direito Processual lato-sensu, pela Pontifícia Universidade Católica (PUC) de Minas Gerais. Professor de Direito Material e Processual do Trabalho do Curso GETUSP — Preparatório para Concurso Público.

Consolidação da Jurisprudência do Tribunal Superior do Trabalho

Editora LTr
SÃO PAULO

Dados Internacionais de Catalogação na Publicação (CIP)
(Câmara Brasileira do Livro, SP, Brasil)

Consolidação da jurisprudência do Tribunal Superior do Trabalho / organizador Julio Eduardo Mendes. — São Paulo : LTr, 2010.

Bibliografia.
ISBN 978-85-361-1513-9

1. Brasil. Tribunal Superior do Trabalho — Jurisprudência 2. Direito processual do trabalho — Jurisprudência — Brasil I. Mendes, Julio Eduardo.

10-02568   CDU-347.998:331(81)(094)

Índices para catálogo sistemático:

1. Brasil : Jurisprudência : Tribunal Superior do Trabalho : Direito   347.998:331(81)(094)

2. Brasil :Tribunal Superior do Trabalho : Jurisprudência : Direito   347.998:331(81)(094)

Projeto Gráfico e Editoração Eletrônica: **Peter Fritz Strotbek**
Design de Capa: **Fábio Giglio**
Impressão: **Cometa Gráfica e Editora**

© Todos os direitos reservados

LTr

EDITORA LTDA.

Rua Jaguaribe, 571 – CEP 01224-001 – Fone (11) 2167-1101
São Paulo, SP – Brasil – www.ltr.com.br

LTr 4071.7   Abril, 2010

Dedicatória:

Dedico este trabalho ao meu pai, pelo apoio incondicional a todos os meus projetos.
À minha mãe, exemplo de humildade e meu porto seguro.
E às queridas Rita de Cássia e Janaína
pela compreensão e o carinho.

Agradecimento:

Aos professores José Affonso Dallegrave Neto, Júlio César Bebber,
Mauro Schiavi, Rodrigo da Cunha Lima Freire, à equipe da LTr Editora
e a todos que contribuíram para a concretização deste trabalho.

Sumário

Apresentação 9

Súmulas da jurisprudência uniforme do TST 11

Orientação Jurisprudencial da Subseção de Dissídio Individuais – 1 (OJ-SDI-1) 67

Orientação Jurisprudencial da Subseção de Dissídio Individuais – 2 (OJ-SDI-2) 99

Orientação Jurisprudencial da Subseção de Dissídio Coletivos (OJ-SDC) 115

Orientação Jurisprudencial do Tribunal Pleno (OJ-PLENO) 119

Orientação Jurisprudencial da SDI-I Transitória (OJ-SDI-I/T) 121

Precedentes Normativos da SDC (PN) 127

Enunciados aprovados na 1ª Jornada de Direito Material e Processual na Justiça do Trabalho (EN) 135

Súmula Vinculante do Supremo Tribunal Federal (STF) 143

Índice Remissivo 145

Apresentação

Este trabalho foi elaborado com o objetivo primordial de tornar célere a consulta e a localização da jurisprudência do Tribunal Superior do Trabalho (TST).

Em uma breve análise, o leitor observará que o corpo textual foi propositalmente delineado com variações específicas na fonte.

A disposição em itálico concerne à redação da jurisprudência efetivamente cancelada pelo C. TST, ao passo que o alinhamento padrão corresponde ao texto vigente.

A formatação acima referida também foi aplicada na estrutura do índice remissivo.

Ao espaço reservado à síntese de cada enunciado, bem como à numeração respectiva, fora dado destaque em negrito além da apresentação do texto em caixa alta.

No canto superior de cada folha e ao lado do número da página restou especificada a espécie jurisprudencial a qual pertencem os enunciados apontados na mesma.

O índice remissivo foi projetado para abranger toda a jurisprudência do C. TST, bem como as súmulas vinculantes do STF e os enunciados da 1ª Jornada de Direito Material e Processual na Justiça do Trabalho.

Os detalhes topicamente descritos foram implementados a fim de facilitar, *prima facie*, a distinção entre a redação vigente e a cancelada, além de tornar mais célere a localização do tema e do texto jurisprudencial objeto da pesquisa.

No tocante ao público alvo, esta obra destina-se a todos que atuam no âmbito juslaboral como magistrados, membros integrantes do Ministério Público do Trabalho, advogados, professores, alunos da graduação, pós-graduação, de cursos jurídicos preparatórios para concurso público, bem como profissionais da área de recursos humanos ou do departamento pessoal da empresa.

Julio Eduardo Mendes
(julioemendes@yahoo.com.br)

SÚMULAS
da Jurisprudência Uniforme do Tribunal Superior do Trabalho

N. 1 – PRAZO JUDICIAL (mantida) – Res. 121/2003, DJ 19.11.2003, Rep. DJ 25.11.03.

Quando a intimação tiver lugar na sexta-feira, ou a publicação com efeito de intimação for feita nesse dia, o prazo judicial será contado da segunda-feira imediata, inclusive, salvo se não houver expediente, caso em que fluirá no dia útil que se seguir.

(RA 28/1969, DO-GB 21.08.1969)

N. 2 – CANCELADA – *GRATIFICAÇÃO NATALINA* – *Res. 121/2003, DJ 19.11.2003, Rep. DJ 25.11.03.*

É devida a gratificação natalina proporcional (Lei n. 4.090, de 1962) na extinção dos contratos a prazo, entre estes incluídos os de safra, ainda que a relação de emprego haja findado antes de dezembro.

(RA 28/1969, DO-GB 21.08.1969)

N. 3 – CANCELADA – *GRATIFICAÇÃO NATALINA* – *Res. 121/2003, DJ 19.11.2003, Rep. DJ 25.11.03.*

É devida a gratificação natalina proporcional (Lei n. 4.090, de 1962) na cessação da relação de emprego resultante da aposentadoria do trabalhador, ainda que verificada antes de dezembro.

(RA 28/1969, DO-GB 21.08.1969)

N. 4 – CANCELADA – *CUSTAS* – *Res. 121/2003, DJ 19.11.2003, Rep. DJ 25.11.03.*

As pessoas jurídicas de direito público não estão sujeitas a prévio pagamento de custas, nem a depósito da importância da condenação, para o processamento de recurso na Justiça do Trabalho.

(RA 28/1969, DO-GB 21.08.1969)

N. 5 – CANCELADA – *REAJUSTAMENTO SALARIAL* – *Res. 121/2003, DJ 19.11.2003, Rep. DJ 25.11.03.*

O reajustamento salarial coletivo, determinado no curso do aviso prévio, beneficia o empregado pré-avisado da despedida, mesmo que tenha recebido antecipadamente os salários correspondentes ao período do aviso, que integra o seu tempo de serviço para todos os efeitos legais.

(RA 28/1969, DO-GB 21.08.1969)

N. 6 – EQUIPARAÇÃO SALARIAL. ART. 461 DA CLT
(incorporação das Súmulas ns. 22, 68, 111, 120, 135 e 274 e das Orientações Jurisprudenciais ns. 252, 298 e 328 da SBDI-1) – Res. 129/2005, DJ 20, 22 e 25.04.2005

I – Para os fins previstos no § 2º do art. 461 da CLT, só é válido o quadro de pessoal organizado em carreira quando homologado pelo Ministério do Trabalho, excluindo-se, apenas, dessa exigência o quadro de carreira das entidades de direito público da administração direta, autárquica e fundacional aprovado por ato administrativo da autoridade competente. (ex-Súmula n. 06 – alterada pela Res. 104/2000, DJ 20.12.2000)

II – Para efeito de equiparação de salários em caso de trabalho igual, conta-se o tempo de serviço na função e não no emprego. (ex-Súmula n. 135 – RA 102/1982, DJ 11.10.1982 e DJ 15.10.1982)

III – A equiparação salarial só é possível se o empregado e o paradigma exercerem a mesma função, desempenhando as mesmas tarefas, não importando se os cargos têm, ou não, a mesma denominação. (ex-OJ da SBDI-1 n. 328 – DJ 09.12.2003)

IV – É desnecessário que, ao tempo da reclamação sobre equiparação salarial, reclamante e paradigma estejam a serviço do estabelecimento, desde que o pedido se relacione com situação pretérita. (ex-Súmula n. 22 – RA 57/1970, DO-GB 27.11.1970)

V – A cessão de empregados não exclui a equiparação salarial, embora exercida a função em órgão governamental estranho à cedente, se esta responde pelos salários do paradigma e do reclamante. (ex-Súmula n. 111 – RA 102/1980, DJ 25.09.1980)

VI – Presentes os pressupostos do art. 461 da CLT, é irrelevante a circunstância de que o desnível salarial tenha origem em decisão judicial que beneficiou o paradigma, exceto se decorrente de vantagem pessoal ou de tese jurídica superada pela jurisprudência de Corte Superior. (ex-Súmula n. 120 – alterada pela Res. 100/2000, DJ 20.09.2000)

VII – Desde que atendidos os requisitos do art. 461 da CLT, é possível a equiparação salarial de trabalho intelectual, que pode ser avaliado por sua perfeição técnica, cuja aferição terá critérios objetivos. (ex-OJ da SBDI-1 n. 298 – DJ 11.08.2003)

VIII – É do empregador o ônus da prova do fato impeditivo, modificativo ou extintivo da equiparação salarial. (ex-Súmula n. 68 – RA 9/1977, DJ 11.02.1977)

IX – Na ação de equiparação salarial, a prescrição é parcial e só alcança as diferenças salariais vencidas no período de 5 (cinco) anos que precedeu o ajuizamento. (ex-Súmula n. 274 – alterada pela Res. 121/2003, DJ 21.11.2003)

X – O conceito de "mesma localidade" de que trata o art. 461 da CLT refere-se, em princípio, ao mesmo município, ou a municípios distintos que, comprovadamente, pertençam à mesma região metropolitana. (ex-OJ da SBDI-1 n. 252 – inserida em 13.03.2002)

Histórico:

Súmula mantida – Res. 121/2003, DJ 19, 20 e 21.11.2003

N. 6 – Quadro de carreira. Homologação. Equiparação salarial

Para os fins previstos no § 2º do art. 461 da CLT, só é válido o quadro de pessoal organizado em carreira quando homologado pelo Ministério do Trabalho, excluindo-se, apenas, dessa exigência o quadro de carreira das entidades de direito público da administração direta, autárquica e fundacional, aprovado por ato administrativo da autoridade competente.

Súmula alterada – Res. 104/2000, DJ 18, 19 e 20.12.2000

N. 6 – Quadro de carreira. Homologação. Equiparação salarial

Para os fins previstos no parágrafo 2º do art. 461 da CLT, só é válido o quadro de pessoal organizado em carreira quando homologado pelo Ministério do Trabalho, excluindo-se, apenas, dessa exigência, o quadro de carreira das entidades de Direito Público da administração direta, autárquica e fundacional e aprovado por ato administrativo da autoridade competente.

Redação original – RA 28/1969, DO-GB 21.08.1969

N. 6 – Para os fins previstos no § 2º do art. 461 da C. L. T., só é válido o quadro de pessoal organizado em carreira quando homologado pelo Ministério do Trabalho e Previdência Social.

N. 7 – FÉRIAS (mantida) – Res. 121/2003, DJ 19, 20 e 21.11.2003

A indenização pelo não deferimento das férias no tempo oportuno será calculada com base na remuneração devida ao empregado na época da reclamação ou, se for o caso, na da extinção do contrato.

Histórico:

Redação original – RA 28/1969, DO-GB 21.08.1969

N. 7 – A indenização pelo não deferimento das férias no tempo oportuno será calculada com base na remuneração devida ao empregado à época da reclamação ou, se for o caso, à da extinção do contrato.

N. 8 – JUNTADA DE DOCUMENTO (mantida) – Res. 121/2003, DJ 19, 20 e 21.11.2003

A juntada de documentos na fase recursal só se justifica quando provado o justo impedimento para sua oportuna apresentação ou se referir a fato posterior à sentença.

(RA 28/1969, DO-GB 21.08.1969)

N. 9 – AUSÊNCIA DO RECLAMANTE (mantida) – Res. 121/2003, DJ 19, 20 e 21.11.2003

A ausência do reclamante, quando adiada a instrução após contestada a ação em audiência, não importa arquivamento do processo.

(RA 28/1969, DO-GB 21.08.1969)

N. 10 – PROFESSOR (mantida) – Res. 121/2003, DJ 19, 20 e 21.11.2003

É assegurado aos professores o pagamento dos salários no período de férias escolares. Se despedido sem justa causa ao terminar o ano letivo ou no curso dessas férias, faz jus aos referidos salários.

Histórico:

Redação original – RA 28/1969, DO-GB 21.08.1969

N. 10 – É assegurado aos professores o pagamento dos salários no período de férias escolares. Se despedido sem justa causa, ao terminar o ano letivo ou no curso dessas férias, faz jus aos referidos salários.

N. 11 – CANCELADA – HONORÁRIOS DE ADVOGADO – Res. 121/2003, DJ 19.11.2003, Rep. DJ 25.11.03.

É inaplicável na Justiça do Trabalho o disposto no art. 64 do Código de Processo Civil, sendo os honorários de advogado somente devidos nos termos do preceituado na Lei n. 1.060, de 1950.

(RA 28/1969, DO-GB 21.08.1969)

N. 12 – CARTEIRA PROFISSIONAL (mantida) – Res. 121/2003, DJ 19, 20 e 21.11.2003

As anotações apostas pelo empregador na carteira profissional do empregado não geram presunção "juris et de jure", mas apenas "juris tantum".

(RA 28/1969, DO-GB 21.08.1969)

N. 13 – MORA (mantida) – Res. 121/2003, DJ 19, 20 e 21.11.2003

O só pagamento dos salários atrasados em audiência não ilide a mora capaz de determinar a rescisão do contrato de trabalho.

(RA 28/1969, DO-GB 21.08.1969)

N. 14 – CULPA RECÍPROCA (nova redação) – Res. 121/2003, DJ 19, 20 e 21.11.2003

Reconhecida a culpa recíproca na rescisão do contrato de trabalho (art. 484 da CLT), o empregado tem direito a 50% (cinquenta por cento) do valor do aviso prévio, do décimo terceiro salário e das férias proporcionais.

Histórico:

Redação original – RA 28/1969, DO-GB 21.08.1969

N. 14 – Reconhecida a culpa recíproca na rescisão do contrato de trabalho (art. 484 da CLT), o empregado não fará jus ao aviso prévio, às férias proporcionais e à gratificação natalina do ano respectivo.

N. 15 – ATESTADO MÉDICO (mantida) – Res. 121/2003, DJ 19, 20 e 21.11.2003

A justificação da ausência do empregado motivada por doença, para a percepção do salário-enfermidade e da remuneração do repouso semanal, deve observar a ordem preferencial dos atestados médicos estabelecida em lei.

(RA 28/1969, DO-GB 21.08.1969)

N. 16 – NOTIFICAÇÃO (nova redação) – Res. 121/2003, DJ 19, 20 e 21.11.2003

Presume-se recebida a notificação 48 (quarenta e oito) horas depois de sua postagem. O seu não recebimento ou a entrega após o decurso desse prazo constitui ônus de prova do destinatário.

Histórico:

Redação original – RA 28/1969, DO-GB 21.08.1969

N. 16 – Presume-se recebida a notificação 48 horas depois de sua regular expedição. O seu não recebimento ou a entrega após o decurso desse prazo constituem ônus de prova do destinatário.

N. 17 – CANCELADA – *ADICIONAL DE INSALUBRIDADE (cancelada na sessão do Tribunal Pleno realizada em 26.06.2008) – Res. 148/2008, DJ 04 e 07.07.2008 – Republicada DJ 08, 09 e 10.07.2008.*

O adicional de insalubridade devido a empregado que, por força de lei, convenção coletiva ou sentença normativa, percebe salário profissional será sobre este calculado.

Histórico:

Súmula restaurada – Res. 121/2003, DJ DJ 19.11.2003, Rep. DJ 25.11.03.

Súmula cancelada – Res. 29/1994, DJ 12, 17 e 19.05.1994

Redação original – RA 28/1969, DO-GB 21.08.1969

N. 17 – O adicional-insalubridade devido a empregado que percebe, por força de lei, convenção coletiva ou sentença normativa, salário-profissional, será sobre este calculado.

N. 18 – COMPENSAÇÃO (mantida) – Res. 121/2003, DJ 19, 20 e 21.11.2003

A compensação, na Justiça do Trabalho, está restrita a dívidas de natureza trabalhista.

Histórico:

Redação original – RA 28/1969, DO-GB 21.08.1969

N. 19 – QUADRO DE CARREIRA (mantida) – Res. 121/2003, DJ 19, 20 e 21.11.2003

A Justiça do Trabalho é competente para apreciar reclamação de empregado que tenha por objeto direito fundado em quadro de carreira.

Histórico:

Redação original – RA 28/1969, DO-GB 21.08.1969

N. 19 – A Justiça do Trabalho é competente para apreciar reclamação de empregado que tenha por objeto direito fundado no quadro de carreira.

N. 20 – CANCELADA – *RESILIÇÃO CONTRATUAL (cancelamento mantido) – Res. 121/2003, DJ 19.11.2003, Rep. DJ 25.11.03.*

Não obstante o pagamento da indenização de antiguidade, presume-se em fraude à lei a resilição contratual, se o empregado permaneceu prestando serviço ou tiver sido, em curto prazo, readmitido.

(RA 57/1970, DO-GB 27.11.1970)

N. 21 – CANCELADA – *APOSENTADORIA (cancelamento mantido) – Res. 121/2003, DJ 19.11.2003, Rep. DJ 25.11.03.*

O empregado aposentado tem direito ao cômputo do tempo anterior à aposentadoria, se permanecer a serviço da empresa ou a ela retornar.

(RA 57/1970, DO – GB 27.11.1970)

N. 22 – CANCELADA – *EQUIPARAÇÃO SALARIAL (cancelada em decorrência da sua incorporação à nova redação da Súmula n. 6) – Res. 129/2005, DJ 20.04.2005*

É desnecessário que, ao tempo da reclamação sobre equiparação salarial, reclamante e paradigma estejam a serviço do estabelecimento, desde que o pedido se relacione com situação pretérita.

(RA 57/1970, DO-GB 27.11.1970)

N. 23 – RECURSO (mantida) – Res. 121/2003, DJ 19, 20 e 21.11.2003

Não se conhece de recurso de revista ou de embargos, se a decisão recorrida resolver determinado item do pedido por diversos fundamentos e a jurisprudência transcrita não abranger a todos.

Histórico:

Redação original – RA 57/1970, DO-GB 27.11.1970

N. 23 – Não se conhece da revista ou dos embargos, quando a decisão recorrida resolver determinado item do pedido por diversos fundamentos, e a jurisprudência transcrita não abranger a todos.

N. 24 – SERVIÇO EXTRAORDINÁRIO (mantida) – Res. 121/2003, DJ 19, 20 e 21.11.2003

Insere-se no cálculo da indenização por antiguidade o salário relativo a serviço extraordinário, desde que habitualmente prestado.

(RA 57/1970, DO-GB 27.11.1970)

N. 25 – CUSTAS (mantida) – Res. 121/2003, DJ 19, 20 e 21.11.2003

A parte vencedora na primeira instância, se vencida na segunda, está obrigada, independentemente de intimação, a pagar as custas fixadas na sentença originária, das quais ficara isenta a parte então vencida.

(RA 57/1970, DO-GB 27.11.1970).

N. 26 – CANCELADA – *ESTABILIDADE – Res. 121/2003, DJ 19, 20 e 21.11.2003*

Presume-se obstativa à estabilidade a despedida, sem justo motivo, do empregado que alcançar nove anos de serviço na empresa.

(RA 57/1970, DO-GB 27.11.1970).

N. 27 – COMISSIONISTA (mantida) – Res. 121/2003, DJ 19, 20 e 21.11.2003

É devida a remuneração do repouso semanal e dos dias feriados ao empregado comissionista, ainda que pracista.

(RA 57/1970, DO-GB 27.11.1970).

N. 28 – INDENIZAÇÃO (nova redação) – Res. 121/2003, DJ 19, 20 e 21.11.2003

No caso de se converter a reintegração em indenização dobrada, o direito aos salários é assegurado até a data da primeira decisão que determinou essa conversão.

Histórico:

Redação original – RA 57/1970, DO-GB 27.11.1970

N. 28 – No caso de se converter a reintegração em indenização dobrada, o direito aos salários é assegurado até a data da sentença constitutiva que põe fim ao contrato.

N. 29 – TRANSFERÊNCIA (mantida) – Res. 121/2003, DJ 19, 20 e 21.11.2003

Empregado transferido, por ato unilateral do empregador, para local mais distante de sua residência, tem direito a suplemento salarial correspondente ao acréscimo da despesa de transporte.

(RA 57/1970, DO-GB 27.11.1970).

N. 30 – INTIMAÇÃO DA SENTENÇA (mantida) – Res. 121/2003, DJ 19, 20 e 21.11.2003

Quando não juntada a ata ao processo em 48 horas, contadas da audiência de julgamento (art. 851, § 2º, da CLT), o prazo para recurso será contado da data em que a parte receber a intimação da sentença.

(RA 57/1970, DO-GB 27.11.1970).

N. 31 – CANCELADA – AVISO PRÉVIO (cancelamento mantido) – Res. 121/2003, DJ 19, 20 e 21.11.2003 – Referência Lei n. 7.108/1983

É incabível o aviso prévio na despedida indireta.

Histórico:

Súmula cancelada – Res. 31/1994, DJ 12, 16 e 18.05.1994

Redação original – RA 57/1970, DO-GB 27.11.1970

N. 32 – ABANDONO DE EMPREGO (nova redação) – Res. 121/2003, DJ 19, 20 e 21.11.2003

Presume-se o abandono de emprego se o trabalhador não retornar ao serviço no prazo de 30 (trinta) dias após a cessação do benefício previdenciário nem justificar o motivo de não o fazer.

Histórico:

Redação original – RA 57/1970, DO-GB 27.11.1970

N. 32 – Configura-se o abandono de emprego quando o trabalhador não retornar ao serviço no prazo de 30 dias após a cessação do benefício previdenciário, nem justificar o motivo de não o fazer.

N. 33 – MANDADO DE SEGURANÇA. DECISÃO JUDICIAL TRANSITADA EM JULGADO (mantida) – Res. 121/2003, DJ 19, 20 e 21.11.2003

Não cabe mandado de segurança de decisão judicial transitada em julgado.

Histórico:

Redação original – RA 57/1970, DO-GB 27.11.1970

N. 33 – Não cabe mandado de segurança contra decisão judicial transitada em julgado.

N. 34 – CANCELADA – GRATIFICAÇÃO NATALINA – Res. 121/2003, DJ 19, 20 e 21.11.2003

A gratificação natalina, instituída pela Lei n. 4.090, de 1962, é devida ao empregado rural.

Histórico:

Redação original – RA 57/1970, DO-GB 27.11.1970

N. 35 – CANCELADA – DEPÓSITO RECURSAL. COMPLEMENTAÇÃO – Res. 121/2003, DJ 19, 20 e 21.11.2003

A majoração do salário mínimo não obriga o recorrente a complementar o depósito de que trata o art. 899 da CLT.

Histórico:

Redação original – RA 57/1970, DO-GB 27.11.1970

N. 36 – CUSTAS (mantida) – Res. 121/2003, DJ 19, 20 e 21.11.2003

Nas ações plúrimas, as custas incidem sobre o respectivo valor global.

Histórico:

Redação original – RA 57/1970, DO-GB 27.11.1970

N. 36 – Nas ações plúrimas as custas incidem sobre o respectivo valor global.

N. 37 – CANCELADA – PRAZO (cancelamento mantido) – Res. 121/2003, DJ 19, 20 e 21.11.2003

O prazo para recurso da parte que não comparece à audiência de julgamento, apesar de notificada, conta-se da intimação da sentença.

Histórico:

Súmula cancelada – Res. 32/1994, DJ 12, 17 e 19.05.1994

Redação original – RA 57/1970, DO-GB 27.11.1970

N. 38 – CANCELADA – RECURSO – Res. 121/2003, DJ 19, 20 e 21.11.2003

Para comprovação da divergência justificadora do recurso é necessário que o recorrente junte certidão, ou documento equivalente, do acórdão paradigma ou faça transcrição do trecho pertinente à hipótese, indicando sua origem e esclarecendo a fonte da publicação, isto é, órgão oficial ou repertório idôneo de jurisprudência.

Histórico:

Revista pela Súmula n. 337 – Res. 35/1994, DJ 18, 21 e 22.11.1994 – Republicada DJ 30.11.1994, 01 e 02.12.1994

Redação original – RA 57/1970, DO-GB 27.11.1970

N. 39 – PERICULOSIDADE (mantida) – Res. 121/2003, DJ 19, 20 e 21.11.2003

Os empregados que operam em bomba de gasolina têm direito ao adicional de periculosidade (Lei n. 2.573, de 15.08.1955).

Histórico:

Redação original – RA 41/1973, DJ 14.06.1973

N. 40 – CANCELADA – PROCESSO ADMINISTRATIVO – Res. 121/2003, DJ 19, 20 e 21.11.2003

Não cabe recurso ao Tribunal Superior do Trabalho contra decisão em processo administrativo, de interesse de funcionário, proferida por Tribunal Regional do Trabalho.

Histórico:

Revista pela Súmula n. 321 – Res. 13/1993, DJ 29.11.1993, 01 e 03.12.1993

Revista pela Súmula n. 302 – Res. 1/1990, DJ 02.04.1990

Redação original – RA 41/1973, DJ 14.06.1973

N. 41 – CANCELADA – QUITAÇÃO *– Res. 121/2003, DJ 19, 20 e 21.11.2003*

A quitação, nas hipóteses dos §§ 1º e 2º do art. 477 da CLT concerne exclusivamente aos valores discriminados no documento respectivo.

Histórico:

Revista pela Súmula n. 330 – Res. 22/1993, DJ 21 e 28.12.1993 e 04.01.1994

Redação original – RA 41/1973, DJ 14.06.1973

N. 42 – CANCELADA – RECURSO *– Res. 121/2003, DJ 19, 20 e 21.11.2003*

Não ensejam o conhecimento de revista ou de embargos decisões superadas por iterativa, notória e atual jurisprudência do Pleno.

Histórico:

Revista pela Súmula n. 333 – Res. 25/1994, DJ 12, 17 e 19.05.1994.

Redação original – RA 41/1973, DJ 14.06.1973

N. 43 – TRANSFERÊNCIA (mantida) – Res. 121/2003, DJ 19, 20 e 21.11.2003

Presume-se abusiva a transferência de que trata o § 1º do art. 469 da CLT, sem comprovação da necessidade do serviço.

Histórico:

Redação original – RA 41/1973, DJ 14.06.1973

N. 44 – AVISO PRÉVIO (mantida) – Res. 121/2003, DJ 19, 20 e 21.11.2003

A cessação da atividade da empresa, com o pagamento da indenização, simples ou em dobro, não exclui, por si só, o direito do empregado ao aviso prévio.

Histórico:

Redação original – RA 41/1973, DJ 14.06.1973

N. 45 – SERVIÇO SUPLEMENTAR (mantida) – Res. 121/2003, DJ 19, 20 e 21.11.2003

A remuneração do serviço suplementar, habitualmente prestado, integra o cálculo da gratificação natalina prevista na Lei n. 4.090, de 13.07.1962.

Histórico:

Redação original – RA 41/1973, DJ 14.06.1973

N. 45 – A remuneração do serviço suplementar, habitualmente prestado, integra o cálculo da gratificação natalina prevista na Lei n. 4.090 de 1962.

N. 46 – ACIDENTE DE TRABALHO (mantida) – Res. 121/2003, DJ 19, 20 e 21.11.2003

As faltas ou ausências decorrentes de acidente do trabalho não são consideradas para os efeitos de duração de férias e cálculo da gratificação natalina.

Histórico:

Redação original – RA 41/1973, DJ 14.06.1973

N. 47 – INSALUBRIDADE (mantida) – Res. 121/2003, DJ 19, 20 e 21.11.2003

O trabalho executado em condições insalubres, em caráter intermitente, não afasta, só por essa circunstância, o direito à percepção do respectivo adicional.

Histórico:

Redação original – RA 41/1973, DJ 14.06.1973

N. 47 – O trabalho executado, em caráter intermitente, em condições insalubres, não afasta, só por essa circunstância, o direito à percepção do respectivo adicional.

N. 48 – COMPENSAÇÃO (mantida) – Res. 121/2003, DJ 19, 20 e 21.11.2003

A compensação só poderá ser arguida com a contestação.

Histórico:

Redação original – RA 41/1973, DJ 14.06.1973

N. 49 – CANCELADA – INQUÉRITO JUDICIAL *– Res. 121/2003, DJ 19, 20 e 21.11.2003*

No inquérito judicial, contadas e não pagas as custas no prazo fixado pelo juízo, será determinado o arquivamento do processo.

Histórico:

Redação original – RA 41/1973, DJ 14.06.1973

N. 50 – GRATIFICAÇÃO NATALINA (mantida) – Res. 121/2003, DJ 19, 20 e 21.11.2003

A gratificação natalina, instituída pela Lei n. 4.090, de 13.07.1962, é devida pela empresa cessionária ao servidor público cedido enquanto durar a cessão.

Histórico:

Redação original – RA 41/1973, DJ 14.06.1973

N. 50 – A gratificação natalina, instituída pela Lei n. 4.090, de 1962, é devida pela empresa cessionária ao servidor público cedido enquanto durar a cessão.

N. 51 – NORMA REGULAMENTAR. VANTAGENS E OPÇÃO PELO NOVO REGULAMENTO. ART. 468 DA CLT (incorporada a Orientação Jurisprudencial n. 163 da SBDI-1) – Res. 129/2005, DJ 20, 22 e 25.04.2005

I – As cláusulas regulamentares, que revoguem ou alterem vantagens deferidas anteriormente, só atingirão os trabalhadores admitidos após a revogação ou alteração do regulamento. (ex-Súmula n. 51 – RA 41/73, DJ 14.06.1973)

II – Havendo a coexistência de dois regulamentos da empresa, a opção do empregado por um deles tem efeito jurídico de renúncia às regras do sistema do outro. (ex-OJ n. 163 da SBDI-1 – inserida em 26.03.1999)

Histórico:

Súmula mantida – Res. 121/2003, DJ 19, 20 e 21.11.2003

Redação original – RA 41/73, DJ 14.06.1973

N. 51 – Vantagens

As cláusulas regulamentares, que revoguem ou alterem vantagens deferidas anteriormente, só atingirão os trabalhadores admitidos após a revogação ou alteração do regulamento.

N. 52 – TEMPO DE SERVIÇO (mantida) – Res. 121/2003, DJ 19, 20 e 21.11.2003

O adicional de tempo de serviço (quinquênio) é devido, nas condições estabelecidas no art. 19 da Lei n. 4.345, de 26.06.1964, aos contratados sob o regime da CLT, pela empresa a que se refere a mencionada lei, inclusive para o fim de complementação de aposentadoria.

Histórico:

Redação original – RA 41/1973, DJ 14.06.1973

N. 52 – O adicional de tempo de serviço (quinquênios) é devido, nas condições estabelecidas no art. 19 da Lei n. 4.345, de 1964, aos contratados sob regime da CLT, pela empresa a que se refere a mencionada lei, inclusive para fins de complementação de aposentadoria.

N. 53 – CUSTAS (mantida) – Res. 121/2003, DJ 19, 20 e 21.11.2003

O prazo para pagamento das custas, no caso de recurso, é contado da intimação do cálculo.

Histórico:

Redação original – RA 41/1973, DJ 14.06.1973

N. 54 – OPTANTE (mantida) – Res. 121/2003, DJ 19, 20 e 21.11.2001

Rescindindo por acordo seu contrato de trabalho, o empregado estável optante tem direito ao mínimo de 60% (sessenta por cento) do total da indenização em dobro, calculada sobre o maior salário percebido no emprego. Se houver recebido menos do que esse total, qualquer que tenha sido a forma de transação, assegura-se-lhe a complementação até aquele limite.

Histórico:

Redação original – RA 105/1974, DJ 24.10.1974

N. 54 – Rescindindo por acordo seu contrato de trabalho, o empregado estável optante tem direito ao mínimo de 60% do total da indenização em dobro, calculada sobre o maior salário percebido no emprego. Se houver recebido menos do que esse total, qualquer tenha sido a forma de transação, assegura-se-lhe a complementação até aquele limite.

N. 55 – FINANCEIRAS (mantida) – Res. 121/2003, DJ 19, 20 e 21.11.2003

As empresas de crédito, financiamento ou investimento, também denominadas financeiras, equiparam-se aos estabelecimentos bancários para os efeitos do art. 224 da CLT.

Histórico:

Redação original – RA 105/1974, DJ 24.10.1974

N. 56 – CANCELADA – BALCONISTA – Res. 121/2003, DJ 19, 20 e 21.11.2003

O balconista que recebe comissão tem direito ao adicional de 20% (vinte por cento) pelo trabalho em horas extras, calculado sobre o valor das comissões referentes a essas horas.

Histórico:

Revista pela Súmula n. 340 – Res. 40/1995, DJ 17, 20 e 21.02.1995.

Redação original – RA 105/1974, DJ 24.10.1974

N. 56 – O balconista que recebe comissão tem direito ao adicional de 20% pelo trabalho em horas extras, calculados sobre o valor das comissões referentes a essas horas.

N. 57 – CANCELADA – TRABALHADOR RURAL (cancelamento mantido) – Res. 121/2003, DJ 19, 20 e 21.11.2003

Os trabalhadores agrícolas das usinas de açúcar integram categoria profissional de industriários, beneficiando-se dos aumentos normativos obtidos pela referida categoria.

Histórico:

Súmula cancelada – Res. 3/1993, DJ 06, 10 e 12.05.1993

Redação original – RA 105/1974, DJ 24.10.1974

N. 58 – PESSOAL DE OBRAS (mantida) – Res. 121/2003, DJ 19, 20 e 21.11.2003

Ao empregado admitido como pessoal de obras, em caráter permanente e não amparado pelo regime estatutário, aplica-se a legislação trabalhista.

Histórico:

Redação original – RA 105/1974, DJ 24.10.1974

N. 59 – CANCELADA – VIGIA – Res. 121/2003, DJ 19, 20 e 21.11.2003

Vigia de estabelecimento bancário não se beneficia da jornada de trabalho reduzida prevista no art. 224 da CLT.

Histórico:

Redação original – RA 105/1974, DJ 24.10.1974

N. 60 – ADICIONAL NOTURNO. INTEGRAÇÃO NO SALÁRIO E PRORROGAÇÃO EM HORÁRIO DIURNO (incorporada a Orientação Jurisprudencial n. 6 da SBDI-1) – Res. 129/2005, DJ 20, 22 e 25.04.2005

I – O adicional noturno, pago com habitualidade, integra o salário do empregado para todos os efeitos. (ex-Súmula n. 60 – RA 105/74, DJ 24.10.1974)

II – Cumprida integralmente a jornada no período noturno e prorrogada esta, devido é também o adicional quanto às horas prorrogadas. Exegese do art. 73, § 5º, da CLT. (ex-OJ n. 6 da SBDI-1 – inserida em 25.11.1996)

Histórico:

Súmula mantida – Res. 121/2003, DJ 19, 20 e 21.11.2003

Redação original – RA 105/74, DJ 24.10.1974

N. 60 – Adicional noturno

O adicional noturno, pago com habitualidade, integra o salário do empregado para todos os efeitos.

N. 61 – FERROVIÁRIO (mantida) – Res. 121/2003, DJ 19, 20 e 21.11.2003

Aos ferroviários que trabalham em estação do interior, assim classificada por autoridade competente, não são devidas horas extras (art. 243 da CLT).

Histórico:

Redação original – RA 105/1974, DJ 24.10.1974

N. 61 – Aos ferroviários que trabalham em estação do interior, assim classificada por autoridade competente, não são devidas horas extras (CLT, art. 243).

N. 62 – ABANDONO DE EMPREGO (mantida) – Res. 121/2003, DJ 19, 20 e 21.11.2003

O prazo de decadência do direito do empregador de ajuizar inquérito em face do empregado que incorre em abandono de emprego é contado a partir do momento em que o empregado pretendeu seu retorno ao serviço.

Histórico:

Redação original – RA 105/1974, DJ 24.10.1974

N. 62 – O prazo de decadência do direito do empregador de ajuizar inquérito contra o empregado que incorre em abandono de emprego, é contado a partir do momento em que o empregado pretendeu seu retorno ao serviço.

N. 63 – FUNDO DE GARANTIA (mantida) – Res. 121/2003, DJ 19, 20 e 21.11.2003

A contribuição para o Fundo de Garantia do Tempo de Serviço incide sobre a remuneração mensal devida ao empregado, inclusive horas extras e adicionais eventuais.

Histórico:

Redação original – RA 105/1974, DJ 24.10.1974

N. 64 – CANCELADA – PRESCRIÇÃO – Res. 121/2003, DJ 19, 20 e 21.11.2003

A prescrição para reclamar contra anotação de carteira profissional, ou omissão desta, flui da data de cessação do contrato de trabalho.

Histórico:

Redação original – RA 52/1975, DJ 05.06.1975

N. 65 – VIGIA (mantida) – Res. 121/2003, DJ 19, 20 e 21.11.2003

O direito à hora reduzida de 52 minutos e 30 segundos aplica-se ao vigia noturno.

Histórico:

Redação original – RA 5/1976, DJ 26.02.1976

N. 65 – O direito à hora reduzida para 52 (cinquenta e dois) minutos e 30 (trinta) segundos aplica-se ao vigia noturno.

N. 66 – CANCELADA – TEMPO DE SERVIÇO – Res. 121/2003, DJ 19, 20 e 21.11.2003

Os quinquênios devidos ao pessoal da Rede Ferroviária Federal S.A. serão calculados sobre o salário do cargo efetivo, ainda que o trabalhador exerça cargo ou função em comissão.

Histórico:

Redação original – RA 7/1977, DJ 11.02.1977

N. 67 – GRATIFICAÇÃO. FERROVIÁRIO (mantida) – Res. 121/2003, DJ 19, 20 e 21.11.2003

Chefe de trem, regido pelo estatuto dos ferroviários (Decreto n. 35.530, de 19.09.1959), não tem direito à gratificação prevista no respectivo art. 110.

Histórico:

Redação original – RA 8/1977, DJ 11.02.1977

N. 67 – Chefe de trem, regido pelo Estatuto dos Ferroviários (Decreto n. 35.530, de 19 de setembro de 1959), não tem direito à gratificação prevista no respectivo art. 110.

N. 68 – CANCELADA – PROVA (cancelada em decorrência da sua incorporação à nova redação da Súmula n. 6) – Res. 129/2005, DJ 20, 22 e 25.04.2005

É do empregador o ônus da prova do fato impeditivo, modificativo ou extintivo da equiparação salarial.

Histórico:

Súmula mantida – Res. 121/2003, DJ 19, 20 e 21.11.2003

Redação original – (RA 9/77, DJ 11.02.1977)

N. 69 – RESCISÃO DO CONTRATO (nova redação) – Res. 121/2003, DJ 19, 20 e 21.11.2003

A partir da Lei n. 10.272, de 05.09.2001, havendo rescisão do contrato de trabalho e sendo revel e confesso quanto à matéria de fato, deve ser o empregador condenado ao pagamento das verbas rescisórias, não quitadas na primeira audiência, com acréscimo de 50% (cinquenta por cento).

Histórico:

Redação original – RA 10/1977, DJ 11.02.1977

N. 69 – Havendo rescisão contratual e sendo revel e confesso o empregador quanto à matéria de fato, deve ser condenado ao pagamento em dobro dos salários incontroversos (CLT, art. 467).

N. 70 – ADICIONAL DE PERICULOSIDADE (mantida) – Res. 121/2003, DJ 19, 20 e 21.11.2003

O adicional de periculosidade não incide sobre os triênios pagos pela Petrobras.

Histórico:

Redação original – RA 69/1978, DJ 26.09.1978

N. 71 – ALÇADA (mantida) – Res. 121/2003, DJ 19, 20 e 21.11.2003

A alçada é fixada pelo valor dado à causa na data de seu ajuizamento, desde que não impugnado, sendo inalterável no curso do processo.

Histórico:

Redação original – RA 69/1978, DJ 26.09.1978

N. 72 – APOSENTADORIA (nova redação) – Res. 121/2003, DJ 19, 20 e 21.11.2003

O prêmio-aposentadoria instituído por norma regulamentar da empresa não está condicionado ao disposto no § 2º do art. 14 da Lei n. 8.036, de 11.05.1990.

Histórico:

Redação original – RA 69/1978, DJ 26.09.1978

N. 72 – O prêmio-aposentadoria instituído por norma regulamentar da empresa não está condicionado ao disposto no § 3º do art. 17 da Lei n. 5.107/1966.

N. 73 – DESPEDIDA. JUSTA CAUSA (nova redação) – Res. 121/2003, DJ 19, 20 e 21.11.2003

A ocorrência de justa causa, salvo a de abandono de emprego, no decurso do prazo do aviso prévio dado pelo empregador, retira do empregado qualquer direito às verbas rescisórias de natureza indenizatória.

Histórico:

Redação original – RA 69/1978, DJ 26.09.1978

N. 73 – Falta grave.

Falta grave, salvo a de abandono de emprego, praticada pelo empregado no decurso do prazo do aviso prévio dado pelo empregador, retira àquele qualquer direito a indenização.

N. 74 – CONFISSÃO (incorporada a Orientação Jurisprudencial n. 184 da SBDI-1) – Res. 129/2005, DJ 20, 22 e 25.04.2005

I – Aplica-se a pena de confissão à parte que, expressamente intimada com aquela cominação, não comparecer à audiência em prosseguimento, na qual deveria depor. (ex-Súmula n. 74 – RA 69/1978, DJ 26.09.1978)

II – A prova pré-constituída nos autos pode ser levada em conta para confronto com a confissão ficta (art. 400, I, CPC), não implicando cerceamento de defesa o indeferimento de provas posteriores. (ex-OJ n. 184 da SBDI-1 – inserida em 08.11.2000)

Histórico:

Súmula mantida – Res. 121/2003, DJ 19, 20 e 21.11.2003

Redação original – RA 69/1978, DJ 26.09.1978

N. 74 – Confissão

Aplica-se a pena de confissão à parte que, expressamente intimada com aquela cominação, não comparecer à audiência em prosseguimento, na qual deveria depor.

N. 75 – CANCELADA – FERROVIÁRIO – Res. 121/2003, DJ 19, 20 e 21.11.2003

É incompetente a Justiça do Trabalho para conhecer de ação de ferroviário oriundo das empresas Sorocabana, São Paulo-Minas e Araraquarense, que mantém a condição de funcionário público.

Histórico:

Redação original – RA 69/1978, DJ 26.09.1978

N. 76 – CANCELADA – HORAS EXTRAS – Res. 121/2003, DJ 19, 20 e 21.11.2003

O valor das horas suplementares prestadas habitualmente, por mais de 2 (dois) anos, ou durante todo o contrato, se suprimidas, integra-se ao salário para todos os efeitos legais.

Histórico:

Revista pela Súmula n. 291 – Res. 1/1989, DJ 14.18 e 19.04.1989.

Redação original – RA 69/1978, DJ 26.09.1978

N. 77 – PUNIÇÃO (mantida) – Res. 121/2003, DJ 19, 20 e 21.11.2003

Nula é a punição de empregado se não precedida de inquérito ou sindicância internos a que se obrigou a empresa por norma regulamentar.

Histórico:

Redação original – RA 69/1978, DJ 26.09.1978

N. 77 – Nula é a punição de empregado se não precedida de inquérito ou sindicância internos a que se obrigou a empresa, por norma regulamentar.

N. 78 – CANCELADA – GRATIFICAÇÃO – Res. 121/2003, DJ 19, 20 e 21.11.2003

A gratificação periódica contratual integra o salário, pelo seu duodécimo, para todos os efeitos legais, inclusive o cálculo da natalina da Lei n. 4.090/1962.

Histórico:

Redação original – RA 69/1978, DJ 26.09.1978

N. 79 – CANCELADA – TEMPO DE SERVIÇO – Res. 121/2003, DJ 19, 20 e 21.11.2003

O adicional de antiguidade, pago pela Fepasa, calcula-se sobre o salário-base.

Histórico:

Redação original – RA 69/1978, DJ 26.09.1978

N. 80 – INSALUBRIDADE (mantida) – Res. 121/2003, DJ 19, 20 e 21.11.2003

A eliminação da insalubridade mediante fornecimento de aparelhos protetores aprovados pelo órgão competente do Poder Executivo exclui a percepção do respectivo adicional.

Histórico:

Redação original – RA 69/1978, DJ 26.09.1978

N. 81 – FÉRIAS (mantida) – Res. 121/2003, DJ 19, 20 e 21.11.2003

Os dias de férias gozados após o período legal de concessão deverão ser remunerados em dobro (RA 69/1978, DJ 26.09.1978).

N. 82 – ASSISTÊNCIA (nova redação) – Res. 121/2003, DJ 19, 20 e 21.11.2003

A intervenção assistencial, simples ou adesiva, só é admissível se demonstrado o interesse jurídico e não o meramente econômico.

Histórico:

Redação original – RA 69/1978, DJ 26.09.1978

N. 82 – A intervenção assistencial, simples ou adesiva, só é admissível se demonstrado o interesse jurídico e não o meramente econômico, perante a Justiça onde é postulada.

N. 83 – AÇÃO RESCISÓRIA. MATÉRIA CONTROVERTIDA (incorporada a Orientação Jurisprudencial n. 77 da SBDI-2) – Res. 137/2005, DJ 22, 23 e 24.08.2005

I – Não procede pedido formulado na ação rescisória por violação literal de lei se a decisão rescindenda estiver baseada em texto legal infraconstitucional de interpretação controvertida nos Tribunais. (ex-Súmula n. 83 – alterada pela Res. 121/2003, DJ 21.11.2003)

II – O marco divisor quanto a ser, ou não, controvertida, nos Tribunais, a interpretação dos dispositivos legais citados na ação rescisória é a data da inclusão, na Orientação Jurisprudencial do TST, da matéria discutida. (ex-OJ n. 77 da SBDI-2 – inserida em 13.03.2002)

Histórico:

Súmula alterada – Res. 121/2003, DJ 19, 20 e 21.11.2003

N. 83 – Ação Rescisória

Não procede o pedido formulado na ação rescisória por violação literal de lei se a decisão rescindenda estiver baseada em texto legal infraconstitucional, de interpretação controvertida nos Tribunais.

Redação original – RA 69/1978, DJ 26.09.1978

N. 83 – Não cabe ação rescisória, por violação literal de lei, quando a decisão rescindenda estiver baseada em texto legal de interpretação controvertida nos tribunais.

N. 84 – ADICIONAL REGIONAL (nova redação) – Res. 121/2003, DJ 19, 20 e 21.11.2003

O adicional regional, instituído pela Petrobras, não contraria o art. 7º, XXXII, da CF/1988.

Histórico:

Redação original – RA 69/1978, DJ 26.09.1978

N. 84 – O adicional regional, instituído pela Petrobras, não contraria o art. 165, item XVII, da Constituição.

N. 85 – COMPENSAÇÃO DE JORNADA (incorporadas as Orientações Jurisprudenciais ns. 182, 220 e 223 da SBDI-1) – Res. 129/2005, DJ 20, 22 e 25.04.2005

I. A compensação de jornada de trabalho deve ser ajustada por acordo individual escrito, acordo coletivo ou convenção coletiva. (ex-Súmula n. 85 – primeira parte – alterada pela Res. 121/2003, DJ 21.11.2003)

II. O acordo individual para compensação de horas é válido, salvo se houver norma coletiva em sentido contrário. (ex-OJ n. 182 da SBDI-1 – inserida em 08.11.2000)

III. O mero não atendimento das exigências legais para a compensação de jornada, inclusive quando encetada mediante acordo tácito, não implica a repetição do pagamento das horas excedentes à jornada normal diária, se não dilatada a jornada máxima semanal, sendo devido apenas o respectivo adicional. (ex-Súmula n. 85 – segunda parte – alterada pela Res. 121/2003, DJ 21.11.2003)

IV. A prestação de horas extras habituais descaracteriza o acordo de compensação de jornada. Nesta hipótese, as horas que ultrapassarem a jornada semanal normal deverão ser pagas como horas extraordinárias e, quanto àquelas destinadas à compensação, deverá ser pago a mais apenas o adicional por trabalho extraordinário. (ex-OJ n. 220 da SBDI-1 – inserida em 20.06.2001)

Histórico:

Súmula alterada – Res. 121/2003, DJ 19, 20 e 21.11.2003

N. 85 – Compensação de horário

A compensação de jornada de trabalho deve ser ajustada por acordo individual escrito, acordo coletivo ou convenção coletiva. O não atendimento das exigências legais não implica a repetição do pagamento das horas excedentes, sendo devido apenas o respectivo adicional.

Redação original – RA 69/1978, DJ 26.09.1978

N. 85 – O não atendimento das exigências legais, para adoção do regime de compensação de horário semanal, não implica a repetição do pagamento das horas excedentes, sendo devido, apenas, o adicional respectivo.

N. 86 – DESERÇÃO. MASSA FALIDA. EMPRESA EM LIQUIDAÇÃO EXTRAJUDICIAL (incorporada a Orientação Jurisprudencial n. 31 da SBDI-1) – Res. 129/2005, DJ 20, 22 e 25.04.2005

Não ocorre deserção de recurso da massa falida por falta de pagamento de custas ou de depósito do valor da condenação. Esse privilégio, todavia, não se aplica à empresa em liquidação extrajudicial. (primeira parte – ex-Súmula n. 86 – RA 69/78, DJ 26.09.1978; segunda parte – ex-OJ n. 31 da SBDI-1 – inserida em 14.03.1994)

Histórico:

Súmula mantida – Res. 121/2003, DJ 19, 20 e 21.11.2003

N. 86 – Não ocorre deserção de recurso da massa falida por falta de pagamento de custas ou de depósito do valor da condenação.

Redação original – RA 69/1978, DJ 26.09.1978

N. 86 – Deserção. Massa falida

Inocorre deserção de recurso da massa falida, por falta de pagamento de custas ou de depósito do valor da condenação.

N. 87 – PREVIDÊNCIA PRIVADA (mantida) – Res. 121/2003, DJ 19, 20 e 21.11.2003

Se o empregado, ou seu beneficiário, já recebeu da instituição previdenciária privada, criada pela empresa, vantagem equivalente, é cabível a dedução de seu valor do benefício a que faz jus por norma regulamentar anterior.

Histórico:

Redação original – RA 69/1978, DJ 26.09.1978

N. 87 – Se o empregado, ou seu beneficiário, já recebeu da instituição previdenciária privada, criada pela empresa, vantagem equivalente, é cabível a dedução do seu valor do benefício a que faz jus, por norma regulamentar anterior.

N. 88 – CANCELADA – JORNADA DE TRABALHO. INTERVALO ENTRE TURNOS (cancelamento mantido) – Res. 121/2003, DJ 19, 20 e 21.11.2003

O desrespeito ao intervalo mínimo entre dois turnos de trabalho, sem importar em excesso na jornada efetivamente trabalhada, não dá direito a qualquer ressarcimento ao obreiro, por tratar-se apenas de infração sujeita a penalidade administrativa (art. 71 da CLT).

Histórico:

Súmula cancelada – Res. 42/1995, DJ 17, 20 e 21.02.1995

Redação original – RA 69/1978, DJ 26.09.1978

N. 89 – FALTA AO SERVIÇO (mantida) – Res. 121/2003, DJ 19, 20 e 21.11.2003

Se as faltas já são justificadas pela lei, consideram-se como ausências legais e não serão descontadas para o cálculo do período de férias.

Histórico:

Redação original – RA 69/1978, DJ 26.09.1978

N. 90 – HORAS "IN ITINERE". TEMPO DE SERVIÇO (incorporadas as Súmulas ns. 324 e 325 e as Orientações Jurisprudenciais ns. 50 e 236 da SBDI-1) – Res. 129/2005, DJ 20, 22 e 25.04.2005

I – O tempo despendido pelo empregado, em condução fornecida pelo empregador, até o local de trabalho de difícil acesso, ou não servido por transporte público regular, e para o seu retorno é computável na jornada de trabalho. (ex-Súmula n. 90 – RA 80/78, DJ 10.11.1978)

II – A incompatibilidade entre os horários de início e término da jornada do empregado e os do transporte público regular é circunstância que também gera o direito às horas "in itinere". (ex-OJ n. 50 da SBDI-1 – inserida em 01.02.1995)

III – A mera insuficiência de transporte público não enseja o pagamento de horas "in itinere". (ex-Súmula n. 324 – Res. 16/1993, DJ 21.12.1993)

IV – Se houver transporte público regular em parte do trajeto percorrido em condução da empresa, as horas "in itinere" remuneradas limitam-se ao trecho não alcançado pelo transporte público. (ex-Súmula n. 325 – Res. 17/1993, DJ 21.12.1993)

V – Considerando que as horas "in itinere" são computáveis na jornada de trabalho, o tempo que extrapola a jornada legal é considerado como extraordinário e sobre ele deve incidir o adicional respectivo. (ex-OJ n. 236 da SBDI-1 – inserida em 20.06.2001)

Histórico:

Súmula mantida – Res. 121/2003, DJ 19, 20 e 21.11.2003

Súmula alterada – RA 80/78, DJ 10.11.1978

N. 90 – Tempo de serviço

O tempo despendido pelo empregado, em condução fornecida pelo empregador, até o local de trabalho de difícil acesso ou não servido por transporte regular público, e para o seu retorno, é computável na jornada de trabalho.

Redação original – RA 69/1978, DJ 26.09.1978

N. 90 – O tempo despendido pelo empregado, em condução fornecida pelo empregador, até o local do trabalho e no seu retorno, é computável na jornada de trabalho.

N. 91 – SALÁRIO COMPLESSIVO (mantida) – Res. 121/2003, DJ 19, 20 e 21.11.2003

Nula é a cláusula contratual que fixa determinada importância ou percentagem para atender englobadamente vários direitos legais ou contratuais do trabalhador.

Histórico:

Redação original – RA 69/1978, DJ 26.09.1978

N. 92 – APOSENTADORIA (mantida) – Res. 121/2003, DJ 19, 20 e 21.11.2003

O direito à complementação de aposentadoria, criado pela empresa, com requisitos próprios, não se altera pela instituição de benefício previdenciário por órgão oficial.

Histórico:

Redação original – RA 69/1978, DJ 26.09.1978

N. 93 – BANCÁRIO (mantida) – Res. 121/2003, DJ 19, 20 e 21.11.2003

Integra a remuneração do bancário a vantagem pecuniária por ele auferida na colocação ou na venda de papéis ou valores mobiliários de empresas pertencentes ao mesmo grupo econômico, se exercida essa atividade no horário e no local de trabalho e com o consentimento, tácito ou expresso, do banco empregador.

Histórico:

Redação original – RA 121/1979, DJ 27.11.1979

N. 93 – Integra a remuneração do bancário a vantagem pecuniária por ele auferida na colocação ou na venda de papéis ou valores mobiliários de empresas pertencentes ao mesmo grupo econômico, quando exercida essa atividade no horário e no local de trabalho e com o consentimento, tácito ou expresso, do banco empregador.

N. 94 – CANCELADA – HORAS EXTRAS – Res. 121/2003, DJ 19, 20 e 21.11.2003

O valor das horas extraordinárias habituais integra o aviso prévio indenizado.

Histórico:

Redação original – RA 43/1980, DJ 15.05.1980 – Republicada Res. 80/1980, DJ 04.07.1980

N. 95 – CANCELADA – PRESCRIÇÃO TRINTENÁRIA. FGTS – Res. 121/2003, DJ 19, 20 e 21.11.2003

É trintenária a prescrição do direito de reclamar contra o não recolhimento da contribuição para o Fundo de Garantia do Tempo de Serviço. (cancelada em decorrência da sua incorporação à nova redação da Súmula n. 362)

Histórico:

Redação original – (RA 44/1980, DJ 15.05.1980)

N. 96 – MARÍTIMO (mantida) – Res. 121/2003, DJ 19, 20 e 21.11.2003

A permanência do tripulante a bordo do navio, no período de repouso, além da jornada, não importa presunção de que esteja à disposição do empregador ou em regime de prorrogação de horário, circunstâncias que devem resultar provadas, dada a natureza do serviço.

Histórico:

Redação original – RA 45/1980, DJ 16.05.1980

N. 96 – A permanência do tripulante a bordo do navio, no período de repouso, além da jornada, não importa em presunção de que esteja à disposição do empregador ou em regime de prorrogação de horário, circunstâncias que devem resultar provadas, dada a natureza do serviço.

N. 97 – APOSENTADORIA. COMPLEMENTAÇÃO (mantida) – Res. 121/2003, DJ 19, 20 e 21.11.2003

Instituída complementação de aposentadoria por ato da empresa, expressamente dependente de regulamentação, as condições desta devem ser observadas como parte integrante da norma.

Histórico:

Súmula alterada – RA 96/1980, DJ 11.09.1980

N. 97 – Instituída complementação de aposentadoria, por ato da empresa, expressamente dependente de sua regulamentação, as condições desta devem ser observadas como parte integrante da norma.

Redação original – RA 48/1980, DJ 22.05.1980

N. 97 – Instituída complementação de aposentadoria, por ato da empresa, expressamente dependente de sua regulamentação, as condições destas devem ser observadas como parte integrante da norma.

N. 98 – FGTS. INDENIZAÇÃO. EQUIVALÊNCIA. COMPATIBILIDADE (incorporada a Orientação Jurisprudencial n. 299 da SBDI-1) – Res. 129/2005, DJ 20, 22 e 25.04.2005

I – A equivalência entre os regimes do Fundo de Garantia do Tempo de Serviço e da estabilidade prevista na CLT é meramente jurídica e não econômica, sendo indevidos valores a título de reposição de diferenças. (ex-Súmula n. 98 – RA 57/1980, DJ 06.06.1980)

II – A estabilidade contratual ou a derivada de regulamento de empresa são compatíveis com o regime do FGTS. Diversamente ocorre com a estabilidade legal (decenal, art. 492 da CLT), que é renunciada com a opção pelo FGTS. (ex-OJ n. 299 da SBDI-1 – DJ 11.08.2003)

Histórico:

Súmula mantida – Res. 121/2003, DJ 19, 20 e 21.11.2003

N. 98 – FGTS. Indenização. Equivalência

A equivalência entre os regimes do Fundo de Garantia do Tempo de Serviço e da estabilidade prevista na CLT é meramente jurídica e não econômica, sendo indevidos valores a título de reposição de diferenças.

Redação original – RA 57/1980, DJ 06.06.1980

N. 98 – A equivalência entre os regimes do Fundo de Garantia do Tempo de Serviço e da estabilidade da Consolidação das Leis do Trabalho é meramente jurídica e não econômica, sendo indevidos quaisquer valores a título de reposição de diferenças.

N. 99 – AÇÃO RESCISÓRIA. DESERÇÃO. PRAZO (incorporada a Orientação Jurisprudencial n. 117 da SBDI-2) – Res. 137/2005, DJ 22, 23 e 24.08.2005

Havendo recurso ordinário em sede de rescisória, o depósito recursal só é exigível quando for julgado procedente o pedido e imposta condenação em pecúnia, devendo este ser efetuado no prazo recursal, no limite e nos termos da legislação vigente, sob pena de deserção. (ex-Súmula n. 99 – alterada pela Res. 110/2002, DJ 15.04.02 – e ex-OJ n. 117 da SBDI-2 – DJ 11.08.03)

Histórico:

Súmula mantida – Res. 121/2003, DJ 19, 20 e 21.11.2003

N. 99 – Ao recorrer de decisão condenatória em ação rescisória, é ônus do empregador vencido efetuar, no prazo, no limite e nos termos da legislação vigente, sob pena de deserção, o depósito recursal.

Súmula alterada – Res. 110/2002, DJ 11, 12 e 15.04.2002

N. 99 – Ação rescisória. Deserção. Prazo.

Ao recorrer de decisão condenatória em ação rescisória, deve o empregador vencido efetuar, no prazo, no limite e nos termos da legislação vigente, sob pena de deserção, o depósito recursal.

Redação original – RA 62/1980, DJ 11.06.1980

N. 99 – Ação rescisória. Deserção. Prazo.

Ao recorrer de decisão condenatória em ação rescisória, resultante do acolhimento desta, deve o empregador vencido depositar o valor da condenação no prazo legal, sob pena de deserção (CLT, art. 899, § 1º).

N. 100 – AÇÃO RESCISÓRIA. DECADÊNCIA (incorporadas as Orientações Jurisprudenciais ns. 13, 16, 79, 102, 104, 122 e 145 da SBDI-2) – Res. 137/2005, DJ 22, 23 e 24.08.2005

I – O prazo de decadência, na ação rescisória, conta-se do dia imediatamente subsequente ao trânsito em julgado da última decisão proferida na causa, seja de mérito ou não. (ex-Súmula n. 100 – alterada pela Res. 109/2001, DJ 20.04.01)

II – Havendo recurso parcial no processo principal, o trânsito em julgado dá-se em momentos e em tribunais diferentes, contando-se o prazo decadencial para a ação rescisória do trânsito em julgado de cada decisão, salvo se o recurso tratar de preliminar ou prejudicial que possa tornar insubsistente a decisão recorrida, hipótese em que flui a decadência a partir do trânsito em julgado da decisão que julgar o recurso parcial. (ex-Súmula n. 100 – alterada pela Res. 109/2001, DJ 20.04.01)

III – Salvo se houver dúvida razoável, a interposição de recurso intempestivo ou a interposição de recurso incabível não protrai o termo inicial do prazo decadencial. (ex--Súmula n. 100 – alterada pela Res. 109/2001, DJ 20.04.01)

IV – O juízo rescindente não está adstrito à certidão de trânsito em julgado juntada com a ação rescisória, podendo formar sua convicção através de outros elementos dos autos quanto à antecipação ou postergação do "dies a quo" do prazo decadencial. (ex-OJ n. 102 da SBDI-2 – DJ 29.04.03)

V – O acordo homologado judicialmente tem força de decisão irrecorrível, na forma do art. 831 da CLT. Assim sendo, o termo conciliatório transita em julgado na data da sua homologação judicial. (ex-OJ n. 104 da SBDI-2 – DJ 29.04.03)

VI – Na hipótese de colusão das partes, o prazo decadencial da ação rescisória somente começa a fluir para o Ministério Público, que não interveio no processo principal, a partir do momento em que tem ciência da fraude. (ex-OJ n. 122 da SBDI-2 – DJ 11.08.03)

VII – Não ofende o princípio do duplo grau de jurisdição a decisão do TST que, após afastar a decadência em sede de recurso ordinário, aprecia desde logo a lide, se a causa versar questão exclusivamente de direito e estiver em condições de imediato julgamento. (ex-OJ n. 79 da SBDI-2 – inserida em 13.03.02)

VIII – A exceção de incompetência, ainda que oposta no prazo recursal, sem ter sido aviado o recurso próprio, não tem o condão de afastar a consumação da coisa julgada e, assim, postergar o termo inicial do prazo decadencial para a ação rescisória. (ex-OJ n. 16 da SBDI-2 – inserida em 20.09.00)

IX – Prorroga-se até o primeiro dia útil, imediatamente subsequente, o prazo decadencial para ajuizamento de ação rescisória quando expira em férias forenses, feriados, finais de semana ou em dia em que não houver expediente forense. Aplicação do art. 775 da CLT. (ex-OJ n. 13 da SBDI-2 – inserida em 20.09.00)

X – Conta-se o prazo decadencial da ação rescisória, após o decurso do prazo legal previsto para a interposição do recurso extraordinário, apenas quando esgotadas todas as vias recursais ordinárias. (ex-OJ n. 145 da SBDI-2 – DJ 10.11.04)

Histórico:

Súmula mantida – Res. 121/2003, DJ 19, 20 e 21.11.2003

Súmula alterada – Res. 109/2001, DJ 18, 19 e 20.04.2001

N. 100 – AÇÃO RESCISÓRIA. DECADÊNCIA

I – O prazo de decadência, na ação rescisória, conta-se do dia imediatamente subsequente ao trânsito em julgado da última decisão proferida na causa, seja de mérito ou não.

II – Havendo recurso parcial no processo principal, o trânsito em julgado dá-se em momentos e em tribunais diferentes, contando-se o prazo decadencial para a ação rescisória do trânsito em julgado de cada decisão, salvo se o recurso tratar de preliminar ou prejudicial que possa tornar insubsistente a decisão recorrida, hipótese em que flui a decadência, a partir do trânsito em julgado da decisão que julgar o recurso parcial.

III – Salvo se houver dúvida razoável, a interposição de recurso intempestivo ou a interposição de recurso incabível não protrai o termo inicial do prazo decadencial.

Redação original – RA 63/1980, DJ 11.06.1980

N. 100 – O prazo de decadência, na ação rescisória, conta-se do trânsito em julgado da última decisão proferida na causa, seja de mérito ou não.

N. 101 – DIÁRIAS DE VIAGEM. SALÁRIO (incorporada a Orientação Jurisprudencial n. 292 da SBDI-1) – Res. 129/2005, DJ 20, 22 e 25.04.2005

Integram o salário, pelo seu valor total e para efeitos indenizatórios, as diárias de viagem que excedam a 50% (cinquenta por cento) do salário do empregado, enquanto perdurarem as viagens. (primeira parte – ex-Súmula n. 101 – RA 65/1980, DJ 18.06.1980; segunda parte – ex-OJ n. 292 da SBDI-1 – inserida em 11.08.2003)

Histórico:

Súmula mantida – Res. 121/2003, DJ 19, 20 e 21.11.2003

N. 101 – Diárias de viagem. Salário

Integram o salário, pelo seu valor total e para efeitos indenizatórios, as diárias de viagem que excedam a 50% (cinquenta por cento) do salário do empregado.

Redação original – RA 65/1980, DJ 18.06.1980

N. 101 – Integram o salário, pelo seu valor total e para efeitos indenizatórios, as diárias de viagem que excedam a 50% do salário do empregado.

N. 102 – BANCÁRIO. CARGO DE CONFIANÇA (incorporadas as Súmulas ns. 166, 204 e 232 e as Orientações Jurisprudenciais ns. 15, 222 e 288 da SBDI-1) – Res. 129/2005, DJ 20, 22 e 25.04.2005

I – A configuração, ou não, do exercício da função de confiança a que se refere o art. 224, § 2º, da CLT, dependente da prova das reais atribuições do empregado, é insuscetível de exame mediante recurso de revista ou de embargos. (ex-Súmula n. 204 – alterada pela Res. 121/2003, DJ 21.11.2003)

II – O bancário que exerce a função a que se refere o § 2º do art. 224 da CLT e recebe gratificação não inferior a um terço de seu salário já tem remuneradas as duas horas extraordinárias excedentes de seis. (ex-Súmula n. 166 – RA 102/1982, DJ 11.10.1982 e DJ 15.10.1982)

III – Ao bancário exercente de cargo de confiança previsto no art. 224, § 2º, da CLT são devidas as 7ª e 8ª horas, como extras, no período em que se verificar o pagamento a menor da gratificação de 1/3. (ex-OJ n. 288 da SBDI-1 – DJ 11.08.2003)

IV – O bancário sujeito à regra do art. 224, § 2º, da CLT cumpre jornada de trabalho de 8 (oito) horas, sendo extraordinárias as trabalhadas além da oitava. (ex-Súmula n. 232- RA 14/1985, DJ 19.09.1985)

V – O advogado empregado de banco, pelo simples exercício da advocacia, não exerce cargo de confiança, não se enquadrando, portanto, na hipótese do § 2º do art. 224 da CLT. (ex-OJ n. 222 da SBDI-1 – inserida em 20.06.2001)

VI – O caixa bancário, ainda que caixa executivo, não exerce cargo de confiança. Se perceber gratificação igual ou superior a um terço do salário do posto efetivo, essa remunera apenas a maior responsabilidade do cargo e não as duas horas extraordinárias além da sexta. (ex-Súmula n. 102 – RA 66/1980, DJ 18.06.1980 e republicada DJ 14.07.1980)

VII – O bancário exercente de função de confiança, que percebe a gratificação não inferior ao terço legal, ainda que norma coletiva contemple percentual superior, não tem direito às sétima e oitava horas como extras, mas tão somente às diferenças de gratificação de função, se postuladas. (ex-OJ n. 15 da SBDI-1 – inserida em 14.03.1994)

Histórico:

Súmula mantida – Res. 121/2003, DJ 19, 20 e 21.11.2003

N. 102 – Bancário. Caixa. Cargo de confiança

O caixa bancário, ainda que caixa executivo, não exerce cargo de confiança. Se perceber gratificação igual ou superior a um terço do salário do posto efetivo, essa remunera apenas a maior responsabilidade do cargo e não as duas horas extraordinárias além da sexta.

Redação original – RA 66/1980, DJ 18.06.1980 – Republicada DJ 14.07.1980

N. 102 – O caixa bancário, ainda que caixa executivo, não exerce cargo de confiança. Percebendo gratificação igual ou superior a um terço do salário do posto efetivo, esta remunera apenas a maior responsabilidade do cargo e não as duas horas extraordinárias além da sexta.

N. 103 – CANCELADA – *TEMPO DE SERVIÇO. LICENÇA-PRÊMIO – Res. 121/2003, DJ 19, 20 e 21.11.2003*

Os trabalhadores que hajam prestado serviço no regime da Lei n. 1.890, de 13.06.1953, e optado pelo regime estatutário, não contam, posteriormente, esse período para fins de licença-prêmio, privativa de servidores estatutários.

Histórico:

Redação original – RA 67/1980, DJ 18.06.1980

N. 104 – CANCELADA – *FÉRIAS. TRABALHADOR RURAL – Res. 121/2003, DJ 19, 20 e 21.11.2003*

É devido o pagamento de férias ao rurícola, qualquer que tenha sido a data de sua admissão e, em dobro, se não concedidas na época prevista em lei.

Histórico:

Redação original – RA 70/1980, DJ 21.07.1980

N. 105 – CANCELADA – *FUNCIONÁRIO PÚBLICO. QUINQUÊNIOS – Res. 121/2003, DJ 19, 20 e 21.11.2003*

O empregado estatutário que optar pelo regime celetista, com o congelamento dos quinquênios em seus valores à época, não tem direito ao reajuste posterior dos seus níveis.

Histórico:

Redação original – RA 71/1980, DJ 21.07.1980

N. 106 – CANCELADA – *APOSENTADORIA. FERROVIÁRIO. COMPETÊNCIA – Res. 157/2009, DJET 4, 8 e 9.9.09)*

Histórico:

Res. 121/2003, DJ 19, 20 e 21.1103

É incompetente a Justiça do Trabalho para julgar ação ajuizada em face da Rede Ferroviária Federal, em que ex-empregado desta pleiteie complementação de aposentadoria, elaboração ou alteração de folhas de pagamento de aposentados, se por essas obrigações responde órgão da previdência social.

Redação original – RA 72/1980, DJ 21.07.1980

N. 106 – É incompetente a Justiça do Trabalho para julgar ação contra a Rede Ferroviária Federal, em que ex-empregado desta pleiteie complementação de aposentadoria, elaboração ou alteração de folhas de pagamento de aposentados, se por essas obrigações responde órgão da previdência social.

N. 107 – CANCELADA – *AÇÃO RESCISÓRIA. PROVA (cancelamento mantido) – Res. 121/2003, DJ 19, 20 e 21.11.2003*

É indispensável a juntada à inicial da ação rescisória da prova do trânsito em julgado da decisão rescindenda, sob pena de indeferimento liminar.

Histórico:

Cancelada pela Súmula n. 299 – Res. 9/1989, DJ 14, 18 e 19.04.1989

Redação original – RA 74/1980, DJ 21.07.1980

N. 108 – CANCELADA – *COMPENSAÇÃO DE HORÁRIO. ACORDO (cancelamento mantido) – Res. 121/2003, DJ 19, 20 e 21.11.2003*

A compensação de horário semanal deve ser ajustada por acordo escrito, não necessariamente em acordo coletivo ou convenção coletiva, exceto quanto ao trabalho da mulher.

Histórico:

Súmula cancelada – Res. 85/1998, DJ 20, 21 e 24.08.1998

Redação original – RA 75/1980, DJ 21.07.1980

N. 109 – GRATIFICAÇÃO DE FUNÇÃO (mantida) – Res. 121/2003, DJ 19, 20 e 21.11.2003

O bancário não enquadrado no § 2º do art. 224 da CLT, que receba gratificação de função, não pode ter o salário relativo a horas extraordinárias compensado com o valor daquela vantagem.

Histórico:

Súmula alterada – RA 97/1980, DJ 19.09.1980

Redação original – RA 89/1980, DJ 29.08.1980

N. 109 – A gratificação de função prevista no § 2º, do art. 224, da Consolidação das Leis do Trabalho, não é compensável com o valor da 7ª (sétima) e da 8ª (oitava) horas de serviço.

N. 110 – JORNADA DE TRABALHO. INTERVALO
(mantida) – Res. 121/2003, DJ 19, 20 e 21.11.2003

No regime de revezamento, as horas trabalhadas em seguida ao repouso semanal de 24 horas, com prejuízo do intervalo mínimo de 11 horas consecutivas para descanso entre jornadas, devem ser remuneradas como extraordinárias, inclusive com o respectivo adicional.

Histórico:

Redação original – RA 101/1980, DJ 25.09.1980

N. 111 – CANCELADA – EQUIPARAÇÃO SALARIAL
(cancelada em decorrência da sua incorporação à nova redação da Súmula n. 6) – Res. 129/2005, DJ 20, 22 e 25.04.2005

A cessão de empregados não exclui a equiparação salarial, embora exercida a função em órgão governamental estranho à cedente, se esta responde pelos salários do paradigma e do reclamante.

Histórico:

Súmula mantida – Res. 121/2003, DJ 19, 20 e 21.11.2003

Redação original – RA 102/1980, DJ 25.09.1980

N. 112 – TRABALHO NOTURNO. PETRÓLEO (mantida)
– Res. 121/2003, DJ 19, 20 e 21.11.2003

O trabalho noturno dos empregados nas atividades de exploração, perfuração, produção e refinação do petróleo, industrialização do xisto, indústria petroquímica e transporte de petróleo e seus derivados, por meio de dutos, é regulado pela Lei n. 5.811, de 11.10.1972, não se lhe aplicando a hora reduzida de 52 minutos e 30 segundos prevista no art. 73, § 2º, da CLT.

Histórico:

Redação original – RA 107/1980, DJ 10.10.1980

N. 112 – O trabalho noturno dos empregados nas atividades de exploração, perfuração, produção e refinação do petróleo, industrialização do xisto, indústria petroquímica e transporte de petróleo e seus derivados, por meio de dutos, é regulado pela Lei n. 5.811, de 1972, não se lhe aplicando a hora reduzida de 52 minutos e 30 segundos do art. 73, § 2º, da CLT.

N. 113 – BANCÁRIO. SÁBADO. DIA ÚTIL (mantida)
– Res. 121/2003, DJ 19, 20 e 21.11.2003

O sábado do bancário é dia útil não trabalhado, não dia de repouso remunerado. Não cabe a repercussão do pagamento de horas extras habituais em sua remuneração.

Histórico:

Redação original – RA 115/1980, DJ 03.11.1980

N. 113 – O sábado do bancário é dia útil não trabalhado e não dia de repouso remunerado, não cabendo assim a repercussão do pagamento de horas extras habituais sobre a sua remuneração.

N. 114 – PRESCRIÇÃO INTERCORRENTE (mantida)
– Res. 121/2003, DJ 19, 20 e 21.11.2003

É inaplicável na Justiça do Trabalho a prescrição intercorrente.

Histórico:

Redação original – RA 116/1980, DJ 03.11.1980

N. 115 – HORAS EXTRAS. GRATIFICAÇÕES SEMESTRAIS
(nova redação) – Res. 121/2003, DJ 19, 20 e 21.11.2003

O valor das horas extras habituais integra a remuneração do trabalhador para o cálculo das gratificações semestrais.

Histórico:

Redação original – RA 117/1980, DJ 03.11.1980

N. 115 – O valor das horas extras habituais integra o ordenado do trabalhador para cálculo das gratificações semestrais.

N. 116 – CANCELADA – FUNCIONÁRIO PÚBLICO. CEDIDO. REAJUSTE SALARIAL – Res. 121/2003, DJ 19, 20 e 21.11.2003

Os funcionários públicos cedidos à Rede Ferroviária Federal S.A. têm direito ao reajustamento salarial determinado pelo art. 5º da Lei n. 4.345/1964.

Histórico:

Revista pela Súmula n. 252 – Res. 18/1985, DJ 13, 14 e 15.01.1986.

Redação original – RA 118/1980, DJ 03.11.1980

N. 117 – BANCÁRIO. CATEGORIA DIFERENCIADA
(mantida) – Res. 121/2003, DJ 19, 20 e 21.11.2003

Não se beneficiam do regime legal relativo aos bancários os empregados de estabelecimento de crédito pertencentes a categorias profissionais diferenciadas.

Histórico:

Redação original – RA 140/1980, DJ 18.12.1980

N. 118 – JORNADA DE TRABALHO. HORAS EXTRAS
(mantida) – Res. 121/2003, DJ 19, 20 e 21.11.2003

Os intervalos concedidos pelo empregador na jornada de trabalho, não previstos em lei, representam tempo à disposição da empresa, remunerados como serviço extraordinário, se acrescidos ao final da jornada.

Histórico:

Redação original – RA 12/1981, DJ 19.03.1981

N. 118 – Os intervalos concedidos pelo empregador, na jornada de trabalho, não previstos em lei, representam tempo à disposição da empresa, remunerados como serviço extraordinário, se acrescidos ao final da jornada.

N. 119 – JORNADA DE TRABALHO (mantida) – Res. 121/2003, DJ 19, 20 e 21.11.2003

Os empregados de empresas distribuidoras e corretoras de títulos e valores mobiliários não têm direito à jornada especial dos bancários.

Histórico:

Redação original – RA 13/1981, DJ 19.03.1981

N. 120 – CANCELADA – *EQUIPARAÇÃO SALARIAL. DECISÃO JUDICIAL (cancelada em decorrência da sua incorporação à nova redação da Súmula n. 6) – Res. 129/2005, DJ 20, 22 e 25.04.2005*

Presentes os pressupostos do art. 461 da CLT, é irrelevante a circunstância de que o desnível salarial tenha origem em decisão judicial que beneficiou o paradigma, exceto se decorrente de vantagem pessoal ou de tese jurídica superada pela jurisprudência de Corte Superior.

Histórico:

Súmula mantida – Res. 121/2003, DJ 19, 20 e 21.11.2003

Súmula alterada – Res. 100/2000, DJ 18, 19 e 20.09.2000

N. 120 – Equiparação salarial. Decisão judicial. Presentes os pressupostos do art. 461 da CLT, é irrelevante a circunstância de que o desnível salarial tenha origem em decisão judicial que beneficiou o paradigma, exceto quando decorrente de vantagem pessoal ou de tese jurídica superada pela jurisprudência de Corte Superior.

Redação original – RA 14/1981, DJ 19.03.1981

N. 120 – Presentes os pressupostos do art. 461 da CLT é irrelevante a circunstância de que o desnível salarial tenha origem em decisão judicial que beneficiou o paradigma.

N. 121 – CANCELADA – *FUNCIONÁRIO PÚBLICO. GRATIFICAÇÃO DE PRODUTIVIDADE – Res. 121/2003, DJ 19, 20 e 21.11.2003*

Não tem direito a percepção da gratificação de produtividade, na forma do regime estatutário, o servidor de ex-autarquia administradora de porto que opta pelo regime jurídico da Consolidação das Leis do Trabalho.

Histórico:

Redação original – RA 15/1981, DJ 19.03.1981

N. 122 – REVELIA. ATESTADO MÉDICO (incorporada a Orientação Jurisprudencial n. 74 da SBDI-1) – Res. 129/2005, DJ 20, 22 e 25.04.2005

A reclamada, ausente à audiência em que deveria apresentar defesa, é revel, ainda que presente seu advogado munido de procuração, podendo ser ilidida a revelia mediante a apresentação de atestado médico, que deverá declarar, expressamente, a impossibilidade de locomoção do empregador ou do seu preposto no dia da audiência. (primeira parte – ex-OJ n. 74 da SBDI-1 – inserida em 25.11.1996; segunda parte – ex-Súmula n. 122 – alterada pela Res. 121/2003, DJ 21.11.03)

Histórico:

Súmula alterada – Res. 121/2003, DJ 19, 20 e 21.11.2003

N. 122 – Atestado médico. Revelia

Para ilidir a revelia, o atestado médico deve declarar expressamente a impossibilidade de locomoção do empregador ou de seu preposto no dia da audiência.

Redação original – RA 80/1981, DJ 06.10.1981

N. 122 – Para elidir a revelia o atestado médico deve declarar expressamente a impossibilidade de locomoção do empregador ou seu preposto, no dia da audiência.

N. 123 – CANCELADA – *COMPETÊNCIA. ART. 106 DA CF – Res. 121/2003, DJ 19, 20 e 21.11.2003*

Em se tratando de Estado ou Município, a lei que estabelece o regime jurídico (art. 106 da Constituição Federal) do servidor temporário ou contratado é a estadual ou municipal, a qual, uma vez editada, apanha as situações preexistentes, fazendo cessar sua regência pelo regime trabalhista. Incompetente é a Justiça do Trabalho para julgar as reclamações ajuizadas posteriormente à vigência da lei especial.

Histórico:

Redação original – RA 81/1981, DJ 06.10.1981 – Republicada DJ 13.10.1981

N. 124 – BANCÁRIO. HORA DE SALÁRIO. DIVISOR (mantida) – Res. 121/2003, DJ 19, 20 e 21.11.2003

Para o cálculo do valor do salário-hora do bancário mensalista, o divisor a ser adotado é 180 (cento e oitenta).

Histórico:

Redação original – RA 82/1981, DJ 06.10.1981

N. 124 – Para o cálculo do salário-hora do bancário mensalista, o divisor a ser adotado é o de 180 (cento e oitenta).

N. 125 – CONTRATO DE TRABALHO. ART. 479 DA CLT (mantida) – Res. 121/2003, DJ 19, 20 e 21.11.2003

O art. 479 da CLT aplica-se ao trabalhador optante pelo FGTS admitido mediante contrato por prazo determinado, nos termos do art. 30, § 3º, do Decreto n. 59.820, de 20.12.1966.

Histórico:

Redação original – RA 83/1981, DJ 06.10.1981

N. 125 – O art. 479, da CLT, aplica-se ao trabalhador optante pelo FGTS, admitido mediante contrato por prazo determinado, nos termos do art. 30, § 3º, do Decreto n. 59.820, de 20 de dezembro de 1966.

N. 126 – RECURSO. CABIMENTO (mantida) – Res. 121/2003, DJ 19, 20 e 21.11.2003

Incabível o recurso de revista ou de embargos (arts. 896 e 894, "b", da CLT) para reexame de fatos e provas.

Histórico:

Redação original – RA 84/1981, DJ 06.10.1981

N. 126 – Incabível o recurso de revista ou de embargos (arts. 896 e 894, letra b da CLT) para reexame de fatos e provas.

N. 127 – QUADRO DE CARREIRA (mantida) – Res. 121/2003, DJ 19, 20 e 21.11.2003

Quadro de pessoal organizado em carreira, aprovado pelo órgão competente, excluída a hipótese de equiparação salarial, não obsta reclamação fundada em preterição, enquadramento ou reclassificação.

Histórico:

Redação original – RA 103/1981, DJ 12.11.1981

N. 128 – DEPÓSITO RECURSAL (incorporadas as Orientações Jurisprudenciais ns. 139, 189 e 190 da SBDI-1) – Res. 129/2005, DJ 20, 22 e 25.04.2005

I – É ônus da parte recorrente efetuar o depósito legal, integralmente, em relação a cada novo recurso interposto, sob pena de deserção. Atingido o valor da condenação, nenhum depósito mais é exigido para qualquer recurso. (ex-Súmula n. 128 – alterada pela Res. 121/2003, DJ 21.11.03, que incorporou a OJ n. 139 da SBDI-1 – inserida em 27.11.1998)

II – Garantido o juízo, na fase executória, a exigência de depósito para recorrer de qualquer decisão viola os incisos II e LV do art. 5º da CF/1988. Havendo, porém, elevação do valor do débito, exige-se a complementação da garantia do juízo. (ex-OJ n. 189 da SBDI-1 – inserida em 08.11.2000)

III – Havendo condenação solidária de duas ou mais empresas, o depósito recursal efetuado por uma delas aproveita as demais, quando a empresa que efetuou o depósito não pleiteia sua exclusão da lide. (ex-OJ n. 190 da SBDI-1 – inserida em 08.11.2000)

Histórico:

Súmula alterada – Res. 121/2003, DJ 19, 20 e 21.11.2003

N. 128 – Depósito recursal. Complementação devida. Aplicação da Instrução Normativa n. 3, II, DJ 12.03.1993

É ônus da parte recorrente efetuar o depósito legal, integralmente, em relação a cada novo recurso interposto, sob pena de deserção. Atingido o valor da condenação, nenhum depósito mais é exigido para qualquer recurso.

Redação original – RA 115/1981, DJ 21.12.1981

N. 128 – Da mesma forma que as custas, o depósito da condenação deve ser complementado até o limite legal se acrescida a condenação pelo acórdão regional, sob pena de deserção.

N. 129 – CONTRATO DE TRABALHO. GRUPO ECONÔMICO (mantida) – Res. 121/2003, DJ 19, 20 e 21.11.2003

A prestação de serviços a mais de uma empresa do mesmo grupo econômico, durante a mesma jornada de trabalho, não caracteriza a coexistência de mais de um contrato de trabalho, salvo ajuste em contrário.

Histórico:

Redação original – RA 26/1982, DJ 04.05.1982

N. 130 – CANCELADA – ADICIONAL NOTURNO – Res. 121/2003, DJ 19, 20 e 21.11.2003

O regime de revezamento no trabalho não exclui o direito do empregado ao adicional noturno, em face da derrogação do art. 73 da CLT, pelo art. 157, item III, da Constituição de 18.09.1946 (ex-Prejulgado n. 1).

Histórico:

Redação original – RA 102/1982, DJ 11.10.1982 e DJ 15.10.1982

N. 130 – O regime de revezamento no trabalho não exclui o direito do empregado ao adicional noturno, face à derrogação do art. 73 da CLT, pelo art. 157, item III, da Constituição de 18.09.1946 (ex-Prejulgado n. 1).

N. 131 – CANCELADA – SALÁRIO MÍNIMO. VIGÊNCIA – Res. 121/2003, DJ 19, 20 e 21.11.2003

O salário mínimo, uma vez decretado em condições de excepcionalidade, tem imediata vigência (ex-Prejulgado n. 2).

Histórico:

Redação original – RA 102/1982, DJ 11.10.1982 e DJ 15.10.1982

N. 132 – ADICIONAL DE PERICULOSIDADE. INTEGRAÇÃO (incorporadas as Orientações Jurisprudenciais ns. 174 e 267 da SBDI-1) – Res. 129/2005, DJ 20, 22 e 25.04.2005

I – O adicional de periculosidade, pago em caráter permanente, integra o cálculo de indenização e de horas extras (ex-Prejulgado n. 3). (ex-Súmula n. 132 – RA 102/1982, DJ 11.10.1982/DJ 15.10.1982 – e ex-OJ n. 267 da SBDI-1 – inserida em 27.09.2002)

II – Durante as horas de sobreaviso, o empregado não se encontra em condições de risco, razão pela qual é incabível a integração do adicional de periculosidade sobre as mencionadas horas. (ex-OJ n. 174 da SBDI-1 – inserida em 08.11.2000)

Histórico:

Súmula mantida – Res. 121/2003, DJ 19, 20 e 21.11.2003

N. 132 – Adicional de periculosidade

O adicional de periculosidade pago em caráter permanente integra o cálculo de indenização (ex-Prejulgado n. 3).

Redação original – RA 102/1982, DJ 11.10.1982 e DJ 15.10.1982

N. 132 – O adicional-periculosidade pago em caráter permanente integra o cálculo de indenização (ex-Prejulgado n. 3).

N. 133 – CANCELADA – EMBARGOS INFRINGENTES – Res. 121/2003, DJ 19, 20 e 21.11.2003

Para o julgamento dos embargos infringentes, nas juntas, é desnecessária a notificação das partes (ex-Prejulgado n. 4).

Histórico:

Redação original – RA 102/1982, DJ 11.10.1982 e DJ 15.10.1982

N. 134 – CANCELADA – SALÁRIO. MENOR NÃO APRENDIZ – Res. 121/2003, DJ 19, 20 e 21.11.2003

Ao menor não aprendiz é devido o salário mínimo integral (ex-Prejulgado n. 5).

Histórico:

Redação original – RA 102/1982, DJ 11.10.1982 e DJ 15.10.1982

N. 135 – CANCELADA – *SALÁRIO. EQUIPARAÇÃO (cancelada em decorrência da sua incorporação à nova redação da Súmula n. 6) – Res. 129/2005, DJ 20, 22 e 25.04.2005*

Para efeito de equiparação de salários em caso de trabalho igual, conta-se o tempo de serviço na função e não no emprego (ex-Prejulgado n. 6).

Histórico:

Súmula mantida – Res. 121/2003, DJ 19, 20 e 21.11.2003.

Redação original – RA 102/1982, DJ 11.10.1982 e DJ 15.10.1982

N. 135 – Para efeito de equiparação de salários, em caso de trabalho igual, conta-se o tempo de serviço na função, e não no emprego (ex-Prejulgado n. 6).

N. 136 – **JUIZ. IDENTIDADE FÍSICA** (mantida) – Res. 121/2003, DJ 19, 20 e 21.11.2003

Não se aplica às Varas do Trabalho o princípio da identidade física do juiz (ex-Prejulgado n. 7).

Histórico:

Redação original – RA 102/1982, DJ 11.10.1982 e DJ 15.10.1982

N. 136 – Não se aplica às Juntas de Conciliação e Julgamento o princípio da identidade física do Juiz (ex-Prejulgado n. 7).

N. 137 – CANCELADA – *ADICIONAL DE INSALUBRIDADE – Res. 121/2003, DJ 19, 20 e 21.11.2003*

É devido o adicional de serviço insalubre, calculado à base do salário mínimo da região, ainda que a remuneração contratual seja superior ao salário mínimo acrescido da taxa de insalubridade (ex-Prejulgado n. 8).

Histórico:

Redação original – RA 102/1982, DJ 11.10.1982 e DJ 15.10.1982

N. 138 – **READMISSÃO** (mantida) – Res. 121/2003, DJ 19, 20 e 21.11.2003

Em caso de readmissão, conta-se a favor do empregado o período de serviço anterior, encerrado com a saída espontânea (ex-Prejulgado n. 9).

Histórico:

Redação original – RA 102/1982, DJ 11.10.1982 e DJ 15.10.1982

N. 139 – **ADICIONAL DE INSALUBRIDADE** (incorporada a Orientação Jurisprudencial n. 102 da SBDI-1) – Res. 129/2005, DJ 20, 22 e 25.04.2005

Enquanto percebido, o adicional de insalubridade integra a remuneração para todos os efeitos legais.

(ex-OJ n. 102 da SBDI-1 – inserida em 01.10.1997)

Histórico:

Súmula mantida – Res. 121/2003, DJ 19, 20 e 21.11.2003

Redação original – RA 102/1982, DJ 11.10.1982 e DJ 15.10.1982

N. 139 – O adicional de insalubridade, pago em caráter permanente, integra a remuneração para o cálculo de indenização (ex-Prejulgado n. 11).

N. 140 – **VIGIA** (mantida) – Res. 121/2003, DJ 19, 20 e 21.11.2003

É assegurado ao vigia sujeito ao trabalho noturno o direito ao respectivo adicional (ex-Prejulgado n. 12).

Histórico:

Redação original – RA 102/1982, DJ 11.10.1982 e DJ 15.10.1982

N. 140 – É assegurado ao vigia, sujeito ao trabalho noturno, o direito ao respectivo adicional (ex-Prejulgado n. 12).

N. 141 – CANCELADA – *DISSÍDIO COLETIVO – Res. 121/2003, DJ 19, 20 e 21.11.2003*

É constitucional o art. 2º da Lei n. 4.725, de 13.07.1965 (ex-Prejulgado n. 13).

Histórico:

Redação original – RA 102/1982, DJ 11.10.1982 e DJ 15.10.1982

N. 141 – É constitucional o art. 2º, da Lei n. 4.725, de 13 de julho de 1965 (ex-Prejulgado n. 13).

N. 142 – CANCELADA – *GESTANTE. DISPENSA – Res. 121/2003, DJ 19, 20 e 21.11.2003*

Empregada gestante, dispensada sem motivo antes do período de seis semanas anteriores ao parto, tem direito à percepção do salário-maternidade (ex-Prejulgado n. 14).

Histórico:

Redação original – RA 102/1982, DJ 11.10.1982 e DJ 15.10.1982

N. 143 – **SALÁRIO PROFISSIONAL** (mantida) – Res. 121/2003, DJ 19, 20 e 21.11.2003

O salário profissional dos médicos e dentistas guarda proporcionalidade com as horas efetivamente trabalhadas, respeitado o mínimo de 50 (cinquenta) horas (ex-Prejulgado n. 15).

Histórico:

Redação original – RA 102/1982, DJ 11.10.1982 e DJ 15.10.1982

N. 143 – O salário profissional dos médicos e dentistas guarda proporcionalidade com as horas efetivamente trabalhadas, respeitado o mínimo de 50 horas mensais (ex-Prejulgado n. 15).

N. 144 – CANCELADA – *AÇÃO RESCISÓRIA* – *Res. 121/2003, DJ 19, 20 e 21.11.2003*

É cabível a ação rescisória no âmbito da Justiça do Trabalho (ex-Prejulgado n. 16).

Histórico:

Redação original – RA 102/1982, DJ 11.10.1982 e DJ 15.10.1982

N. 145 – CANCELADA – *GRATIFICAÇÃO DE NATAL* – *Res. 121/2003, DJ 19, 20 e 21.11.2003*

É compensável a gratificação de Natal com a da Lei n. 4.090, de 1962 (ex-Prejulgado n. 17).

Histórico:

Redação original – RA 102/1982, DJ 11.10.1982 e DJ 15.10.1982

N. 146 – TRABALHO EM DOMINGOS E FERIADOS, NÃO COMPENSADO (incorporada a Orientação Jurisprudencial n. 93 da SBDI-1) – Res. 121/2003, DJ 19, 20 e 21.11.2003

O trabalho prestado em domingos e feriados, não compensado, deve ser pago em dobro, sem prejuízo da remuneração relativa ao repouso semanal.

Histórico:

Redação original – RA 102/1982, DJ 11.10.1982 e DJ 15.10.1982

N. 146 – O trabalho realizado em dia feriado, não compensado, é pago em dobro e não em triplo (ex-Prejulgado n. 18).

N. 147 – CANCELADA – *FÉRIAS. INDENIZAÇÃO* – *Res. 121/2003, DJ 19, 20 e 21.11.2003*

Indevido o pagamento dos repousos semanais e feriados intercorrentes nas férias indenizadas (ex-Prejulgado n. 19).

Histórico:

Redação original – RA 102/1982, DJ 11.10.1982 e DJ 15.10.1982

N. 148 – GRATIFICAÇÃO NATALINA (mantida) – Res. 121/2003, DJ 19, 20 e 21.11.2003

É computável a gratificação de Natal para efeito de cálculo de indenização (ex-Prejulgado n. 20).

Histórico:

Redação original – RA 102/1982, DJ 11.10.1982 e DJ 15.10.1982

N. 148 – É computável a gratificação de Natal para efeito de cálculo da indenização (ex-Prejulgado n. 20).

N. 149 – TAREFEIRO – FÉRIAS (mantida) – Res. 121/2003, DJ 19, 20 e 21.11.2003

A remuneração das férias do tarefeiro deve ser calculada com base na média da produção do período aquisitivo, aplicando-se-lhe a tarifa da data da concessão (ex-Prejulgado n. 22).

Histórico:

Redação original – RA 102/1982, DJ 11.10.1982 e DJ 15.10.1982

N. 149 – A remuneração das férias do tarefeiro deve ser a base média da produção do período aquisitivo, aplicando-se-lhe a tarifa da data da concessão (ex-Prejulgado n. 22).

N. 150 – CANCELADA – *DEMISSÃO. INCOMPETÊNCIA DA JUSTIÇA DO TRABALHO* – *Res. 121/2003, DJ 19, 20 e 21.11.2003*

Falece competência à Justiça do Trabalho para determinar a reintegração ou a indenização de empregado demitido com base nos atos institucionais (ex-Prejulgado n. 23).

Histórico:

Redação original – RA 102/1982, DJ 11.10.1982 e DJ 15.10.1982

N. 151 – CANCELADA – *FÉRIAS. REMUNERAÇÃO* – *Res. 121/2003, DJ 19, 20 e 21.11.2003*

A remuneração das férias inclui a das horas extraordinárias habitualmente prestadas (ex-Prejulgado n. 24).

Histórico:

Redação original – RA 102/1982, DJ 11.10.1982 e DJ 15.10.1982

N. 152 – GRATIFICAÇÃO. AJUSTE TÁCITO (mantida) – Res. 121/2003, DJ 19, 20 e 21.11.2003

O fato de constar do recibo de pagamento de gratificação o caráter de liberalidade não basta, por si só, para excluir a existência de ajuste tácito (ex-Prejulgado n. 25).

Histórico:

Redação original – RA 102/1982, DJ 11.10.1982 e DJ 15.10.1982

N. 152 – O fato de constar do recibo de pagamento de gratificação o caráter de liberalidade não basta, por si só, para excluir a existência de um ajuste tácito (ex-Prejulgado n. 25).

N. 153 – PRESCRIÇÃO (mantida) – Res. 121/2003, DJ 19, 20 e 21.11.2003

Não se conhece de prescrição não arguida na instância ordinária (ex-Prejulgado n. 27).

Histórico:

Redação original – RA 102/1982, DJ 11.10.1982 e DJ 15.10.1982

N. 154 – CANCELADA – *MANDADO DE SEGURANÇA* – *Res. 121/2003, DJ 19, 20 e 21.11.2003*

Da decisão do Tribunal Regional do Trabalho em mandado de segurança cabe recurso ordinário, no prazo de 10 dias, para o Tribunal Superior do Trabalho (ex-Prejulgado n. 28).

Histórico:

Revista pela Súmula n. 201 – Res. 7/1985, DJ 11, 12 e 15.07.1985

Redação original – RA 102/1982, DJ 11.10.1982 e DJ 15.10.1982

N. 154 – Da decisão de Tribunal Regional do Trabalho em mandado de segurança cabe recurso ordinário, no prazo de dez dias, para o Tribunal Superior do Trabalho (ex-Prejulgado n. 28).

N. 155 – AUSÊNCIA AO SERVIÇO (mantida) – Res. 121/2003, DJ 19, 20 e 21.11.2003

As horas em que o empregado falta ao serviço para comparecimento necessário, como parte, à Justiça do Trabalho não serão descontadas de seus salários (ex-Prejulgado n. 30).

Histórico:

Redação original – RA 102/1982, DJ 11.10.1982 e DJ 15.10.1982

N. 155 – As horas em que o empregado falta ao serviço para comparecimento necessário, como parte, à Justiça do Trabalho, não serão descontadas de seus salários (ex-Prejulgado n. 30).

N. 156 – PRESCRIÇÃO. PRAZO (mantida) – Res. 121/2003, DJ 19, 20 e 21.11.2003

Da extinção do último contrato começa a fluir o prazo prescricional do direito de ação em que se objetiva a soma de períodos descontínuos de trabalho (ex-Prejulgado n. 31).

Histórico:

Redação original – RA 102/1982, DJ 11.10.1982 e DJ 15.10.1982

N. 156 – Da extinção do último contrato é que começa a fluir o prazo prescricional do direito de ação objetivando a soma de períodos descontínuos de trabalho (ex-Prejulgado n. 31).

N. 157 – GRATIFICAÇÃO (mantida) – Res. 121/2003, DJ 19, 20 e 21.11.2003

A gratificação instituída pela Lei n. 4.090, de 13.07.1962, é devida na resilição contratual de iniciativa do empregado (ex-Prejulgado n. 32).

Histórico:

Redação original – RA 102/1982, DJ 11.10.1982 e DJ 15.10.1982

N. 157 – A gratificação instituída pela Lei n. 4.090, de 1962, é devida na resilição contratual de iniciativa do empregado (ex-Prejulgado n. 32).

N. 158 – AÇÃO RESCISÓRIA (mantida) – Res. 121/2003, DJ 19, 20 e 21.11.2003

Da decisão de Tribunal Regional do Trabalho, em ação rescisória, é cabível recurso ordinário para o Tribunal Superior do Trabalho, em face da organização judiciária trabalhista (ex-Prejulgado n. 35).

Histórico:

Redação original – RA 102/1982, DJ 11.10.1982 e DJ 15.10.1982

N. 158 – Da decisão de Tribunal Regional do Trabalho, em ação rescisória, cabível é o recurso ordinário para o Tribunal Superior do Trabalho, em face da organização judiciária trabalhista (ex-Prejulgado n. 35).

N. 159 – SUBSTITUIÇÃO DE CARÁTER NÃO EVENTUAL E VACÂNCIA DO CARGO (incorporada a Orientação Jurisprudencial n. 112 da SBDI-1) – Res. 129/2005, DJ 20, 22 e 25.04.2005

I – Enquanto perdurar a substituição que não tenha caráter meramente eventual, inclusive nas férias, o empregado substituto fará jus ao salário contratual do substituído. (ex-Súmula n. 159 – alterada pela Res. 121/2003, DJ 21.11.2003)

II – Vago o cargo em definitivo, o empregado que passa a ocupá-lo não tem direito a salário igual ao do antecessor. (ex-OJ n. 112 da SBDI-1 – inserida em 01.10.1997)

Histórico:

Súmula alterada – Res. 121/2003, DJ 19, 20 e 21.11.2003

N. 159 – Substituição

Enquanto perdurar a substituição que não tenha caráter meramente eventual, inclusive nas férias, o empregado substituto fará jus ao salário contratual do substituído.

Redação original – RA 102/1982, DJ 11.10.1982 e DJ 15.10.1982

N. 159 – Enquanto perdurar a substituição que não tenha caráter meramente eventual, o empregado substituto fará jus ao salário contratual do substituído (ex-Prejulgado n. 36).

N. 160 – APOSENTADORIA POR INVALIDEZ (mantida) – Res. 121/2003, DJ 19, 20 e 21.11.2003

Cancelada a aposentadoria por invalidez, mesmo após cinco anos, o trabalhador terá direito de retornar ao emprego, facultado, porém, ao empregador, indenizá-lo na forma da lei (ex-Prejulgado n. 37).

Histórico:

Redação original – RA 102/1982, DJ 11.10.1982 e DJ 15.10.1982

N. 161 – DEPÓSITO. CONDENAÇÃO A PAGAMENTO EM PECÚNIA (mantida) – Res. 121/2003, DJ 19, 20 e 21.11.2003

Se não há condenação a pagamento em pecúnia, descabe o depósito de que tratam os §§ 1º e 2º do art. 899 da CLT (ex-Prejulgado n. 39).

Histórico:

Redação original – RA 102/1982, DJ 11.10.1982 e DJ 15.10.1982

N. 161 – Não havendo condenação em pecúnia, descabe o depósito prévio de que tratam os §§ 1º e 2º do art. 899 da Consolidação das Leis do Trabalho (ex-Prejulgado n. 39).

N. 162 – CANCELADA – INSALUBRIDADE (cancelamento mantido) – Res. 121/2003, DJ 19, 20 e 21.11.2003

É constitucional o art. 3º do Decreto-lei n. 389, de 26.12.1968 (ex-Prejulgado n. 41).

Histórico:

Súmula cancelada – Res. 59/1996, DJ 28.06.1996, 03, 04 e 05.07.1996

Redação original – RA 102/1982, DJ 11.10.1982 e DJ 15.10.1982

N. 163 – AVISO PRÉVIO. CONTRATO DE EXPERIÊNCIA (mantida) – Res. 121/2003, DJ 19, 20 e 21.11.2003

Cabe aviso prévio nas rescisões antecipadas dos contratos de experiência, na forma do art. 481 da CLT (ex-Prejulgado n. 42).

Histórico:

Redação original – RA 102/1982, DJ 11.10.1982 e DJ 15.10.1982

N. 164 – PROCURAÇÃO. JUNTADA (nova redação) – Res. 121/2003, DJ 19, 20 e 21.11.2003

O não cumprimento das determinações dos §§ 1º e 2º do art. 5º da Lei n. 8.906, de 04.07.1994 e do art. 37, parágrafo único, do Código de Processo Civil importa o não conhecimento de recurso, por inexistente, exceto na hipótese de mandato tácito.

Histórico:

Redação original – RA 102/1982, DJ 11.10.1982 e DJ 15.10.1982

N. 164 – O não cumprimento das determinações dos §§ 1º e 2º do art. 70 da Lei n. 4.215, de 27.4.63, e do art. 37, e parágrafo único, do Código de Processo Civil, importa no não conhecimento de qualquer recurso, por inexistente, exceto na hipótese de mandato tácito (ex-Prejulgado n. 43).

N. 165 – CANCELADA – DEPÓSITO. RECURSO. CONTA VINCULADA (cancelamento mantido) – Res. 121/2003, DJ 19, 20 e 21.11.2003

O depósito, para fins de recurso, realizado fora da conta vinculada do trabalhador, desde que feito na sede do juízo, ou realizado na conta vinculada do trabalhador, apesar de fora da sua sede do juízo, uma vez que permaneça à disposição deste, não impedirá o conhecimento do apelo (ex-Prejulgado n. 45).

Histórico:

Súmula cancelada – Res. 87/1998, DJ 15, 16 e 19.10.1998

Redação original – RA 102/1982, DJ 11.10.1982 e DJ 15.10.1982

N. 166 – CANCELADA – BANCÁRIO. CARGO DE CONFIANÇA. JORNADA DE TRABALHO (cancelada em decorrência da sua incorporação à nova redação da Súmula n. 102) – Res. 129/2005, DJ 20, 22 e 25.04.2005

O bancário que exerce a função a que se refere o § 2º do art. 224 da CLT e recebe gratificação não inferior a um terço de seu salário já tem remuneradas as duas horas extraordinárias excedentes de seis (ex-Prejulgado n. 46).

Histórico:

Súmula mantida – Res. 121/2003, DJ 19, 20 e 21.11.2003

Redação original – RA 102/1982, DJ 11.10.1982 e DJ 15.10.1982

N. 166 – O bancário exercente de função a que se refere o § 2º do art. 224 da CLT e que recebe gratificação não inferior a um terço do seu salário, já tem remuneradas as duas horas extraordinárias que excederem de seis (ex-Prejulgado n. 46).

N. 167 – CANCELADA – VOGAL. INVESTIDURA. RECURSO – Res. 121/2003, DJ 19, 20 e 21.11.2003

Das decisões proferidas pelos Tribunais Regionais, em processo de impugnação ou contestação à investidura de vogal, cabe recurso para o Tribunal Superior do Trabalho (ex-Prejulgado n. 47).

Histórico:

Redação original – RA 102/1982, DJ 11.10.1982 e DJ 15.10.1982

N. 168 – CANCELADA – PRESCRIÇÃO. PRESTAÇÕES PERIÓDICAS. CONTAGEM (cancelamento mantido) – Res. 121/2003, DJ 19, 20 e 21.11.2003

Na lesão de direito que atinja prestações periódicas, de qualquer natureza, devidas ao empregado, a prescrição é sempre parcial e se conta do vencimento de cada uma delas e não do direito do qual se origina (ex-Prejulgado n. 48).

Histórico:

Cancelada pela Súmula n. 294 – Res. 4/1989, DJ 14, 18 e 19.04.1989

Redação original – RA 102/1982, DJ 11.10.1982 e DJ 15.10.1982

N. 169 – CANCELADA – AÇÃO RESCISÓRIA. JUSTIÇA DO TRABALHO. DEPÓSITO PRÉVIO – Res. 121/2003, DJ 19, 20 e 21.11.2003

Nas ações rescisórias ajuizadas na Justiça do Trabalho e que só serão admitidas nas hipóteses dos arts. 798 a 800 do Código de Processo Civil de 1939, desnecessário o depósito a que aludem os arts. 488, II, e 494 do Código de Processo Civil de 1973 (ex-Prejulgado n. 49).

Histórico:

Revista pela Súmula n. 194 – Res. 2/1984, DJ 04.10.1984

Redação original – RA 102/1982, DJ 11.10.1982 e DJ 15.10.1982

N. 170 – SOCIEDADE DE ECONOMIA MISTA. CUSTAS (mantida) – Res. 121/2003, DJ 19, 20 e 21.11.2003

Os privilégios e isenções no foro da Justiça do Trabalho não abrangem as sociedades de economia mista, ainda que gozassem desses benefícios anteriormente ao Decreto-lei n. 779, de 21.08.1969 (ex-Prejulgado n. 50).

Histórico:

Redação original – RA 102/1982, DJ 11.10.1982 e DJ 15.10.1982

N. 170 – Os privilégios e isenções no foro da Justiça do Trabalho não abrangem as sociedades de economia mista, ainda que gozassem desses benefícios anteriormente ao Decreto-lei n. 779, de 1969 (ex-Prejulgado n. 50).

N. 171 – FÉRIAS PROPORCIONAIS. CONTRATO DE TRABALHO. EXTINÇÃO (republicada em razão de erro material no registro da referência legislativa), DJ 05.05.2004

Salvo na hipótese de dispensa do empregado por justa causa, a extinção do contrato de trabalho sujeita o empregador ao pagamento da remuneração das férias proporcionais, ainda que incompleto o período aquisitivo de 12 (doze) meses (art. 147 da CLT) (ex-Prejulgado n. 51).

Histórico:

Republicada em razão de erro material no registro da referência legislativa – DJ 27.04.2004

N. 171 – Férias proporcionais. Contrato de trabalho.

Salvo na hipótese de dispensa do empregado por justa causa, a extinção do contrato de trabalho sujeita o empregador ao pagamento da remuneração das férias proporcionais, ainda que incompleto o período aquisitivo de 12 (doze) meses (art. 142 da CLT).

Súmula alterada – Res. 121/2003, DJ 19, 20 e 21.11.2003

N. 171 – Férias proporcionais. Contrato de trabalho. Extinção

Salvo na hipótese de dispensa do empregado por justa causa, a extinção do contrato de trabalho sujeita o empregador ao pagamento da remuneração das férias proporcionais, ainda que incompleto o período aquisitivo de 12 (doze) meses (art. 142, parágrafo único, combinado com o art. 132, da CLT).

Redação original – RA 102/1982, DJ 11.10.1982 e DJ 15.10.1982

N. 171 – Salvo na hipótese de dispensa do empregado por justa causa, a extinção do contrato de trabalho, com mais de um ano, sujeita o empregador ao pagamento da remuneração das férias proporcionais, ainda que incompleto o período aquisitivo de doze meses (art. 142, parágrafo único, combinado com o art. 132 da CLT).

N. 172 – REPOUSO REMUNERADO. HORAS EXTRAS. CÁLCULO (mantida) – Res. 121/2003, DJ 19, 20 e 21.11.2003.

Computam-se no cálculo do repouso remunerado as horas extras habitualmente prestadas. (ex-Prejulgado n. 52).

Histórico:

Redação original – RA 102/1982, DJ 11.10.1982 e DJ 15.10.1982

N. 173 – SALÁRIO. EMPRESA. CESSAÇÃO DE ATIVIDADES (mantida) – Res. 121/2003, DJ 19, 20 e 21.11.2003

Extinto, automaticamente, o vínculo empregatício com a cessação das atividades da empresa, os salários só são devidos até a data da extinção (ex-Prejulgado n. 53).

Histórico:

Redação original – RA 102/1982, DJ 11.10.1982 e DJ 15.10.1982

N. 174 – CANCELADA – *PREVIDÊNCIA. LEI N. 3.841/ 1960. APLICAÇÃO – Res. 121/2003, DJ 19, 20 e 21.11.2003*

As disposições da Lei n. 3.841, de 15.12.1960, dirigidas apenas ao sistema previdenciário oficial, não se aplicam aos empregados vinculados ao regime de seguro social de caráter privado (ex-Prejulgado n. 54).

Histórico:

Redação original – RA 102/1982, DJ 11.10.1982 e DJ 15.10.1982

N. 175 – CANCELADA – *RECURSO ADESIVO. ART. 500 DO CPC. INAPLICABILIDADE – Res. 121/2003, DJ 19, 20 e 21.11.2003*

O recurso adesivo, previsto no art. 500 do Código de Processo Civil, é incompatível com o processo do trabalho (ex-Prejulgado n. 55).

Histórico:

Revista pela Súmula n. 196 – Res. 2/1985, DJ 01.04.1985 – Republicada com correção DJ 12.04.1985

Redação original – RA 102/1982, DJ 11.10.1982 e DJ 15.10.1982

N. 176 – CANCELADA – *FUNDO DE GARANTIA. LEVANTAMENTO DO DEPÓSITO – Res. 130/2005, DJ 13.05.2005*

A Justiça do Trabalho só tem competência para autorizar o levantamento do depósito do Fundo de Garantia do Tempo de Serviço na ocorrência de dissídio entre empregado e empregador.

Histórico:

Súmula alterada – Res. 121/2003, DJ 19, 20 e 21.11.2003

Redação original – RA 102/1982, DJ 11.10.1982 e DJ 15.10.1982

N. 176 – A Justiça do Trabalho só tem competência para autorizar o levantamento do depósito do Fundo de Garantia do Tempo de Serviço na ocorrência de dissídio entre empregado e empregador e após o trânsito em julgado da sentença (ex-Prejulgado n. 57).

N. 177 – CANCELADA – *DISSÍDIO COLETIVO. SINDICATO. REPRESENTAÇÃO – Res. 121/2003, DJ 19, 20 e 21.11.2003*

Está em plena vigência o art. 859 da Consolidação das Leis do Trabalho, cuja redação é a seguinte: "A representação dos sindicatos para instauração da instância fica subordinada à aprovação de assembleia, da qual participem os associados interessados na solução do dissídio coletivo, em primeira convocação, por maioria de 2/3 dos mesmos, ou, em Segunda convocação, por 2/3 dos presentes" (ex-Prejulgado n. 58).

Histórico:

Redação original – RA 102/1982, DJ 11.09.1982 e DJ 15.10.1982

N. 178 – TELEFONISTA. ART. 227, E PARÁGRAFOS, DA CLT. APLICABILIDADE (mantida) – Res. 121/2003, DJ 19, 20 e 21.11.2003

É aplicável à telefonista de mesa de empresa que não explora o serviço de telefonia o disposto no art. 227, e seus parágrafos, da CLT (ex-Prejulgado n. 59).

Histórico:

Redação original – RA 102/1982, DJ 11.10.1982 e DJ 15.10.1982

N. 179 – CANCELADA – *INCONSTITUCIONALIDADE. ART. 22 DA LEI N. 5.107/1966 – Res. 121/2003, DJ 19, 20 e 21.11.2003*

É inconstitucional o art. 22 da Lei n. 5.107, de 13.09.1966, na sua parte final, em que dá competência à Justiça do Trabalho para julgar dissídios coletivos "quando o BNH e a Previdência Social figurarem no feito como litisconsorte" (ex-Prejulgado n. 60).

Histórico:

Redação original – RA 102/1982, DJ 11.10.1982 e DJ 15.10.1982

N. 180 – CANCELADA – *AÇÃO DE CUMPRIMENTO. SUBSTITUIÇÃO PROCESSUAL. DESISTÊNCIA – Res. 121/2003, DJ 19, 20 e 21.11.2003*

Nas ações de cumprimento, o substituído processualmente pode, a qualquer tempo, desistir da ação, desde que, comprovadamente, tenha havido transação.

Histórico:

Revista pela Súmula n. 255 – Res. 3/1986, DJ 02,03 e 04.07.1986

Redação original – Res. 1/1983, DJ 19.10.1983

N. 181 – CANCELADA – *ADICIONAL. TEMPO DE SERVIÇO. REAJUSTE SEMESTRAL. LEI N. 6.708/1979 – Res. 121/2003, DJ 19, 20 e 21.11.2003*

O adicional por tempo de serviço, quando estabelecido em importe fixo, está sujeito ao reajuste da Lei n. 6.708/1979.

Histórico:

Redação original – Res. 2/1983, DJ 19.10.1983

N. 182 – AVISO PRÉVIO. INDENIZAÇÃO COMPENSATÓRIA. LEI N. 6.708, DE 30.10.1979 (mantida) – Res. 121/2003, DJ 19, 20 e 21.11.2003

O tempo do aviso prévio, mesmo indenizado, conta-se para efeito da indenização adicional prevista no art. 9º da Lei n. 6.708, de 30.10.1979.

Histórico:

Súmula alterada – Res. 5/1983, DJ 09.11.1983

N. 182 – O tempo do aviso prévio, mesmo indenizado, conta-se para efeito de indenização adicional do art. 9º, da Lei 6.708/79.

Redação original – Res. 3/1983, DJ 19.10.1983

N. 182 – O tempo do aviso prévio, mesmo indenizado, conta-se para efeito de indenização compensatória do art. 9º, da Lei 6.708/79.

N. 183 – CANCELADA – *EMBARGOS. RECURSO DE REVISTA. DESPACHO DENEGATÓRIO. AGRAVO DE INSTRUMENTO. NÃO CABIMENTO – Res. 121/2003, DJ 19, 20 e 21.11.2003*

São incabíveis embargos para o Tribunal Pleno contra decisão em agravo de instrumento oposto a despacho denegatório de recurso de revista, inexistindo ofensa ao art. 153, § 4º, da Constituição Federal.

Histórico:

Revista pela Súmula n. 335 – Res. 27/1994, DJ 12, 17 e 19.05.1994

Súmula alterada – Res. 1/1984, DJ 28.02.1984

Redação original – Res. 4/1983, DJ 19.10.1983

N. 183 – São incabíveis Embargos para o Tribunal Pleno contra Agravo de Instrumento oposto a despacho denegatório de Recurso de Revista, inexistindo ofensa ao art. 153, § 4º, da Constituição Federal.

N. 184 – EMBARGOS DECLARATÓRIOS. OMISSÃO EM RECURSO DE REVISTA. PRECLUSÃO (mantida) – Res. 121/2003, DJ 19, 20 e 21.11.2003

Ocorre preclusão se não forem opostos embargos declaratórios para suprir omissão apontada em recurso de revista ou de embargos.

Histórico:

Redação original – Res. 6/1983, DJ 09.11.1983

N. 184 – Ocorre preclusão quando não forem opostos embargos declaratórios para suprir omissão apontada em recurso de revista ou de embargos.

N. 185 – CANCELADA – *EMBARGOS SOB INTERVENÇÃO DO BANCO CENTRAL. LIQUIDAÇÃO EXTRAJUDICIAL. JUROS. CORREÇÃO MONETÁRIA. LEI N. 6.024/1974 – Res. 121/2003, DJ 19, 20 e 21.11.2003*

Aplicada a Lei n. 6.024/1974, fica suspensa a incidência de juros e correção monetária nas liquidações de empresas sob intervenção do Banco Central.

Histórico:

Revista pela Súmula n. 284 – Res. 17/1988, DJ 18, 21 e 22.03.1988

Redação original – Res. 7/1983, DJ 09.11.1983

N. 186 – LICENÇA-PRÊMIO. CONVERSÃO EM PECÚNIA. REGULAMENTO DA EMPRESA (nova redação) – Res. 121/2003, DJ 19, 20 e 21.11.2003

A licença-prêmio, na vigência do contrato de trabalho, não pode ser convertida em pecúnia, salvo se expressamente admitida a conversão no regulamento da empresa.

Histórico:

Redação original – Res. 8/1983, DJ 09.11.1983

N. 186 – A licença-prêmio não pode ser convertida em pecúnia, salvo se expressamente admitida no regulamento da empresa.

N. 187 – CORREÇÃO MONETÁRIA. INCIDÊNCIA
(mantida) – Res. 121/2003, DJ 19, 20 e 21.11.2003

A correção monetária não incide sobre o débito do trabalhador reclamante.

Histórico:

Redação original – Res. 9/1983, DJ 09.11.1983

N. 188 – CONTRATO DE TRABALHO. EXPERIÊNCIA. PRORROGAÇÃO
(mantida) – Res. 121/2003, DJ 19, 20 e 21.11.2003

O contrato de experiência pode ser prorrogado, respeitado o limite máximo de 90 (noventa) dias.

Histórico:

Redação original – Res. 10/1983, DJ 09.11.1983

N. 188 – O contrato de experiência pode ser prorrogado, respeitado o limite máximo de 90 dias.

N. 189 – GREVE. COMPETÊNCIA DA JUSTIÇA DO TRABALHO. ABUSIVIDADE
(nova redação) – Res. 121/2003, DJ 19, 20 e 21.11.2003

A Justiça do Trabalho é competente para declarar a abusividade, ou não, da greve.

Histórico:

Redação original – Res. 11/1983, DJ 09.11.1983

N. 189 – A Justiça do Trabalho é competente para declarar a legalidade ou ilegalidade da greve.

N. 190 – PODER NORMATIVO DO TST. CONDIÇÕES DE TRABALHO. INCONSTITUCIONALIDADE. DECISÕES CONTRÁRIAS AO STF
(mantida) – Res. 121/2003, DJ 19, 20 e 21.11.2003

Ao julgar ou homologar ação coletiva ou acordo nela havido, o Tribunal Superior do Trabalho exerce o poder normativo constitucional, não podendo criar ou homologar condições de trabalho que o Supremo Tribunal Federal julgue iterativamente inconstitucionais.

Histórico:

Redação original – Res. 12/1983, DJ 09.11.1983

N. 190 – Decidindo ação coletiva ou homologando acordo nela havido, o Tribunal Superior do Trabalho exerce o poder normativo constitucional, não podendo criar ou homologar condições de trabalho que o Supremo Tribunal Federal julgue iterativamente inconstitucionais.

N. 191 – ADICIONAL. PERICULOSIDADE. INCIDÊNCIA
(nova redação) – Res. 121/2003, DJ 19, 20 e 21.11.2003

O adicional de periculosidade incide apenas sobre o salário básico e não sobre este acrescido de outros adicionais. Em relação aos eletricitários, o cálculo do adicional de periculosidade deverá ser efetuado sobre a totalidade das parcelas de natureza salarial.

Histórico:

Redação original – Res. 13/1983, DJ 09.11.1983

N. 191 – O adicional de periculosidade incide, apenas, sobre o salário básico, e não sobre este acrescido de outros adicionais.

N. 192 – AÇÃO RESCISÓRIA. COMPETÊNCIA E POSSIBILIDADE JURÍDICA DO PEDIDO
(redação do item III alterada na sessão do Tribunal Pleno realizada em 17.11.2008. Resolução n. 153/08 – DEJT 20, 21 e 24.11.08).

I – Se não houver o conhecimento de recurso de revista ou de embargos, a competência para julgar ação que vise a rescindir a decisão de mérito é do Tribunal Regional do Trabalho, ressalvado o disposto no item II. (ex-Súmula n. 192 – alterada pela Res. 121/2003, DJ 21.11.2003)

II – Acórdão rescindendo do Tribunal Superior do Trabalho que não conhece de recurso de embargos ou de revista, analisando arguição de violação de dispositivo de lei material ou decidindo em consonância com súmula de direito material ou com iterativa, notória e atual jurisprudência de direito material da Seção de Dissídios Individuais (Súmula n. 333), examina o mérito da causa, cabendo ação rescisória da competência do Tribunal Superior do Trabalho. (ex-Súmula n. 192 – alterada pela Res. 121/2003, DJ 21.11.2003)

III – Em face do disposto no art. 512 do CPC, é juridicamente impossível o pedido explícito de desconstituição de sentença quando substituída por acórdão de Tribunal Regional ou superveniente sentença homologatória de acordo que puser fim ao litígio.

IV – É manifesta a impossibilidade jurídica do pedido de rescisão de julgado proferido em agravo de instrumento que, limitando-se a aferir o eventual desacerto do juízo negativo de admissibilidade do recurso de revista, não substitui o acórdão regional, na forma do art. 512 do CPC. (ex-OJ n. 105 da SBDI-2 – DJ 29.04.2003).

V – A decisão proferida pela SBDI, em sede de agravo regimental, calcada na Súmula n. 333, substitui acórdão de Turma do TST, porque emite juízo de mérito, comportando, em tese, o corte rescisório. (ex-OJ n. 133 da SBDI-2 – DJ 04.05.2004).

Histórico:

AÇÃO RESCISÓRIA. COMPETÊNCIA E POSSIBILIDADE JURÍDICA DO PEDIDO (incorporadas as Orientações Jurisprudenciais ns. 48, 105 e 133 da SBDI-2) – Res. 137/2005, DJ 22, 23 e 24.08.2005.

I – Se não houver o conhecimento de recurso de revista ou de embargos, a competência para julgar ação que vise a rescindir a decisão de mérito é do Tribunal Regional do Trabalho, ressalvado o disposto no item II. (ex-Súmula n. 192 – alterada pela Res. 121/03, DJ 21.11.03)

II – Acórdão rescindendo do Tribunal Superior do Trabalho que não conhece de recurso de embargos ou de revista, analisando arguição de violação de dispositivo de lei material ou decidindo em consonância com súmula de direito material ou com iterativa, notória e atual jurisprudência de direito material da Seção de Dissídios Individuais (Súmula n. 333), examina o mérito da causa, cabendo ação rescisória da competência do Tribunal Superior do Trabalho. (ex-Súmula n. 192 – alterada pela Res. 121/03, DJ 21.11.03)

III – Em face do disposto no art. 512 do CPC, é juridicamente impossível o pedido explícito de desconstituição de sentença quando substituída por acórdão Regional. (ex-OJ n. 48 da SBDI-2 – inserida em 20.09.00)

IV – É manifesta a impossibilidade jurídica do pedido de rescisão de julgado proferido em agravo de instrumento que, limitando-se a aferir o eventual desacerto do juízo negativo de admissibilidade do recurso de revista, não substitui o acórdão regional, na forma do art. 512 do CPC. (ex-OJ n. 105 da SBDI-2 – DJ 29.04.03)

V – A decisão proferida pela SBDI, em sede de agravo regimental, calcada na Súmula n. 333, substitui acórdão de Turma do TST, porque emite juízo de mérito, comportando, em tese, o corte rescisório. (ex-OJ n. 133 da SBDI-2 – DJ 04.05.04).

Súmula alterada – Res. 121/2003, DJ 19, 20 e 21.11.2003

N. 192 – Ação rescisória. Competência.

I – Se não houver o conhecimento de recurso de revista ou de embargos, a competência para julgar ação que vise a rescindir a decisão de mérito é do Tribunal Regional do Trabalho, ressalvado o disposto no item II.

II – Acórdão rescindendo do Tribunal Superior do Trabalho que não conhece de recurso de embargos ou de revista, analisando arguição de violação de dispositivo de lei material ou decidindo em consonância com enunciado de direito material ou com iterativa, notória e atual jurisprudência de direito material da Seção de Dissídios Individuais (Súmula n. 333), examina o mérito da causa, cabendo ação rescisória da competência do Tribunal Superior do Trabalho.

Redação original – Res. 14/1983, DJ 09.11.1983

N. 192 – Não sendo conhecidos o recurso de revista e o de embargos, a competência para julgar a ação que vise a rescindir a decisão de mérito é do Tribunal Regional do Trabalho.

N. 193 – *CANCELADA* – *CORREÇÃO MONETÁRIA. JUROS. CÁLCULO. EXECUÇÃO DE SENTENÇA. PESSOA JURÍDICA DE DIREITO PÚBLICO (cancelamento mantido) – Res. 121/2003, DJ 19, 20 e 21.11.2003*

Nos casos de execução de sentença contra pessoa jurídica de direito público, os juros e a correção monetária serão calculados até o pagamento do valor principal da condenação.

Histórico:

Súmula cancelada – Res. 105/2000, DJ 18, 19 e 20.12.2000

Redação original – Res. 15/1983, DJ 09.11.1983

N. 194 – **AÇÃO RESCISÓRIA. JUSTIÇA DO TRABALHO. DEPÓSITO PRÉVIO** (mantida) – Res. 121/2003, DJ 19, 20 e 21.11.2003 (cancelada pela Resolução n.142/2007 – DJ 10, 11 e 15.10.2007)

As ações rescisórias ajuizadas na Justiça do Trabalho serão admitidas, instruídas e julgadas conforme os arts. 485 "usque" 495 do Código de Processo Civil de 1973, sendo, porém, desnecessário o depósito prévio a que aludem os respectivos arts. 488, II, e 494.

Histórico:

Redação original (revisão da Súmula n. 169) – Res. 2/1984, DJ 04.10.1984

N. 194 – As ações rescisórias ajuizadas na Justiça do Trabalho serão admitidas, instruídas e julgadas conforme os arts. 485 usque 495 do Código de Processo Civil de 1973, sendo, porém, desnecessário o depósito prévio a que aludem os respectivos arts. 488, inciso II, e 494 do mesmo código.

N. 195 – *CANCELADA* – *EMBARGOS. AGRAVO REGIMENTAL. CABIMENTO* – *Res. 121/2003, DJ 19, 20 e 21.11.2003*

Não cabem embargos para o Pleno de decisão de Turma do Tribunal Superior do Trabalho, prolatada em agravo regimental.

Histórico:

Revista pela Súmula n. 353 – Res. 70/1997, DJ 30.05.1997, 04, 05 e 06.06.1997

Redação original – Res. 1/1985, DJ 01, 02 e 03.04.1985

N. 196 – *CANCELADA* – *RECURSO ADESIVO. PRAZO* – *Res. 121/2003, DJ 19, 20 e 21.11.2003*

O recurso adesivo é compatível com o processo do trabalho, onde cabe, no prazo de 8 (oito) dias, no recurso ordinário, na revista, nos embargos para o Pleno e no agravo de petição.

Histórico:

Revista pela Súmula n. 283 – Res. 16/1988, DJ 18, 21 e 22.03.1988.

Redação original (revisão da Súmula n. 175) – Res. 2/1985, DJ 01.04.1985 – Republicada com correção DJ 12, 15 e 16.04.1985

N. 197 – **PRAZO** (mantida) – Res. 121/2003, DJ 19, 20 e 21.11.2003

O prazo para recurso da parte que, intimada, não comparecer à audiência em prosseguimento para a prolação da sentença conta-se de sua publicação.

Histórico:

Redação original – Res. 3/1985, DJ 01, 02 e 03.04.1985

N. 197 – O prazo para recurso da parte que, intimada, não comparecer à audiência em prosseguimento para a prolação da sentença, conta-se de sua publicação.

N. 198 – *CANCELADA* – *PRESCRIÇÃO (cancelamento mantido) – Res. 121/2003, DJ 19, 20 e 21.11.2003*

Na lesão de direito individual que atinja prestações periódicas devidas ao empregado, à exceção da que decorre de ato único do empregador, a prescrição é sempre parcial e se conta do vencimento de cada uma dessas prestações, e não da lesão do direito.

Histórico:

Cancelada pela Súmula n. 294 – Res. 4/1989, DJ 14, 18 e 19.04.1989

Redação original – Res. 4/1985, DJ 01, 02 e 03.04.1985

N. 199 – BANCÁRIO. PRÉ-CONTRATAÇÃO DE HORAS EXTRAS (incorporadas as Orientações Jurisprudenciais ns. 48 e 63 da SBDI-1) – Res. 129/2005, DJ 20, 22 e 25.04.2005

I – A contratação do serviço suplementar, quando da admissão do trabalhador bancário, é nula. Os valores assim ajustados apenas remuneram a jornada normal, sendo devidas as horas extras com o adicional de, no mínimo, 50% (cinquenta por cento), as quais não configuram pré-contratação, se pactuadas após a admissão do bancário. (ex-Súmula n. 199 – alterada pela Res. 41/1995, DJ 21.02.1995 – e ex-OJ n. 48 da SBDI-1 – inserida em 25.11.1996)

II – Em se tratando de horas extras pré-contratadas, opera-se a prescrição total se a ação não for ajuizada no prazo de cinco anos, a partir da data em que foram suprimidas. (ex-OJ n. 63 da SBDI-1 – inserida em 14.03.1994)

Histórico:

Súmula mantida – Res. 121/2003, DJ 19, 20 e 21.11.2003

Súmula alterada – Res. 41/1995, DJ 17, 20 e 21.02.1995

N. 199 – Bancário. Pré-contratação de horas extras

A contratação do serviço suplementar, quando da admissão do trabalhador bancário, é nula. Os valores assim ajustados apenas remuneram a jornada normal, sendo devidas as horas extras com o adicional de, no mínimo, 50% (cinquenta por cento).

Redação original – Res. 5/1985, DJ 10, 13 e 14.05.1985

N. 199 – A contratação do serviço suplementar, quando da admissão do trabalhador bancário, é nula. Os valores assim ajustados apenas remuneram a jornada normal, sendo devidas as horas extras com o adicional de 25% (vinte e cinco por cento).

N. 200 – JUROS DE MORA. INCIDÊNCIA (mantida) – Res. 121/2003, DJ 19, 20 e 21.11.2003

Os juros de mora incidem sobre a importância da condenação já corrigida monetariamente.

Histórico:

Redação original – Res. 6/1985, DJ 18.06.1985 e 24, 25 e 26.06.1985

N. 200 – Juros da mora. Incidência

Os juros da mora incidem sobre a importância da condenação já corrigida monetariamente.

N. 201 – RECURSO ORDINÁRIO EM MANDADO DE SEGURANÇA (mantida) – Res. 121/2003, DJ 19, 20 e 21.11.2003

Da decisão de Tribunal Regional do Trabalho em mandado de segurança cabe recurso ordinário, no prazo de 8 (oito) dias, para o Tribunal Superior do Trabalho, e igual dilação para o recorrido e interessados apresentarem razões de contrariedade.

Histórico:

Redação original (revisão da Súmula n. 154) – Res. 7/1985, DJ 11, 12 e 15.07.1985

N. 201 – Recurso ordinário em mandado de segurança

Da decisão de Tribunal Regional do Trabalho em mandado de segurança cabe recurso ordinário, no prazo de oito (8) dias, para o Tribunal Superior do Trabalho, correspondendo igual dilação para o recorrido e interessados apresentarem razões de contrariedade.

N. 202 – GRATIFICAÇÃO POR TEMPO DE SERVIÇO. COMPENSAÇÃO (mantida) – Res. 121/2003, DJ 19, 20 e 21.11.2003

Existindo, ao mesmo tempo, gratificação por tempo de serviço outorgada pelo empregador e outra da mesma natureza prevista em acordo coletivo, convenção coletiva ou sentença normativa, o empregado tem direito a receber, exclusivamente, a que lhe seja mais benéfica.

Histórico:

Redação original – Res. 8/1985, DJ 11, 12 e 15.07.1985

N. 203 – GRATIFICAÇÃO POR TEMPO DE SERVIÇO. NATUREZA SALARIAL (mantida) – Res. 121/2003, DJ 19, 20 e 21.11.2003

A gratificação por tempo de serviço integra o salário para todos os efeitos legais.

Histórico:

Redação original – Res. 9/1985, DJ 11, 12 e 15.07.1985

***N. 204 – CANCELADA** – BANCÁRIO. CARGO DE CONFIANÇA. CARACTERIZAÇÃO (cancelada em decorrência da sua incorporação à nova redação da Súmula n. 102) – Res. 129/2005, DJ 20, 22 e 25.04.2005*

A configuração, ou não, do exercício da função de confiança a que se refere o art. 224, § 2º, da CLT, dependente da prova das reais atribuições do empregado, é insuscetível de exame mediante recurso de revista ou de embargos.

Histórico:

Súmula alterada – Res. 121/2003, DJ 19, 20 e 21.11.2003

Redação original – Res. 10/1985, DJ 11, 12 e 15.07.1985 – Republicada com correção DJ 30.09.1985 e 04, 07 e 08.10.1985

N. 204 – Bancário. Cargo de confiança. Caracterização

As circunstâncias que caracterizam o bancário como exercente de função de confiança são previstas no art. 224, § 2º da Consolidação das Leis do Trabalho, não exigindo amplos poderes de mando, representação e substituição do empregador, de que cogita o art. 62, alínea "b", consolidado.

***N. 205 – CANCELADA** – GRUPO ECONÔMICO. EXECUÇÃO. SOLIDARIEDADE – Res. 121/2003, DJ 19, 20 e 21.11.2003*

O responsável solidário, integrante do grupo econômico, que não participou da relação processual como reclamado e que, portanto, não consta no título executivo judicial como devedor, não pode ser sujeito passivo na execução.

Histórico:

Redação original – Res. 11/1985, DJ 11, 12 e 15.07.1985

N. 206 – FGTS. INCIDÊNCIA SOBRE PARCELAS PRESCRITAS (nova redação) – Res. 121/2003, DJ 19, 20 e 21.11.2003

A prescrição da pretensão relativa às parcelas remuneratórias alcança o respectivo recolhimento da contribuição para o FGTS.

Histórico:

Redação original – Res. 12/1985, DJ 11, 12 e 15.07.1985

N. 206 – FGTS. Incidência sobre parcelas prescritas

A prescrição bienal relativa às parcelas remuneratórias alcança o respectivo recolhimento da contribuição para o FGTS.

N. 207 – CONFLITOS DE LEIS TRABALHISTAS NO ESPAÇO. PRINCÍPIO DA "LEX LOCI EXECUTIONIS" (mantida) – Res. 121/2003, DJ 19, 20 e 21.11.2003

A relação jurídica trabalhista é regida pelas leis vigentes no país da prestação de serviço e não por aquelas do local da contratação.

Histórico:

Redação original – Res. 13/1985, DJ 11, 12 e 15.07.1985

N. 208 – CANCELADA – *RECURSO DE REVISTA. ADMISSIBILIDADE. INTERPRETAÇÃO DE CLÁUSULA DE NATUREZA CONTRATUAL (cancelamento mantido) – Res. 121/2003, DJ 19, 20 e 21.11.2003*

A divergência jurisprudencial, suficiente a ensejar a admissibilidade ou o conhecimento do recurso de revista, diz respeito a interpretação de lei, sendo imprestável aquela referente ao alcance de cláusula contratual, ou de regulamento de empresa.

Histórico:

Súmula cancelada – Res. 59/1996, DJ 28.06.1996 e 03, 04 e 05.07.1996

Redação original – Res. 14/1985, DJ 19.09.1985 e 24, 25 e 26.09.1985

N. 209 – CANCELADA – *CARGO EM COMISSÃO. REVERSÃO (cancelamento mantido) – Res. 121/2003, DJ 19, 20 e 21.11.2003*

A reversão do empregado ao cargo efetivo implica a perda das vantagens salariais inerentes ao cargo em comissão, salvo se nele houver permanecido 10 (dez) ou mais anos ininterruptos.

Histórico:

Súmula cancelada – RA 81/1985, DJ 03, 04 e 05.12.1985

Redação original – Res. 14/1985, DJ 19.09.1985 – Republicada DJ 04, 07 e 08.10.1985

N. 209 – Cargo em comissão – Reversão.

A reversão do empregado ao cargo efetivo implica na perda das vantagens salariais inerentes ao cargo em comissão, salvo se nele houver permanecido dez ou mais anos ininterruptos.

N. 210 – CANCELADA – *RECURSO DE REVISTA. EXECUÇÃO DE SENTENÇA – Res. 121/2003, DJ 19, 20 e 21.11.2003*

A admissibilidade do recurso de revista contra acórdão proferido em execução de sentença depende de demonstração inequívoca de violação direta à Constituição Federal.

Histórico:

Revista pela Súmula n. 266 – Res. 1/1987, DJ 23.10.1987 e DJ 10, 11 e 14.12.1987.

Redação original – Res. 14/1985, DJ 19.09.1985 e 24, 25 e 26.09.1985

N. 211 – JUROS DE MORA E CORREÇÃO MONETÁRIA. INDEPENDÊNCIA DO PEDIDO INICIAL E DO TÍTULO EXECUTIVO JUDICIAL (mantida) – Res. 121/2003, DJ 19, 20 e 21.11.2003

Os juros de mora e a correção monetária incluem-se na liquidação, ainda que omisso o pedido inicial ou a condenação.

Histórico:

Redação original – Res. 14/1985, DJ 19.09.1985 e 24, 25 e 26.09.1985

N. 211 – Juros da mora e correção monetária. Independência do pedido inicial e do título executivo judicial.

Os juros de mora e correção monetária incluem-se na liquidação, ainda que omisso o pedido inicial ou a condenação.

N. 212 – DESPEDIMENTO. ÔNUS DA PROVA (mantida) – Res. 121/2003, DJ 19, 20 e 21.11.2003

O ônus de provar o término do contrato de trabalho, quando negados a prestação de serviço e o despedimento, é do empregador, pois o princípio da continuidade da relação de emprego constitui presunção favorável ao empregado.

Histórico:

Redação original – Res. 14/1985, DJ 19.09.1985 e 24, 25 e 26.09.1985

N. 213 – CANCELADA – *EMBARGOS DE DECLARAÇÃO. SUSPENSÃO DO PRAZO RECURSAL (cancelamento mantido) – Res. 121/2003, DJ 19, 20 e 21.11.2003 – Lei n. 8.950/1994*

Os embargos de declaração suspendem o prazo do recurso principal, para ambas as partes, não se computando o dia da sua interposição.

Histórico:

Súmula cancelada – Res. 46/1995, DJ 20, 24 e 25.04.1995

Redação original – Res. 14/1985, DJ 19.09.1985 e 24, 25 e 26.09.1985

N. 214 – DECISÃO INTERLOCUTÓRIA. IRRECORRIBILIDADE (nova redação) – Res. 127/2005, DJ 14, 15 e 16.03.2005

Na Justiça do Trabalho, nos termos do art. 893, § 1º, da CLT, as decisões interlocutórias não ensejam recurso imediato, salvo nas hipóteses de decisão: a) de Tribunal Regional do Trabalho contrária à Súmula ou Orientação Jurisprudencial do Tribunal Superior do Trabalho; b) suscetível de impugnação mediante recurso para o mesmo Tribunal; c) que acolhe exceção de incompetência territorial, com a remessa dos autos para Tribunal Regional distinto daquele a que se vincula o juízo excepcionado, consoante o disposto no art. 799, § 2º, da CLT.

Histórico:

Súmula alterada – Res. 121/2003, DJ 19, 20 e 21.11.2003

N. 214 – Decisão interlocutória. Irrecorribilidade

Na Justiça do Trabalho, as decisões interlocutórias somente ensejam recurso imediato quando suscetíveis de impugnação mediante recurso para o mesmo Tribunal ou na hipótese de acolhimento de exceção de incompetência, com a remessa dos autos para Tribunal Regional distinto daquele a que se vincula o juízo excepcionado, consoante disposto no art. 799, § 2º, da CLT.

Súmula alterada – Res. 43/1995, DJ 17, 20 e 21.02.1995 – Republicada DJ 22, 23 e 24.03.1995.

N. 214 – Decisão interlocutória. Irrecorribilidade

As decisões interlocutórias, na Justiça do Trabalho, só são recorríveis de imediato quando terminativas do feito, podendo ser impugnadas na oportunidade da interposição de recurso contra decisão definitiva, salvo quando proferidas em acórdão sujeito a recurso para o mesmo Tribunal.

Redação original – Res. 14/1985, DJ 19.09.1985 e 24, 25 e 26.09.1985

N. 214 – Decisão interlocutória. Irrecorribilidade

Salvo quando terminativas do feito na Justiça do Trabalho, as decisões interlocutórias não são recorríveis de imediato, podendo ser impugnadas quando da interposição de recurso contra a decisão definitiva.

N. 215 – CANCELADA – *HORAS EXTRAS NÃO CONTRATADAS EXPRESSAMENTE. ADICIONAL DEVIDO* (cancelamento mantido) – Res. 121/2003, DJ 19, 20 e 21.11.2003 – Referência art. 7º, XVI, CF/1988

Inexistindo acordo escrito para prorrogação da jornada de trabalho, o adicional referente às horas extras é devido na base de 25% (vinte e cinco por cento).

Histórico:

Súmula cancelada – Res. 28/1994, DJ 12, 16 e 18.05.1994

Redação original – Res. 14/1985, DJ 19.09.1985 e 24, 25 e 26.09.1985

N. 216 – CANCELADA – *DESERÇÃO. RELAÇÃO DE EMPREGADOS. AUTENTICAÇÃO MECÂNICA DESNECESSÁRIA (cancelamento mantido) – Res. 121/2003, DJ 19, 20 e 21.11.2003*

São juridicamente desnecessárias a autenticação mecânica do valor do depósito recursal na relação de empregados (RE) e a individualização do processo na guia de recolhimento (GR), pelo que a falta não importa em deserção.

Histórico:

Súmula cancelada – Res. 87/1998, DJ 15, 16 e 19.10.1998

Redação original – Res. 14/1985, DJ 19.09.1985 e 24, 25 e 26.09.1985

N. 217 – DEPÓSITO RECURSAL. CREDENCIAMENTO BANCÁRIO. PROVA DISPENSÁVEL (mantida) – Res. 121/2003, DJ 19, 20 e 21.11.2003

O credenciamento dos bancos para o fim de recebimento do depósito recursal é fato notório, independendo da prova.

Histórico:

Redação original – Res. 14/1985, DJ 19.09.1985 e 24, 25 e 26.09.1985

N. 218 – RECURSO DE REVISTA. ACÓRDÃO PROFERIDO EM AGRAVO DE INSTRUMENTO (mantida) – Res. 121/2003, DJ 19, 20 e 21.11.2003

É incabível recurso de revista interposto de acórdão regional prolatado em agravo de instrumento.

Histórico:

Redação original – Res. 14/1985, DJ 19.09.1985 e 24, 25 e 26.09.1985

N. 218 – Recurso de revista contra acórdão proferido em agravo de instrumento

É incabível recurso de revista contra acórdão regional prolatado em agravo de instrumento.

N. 219 – HONORÁRIOS ADVOCATÍCIOS. HIPÓTESE DE CABIMENTO (incorporada a Orientação Jurisprudencial n. 27 da SBDI-2) – Res. 137/2005, DJ 22, 23 e 24.08.2005

I – Na Justiça do Trabalho, a condenação ao pagamento de honorários advocatícios, nunca superiores a 15% (quinze por cento), não decorre pura e simplesmente da sucumbência, devendo a parte estar assistida por sindicato da categoria profissional e comprovar a percepção de salário inferior ao dobro do salário mínimo ou encontrar-se em situação econômica que não lhe permita demandar sem prejuízo do próprio sustento ou da respectiva família. (ex-Súmula n. 219 – Res. 14/1985, DJ 26.09.1985)

II – É incabível a condenação ao pagamento de honorários advocatícios em ação rescisória no processo trabalhista, salvo se preenchidos os requisitos da Lei n. 5.584/70. (ex-OJ n. 27 da SBDI-2 – inserida em 20.09.2000)

Histórico:

Súmula mantida – Res. 121/2003, DJ 19, 20 e 21.11.2003

Redação original – Res. 14/1985, DJ 19.09.1985 e 24, 25 e 26.09.1985

N. 219 – Honorários advocatícios. Hipótese de cabimento

Na Justiça do Trabalho, a condenação em honorários advocatícios, nunca superiores a 15%, não decorre pura e simplesmente da sucumbência, devendo a parte estar assistida por sindicato da categoria profissional e comprovar a percepção de salário inferior ao dobro do mínimo legal, ou encontrar-se em situação econômica que não lhe permita demandar sem prejuízo do próprio sustento ou da respectiva família.

N. 220 – CANCELADA – *HONORÁRIOS ADVOCATÍCIOS. SUBSTITUIÇÃO PROCESSUAL (cancelamento mantido)* – Res. 121/2003, DJ 19, 20 e 21.11.2003

Atendidos os requisitos da Lei n. 5.584/1970, são devidos os honorários advocatícios, ainda que o sindicato figure como substituto processual.

Histórico:

Súmula cancelada – Res. 55/1996, DJ 19, 22 e 23.04.1996

Redação original – Res. 14/1985, DJ 19.09.1985 e 24, 25 e 26.09.1985

N. 221 – RECURSOS DE REVISTA OU DE EMBARGOS. VIOLAÇÃO DE LEI. INDICAÇÃO DE PRECEITO. INTERPRETAÇÃO RAZOÁVEL (incorporada a Orientação Jurisprudencial n. 94 da SBDI-1) – Res. 129/2005, DJ 20, 22 e 25.04.2005

I – A admissibilidade do recurso de revista e de embargos por violação tem como pressuposto a indicação expressa do dispositivo de lei ou da Constituição tido como violado. (ex-OJ n. 94 da SBDI-1 – inserida em 30.05.1997)

II – Interpretação razoável de preceito de lei, ainda que não seja a melhor, não dá ensejo à admissibilidade ou ao conhecimento de recurso de revista ou de embargos com base, respectivamente, na alínea "c" do art. 896 e na alínea "b" do art. 894 da CLT. A violação há de estar ligada à literalidade do preceito. (ex-Súmula n. 221 – alterada pela Res. 121/2003, DJ 21.11.2003)

Histórico:

Súmula alterada – Res. 121/2003, DJ 19, 20 e 21.11.2003

N. 221 – Recursos de revista ou de embargos. Interpretação razoável. Admissibilidade vedada

Interpretação razoável de preceito de lei, ainda que não seja a melhor, não dá ensejo à admissibilidade ou ao conhecimento de recurso de revista ou de embargos com base, respectivamente, na alínea "c" do art. 896 e na alínea "b" do art. 894 da CLT. A violação há de estar ligada à literalidade do preceito.

Redação original – Res. 14/1985, DJ 19.09.1985 e 24, 25 e 26.09.1985

N. 221 – Recursos de revista ou de embargos. Interpretação razoável. Admissibilidade vedada

Interpretação razoável de preceito de lei, ainda que não seja a melhor, não dá ensejo à admissibilidade ou ao conhecimento dos recursos de revista ou de embargos com base, respectivamente, nas alíneas "b" dos arts. 896 e 894, da Consolidação das Leis do Trabalho. A violação há que estar ligada à literalidade do preceito.

N. 222 – CANCELADA – *DIRIGENTES DE ASSOCIAÇÕES PROFISSIONAIS. ESTABILIDADE PROVISÓRIA (cancelamento mantido)* – Res. 121/2003, DJ 19, 20 e 21.11.2003

Os dirigentes de associações profissionais, legalmente registradas, gozam de estabilidade provisória no emprego.

Histórico:

Súmula cancelada – Res. 84/1998, DJ 20, 21 e 24.08.1998

Redação original – Res. 14/1985, DJ 19.09.1985 e 24, 25 e 26.09.1985

N. 223 – CANCELADA – *PRESCRIÇÃO. OPÇÃO PELO SISTEMA DO FUNDO DE GARANTIA DO TEMPO DE SERVIÇO. TERMO INICIAL* – Res. 121/2003, DJ 19, 20 e 21.11.2003

O termo inicial da prescrição para anular a opção pelo Fundo de Garantia do Tempo de Serviço coincide com a data em que formalizado o ato opcional, e não com a cessação do contrato de trabalho.

Histórico:

Redação original – Res. 14/1985, DJ 19.09.1985 e 24, 25 e 26.09.1985

N. 224 – CANCELADA – *COMPETÊNCIA. AÇÃO DE CUMPRIMENTO. SINDICATO. DESCONTO ASSISTENCIAL* – Res. 121/2003, DJ 19, 20 e 21.11.2003

A Justiça do Trabalho é incompetente para julgar ação na qual o sindicato, em nome próprio, pleiteia o recolhimento de desconto assistencial previsto em sentença normativa, convenção ou acordo coletivos.

Histórico:

Revista pela Súmula n. 334 – Res. 26/1994, DJ 12, 17 e 19.05.1994.

Redação original – Res. 14/1985, DJ 19.09.1985 e 24, 25 e 26.09.1985

N. 225 – REPOUSO SEMANAL. CÁLCULO. GRATIFICAÇÕES POR TEMPO DE SERVIÇO E PRODUTIVIDADE (mantida) – Res. 121/2003, DJ 19, 20 e 21.11.2003

As gratificações por tempo de serviço e produtividade, pagas mensalmente, não repercutem no cálculo do repouso semanal remunerado.

Histórico:

Redação original – Res. 14/1985, DJ 19.09.1985 e 24, 25 e 26.09.1985

N. 225 – Repouso semanal. Cálculo. Gratificações de produtividade e por tempo de serviço

As gratificações de produtividade e por tempo de serviço, pagas mensalmente, não repercutem no cálculo do repouso semanal remunerado.

N. 226 – BANCÁRIO. GRATIFICAÇÃO POR TEMPO DE SERVIÇO. INTEGRAÇÃO NO CÁLCULO DAS HORAS EXTRAS (mantida) – Res. 121/2003, DJ 19, 20 e 21.11.2003

A gratificação por tempo de serviço integra o cálculo das horas extras.

Histórico:

Redação original – Res. 14/1985, DJ 19.09.1985 e 24, 25 e 26.09.1985

N. 227 – CANCELADA – *SALÁRIO-FAMÍLIA. TRABALHADOR RURAL – Res. 121/2003, DJ 19, 20 e 21.11.2003*

O salário-família somente é devido aos trabalhadores urbanos, não alcançando os rurais, ainda que prestem serviços, no campo, à empresa agroindustrial.

Histórico:

Revista pela Súmula n. 344 – Res. 51/1995, DJ 21, 22 e 25.09.1995

Redação original – Res. 14/1985, DJ 19.09.1985 e 24, 25 e 26.09.1985

N. 228 – ADICIONAL DE INSALUBRIDADE. BASE DE CÁLCULO (redação alterada na sessão do Tribunal Pleno em 26.06.2008) – Res. 148/2008, DJ 04 e 07.07.2008 – Republicada DJ 08, 09 e 10.07.2008)

A partir de 9 de maio de 2008, data da publicação da Súmula Vinculante n. 4 do Supremo Tribunal Federal, o adicional de insalubridade será calculado sobre o salário básico, salvo critério mais vantajoso fixado em instrumento coletivo.

Histórico:

Nova redação – Res. 121/2003, DJ 19, 20 e 21.11.2003

O percentual do adicional de insalubridade incide sobre o salário mínimo de que cogita o art. 76 da CLT, salvo as hipóteses previstas na Súmula n. 17.

Redação original – Res. 14/1985, DJ 19.09.1985 e 24, 25 e 26.09.1985

N. 228 – Adicional de insalubridade. Base de cálculo

O percentual do adicional de insalubridade incide sobre o salário mínimo de que cogita o art. 76 da Consolidação das Leis do Trabalho.

N. 229 – SOBREAVISO. ELETRICITÁRIOS (nova redação) – Res. 121/2003, DJ 19, 20 e 21.11.2003

Por aplicação analógica do art. 244, § 2º, da CLT, as horas de sobreaviso dos eletricitários são remuneradas à base de 1/3 sobre a totalidade das parcelas de natureza salarial.

Histórico:

Redação original – Res. 14/1985, DJ 19.09.1985 e 24, 25 e 26.09.1985

N. 229 – Sobreaviso – Eletricitários

Por aplicação analógica do art. 244, § 2º, da Consolidação das Leis do Trabalho, as horas de sobreaviso dos eletricitários são remuneradas à razão de 1/3 do salário normal.

N. 230 – AVISO PRÉVIO. SUBSTITUIÇÃO PELO PAGAMENTO DAS HORAS REDUZIDAS DA JORNADA DE TRABALHO (mantida) – Res. 121/2003, DJ 19, 20 e 21.11.2003

É ilegal substituir o período que se reduz da jornada de trabalho, no aviso prévio, pelo pagamento das horas correspondentes.

Histórico:

Redação original – Res. 14/1985, DJ 19.09.1985 e 24, 25 e 26.09.1985

N. 231 – CANCELADA – *QUADRO DE CARREIRA. HOMOLOGAÇÃO PELO CONSELHO NACIONAL DE POLÍTICA SALARIAL. EFICÁCIA – Res. 121/2003, DJ 19, 20 e 21.11.2003*

É eficaz para efeito do art. 461, § 2º, da CLT a homologação de quadro organizado em carreira pelo Conselho Nacional de Política Salarial.

Histórico:

Redação original – Res. 14/1985, DJ 19.09.1985 e 24, 25 e 26.09.1985

N. 232 – CANCELADA – *BANCÁRIO. CARGO DE CONFIANÇA. JORNADA. HORAS EXTRAS (cancelada em decorrência da sua incorporação à nova redação da Súmula n. 102) – Res. 129/2005, DJ 20, 22 e 25.04.2005*

O bancário sujeito à regra do art. 224, § 2º, da CLT cumpre jornada de trabalho de 8 (oito) horas, sendo extraordinárias as trabalhadas além da oitava.

Histórico:

Súmula mantida – Res. 121/2003, DJ 19, 20 e 21.11.2003

Redação original – Res. 14/1985, DJ 19.09.1985 e 24, 25 e 26.09.1985

N. 232 – Bancário – Cargo de confiança – Jornada – Horas extras.

O bancário sujeito à regra do art. 224, § 2º, da Consolidação das Leis do Trabalho cumpre jornada de trabalho de oito horas, sendo extraordinárias as trabalhadas além da oitava.

N. 233 – CANCELADA – *BANCÁRIO. CHEFE – Res. 121/2003, DJ 19, 20 e 21.11.2003*

O bancário no exercício da função de chefia, que recebe gratificação não inferior a 1/3 do salário do cargo efetivo, está inserido na exceção do § 2º do art. 224 da CLT, não fazendo jus ao pagamento das sétima e oitava horas como extras.

Histórico:

Redação original – Res. 14/1985, DJ 19.09.1985 e 24, 25 e 26.09.1985

N. 234 – CANCELADA – *BANCÁRIO. SUBCHEFE – Res. 121/2003, DJ 19, 20 e 21.11.2003*

O bancário no exercício da função de subchefia, que recebe gratificação não inferior a 1/3 do salário do cargo efetivo, está inserido na exceção do § 2º do art. 224 da CLT, não fazendo jus ao pagamento das sétima e oitava horas como extras.

Histórico:

Redação original – Res. 14/1985, DJ 19.09.1985 e 24, 25 e 26.09.1985

N. 235 – CANCELADA – DISTRITO FEDERAL E AUTARQUIAS. CORREÇÃO AUTOMÁTICA DOS SALÁRIOS. INAPLICABILIDADE DA LEI N. 6.708/1979 – Res. 121/2003, DJ 19, 20 e 21.11.2003

Aos servidores do Distrito Federal e respectivas autarquias, submetidos ao regime da CLT, não se aplica a Lei n. 6.708/1979, que determina a correção automática dos salários.

Histórico:

Redação original – Res. 15/1985, DJ 05, 06 e 09.12.1985

N. 236 – CANCELADA – HONORÁRIOS PERICIAIS. RESPONSABILIDADE – Res. 121/2003, DJ 19, 20 e 21.11.2003

A responsabilidade pelo pagamento dos honorários periciais é da parte sucumbente na pretensão relativa ao objeto da perícia.

Histórico:

Redação original – Res. 15/1985, DJ 05, 06 e 09.12.1985

N. 237 – CANCELADA – BANCÁRIO. TESOUREIRO – Res. 121/2003, DJ 19, 20 e 21.11.2003

O bancário investido na função de tesoureiro, que recebe gratificação não inferior a 1/3 do salário do cargo efetivo, está inserido na exceção do § 2º do art. 224 da CLT, não fazendo jus ao pagamento das sétima e oitava horas como extras.

Histórico:

Redação original – Res. 15/1985, DJ 05, 06 e 09.12.1985

N. 238 – CANCELADA – BANCÁRIO. SUBGERENTE – Res. 121/2003, DJ 19, 20 e 21.11.2003

O bancário no exercício da função de subgerente, que recebe gratificação não inferior a 1/3 do salário do cargo efetivo, está inserido na exceção do § 2º do art. 224 da CLT, não fazendo jus ao pagamento das sétima e oitava horas como extras.

Histórico:

Redação original – Res. 15/1985, DJ 05, 06 e 09.12.1985

N. 238 – Bancário – Subgerente

O bancário no exercício da função de subgerente, que recebe gratificação não inferior a 1/3 (um terço) do salário do cargo efetivo, está inserido na exceção do § 2º do art. 224 da Consolidação das Leis do Trabalho, não fazendo jus ao pagamento da sétima e oitava horas como extras.

N. 239 – BANCÁRIO. EMPREGADO DE EMPRESA DE PROCESSAMENTO DE DADOS (incorporadas as Orientações Jurisprudenciais ns. 64 e 126 da SBDI-1) – Res. 129/2005, DJ 20, 22 e 25.04.2005

É bancário o empregado de empresa de processamento de dados que presta serviço a banco integrante do mesmo grupo econômico, exceto quando a empresa de processamento de dados presta serviços a banco e a empresas não bancárias do mesmo grupo econômico ou a terceiros. (primeira parte – ex-Súmula n. 239 – Res. 15/1985, DJ 09.12.1985; segunda parte – ex-OJs ns. 64 e 126 da SBDI-1 – inseridas, respectivamente, em 13.09.1994 e 20.04.1998)

Histórico:

Súmula mantida – Res. 121/2003, DJ 19, 20 e 21.11.2003

Redação original – Res. 15/1985, DJ 05, 06 e 09.12.1985

N. 239 – Bancário. Empregado de empresa de processamento de dados

É bancário o empregado de empresa de processamento de dados que presta serviço a banco integrante do mesmo grupo econômico.

N. 240 – BANCÁRIO. GRATIFICAÇÃO DE FUNÇÃO E ADICIONAL POR TEMPO DE SERVIÇO (mantida) – Res. 121/2003, DJ 19, 20 e 21.11.2003

O adicional por tempo de serviço integra o cálculo da gratificação prevista no art. 224, § 2º, da CLT.

Histórico:

Redação original – Res. 15/1985, DJ 05, 06 e 09.12.1985

N. 241 – SALÁRIO-UTILIDADE. ALIMENTAÇÃO (mantida) – Res. 121/2003, DJ 19, 20 e 21.11.2003

O vale para refeição, fornecido por força do contrato de trabalho, tem caráter salarial, integrando a remuneração do empregado, para todos os efeitos legais.

Histórico:

Redação original – Res. 15/1985, DJ 05, 06 e 09.12.1985

N. 242 – INDENIZAÇÃO ADICIONAL. VALOR (mantida) – Res. 121/2003, DJ 19, 20 e 21.11.2003

A indenização adicional, prevista no art. 9º da Lei n. 6.708, de 30.10.1979 e no art. 9º da Lei n. 7.238 de 28.10.1984, corresponde ao salário mensal, no valor devido na data da comunicação do despedimento, integrado pelos adicionais legais ou convencionados, ligados à unidade de tempo mês, não sendo computável a gratificação natalina.

Histórico:

Redação original – Res. 15/1985, DJ 05, 06 e 09.12.1985

N. 242 – Indenização adicional – Valor.

A indenização adicional, prevista no art. 9º das Leis 6.708/79 e 7.238/84, corresponde ao salário mensal, no valor devido à data da comunicação do despedimento, integrado pelos adicionais legais ou convencionados, ligados à unidade de tempo mês, não sendo computável a gratificação natalina.

N. 243 – OPÇÃO PELO REGIME TRABALHISTA. SUPRESSÃO DAS VANTAGENS ESTATUTÁRIAS (mantida) – Res. 121/2003, DJ 19, 20 e 21.11.2003

Exceto na hipótese de previsão contratual ou legal expressa, a opção do funcionário público pelo regime trabalhista implica a renúncia dos direitos inerentes ao regime estatutário.

Histórico:

Redação original – Res. 15/1985, DJ 05, 06 e 09.12.1985

N. 243 – Opção pelo regime trabalhista – Supressão das vantagens estatutárias.

Exceto na hipótese de previsão contratual ou legal expressa, a opção do funcionário público pelo regime trabalhista implica na renúncia dos direitos inerentes ao sistema estatutário.

N. 244 – GESTANTE. ESTABILIDADE PROVISÓRIA
(incorporadas as Orientações Jurisprudenciais ns. 88 e 196 da SBDI-1) – Res. 129/2005, DJ 20, 22 e 25.04.2005

I – O desconhecimento do estado gravídico pelo empregador não afasta o direito ao pagamento da indenização decorrente da estabilidade (art. 10, II, "b" do ADCT). (ex-OJ n. 88 da SBDI-1 – DJ 16.04.2004 e republicada DJ 04.05.04)

II – A garantia de emprego à gestante só autoriza a reintegração se esta se der durante o período de estabilidade. Do contrário, a garantia restringe-se aos salários e demais direitos correspondentes ao período de estabilidade. (ex-Súmula n. 244 – alterada pela Res. 121/2003, DJ 21.11.2003)

III – Não há direito da empregada gestante à estabilidade provisória na hipótese de admissão mediante contrato de experiência, visto que a extinção da relação de emprego, em face do término do prazo, não constitui dispensa arbitrária ou sem justa causa. (ex-OJ n. 196 da SBDI-1 – inserida em 08.11.2000)

Histórico:

Súmula alterada – Res. 121/2003, DJ 19, 20 e 21.11.2003

N. 244 – Gestante. Garantia de emprego

A garantia de emprego à gestante só autoriza a reintegração se esta se der durante o período de estabilidade. Do contrário, a garantia restringe-se aos salários e demais direitos correspondentes ao período de estabilidade.

Redação original – Res. 15/1985, DJ 05, 06 e 09.12.1985

N. 244 – Gestante – Garantia de emprego

A garantia de emprego à gestante não autoriza a reintegração, assegurando-lhe apenas o direito a salários e vantagens correspondentes ao período e seus reflexos.

N. 245 – DEPÓSITO RECURSAL. PRAZO (mantida) – Res. 121/2003, DJ 19, 20 e 21.11.2003

O depósito recursal deve ser feito e comprovado no prazo alusivo ao recurso. A interposição antecipada deste não prejudica a dilação legal.

Histórico:

Redação original – Res. 15/1985, DJ 05, 06 e 09.12.1985

N. 245 – Depósito recursal. Prazo

O depósito recursal deve ser feito e comprovado no prazo alusivo ao recurso, sendo que a interposição antecipada deste não prejudica a dilação legal.

N. 246 – AÇÃO DE CUMPRIMENTO. TRÂNSITO EM JULGADO DA SENTENÇA NORMATIVA (mantida) – Res. 121/2003, DJ 19, 20 e 21.11.2003

É dispensável o trânsito em julgado da sentença normativa para a propositura da ação de cumprimento.

Histórico:

Redação original – Res. 15/1985, DJ 05, 06 e 09.12.1985

N. 246 – Ação de cumprimento – Trânsito em julgado da sentença normativa

É dispensável o trânsito em julgado da sentença normativa para propositura da ação de cumprimento.

N. 247 – QUEBRA DE CAIXA. NATUREZA JURÍDICA
(mantida) – Res. 121/2003, DJ 19, 20 e 21.11.2003

A parcela paga aos bancários sob a denominação "quebra de caixa" possui natureza salarial, integrando o salário do prestador de serviços, para todos os efeitos legais.

Histórico:

Redação original – Res. 16/1985, DJ 13, 14 e 15.01.1986

N. 247 – Quebra-de-caixa – Natureza jurídica.

A parcela paga aos bancários sob a denominação Quebra-de-Caixa possui natureza salarial, integrando o salário do prestador dos serviços, para todos os efeitos legais.

N. 248 – ADICIONAL DE INSALUBRIDADE. DIREITO ADQUIRIDO (mantida) – Res. 121/2003, DJ 19, 20 e 21.11.2003

A reclassificação ou a descaracterização da insalubridade, por ato da autoridade competente, repercute na satisfação do respectivo adicional, sem ofensa a direito adquirido ou ao princípio da irredutibilidade salarial.

Histórico:

Redação original – Res. 17/1985, DJ 13, 14 e 15.01.1986

N. 248 – Adicional de Insalubridade – Direito adquirido.

A reclassificação ou descaracterização da insalubridade, por ato da autoridade competente, repercute na satisfação do respectivo adicional, sem ofensa a direito adquirido ou ao princípio da irredutibilidade salarial.

N. 249 – CANCELADA – AUMENTO SALARIAL SETORIZADO. TABELA ÚNICA – Res. 121/2003, DJ 19, 20 e 21.11.2003

Legítima é a concessão de aumento salarial por região do país, desfazendo identidade anterior, baseada em tabela única de âmbito nacional.

Histórico:

Redação original – Res. 17/1985, DJ 13, 14 e 15.01.1986

N. 250 – CANCELADA – PLANO DE CLASSIFICAÇÃO. PARCELAS ANTIGUIDADE E DESEMPENHO. AGLUTINAÇÃO AO SALÁRIO – Res. 121/2003, DJ 19, 20 e 21.11.2003

Lícita é a incorporação ao salário-base das parcelas pagas a título de antiguidade e desempenho, quando não há prejuízo para o empregado.

Histórico:

Redação original – Res. 17/1985, DJ 13, 14 e 15.01.1986

N. 251 – CANCELADA – *PARTICIPAÇÃO NOS LUCROS. NATUREZA SALARIAL (cancelamento mantido) – Res. 121/2003, DJ 19, 20 e 21.11.2003 – Referência art. 7º, XI, CF/1988*

A parcela participação nos lucros da empresa, habitualmente paga, tem natureza salarial, para todos os efeitos legais.

Histórico:

Súmula cancelada – Res. 33/1994, DJ 12, 17 e 19.05.1994

Redação original – Res. 17/1985, DJ 13, 14 e 15.01.1986

N. 252 – CANCELADA – *FUNCIONÁRIO PÚBLICO. CEDIDO. REAJUSTE SALARIAL – Res. 121/2003, DJ 19, 20 e 21.11.2003*

Os funcionários públicos cedidos à Rede Ferroviária Federal S.A. têm direito ao reajustamento salarial previsto no art. 5º da Lei n. 4.345/1964, compensável com o deferido pelo art. 1º da Lei n. 4.564/1964 e observados os padrões de vencimentos, à época dos cargos idênticos ou assemelhados do serviço público, a teor do disposto no art. 20, item I, da Lei n. 4.345/1964 e nos termos dos acórdãos proferidos no DC 2/1966. O paradigma previsto neste último dispositivo legal será determinado através de perícia, se as partes não o indicarem de comum acordo.

Histórico:

Súmula alterada (revisão da Súmula n. 116) – Res. 107/2001, DJ 21.03.2001 – Republicada DJ 26, 27 e 28.03.2001

Redação original – Res. 18/1985, DJ 13, 14 e 15.01.1986

N. 252 – Os funcionários públicos cedidos à Rede Ferroviária Federal S/A têm direito ao reajustamento salarial previsto no art. 5º da Lei n. 4.345/1964, compensável com o deferido pelo art. 1º, da Lei n. 4.564/1964 e observados os padrões de vencimentos, à época, dos cargos idênticos ou assemelhados do serviço público, a teor do disposto no art. 20, item 1, da Lei n. 4.345/1964 e nos termos dos acórdãos proferidos no DC 2/1966. (Altera a Súmula n. 116).

N. 253 – GRATIFICAÇÃO SEMESTRAL. REPERCUSSÕES (nova redação) – Res. 121/2003, DJ 19, 20 e 21.11.2003

A gratificação semestral não repercute no cálculo das horas extras, das férias e do aviso prévio, ainda que indenizados. Repercute, contudo, pelo seu duodécimo na indenização por antiguidade e na gratificação natalina.

Histórico:

Redação original – Res. 1/1986, DJ 23, 27 e 28.05.1986

N. 253 – Gratificação semestral. Repercussão nas férias, aviso prévio e horas extras

A gratificação semestral não repercute nos cálculos das horas extras, das férias e do aviso prévio, ainda que indenizados.

N. 254 – SALÁRIO-FAMÍLIA. TERMO INICIAL DA OBRIGAÇÃO (mantida) – Res. 121/2003, DJ 19, 20 e 21.11.2003

O termo inicial do direito ao salário-família coincide com a prova da filiação. Se feita em juízo, corresponde à data de ajuizamento do pedido, salvo se comprovado que anteriormente o empregador se recusara a receber a respectiva certidão.

Histórico:

Redação original – Res. 2/1986, DJ 02, 03 e 04.07.1986

N. 254 – Salário-família. Termo inicial da obrigação

O termo inicial do direito ao salário-família coincide com a prova da filiação. Se feita em juízo, corresponde à data de ajuizamento do pedido, salvo se comprovado que anteriormente o empregador se recusara a receber a certidão respectiva.

N. 255 – CANCELADA – *SUBSTITUIÇÃO PROCESSUAL. DESISTÊNCIA – Res. 121/2003, DJ 19, 20 e 21.11.2003*

O substituído processualmente pode, antes da sentença de primeiro grau, desistir da ação.

Histórico:

Redação original (revisão da Súmula n. 180) – Res. 3/1986, DJ 02, 03 e 04.07.1986

N. 256 – CANCELADA – *CONTRATO DE PRESTAÇÃO DE SERVIÇOS. LEGALIDADE – Res. 121/2003, DJ 19, 20 e 21.11.2003*

Salvo os casos de trabalho temporário e de serviço de vigilância, previstos nas Leis ns. 6.019, de 03.01.1974, e 7.102, de 20.06.1983, é ilegal a contratação de trabalhadores por empresa interposta, formando-se o vínculo empregatício diretamente com o tomador dos serviços.

Histórico:

Revista pela Súmula n. 331 – Res. 23/1993, DJ 21.12.1993 e 04.01.1994

Redação original – Res. 4/1986, DJ 30.09.1986, 01 e 02.10.1986

N. 257 – VIGILANTE (mantida) – Res. 121/2003, DJ 19, 20 e 21.11.2003

O vigilante, contratado diretamente por banco ou por intermédio de empresas especializadas, não é bancário.

Histórico:

Redação original – Res. 5/1986, DJ 31.10.1986, 03 e 04.11.1986

N. 258 – SALÁRIO-UTILIDADE. PERCENTUAIS (nova redação) – Res. 121/2003, DJ 19, 20 e 21.11.2003

Os percentuais fixados em lei relativos ao salário "in natura" apenas se referem às hipóteses em que o empregado percebe salário mínimo, apurando-se, nas demais, o real valor da utilidade.

Histórico:

Redação original – Res. 6/1986, DJ 31.10.1986, 03 e 04.11.1986

N. 258 – Salário utilidade – Percentuais.

Os percentuais fixados em lei relativos ao salário "in natura" apenas pertinem às hipóteses em que o empregado percebe salário mínimo, apurando-se, nas demais, o real valor da utilidade.

N. 259 – TERMO DE CONCILIAÇÃO. AÇÃO RESCISÓRIA (mantida) – Res. 121/2003, DJ 19, 20 e 21.11.2003

Só por ação rescisória é impugnável o termo de conciliação previsto no parágrafo único do art. 831 da CLT.

Histórico:

Redação original – Res. 7/1986, DJ 31.10.1986, 03 e 04.11.1986

N. 259 – Termo de Conciliação – Ação rescisória.

Só por ação rescisória é atacável o termo de conciliação previsto no parágrafo único do art. 831 da Consolidação das Leis do Trabalho.

N. 260 – CANCELADA – SALÁRIO-MATERNIDADE. CONTRATO DE EXPERIÊNCIA – Res. 121/2003, DJ 19, 20 e 21.11.2003

No contrato de experiência, extinto antes do período de 4 (quatro) semanas que precede ao parto, a empregada não tem direito a receber, do empregador, o salário-maternidade.

Histórico:

Redação original – Res. 8/1986, DJ 31.10.1986, 03 e 04.11.1986 – Republicada com correção DJ 06, 07 e 10.11.1986

N. 261 – FÉRIAS PROPORCIONAIS. PEDIDO DE DEMISSÃO. CONTRATO VIGENTE HÁ MENOS DE UM ANO (nova redação) – Res. 121/2003, DJ 19, 20 e 21.11.2003

O empregado que se demite antes de complementar 12 (doze) meses de serviço tem direito a férias proporcionais.

Histórico:

Redação original – Res. 9/1986, DJ 31.10.1986, 03 e 04.11.1986 – Republicada com correção DJ 06, 07 e 10.11.1986

N. 261 – Férias proporcionais – Pedido de demissão – Contrato vigente há menos ano

O empregado que, espontaneamente, pede demissão, antes de completar doze meses de serviço, não tem direito a férias proporcionais.

N. 262 – PRAZO JUDICIAL. NOTIFICAÇÃO OU INTIMAÇÃO EM SÁBADO. RECESSO FORENSE (incorporada a Orientação Jurisprudencial n. 209 da SBDI-1) – Res. 129/2005, DJ 20, 22 e 25.04.2005

I – Intimada ou notificada a parte no sábado, o início do prazo se dará no primeiro dia útil imediato e a contagem, no subsequente. (ex-Súmula n. 262 – Res. 10/1986, DJ 31.10.1986)

II – O recesso forense e as férias coletivas dos Ministros do Tribunal Superior do Trabalho (art. 177, § 1º, do RITST) suspendem os prazos recursais. (ex-OJ n. 209 da SBDI-1 – inserida em 08.11.2000)

Histórico:

Súmula mantida – Res. 121/2003, DJ 19, 20 e 21.11.2003

Redação original – Res. 10/1986, DJ 31.10.1986

N. 262 – Prazo judicial. Notificação ou intimação em sábado

Intimada ou notificada a parte no sábado, o início do prazo dar-se-á no primeiro dia útil imediato e a contagem, no subsequente.

N. 263 – PETIÇÃO INICIAL. INDEFERIMENTO. INSTRUÇÃO OBRIGATÓRIA DEFICIENTE (nova redação) – Res. 121/2003, DJ 19, 20 e 21.11.2003

Salvo nas hipóteses do art. 295 do CPC, o indeferimento da petição inicial, por encontrar-se desacompanhada de documento indispensável à propositura da ação ou não preencher outro requisito legal, somente é cabível se, após intimada para suprir a irregularidade em 10 (dez) dias, a parte não o fizer.

Histórico:

Redação original – Res. 11/1986, DJ 31.10.1986, 03 e 04.11.1986

N. 263 – Petição inicial – Indeferimento – Instrução obrigatória deficiente

O indeferimento da petição inicial, por encontrar-se desacompanhada de documento indispensável à propositura da ação ou não preencher outro requisito legal, somente é cabível se, após intimada para suprir a irregularidade em dez dias, a parte não o fizer.

N. 264 – HORA SUPLEMENTAR. CÁLCULO (mantida) – Res. 121/2003, DJ 19, 20 e 21.11.2003

A remuneração do serviço suplementar é composta do valor da hora normal, integrado por parcelas de natureza salarial e acrescido do adicional previsto em lei, contrato, acordo, convenção coletiva ou sentença normativa.

Histórico:

Redação original – Res. 12/1986, DJ 31.10.1986, 03 e 04.11.1986

N. 265 – ADICIONAL NOTURNO. ALTERAÇÃO DE TURNO DE TRABALHO. POSSIBILIDADE DE SUPRESSÃO (mantida) – Res. 121/2003, DJ 19, 20 e 21.11.2003

A transferência para o período diurno de trabalho implica a perda do direito ao adicional noturno.

Histórico:

Redação original – Res. 13/1986, DJ 20.01.1987, 22, 23 e 26.01.1987

N. 265 – Adicional noturno – Alteração de turno de trabalho – Possibilidade de supressão

A transferência para o período diurno de trabalho implica na perda do direito ao adicional noturno.

N. 266 – RECURSO DE REVISTA. ADMISSIBILIDADE. EXECUÇÃO DE SENTENÇA (mantida) – Res. 121/2003, DJ 19, 20 e 21.11.2003

A admissibilidade do recurso de revista interposto de acórdão proferido em agravo de petição, na liquidação de sentença ou em processo incidente na execução, inclusive os embargos de terceiro, depende de demonstração inequívoca de violência direta à Constituição Federal.

Histórico:

Redação original (revisão da Súmula n. 210) – Res. 1/1987, DJ 23.10.1987 e DJ 10, 11 e 14.12.1987

N. 266 – A admissibilidade do recurso de revista contra acórdão proferido em agravo de petição, na liquidação de sentença ou em processo incidente na execução, inclusive os embargos de terceiro, depende de demonstração inequívoca de violência direta à Constituição Federal.

N. 267 – CANCELADA – *BANCÁRIO. VALOR DO SALÁRIO-HORA. DIVISOR – Res. 121/2003, DJ 19, 20 e 21.11.2003*

O bancário sujeito à jornada de 8 (oito) horas (art. 224, § 2º, da CLT) tem salário-hora calculado com base no divisor 240 (duzentos e quarenta) e não 180 (cento e oitenta), que é relativo à jornada de 6 (seis) horas.

Histórico:

Revista pela Súmula n. 343 – Res. 48/1995, DJ 30 e 31.08.1995 e 01.09.1995

Redação original – Res. 2/1987, DJ 10, 11 e 14.12.1987

N. 268 – PRESCRIÇÃO. INTERRUPÇÃO. AÇÃO TRABALHISTA ARQUIVADA (nova redação) – Res. 121/2003, DJ 19, 20 e 21.11.2003

A ação trabalhista, ainda que arquivada, interrompe a prescrição somente em relação aos pedidos idênticos.

Histórico:

Redação original – Res. 1/1988, DJ 01, 02 e 03.03.1988

N. 268 – Prescrição. Interrupção. Demanda trabalhista arquivada

A demanda trabalhista, ainda que arquivada, interrompe a prescrição.

N. 269 – DIRETOR ELEITO. CÔMPUTO DO PERÍODO COMO TEMPO DE SERVIÇO (mantida) – Res. 121/2003, DJ 19, 20 e 21.11.2003

O empregado eleito para ocupar cargo de diretor tem o respectivo contrato de trabalho suspenso, não se computando o tempo de serviço desse período, salvo se permanecer a subordinação jurídica inerente à relação de emprego.

Histórico:

Redação original – Res. 2/1988, DJ 01, 02 e 03.03.1988

N. 269 – Diretor eleito – Cômputo do período como tempo de serviço

O empregado eleito para ocupar cargo de diretor tem o respectivo contrato de trabalho suspenso, não se computando o tempo de serviço deste período, salvo se permanecer a subordinação jurídica inerente à relação de emprego.

N. 270 – CANCELADA – *REPRESENTAÇÃO PROCESSUAL. MANDATO EXPRESSO. AUSÊNCIA DE FIRMA RECONHECIDA (cancelamento mantido) – Res. 121/2003, DJ 19, 20 e 21.11.2003 – Lei n. 8.952/1994*

A ausência de reconhecimento de firma no instrumento de mandato – procuração – torna irregular a representação processual, impossibilitando o conhecimento do recurso, por inexistente.

Histórico:

Súmula cancelada – Res. 49/1995, DJ 30 e 31.08.1995 e 01.09.1995

Redação original – Res. 3/1988, DJ 01, 02 e 03.03.1988

N. 271 – CANCELADA – *SUBSTITUIÇÃO PROCESSUAL. ADICIONAIS DE INSALUBRIDADE E DE PERICULOSIDADE – Res. 121/2003, DJ 19, 20 e 21.11.2003*

Legítima é a substituição processual dos empregados associados, pelo sindicato que congrega a categoria profissional, na demanda trabalhista cujo objeto seja adicional de insalubridade ou periculosidade.

Histórico:

Redação original – Res. 4/1988, DJ 01, 02 e 03.03.1988

N. 272 – CANCELADA – *AGRAVO DE INSTRUMENTO. TRASLADO DEFICIENTE – Res. 121/2003, DJ 19, 20 e 21.11.2003*

Não se conhece do agravo para subida de recurso de revista, quando faltarem no traslado o despacho agravado, a decisão recorrida, a petição de recurso de revista, a procuração subscrita pelo agravante, ou qualquer peça essencial à compreensão da controvérsia.

Histórico:

Redação original – Res. 5/1988, DJ 01, 02 e 03.03.1988

N. 273 – CANCELADA – *CONSTITUCIONALIDADE. DECRETOS-LEIS NS. 2.012/1983 E 2.045/1983 – Res. 121/2003, DJ 19, 20 e 21.11.2003*

São constitucionais os Decretos-Leis ns. 2.012/1983 e 2.045/1983.

Histórico:

Redação original – Res. 6/1988, DJ 01, 02 e 03.03.1988

N. 274 – CANCELADA – *PRESCRIÇÃO PARCIAL. EQUIPARAÇÃO SALARIAL (cancelada em decorrência da sua incorporação à nova redação da Súmula n. 6) – Res. 129/2005, DJ 20, 22 e 25.04.2005*

Na ação de equiparação salarial, a prescrição só alcança as diferenças salariais vencidas no período de 5 (cinco) anos que precedeu o ajuizamento.

Histórico:

Súmula alterada – Res. 121/2003, DJ 19, 20 e 21.11.2003

Redação original – Res. 7/1988, DJ 01, 02 e 03.03.1988

N. 274 – Prescrição parcial – Equiparação salarial

Na demanda de equiparação salarial a prescrição só alcança as diferenças salariais vencidas no período anterior aos dois anos que precederam o ajuizamento.

N. 275 – PRESCRIÇÃO. DESVIO DE FUNÇÃO E REENQUADRAMENTO (incorporada a Orientação Jurisprudencial n. 144 da SBDI-1) – Res. 129/2005, DJ 20, 22 e 25.04.2005

I – Na ação que objetiva corrigir desvio funcional, a prescrição só alcança as diferenças salariais vencidas no período de 5 (cinco) anos que precedeu o ajuizamento. (ex-Súmula n. 275 – alterada pela Res. 121/2003, DJ 21.11.2003)

II – Em se tratando de pedido de reenquadramento, a prescrição é total, contada da data do enquadramento do empregado. (ex-OJ n. 144 da SBDI-1 – inserida em 27.11.1998)

Histórico:

Súmula alterada – Res. 121/2003, DJ 19, 20 e 21.11.2003

N. 275 – Prescrição parcial. Desvio de função

Na ação que objetive corrigir desvio funcional, a prescrição só alcança as diferenças salariais vencidas no período de 5 (cinco) anos que precedeu o ajuizamento.

Redação original – Res. 8/1988, DJ 01, 02 e 03.03.1988

N. 275 – Na demanda que objetive corrigir desvio funcional, a prescrição só alcança as diferenças salariais vencidas no período anterior aos dois anos que precederam o ajuizamento.

N. 276 – AVISO PRÉVIO. RENÚNCIA PELO EMPREGADO (mantida) – Res. 121/2003, DJ 19, 20 e 21.11.2003

O direito ao aviso prévio é irrenunciável pelo empregado. O pedido de dispensa de cumprimento não exime o empregador de pagar o respectivo valor, salvo comprovação de haver o prestador dos serviços obtido novo emprego.

Histórico:

Redação original – Res. 9/1988, DJ 01, 02 e 03.03.1988

N. 276 – Aviso prévio – Renúncia pelo empregado.

O direito ao aviso prévio é irrenunciável pelo empregado. O pedido de dispensa de cumprimento não exime o empregador de pagar o valor respectivo, salvo comprovação de haver o prestador dos serviços obtido novo emprego.

N. 277 – SENTENÇA NORMATIVA. CONVENÇÃO OU ACORDO COLETIVOS. VIGÊNCIA. REPERCUSSÃO NOS CONTRATOS DE TRABALHO (alterada) – Res. 161/2009, DJ 20, 23 e 24.11.2009

I – As condições de trabalho alcançadas por força de sentença normativa, convenção ou acordo coletivos vigoram no prazo assinado, não integrando, de forma definitiva, os contratos.

II – Ressalva-se da regra enunciada no item I o período compreendido entre 23.12.1992 e 28.7.1995, em que vigorou a Lei n. 8.542, revogada pela Medida Provisória n. 1.709, convertida na Lei n. 10.192, de 14.2.2001.

N. 278 – EMBARGOS DE DECLARAÇÃO. OMISSÃO NO JULGADO (mantida) – Res. 121/2003, DJ 19, 20 e 21.11.2003

A natureza da omissão suprida pelo julgamento de embargos declaratórios pode ocasionar efeito modificativo no julgado.

Histórico:

Redação original – Res. 11/1988, DJ 01, 02 e 03.03.1988

N. 279 – RECURSO CONTRA SENTENÇA NORMATIVA. EFEITO SUSPENSIVO. CASSAÇÃO (mantida) – Res. 121/2003, DJ 19, 20 e 21.11.2003

A cassação de efeito suspensivo concedido a recurso interposto de sentença normativa retroage à data do despacho que o deferiu.

Histórico:

Redação original – Res. 12/1988, DJ 01, 02 e 03.03.1988

N. 279 – Recurso contra sentença normativa – Efeito suspensivo – Cassação.

A cassação de efeito suspensivo concedido a recurso interposto contra sentença normativa retroage à data do despacho que o deferiu.

N. 280 – CANCELADA – CONVENÇÃO COLETIVA. SOCIEDADE DE ECONOMIA MISTA. AUDIÊNCIA PRÉVIA DO ÓRGÃO OFICIAL COMPETENTE (cancelamento mantido) – Res. 121/2003, DJ 19, 20 e 21.11.2003

Convenção coletiva, formalizada sem prévia audição do órgão oficial competente, não obriga sociedade de economia mista.

Histórico:

Súmula cancelada – Res. 2/1990, DJ 10, 11 e 14.01.1991

Redação original – Res. 13/1988, DJ 01, 02 e 03.03.1988

N. 281 – CANCELADA – PISO SALARIAL. PROFESSORES – Res. 121/2003, DJ 19, 20 e 21.11.2003

A instituição do Fundo de Participação dos Estados e Municípios não fez surgir, para os professores, direito a piso salarial.

Histórico:

Redação original – Res. 14/1988, DJ 01, 02 e 03.03.1988

N. 282 – ABONO DE FALTAS. SERVIÇO MÉDICO DA EMPRESA (mantida) – Res. 121/2003, DJ 19, 20 e 21.11.2003

Ao serviço médico da empresa ou ao mantido por esta última mediante convênio compete abonar os primeiros 15 (quinze) dias de ausência ao trabalho.

Histórico:

Redação original – Res. 15/1988, DJ 01, 02 e 03.03.1988

N. 283 – RECURSO ADESIVO. PERTINÊNCIA NO PROCESSO DO TRABALHO. CORRELAÇÃO DE MATÉRIAS (mantida) – Res. 121/2003, DJ 19, 20 e 21.11.2003

O recurso adesivo é compatível com o processo do trabalho e cabe, no prazo de 8 (oito) dias, nas hipóteses de interposição de recurso ordinário, de agravo de petição, de revista e de embargos, sendo desnecessário que a matéria nele veiculada esteja relacionada com a do recurso interposto pela parte contrária.

Histórico:

Redação original (revisão da Súmula n. 196) – Res. 16/1988, DJ 18, 21 e 22.03.1988

N. 283 – Recurso adesivo – Pertinência no processo do trabalho – Correlação de matérias.

O recurso adesivo é compatível com o processo do trabalho, onde cabe, no prazo de oito dias, nas hipóteses de interposição de recurso ordinário, de agravo de petição, de revista e de embargos, sendo desnecessário que a matéria nele veiculada esteja relacionada com a do recurso interposto pela parte contrária.

N. 284 – CANCELADA – *CORREÇÃO MONETÁRIA. EMPRESAS EM LIQUIDAÇÃO. LEI N. 6.024/1974 – Res. 121/2003, DJ 19, 20 e 21.11.2003*

Os débitos trabalhistas das empresas em liquidação de que cogita a Lei n. 6.024/1974 estão sujeitos à correção monetária, observada a vigência do Decreto-lei n. 2.278/1985, ou seja, a partir de 22.11.1985.

Histórico:

Revista pela Súmula n. 304 – Res. 2/1992, DJ 05.11.1992

Redação original (revisão da Súmula n. 185) – Res. 17/1988, DJ 18, 21 e 22.03.1988

N. 285 – RECURSO DE REVISTA. ADMISSIBILIDADE PARCIAL PELO JUIZ-PRESIDENTE DO TRIBUNAL REGIONAL DO TRABALHO. EFEITO (mantida) – Res. 121/2003, DJ 19, 20 e 21.11.2003

O fato de o juízo primeiro de admissibilidade do recurso de revista entendê-lo cabível apenas quanto a parte das matérias veiculadas não impede a apreciação integral pela Turma do Tribunal Superior do Trabalho, sendo imprópria a interposição de agravo de instrumento.

Histórico:

Redação original – Res. 18/1988, DJ 18, 21 e 22.03.1988

N. 285 – Recurso de revista – Admissibilidade parcial pelo Juiz Presidente do Tribunal Regional do Trabalho – Efeito.

O fato de o juízo primeiro de admissibilidade do recurso de revista entendê-lo cabível apenas quanto à parte das matérias veiculadas não impede a apreciação integral pela Turma do Tribunal Superior do Trabalho, sendo imprópria a interposição de agravo de instrumento.

N. 286 – SINDICATO. SUBSTITUIÇÃO PROCESSUAL. CONVENÇÃO E ACORDO COLETIVOS (mantida) – Res. 121/2003, DJ 19, 20 e 21.11.2003

A legitimidade do sindicato para propor ação de cumprimento estende-se também à observância de acordo ou de convenção coletivos.

Histórico:

Súmula alterada – Res. 98/2000, DJ 18, 19 e 20.09.2000

Redação original – Res. 19/1988, DJ 18, 21 e 22.03.1988

N. 286 – Sindicato – Substituição processual – Convenção coletiva

O sindicato não é parte legítima para propor, como substituto processual, demanda que vise a observância de convenção coletiva.

N. 287 – JORNADA DE TRABALHO. GERENTE BANCÁRIO (nova redação) – Res. 121/2003, DJ 19, 20 e 21.11.2003

A jornada de trabalho do empregado de banco gerente de agência é regida pelo art. 224, § 2º, da CLT. Quanto ao gerente-geral de agência bancária, presume-se o exercício de encargo de gestão, aplicando-se-lhe o art. 62 da CLT.

Histórico:

Redação original – Res. 20/1988, DJ 18.03.1988

N. 287 – Jornada de Trabalho – Gerente bancário.

O gerente bancário, enquadrado na previsão do § 2º do art. 224 consolidado, cumpre jornada normal de oito horas, somente não tendo jus às horas suplementares, excedentes da oitava, quando, investido em mandato, em forma legal, tenha encargos de gestão e usufrua de padrão salarial que o distinga dos demais empregados.

N. 288 – COMPLEMENTAÇÃO DOS PROVENTOS DA APOSENTADORIA (mantida) – Res. 121/2003, DJ 19, 20 e 21.11.2003

A complementação dos proventos da aposentadoria é regida pelas normas em vigor na data da admissão do empregado, observando-se as alterações posteriores desde que mais favoráveis ao beneficiário do direito.

Histórico:

Redação original – Res. 21/1988, DJ 18, 21 e 22.03.1988

N. 289 – INSALUBRIDADE. ADICIONAL. FORNECIMENTO DO APARELHO DE PROTEÇÃO. EFEITO (mantida) – Res. 121/2003, DJ 19, 20 e 21.11.2003

O simples fornecimento do aparelho de proteção pelo empregador não o exime do pagamento do adicional de insalubridade. Cabe-lhe tomar as medidas que conduzam à diminuição ou eliminação da nocividade, entre as quais as relativas ao uso efetivo do equipamento pelo empregado.

Histórico:

Redação original – Res. 22/1988, DJ 24, 25 e 28.03.1988

N. 289 – Insalubridade – Adicional – Fornecimento do aparelho de proteção – Efeito.

O simples fornecimento do aparelho de proteção pelo empregador não o exime do pagamento do adicional de insalubridade, cabendo-lhe tomar as medidas que conduzam à diminuição ou eliminação da nocividade, dentre as quais as relativas ao uso efetivo do equipamento pelo empregado.

N. 290 – CANCELADA – *GORJETAS. NATUREZA JURÍDICA. AUSÊNCIA DE DISTINÇÃO QUANTO À FORMA DE RECEBIMENTO – Res. 121/2003, DJ 19, 20 e 21.11.2003*

As gorjetas, sejam cobradas pelo empregador na nota de serviço ou oferecidas espontaneamente pelos clientes, integram a remuneração do empregado.

Histórico:

Revista pela Súmula n. 354 – Res. 71/1997, DJ 30.05.1997 e 04, 05 e 06.06.1997

Redação original – Res. 23/1988, DJ 24, 25 e 28.03.1988

N. 291 – HORAS EXTRAS (mantida) – Res. 121/2003, DJ 19, 20 e 21.11.2003

A supressão, pelo empregador, do serviço suplementar prestado com habitualidade, durante pelo menos 1 (um) ano, assegura ao empregado o direito à indenização correspondente ao valor de 1 (um) mês das horas suprimidas para cada ano ou fração igual ou superior a seis meses de prestação de serviço acima da jornada normal. O cálculo observará a média das horas suplementares efetivamente trabalhadas nos últimos 12 (doze) meses, multiplicada pelo valor da hora extra do dia da supressão.

Histórico:

Redação original (revisão da Súmula n. 76) – Res. 1/1989, DJ 14, 18 e 19.04.1989

N. 291 – Horas extras. Revisão do Enunciado número 76.

A supressão, pelo empregador, do serviço suplementar prestado com habitualidade, durante pelo menos um ano, assegura ao empregado o direito à indenização correspondente ao valor de um mês das horas suprimidas para cada ano ou fração igual ou superior a seis meses de prestação de serviço acima da jornada normal. O cálculo observará a média das horas suplementares efetivamente trabalhadas nos últimos 12 meses, multiplicada pelo valor da hora extra do dia da supressão.

N. 292 – CANCELADA – *ADICIONAL DE INSALUBRIDADE. TRABALHADOR RURAL – Res. 121/2003, DJ 19, 20 e 21.11.2003*

O trabalhador rural tem direito ao adicional de insalubridade, observando-se a necessidade de verificação, na forma da lei, de condições nocivas à saúde.

Histórico:

Redação original – Res. 2/1989, DJ 14, 18 e 19.04.1989

N. 293 – ADICIONAL DE INSALUBRIDADE. CAUSA DE PEDIR. AGENTE NOCIVO DIVERSO DO APONTADO NA INICIAL (mantida) – Res. 121/2003, DJ 19, 20 e 21.11.2003

A verificação mediante perícia de prestação de serviços em condições nocivas, considerado agente insalubre diverso do apontado na inicial, não prejudica o pedido de adicional de insalubridade.

Histórico:

Redação original – Res. 3/1989, DJ 14, 18 e 19.04.1989

N. 294 – PRESCRIÇÃO. ALTERAÇÃO CONTRATUAL. TRABALHADOR URBANO (mantida) – Res. 121/2003, DJ 19, 20 e 21.11.2003

Tratando-se de ação que envolva pedido de prestações sucessivas decorrente de alteração do pactuado, a prescrição é total, exceto quando o direito à parcela esteja também assegurado por preceito de lei.

Histórico:

Redação original (cancelamento das Súmulas ns. 168 e 198) – Res. 4/1989, DJ 14, 18 e 19.04.1989

N. 295 – CANCELADA – *APOSENTADORIA ESPONTÂNEA. DEPÓSITO DO FGTS. PERÍODO ANTERIOR À OPÇÃO (cancelada pela Resolução n. 152/08 – DEJT 20, 21 e 24.11.08).*

Histórico:

(nova redação) – Res. 121/2003, DJ 19, 20 e 21.11.2003

A cessação do contrato de trabalho em razão de aposentadoria espontânea do empregado exclui o direito ao recebimento de indenização relativa ao período anterior à opção. A realização de depósito na conta do Fundo de Garantia do Tempo de Serviço, de que trata o § 3º do art. 14 da Lei n. 8.036, de 11.05.1990, é faculdade atribuída ao empregador.

Redação original – Res. 5/1989, DJ 14, 18 e 19.04.1989

N. 295 – Aposentadoria espontânea – Depósito do FGTS – Período anterior à opção.

A cessação do contrato de trabalho em razão de aposentadoria espontânea do empregado exclui o direito ao recebimento de indenização relativa ao período anterior à opção. A realização de depósito na conta do Fundo de Garantia do Tempo de Serviço, cogitada no § 2º do art. 16 da Lei 5.107/66, coloca-se no campo das faculdades atribuídas ao empregador.

N. 296 – RECURSO. DIVERGÊNCIA JURISPRUDENCIAL. ESPECIFICIDADE (incorporada a Orientação Jurisprudencial n. 37 da SBDI-1) – Res. 129/2005, DJ 20, 22 e 25.04.2005

I – A divergência jurisprudencial ensejadora da admissibilidade, do prosseguimento e do conhecimento do recurso há de ser específica, revelando a existência de teses diversas na interpretação de um mesmo dispositivo legal, embora idênticos os fatos que as ensejaram. (ex-Súmula n. 296 – Res. 6/1989, DJ 19.04.1989)

II – Não ofende o art. 896 da CLT decisão de Turma que, examinando premissas concretas de especificidade da divergência colacionada no apelo revisional, conclui pelo conhecimento ou desconhecimento do recurso. (ex-OJ n. 37 da SBDI-1 – inserida em 01.02.1995)

Histórico:

Súmula mantida – Res. 121/2003, DJ 19, 20 e 21.11.2003

Redação original – Res. 6/1989, DJ 14, 18 e 19.04.1989

N. 296 – Recurso. Divergência jurisprudencial. Especificidade.

A divergência jurisprudencial ensejadora da admissibilidade, do prosseguimento e do conhecimento do recurso há de ser específica, revelando a existência de teses diversas na interpretação de um mesmo dispositivo legal, embora idênticos os fatos que as ensejaram.

N. 297 – PREQUESTIONAMENTO. OPORTUNIDADE. CONFIGURAÇÃO (nova redação) – Res. 121/2003, DJ 19, 20 e 21.11.2003

I. Diz-se prequestionada a matéria ou questão quando na decisão impugnada haja sido adotada, explicitamente, tese a respeito.

II. Incumbe à parte interessada, desde que a matéria haja sido invocada no recurso principal, opor embargos declaratórios objetivando o pronunciamento sobre o tema, sob pena de preclusão.

III. Considera-se prequestionada a questão jurídica invocada no recurso principal sobre a qual se omite o Tribunal de pronunciar tese, não obstante opostos embargos de declaração.

Histórico:

Redação original – Res. 7/1989, DJ 14, 18 e 19.04.1989

N. 297 – Prequestionamento – Oportunidade – Configuração

Diz-se prequestionada a matéria quando na decisão impugnada haja sido adotada, explicitamente, tese a respeito. Incumbe à parte interessada interpor embargos declaratórios objetivando o pronunciamento sobre o tema, sob pena de preclusão.

N. 298 – AÇÃO RESCISÓRIA. VIOLÊNCIA DE LEI. PREQUESTIONAMENTO (incorporadas as Orientações Jurisprudenciais ns. 36, 72, 75 e 85, parte final, da SBDI-2) – Res. 137/2005, DJ 22, 23 e 24.08.2005

I – A conclusão acerca da ocorrência de violação literal de lei pressupõe pronunciamento explícito, na sentença rescindenda, sobre a matéria veiculada. (ex-Súmula n. 298 – Res. 8/1989, DJ 14.04.1989)

II – O prequestionamento exigido em ação rescisória diz respeito à matéria e ao enfoque específico da tese debatida na ação e não, necessariamente, ao dispositivo legal tido por violado. Basta que o conteúdo da norma, reputada como violada, tenha sido abordado na decisão rescindenda para que se considere preenchido o pressuposto do prequestionamento. (ex-OJ n. 72 da SBDI-2 – inserida em 20.09.00)

III – Para efeito de ação rescisória, considera-se prequestionada a matéria tratada na sentença quando, examinando remessa de ofício, o Tribunal simplesmente a confirma. (ex-OJ n. 75 da SBDI-2 – inserida em 20.04.01)

IV – A sentença meramente homologatória, que silencia sobre os motivos de convencimento do juiz, não se mostra rescindível, por ausência de prequestionamento. (ex-OJ n. 85 da SBDI-2 – parte final – inserida em 13.03.02 e alterada em 26.11.02)

V – Não é absoluta a exigência de prequestionamento na ação rescisória. Ainda que a ação rescisória tenha por fundamento violação de dispositivo legal, é prescindível o prequestionamento quando o vício nasce no próprio julgamento, como se dá com a sentença "extra, citra e ultra petita". (ex-OJ n. 36 da SBDI-2 – inserida em 20.09.00)

Histórico:

Súmula mantida – Res. 121/2003, DJ 19, 20 e 21.11.2003

Redação original – Res. 8/1989, DJ 14, 18 e 19.04.1989

N. 298 – Ação rescisória. Violência à lei. Prequestionamento

A conclusão acerca da ocorrência de violação literal de lei pressupõe pronunciamento explícito, na sentença rescindenda, sobre a matéria veiculada.

N. 299 – AÇÃO RESCISÓRIA. DECISÃO RESCINDENDA. TRÂNSITO EM JULGADO. COMPROVAÇÃO. EFEITOS (incorporadas as Orientações Jurisprudenciais ns. 96 e 106 da SBDI-2) – Res. 137/2005, DJ 22, 23 e 24.08.2005

I – É indispensável ao processamento da ação rescisória a prova do trânsito em julgado da decisão rescindenda. (ex-Súmula n. 299 – RA 74/1980, DJ 21.07.1980)

II – Verificando o relator que a parte interessada não juntou à inicial o documento comprobatório, abrirá prazo de 10 (dez) dias para que o faça, sob pena de indeferimento. (ex-Súmula n. 299 – RA 74/1980, DJ 21.07.1980)

III – A comprovação do trânsito em julgado da decisão rescindenda é pressuposto processual indispensável ao tempo do ajuizamento da ação rescisória. Eventual trânsito em julgado posterior ao ajuizamento da ação rescisória não reabilita a ação proposta, na medida em que o ordenamento jurídico não contempla a ação rescisória preventiva. (ex-OJ n. 106 da SBDI-2 – DJ 29.04.03)

IV – O pretenso vício de intimação, posterior à decisão que se pretende rescindir, se efetivamente ocorrido, não permite a formação da coisa julgada material. Assim, a ação rescisória deve ser julgada extinta, sem julgamento do mérito, por carência de ação, por inexistir decisão transitada em julgado a ser rescindida. (ex-OJ n. 96 da SBDI-2 – inserida em 27.09.02)

Histórico:

Súmula mantida – Res. 121/2003, DJ 19, 20 e 21.11.2003

Redação original – Res. 8/1989, DJ 14, 18 e 19.04.1989

N. 299 – Ação rescisória – Prova do trânsito em julgado da sentença ou do acórdão rescindendo (cancela o enunciado n. 107)

É indispensável ao processamento da demanda rescisória a prova do trânsito em julgado da decisão rescindenda. Verificando o relator que a parte interessada não juntou à inicial o documento comprobatório, abrirá prazo de dez dias para que o faça, sob pena de indeferimento.

N. 300 – COMPETÊNCIA DA JUSTIÇA DO TRABALHO. CADASTRAMENTO NO PIS (mantida) – Res. 121/2003, DJ 19, 20 e 21.11.2003

Compete à Justiça do Trabalho processar e julgar ações ajuizadas por empregados em face de empregadores relativas ao cadastramento no Programa de Integração Social (PIS).

Histórico:

Redação original – Res. 10/1989, DJ 14, 18 e 19.04.1989

N. 300 – Competência da Justiça do Trabalho – Cadastramento no PIS.

Compete à Justiça do Trabalho processar e julgar ações de empregados contra empregadores, relativas ao cadastramento no Plano de Integração Social (PIS).

N. 301 – AUXILIAR DE LABORATÓRIO. AUSÊNCIA DE DIPLOMA. EFEITOS (mantida) – Res. 121/2003, DJ 19, 20 e 21.11.2003

O fato de o empregado não possuir diploma de profissionalização de auxiliar de laboratório não afasta a observância das normas da Lei n. 3.999, de 15.12.1961, uma vez comprovada a prestação de serviços na atividade.

Histórico:

Redação original – Res. 11/1989, DJ 14, 18 e 19.04.1989

N. 301 – Auxiliar de laboratório – Ausência de diploma – Efeitos.

O fato de o empregado não possuir diploma de profissionalização de auxiliar de laboratório não afasta a observância das normas da Lei n. 3.999/61, uma vez comprovada a prestação de serviços na atividade.

N. 302 – CANCELADA – PROCESSO ADMINISTRATIVO – Res. 121/2003, DJ 19, 20 e 21.11.2003

Não cabe recurso ao Tribunal Superior do Trabalho, contra decisão em processo administrativo, proferida por Tribunal Regional do Trabalho, ainda que nele seja interessado magistrado.

Histórico:

Revista pela Súmula n. 321 – Res. 13/1993, DJ 29.11.1993, 01 e 03.12.1993

Redação original (revisão da Súmula n. 40) – Res. 1/1990, DJ 02, 03 e 04.04.1990

N. 303 – FAZENDA PÚBLICA. DUPLO GRAU DE JURISDIÇÃO (incorporadas as Orientações Jurisprudenciais ns. 9, 71, 72 e 73 da SBDI-1) – Res. 129/2005, DJ 20, 22 e 25.04.2005

I – Em dissídio individual, está sujeita ao duplo grau de jurisdição, mesmo na vigência da CF/1988, decisão contrária à Fazenda Pública, salvo:

a) quando a condenação não ultrapassar o valor correspondente a 60 (sessenta) salários mínimos; (ex-OJ n. 09 da SBDI-1 – incorporada pela Res. 121/2003, DJ 21.11.2003)

b) quando a decisão estiver em consonância com decisão plenária do Supremo Tribunal Federal ou com súmula ou orientação jurisprudencial do Tribunal Superior do Trabalho. (ex-Súmula n. 303 – alterada pela Res. 121/2003, DJ 21.11.2003)

II – Em ação rescisória, a decisão proferida pelo juízo de primeiro grau está sujeita ao duplo grau de jurisdição obrigatório quando desfavorável ao ente público, exceto nas hipóteses das alíneas "a" e "b" do inciso anterior. (ex-OJ n. 71 da SBDI-1 – inserida em 03.06.1996)

III – Em mandado de segurança, somente cabe remessa "ex officio" se, na relação processual, figurar pessoa jurídica de direito público como parte prejudicada pela concessão da ordem. Tal situação não ocorre na hipótese de figurar no feito como impetrante e terceiro interessado pessoa de direito privado, ressalvada a hipótese de matéria administrativa. (ex-OJs ns. 72 e 73 da SBDI-1 – inseridas, respectivamente, em 25.11.1996 e 03.06.1996)

Histórico:

Súmula alterada – Res. 121/2003, DJ 19, 20 e 21.11.2003

N. 303 – Fazenda Pública. Duplo grau de jurisdição

Está sujeita ao duplo grau de jurisdição, mesmo na vigência da CF/1988, decisão contrária à Fazenda Pública, salvo:

a) quando a condenação não ultrapassar o valor correspondente a 60 (sessenta) salários mínimos;

b) quando a decisão estiver em consonância com decisão plenária do Supremo Tribunal Federal ou com enunciados de Súmula ou Orientação Jurisprudencial do Tribunal Superior do Trabalho.

Redação original – Res. 1/1992, DJ 05, 12 e 19.11.1992

N. 303 – Fazenda Pública – Duplo Grau de Jurisdição.

Está sujeita ao duplo grau de jurisdição, mesmo na vigência da Constituição Federal de 1988, decisão contrária à Fazenda Pública.

N. 304 – CORREÇÃO MONETÁRIA. EMPRESAS EM LIQUIDAÇÃO. ART. 46 DO ADCT/CF (mantida) – Res. 121/2003, DJ 19, 20 e 21.11.2003 e republicada DJ 25.11.2003

Os débitos trabalhistas das entidades submetidas aos regimes de intervenção ou liquidação extrajudicial estão sujeitos a correção monetária desde o respectivo vencimento até seu efetivo pagamento, sem interrupção ou suspensão, não incidindo, entretanto, sobre tais débitos, juros de mora.

Histórico:

Redação original (revisão da Súmula n. 284) – Res. 2/1992, DJ 05, 12 e 19.11.1992

N. 305 – FUNDO DE GARANTIA DO TEMPO DE SERVIÇO. INCIDÊNCIA SOBRE O AVISO PRÉVIO (mantida) – Res. 121/2003, DJ 19, 20 e 21.11.2003

O pagamento relativo ao período de aviso prévio, trabalhado ou não, está sujeito à contribuição para o FGTS.

Histórico:

Redação original – Res. 3/1992, DJ 05, 12 e 19.11.1992

N. 306 – CANCELADA – INDENIZAÇÃO ADICIONAL. PAGAMENTO DEVIDO COM FUNDAMENTO NOS ARTS. 9º DA LEI N. 6.708/1979 E 9º DA LEI N. 7.238/1984 – Res. 121/2003, DJ 19, 20 e 21.11.2003

É devido o pagamento da indenização adicional na hipótese de dispensa injusta do empregado, ocorrida no trintídio que antecede a data-base. A legislação posterior não revogou os arts. 9º da Lei n. 6.708/1979 e 9º da Lei n. 7.238/1984.

Histórico:

Redação original – Res. 4/1992, DJ 05, 12 e 19.11.1992

N. 307 – JUROS. IRRETROATIVIDADE DO DECRETO-LEI N. 2.322, DE 26.02.1987 (mantida) – Res. 121/2003, DJ 19, 20 e 21.11.2003

A fórmula de cálculo de juros prevista no Decreto-lei n. 2.322, de 26.02.1987 somente é aplicável a partir de 27.02.1987. Quanto ao período anterior, deve-se observar a legislação então vigente.

Histórico:

Redação original – Res. 5/1992, DJ 05, 12 e 19.11.1992

N. 307 – Juros. Irretroatividade do Decreto-lei n. 2.322/87.

A fórmula de cálculo de juros prevista no Decreto-lei n. 2.322/87 somente é aplicável a partir de 27.2.87, devendo-se observar, quanto ao período anterior, a legislação então vigente.

N. 308 – PRESCRIÇÃO QUINQUENAL (incorporada a Orientação Jurisprudencial n. 204 da SBDI-1) – Res. 129/2005, DJ 20, 22 e 25.04.2005

I. Respeitado o biênio subsequente à cessação contratual, a prescrição da ação trabalhista concerne às pretensões imediatamente anteriores a cinco anos, contados da data do ajuizamento da reclamação e, não, às anteriores ao quinquênio da data da extinção do contrato. (ex-OJ n. 204 da SBDI-1 – inserida em 08.11.2000)

II. A norma constitucional que ampliou o prazo de prescrição da ação trabalhista para 5 (cinco) anos é de aplicação imediata e não atinge pretensões já alcançadas pela prescrição bienal quando da promulgação da CF/1988. (ex-Súmula n. 308 – Res. 6/1992, DJ 05.11.1992)

Histórico:

Súmula mantida – Res. 121/2003, DJ 19, 20 e 21.11.2003

Redação original – Res. 6/1992, DJ 05, 12 e 19.11.1992

N. 308 – Prescrição quinquenal

A norma constitucional que ampliou a prescrição da ação trabalhista para cinco anos é de aplicação imediata, não atingindo pretensões já alcançadas pela prescrição bienal, quando da promulgação da Constituição de 1988.

N. 309 – VIGIA PORTUÁRIO. TERMINAL PRIVATIVO. NÃO OBRIGATORIEDADE DE REQUISIÇÃO (mantida) – Res. 121/2003, DJ 19, 20 e 21.11.2003

Tratando-se de terminais privativos destinados à navegação de cabotagem ou de longo curso, não é obrigatória a requisição de vigia portuário indicado por sindicato.

Histórico:

Redação original – Res. 7/1992, DJ 05, 12 e 19.11.1992

N. 309 – Vigia portuário.

Em se tratando de terminais privativos destinados à navegação de cabotagem ou de longo curso, não é obrigatória a requisição de vigia portuário indicado por sindicato.

N. 310 – CANCELADA – SUBSTITUIÇÃO PROCESSUAL. SINDICATO (cancelamento mantido) – Res. 121/2003, DJ 19, 20 e 21.11.2003 e republicada DJ 25.11.2003

I – O art. 8º, inciso III, da Constituição da República não assegura a substituição processual pelo sindicato.

II – A substituição processual autorizada ao sindicato pelas Leis ns. 6.708, de 30.10.1979, e 7.238, de 29.10.1984, limitada aos associados, restringe-se às demandas que visem aos reajustes salariais previstos em lei, ajuizadas até 03.07.1989, data em que entrou em vigor a Lei n. 7.788/1989.

III – A Lei n. 7.788/1989, em seu art. 8º, assegurou, durante sua vigência, a legitimidade do sindicato como substituto processual da categoria.

IV – A substituição processual autorizada pela Lei n. 8.073, de 30.07.1990, ao sindicato alcança todos os integrantes da categoria e é restrita às demandas que visem à satisfação de reajustes salariais específicos resultantes de disposição prevista em lei de política salarial.

V – Em qualquer ação proposta pelo sindicato como substituto processual, todos os substituídos serão individualizados na petição inicial e, para o início da execução, devidamente identificados pelo número da Carteira de Trabalho e Previdência Social ou de qualquer documento de identidade.

VI – É lícito aos substituídos integrar a lide como assistente litisconsorcial, acordar, transigir e renunciar, independentemente de autorização ou anuência do substituto.

VII – Na liquidação da sentença exequenda, promovida pelo substituto, serão individualizados os valores devidos a cada substituído, cujos depósitos para quitação serão levantados através de guias expedidas em seu nome ou de procurador com poderes especiais para esse fim, inclusive nas ações de cumprimento.

VIII – Quando o sindicato for o autor da ação na condição de substituto processual, não serão devidos honorários advocatícios.

Histórico:

Súmula cancelada – Res. 119/2003, DJ 01.10.2003

Redação original – Res. 1/1993, DJ 06, 10 e 12.05.1993

N. 311 – BENEFÍCIO PREVIDENCIÁRIO A DEPENDENTE DE EX-EMPREGADO. CORREÇÃO MONETÁRIA. LEGISLAÇÃO APLICÁVEL (mantida) – Res. 121/2003, DJ 19, 20 e 21.11.2003

O cálculo da correção monetária incidente sobre débitos relativos a benefícios previdenciários devidos a dependentes de ex-empregado pelo empregador, ou por entidade de previdência privada a ele vinculada, será o previsto na Lei n. 6.899, de 08.04.1981.

Histórico:

Redação original – Res. 2/1993, DJ 06, 10 e 12.05.1993 – Republicada DJ 14, 20 e 21.05.1993

N. 311 – Benefício previdenciário a dependente de ex-empregado. Correção monetária. Legislação aplicável.

O cálculo da correção monetária incidente sobre débitos relativos a benefícios previdenciários devidos a dependentes de ex-empregado pelo empregador, ou entidade de previdência privada a ele vinculada, será o previsto na Lei n. 6.899/81.

N. 312 – CONSTITUCIONALIDADE. ALÍNEA "B" DO ART. 896 DA CLT (mantida) – Res. 121/2003, DJ 19, 20 e 21.11.2003

É constitucional a alínea "b" do art. 896 da CLT, com a redação dada pela Lei n. 7.701, de 21.12.1988.

Histórico:

Redação original – Res. 4/1993, DJ 22, 27 e 29.09.1993

N. 313 – COMPLEMENTAÇÃO DE APOSENTADORIA. PROPORCIONALIDADE. BANESPA (mantida) – Res. 121/2003, DJ 19, 20 e 21.11.2003

A complementação de aposentadoria, prevista no art. 106, e seus parágrafos, do regulamento de pessoal editado em 1965, só é integral para os empregados que tenham 30 (trinta) ou mais anos de serviços prestados exclusivamente ao banco.

Histórico:

Redação original – Res. 5/1993, DJ 22, 27 e 29.09.1993

N. 314 – INDENIZAÇÃO ADICIONAL. VERBAS RESCISÓRIAS. SALÁRIO CORRIGIDO (mantida) – Res. 121/2003, DJ 19, 20 e 21.11.2003

Se ocorrer a rescisão contratual no período de 30 (trinta) dias que antecede à data-base, observado a Súmula n. 182 do TST, o pagamento das verbas rescisórias com o salário já corrigido não afasta o direito à indenização adicional prevista nas Leis ns. 6.708, de 30.10.1979 e 7.238, de 28.10.1984.

Histórico:

Redação original – Res. 6/1993, DJ 22, 27 e 29.09.1993

N. 314 – Ocorrendo a rescisão contratual no período de 30 dias que antecede à data-base, observado o Enunciado de n. 182 do TST, o pagamento das verbas rescisórias com o salário já corrigido não afasta o direito à indenização adicional prevista nas Leis ns. 6.708/79 e 7.238/84.

N. 315 – IPC DE MARÇO/1990. LEI N. 8.030, DE 12.04.1990 (PLANO COLLOR). INEXISTÊNCIA DE DIREITO ADQUIRIDO (mantida) – Res. 121/2003, DJ 19, 20 e 21.11.2003

A partir da vigência da Medida Provisória n. 154, de 15.03.1990, convertida na Lei n. 8.030, de 12.04.1990, não se aplica o IPC de março de 1990, de 84,32% (oitenta e quatro vírgula trinta e dois por cento), para a correção dos salários, porque o direito ainda não se havia incorporado ao patrimônio jurídico dos trabalhadores, inexistindo ofensa ao inciso XXXVI do art. 5º da CF/1988.

Histórico:

Redação original – Res. 7/1993, DJ 22, 27 e 29.09.1993

N. 315 – IPC de março/90 – Lei n. 8.030/90 (Plano Collor) – Inexistência de direito adquirido.

A partir da vigência da Medida Provisória n. 154/90, convertida na Lei n. 8.030/90, não se aplica o IPC de março de 1990, de 84,32% (oitenta e quatro vírgula trinta e dois por cento), para a correção dos salários, porque o direito ainda não se havia incorporado ao patrimônio jurídico dos trabalhadores, inexistindo ofensa ao XXXVI do art. 5º da Constituição da República.

N. 316 – CANCELADA – *IPC DE JUNHO/1987. DECRETO-LEI N. 2.335/1987 (PLANO BRESSER). EXISTÊNCIA DE DIREITO ADQUIRIDO (cancelamento mantido) – Res. 121/2003, DJ 19, 20 e 21.11.2003*

É devido o reajuste salarial decorrente da incidência do IPC de junho de 1987, correspondente a 26,06% (vinte e seis vírgula zero seis por cento), porque este direito já se havia incorporado ao patrimônio jurídico dos trabalhadores quando do advento do Decreto-lei n. 2.335/1987.

Histórico:

Súmula cancelada – Res. 37/1994, DJ 25, 28 e 29.11.1994

Redação original – Res. 8/1993, DJ 22, 27 e 29.09.1993

N. 317 – CANCELADA – *URP DE FEVEREIRO/1989. LEI N. 7.730/1989 (PLANO VERÃO). EXISTÊNCIA DE DIREITO ADQUIRIDO (cancelamento mantido) – Res. 121/2003, DJ 19, 20 e 21.11.2003*

A correção salarial da URP de fevereiro de 1989, de 26,05% (vinte e seis vírgula zero cinco por cento), já constituía direito adquirido do trabalhador, quando do advento da Medida Provisória n. 32/1989, convertida na Lei n. 7.730/1989, sendo devido o reajuste respectivo.

Histórico:

Súmula cancelada – Res. 37/1994, DJ 25, 28 e 29.11.1994

Redação original – Res. 9/1993, DJ 22, 27 e 29.09.1993

N. 318 – DIÁRIAS. BASE DE CÁLCULO PARA SUA INTEGRAÇÃO NO SALÁRIO (mantida) – Res. 121/2003, DJ 19, 20 e 21.11.2003

Tratando-se de empregado mensalista, a integração das diárias no salário deve ser feita tomando-se por base o salário mensal por ele percebido e não o valor do dia de salário, somente sendo devida a referida integração quando o valor das diárias, no mês, for superior à metade do salário mensal.

Histórico:

Redação original – Res. 10/1993, DJ 29.11, e 01 e 03.12.1993

N. 318 – Diárias. Base de cálculo para sua integração ao salário

Tratando-se de empregado mensalista, a integração das diárias ao salário deve ser feita tomando-se por base o salário mensal por ele percebido, e não o salário dia, somente sendo devida a referida integração quando o valor das diárias, no mês, for superior à metade do salário mensal.

N. 319 – REAJUSTES SALARIAIS ("GATILHOS"). APLICAÇÃO AOS SERVIDORES PÚBLICOS CONTRATADOS SOB A ÉGIDE DA LEGISLAÇÃO TRABALHISTA (mantida) – Res. 121/2003, DJ 19, 20 e 21.11.2003

Aplicam-se aos servidores públicos, contratados sob o regime da CLT, os reajustes decorrentes da correção automática dos salários pelo mecanismo denominado "gatilho", de que tratam os Decretos-leis ns. 2.284, de 10.03.1986 e 2.302, de 21.11.1986.

Histórico:

Redação original – Res. 11/1993, DJ 29.11, 01 e 03.12.1993

N. 319 – Reajustes salariais (Gatilhos). Sua aplicação relativa aos servidores públicos contratados sob a égide da legislação trabalhista.

Aplicam-se aos servidores públicos, contratados sob o regime da CLT, os reajustes decorrentes da correção automática dos salários pelo mecanismo denominado "gatilho", de que tratam os Decretos-Leis ns. 2.284/86 e 2.302/86.

N. 320 – HORAS "IN ITINERE". OBRIGATORIEDADE DE CÔMPUTO NA JORNADA DE TRABALHO
(mantida) – Res. 121/2003, DJ 19, 20 e 21.11.2003

O fato de o empregador cobrar, parcialmente ou não, importância pelo transporte fornecido, para local de difícil acesso ou não servido por transporte regular, não afasta o direito à percepção das horas "in itinere".

Histórico:

Redação original – Res. 12/1993, DJ 29.11, 01 e 03.12.1993

N. 320 – Horas "in itinere". Obrigatoriedade de seu cômputo na jornada de trabalho.

O fato de o empregador cobrar, parcialmente ou não, importância pelo transporte fornecido, para local de difícil acesso ou não servido por transporte regular, não afasta o direito à percepção do pagamento das horas "in itinere".

N. 321 – CANCELADA – DECISÃO ADMINISTRATIVA. RECURSO – Res. 135/2005, DJ 05.07.2005

Das decisões proferidas pelos Tribunais Regionais do Trabalho, em processo administrativo, cabe recurso para o Tribunal Superior do Trabalho tão somente para o exame da legalidade do ato.

Histórico:

Súmula mantida – Res. 121/2003, DJ 19, 20 e 21.11.2003

Redação original (revisão da Súmula n. 302) – Res. 13/1993, DJ 29.11, 01 e 03.12.1993

N. 321 – Decisão administrativa – Recurso – Revisão do Enunciado n. 302.

Das decisões proferidas pelos Tribunais Regionais, em processo administrativo, cabe recurso para o Tribunal Superior do Trabalho tão somente para exame da legalidade do ato.

N. 322 – DIFERENÇAS SALARIAIS. PLANOS ECONÔMICOS. LIMITE (mantida) – Res. 121/2003, DJ 19, 20 e 21.11.2003

Os reajustes salariais decorrentes dos chamados "gatilhos" e URPs, previstos legalmente como antecipação, são devidos tão somente até a data-base de cada categoria.

Histórico:

Redação original – Res. 14/1993, DJ 21, 28.12.1993 e 04.01.1994

N. 323 – CANCELADA – URP DE ABRIL E MAIO DE 1988. DECRETO-LEI N. 2.425/1988 (cancelamento mantido) – Res. 121/2003, DJ 19, 20 e 21.11.2003

A suspensão do pagamento das URP's de abril e maio de 1988, determinada pelo Decreto-lei n. 2.425, de 07.04.1988, afronta direito adquirido dos trabalhadores e o princípio constitucional da isonomia.

Histórico:

Súmula cancelada – Res. 38/1994, DJ 25, 28 e 29.11.1994

Redação original – Res. 15/1993, DJ 21, 28.12.1993 e 04.01.1994

N. 324 – CANCELADA – HORAS "IN ITINERE". ENUNCIADO N. 90. INSUFICIÊNCIA DE TRANSPORTE PÚBLICO (cancelada em decorrência da sua incorporação à nova redação da Súmula n. 90) – Res. 129/2005, DJ 20, 22 e 25.04.2005

A mera insuficiência de transporte público não enseja o pagamento de horas "in itinere".

Histórico:

Súmula mantida – Res. 121/2003, DJ 19, 20 e 21.11.2003

Redação original – Res. 16/1993, DJ 21, 28.12.1993 e 04.01.1994

N. 325 – CANCELADA – HORAS "IN ITINERE". ENUNCIADO N. 90. REMUNERAÇÃO EM RELAÇÃO A TRECHO NÃO SERVIDO POR TRANSPORTE PÚBLICO (cancelada em decorrência da sua incorporação à nova redação da Súmula n. 90) – Res. 129/2005, DJ 20, 22 e 25.04.2005

Se houver transporte público regular, em parte do trajeto percorrido em condução da empresa, as horas "in itinere" remuneradas limitam-se ao trecho não alcançado pelo transporte público.

Histórico:

Súmula mantida – Res. 121/2003, DJ 19, 20 e 21.11.2003

Redação original – Res. 17/1993, DJ 21, 28.12.1993 e 04.01.1994

N. 325 – Horas "in itinere". Enunciado n. 90. Remuneração em relação a trecho não servido por transporte público.

Havendo transporte público regular, em parte do trajeto percorrido em condução da empresa, as horas "in itinere" remuneradas se limitam ao trecho não alcançado pelo transporte público.

N. 326 – COMPLEMENTAÇÃO DOS PROVENTOS DE APOSENTADORIA. PARCELA NUNCA RECEBIDA. PRESCRIÇÃO TOTAL (mantida) – Res. 121/2003, DJ 19, 20 e 21.11.2003

Tratando-se de pedido de complementação de aposentadoria oriunda de norma regulamentar e jamais paga ao ex-empregado, a prescrição aplicável é a total, começando a fluir o biênio a partir da aposentadoria.

Histórico:

Redação original – Res. 18/1993, DJ 21, 28.12.1993 e 04.01.1994

N. 326 – Complementação dos proventos de aposentadoria. Parcela nunca recebida. Prescrição total.

Em se tratando de pedido de complementação de aposentadoria oriunda de norma regulamentar e jamais paga ao ex-empregado, a prescrição aplicável é a total, começando a fluir o biênio a partir da aposentadoria.

N. 327 – COMPLEMENTAÇÃO DOS PROVENTOS DE APOSENTADORIA. DIFERENÇA. PRESCRIÇÃO PARCIAL (nova redação) – Res. 121/2003, DJ 19, 20 e 21.11.2003

Tratando-se de pedido de diferença de complementação de aposentadoria oriunda de norma regulamentar, a prescrição aplicável é a parcial, não atingindo o direito de ação, mas, tão somente, as parcelas anteriores ao quinquênio.

Histórico:

Redação original – Res. 19/1993, DJ 21, 28.12.1993 e 04.01.1994

N. 327 – Complementação dos proventos de aposentadoria. Diferença. Prescrição parcial.

Em se tratando de pedido de diferença de complementação de aposentadoria oriunda de norma regulamentar, a prescrição aplicável é a parcial, não atingindo o direito de ação, mas, tão somente, as parcelas anteriores ao biênio.

N. 328 – FÉRIAS. TERÇO CONSTITUCIONAL (mantida) – Res. 121/2003, DJ 19, 20 e 21.11.2003

O pagamento das férias, integrais ou proporcionais, gozadas ou não, na vigência da CF/1988, sujeita-se ao acréscimo do terço previsto no respectivo art. 7º, XVII.

Histórico:

Redação original – Res. 20/1993, DJ 21, 28.12.1993 e 04.01.1994

N. 328 – Férias – Terço constitucional.

O pagamento das férias, integrais ou proporcionais, gozadas ou não, na vigência da Constituição da República de 1988, sujeita-se ao acréscimo do terço previsto em seu art. 7º, inciso XVII.

N. 329 – HONORÁRIOS ADVOCATÍCIOS. ART. 133 DA CF/1988 (mantida) – Res. 121/2003, DJ 19, 20 e 21.11.2003

Mesmo após a promulgação da CF/1988, permanece válido o entendimento consubstanciado na Súmula n. 219 do Tribunal Superior do Trabalho.

Histórico:

Redação original – Res. 21/1993, DJ 21, 28.12.1993 e 04.01.1994

N. 329 – Honorários advocatícios. Art. 133 da Constituição da República de 1988

Mesmo após a promulgação da Constituição da República de 1988, permanece válido o entendimento consubstanciado no Enunciado n. 219 do Tribunal Superior do Trabalho.

N. 330 – QUITAÇÃO. VALIDADE (mantida) – Res. 121/2003, DJ 19, 20 e 21.11.2003

A quitação passada pelo empregado, com assistência de entidade sindical de sua categoria, ao empregador, com observância dos requisitos exigidos nos parágrafos do art. 477 da CLT, tem eficácia liberatória em relação às parcelas expressamente consignadas no recibo, salvo se oposta ressalva expressa e especificada ao valor dado à parcela ou parcelas impugnadas.

I – A quitação não abrange parcelas não consignadas no recibo de quitação e, consequentemente, seus reflexos em outras parcelas, ainda que estas constem desse recibo.

II – Quanto a direitos que deveriam ter sido satisfeitos durante a vigência do contrato de trabalho, a quitação é válida em relação ao período expressamente consignado no recibo de quitação.

Histórico:

Súmula alterada – Res. 108/2001, DJ 18, 19 e 20.04.2001

Súmula mantida e republicada com explicitação – RA n. 4/1994, DJ 18, 28.02.1994 e 02.03.1994

N. 330 – Quitação. Validade. Revisão da Súmula n. 41

A quitação passada pelo empregado, com assistência de entidade sindical de sua categoria, ao empregador, com observância dos requisitos exigidos nos parágrafos do art. 477, da Consolidação das Leis do Trabalho, tem eficácia liberatória em relação às parcelas expressamente consignadas no recibo, salvo se oposta ressalva expressa e especificada ao valor dado à parcela ou parcelas impugnadas.

Redação original (revisão da Súmula n. 41) – Res. 22/1993, DJ 21, 28.12.1993 e 04.01.1994

N. 330 – Quitação. Validade. Revisão da Súmula n. 41

A quitação passada pelo empregado, com assistência de Entidade Sindical de sua categoria, ao empregador, com observância dos requisitos exigidos nos parágrafos do art. 477 da Consolidação das Leis do Trabalho, tem eficácia liberatória em relação às parcelas expressamente consignadas no recibo.

N. 331 – CONTRATO DE PRESTAÇÃO DE SERVIÇOS. LEGALIDADE (mantida) – Res. 121/2003, DJ 19, 20 e 21.11.2003

I – A contratação de trabalhadores por empresa interposta é ilegal, formando-se o vínculo diretamente com o tomador dos serviços, salvo no caso de trabalho temporário (Lei n. 6.019, de 03.01.1974).

II – A contratação irregular de trabalhador, mediante empresa interposta, não gera vínculo de emprego com os órgãos da administração pública direta, indireta ou fundacional (art. 37, II, da CF/1988).

III – Não forma vínculo de emprego com o tomador a contratação de serviços de vigilância (Lei n. 7.102, de

20.06.1983) e de conservação e limpeza, bem como a de serviços especializados ligados à atividade-meio do tomador, desde que inexistente a pessoalidade e a subordinação direta.

IV – O inadimplemento das obrigações trabalhistas, por parte do empregador, implica a responsabilidade subsidiária do tomador dos serviços, quanto àquelas obrigações, inclusive quanto aos órgãos da administração direta, das autarquias, das fundações públicas, das empresas públicas e das sociedades de economia mista, desde que hajam participado da relação processual e constem também do título executivo judicial (art. 71 da Lei n. 8.666, de 21.06.1993).

Histórico:

Súmula alterada (Inciso IV) – Res. 96/2000, DJ 18, 19 e 20.09.2000

Redação original (revisão da Súmula n. 256) – Res. 23/1993, DJ 21, 28.12.1993 e 04.01.1994

N. 331 – (...)

II – A contratação irregular de trabalhador, através de empresa interposta, não gera vínculo de emprego com os órgãos da administração pública direta, indireta ou fundacional (art. 37, II, da Constituição da República).

IV – O inadimplemento das obrigações trabalhistas, por parte do empregador, implica na responsabilidade subsidiária do tomador dos serviços, quanto àquelas obrigações, inclusive quanto aos órgãos da administração direta, das autarquias, das fundações públicas, das empresas públicas e das sociedades de economia mista, desde que hajam participado da relação processual e constem também do título executivo judicial (art. 71 da Lei n. 8.666/93).

N. 332 – COMPLEMENTAÇÃO DE APOSENTADORIA. PETROBRAS. MANUAL DE PESSOAL. NORMA PROGRAMÁTICA (mantida) – Res. 121/2003, DJ 19, 20 e 21.11.2003

As normas relativas à complementação de aposentadoria, inseridas no Manual de Pessoal da Petrobras, têm caráter meramente programático, delas não resultando direito à referida complementação.

Histórico:

Súmula mantida – Res. 50/1995 – DJ 21, 22 e 25.09.1995

Redação original – Res. 24/1994, DJ 12, 16 e 18.05.1994

N. 333 – RECURSOS DE REVISTA. CONHECIMENTO (Resolução n. 155/09, DEJT 26.02, 27.02 e 02.03.09)

Não ensejam recurso de revista decisões superadas por iterativa, notória e atual jurisprudência do Tribunal Superior do Trabalho.

Histórico:

Recurso de revista e de embargos. Conhecimento (mantida) – Res. 121/2003, DJ 19, 20 e 21.11.2003

Não ensejam recursos de revista ou de embargos decisões superadas por iterativa, notória e atual jurisprudência do Tribunal Superior do Trabalho.

Súmula alterada – Res. 99/2000, DJ 18, 19 e 20.09.2000

Redação original (revisão da Súmula n. 42) – Res. 25/1994, DJ 12, 16 e 18.05.1994

N. 333 – Recurso de Revista. Embargos. Não conhecimento. Revisão do Enunciado n. 42

Não ensejam recursos de revista ou de embargos decisões superadas por iterativa, notória e atual jurisprudência da Seção Especializada em Dissídios Individuais.

N. 334 – CANCELADA – COMPETÊNCIA. AÇÃO DE CUMPRIMENTO. SINDICATO. DESCONTO ASSISTENCIAL (cancelamento mantido) – Res. 121/2003, DJ 19, 20 e 21.11.2003

A Justiça do Trabalho é incompetente para julgar ação na qual o sindicato, em nome próprio, pleiteia o recolhimento de desconto assistencial previsto em convenção ou acordo coletivos.

Histórico:

Súmula cancelada – Res. 59/1996, DJ 28.06.1996, 03, 04 e 05.07.1996

Redação original (revisão da Súmula n. 224) – Res. 26/1994, DJ 12, 17 e 19.05.1994

N. 335 – CANCELADA – EMBARGOS PARA A SEÇÃO ESPECIALIZADA EM DISSÍDIOS INDIVIDUAIS CONTRA DECISÃO EM AGRAVO DE INSTRUMENTO OPOSTO A DESPACHO DENEGATÓRIO DE RECURSO DE REVISTA – Res. 121/2003, DJ 19, 20 e 21.11.2003

São incabíveis embargos para a Seção Especializada em Dissídios Individuais contra decisão proferida em agravo de instrumento oposto a despacho denegatório de recurso de revista, salvo quando a controvérsia se referir a pressupostos extrínsecos do próprio agravo.

Histórico:

Revista pela Súmula n. 353 – Res. 70/1997, DJ 30.05.1997 e 04, 05 e 06.06.1997

Redação original (revisão da Súmula n. 183) – Res. 27/1994, DJ 12, 17 e 19.05.1994

N. 336 – CONSTITUCIONALIDADE. § 2º DO ART. 9º DO DECRETO-LEI N. 1.971, DE 30.11.1982 (mantida) – Res. 121/2003, DJ 19, 20 e 21.11.2003

É constitucional o § 2º do art. 9º do Decreto-lei n. 1.971, de 30.11.1982, com a redação dada pelo Decreto-lei n. 2.100, de 28.12.1983.

Histórico:

Redação original – Res. 34/1994, DJ 10, 13 e 14.10.1994

N. 337 – COMPROVAÇÃO DE DIVERGÊNCIA JURIS-PRUDENCIAL. RECURSOS DE REVISTA E DE EMBARGOS (incorporada a Orientação Jurisprudencial n. 317 da SBDI-1) – Res. 129/2005, DJ 20, 22 e 25.04.2005

I – Para comprovação da divergência justificadora do recurso, é necessário que o recorrente:

a) Junte certidão ou cópia autenticada do acórdão paradigma ou cite a fonte oficial ou o repositório autorizado em que foi publicado; e

b) Transcreva, nas razões recursais, as ementas e/ou trechos dos acórdãos trazidos à configuração do dissídio, demonstrando o conflito de teses que justifique o conhecimento do recurso, ainda que os acórdãos já se encontrem nos autos ou venham a ser juntados com o recurso. (ex-Súmula n. 337 – alterada pela Res. 121/2003, DJ 21.11.2003)

II – A concessão de registro de publicação como repositório autorizado de jurisprudência do TST torna válidas todas as suas edições anteriores. (ex-OJ n. 317 da SBDI-1 – DJ 11.08.2003)

Histórico:

Súmula alterada – Res. 121/2003, DJ 19, 20 e 21.11.2003

N. 337 – Comprovação de divergência jurisprudencial. Recursos de revista e de embargos

Para comprovação da divergência justificadora do recurso, é necessário que o recorrente:

I – Junte certidão ou cópia autenticada do acórdão paradigma ou cite a fonte oficial ou o repositório autorizado em que foi publicado; e

II – Transcreva, nas razões recursais, as ementas e/ou trechos dos acórdãos trazidos à configuração do dissídio, demonstrando o conflito de teses que justifique o conhecimento do recurso, ainda que os acórdãos já se encontrem nos autos ou venham a ser juntados com o recurso.

Redação original (revisão da Súmula n. 38) – Res. 35/1994, DJ 18, 21 e 22.11.1994 – Republicada DJ 30.11, 01 e 02.12.1994

N. 337 – Comprovação de divergência jurisprudencial. Recursos de revista e de embargos. Revisão do Enunciado n. 38

Para comprovação da divergência justificadora do recurso, é necessário que o recorrente:

I – Junte certidão ou cópia autenticada do acórdão paradigma ou cite a fonte oficial ou repositório autorizado em que foi publicado; e

II – Transcreva, nas razões recursais, as ementas e/ou trechos dos acórdãos trazidos à configuração do dissídio, mencionando as teses que identifiquem os casos confrontados, ainda que os acórdãos já se encontrem nos autos ou venham a ser juntados com o recurso.

N. 338 – JORNADA DE TRABALHO. REGISTRO. ÔNUS DA PROVA (incorporadas as Orientações Jurisprudenciais ns. 234 e 306 da SBDI-1) – Res. 129/2005, DJ 20, 22 e 25.04.2005

I – É ônus do empregador que conta com mais de 10 (dez) empregados o registro da jornada de trabalho na forma do art. 74, § 2º, da CLT. A não apresentação injustificada dos controles de frequência gera presunção relativa de veracidade da jornada de trabalho, a qual pode ser elidida por prova em contrário. (ex-Súmula n. 338 – alterada pela Res. 121/2003, DJ 21.11.2003)

II – A presunção de veracidade da jornada de trabalho, ainda que prevista em instrumento normativo, pode ser elidida por prova em contrário. (ex-OJ n. 234 da SBDI-1 – inserida em 20.06.2001)

III – Os cartões de ponto que demonstram horários de entrada e saída uniformes são inválidos como meio de prova, invertendo-se o ônus da prova, relativo às horas extras, que passa a ser do empregador, prevalecendo a jornada da inicial se dele não se desincumbir. (ex-OJ n. 306 da SBDI-1 - DJ 11.08.2003)

Histórico:

Súmula alterada – Res. 121/2003, DJ 19, 20 e 21.11.2003

N. 338 – Jornada. Registro. Ônus da prova

É ônus do empregador que conta com mais de 10 (dez) empregados o registro da jornada de trabalho na forma do art. 74, § 2º, da CLT. A não apresentação injustificada dos controles de frequência gera presunção relativa de veracidade da jornada de trabalho, a qual pode ser elidida por prova em contrário.

Redação original – Res. 36/1994, DJ 18, 21 e 22.11.1994

N. 338 – Registro de horário. Inversão do ônus da prova

A omissão injustificada por parte da empresa de cumprir determinação judicial de apresentação dos registros de horário (CLT, art. 74 § 2º) importa em presunção de veracidade da jornada de trabalho alegada na inicial, a qual pode ser elidida por prova em contrário.

N. 339 – CIPA. SUPLENTE. GARANTIA DE EMPREGO. CF/1988 (incorporadas as Orientações Jurisprudenciais ns. 25 e 329 da SBDI-1) – Res. 129/2005, DJ 20, 22 e 25.04.2005

I – O suplente da CIPA goza da garantia de emprego prevista no art. 10, II, "a", do ADCT a partir da promulgação da Constituição Federal de 1988. (ex-Súmula n. 339 – Res. 39/1994, DJ 22.12.1994 – e ex-OJ n. 25 da SBDI-1 – inserida em 29.03.1996)

II – A estabilidade provisória do cipeiro não constitui vantagem pessoal, mas garantia para as atividades dos membros da CIPA, que somente tem razão de ser quando em atividade a empresa. Extinto o estabelecimento, não se verifica a despedida arbitrária, sendo impossível a reintegração e indevida a indenização do período estabilitário. (ex-OJ n. 329 da SBDI-1 – DJ 09.12.2003)

Histórico:

Súmula mantida – Res. 121/2003, DJ 19, 20 e 21.11.2003

Redação original – Res. 39/1994, DJ 20, 21 e 22.12.1994

N. 339 – CIPA. Suplente. Garantia de emprego. CF/88.

O suplente da CIPA goza da garantia de emprego prevista no art. 10, inciso II, alínea "a", do ADCT da Constituição da República de 1988.

N. 340 – COMISSIONISTA. HORAS EXTRAS (nova redação) – Res. 121/2003, DJ 19, 20 e 21.11.2003

O empregado, sujeito a controle de horário, remunerado à base de comissões, tem direito ao adicional de, no mínimo, 50% (cinquenta por cento) pelo trabalho em horas extras, calculado sobre o valor-hora das comissões recebidas no mês, considerando-se como divisor o número de horas efetivamente trabalhadas.

Histórico:

Redação original (revisão da Súmula n. 56) – Res. 40/1995, DJ 17, 20 e 21.02.1995

N. 340 – Comissionista. Horas extras. Revisão do Enunciado n. 56

O empregado, sujeito a controle de horário, remunerado à base de comissões, tem direito ao adicional de, no mínimo, 50% (cinquenta por cento) pelo trabalho em horas extras, calculado sobre o valor das comissões a elas referentes.

N. 341 – HONORÁRIOS DO ASSISTENTE TÉCNICO
(mantida) – Res. 121/2003, DJ 19, 20 e 21.11.2003

A indicação do perito assistente é faculdade da parte, a qual deve responder pelos respectivos honorários, ainda que vencedora no objeto da perícia.

Histórico:

Redação original – Res. 44/1995, DJ 22, 23 e 24.03.1995

N. 342 – DESCONTOS SALARIAIS. ART. 462 DA CLT
(mantida) – Res. 121/2003, DJ 19, 20 e 21.11.2003

Descontos salariais efetuados pelo empregador, com a autorização prévia e por cscrito do empregado, para ser integrado em planos de assistência odontológica, médico-hospitalar, de seguro, de previdência privada, ou de entidade cooperativa, cultural ou recreativo-associativa de seus trabalhadores, em seu benefício e de seus dependentes, não afrontam o disposto no art. 462 da CLT, salvo se ficar demonstrada a existência de coação ou de outro defeito que vicie o ato jurídico.

Histórico:

Redação original – Res. 47/1995, DJ 20, 24 e 25.04.1995

N. 342 – Descontos salariais – Art. 462, CLT.

Descontos salariais efetuados pelo empregador, com a autorização prévia e por escrito do empregado, para ser integrado em planos de assistência odontológica, médico-hospitalar, de seguro, de previdência privada, ou de entidade cooperativa, cultural ou recreativa associativa dos seus trabalhadores, em seu benefício e dos seus dependentes, não afrontam o disposto no art. 462 da CLT, salvo se ficar demonstrada a existência de coação ou de outro defeito que vicie o ato jurídico.

N. 343 – BANCÁRIO. HORA DE SALÁRIO. DIVISOR
(mantida) – Res. 121/2003, DJ 19, 20 e 21.11.2003

O bancário sujeito à jornada de 8 (oito) horas (art. 224, § 2º, da CLT), após a CF/1988, tem salário-hora calculado com base no divisor 220 (duzentos e vinte), não mais 240 (duzentos e quarenta).

Histórico:

Redação original (revisão da Súmula n. 267) – Res. 48/1995, DJ 30, 31.08 e 01.09.1995

N. 343 – Bancário. Salário-hora. Divisor. Revisão do Enunciado n. 267.

O bancário sujeito à jornada de oito horas (art. 224, § 2º, da CLT), após a Constituição da República de 1988, tem salário-hora calculado com base no divisor 220, não mais 240.

N. 344 – SALÁRIO-FAMÍLIA. TRABALHADOR RURAL
(mantida) – Res. 121/2003, DJ 19, 20 e 21.11.2003

O salário-família é devido aos trabalhadores rurais somente após a vigência da Lei n. 8.213, de 24.07.1991.

Histórico:

Redação original (revisão da Súmula n. 227) – Res. 51/1995, DJ 21, 22 e 25.09.1995

N. 345 – BANDEPE. REGULAMENTO INTERNO DE PESSOAL NÃO CONFERE ESTABILIDADE AOS EMPREGADOS
(mantida) – Res. 121/2003, DJ 19, 20 e 21.11.2003

O Regulamento Interno de Pessoal (RIP) do Banco do Estado de Pernambuco – BANDEPE, na parte que trata de seu regime disciplinar, não confere estabilidade aos seus empregados.

Histórico:

Redação original – Res. 54/1996, DJ 19, 22 e 23.04.1996 – Republicada DJ 09, 10 e 13.05.1996

N. 345 – Bandepe – Regulamento interno de pessoal não confere estabilidade aos empregados.

O Regulamento Interno de Pessoal (RIP) do Banco do Estado de Pernambuco – BANDEPE, na parte que trata do seu regime disciplinar, não confere estabilidade em favor dos seus empregados.

N. 346 – DIGITADOR. INTERVALOS INTRAJORNADA. APLICAÇÃO ANALÓGICA DO ART. 72 DA CLT
(mantida) – Res. 121/2003, DJ 19, 20 e 21.11.2003

Os digitadores, por aplicação analógica do art. 72 da CLT, equiparam-se aos trabalhadores nos serviços de mecanografia (datilografia, escrituração ou cálculo), razão pela qual têm direito a intervalos de descanso de 10 (dez) minutos a cada 90 (noventa) de trabalho consecutivo.

Histórico:

Redação original – Res. 56/1996, DJ 28.06, 03, 04 e 05.07.1996

N. 346 – Digitador. Intervalos intrajornada. Aplicação analógica do art. 72, CLT.

Os digitadores, por aplicação analógica do art. 72 da CLT, equiparam-se aos trabalhadores nos serviços de mecanografia (datilografia, escrituração ou cálculo), razão pela qual têm direito a intervalos de descanso de dez (10) minutos a cada noventa (90) de trabalho consecutivo.

N. 347 – HORAS EXTRAS HABITUAIS. APURAÇÃO. MÉDIA FÍSICA
(mantida) – Res. 121/2003, DJ 19, 20 e 21.11.2003

O cálculo do valor das horas extras habituais, para efeito de reflexos em verbas trabalhistas, observará o número de horas efetivamente prestadas e a ele aplica-se o valor do salário-hora da época do pagamento daquelas verbas.

Histórico:

Redação original – Res. 57/1996, DJ 28.06, 03, 04 e 05.07.1996

N. 347 – Horas extras habituais. Apuração. Média.

O cálculo do valor das horas extras habituais, para efeito de reflexos em verbas trabalhistas, observará o número das horas efetivamente prestadas e sobre ele aplica-se o valor do salário-hora da época do pagamento daquelas verbas.

N. 348 – **AVISO PRÉVIO. CONCESSÃO NA FLUÊNCIA DA GARANTIA DE EMPREGO. INVALIDADE** (mantida) – Res. 121/2003, DJ 19, 20 e 21.11.2003

É inválida a concessão do aviso prévio na fluência da garantia de emprego, ante a incompatibilidade dos dois institutos.

Histórico:

Redação original – Res. 58/1996, DJ 28.06, 03, 04 e 05.07.1996

N. 349 – **ACORDO DE COMPENSAÇÃO DE HORÁRIO EM ATIVIDADE INSALUBRE, CELEBRADO POR ACORDO COLETIVO. VALIDADE** (mantida) – Res. 121/2003, DJ 19, 20 e 21.11.2003

A validade de acordo coletivo ou convenção coletiva de compensação de jornada de trabalho em atividade insalubre prescinde da inspeção prévia da autoridade competente em matéria de higiene do trabalho (art. 7º, XIII, da CF/1988; art. 60 da CLT).

Histórico:

Redação original – Res. 60/1996, DJ 08, 09 e 10.07.1996

N. 349 – Acordo de compensação de horário em atividade insalubre, celebrado por acordo coletivo. Validade.

A validade do acordo coletivo ou convenção coletiva de compensação de jornada de trabalho em atividade insalubre prescinde da inspeção prévia da autoridade competente em matéria de higiene do trabalho. (art. 7º, XIII, da Constituição da República; art. 60 da CLT)

N. 350 – **PRESCRIÇÃO. TERMO INICIAL. AÇÃO DE CUMPRIMENTO. SENTENÇA NORMATIVA** (mantida) – Res. 121/2003, DJ 19, 20 e 21.11.2003

O prazo de prescrição com relação à ação de cumprimento de decisão normativa flui apenas da data de seu trânsito em julgado.

Histórico:

Redação original – Res. 62/1996, DJ 04, 09 e 10 e 11.10.1996

N. 351 – **PROFESSOR. REPOUSO SEMANAL REMUNERADO. ART. 7º, § 2º, DA LEI N. 605, DE 05.01.1949 E ART. 320 DA CLT** (mantida) – Res. 121/2003, DJ 19, 20 e 21.11.2003

O professor que recebe salário mensal à base de hora-aula tem direito ao acréscimo de 1/6 a título de repouso semanal remunerado, considerando-se para esse fim o mês de quatro semanas e meia.

Histórico:

Redação original – Res. 68/1997, DJ 30.05, 04, 05 e 06.06.1997

N. 351 – Professor. Repouso semanal remunerado. Lei n. 605/49, art. 7º, § 2º, e art. 320 da CLT

N. 352 – **CANCELADA** – CUSTAS - PRAZO PARA COMPROVAÇÃO (cancelamento mantido) – Res. 121/2003, DJ 19, 20 e 21.11.2003 – Referência Lei n. 10.537/2002

O prazo para comprovação do pagamento das custas, sempre a cargo da parte, é de 5 (cinco) dias contados do seu recolhimento (CLT art. 789, § 4º, CPC art. 185).

Histórico:

Súmula cancelada – Res. 114/2002, DJ 28.11.2002

Redação original – Res. 69/1997, DJ 30.05, 04, 05 e 06.06.1997

N. 353 – **EMBARGOS. AGRAVO. CABIMENTO** (nova redação) – Res. 128/2005, DJ 14, 15 e 16.03.2005

Não cabem embargos para a Seção de Dissídios Individuais de decisão de Turma proferida em agravo, salvo: a) da decisão que não conhece de agravo de instrumento ou de agravo pela ausência de pressupostos extrínsecos; b) da decisão que nega provimento a agravo contra decisão monocrática do Relator, em que se proclamou a ausência de pressupostos extrínsecos de agravo de instrumento; c) para revisão dos pressupostos extrínsecos de admissibilidade do recurso de revista, cuja ausência haja sido declarada originariamente pela Turma no julgamento do agravo; d) para impugnar o conhecimento de agravo de instrumento; e) para impugnar a imposição de multas previstas no art. 538, parágrafo único, do CPC, ou no art. 557, § 2º, do CPC.

Histórico:

Súmula alterada – Res. 121/2003, DJ 19, 20 e 21.11.2003

N. 353 – Embargos. Agravo. Cabimento.

Não cabem embargos para a Seção de Dissídios Individuais de decisão de Turma proferida em agravo, salvo para reexame dos pressupostos extrínsecos do recurso a que se denegou seguimento no Tribunal Superior do Trabalho.

Redação original – Res. 70/1997, DJ 30.05, 04, 05 e 06.06.1997

N. 353 – Embargos. Agravo de instrumento. Agravo regimental. Cabimento – Revisão dos Enunciados ns. 195 e 335.

Não cabem embargos para a Seção de Dissídios Individuais contra decisão de Turma proferida em Agravo de Instrumento e em Agravo Regimental, salvo para reexame dos pressupostos extrínsecos dos Agravos ou da Revista respectiva.

N. 354 – **GORJETAS. NATUREZA JURÍDICA. REPERCUSSÕES** (mantida) – Res. 121/2003, DJ 19, 20 e 21.11.2003

As gorjetas, cobradas pelo empregador na nota de serviço ou oferecidas espontaneamente pelos clientes, integram a remuneração do empregado, não servindo de base de cálculo para as parcelas de aviso prévio, adicional noturno, horas extras e repouso semanal remunerado.

Histórico:

Redação original (revisão da Súmula n. 290) – Res. 71/1997, DJ 30.05, 04.05 e 06.06.1997

N. 355 – CONAB. ESTABILIDADE. AVISO DIREH N. 2 DE 12.12.1984 (mantida) – Res. 121/2003, DJ 19, 20 e 21.11.2003

O aviso DIREH n. 2, de 12.12.1984, que concedia estabilidade aos empregados da CONAB, não tem eficácia, porque não aprovado pelo Ministério ao qual a empresa se subordina.

Histórico:

Redação original – Res. 72/1997, DJ 03, 08, 09 e 10.07.1997

N. 356 – ALÇADA RECURSAL. VINCULAÇÃO AO SALÁRIO MÍNIMO (mantida) – Res. 121/2003, DJ 19, 20 e 21.11.2003

O art. 2º, § 4º, da Lei n. 5.584, de 26.06.1970, foi recepcionado pela CF/1988, sendo lícita a fixação do valor da alçada com base no salário mínimo.

Histórico:

Redação original – Res. 75/1997, DJ 19, 22 e 23.12.1997

N. 356 – Alçada recursal. Vinculação ao salário mínimo.

O art. 2º, § 4º, da Lei n. 5.584/70 foi recepcionado pela Constituição da República de 1988, sendo lícita a fixação do valor da alçada com base no salário mínimo.

N. 357 – TESTEMUNHA. AÇÃO CONTRA A MESMA RECLAMADA. SUSPEIÇÃO (mantida) – Res. 121/2003, DJ 19, 20 e 21.11.2003

Não torna suspeita a testemunha o simples fato de estar litigando ou de ter litigado contra o mesmo empregador.

Histórico:

Redação original – Res. 76/1997, DJ 19, 22 e 23.12.1997

N. 358 – RADIOLOGISTA. SALÁRIO PROFISSIONAL. LEI N. 7.394, DE 29.10.1985 (mantida) – Res. 121/2003, DJ 19, 20 e 21.11.2003

O salário profissional dos técnicos em radiologia é igual a 2 (dois) salários mínimos e não a 4 (quatro).

Histórico:

Redação original – Res. 77/1997, DJ 19, 22 e 23.12.1997

N. 358 – Radiologista. Salário profissional. Lei n. 7.394/85.

O salário profissional dos técnicos em radiologia é igual a dois salários mínimos e não a quatro.

N. 359 – CANCELADA – SUBSTITUIÇÃO PROCESSUAL. AÇÃO DE CUMPRIMENTO. ART. 872, PARÁGRAFO ÚNICO, DA CLT. FEDERAÇÃO. LEGITIMIDADE – Res. 121/2003, DJ 19, 20 e 21.11.2003

A federação não tem legitimidade para ajuizar a ação de cumprimento prevista no art. 872, parágrafo único, da CLT na qualidade de substituto processual da categoria profissional inorganizada.

Histórico:

Redação original – Res. 78/1997, DJ 19, 22 e 23.12.1997

N. 360 – TURNOS ININTERRUPTOS DE REVEZAMENTO. INTERVALOS INTRAJORNADA E SEMANAL (mantida) – Res. 121/2003, DJ 19, 20 e 21.11.2003

A interrupção do trabalho destinada a repouso e alimentação, dentro de cada turno, ou o intervalo para repouso semanal, não descaracteriza o turno de revezamento com jornada de 6 (seis) horas previsto no art. 7º, XIV, da CF/1988.

Histórico:

Redação original – Res. 79/1997, DJ 13, 14 e 15.01.1998

N. 360 – Turnos ininterruptos de revezamento. Intervalos intrajornada e semanal.

A interrupção do trabalho destinada a repouso e alimentação, dentro de cada turno, ou o intervalo para repouso semanal, não descaracteriza o turno de revezamento com jornada de 6 horas previsto no art. 7º, inciso XIV, da Constituição da República de 1988.

N. 361 – ADICIONAL DE PERICULOSIDADE. ELETRICITÁRIOS. EXPOSIÇÃO INTERMITENTE (mantida) – Res. 121/2003, DJ 19, 20 e 21.11.2003

O trabalho exercido em condições perigosas, embora de forma intermitente, dá direito ao empregado a receber o adicional de periculosidade de forma integral, porque a Lei n. 7.369, de 20.09.1985, não estabeleceu nenhuma proporcionalidade em relação ao seu pagamento.

Histórico:

Redação original – Res. 83/1998, DJ 20, 21 e 24.08.1998

N. 362 – FGTS. PRESCRIÇÃO (nova redação) – Res. 121/2003, DJ 19, 20 e 21.11.2003

É trintenária a prescrição do direito de reclamar contra o não recolhimento da contribuição para o FGTS, observado o prazo de 2 (dois) anos após o término do contrato de trabalho.

Histórico:

Redação original – Res. 90/1999, DJ 03, 06 e 08.09.1999

N. 362 – FGTS – Prescrição

Extinto o contrato de trabalho, é de dois anos o prazo prescricional para reclamar em Juízo o não recolhimento da contribuição do Fundo de Garantia do Tempo de Serviço.

N. 363 – CONTRATO NULO. EFEITOS (nova redação) – Res. 121/2003, DJ 19, 20 e 21.11.2003

A contratação de servidor público, após a CF/1988, sem prévia aprovação em concurso público, encontra óbice no respectivo art. 37, II e § 2º, somente lhe conferindo direito ao pagamento da contraprestação pactuada, em relação ao número de horas trabalhadas, respeitado o valor da hora do salário mínimo, e dos valores referentes aos depósitos do FGTS.

Histórico:

Súmula alterada – Res. 111/2002, DJ 11, 12 e 15.04.2002

N. 363 – Contrato nulo. Efeitos.

A contratação de servidor público, após a Constituição de 1988, sem prévia aprovação em concurso público, encontra óbice no seu art. 37, II, e § 2º, somente conferindo-lhe direito ao pagamento da contraprestação pactuada, em relação ao número de horas trabalhadas, respeitado o salário mínimo/hora.

Redação original – Res. 97/2000, DJ 18, 19 e 20.09.2000 – Republicada DJ 13, 16 e 17.10.2000 – Republicada DJ 10, 13 e 14.11.2000

N. 363 – Contrato nulo. Efeitos.

A contratação de servidor público, após a Constituição Federal de 1988, sem prévia aprovação em concurso público, encontra óbice no seu art. 37, II, e § 2º, somente conferindo-lhe direito ao pagamento dos dias efetivamente trabalhados segundo a contraprestação pactuada.

N. 364 – ADICIONAL DE PERICULOSIDADE. EXPOSIÇÃO EVENTUAL, PERMANENTE E INTERMITENTE (conversão das Orientações Jurisprudenciais ns. 5, 258 e 280 da SBDI-1) – Res. 129/2005, DJ 20, 22 e 25.04.2005

I – Faz jus ao adicional de periculosidade o empregado exposto permanentemente ou que, de forma intermitente, sujeita-se a condições de risco. Indevido, apenas, quando o contato dá-se de forma eventual, assim considerado o fortuito, ou o que, sendo habitual, dá-se por tempo extremamente reduzido. (ex-OJs da SBDI-1 ns. 05 – inserida em 14.03.1994 – e 280 – DJ 11.08.2003)

II – A fixação do adicional de periculosidade, em percentual inferior ao legal e proporcional ao tempo de exposição ao risco, deve ser respeitada, desde que pactuada em acordos ou convenções coletivos. (ex-OJ n. 258 da SBDI-1 – inserida em 27.09.2002)

N. 365 – ALÇADA. AÇÃO RESCISÓRIA E MANDADO DE SEGURANÇA (conversão das Orientações Jurisprudenciais ns. 8 e 10 da SBDI-1) – Res. 129/2005, DJ 20, 22 e 25.04.2005

Não se aplica a alçada em ação rescisória e em mandado de segurança. (ex-OJs ns. 8 e 10 da SBDI-1 – inseridas em 01.02.1995)

N. 366 – CARTÃO DE PONTO. REGISTRO. HORAS EXTRAS. MINUTOS QUE ANTECEDEM E SUCEDEM A JORNADA DE TRABALHO (conversão das Orientações Jurisprudenciais ns. 23 e 326 da SBDI-1) – Res. 129/2005, DJ 20, 22 e 25.04.2005

Não serão descontadas nem computadas como jornada extraordinária as variações de horário do registro de ponto não excedentes de cinco minutos, observado o limite máximo de dez minutos diários. Se ultrapassado esse limite, será considerada como extra a totalidade do tempo que exceder a jornada normal. (ex-OJs da SBDI-1 ns. 23 – inserida em 03.06.1996 – e 326 – DJ 09.12.2003)

N. 367 – UTILIDADES "IN NATURA". HABITAÇÃO. ENERGIA ELÉTRICA. VEÍCULO. CIGARRO. NÃO INTEGRAÇÃO AO SALÁRIO (conversão das Orientações Jurisprudenciais ns. 24, 131 e 246 da SBDI-1) – Res. 129/2005, DJ 20, 22 e 25.04.2005

I – A habitação, a energia elétrica e veículo fornecidos pelo empregador ao empregado, quando indispensáveis para a realização do trabalho, não têm natureza salarial, ainda que, no caso de veículo, seja ele utilizado pelo empregado também em atividades particulares. (ex-OJs da SBDI-1 ns. 131 – inserida em 20.04.1998 e ratificada pelo Tribunal Pleno em 07.12.2000 – e 246 – inserida em 20.06.2001)

II – O cigarro não se considera salário-utilidade em face de sua nocividade à saúde. (ex-OJ n. 24 da SBDI-1 – inserida em 29.03.1996)

N. 368 – DESCONTOS PREVIDENCIÁRIOS E FISCAIS. COMPETÊNCIA. RESPONSABILIDADE PELO PAGAMENTO. FORMA DE CÁLCULO (inciso I alterado) – Res. 138/2005, DJ 23, 24 e 25.11.2005

I. A Justiça do Trabalho é competente para determinar o recolhimento das contribuições fiscais. A competência da Justiça do Trabalho, quanto à execução das contribuições previdenciárias, limita-se às sentenças condenatórias em pecúnia que proferir e aos valores, objeto de acordo homologado, que integrem o salário de contribuição. (ex-OJ n. 141 da SBDI-1 – inserida em 27.11.1998)

II. É do empregador a responsabilidade pelo recolhimento das contribuições previdenciárias e fiscais, resultante de crédito do empregado oriundo de condenação judicial, devendo incidir, em relação aos descontos fiscais, sobre o valor total da condenação, referente às parcelas tributáveis, calculado ao final, nos termos da Lei n. 8.541, de 23.12.1992, art. 46 e Provimento da CGJT n. 01/1996. (ex-OJs ns. 32 e 228 da SBDI-1 – inseridas, respectivamente, em 14.03.1994 e 20.06.2001)

III. Em se tratando de descontos previdenciários, o critério de apuração encontra-se disciplinado no art. 276, § 4º, do Decreto n. 3.048/99 que regulamentou a Lei n. 8.212/91 e determina que a contribuição do empregado, no caso de ações trabalhistas, seja calculada mês a mês, aplicando-se as alíquotas previstas no art. 198, observado o limite máximo do salário de contribuição. (ex-OJs ns. 32 e 228 da SBDI-1 – inseridas, respectivamente, em 14.03.1994 e 20.06.2001)

Histórico:

Republicada em razão de erro material no item I – DJ 05, 06 e 09.05.2005

N. 368 – (...)

I. A Justiça do Trabalho é competente para determinar o recolhimento das contribuições previdenciárias e fiscais provenientes das sentenças que proferir. A competência da Justiça do Trabalho para execução das contribuições previdenciárias alcança as parcelas integrantes do salário de contribuição, pagas em virtude de contrato de emprego reconhecido em juízo, ou decorrentes de anotação da Carteira de Trabalho e Previdência Social – CTPS, objeto de acordo homologado em juízo. (ex-OJ n. 141 da SBDI-1 – inserida em 27.11.1998)

Redação Original (conversão das Orientações Jurisprudenciais ns. 32, 141 e 228 da SBDI-1) – Res. 129/2005, DJ 20, 22 e 25.04.2005

N. 368 – (...)

I. A Justiça do Trabalho é competente para determinar o recolhimento das contribuições previdenciárias e fiscais provenientes das sentenças que proferir. A competência da Justiça do Trabalho para execução das contribuições previdenciárias alcança as parcelas integrantes do salário de contribuição, pagas em virtude de contrato, ou de emprego reconhecido em juízo, ou decorrentes de anotação da Carteira de Trabalho e Previdência Social – CTPS, objeto de acordo homologado em juízo. (ex-OJ n. 141 da SBDI-1 – inserida em 27.11.1998)

II. É do empregador a responsabilidade pelo recolhimento das contribuições previdenciárias e fiscais, resultante de crédito do empregado oriundo de condenação judicial, devendo incidir, em relação aos descontos fiscais, sobre o valor total da condenação, referente às parcelas tributáveis, calculado ao final, nos termos da Lei n. 8.541, de 23.12.1992, art. 46 e Provimento da CGJT n. 01/1996. (ex-OJ n. 32 da SBDI-1 – inserida em 14.03.1994 e OJ n. 228 da SBDI-1 – inserida em 20.06.2001)

III. Em se tratando de descontos previdenciários, o critério de apuração encontra-se disciplinado no art. 276, § 4º, do Decreto n. 3.048/99 que regulamentou a Lei n. 8.212/91 e determina que a contribuição do empregado, no caso de ações trabalhistas, seja calculada mês a mês, aplicando-se as alíquotas previstas no art. 198, observado o limite máximo do salário de contribuição. (ex-OJ n. 32 da SBDI-1 – inserida em 14.03.1994 e OJ 228 – inserida em 20.06.2001)

N. 369 – DIRIGENTE SINDICAL. ESTABILIDADE PROVISÓRIA (conversão das Orientações Jurisprudenciais ns. 34, 35, 86, 145 e 266 da SBDI-1) – Res. 129/2005, DJ 20, 22 e 25.04.2005

I – É indispensável a comunicação, pela entidade sindical, ao empregador, na forma do § 5º do art. 543 da CLT. (ex-OJ n. 34 da SBDI-1 – inserida em 29.04.1994)

II – O art. 522 da CLT, que limita a sete o número de dirigentes sindicais, foi recepcionado pela Constituição Federal de 1988. (ex-OJ n. 266 da SBDI-1 – inserida em 27.09.2002)

III – O empregado de categoria diferenciada eleito dirigente sindical só goza de estabilidade se exercer na empresa atividade pertinente à categoria profissional do sindicato para o qual foi eleito dirigente. (ex-OJ n. 145 da SBDI-1 – inserida em 27.11.1998)

IV – Havendo extinção da atividade empresarial no âmbito da base territorial do sindicato, não há razão para subsistir a estabilidade. (ex-OJ n. 86 da SBDI-1 – inserida em 28.04.1997)

V – O registro da candidatura do empregado a cargo de dirigente sindical durante o período de aviso prévio, ainda que indenizado, não lhe assegura a estabilidade, visto que inaplicável a regra do § 3º do art. 543 da Consolidação das Leis do Trabalho. (ex-OJ n. 35 da SBDI-1 – inserida em 14.03.1994)

N. 370 – MÉDICO E ENGENHEIRO. JORNADA DE TRABALHO. LEIS NS. 3.999/1961 E 4.950-A/1966 (conversão das Orientações Jurisprudenciais ns. 39 e 53 da SBDI-1) – Res. 129/2005, DJ 20, 22 e 25.04.2005

Tendo em vista que as Leis n. 3.999/1961 e 4.950-A/1966 não estipulam a jornada reduzida, mas apenas estabelecem o salário mínimo da categoria para uma jornada de 4 horas para os médicos e de 6 horas para os engenheiros, não há que se falar em horas extras, salvo as excedentes à oitava, desde que seja respeitado o salário mínimo/horário das categorias. (ex-OJs ns. 39 e 53 da SBDI-1 – inseridas, respectivamente, em 07.11.1994 e 29.04.1994)

N. 371 – AVISO PRÉVIO INDENIZADO. EFEITOS. SUPERVENIÊNCIA DE AUXÍLIO-DOENÇA NO CURSO DESTE (conversão das Orientações Jurisprudenciais ns. 40 e 135 da SBDI-1) – Res. 129/2005, DJ 20, 22 e 25.04.2005

A projeção do contrato de trabalho para o futuro, pela concessão do aviso prévio indenizado, tem efeitos limitados às vantagens econômicas obtidas no período de pré-aviso, ou seja, salários, reflexos e verbas rescisórias. No caso de concessão de auxílio-doença no curso do aviso prévio, todavia, só se concretizam os efeitos da dispensa depois de expirado o benefício previdenciário. (ex-OJs ns. 40 e 135 da SBDI-1 – inseridas, respectivamente, em 28.11.1995 e 27.11.1998)

N. 372 – GRATIFICAÇÃO DE FUNÇÃO. SUPRESSÃO OU REDUÇÃO. LIMITES (conversão das Orientações Jurisprudenciais nos 45 e 303 da SBDI-1) – Res. 129/2005, DJ 20, 22 e 25.04.2005

I – Percebida a gratificação de função por dez ou mais anos pelo empregado, se o empregador, sem justo motivo, revertê-lo a seu cargo efetivo, não poderá retirar-lhe a gratificação tendo em vista o princípio da estabilidade financeira. (ex-OJ n. 45 da SBDI-1 – inserida em 25.11.1996)

II – Mantido o empregado no exercício da função comissionada, não pode o empregador reduzir o valor da gratificação. (ex-OJ n. 303 da SBDI-1 – DJ 11.08.2003)

N. 373 – GRATIFICAÇÃO SEMESTRAL. CONGELAMENTO. PRESCRIÇÃO PARCIAL (conversão da Orientação Jurisprudencial n. 46 da SBDI-1) – Res. 129/2005, DJ 20, 22 e 25.04.2005

Tratando-se de pedido de diferença de gratificação semestral que teve seu valor congelado, a prescrição aplicável é a parcial. (ex-OJ n. 46 da SBDI-1 – inserida em 29.03.1996)

N. 374 – NORMA COLETIVA. CATEGORIA DIFERENCIADA. ABRANGÊNCIA (conversão da Orientação Jurisprudencial n. 55 da SBDI-1) – Res. 129/2005, DJ 20, 22 e 25.04.2005

Empregado integrante de categoria profissional diferenciada não tem o direito de haver de seu empregador vantagens previstas em instrumento coletivo no qual a empresa não foi representada por órgão de classe de sua categoria. (ex-OJ n. 55 da SBDI-1 – inserida em 25.11.1996)

N. 375 – REAJUSTES SALARIAIS PREVISTOS EM NORMA COLETIVA. PREVALÊNCIA DA LEGISLAÇÃO DE POLÍTICA SALARIAL (conversão da Orientação Jurisprudencial n. 69 da SBDI-1 e da Orientação Jurisprudencial n. 40 da SBDI-2) – Res. 129/2005, DJ 20, 22 e 25.04.2005

Os reajustes salariais previstos em norma coletiva de trabalho não prevalecem frente à legislação superveniente de política salarial. (ex-OJs ns. 69 da SBDI-1 – inserida em 14.03.1994 – e 40 da SBDI-2 – inserida em 20.09.2000)

N. 376 – HORAS EXTRAS. LIMITAÇÃO. ART. 59 DA CLT. REFLEXOS (conversão das Orientações Jurisprudenciais ns. 89 e 117 da SBDI-1) – Res. 129/2005, DJ 20, 22 e 25.04.2005

I – A limitação legal da jornada suplementar a duas horas diárias não exime o empregador de pagar todas as horas trabalhadas. (ex-OJ n. 117 da SBDI-1 – inserida em 20.11.1997)

II – O valor das horas extras habitualmente prestadas integra o cálculo dos haveres trabalhistas, independentemente da limitação prevista no "caput" do art. 59 da CLT. (ex-OJ n. 89 da SBDI-1 – inserida em 28.04.1997)

N. 377 – PREPOSTO. EXIGÊNCIA DA CONDIÇÃO DE EMPREGADO (nova redação) – Res. 146/2008, DJ 28.04.2008, 02 e 05.05.2008.

Exceto quanto à reclamação de empregado doméstico, ou contra micro ou pequeno empresário, o preposto deve ser necessariamente empregado do reclamado. Inteligência do art. 843, § 1º, da CLT e do art. 54 da Lei Complementar n. 123, de 14 de dezembro de 2006.

Histórico:

(conversão da Orientação Jurisprudencial n. 99 da SBDI-1) – Res. 129/2005, DJ 20, 22 e 25.04.2005

Exceto quanto à reclamação de empregado doméstico, o preposto deve ser necessariamente empregado do reclamado. Inteligência do art. 843, § 1º, da CLT. (ex-OJ n. 99 da SBDI-1 – inserida em 30.05.1997)

N. 378 – ESTABILIDADE PROVISÓRIA. ACIDENTE DO TRABALHO. ART. 118 DA LEI N. 8.213/1991. CONSTITUCIONALIDADE. PRESSUPOSTOS (conversão das Orientações Jurisprudenciais ns. 105 e 230 da SBDI-1) – Res. 129/2005, DJ 20, 22 e 25.04.2005

I – É constitucional o art. 118 da Lei n. 8.213/1991 que assegura o direito à estabilidade provisória por período de 12 meses após a cessação do auxílio-doença ao empregado acidentado. (ex-OJ n. 105 da SBDI-1 – inserida em 01.10.1997)

II – São pressupostos para a concessão da estabilidade o afastamento superior a 15 dias e a consequente percepção do auxílio-doença acidentário, salvo se constatada, após a despedida, doença profissional que guarde relação de causalidade com a execução do contrato de emprego. (primeira parte – ex-OJ n. 230 da SBDI-1 – inserida em 20.06.2001)

N. 379 – DIRIGENTE SINDICAL. DESPEDIDA. FALTA GRAVE. INQUÉRITO JUDICIAL. NECESSIDADE (conversão da Orientação Jurisprudencial n. 114 da SBDI-1) – Res. 129/2005, DJ 20, 22 e 25.04.2005

O dirigente sindical somente poderá ser dispensado por falta grave mediante a apuração em inquérito judicial, inteligência dos arts. 494 e 543, § 3º, da CLT. (ex-OJ n. 114 da SBDI-1 – inserida em 20.11.1997)

N. 380 – AVISO PRÉVIO. INÍCIO DA CONTAGEM. ART. 132 DO CÓDIGO CIVIL DE 2002 (conversão da Orientação Jurisprudencial n. 122 da SBDI-1) – Res. 129/2005, DJ 20, 22 e 25.04.2005

Aplica-se a regra prevista no "caput" do art. 132 do Código Civil de 2002 à contagem do prazo do aviso prévio, excluindo-se o dia do começo e incluindo o do vencimento. (ex-OJ n. 122 da SBDI-1 – inserida em 20.04.1998)

N. 381 – CORREÇÃO MONETÁRIA. SALÁRIO. ART. 459 DA CLT (conversão da Orientação Jurisprudencial n. 124 da SBDI-1) – Res. 129/2005, DJ 20, 22 e 25.04.2005

O pagamento dos salários até o 5º dia útil do mês subsequente ao vencido não está sujeito à correção monetária. Se essa data limite for ultrapassada, incidirá o índice da correção monetária do mês subsequente ao da prestação dos serviços, a partir do dia 1º. (ex-OJ n. 124 da SBDI-1 – inserida em 20.04.1998)

N. 382 – MUDANÇA DE REGIME CELETISTA PARA ESTATUTÁRIO. EXTINÇÃO DO CONTRATO. PRESCRIÇÃO BIENAL (conversão da Orientação Jurisprudencial n. 128 da SBDI-1) – Res. 129/2005, DJ 20, 22 e 25.04.2005

A transferência do regime jurídico de celetista para estatutário implica extinção do contrato de trabalho, fluindo o prazo da prescrição bienal a partir da mudança de regime. (ex-OJ n. 128 da SBDI-1 – inserida em 20.04.1998)

N. 383 – MANDATO. ARTS. 13 E 37 DO CPC. FASE RECURSAL. INAPLICABILIDADE (conversão das Orientações Jurisprudenciais ns. 149 e 311 da SBDI-1) – Res. 129/2005, DJ 20, 22 e 25.04.2005

I – É inadmissível, em instância recursal, o oferecimento tardio de procuração, nos termos do art. 37 do CPC, ainda que mediante protesto por posterior juntada, já que a interposição de recurso não pode ser reputada ato urgente. (ex-OJ n. 311 da SBDI-1 – DJ 11.08.2003)

II – Inadmissível na fase recursal a regularização da representação processual, na forma do art. 13 do CPC, cuja aplicação se restringe ao Juízo de 1º grau. (ex-OJ n. 149 da SBDI-1 – inserida em 27.11.1998)

N. 384 – MULTA CONVENCIONAL. COBRANÇA
(conversão das Orientações Jurisprudenciais ns. 150 e 239 da SBDI-1) – Res. 129/2005, DJ 20, 22 e 25.04.2005

I – O descumprimento de qualquer cláusula constante de instrumentos normativos diversos não submete o empregado a ajuizar várias ações, pleiteando em cada uma o pagamento da multa referente ao descumprimento de obrigações previstas nas cláusulas respectivas. (ex-OJ n. 150 da SBDI-1 – inserida em 27.11.1998)

II – É aplicável multa prevista em instrumento normativo (sentença normativa, convenção ou acordo coletivo) em caso de descumprimento de obrigação prevista em lei, mesmo que a norma coletiva seja mera repetição de texto legal. (ex-OJ n. 239 da SBDI-1 – inserida em 20.06.2001)

N. 385 – FERIADO LOCAL. AUSÊNCIA DE EXPEDIENTE FORENSE. PRAZO RECURSAL. PRORROGAÇÃO. COMPROVAÇÃO. NECESSIDADE
(conversão da Orientação Jurisprudencial n. 161 da SBDI-1) – Res. 129/2005, DJ 20, 22 e 25.04.2005

Cabe à parte comprovar, quando da interposição do recurso, a existência de feriado local ou de dia útil em que não haja expediente forense, que justifique a prorrogação do prazo recursal. (ex-OJ n. 161 da SBDI-1 – inserida em 26.03.1999)

N. 386 – POLICIAL MILITAR. RECONHECIMENTO DE VÍNCULO EMPREGATÍCIO COM EMPRESA PRIVADA
(conversão da Orientação Jurisprudencial n. 167 da SBDI-1) – Res. 129/2005, DJ 20, 22 e 25.04.2005

Preenchidos os requisitos do art. 3º da CLT, é legítimo o reconhecimento de relação de emprego entre policial militar e empresa privada, independentemente do eventual cabimento de penalidade disciplinar prevista no Estatuto do Policial Militar. (ex-OJ n. 167 da SBDI-1 – inserida em 26.03.1999)

N. 387 – RECURSO. FAC-SÍMILE. LEI N. 9.800/1999
(conversão das Orientações Jurisprudenciais ns. 194 e 337 da SBDI-1) – Res. 129/2005, DJ 20, 22 e 25.04.2005

I – A Lei n. 9.800/1999 é aplicável somente a recursos interpostos após o início de sua vigência. (ex-OJ n. 194 da SBDI-1 – inserida em 08.11.2000)

II – A contagem do quinquídio para apresentação dos originais de recurso interposto por intermédio de fac-símile começa a fluir do dia subsequente ao término do prazo recursal, nos termos do art. 2º da Lei n. 9.800/1999, e não do dia seguinte à interposição do recurso, se esta se deu antes do termo final do prazo. (ex-OJ n. 337 da SBDI-1 – primeira parte – DJ 04.05.2004)

III – Não se tratando a juntada dos originais de ato que dependa de notificação, pois a parte, ao interpor o recurso, já tem ciência de seu ônus processual, não se aplica a regra do art. 184 do CPC quanto ao "dies a quo", podendo coincidir com sábado, domingo ou feriado. (ex-OJ n. 337 da SBDI-1 – "in fine" – DJ 04.05.2004)

N. 388 – MASSA FALIDA. ARTS. 467 E 477 DA CLT. INAPLICABILIDADE
(conversão das Orientações Jurisprudenciais ns. 201 e 314 da SBDI-1) – Res. 129/2005, DJ 20, 22 e 25.04.2005

A Massa Falida não se sujeita à penalidade do art. 467 e nem à multa do § 8º do art. 477, ambos da CLT. (ex-OJs da SBDI-1 ns. 201 – DJ 11.08.2003 – e 314 – DJ 08.11.2000)

N. 389 – SEGURO-DESEMPREGO. COMPETÊNCIA DA JUSTIÇA DO TRABALHO. DIREITO À INDENIZAÇÃO POR NÃO LIBERAÇÃO DE GUIAS
(conversão das Orientações Jurisprudenciais ns. 210 e 211 da SBDI-1) – Res. 129/2005, DJ 20, 22 e 25.04.2005

I – Inscreve-se na competência material da Justiça do Trabalho a lide entre empregado e empregador tendo por objeto indenização pelo não fornecimento das guias do seguro-desemprego. (ex-OJ n. 210 da SBDI-1 – inserida em 08.11.2000)

II – O não fornecimento pelo empregador da guia necessária para o recebimento do seguro-desemprego dá origem ao direito à indenização. (ex-OJ n. 211 da SBDI-1 – inserida em 08.11.2000)

N. 390 – ESTABILIDADE. ART. 41 DA CF/1988. CELETISTA. ADMINISTRAÇÃO DIRETA, AUTÁRQUICA OU FUNDACIONAL. APLICABILIDADE. EMPREGADO DE EMPRESA PÚBLICA E SOCIEDADE DE ECONOMIA MISTA. INAPLICÁVEL
(conversão das Orientações Jurisprudenciais ns. 229 e 265 da SBDI-1 e da Orientação Jurisprudencial n. 22 da SBDI-2) – Res. 129/2005, DJ 20, 22 e 25.04.2005

I – O servidor público celetista da administração direta, autárquica ou fundacional é beneficiário da estabilidade prevista no art. 41 da CF/1988. (ex-OJs ns. 265 da SBDI-1 – inserida em 27.09.2002 – e 22 da SBDI-2 – inserida em 20.09.00)

II – Ao empregado de empresa pública ou de sociedade de economia mista, ainda que admitido mediante aprovação em concurso público, não é garantida a estabilidade prevista no art. 41 da CF/1988. (ex-OJ n. 229 da SBDI-1 – inserida em 20.06.2001)

N. 391 – PETROLEIROS. LEI N. 5.811/72. TURNO ININTERRUPTO DE REVEZAMENTO. HORAS EXTRAS E ALTERAÇÃO DA JORNADA PARA HORÁRIO FIXO
(conversão das Orientações Jurisprudenciais ns. 240 e 333 da SBDI-1) – Res. 129/2005, DJ 20, 22 e 25.04.2005

I – A Lei n. 5.811/72 foi recepcionada pela CF/88 no que se refere à duração da jornada de trabalho em regime de revezamento dos petroleiros. (ex-OJ n. 240 da SBDI-1 – inserida em 20.06.2001)

II – A previsão contida no art. 10 da Lei n. 5.811/72, possibilitando a mudança do regime de revezamento para horário fixo, constitui alteração lícita, não violando os arts. 468 da CLT e 7º, VI, da CF/1988. (ex-OJ n. 333 da SBDI-1 – DJ 09.12.2003)

N. 392 – DANO MORAL. COMPETÊNCIA DA JUSTIÇA DO TRABALHO (conversão da Orientação Jurisprudencial n. 327 da SBDI-1) – Res. 129/2005, DJ 20, 22 e 25.04.2005

Nos termos do art. 114 da CF/1988, a Justiça do Trabalho é competente para dirimir controvérsias referentes à indenização por dano moral, quando decorrente da relação de trabalho. (ex-OJ n. 327 da SBDI-1 – DJ 09.12.2003)

N. 393 – RECURSO ORDINÁRIO. EFEITO DEVOLUTIVO EM PROFUNDIDADE. ART. 515, § 1º, DO CPC (conversão da Orientação Jurisprudencial n. 340 da SBDI-1) – Res. 129/2005, DJ 20, 22 e 25.04.2005

O efeito devolutivo em profundidade do recurso ordinário, que se extrai do § 1º do art. 515 do CPC, transfere automaticamente ao Tribunal a apreciação de fundamento da defesa não examinado pela sentença, ainda que não renovado em contrarrazões. Não se aplica, todavia, ao caso de pedido não apreciado na sentença. (ex-OJ n. 340 da SBDI-1 – DJ 22.06.2004)

N. 394 – ART. 462 DO CPC. FATO SUPERVENIENTE (conversão da Orientação Jurisprudencial n. 81 da SBDI-1) – Res. 129/2005, DJ 20, 22 e 25.04.2005

O art. 462 do CPC, que admite a invocação de fato constitutivo, modificativo ou extintivo do direito, superveniente à propositura da ação, é aplicável de ofício aos processos em curso em qualquer instância trabalhista. (ex-OJ n. 81 da SBDI-1 – inserida em 28.04.1997)

N. 395 – MANDATO E SUBSTABELECIMENTO. CONDIÇÕES DE VALIDADE (conversão das Orientações Jurisprudenciais ns. 108, 312, 313 e 330 da SBDI-1) – Res. 129/2005, DJ 20, 22 e 25.04.2005

I – Válido é o instrumento de mandato com prazo determinado que contém cláusula estabelecendo a prevalência dos poderes para atuar até o final da demanda. (ex-OJ n. 312 da SBDI-1 – DJ 11.08.2003)

II – Diante da existência de previsão, no mandato, fixando termo para sua juntada, o instrumento de mandato só tem validade se anexado ao processo dentro do aludido prazo. (ex-OJ n. 313 da SBDI-1 – DJ 11.08.2003)

III – São válidos os atos praticados pelo substabelecido, ainda que não haja, no mandato, poderes expressos para substabelecer (art. 667, e parágrafos, do Código Civil de 2002). (ex-OJ n. 108 da SBDI-1 – inserida em 01.10.1997)

IV – Configura-se a irregularidade de representação se o substabelecimento é anterior à outorga passada ao substabelecente. (ex-OJ n. 330 da SBDI-1 – DJ 09.12.2003)

N. 396 – ESTABILIDADE PROVISÓRIA. PEDIDO DE REINTEGRAÇÃO. CONCESSÃO DO SALÁRIO RELATIVO AO PERÍODO DE ESTABILIDADE JÁ EXAURIDO. INEXISTÊNCIA DE JULGAMENTO "EXTRA PETITA" (conversão das Orientações Jurisprudenciais ns. 106 e 116 da SBDI-1) – Res. 129/2005, DJ 20, 22 e 25.04.2005

I – Exaurido o período de estabilidade, são devidos ao empregado apenas os salários do período compreendido entre a data da despedida e o final do período de estabilidade, não lhe sendo assegurada a reintegração no emprego. (ex-OJ n. 116 da SBDI-1 – inserida em 01.10.1997)

II – Não há nulidade por julgamento "extra petita" da decisão que deferir salário quando o pedido for de reintegração, dados os termos do art. 496 da CLT. (ex-OJ n. 106 da SBDI-1 – inserida em 20.11.1997)

N. 397 – AÇÃO RESCISÓRIA. ART. 485, IV, DO CPC. AÇÃO DE CUMPRIMENTO. OFENSA À COISA JULGADA EMANADA DE SENTENÇA NORMATIVA MODIFICADA EM GRAU DE RECURSO. INVIABILIDADE. CABIMENTO DE MANDADO DE SEGURANÇA (conversão da Orientação Jurisprudencial n. 116 da SBDI-2) – Res. 137/2005, DJ 22, 23 e 24.08.2005

Não procede ação rescisória calcada em ofensa à coisa julgada perpetrada por decisão proferida em ação de cumprimento, em face de a sentença normativa, na qual se louvava, ter sido modificada em grau de recurso, porque em dissídio coletivo somente se consubstancia coisa julgada formal. Assim, os meios processuais aptos a atacarem a execução da cláusula reformada são a exceção de preexecutividade e o mandado de segurança, no caso de descumprimento do art. 572 do CPC. (ex-OJ n. 116 da SBDI-2 – DJ 11.08.03)

N. 398 – AÇÃO RESCISÓRIA. AUSÊNCIA DE DEFESA. INAPLICÁVEIS OS EFEITOS DA REVELIA (conversão da Orientação Jurisprudencial n. 126 da SBDI-2) – Res. 137/2005, DJ 22, 23 e 24.08.2005

Na ação rescisória, o que se ataca na ação é a sentença, ato oficial do Estado, acobertado pelo manto da coisa julgada. Assim sendo, e considerando que a coisa julgada envolve questão de ordem pública, a revelia não produz confissão na ação rescisória. (ex-OJ n. 126 da SBDI-2 – DJ 09.12.03)

N. 399 – AÇÃO RESCISÓRIA. CABIMENTO. SENTENÇA DE MÉRITO. DECISÃO HOMOLOGATÓRIA DE ADJUDICAÇÃO, DE ARREMATAÇÃO E DE CÁLCULOS (conversão das Orientações Jurisprudenciais ns. 44, 45 e 85, primeira parte, da SBDI-2) – Res. 137/2005, DJ 22, 23 e 24.08.2005

I – É incabível ação rescisória para impugnar decisão homologatória de adjudicação ou arrematação. (ex-OJs ns. 44 e 45 da SBDI-2 – inseridas em 20.09.2000)

II – A decisão homologatória de cálculos apenas comporta rescisão quando enfrentar as questões envolvidas na elaboração da conta de liquidação, quer solvendo a controvérsia das partes quer explicitando, de ofício, os motivos pelos quais acolheu os cálculos oferecidos por uma das partes ou pelo setor de cálculos, e não contestados pela outra.

(ex-OJ n. 85 da SBDI-2 – primeira parte – inserida em 13.03.02 e alterada em 26.11.2002).

N. 400 – AÇÃO RESCISÓRIA DE AÇÃO RESCISÓRIA. VIOLAÇÃO DE LEI. INDICAÇÃO DOS MESMOS DISPOSITIVOS LEGAIS APONTADOS NA RESCISÓRIA PRIMITIVA (conversão da Orientação Jurisprudencial n. 95 da SBDI-2) – Res. 137/2005, DJ 22, 23 e 24.08.2005

Em se tratando de rescisória de rescisória, o vício apontado deve nascer na decisão rescindenda, não se admitindo a rediscussão do acerto do julgamento da rescisória anterior. Assim, não se admite rescisória calcada no inciso V do art. 485 do CPC para discussão, por má aplicação dos mesmos dispositivos de lei, tidos por violados na rescisória anterior, bem como para arguição de questões inerentes à ação rescisória primitiva. (ex-OJ n. 95 da SBDI-2 – inserida em 27.09.2002 e alterada DJ 16.04.2004)

N. 401 – AÇÃO RESCISÓRIA. DESCONTOS LEGAIS. FASE DE EXECUÇÃO. SENTENÇA EXEQUENDA OMISSA. INEXISTÊNCIA DE OFENSA À COISA JULGADA (conversão da Orientação Jurisprudencial n. 81 da SBDI-2) – Res. 137/2005 – DJ 22, 23 e 24.08.2005

Os descontos previdenciários e fiscais devem ser efetuados pelo juízo executório, ainda que a sentença exequenda tenha sido omissa sobre a questão, dado o caráter de ordem pública ostentado pela norma que os disciplina. A ofensa à coisa julgada somente poderá ser caracterizada na hipótese de o título exequendo, expressamente, afastar a dedução dos valores a título de imposto de renda e de contribuição previdenciária. (ex-OJ n. 81 da SBDI-2 – inserida em 13.03.2002)

N. 402 – AÇÃO RESCISÓRIA. DOCUMENTO NOVO. DISSÍDIO COLETIVO. SENTENÇA NORMATIVA (conversão da Orientação Jurisprudencial n. 20 da SBDI-2) – Res. 137/2005, DJ 22, 23 e 24.08.2005

Documento novo é o cronologicamente velho, já existente ao tempo da decisão rescindenda, mas ignorado pelo interessado ou de impossível utilização, à época, no processo. Não é documento novo apto a viabilizar a desconstituição de julgado:

a) sentença normativa proferida ou transitada em julgado posteriormente à sentença rescindenda;

b) sentença normativa preexistente à sentença rescindenda, mas não exibida no processo principal, em virtude de negligência da parte, quando podia e deveria louvar-se de documento já existente e não ignorado quando emitida a decisão rescindenda. (ex-OJ n. 20 da SBDI-2 – inserida em 20.09.2000)

N. 403 – AÇÃO RESCISÓRIA. DOLO DA PARTE VENCEDORA EM DETRIMENTO DA VENCIDA. ART. 485, III, DO CPC (conversão das Orientações Jurisprudenciais ns. 111 e 125 da SBDI-2) – Res. 137/2005, DJ 22, 23 e 24.08.2005

I – Não caracteriza dolo processual, previsto no art. 485, III, do CPC, o simples fato de a parte vencedora haver silenciado a respeito de fatos contrários a ela, porque o procedimento, por si só, não constitui ardil do qual resulte cerceamento de defesa e, em consequência, desvie o juiz de uma sentença não condizente com a verdade. (ex-OJ n. 125 da SBDI-2 – DJ 09.12.2003)

II – Se a decisão rescindenda é homologatória de acordo, não há parte vencedora ou vencida, razão pela qual não é possível a sua desconstituição calcada no inciso III do art. 485 do CPC (dolo da parte vencedora em detrimento da vencida), pois constitui fundamento de rescindibilidade que supõe solução jurisdicional para a lide. (ex-OJ n. 111 da SBDI-2 – DJ 29.04.2003)

N. 404 – AÇÃO RESCISÓRIA. FUNDAMENTO PARA INVALIDAR CONFISSÃO. CONFISSÃO FICTA. INADEQUAÇÃO DO ENQUADRAMENTO NO ART. 485, VIII, DO CPC (conversão da Orientação Jurisprudencial n. 108 da SBDI-2) – Res. 137/2005, DJ 22, 23 e 24.08.2005

O art. 485, VIII, do CPC, ao tratar do fundamento para invalidar a confissão como hipótese de rescindibilidade da decisão judicial, refere-se à confissão real, fruto de erro, dolo ou coação, e não à confissão ficta resultante de revelia. (ex-OJ n. 108 da SBDI-2 – DJ 29.04.2003)

N. 405 – AÇÃO RESCISÓRIA. LIMINAR. ANTECIPAÇÃO DE TUTELA (conversão das Orientações Jurisprudenciais ns. 1, 3 e 121 da SBDI-2) – Res. 137/2005, DJ 22, 23 e 24.08.2005

I – Em face do que dispõe a MP 1.984-22/00 e reedições e o art. 273, § 7º, do CPC, é cabível o pedido liminar formulado na petição inicial de ação rescisória ou na fase recursal, visando a suspender a execução da decisão rescindenda.

II – O pedido de antecipação de tutela, formulado nas mesmas condições, será recebido como medida acautelatória em ação rescisória, por não se admitir tutela antecipada em sede de ação rescisória. (ex-OJs ns. 1 e 3 da SBDI-2 – inseridas em 20.09.2000 – e 121 da SBDI-2 – DJ 11.08.2003)

N. 406 – AÇÃO RESCISÓRIA. LITISCONSÓRCIO. NECESSÁRIO NO POLO PASSIVO E FACULTATIVO NO ATIVO. INEXISTENTE QUANTO AOS SUBSTITUÍDOS PELO SINDICATO (conversão das Orientações Jurisprudenciais ns. 82 e 110 da SBDI-2) – Res. 137/2005, DJ 22, 23 e 24.08.2005

I – O litisconsórcio, na ação rescisória, é necessário em relação ao polo passivo da demanda, porque supõe uma comunidade de direitos ou de obrigações que não admite solução díspar para os litisconsortes, em face da indivisibilidade do objeto. Já em relação ao polo ativo, o litisconsórcio é facultativo, uma vez que a aglutinação de autores se faz por conveniência e não pela necessidade decorrente da natureza do litígio, pois não se pode condicionar o exercício do direito individual de um dos litigantes no processo originário à anuência dos demais para retomar a lide. (ex-OJ n. 82 da SBDI-2 – inserida em 13.03.2002)

II – O Sindicato, substituto processual e autor da reclamação trabalhista, em cujos autos fora proferida a decisão rescindenda, possui legitimidade para figurar como réu na ação rescisória, sendo descabida a exigência de citação de todos os empregados substituídos, porquanto inexistente litisconsórcio passivo necessário. (ex-OJ n. 110 da SBDI-2 – DJ 29.04.2003)

N. 407 – AÇÃO RESCISÓRIA. MINISTÉRIO PÚBLICO. LEGITIMIDADE "AD CAUSAM" PREVISTA NO ART. 487, III, "A" E "B", DO CPC. AS HIPÓTESES SÃO MERAMENTE EXEMPLIFICATIVAS (conversão da Orientação Jurisprudencial n. 83 da SBDI-2) – Res. 137/2005, DJ 22, 23 e 24.08.2005

A legitimidade "ad causam" do Ministério Público para propor ação rescisória, ainda que não tenha sido parte no processo que deu origem à decisão rescindenda, não está limitada às alíneas "a" e "b" do inciso III do art. 487 do CPC, uma vez que traduzem hipóteses meramente exemplificativas. (ex-OJ n. 83 da SBDI-2 – inserida em 13.03.2002)

N. 408 – AÇÃO RESCISÓRIA. PETIÇÃO INICIAL. CAUSA DE PEDIR. AUSÊNCIA DE CAPITULAÇÃO OU CAPITULAÇÃO ERRÔNEA NO ART. 485 DO CPC. PRINCÍPIO "IURA NOVIT CURIA" (conversão das Orientações Jurisprudenciais ns. 32 e 33 da SBDI-2) – Res. 137/2005, DJ 22, 23 e 24.08.2005

Não padece de inépcia a petição inicial de ação rescisória apenas porque omite a subsunção do fundamento de rescindibilidade no art. 485 do CPC ou o capitula erroneamente em um de seus incisos. Contanto que não se afaste dos fatos e fundamentos invocados como causa de pedir, ao Tribunal é lícito emprestar-lhes a adequada qualificação jurídica ("iura novit curia"). No entanto, fundando-se a ação rescisória no art. 485, inc. V, do CPC, é indispensável expressa indicação, na petição inicial da ação rescisória, do dispositivo legal violado, por se tratar de causa de pedir da rescisória, não se aplicando, no caso, o princípio "iura novit curia". (ex-OJs ns. 32 e 33 da SBDI-2 – inseridas em 20.09.2000)

N. 409 – AÇÃO RESCISÓRIA. PRAZO PRESCRICIONAL. TOTAL OU PARCIAL. VIOLAÇÃO DO ART. 7º, XXIX, DA CF/88. MATÉRIA INFRACONSTITUCIONAL (conversão da Orientação Jurisprudencial n. 119 da SBDI-2) – Res. 137/2005, DJ 22, 23 e 24.08.2005

Não procede ação rescisória calcada em violação do art. 7º, XXIX, da CF/88 quando a questão envolve discussão sobre a espécie de prazo prescricional aplicável aos créditos trabalhistas, se total ou parcial, porque a matéria tem índole infraconstitucional, construída, na Justiça do Trabalho, no plano jurisprudencial. (ex-OJ n. 119 da SBDI-2 – DJ 11.08.2003)

N. 410 – AÇÃO RESCISÓRIA. REEXAME DE FATOS E PROVAS. INVIABILIDADE (conversão da Orientação Jurisprudencial n. 109 da SBDI-2) – Res. 137/2005 DJ 22, 23 e 24.08.2005

A ação rescisória calcada em violação de lei não admite reexame de fatos e provas do processo que originou a decisão rescindenda. (ex-OJ n. 109 da SBDI-2 – DJ 29.04.2003)

N. 411 – AÇÃO RESCISÓRIA. SENTENÇA DE MÉRITO. DECISÃO DE TRIBUNAL REGIONAL DO TRABALHO EM AGRAVO REGIMENTAL CONFIRMANDO DECISÃO MONOCRÁTICA DO RELATOR QUE, APLICANDO A SÚMULA n. 83 DO TST, INDEFERIU A PETIÇÃO INICIAL DA AÇÃO RESCISÓRIA. CABIMENTO (conversão da Orientação Jurisprudencial n. 43 da SBDI-2) – Res. 137/2005, DJ 22, 23 e 24.08.2005

Se a decisão recorrida, em agravo regimental, aprecia a matéria na fundamentação, sob o enfoque das Súmulas ns. 83 do TST e 343 do STF, constitui sentença de mérito, ainda que haja resultado no indeferimento da petição inicial e na extinção do processo sem julgamento do mérito. Sujeita-se, assim, à reforma pelo TST, a decisão do Tribunal que, invocando controvérsia na interpretação da lei, indefere a petição inicial de ação rescisória. (ex-OJ n. 43 da SBDI-2 – inserida em 20.09.2000)

N. 412 – AÇÃO RESCISÓRIA. SENTENÇA DE MÉRITO. QUESTÃO PROCESSUAL (conversão da Orientação Jurisprudencial n. 46 da SBDI-2) – Res. 137/2005, DJ 22, 23 e 24.08.2005

Pode uma questão processual ser objeto de rescisão desde que consista em pressuposto de validade de uma sentença de mérito. (ex-OJ n. 46 da SBDI-2 – inserida em 20.09.2000)

N. 413 – AÇÃO RESCISÓRIA. SENTENÇA DE MÉRITO. VIOLAÇÃO DO ART. 896, "A", DA CLT (conversão da Orientação Jurisprudencial n. 47 da SBDI-2) – Res. 137/2005, DJ 22, 23 e 24.08.2005

É incabível ação rescisória, por violação do art. 896, "a", da CLT, contra decisão que não conhece de recurso de revista, com base em divergência jurisprudencial, pois não se cuida de sentença de mérito (art. 485 do CPC). (ex-OJ n. 47 da SBDI-2 – inserida em 20.09.2000)

N. 414 – MANDADO DE SEGURANÇA. ANTECIPAÇÃO DE TUTELA (OU LIMINAR) CONCEDIDA ANTES OU NA SENTENÇA (conversão das Orientações Jurisprudenciais ns. 50, 51, 58, 86 e 139 da SBDI-2) – Res. 137/2005, DJ 22, 23 e 24.08.2005

I – A antecipação da tutela concedida na sentença não comporta impugnação pela via do mandado de segurança, por ser impugnável mediante recurso ordinário. A ação cautelar é o meio próprio para se obter efeito suspensivo a recurso. (ex-OJ n. 51 da SBDI-2 – inserida em 20.09.2000)

II – No caso da tutela antecipada (ou liminar) ser concedida antes da sentença, cabe a impetração do mandado de segurança, em face da inexistência de recurso próprio. (ex-OJs ns. 50 e 58 da SBDI-2 – inseridas em 20.09.2000)

III – A superveniência da sentença, nos autos originários, faz perder o objeto do mandado de segurança que impugnava a concessão da tutela antecipada (ou liminar). (ex-OJs da SBDI-2 ns. 86 – inserida em 13.03.2002 – e 139 – DJ 04.05.2004)

N. 415 – MANDADO DE SEGURANÇA. ART. 284 DO CPC. APLICABILIDADE (conversão da Orientação Jurisprudencial n. 52 da SBDI-2) – Res. 137/2005, DJ 22, 23 e 24.08.2005

Exigindo o mandado de segurança prova documental pré-constituída, inaplicável se torna o art. 284 do CPC quando verificada, na petição inicial do "mandamus", a ausência de documento indispensável ou de sua autenticação. (ex-OJ n. 52 da SBDI-2 – inserida em 20.09.2000)

N. 416 – MANDADO DE SEGURANÇA. EXECUÇÃO. LEI N. 8.432/92. ART. 897, § 1º, DA CLT. CABIMENTO (conversão da Orientação Jurisprudencial n. 55 da SBDI-2) – Res. 137/2005, DJ 22, 23 e 24.08.2005

Devendo o agravo de petição delimitar justificadamente a matéria e os valores objeto de discordância, não fere direito líquido e certo o prosseguimento da execução quanto aos tópicos e valores não especificados no agravo. (ex-OJ n. 55 da SBDI-2 – inserida em 20.09.2000)

N. 417 – MANDADO DE SEGURANÇA. PENHORA EM DINHEIRO (conversão das Orientações Jurisprudenciais ns. 60, 61 e 62 da SBDI-2) – Res. 137/2005, DJ 22, 23 e 24.08.2005

I – Não fere direito líquido e certo do impetrante o ato judicial que determina penhora em dinheiro do executado, em execução definitiva, para garantir crédito exequendo, uma vez que obedece à gradação prevista no art. 655 do CPC. (ex-OJ n. 60 da SBDI-2 – inserida em 20.09.2000)

II – Havendo discordância do credor, em execução definitiva, não tem o executado direito líquido e certo a que os valores penhorados em dinheiro fiquem depositados no próprio banco, ainda que atenda aos requisitos do art. 666, I, do CPC. (ex-OJ n. 61 da SBDI-2 – inserida em 20.09.2000)

III – Em se tratando de execução provisória, fere direito líquido e certo do impetrante a determinação de penhora em dinheiro, quando nomeados outros bens à penhora, pois o executado tem direito a que a execução se processe da forma que lhe seja menos gravosa, nos termos do art. 620 do CPC. (ex-OJ n. 62 da SBDI-2 – inserida em 20.09.2000)

N. 418 – MANDADO DE SEGURANÇA VISANDO À CONCESSÃO DE LIMINAR OU HOMOLOGAÇÃO DE ACORDO (conversão das Orientações Jurisprudenciais ns. 120 e 141 da SBDI-2) – Res. 137/2005, DJ 22, 23 e 24.08.2005

A concessão de liminar ou a homologação de acordo constituem faculdade do juiz, inexistindo direito líquido e certo tutelável pela via do mandado de segurança. (ex-OJs da SBDI-2 ns. 120 – DJ 11.08.2003 – e 141 – DJ 04.05.2004)

N. 419 – COMPETÊNCIA. EXECUÇÃO POR CARTA. EMBARGOS DE TERCEIRO. JUÍZO DEPRECANTE (conversão da Orientação Jurisprudencial n. 114 da SBDI-2) – Res. 137/2005, DJ 22, 23 e 24.08.2005

Na execução por carta precatória, os embargos de terceiro serão oferecidos no juízo deprecante ou no juízo deprecado, mas a competência para julgá-los é do juízo deprecante, salvo se versarem, unicamente, sobre vícios ou irregularidades da penhora, avaliação ou alienação dos bens, praticados pelo juízo deprecado, em que a competência será deste último. (ex-OJ n. 114 da SBDI-2 – DJ 11.08.2003)

N. 420 – COMPETÊNCIA FUNCIONAL. CONFLITO NEGATIVO. TRT E VARA DO TRABALHO DE IDÊNTICA REGIÃO. NÃO CONFIGURAÇÃO (conversão da Orientação Jurisprudencial n. 115 da SBDI-2) – Res. 137/2005, DJ 22, 23 e 24.08.2005

Não se configura conflito de competência entre Tribunal Regional do Trabalho e Vara do Trabalho a ele vinculada. (ex-OJ n. 115 da SBDI-2 – DJ 11.08.2003)

N. 421 – EMBARGOS DECLARATÓRIOS CONTRA DECISÃO MONOCRÁTICA DO RELATOR CALCADA NO ART. 557 DO CPC. CABIMENTO (conversão da Orientação Jurisprudencial n. 74 da SBDI-2) – Res. 137/2005, DJ 22, 23 e 24.08.2005

I – Tendo a decisão monocrática de provimento ou denegação de recurso, prevista no art. 557 do CPC, conteúdo decisório definitivo e conclusivo da lide, comporta ser esclarecida pela via dos embargos de declaração, em decisão aclaratória, também monocrática, quando se pretende tão somente suprir omissão e não, modificação do julgado.

II – Postulando o embargante efeito modificativo, os embargos declaratórios deverão ser submetidos ao pronunciamento do Colegiado, convertidos em agravo, em face dos princípios da fungibilidade e celeridade processual. (ex-OJ n. 74 da SBDI-2 – inserida em 08.11.2000)

N. 422 – RECURSO. APELO QUE NÃO ATACA OS FUNDAMENTOS DA DECISÃO RECORRIDA. NÃO CONHECIMENTO. ART. 514, II, do CPC (conversão da Orientação Jurisprudencial n. 90 da SBDI-2) – Res. 137/2005, DJ 22, 23 e 24.08.2005

Não se conhece de recurso para o TST, pela ausência do requisito de admissibilidade inscrito no art. 514, II, do CPC, quando as razões do recorrente não impugnam os fundamentos da decisão recorrida, nos termos em que fora proposta. (ex-OJ n. 90 da SBDI-2 – inserida em 27.05.2002)

N. 423 – TURNO ININTERRUPTO DE REVEZAMENTO. FIXAÇÃO DE JORNADA DE TRABALHO MEDIANTE NEGOCIAÇÃO COLETIVA. VALIDADE. (conversão da Orientação Jurisprudencial n. 169 da SBDI-1) Res. 139/06 – DJ 10, 11 e 13.10.2006)

Estabelecida jornada superior a seis horas e limitada a oito horas por meio de regular negociação coletiva, os empregados submetidos a turnos ininterruptos de revezamento não têm direito ao pagamento da 7ª e 8ª horas como extras.

N. 424 – RECURSO ADMINISTRATIVO. PRESSUPOSTO DE ADMISSIBILIDADE. DEPÓSITO PRÉVIO DA MULTA ADMINISTRATIVA. NÃO RECEPÇÃO PELA CONSTITUIÇÃO FEDERAL DO § 1º DO ART. 636 DA CLT – Res. 160/09 – DJET 20,023 e 24.11.09

O § 1º do art. 636 da CLT, que estabelece a exigência de prova do depósito prévio do valor da multa cominada em razão de autuação administrativa como pressuposto de admissibilidade de recurso administrativo, não foi recepcionado pela Constituição Federal de 1988, ante a sua incompatibilidade com o inciso LV do art. 5º.

SDI-1
Orientação Jurisprudencial do Tribunal Superior do Trabalho — SDI-1

N. 1 – CONVERTIDA – *AÇÃO RESCISÓRIA. RÉU SINDICATO. LEGITIMIDADE PASSIVA "AD CAUSAM". ADMITIDA. Inserida em 25.11.1996. (Convertida na Orientação Jurisprudencial n. 110 da SBDI-2 – DJ 29.04.2003)*

N. 2 – CANCELADA – *ADICIONAL DE INSALUBRIDADE. BASE DE CÁLCULO. MESMO NA VIGÊNCIA DA CF/1988: SALÁRIO MÍNIMO. Inserida em 29.03.1996 (cancelada na sessão do Tribunal Pleno realizada em 26.06.2008) – Res. 148/2008, DJU 04.07.2008 – Republicada DJU 08.07.2008.*

Histórico:

Adicional de insalubridade. Base de cálculo. Mesmo na vigência da CF/88: Salário Mínimo. (29.03.96).

N. 3 – CONVERTIDA – *ADICIONAL DE INSALUBRIDADE. BASE DE CÁLCULO, NA VIGÊNCIA DO DECRETO-LEI N. 2.351/1987: PISO NACIONAL DE SALÁRIOS. (Convertida na Orientação Jurisprudencial Transitória n. 33 da SBDI-1, Res. TST 129/2005 – DJU 20.04.2005)*

Histórico:

Adicional de insalubridade. Base de cálculo, na vigência do Dec.-lei n. 2351/87: Piso Nacional de salários (14.03.94).

N. 4 – ADICIONAL DE INSALUBRIDADE. LIXO URBANO. (Nova redação em decorrência da incorporação da Orientação Jurisprudencial n. 170 da SBDI-1, DJU 20.04.2005)

I – Não basta a constatação da insalubridade por meio de laudo pericial para que o empregado tenha direito ao respectivo adicional, sendo necessária a classificação da atividade insalubre na relação oficial elaborada pelo Ministério do Trabalho.

II – A limpeza em residências e escritórios e a respectiva coleta de lixo não podem ser consideradas atividades insalubres, ainda que constatadas por laudo pericial, porque não se encontram dentre as classificadas como lixo urbano na Portaria do Ministério do Trabalho. (ex-OJ n. 170 da SBDI-1 – inserida em 08.11.2000)

Histórico:

Redação original

4. Adicional de insalubridade. Necessidade de classificação da atividade insalubre na relação oficial elaborada pelo Ministério do Trabalho, não bastando a constatação por laudo pericial. CLT, art. 190. Aplicável.

Inserida em 25.11.1996

N. 5 – CONVERTIDA – *ADICIONAL DE PERICULOSIDADE. EXPOSIÇÃO PERMANENTE E INTERMITENTE. INFLAMÁVEIS E/OU EXPLOSIVOS. DIREITO AO ADICIONAL INTEGRAL. Inserida em 14.03.94 (Convertida na Súmula n. 364, DJ 20.04.2005)*

N. 6 – CANCELADA – *ADICIONAL NOTURNO. PRORROGAÇÃO EM HORÁRIO DIURNO. Inserida em 25.11.1996 (cancelada em decorrência da nova redação conferida à Súmula n. 60, DJ 20.04.2005)*

Cumprida integralmente a jornada no período noturno e prorrogada esta, devido é também o adicional quanto às horas prorrogadas. Exegese do art. 73, § 5º, da CLT.

N. 7 – ADVOGADO. ATUAÇÃO FORA DA SEÇÃO DA OAB ONDE O ADVOGADO ESTÁ INSCRITO. AUSÊNCIA DE COMUNICAÇÃO. (LEI N. 4.215/1963, § 2º, ART. 56). INFRAÇÃO DISCIPLINAR. NÃO IMPORTA NULIDADE. Inserida em 29.03.1996 (inserido dispositivo, DJ 20.04.2005)

A despeito da norma então prevista no art. 56, § 2º, da Lei n. 4.215/63, a falta de comunicação do advogado à OAB para o exercício profissional em seção diversa daquela na qual tem inscrição não importa nulidade dos atos praticados, constituindo apenas infração disciplinar, que cabe àquela instituição analisar.

N. 8 – CONVERTIDA – *ALÇADA. AÇÃO RESCISÓRIA. NÃO SE APLICA A ALÇADA EM AÇÃO RESCISÓRIA. Inserida em 01.02.1995 (Convertida na Súmula n. 365, DJ 20.04.2005)*

N. 9 – CANCELADA – *ALÇADA. DECISÃO CONTRÁRIA À ENTIDADE PÚBLICA. CABÍVEL A REMESSA DE OFÍCIO. DECRETO-LEI N. 779/1969 E LEI N. 5.584/1970. Inserida em 07.11.1994 (cancelada em decorrência da redação da Súmula n. 303, DJ 20.04.2005)*

Tratando-se de decisão contrária à entidade pública, cabível a remessa de ofício mesmo de processo de alçada.

N. 10 – CONVERTIDA – *ALÇADA. MANDADO DE SEGURANÇA. Inserida em 01.02.1995 (Convertida na Súmula n. 365, DJ 20.04.2005)*

Não se aplica a alçada em mandado de segurança.

N. 11 – CONVERTIDA – *ALÇADA. VINCULAÇÃO AO SALÁRIO MÍNIMO. DUPLO GRAU. RECORRIBILIDADE. O ART. 5º, INC. LV E O ART. 7º, INC. IV, DA CF/1988 NÃO REVOGARAM O ART. 2º, § 4º, DA LEI N. 5.584/1970. Inserida em 03.06.1996 (Convertida na Súmula n. 356 – Res. 75/1997, DJ 19.12.1997)*

N. 12 – ANISTIA. EMENDA CONSTITUCIONAL N. 26/1985. EFEITOS FINANCEIROS DA PROMULGAÇÃO. (nova redação, DJ 20.04.2005)

Os efeitos financeiros decorrentes da anistia concedida pela Emenda Constitucional n. 26/1985 contam-se desde a data da sua promulgação.

Histórico:

Redação original

N. 12 – Anistia. Emenda Constitucional n. 26/85. Efeitos financeiros da promulgação. FUB.

Inserida em 03.06.1996

N. 13 – APPA. DECRETO-LEI N. 779/69. DEPÓSITO RECURSAL E CUSTAS. NÃO ISENÇÃO. Inserida em 14.03.1994

N. 14 – AVISO PRÉVIO CUMPRIDO EM CASA. VERBAS RESCISÓRIAS. PRAZO PARA PAGAMENTO. (título alterado e inserido dispositivo, DJ 20.04.2005)

Em caso de aviso prévio cumprido em casa, o prazo para pagamento das verbas rescisórias é até o décimo dia da notificação de despedida.

Histórico:

Redação original

N. 14 – Aviso prévio cumprido em casa. Verbas rescisórias. Prazo para pagamento. Até o 10º dia da notificação da demissão. (CLT, 477, § 6º, "b").

Inserida em 25.11.1996

N. 15 – CANCELADA – BANCÁRIO. GRATIFICAÇÃO DE FUNÇÃO SUPERIOR A 1/3 E INFERIOR AO VALOR CONSTANTE DE NORMA COLETIVA. INEXISTÊNCIA DE DIREITO ÀS 7ª E 8ª HORAS. DIREITO À DIFERENÇA DO ADICIONAL, SE E QUANDO PLEITEADA. Inserida em 14.03.1994 (cancelada em decorrência da nova redação conferida à Súmula n. 102, DJ 20.04.2005)

N. 16 – BANCO DO BRASIL. ACP – ADICIONAL DE CARÁTER PESSOAL. INDEVIDO. Inserida em 13.02.1995 (inserido dispositivo, DJ 20.04.2005)

A isonomia de vencimentos entre servidores do Banco Central do Brasil e do Banco do Brasil, decorrente de sentença normativa, alcançou apenas os vencimentos e vantagens de caráter permanente. Dado o caráter personalíssimo do Adicional de Caráter Pessoal – ACP e não integrando a remuneração dos funcionários do Banco do Brasil, não foi ele contemplado na decisão normativa para efeitos de equiparação à tabela de vencimentos do Banco Central do Brasil.

N. 17 – BANCO DO BRASIL. AP E ADI. Inserida em 07.11.1994

Os adicionais AP, ADI ou AFR, somados ou considerados isoladamente, sendo equivalentes a 1/3 do salário do cargo efetivo (art. 224, § 2º, da CLT), excluem o empregado ocupante de cargo de confiança do Banco do Brasil da jornada de 6 horas.

N. 18 – COMPLEMENTAÇÃO DE APOSENTADORIA. BANCO DO BRASIL. (nova redação em decorrência da incorporação das Orientações Jurisprudenciais ns. 19, 20, 21, 136 e 289 da SBDI-1, DJ 20.04.2005)

I – As horas extras não integram o cálculo da complementação de aposentadoria; (ex-OJ n. 18 da SBDI-1 – inserida em 29.03.1996)

II – Os adicionais AP e ADI não integram o cálculo para a apuração do teto da complementação de aposentadoria; (ex-OJ n. 21 da SBDI-1 – inserida em 13.02.1995)

III – No cálculo da complementação de aposentadoria deve-se observar a média trienal; (ex-OJs ns. 19 e 289 ambas da SBDI-1 – inseridas respectivamente em 05.06.1995 e 11.08.2003)

IV – A complementação de aposentadoria proporcional aos anos de serviço prestados exclusivamente ao Banco do Brasil somente se verifica a partir da Circular Funci n. 436/1963; (ex-OJ n. 20 da SBDI-1 – inserida em 13.02.1995)

V – O telex DIREC do Banco do Brasil n. 5003/1987 não assegura a complementação de aposentadoria integral, porque não aprovado pelo órgão competente ao qual a instituição se subordina. (ex-OJ n. 136 da SBDI-1 – inserida em 27.11.1998)

Histórico:

Redação original

N. 18 – Banco do Brasil. As horas extras não integram o cálculo da complementação de aposentadoria.

Inserida em 29.03.1996

N. 19 – CANCELADA – BANCO DO BRASIL. COMPLEMENTAÇÃO DE APOSENTADORIA. MÉDIA TRIENAL. Inserida em 05.06.1995 (cancelada em decorrência da sua incorporação à nova redação conferida à Orientação Jurisprudencial n. 18 da SBDI-1, DJ 20.04.2005)

N. 20 – CANCELADA – BANCO DO BRASIL. COMPLEMENTAÇÃO DE APOSENTADORIA. PROPORCIONALIDADE SOMENTE A PARTIR DA CIRC. FUNCI N. 436/1963. Inserida em 13.02.1995 (cancelada em decorrência da sua incorporação à nova redação conferida à Orientação Jurisprudencial n. 18 da SBDI-1, DJ 20.04.2005)

N. 21 – CANCELADA – BANCO DO BRASIL. COMPLEMENTAÇÃO DE APOSENTADORIA. TETO. CÁLCULO. AP E ADI. NÃO INTEGRAÇÃO. Inserida em 13.02.1995 (cancelada em decorrência da sua incorporação à nova redação conferida à Orientação Jurisprudencial n. 18 da SBDI-1, DJ 20.04.2005)

N. 22 – CONVERTIDA – BRDE. ENTIDADE AUTÁRQUICA DE NATUREZA BANCÁRIA. LEI N. 4.595/1964, ART. 17. RES. BACEN N. 469/1970, ART. 8º. CLT, ART. 224, § 2º. CF, ART. 173, § 1º. Inserida em 14.03.1994 (Convertida na Orientação Jurisprudencial Transitória n. 34 da SBDI-1, DJ 20.04.2005)

N. 23 – CONVERTIDA – CARTÃO DE PONTO. REGISTRO. Inserida em 03.06.96 (Convertida na Súmula n. 366, DJ 20.04.2005)

Não é devido o pagamento de horas extras relativamente aos dias em que o excesso de jornada não ultrapassa de cinco minutos antes e/ou após a duração normal do trabalho. (Se ultrapassado o referido limite, como extra será considerada a totalidade do tempo que exceder a jornada normal).

N. 24 – CONVERTIDA – CIGARRO NÃO É SALÁRIO--UTILIDADE. *Inserida em 29.03.1996 (Convertida na Súmula n. 367, DJ 20.04.2005)*

N. 25 – CANCELADA – CIPA. SUPLENTE. ANTES DA CF/1988. NÃO TEM DIREITO À ESTABILIDADE. *Inserida em 29.03.1996 (cancelada em decorrência da nova redação conferida à Súmula n. 339, DJ 20.04.2005)*

N. 26 – COMPETÊNCIA DA JUSTIÇA DO TRABALHO. COMPLEMENTAÇÃO DE PENSÃO REQUERIDA POR VIÚVA DE EX-EMPREGADO. Inserida em 01.02.1995 (inserido dispositivo, DJ 20.04.2005)

A Justiça do Trabalho é competente para apreciar pedido de complementação de pensão postulada por viúva de ex--empregado, por se tratar de pedido que deriva do contrato de trabalho.

N. 27 – CONVERTIDA – CONAB. ESTABILIDADE CONCEDIDA POR NORMA INTERNA. NÃO ASSEGURADA. AVISO DIREH N. 02/1984. *Inserida em 05.10.1995 (Convertida na Súmula n. 355 – Res. 72/1997, DJ 08.07.1997)*

N. 28 – CORREÇÃO MONETÁRIA SOBRE AS DIFERENÇAS SALARIAIS. UNIVERSIDADES FEDERAIS. DEVIDA. LEI N. 7.596/1987. (nova redação, DJ 20.04.2005)

Incide correção monetária sobre as diferenças salariais dos servidores das universidades federais, decorrentes da aplicação retroativa dos efeitos financeiros assegurados pela Lei n. 7.596/1987, pois a correção monetária tem como escopo único minimizar a desvalorização da moeda em decorrência da corrosão inflacionária.

Histórico:

Redação original

N. 28 – Correção monetária sobre as diferenças salariais. Fundação Universidade de Brasília (FUB). Devida. Lei n. 7.596/1987.

Inserida em 14.03.1994

N. 29 – CONVERTIDA – CUSTAS. MANDADO DE SEGURANÇA. RECURSO ORDINÁRIO. EXIGÊNCIA DO PAGAMENTO. *Inserida em 03.06.1996 (Convertida na Orientação Jurisprudencial n. 148 da SBDI-2, DJ 20.04.2005)*

N. 30 – CONVERTIDA – CUSTAS. PRAZO PARA COMPROVAÇÃO. *Inserida em 29.03.1996 (Convertida na Súmula n. 352 – Res. 69/1997, DJ 30.05.1997)*

N. 31 – CANCELADA – DEPÓSITO RECURSAL E CUSTAS. EMPRESA EM LIQUIDAÇÃO EXTRAJUDICIAL. SÚMULA N. 86. NÃO PERTINÊNCIA. *Inserida em 14.03.1994 (cancelada em decorrência da nova redação conferida à Súmula n. 86, DJ 20.04.2005)*

N. 32 – CONVERTIDA – DESCONTOS LEGAIS. SENTENÇAS TRABALHISTAS. CONTRIBUIÇÃO PREVIDENCIÁRIA E IMPOSTO DE RENDA. DEVIDOS. PROVIMENTO CGJT N. 3/1984. *Inserida em 14.03.1994 (Convertida na Súmula n. 368, DJ 20.04.2005)*

N. 33 – DESERÇÃO. CUSTAS. CARIMBO DO BANCO. VALIDADE. Inserida em 25.11.1996

O carimbo do banco recebedor na guia de comprovação do recolhimento das custas supre a ausência de autenticação mecânica.

N. 34 – CONVERTIDA – DIRIGENTE SINDICAL. ESTABILIDADE PROVISÓRIA. *Inserida em 29.04.94 (Convertida na Súmula n. 369, DJ 20.04.2005)*

É indispensável a comunicação, pela entidade sindical, ao empregador, na forma do § 5º, do art. 543, da CLT.

N. 35 – CONVERTIDA – DIRIGENTE SINDICAL. REGISTRO DE CANDIDATURA NO CURSO DO AVISO PRÉVIO. NÃO TEM DIREITO À ESTABILIDADE PROVISÓRIA (ART. 543, § 3º, CLT). *Inserida em 14.03.94 (Convertida na Súmula n. 369, DJ 20.04.2005)*

N. 36 – INSTRUMENTO NORMATIVO. CÓPIA NÃO AUTENTICADA. DOCUMENTO COMUM ÀS PARTES. VALIDADE. (título alterado e inserido dispositivo, DJ 20.04.2005)

O instrumento normativo em cópia não autenticada possui valor probante, desde que não haja impugnação ao seu conteúdo, eis que se trata de documento comum às partes.

Histórico:

Redação original

N. 36 – Documento comum às partes (instrumento normativo ou sentença normativa), cujo conteúdo não é impugnado. Validade mesmo em fotocópia não autenticada.

Inserida em 25.11.96

N. 37 – CANCELADA – EMBARGOS. VIOLAÇÃO DO ART. 896 DA CLT. *Inserida em 01.02.95 (cancelada em decorrência da nova redação conferida à Súmula n. 296, DJ 20.04.2005)*

Não ofende o art. 896, da CLT, decisão de turma que, examinando premissas concretas de especificidade da divergência colacionada no apelo revisional, conclui pelo conhecimento ou desconhecimento do recurso.

N. 38 – EMPREGADO QUE EXERCE ATIVIDADE RURAL. EMPRESA DE REFLORESTAMENTO. PRESCRIÇÃO PRÓPRIA DO RURÍCOLA. (LEI N. 5.889/73, ART. 10 E DECRETO n. 73.626/74, ART. 2º, § 4º). Inserida em 29.03.96

N. 39 – CONVERTIDA – ENGENHEIRO. JORNADA DE TRABALHO. LEI N. 4.950/66. *Inserida em 07.11.94 (Convertida na Súmula n. 370, DJ 20.04.2005)*

A Lei n. 4.950/66 não estipula a jornada reduzida para os engenheiros, mas apenas estabelece o salário mínimo da categoria para uma jornada de 6 horas. Não há que se falar em horas extras, salvo as excedentes à 8ª, desde que seja respeitado o salário mínimo/horário da categoria.

N. 40 – CONVERTIDA – *ESTABILIDADE. AQUISIÇÃO NO PERÍODO DO AVISO PRÉVIO. NÃO RECONHECIDA. Inserida em 28.11.95 (Convertida na Súmula n. 371, DJ 20.04.2005)*

A projeção do contrato de trabalho para o futuro, pela concessão do aviso prévio indenizado, tem efeitos limitados às vantagens econômicas obtidas no período de pré-aviso, ou seja, salários, reflexos e verbas rescisórias.

N. 41 – ESTABILIDADE. INSTRUMENTO NORMATIVO. VIGÊNCIA. EFICÁCIA. Inserida em 25.11.96

Preenchidos todos os pressupostos para a aquisição de estabilidade decorrente de acidente ou doença profissional, ainda durante a vigência do instrumento normativo, goza o empregado de estabilidade mesmo após o término da vigência deste.

N. 42 – FGTS. MULTA DE 40%. (nova redação em decorrência da incorporação das Orientações Jurisprudenciais ns. 107 e 254 da SBDI-1, DJ 20.04.2005)

I – É devida a multa do FGTS sobre os saques corrigidos monetariamente ocorridos na vigência do contrato de trabalho. Art. 18, § 1º, da Lei n. 8.036/90 e art. 9º, § 1º, do Decreto n. 99.684/90. (ex-OJ n. 107 da SBDI-1 – inserida em 01.10.97)

II – O cálculo da multa de 40% do FGTS deverá ser feito com base no saldo da conta vinculada na data do efetivo pagamento das verbas rescisórias, desconsiderada a projeção do aviso prévio indenizado, por ausência de previsão legal. (ex-OJ n. 254 da SBDI-1 – inserida em 13.03.02)

Histórico:

Redação original

N. 42 – FGTS. Multa de 40%. Devida inclusive sobre os saques ocorridos na vigência do contrato de trabalho. Art. 18, § 1º, da Lei n. 8.036/90.

Inserida em 25.11.96

N. 43 – CONVERSÃO DE SÁLARIOS DE CRUZEIROS PARA CRUZADOS. DECRETO-LEI N. 2.284/86. (nova redação, DJ 20.04.2005)

A conversão de salários de cruzeiros para cruzados, nos termos do Decreto-Lei n. 2.284/86, não afronta direito adquirido dos empregados.

Histórico:

Redação original

N. 43 – Fundação do Serviço Social do Distrito Federal. Decreto-Lei n. 2.284/86.

Inserida em 07.11.94

A conversão de salários de cruzeiros para cruzados, nos termos do Decreto-Lei n. 2.284/86, não afronta direito adquirido dos empregados.

N. 44 – GESTANTE. SALÁRIO-MATERNIDADE. Inserida em 13.09.94

É devido o salário-maternidade, de 120 dias, desde a promulgação da CF/1988, ficando a cargo do empregador o pagamento do período acrescido pela Carta.

N. 45 – CONVERTIDA – *GRATIFICAÇÃO DE FUNÇÃO PERCEBIDA POR 10 OU MAIS ANOS. AFASTAMENTO DO CARGO DE CONFIANÇA SEM JUSTO MOTIVO. ESTABILIDADE FINANCEIRA. MANUTENÇÃO DO PAGAMENTO. Inserida em 25.11.96 (Convertida na Súmula n. 372, DJ 20.04.2005)*

N. 46 – CONVERTIDA – *GRATIFICAÇÃO SEMESTRAL. CONGELAMENTO. PRESCRIÇÃO PARCIAL. Inserida em 29.03.96 (Convertida na Súmula n. 373, DJ 20.04.2005)*

N. 47 – HORA EXTRA. ADICIONAL DE INSALUBRIDADE. BASE DE CÁLCULO (redação alterada na sessão do Tribunal Pleno em 26.06.2008) –Res. 148/2008, DJ 04 e 07.07.2008 – Republicada DJ 08, 09 e 10.07.2008.

A base de cálculo da hora extra é o resultado da soma do salário contratual mais o adicional de insalubridade.

Histórico:

Redação original – Inserida em 29.03.1996

N. 47 – Hora extra. Adicional de insalubridade. Base de cálculo. É o resultado da soma do salário contratual mais o adicional de insalubridade, este calculado sobre o salário mínimo.

N. 48 – CANCELADA – *HORAS EXTRAS PACTUADAS APÓS A ADMISSÃO DO BANCÁRIO NÃO CONFIGURA PRÉ-CONTRATAÇÃO. SÚMULA N. 199. INAPLICÁVEL. Inserida em 25.11.96 (cancelada em decorrência da nova redação conferida à Súmula n. 199, DJ 20.04.2005)*

N. 49 – HORAS EXTRAS. USO DO BIP. NÃO CARACTERIZADO O "SOBREAVISO". Inserida em 01.02.95 (inserido dispositivo, DJ 20.04.2005)

O uso do aparelho BIP pelo empregado, por si só, não carateriza o regime de sobreaviso, uma vez que o empregado não permanece em sua residência aguardando, a qualquer momento, convocação para o serviço.

N. 50 – CANCELADA – *HORAS "IN ITINERE". INCOMPATIBILIDADE DE HORÁRIOS. DEVIDAS. APLICÁVEL A SÚMULA N. 90. Inserida em 01.02.95 (cancelada em decorrência da nova redação conferida à Súmula n. 90, DJ 20.04.2005)*

N. 51 – LEGISLAÇÃO ELEITORAL. APLICÁVEL A PESSOAL CELETISTA DE EMPRESAS PÚBLICAS E SOCIEDADES DE ECONOMIA MISTA. Inserida em 25.11.96

IUJERR 81681/93.

Em 26.09.96, o Órgão Especial decidiu, por maioria, que "aos empregados das empresas públicas e das sociedades de economia mista regidos pela CLT, aplica-se o disposto no art. 15 da Lei n. 7.773/89".

N. 52 – MANDATO. PROCURADOR DA UNIÃO, ESTADOS, MUNICÍPIOS E DISTRITO FEDERAL, SUAS AUTARQUIAS E FUNDAÇÕES PÚBLICAS. DISPENSÁVEL A JUNTADA DE PROCURAÇÃO. (LEI N. 9.469, DE 10 DE JULHO DE 1997). (inserido dispositivo e atualizada a legislação, DJ 20.04.2005)

A União, Estados, Municípios e Distrito Federal, suas autarquias e fundações públicas, quando representadas em juízo, ativa e passivamente, por seus procuradores, estão dispensadas da juntada de instrumento de mandato.

Histórico:

Redação original

N. 52 – Mandato. Procurador da União, Estados, Municípios e Distrito Federal, suas autarquias e fundações públicas. Dispensável a juntada de procuração. (Medida Provisória n. 1.561/96 – DOU 20.12.96).

Inserida em 29.03.96

N. 53 – CONVERTIDA – MÉDICO. JORNADA DE TRABALHO. LEI N. 3.999/61. Inserida em 29.04.94 (Convertida na Súmula n. 370, DJ 20.04.2005)

A Lei n. 3.999/61 não estipula a jornada reduzida para os médicos, mas apenas estabelece o salário mínimo da categoria para uma jornada de 4 horas. Não há que se falar em horas extras, salvo as excedentes à 8ª, desde que seja respeitado o salário mínimo/horário da categoria.

N. 54 – MULTA. CLÁUSULA PENAL. VALOR SUPERIOR AO PRINCIPAL. (título alterado, inserido dispositivo e atualizada a legislação, DJ 20.04.2005)

O valor da multa estipulada em cláusula penal, ainda que diária, não poderá ser superior à obrigação principal corrigida, em virtude da aplicação do art. 412 do Código Civil de 2002 (art. 920 do Código Civil de 1916).

Histórico:

Redação original

N. 54 – Multa estipulada em cláusula penal, ainda que diária, não poderá ser superior ao principal corrigido. Aplicação do art. 920 do Código Civil.

Inserida em 30.05.94

N. 55 – CONVERTIDA – NORMA COLETIVA. CATEGORIA DIFERENCIADA. ABRANGÊNCIA. Inserida em 25.11.96 (Convertida na Súmula n. 374, DJ 20.04.2005)

Empregado integrante de categoria profissional diferenciada não tem o direito de haver de seu empregador vantagens previstas em instrumento coletivo no qual a empresa não foi representada por órgão de classe de sua categoria.

N. 56 – NOSSA CAIXA-NOSSO BANCO (CAIXA ECONÔMICA DO ESTADO DE SÃO PAULO). REGULAMENTO. GRATIFICAÇÃO ESPECIAL E/OU ANUÊNIOS. Inserida em 25.11.96

Direito reconhecido apenas àqueles empregados que tinham 25 anos de efetivo exercício prestados exclusivamente à Caixa.

N. 57 – PCCS. DEVIDO O REAJUSTE DO ADIANTAMENTO. LEI N. 7.686/88, ART. 1º. Inserida em 14.03.94 (inserido dispositivo, DJ 20.04.2005)

É devido o reajuste da parcela denominada "adiantamento do PCCS", conforme a redação do art. 1º da Lei n. 7.686/88.

N. 58 – PLANO BRESSER. IPC JUN/1987. INEXISTÊNCIA DE DIREITO ADQUIRIDO. Inserida em 10.03.95 (inserido dispositivo, DJ 20.04.2005)

Inexiste direito adquirido ao IPC de junho de 1987 (Plano Bresser), em face da edição do Decreto-Lei n. 2.335/87.

N. 59 – PLANO VERÃO. URP DE FEVEREIRO DE 1989. INEXISTÊNCIA DE DIREITO ADQUIRIDO. Inserida em 13.02.95 (inserido dispositivo, DJ 20.04.2005)

Inexiste direito adquirido à URP de fevereiro de 1989 (Plano Verão), em face da edição da Lei n. 7.730/89.

N. 60 – PORTUÁRIOS. HORA NOTURNA. HORAS EXTRAS. (LEI N. 4.860/65, ARTS. 4º E 7º, § 5º). (nova redação em decorrência da incorporação da Orientação Jurisprudencial n. 61 da SBDI-1, DJ 20.04.2005)

I – A hora noturna no regime de trabalho no porto, compreendida entre dezenove horas e sete horas do dia seguinte, é de sessenta minutos.

II – Para o cálculo das horas extras prestadas pelos trabalhadores portuários, observar-se-á somente o salário básico percebido, excluídos os adicionais de risco e produtividade. (ex-OJ n. 61 da SBDI-1 – inserida em 14.03.94)

Histórico:

Redação original

N. 60 – Portuários. Hora noturna de 60 minutos (entre 19 e 7 h do dia seguinte). Art. 4º da Lei n. 4.860/65.

Inserida em 28.11.95

N. 61 – CANCELADA – PORTUÁRIOS. HORAS EXTRAS. BASE DE CÁLCULO: ORDENADO SEM O ACRÉSCIMO DOS ADICIONAIS DE RISCO E DE PRODUTIVIDADE. LEI N. 4.860/65, ART. 7º, § 5º. Inserida em 14.03.94 (cancelada em decorrência da sua incorporação à nova redação da Orientação Jurisprudencial n. 60 da SBDI-1, DJ 20.04.2005)

N. 62 – PREQUESTIONAMENTO. PRESSUPOSTO DE RECORRIBILIDADE EM APELO DE NATUREZA EXTRAORDINÁRIA. NECESSIDADE, AINDA QUE A MATÉRIA SEJA DE INCOMPETÊNCIA ABSOLUTA.
Inserida em 14.03.94

N. 63 – CANCELADA – *PRESCRIÇÃO TOTAL. HORAS EXTRAS. PRÉ-CONTRATADAS E SUPRIMIDAS. TERMO INICIAL. DATA DA SUPRESSÃO. Inserida em 14.03.94 (cancelada em decorrência da nova redação conferida à Súmula n. 199, DJ 20.04.2005)*

N. 64 – CANCELADA – *PROBAM. SÚMULA n. 239. INAPLICÁVEL. NÃO SÃO BANCÁRIOS SEUS EMPREGADOS. Inserida em 13.09.94 (cancelada em decorrência da nova redação conferida à Súmula n. 239, DJ 20.04.2005)*

N. 65 – PROFESSOR ADJUNTO. INGRESSO NO CARGO DE PROFESSOR TITULAR. EXIGÊNCIA DE CONCURSO PÚBLICO NÃO AFASTADA PELA CONSTITUIÇÃO FEDERAL DE 1988 (CF/1988, ARTS. 37, II E 206, V). Inserida em 30.05.94 (inserido dispositivo, DJ 20.04.2005)

O acesso de professor adjunto ao cargo de professor titular só pode ser efetivado por meio de concurso público, conforme dispõem os arts. 37, inciso II, e 206, inciso V, da CF/88.

N. 66 – CONVERTIDA – *PROFESSOR. REPOUSO SEMANAL REMUNERADO. LEI N. 605/49, ART. 7º, § 2º E ART. 320 DA CLT. Inserida em 25.11.96 (Convertida na Súmula n. 351 – Res. 68/1997, DJ 30.05.1997)*

N. 67 – CONVERTIDA – *RADIOLOGISTA. SALÁRIO PROFISSIONAL. O SALÁRIO PROFISSIONAL DOS TÉCNICOS EM RADIOLOGIA É IGUAL A DOIS SALÁRIOS MÍNIMOS E NÃO A QUATRO (LEI N. 7.394/85). Inserida em 03.06.96 (Convertida na Súmula n. 358 – Res. 77/1997, DJ 19.12.97)*

N. 68 – CONVERTIDA – *REAJUSTES SALARIAIS. BIMESTRAIS E QUADRIMESTRAIS (LEI N. 8.222/91). SIMULTANEIDADE INVIÁVEL. Inserida em 28.11.95 (Convertida na Orientação Jurisprudencial Transitória n. 35 da SBDI-1, DJ 20.04.2005)*

N. 69 – CONVERTIDA – *REAJUSTES SALARIAIS PREVISTOS EM NORMA COLETIVA. PREVALÊNCIA DOS DECRETOS-LEIS NS. 2.283/86 E 2.284/86. "PLANO CRUZADO". Inserida em 14.03.94 (Convertida na Súmula n. 375, DJ 20.04.2005)*

N. 70 – CONVERTIDA – *RECURSO ORDINÁRIO. CABIMENTO. Inserida em 13.09.94 (Convertida na Orientação Jurisprudencial n. 5 do Tribunal Pleno, DJ 20.04.2005)*

Não cabe recurso ordinário contra decisão de agravo regimental interposto em reclamação correicional.

N. 71 – CANCELADA – *REMESSA "EX OFFICIO". AÇÃO RESCISÓRIA. DECISÕES CONTRÁRIAS A ENTES PÚBLICOS (ART. 1º, INC. V, DO DECRETO-LEI N. 779/69 E INC. II, DO ART. 475, DO CPC). CABÍVEL. Inserida em 03.06.96 (cancelada em decorrência da nova redação conferida à Súmula n. 303, DJ 20.04.2005)*

N. 72 – CANCELADA – *REMESSA "EX OFFICIO". MANDADO DE SEGURANÇA CONCEDIDO. IMPETRANTE E TERCEIRO INTERESSADO PESSOAS DE DIREITO PRIVADO. INCABÍVEL, RESSALVADAS AS HIPÓTESES DE MATÉRIA ADMINISTRATIVA, DE COMPETÊNCIA DO ÓRGÃO ESPECIAL. Inserida em 25.11.96 (cancelada em decorrência da nova redação conferida à Súmula n. 303, DJ 20.04.2005)*

N. 73 – CANCELADA – *REMESSA "EX OFFICIO". MANDADO DE SEGURANÇA. INCABÍVEL. DECISÕES PROFERIDAS PELO TRT E FAVORÁVEIS AO IMPETRANTE ENTE PÚBLICO. INAPLICABILIDADE DO ART. 12 DA LEI N. 1.533/51. Inserida em 03.06.96 (cancelada em decorrência da nova redação conferida à Súmula n. 303, DJ 20.04.2005)*

N. 74 – CANCELADA – *REVELIA. AUSÊNCIA DA RECLAMADA. COMPARECIMENTO DE ADVOGADO. Inserida em 25.11.96 (cancelada em decorrência da nova redação conferida à Súmula n. 122, DJ 20.04.2005)*

A reclamada, ausente à audiência em que deveria apresentar defesa, é revel, ainda que presente seu advogado munido de procuração.

N. 75 – SUBSTABELECIMENTO SEM O RECONHECIMENTO DE FIRMA DO SUBSTABELECENTE. INVÁLIDO (ANTERIOR À LEI N. 8.952/1994). Inserida em 01.02.95 (inserido dispositivo, DJ 20.04.2005)

Não produz efeitos jurídicos recurso subscrito por advogado com poderes conferidos em substabelecimento em que não consta o reconhecimento de firma do outorgante. Entendimento aplicável antes do advento da Lei n. 8.952/1994.

N. 76 – SUBSTITUIÇÃO DOS AVANÇOS TRIENAIS POR QUINQUÊNIOS. ALTERAÇÃO DO CONTRATO DE TRABALHO. PRESCRIÇÃO TOTAL. CEEE. Inserida em 14.03.94 (inserido dispositivo, DJ 20.04.2005)

A alteração contratual consubstanciada na substituição dos avanços trienais por quinquênios decorre de ato único do empregador, momento em que começa a fluir o prazo fatal de prescrição.

N. 77 – CONVERTIDA – *TESTEMUNHA QUE MOVE AÇÃO CONTRA A MESMA RECLAMADA. NÃO HÁ SUSPEIÇÃO. Inserida em 29.03.96 (Convertida na Súmula n. 357 – Res. 76/1997, DJ 19.12.97)*

N. 78 – CONVERTIDA – *TURNOS ININTERRUPTOS DE REVEZAMENTO. JORNADA DE SEIS HORAS. Inserida em 30.05.1997 (Convertida na Súmula n. 360 – Res. 79/1997, DJ 13.01.1998)*

A interrupção do trabalho dentro de cada turno ou semanalmente, não afasta a aplicação do art. 7º, XIV, da CF/1988.

N. 79 – URP DE ABRIL E MAIO DE 1988. DECRETO-LEI N. 2.425/1988. (alterada em decorrência do julgamento do processo TST-RXOFROAR-573062/1999 pelo Tribunal Pleno – certidão de julgamento publicada no DJ de 14.06.2005)

Existência de direito apenas ao reajuste de 7/30 de 16,19% a ser calculado sobre o salário de março e incidente sobre o salário dos meses de abril e maio, não cumulativamente e corrigidos desde a época própria até a data do efetivo pagamento.

Histórico:

Redação original

N. 79 – URP de abril e maio de 1988. Decreto-Lei n. 2.425/88. (Inserida em 03.04.95)

Existência de direito apenas ao reajuste de 7/30 (sete trinta avos) de 16,19% (dezesseis vírgula dezenove por cento) a ser calculado sobre o salário de março e incidente sobre o salário dos meses de abril e maio, não cumulativamente e corrigido desde a época própria até a data do efetivo pagamento, com reflexos em junho e julho.

N. 80 – CONVERTIDA – AÇÃO RESCISÓRIA. RÉU SINDICATO. SUBSTITUTO PROCESSUAL NA AÇÃO ORIGINÁRIA. INEXISTÊNCIA DE LITISCONSÓRCIO PASSIVO NECESSÁRIO. Inserida em 28.04.97 (Convertida na Orientação Jurisprudencial n. 110 da SBDI-2 – DJ 29.04.03)

Quando o sindicato é réu na ação rescisória, por ter sido autor, como substituto processual na ação originária, é desnecessária a citação dos substituídos.

N. 81 – CONVERTIDA – ART. 462, DO CPC. FATO SUPERVENIENTE. Inserida em 28.04.97 (Convertida na Súmula n. 394, DJ 20.04.2005)

É aplicável de ofício aos processos em curso em qualquer instância trabalhista.

N. 82 – AVISO PRÉVIO. BAIXA NA CTPS. Inserida em 28.04.97

A data de saída a ser anotada na CTPS deve corresponder à do término do prazo do aviso prévio, ainda que indenizado.

N. 83 – AVISO PRÉVIO. INDENIZADO. PRESCRIÇÃO. Inserida em 28.04.97

A prescrição começa a fluir no final da data do término do aviso prévio. Art. 487, § 1º, CLT.

N. 84 – AVISO PRÉVIO. PROPORCIONALIDADE. Inserida em 28.04.97

A proporcionalidade do aviso prévio, com base no tempo de serviço, depende da legislação regulamentadora, visto que o art. 7º, inc. XXI, da CF/1988 não é autoaplicável.

N. 85 – CONVERTIDA – CONTRATO NULO. EFEITOS. DEVIDO APENAS O EQUIVALENTE AOS SALÁRIOS DOS DIAS TRABALHADOS. Inserida em 28.04.97 (Convertida na Súmula n. 363 – Res. 97/00, DJ 18.09.00 – republicação DJ 13.10.00)

N. 86 – CONVERTIDA – DIRIGENTE SINDICAL. EXTINÇÃO DA ATIVIDADE EMPRESARIAL NO ÂMBITO DA BASE TERRITORIAL DO SINDICATO. INSUBSISTÊNCIA DA ESTABILIDADE. Inserida em 28.04.97 (Convertida na Súmula n. 369, DJ 20.04.2005)

N. 87 – ENTIDADE PÚBLICA. EXPLORAÇÃO DE ATIVIDADE EMINENTEMENTE ECONÔMICA. EXECUÇÃO. ART. 883 DA CLT. (nova redação – DJ 16.04.04)

É direta a execução contra a APPA e MINASCAIXA (§ 1º do art. 173, da CF/1988).

Histórico:

Alterado – DJ 24.11.03

IUJ-ROMS 652135/00, Tribunal Pleno

Em 06.11.03, o Tribunal Pleno decidiu, por maioria, excluir a referência à ECT da Orientação Jurisprudencial n. 87 da SBDI-1, por entender ser a execução contra ela feita por meio de precatório.

É direta a execução contra a APPA, Caixa Econômica do Estado do Rio Grande do Sul e MINASCAIXA (§ 1º do art. 173, da CF/1988).

Redação original

N. 87 – Entidade pública. Exploração de atividade eminentemente econômica. Execução. Art. 883, da CLT.

Inserida em 28.04.97

É direta a execução contra a APPA, Caixa Econômica do Estado do Rio Grande do Sul, ECT e MINASCAIXA (§ 1º do art. 173, da CF/1988).

N. 88 – CONCELADA – GESTANTE. ESTABILIDADE PROVISÓRIA. Nova redação – DJ 16.04.04 – republicado DJ 04.05.2004 (cancelada em decorrência da nova redação conferida à Súmula n. 244, DJ 20.04.2005)

O desconhecimento do estado gravídico pelo empregador, não afasta o direito ao pagamento da indenização decorrente da estabilidade. (art. 10, II, "b", ADCT).

Legislação:

CF/1988, art. 10, II, "b", ADCT

Histórico:

Redação original

N. 88 – Gestante. Estabilidade provisória.

Inserida em 28.04.97

O desconhecimento do estado gravídico pelo empregador, (*)*salvo previsão contrária em norma coletiva, não afasta o direito ao pagamento da indenização decorrente da estabilidade. (art. 10, II, "b", ADCT).*

(*) *A ausência de cumprimento da obrigação de comunicar à empregadora o estado gravídico, em determinado prazo após a rescisão, conforme previsto em norma coletiva que condiciona a estabilidade a esta comunicação, afasta o direito à indenização decorrente da estabilidade.*

N. 89 – CONVERTIDA – *HORAS EXTRAS. REFLEXOS. Inserida em 28.04.97 (Convertida na Súmula n. 376, DJ 20.04.2005)*

O valor das horas extras habitualmente prestadas integra o cálculo dos haveres trabalhistas, independentemente da limitação prevista no "caput" do art. 59 da CLT.

N. 90 – CANCELADA – *AGRAVO DE INSTRUMENTO. TRASLADO. NÃO EXIGÊNCIA DE CERTIDÃO DE PUBLICAÇÃO DO ACÓRDÃO REGIONAL. RES. 52/96 – INSTRUÇÃO NORMATIVA N. 6/96. Inserida em 30.05.1997 (cancelada em decorrência da nova redação conferida ao art. 897 da CLT pela Lei n. 9.756/1998, DJ 20.04.2005)*

Quando o despacho denegatório de processamento de recurso de revista não se fundou na intempestividade deste, não é necessário o traslado da certidão de publicação do acórdão regional.

N. 91 – ANISTIA. ART. 8º, § 1º, ADCT. EFEITOS FINANCEIROS. ECT. Inserida em 30.05.1997

ROAR 105608/1994, SDI-Plena

Em 19.05.1997, a SDI-Plena decidiu, pelo voto prevalente do Exmo. Sr. Presidente, que os efeitos financeiros da readmissão do empregado anistiado serão contados a partir do momento em que este manifestou o desejo de retornar ao trabalho e, na ausência de prova, da data do ajuizamento da ação.

N. 92 – DESMEMBRAMENTO DE MUNICÍPIOS. RESPONSABILIDADE TRABALHISTA. Inserida em 30.05.1997

Em caso de criação de novo município, por desmembramento, cada uma das novas entidades responsabiliza-se pelos direitos trabalhistas do empregado no período em que figurarem como real empregador.

N. 93 – CANCELADA – *DOMINGOS E FERIADOS TRABALHADOS E NÃO COMPENSADOS. APLICAÇÃO DA SÚMULA N. 146. Inserida em 30.05.1997 (cancelada em decorrência da redação da Súmula n. 146 conferida pela Res. 121/03 – DJ 21.11.2003) – DJ 20.04.2005*

O trabalho prestado em domingos e feriados não compensados deve ser pago em dobro sem prejuízo da remuneração relativa ao repouso semanal.

N. 94 – CANCELADA – *EMBARGOS. EXIGÊNCIA. INDICAÇÃO EXPRESSA DO DISPOSITIVO LEGAL TIDO COMO VIOLADO. Inserida em 30.05.1997 (cancelada em decorrência da nova redação conferida à Súmula n. 221, DJ 20.04.2005)*

ERR 164691/1995, SDI-Plena

Em 19.05.1997, a SDI-Plena decidiu, por maioria, que não se conhece de revista (896 "c") e de embargos (894 "b") por violação legal ou constitucional quando o recorrente não indica expressamente o dispositivo de lei ou da Constituição tido como violado.

N. 95 – EMBARGOS PARA SDI. DIVERGÊNCIA ORIUNDA DA MESMA TURMA DO TST. INSERVÍVEL. Inserida em 30.05.1997

ERR 125320/1994, SDI-Plena

Em 19.05.1997, a SDI-Plena, por maioria, decidiu que acórdãos oriundos da mesma Turma, embora divergentes, não fundamentam divergência jurisprudencial de que trata a alínea "b", do art. 894 da Consolidação das Leis do Trabalho para embargos à Seção Especializada em Dissídios Individuais, Subseção I.

N. 96 – CANCELADA – *FÉRIAS. SALÁRIO SUBSTITUIÇÃO. DEVIDO. APLICAÇÃO DA SÚMULA N. 159. Inserida em 30.05.1997 (cancelada em decorrência da redação da Súmula n. 159 conferida pela Res. 121/03 – DJ 21.11.2003) – DJ 20.04.2005*

N. 97 – HORAS EXTRAS. ADICIONAL NOTURNO. BASE DE CÁLCULO. Inserida em 30.05.1997

O adicional noturno integra a base de cálculo das horas extras prestadas no período noturno.

N. 98 – CONVERTIDA – *HORAS "IN ITINERE". TEMPO GASTO ENTRE A PORTARIA DA EMPRESA E O LOCAL DO SERVIÇO. DEVIDAS. AÇOMINAS. Inserida em 30.05.1997 (Convertida na Orientação Jurisprudencial Transitória n. 36 da SBDI-1, DJ 20.04.2005)*

N. 99 – CONVERTIDA – *PREPOSTO. EXIGÊNCIA DA CONDIÇÃO DE EMPREGADO. Inserida em 30.05.1997 (Convertida na Súmula n. 377, DJ 20.04.2005)*

Exceto quanto à reclamação de empregado doméstico, o preposto deve ser necessariamente empregado do reclamado. Inteligência do art. 843, § 1º, da CLT.

N. 100 – SALÁRIO. REAJUSTE. ENTES PÚBLICOS. (título alterado e inserido dispositivo, DJ 20.04.2005)

Os reajustes salariais previstos em legislação federal devem ser observados pelos Estados-membros, suas Autarquias e Fundações Públicas nas relações contratuais trabalhistas que mantiverem com seus empregados.

Histórico:

Redação original

N. 100 – Reajustes de salários de empregado previstos em legislação federal. Incidência sobre as relações contratuais trabalhistas do estado-membro e suas autarquias.

Inserida em 30.05.1997

N. 101 – CANCELADA – *REINTEGRAÇÃO CONVERTIDA EM INDENIZAÇÃO DOBRADA. EFEITOS. APLICAÇÃO DA SÚMULA N. 28. Inserida em 30.05.1997 (cancelada em decorrência da nova redação da Súmula n. 28 conferida pela Res. 121/03, DJ 21.11.2003) – DJ 20.04.2005*

AGERR 100357/93, SDI-Plena

Em 19.05.1997, a SDI-Plena, por maioria, decidiu que o direito à percepção de salários vencidos e vincendos decorrentes da condenação ao pagamento de indenização dobrada é assegurado até a data da primeira decisão que converteu a reintegração em indenização dobrada.

N. 102 – CANCELADA – *ADICIONAL DE INSALUBRIDADE. INTEGRAÇÃO NA REMUNERAÇÃO. Inserida em 01.10.97 (cancelada em decorrência da nova redação conferida à Súmula n. 139, DJ 20.04.2005)*

Enquanto percebido, o adicional de insalubridade integra a remuneração para todos os efeitos legais.

N. 103 – ADICIONAL DE INSALUBRIDADE. REPOUSO SEMANAL E FERIADOS. (nova redação, DJ 20.04.2005)

O adicional de insalubridade já remunera os dias de repouso semanal e feriados.

Histórico:

Redação original

N. 103 – Adicional de insalubridade. Repouso semanal e feriados.

Inserida em 01.10.97

O adicional de insalubridade, porque calculado sobre o salário mínimo legal, já remunera os dias de repouso semanal e feriados.

N. 104 – CUSTAS. CONDENAÇÃO ACRESCIDA. INEXISTÊNCIA DE DESERÇÃO QUANDO AS CUSTAS NÃO SÃO EXPRESSAMENTE CALCULADAS E NÃO HÁ INTIMAÇÃO DA PARTE PARA O PREPARO DO RECURSO, DEVENDO, ENTÃO, SER AS CUSTAS PAGAS AO FINAL (redação alterada na sessão do Tribunal Pleno realizada em 17.11.2008. Resolução n. 150/08 – DEJT 20, 21 e 24.11.08).

Não caracteriza deserção a hipótese em que, acrescido o valor da condenação, não houve fixação ou cálculo do valor devido a título de custas e tampouco intimação da parte para o preparo do recurso, devendo, pois, as custas ser pagas ao final.

Histórico:

CUSTAS. CONDENAÇÃO ACRESCIDA. INEXISTÊNCIA DE DESERÇÃO QUANDO NÃO EXPRESSAMENTE CALCULADAS, E NÃO INTIMADA A PARTE, DEVENDO, ENTÃO, SEREM AS CUSTAS PAGAS AO FINAL. Inserida em 01.10.97

ERR 27991/91, SDI-Plena

Em 17.12.96, a SDI-Plena resolveu, por maioria, firmar entendimento no sentido de rejeitar a preliminar de deserção, por não se caracterizar, na hipótese, a deserção apontada, uma vez que as custas não foram calculadas, fixado o seu valor, nem foi a parte intimada, devendo as custas serem pagas ao final.

N. 105 – CONVERTIDA – *ESTABILIDADE PROVISÓRIA. ACIDENTE DE TRABALHO. É CONSTITUCIONAL O ART. 118 DA LEI N. 8.213/91. Inserida em 01.10.97 (Convertida na Súmula n. 378, DJ 20.04.2005)*

N. 106 – CONVERTIDA – *ESTABILIDADE PROVISÓRIA. PEDIDO DE REINTEGRAÇÃO. CONCESSÃO DO SALÁRIO RELATIVO AO PERÍODO DE ESTABILIDADE JÁ EXAURIDO. INEXISTÊNCIA DE JULGAMENTO "EXTRA PETITA". Inserida em 01.10.97 (Convertida na Súmula n. 396, DJ 20.04.2005)*

N. 107 – CANCELADA – *FGTS. MULTA DE 40%. SAQUES. ATUALIZAÇÃO MONETÁRIA. INCIDÊNCIA. Inserida em 01.10.97 (cancelada em decorrência da sua incorporação à nova redação da Orientação Jurisprudencial n. 42 da SBDI-1, DJ 20.04.2005)*

A multa de 40% a que se refere o art. 9º, § 1º, do Decreto n. 99.684/90, incide sobre os saques, corrigidos monetariamente.

N. 108 – CONVERTIDA – *MANDATO EXPRESSO. AUSÊNCIA DE PODERES PARA SUBSTABELECER. VÁLIDOS OS ATOS PRATICADOS PELO SUBSTABELECIDO. (ART. 1300, §§ 1º E 2º DO CCB). Inserida em 01.10.97 (Convertida na Súmula n. 395, DJ 20.04.2005)*

N. 109 – CONVERTIDA – *MINASCAIXA. LEGITIMIDADE PASSIVA "AD CAUSAM" ENQUANTO NÃO CONCLUÍDO O PROCEDIMENTO DE LIQUIDAÇÃO EXTRAJUDICIAL. Inserida em 01.10.97 (Convertida na Orientação Jurisprudencial Transitória n. 37 da SBDI-1, DJ 20.04.2005)*

N. 110 – REPRESENTAÇÃO IRREGULAR. PROCURAÇÃO APENAS NOS AUTOS DE AGRAVO DE INSTRUMENTO. Inserida em 01.10.97

ERR 32440/91, SDI-Plena

Em 17.12.96, a SDI-Plena resolveu, por maioria, firmar entendimento de que a existência de instrumento de mandato nos autos de agravo de instrumento, ainda que em apenso, não legitima a atuação de advogado nos autos de que se originou o agravo.

N. 111 – RECURSO DE REVISTA. DIVERGÊNCIA JURISPRUDENCIAL. ARESTO ORIUNDO DO MESMO TRIBUNAL REGIONAL. LEI N. 9.756/1998. INSERVÍVEL AO CONHECIMENTO. (nova redação, DJ 20.04.2005)

Não é servível ao conhecimento de recurso de revista aresto oriundo de mesmo Tribunal Regional do Trabalho, salvo se o recurso houver sido interposto anteriormente à vigência da Lei n. 9.756/1998.

Histórico:

Redação original

N. 111 – Recurso de revista. Divergência oriunda da mesma turma do regional. Servível ao conhecimento.

Inserida em 01.10.97

N. 112 – CANCELADA – *VACÂNCIA DO CARGO. SALÁRIO DO SUCESSOR. SÚMULA N. 159. INAPLICÁVEL. Inserida em 01.10.97 (cancelada em decorrência da nova redação conferida à Súmula n. 159, DJ 20.04.2005)*

Vago o cargo em definitivo, o empregado que passa a ocupá-lo não tem direito a salário igual ao do antecessor.

N. 113 – ADICIONAL DE TRANSFERÊNCIA. CARGO DE CONFIANÇA OU PREVISÃO CONTRATUAL DE TRANSFERÊNCIA. DEVIDO. DESDE QUE A TRANSFERÊNCIA SEJA PROVISÓRIA. Inserida em 20.11.97

O fato de o empregado exercer cargo de confiança ou a existência de previsão de transferência no contrato de trabalho não exclui o direito ao adicional. O pressuposto legal apto a legitimar a percepção do mencionado adicional é a transferência provisória.

N. 114 – CONVERTIDA – DIRIGENTE SINDICAL. DESPEDIDA. FALTA GRAVE. INQUÉRITO JUDICIAL. NECESSIDADE. Inserida em 20.11.97 (Convertida na Súmula n. 379, DJ 20.04.2005)

N. 115 – RECURSO DE REVISTA OU DE EMBARGOS. NULIDADE POR NEGATIVA DE PRESTAÇÃO JURISDICIONAL. (nova redação, DJ 20.04.2005)

O conhecimento do recurso de revista ou de embargos, quanto à preliminar de nulidade por negativa de prestação jurisdicional, supõe indicação de violação do art. 832 da CLT, do art. 458 do CPC ou do art. 93, IX, da CF/1988.

Histórico:

Redação original

N. 115 – Embargos. Nulidade por negativa de prestação jurisdicional. Conhecimento por violação. Art. 458 CPC ou art. 93, IX CF/1988.

Inserida em 20.11.97

Admite-se o conhecimento do recurso, quanto à preliminar de nulidade por negativa de prestação jurisdicional, por violação do art. 832 da CLT ou do art. 458 do CPC ou do art. 93, IX da CF/1988.

N. 116 – CONVERTIDA – ESTABILIDADE PROVISÓRIA. PERÍODO ESTABILITÁRIO EXAURIDO. REINTEGRAÇÃO NÃO ASSEGURADA. DEVIDOS APENAS OS SALÁRIOS DESDE A DATA DA DESPEDIDA ATÉ O FINAL DO PERÍODO ESTABILITÁRIO. Inserida em 20.11.97 (Convertida na Súmula n. 396, DJ 20.04.2005)

N. 117 – CONVERTIDA – HORAS EXTRAS. LIMITAÇÃO. ART. 59 DA CLT. Inserida em 20.11.97 (Convertida na Súmula n. 376, DJ 20.04.2005)

A limitação legal da jornada suplementar a duas horas diárias não exime o empregador de pagar todas as horas trabalhadas.

N. 118 – PREQUESTIONAMENTO. TESE EXPLÍCITA. INTELIGÊNCIA DA SÚMULA N. 297. Inserida em 20.11.97

Havendo tese explícita sobre a matéria, na decisão recorrida, desnecessário contenha nela referência expressa do dispositivo legal para ter-se como prequestionado este.

N. 119 – PREQUESTIONAMENTO INEXIGÍVEL. VIOLAÇÃO NASCIDA NA PRÓPRIA DECISÃO RECORRIDA. SÚMULA n. 297. INAPLICÁVEL. Inserida em 20.11.97

N. 120 – RECURSO. ASSINATURA DA PETIÇÃO OU DAS RAZÕES RECURSAIS. VALIDADE. (nova redação, DJ 20.04.2005)

O recurso sem assinatura será tido por inexistente. Será considerado válido o apelo assinado, ao menos, na petição de apresentação ou nas razões recursais.

Histórico:

Redação original

N. 120 – Razões recursais sem assinatura do advogado. Válidas se assinada a petição que apresenta o recurso.

Inserida em 20.11.97

A ausência da assinatura do advogado nas razões recursais não torna inexistente o recurso se o procurador constituído nos autos assinou a petição de apresentação do recurso.

N. 121 – SUBSTITUIÇÃO PROCESSUAL. DIFERENÇA DO ADICIONAL DE INSALUBRIDADE. LEGITIMIDADE. (nova redação, DJ 20.04.2005)

O sindicato tem legitimidade para atuar na qualidade de substituto processual para pleitear diferença de adicional de insalubridade.

Histórico:

Redação original

N. 121 – Substituição processual. Diferença do adicional de insalubridade. Legitimidade.

Inserida em 20.11.97

O sindicato, com base no § 2º, do art. 195 da CLT, tem legitimidade para atuar na qualidade de substituto processual para pleitear diferença de adicional de insalubridade.

N. 122 – CONVERTIDA – AVISO PRÉVIO. INÍCIO DA CONTAGEM. ART. 125, CÓDIGO CIVIL. Inserida em 20.04.98 (Convertida na Súmula n. 380, DJ 20.04.2005)

Aplica-se a regra prevista no art. 125, do Código Civil, à contagem do prazo do aviso prévio.

N. 123 – BANCÁRIOS. AJUDA-ALIMENTAÇÃO. Inserida em 20.04.98

A ajuda alimentação prevista em norma coletiva em decorrência de prestação de horas extras tem natureza indenizatória e, por isso, não integra o salário do empregado bancário.

ERR 118739/1994, SDI-Plena

Em 10.02.98, a SDI-Plena, por maioria, decidiu que ajuda-alimentação paga ao bancário, em decorrência de prestação de horas extras por prorrogação de jornada, tem natureza indenizatória e, portanto, não integrativa ao salário.

N. 124 – CONVERTIDA – CORREÇÃO MONETÁRIA. SALÁRIO. ART. 459, CLT. Inserida em 20.04.98 (Convertida na Súmula n. 381, DJ 20.04.2005)

O pagamento dos salários até o 5º dia útil do mês subsequente ao vencido não está sujeito à correção monetária. Se essa data limite for ultrapassada, incidirá o índice da correção monetária do mês subsequente ao da prestação dos serviços.

N. 125 – DESVIO DE FUNÇÃO. QUADRO DE CARREIRA. (alterado em 13.03.02)

O simples desvio funcional do empregado não gera direito a novo enquadramento, mas apenas às diferenças salariais respectivas, mesmo que o desvio de função haja iniciado antes da vigência da CF/1988.

Histórico:

Redação original

N. 125 – Desvio de função. Quadro de carreira.

Inserida em 20.04.98

O simples desvio funcional do empregado não gera direito a novo enquadramento, mas apenas às diferenças salariais respectivas.

N. 126 – CANCELADA – SÚMULA N. 239. EMPRESA DE PROCESSAMENTO DE DADOS. INAPLICÁVEL. Inserida em 20.04.98 (cancelada em decorrência da nova redação conferida à Súmula n. 239, DJ 20.04.2005)

É inaplicável a Súmula n. 239 quando a empresa de processamento de dados presta serviços a banco e a empresas não bancárias do mesmo grupo econômico ou a terceiros.

N. 127 – HORA NOTURNA REDUZIDA. SUBSISTÊNCIA APÓS A CF/1988. Inserida em 20.04.98

O art. 73, § 1º da CLT, que prevê a redução da hora noturna, não foi revogado pelo inciso IX do art. 7º da CF/1988.

N. 128 – CONVERTIDA – MUDANÇA DE REGIME CELETISTA PARA ESTATUTÁRIO. EXTINÇÃO DO CONTRATO. PRESCRIÇÃO BIENAL. Inserida em 20.04.98 (Convertida na Súmula n. 382, DJ 20.04.2005)

A transferência do regime jurídico de celetista para estatutário implica extinção do contrato de trabalho, fluindo o prazo da prescrição bienal a partir da mudança de regime.

N. 129 – PRESCRIÇÃO. COMPLEMENTAÇÃO DA PENSÃO E AUXÍLIO-FUNERAL. Inserida em 20.04.98

A prescrição extintiva para pleitear judicialmente o pagamento da complementação de pensão e do auxílio-funeral é de 2 anos, contados a partir do óbito do empregado.

N. 130 – PRESCRIÇÃO. MINISTÉRIO PÚBLICO. ARGUIÇÃO. "CUSTOS LEGIS". ILEGITIMIDADE. (nova redação, DJ 20.04.2005)

Ao exarar o parecer na remessa de ofício, na qualidade de "custos legis", o Ministério Público não tem legitimidade para arguir a prescrição em favor de entidade de direito público, em matéria de direito patrimonial (arts. 194 do CC de 2002 e 219, § 5º, do CPC).

Histórico:

Redação original

N. 130 – Prescrição. Ministério Público. Arguição. "Custos legis". Ilegitimidade.

Inserida em 20.04.98

O Ministério Público não tem legitimidade para arguir a prescrição a favor de entidade de direito público, em matéria de direito patrimonial, quando atua na qualidade de "custos legis" (arts. 166, CC e 219, § 5º, CPC). Parecer exarado em Remessa de Ofício.

N. 131 – CONVERTIDA – VANTAGEM "IN NATURA". HIPÓTESES EM QUE NÃO INTEGRA O SALÁRIO. Inserida em 20.04.98 e ratificada pelo Tribunal Pleno em 07.12.00 (Convertida na Súmula n. 367, DJ 20.04.2005)

A habitação e a energia elétrica fornecidas pelo empregador ao empregado, quando indispensáveis para a realização do trabalho, não têm natureza salarial.

N. 132 – AGRAVO REGIMENTAL. PEÇAS ESSENCIAIS NOS AUTOS PRINCIPAIS. Inserida em 27.11.98

Inexistindo lei que exija a tramitação do agravo regimental em autos apartados, tampouco previsão no Regimento Interno do Regional, não pode o agravante ver-se apenado por não haver colacionado cópia de peças dos autos principais, quando o agravo regimental deveria fazer parte dele.

N. 133 – AJUDA-ALIMENTAÇÃO. PAT. LEI N. 6.321/76. NÃO INTEGRAÇÃO AO SALÁRIO. Inserida em 27.11.98

A ajuda alimentação fornecida por empresa participante do programa de alimentação ao trabalhador, instituído pela Lei n. 6.321/76, não tem caráter salarial. Portanto, não integra o salário para nenhum efeito legal.

N. 134 – AUTENTICAÇÃO. PESSOA JURÍDICA DE DIREITO PÚBLICO. DISPENSADA. MEDIDA PROVISÓRIA N. 1.360, DE 12.03.96. Inserida em 27.11.98

São válidos os documentos apresentados, por pessoa jurídica de direito público, em fotocópia não autenticada, posteriormente à edição da Medida Provisória n. 1.360/96 e suas reedições.

N. 135 – CONVERTIDA – AVISO PRÉVIO INDENIZADO. SUPERVENIÊNCIA DE AUXÍLIO-DOENÇA NO CURSO DESTE. Inserida em 27.11.98 (Convertida na Súmula n. 371, DJ 20.04.2005)

Os efeitos da dispensa só se concretizam depois de expirado o benefício previdenciário, sendo irrelevante que tenha sido concedido no período do aviso prévio já que ainda vigorava o contrato de trabalho.

N. 136 – CANCELADA – BANCO DO BRASIL. COMPLEMENTAÇÃO DE APOSENTADORIA. TELEX DIREC N. 5003/1987. NÃO ASSEGURADA. Inserida em 27.11.98 (cancelada em decorrência da sua incorporação à nova redação da Orientação Jurisprudencial n. 18 da SBDI-1, DJ 20.04.2005)

O telex DIREC do Banco do Brasil n. 5003/1987 não assegura a complementação de aposentadoria integral, porque não aprovado pelo órgão competente ao qual a instituição se subordina.

N. 137 – CONVERTIDA – *BANCO MERIDIONAL. CIRCULAR N. 34046/1989. DISPENSA SEM JUSTA CAUSA. Inserida em 27.11.98 (Convertida na Orientação Jurisprudencial Transitória n. 38 da SBDI-1, DJ 20.04.2005)*

A inobservância dos procedimentos disciplinados na Circular n. 34046/1989, norma de caráter eminentemente procedimental, não é causa para a nulidade da dispensa sem justa causa.

N. 138 – COMPETÊNCIA RESIDUAL. REGIME JURÍDICO ÚNICO. LIMITAÇÃO DA EXECUÇÃO. (nova redação em decorrência da incorporação da Orientação Jurisprudencial n. 249 da SBDI-1, DJ 20.04.2005)

Compete à Justiça do Trabalho julgar pedidos de direitos e vantagens previstos na legislação trabalhista referente a período anterior à Lei n. 8.112/90, mesmo que a ação tenha sido ajuizada após a edição da referida lei. A superveniência de regime estatutário em substituição ao celetista, mesmo após a sentença, limita a execução ao período celetista. (1ª parte – ex-OJ n. 138 da SBDI-1 – inserida em 27.11.98; 2ª parte – ex-OJ n. 249 – inserida em 13.03.02)

Histórico:

Redação original

N. 138 – Competência residual. Regime jurídico único.

Inserida em 27.11.98

Ainda que a reclamação trabalhista tenha sido ajuizada após a edição da Lei n. 8.112/90, compete à Justiça do Trabalho julgar pedidos de direitos e vantagens previstas na legislação trabalhista, referentes a período anterior àquela lei.

N. 139 – CANCELADA – *DEPÓSITO RECURSAL. COMPLEMENTAÇÃO DEVIDA. APLICAÇÃO DA INSTRUÇÃO NORMATIVA N. 3/93, II. Inserida em 27.11.98 (cancelada em decorrência da nova redação conferida à Súmula n. 128, DJ 20.04.2005)*

Está a parte recorrente obrigada a efetuar o depósito legal, integralmente, em relação a cada novo recurso interposto, sob pena de deserção. Atingido o valor da condenação, nenhum depósito mais é exigido para qualquer recurso.

N. 140 – DEPÓSITO RECURSAL E CUSTAS. DIFERENÇA ÍNFIMA. DESERÇÃO. OCORRÊNCIA. (nova redação, DJ 20.04.2005)

Ocorre deserção do recurso pelo recolhimento insuficiente das custas e do depósito recursal, ainda que a diferença em relação ao "quantum" devido seja ínfima, referente a centavos.

Histórico:

Redação original

N. 140 – Depósito recursal e custas. Diferença ínfima. Deserção. Ocorrência.

Inserida em 27.11.98

Ocorre deserção quando a diferença a menor do depósito recursal ou das custas, embora ínfima, tinha expressão monetária, à época da efetivação do depósito.

N. 141 – CONVERTIDA – *DESCONTOS PREVIDENCIÁRIOS E FISCAIS. COMPETÊNCIA DA JUSTIÇA DO TRABALHO. Inserida em 27.11.98 (Convertida na Súmula n. 368, DJ 20.04.2005)*

N. 142 – EMBARGOS DECLARATÓRIOS. EFEITO MODIFICATIVO. VISTA À PARTE CONTRÁRIA. Inserida em 27.11.98

ERR 91599/93, SDI-Plena

Em 10.11.97, a SDI-Plena decidiu, por maioria, que é passível de nulidade decisão que acolhe embargos declaratórios com efeito modificativo sem oportunidade para a parte contrária se manifestar.

N. 143 – EMPRESA EM LIQUIDAÇÃO EXTRAJUDICIAL. EXECUÇÃO. CRÉDITOS TRABALHISTAS. LEI N. 6.024/74. Inserida em 27.11.98

A execução trabalhista deve prosseguir diretamente na Justiça do Trabalho mesmo após a decretação da liquidação extrajudicial. Lei n. 6.830/80, arts. 5º e 29, aplicados supletivamente (CLT, art. 889 e CF/1988, art. 114).

N. 144 – CANCELADA – *ENQUADRAMENTO FUNCIONAL. PRESCRIÇÃO EXTINTIVA. Inserida em 27.11.98 (cancelada em decorrência da nova redação conferida à Súmula n. 275, DJ 20.04.2005)*

N. 145 – CONVERTIDA – *ESTABILIDADE. DIRIGENTE SINDICAL. CATEGORIA DIFERENCIADA. Inserida em 27.11.98 (Convertida na Súmula n. 369, DJ 20.04.2005)*

O empregado de categoria diferenciada eleito dirigente sindical só goza de estabilidade se exercer na empresa atividade pertinente à categoria profissional do sindicato para o qual foi eleito dirigente.

N. 146 – CONVERTIDA – *FGTS. OPÇÃO RETROATIVA. CONCORDÂNCIA DO EMPREGADOR. NECESSIDADE. Inserida em 27.11.98 (Convertida na Orientação Jurisprudencial Transitória n. 39 da SBDI-1, DJ 20.04.2005)*

N. 147 – LEI ESTADUAL, NORMA COLETIVA OU NORMA REGULAMENTAR. CONHECIMENTO INDEVIDO DO RECURSO DE REVISTA POR DIVERGÊNCIA JURISPRUDENCIAL. (nova redação em decorrência da incorporação da Orientação Jurisprudencial n. 309 da SBDI-1, DJ 20.04.2005)

I – É inadmissível o recurso de revista fundado tão somente em divergência jurisprudencial, se a parte não comprovar que a lei estadual, a norma coletiva ou o regulamento da empresa extrapolam o âmbito do TRT prolator da decisão recorrida. (ex-OJ n. 309 da SBDI-1 – inserida em 11.08.03)

II – É imprescindível a arguição de afronta ao art. 896 da CLT para o conhecimento de embargos interpostos em face de acórdão de Turma que conhece indevidamente de recurso de revista, por divergência jurisprudencial, quanto a tema regulado por lei estadual, norma coletiva ou norma regulamentar de âmbito restrito ao Regional prolator da decisão.

Histórico:

Redação original

N. 147 – Lei estadual ou norma regulamentar. Conhecimento indevido da revista por divergência jurisprudencial não justifica o conhecimento dos embargos por divergência.

Inserida em 27.11.98

O fato de a Revista ter sido indevidamente conhecida por divergência jurisprudencial, porque versava somente tema regulado por lei estadual ou norma regulamentar de âmbito restrito ao Regional prolator da decisão, não obriga o conhecimento dos Embargos por divergência. A parte deve arguir violação ao art. 896 da CLT.

N. 148 – LEI N. 8.880/1994, ART. 31. CONSTITUCIONALIDADE. (nova redação, DJ 20.04.2005)

É constitucional o art. 31 da Lei n. 8.880/1994, que prevê a indenização por demissão sem justa causa.

Histórico:

Redação original

N. 148 – Lei n. 8.880/1994, art. 31. Constitucionalidade. Dispensa sem justa causa. Indenização.

Inserida em 27.11.98

Esta Corte não tem considerado inconstitucional o art. 31, da Lei n. 8.880/1994, que prevê a indenização por demissão sem justa causa.

N. 149 – CONVERTIDA – MANDATO. ART. 13 DO CPC. REGULARIZAÇÃO. FASE RECURSAL. INAPLICÁVEL. Inserida em 27.11.98 (Convertida na Súmula n. 383, DJ 20.04.2005)

N. 150 – CONVERTIDA – MULTA PREVISTA EM VÁRIOS INSTRUMENTOS NORMATIVOS. CUMULAÇÃO DE AÇÕES. Inserida em 27.11.98 (Convertida na Súmula n. 384, DJ 20.04.2005)

O descumprimento de qualquer cláusula constante de instrumentos normativos diversos não submete o empregado a ajuizar várias ações, pleiteando em cada uma o pagamento da multa referente ao descumprimento de obrigações previstas nas cláusulas respectivas.

N. 151 – PREQUESTIONAMENTO. DECISÃO REGIONAL QUE ADOTA A SENTENÇA. AUSÊNCIA DE PREQUESTIONAMENTO. Inserida em 27.11.98

Decisão regional que simplesmente adota os fundamentos da decisão de primeiro grau não preenche a exigência do prequestionamento, tal como previsto na Súmula n. 297.

N. 152 – REVELIA. PESSOA JURÍDICA DE DIREITO PÚBLICO. APLICÁVEL. (ART. 844 DA CLT). Inserida em 27.11.98 (inserido dispositivo, DJ 20.04.2005)

Pessoa jurídica de direito público sujeita-se à revelia prevista no art. 844 da CLT.

N. 153 – CONVERTIDA – ADICIONAL DE INSALUBRIDADE. DEFICIÊNCIA DE ILUMINAMENTO. LIMITAÇÃO. Inserida em 26.03.1999 (Convertida na Orientação Jurisprudencial Transitória n. 57 da SBDI-1, DJ 20.04.2005)

Somente após 26.02.1991 foram, efetivamente, retiradas do mundo jurídico as normas ensejadoras do direito ao adicional de insalubridade por iluminamento insuficiente no local da prestação de serviço, como previsto na Portaria n. 3.751/1990 do Ministério do Trabalho.

N. 154 – CANCELADA – ATESTADO MÉDICO – INSS. EXIGÊNCIA PREVISTA EM INSTRUMENTO NORMATIVO. (cancelada pela Res. 158/09 – DJET 21, 22 e 23.10.2009)

Histórico:

A doença profissional deve ser atestada por médico do INSS, se tal exigência consta de cláusula de instrumento normativo, sob pena de não reconhecimento do direito à estabilidade (nova redação, DJ 20.04.2005).

Redação original:

N. 154 – Atestado médico – INAMPS. Exigência prevista em instrumento normativo.

Inserida em 26.03.99

A doença profissional deve ser atestada por médico do INAMPS, quando tal exigência está prevista em cláusula de convenção coletiva ou de decisão normativa. Neste caso, a ausência do atestado importa o não reconhecimento do direito à estabilidade.

N. 155 – CONVERTIDA – BANRISUL. COMPLEMENTAÇÃO DE APOSENTADORIA. Inserida em 26.03.99 (Convertida na Orientação Jurisprudencial Transitória n. 40 da SBDI-1, DJ 20.04.2005)

A Resolução n. 1.600/1964, vigente à época da admissão do empregado, incorporou-se ao contrato de trabalho, pelo que sua alteração não poderá prejudicar o direito adquirido, mesmo em virtude da edição da Lei n. 6.435/77. Incidência das Súmulas ns. 51 e 288.

N. 156 – COMPLEMENTAÇÃO DE APOSENTADORIA. DIFERENÇAS. PRESCRIÇÃO. Inserida em 26.03.99

Ocorre a prescrição total quanto a diferenças de complementação de aposentadoria quando estas decorrem de pretenso direito a verbas não recebidas no curso da relação de emprego e já atingidas pela prescrição, à época da propositura da ação.

N. 157 – CONVERTIDA – COMPLEMENTAÇÃO DE APOSENTADORIA. FUNDAÇÃO CLEMENTE DE FARIA. BANCO REAL. Inserida em 26.03.99 (Convertida na Orientação Jurisprudencial Transitória n. 41 da SBDI-1, DJ 20.04.2005)

É válida a cláusula do Estatuto da Fundação que condicionou o direito à complementação de aposentadoria à existência de recursos financeiros, e também previa a suspensão, temporária ou definitiva, da referida complementação.

N. 158 – CUSTAS. COMPROVAÇÃO DE RECOLHIMENTO. DARF ELETRÔNICO. VALIDADE. Inserida em 26.03.99

O denominado "DARF ELETRÔNICO" é válido para comprovar o recolhimento de custas por entidades da administração pública federal, emitido conforme a IN-SRF 162, de 04.11.88.

N. 159 – DATA DE PAGAMENTO. SALÁRIOS. ALTERAÇÃO. Inserida em 26.03.99

Diante da inexistência de previsão expressa em contrato ou em instrumento normativo, a alteração de data de pagamento pelo empregador não viola o art. 468, desde que observado o parágrafo único, do art. 459, ambos da CLT.

N. 160 – DESCONTOS SALARIAIS. AUTORIZAÇÃO NO ATO DA ADMISSÃO. VALIDADE. Inserida em 26.03.99

É inválida a presunção de vício de consentimento resultante do fato de ter o empregado anuído expressamente com descontos salariais na oportunidade da admissão. É de se exigir demonstração concreta do vício de vontade.

N. 161 – CONVERTIDA – *FERIADO LOCAL. PRAZO RECURSAL. PRORROGAÇÃO. COMPROVAÇÃO. NECESSIDADE. Inserida em 26.03.99 (Convertida na Súmula n. 385, DJ 20.04.2005)*

Cabe à parte comprovar, quando da interposição do recurso, a existência de feriado local que justifique a prorrogação do prazo recursal.

N. 162 – MULTA. ART. 477 DA CLT. CONTAGEM DO PRAZO. APLICÁVEL O ART. 132 DO CÓDIGO CIVIL DE 2002. (atualizada a legislação e inserido dispositivo, DJ 20.04.2005)

A contagem do prazo para quitação das verbas decorrentes da rescisão contratual prevista no art. 477 da CLT exclui necessariamente o dia da notificação da demissão e inclui o dia do vencimento, em obediência ao disposto no art. 132 do Código Civil de 2002 (art. 125 do Código Civil de 1916).

Histórico:

Redação original

N. 162 – Multa. Art. 477 da CLT. Contagem do prazo. Aplicável o art. 125 do Código Civil.

Inserida em 26.03.99

N. 163 – CANCELADA – *NORMA REGULAMENTAR. OPÇÃO PELO NOVO REGULAMENTO. ART. 468 DA CLT E SÚMULA N. 51. INAPLICÁVEIS. Inserida em 26.03.99 (cancelada em decorrência da nova redação conferida à Súmula n. 51, DJ 20.04.2005)*

Havendo a coexistência de dois regulamentos da empresa, a opção do empregado por um deles tem efeito jurídico de renúncia às regras do sistema do outro.

N. 164 – OFICIAL DE JUSTIÇA "AD HOC". INEXISTÊNCIA DE VÍNCULO EMPREGATÍCIO. Inserida em 26.03.99 (inserido dispositivo, DJ 20.04.2005)

Não se caracteriza o vínculo empregatício na nomeação para o exercício das funções de oficial de justiça "ad hoc", ainda que feita de forma reiterada, pois exaure-se a cada cumprimento de mandado.

N. 165 – PERÍCIA. ENGENHEIRO OU MÉDICO. ADICIONAL DE INSALUBRIDADE E PERICULOSIDADE. VÁLIDO. ART. 195 DA CLT. Inserida em 26.03.99

O art. 195 da CLT não faz qualquer distinção entre o médico e o engenheiro para efeito de caracterização e classificação da insalubridade e periculosidade, bastando para a elaboração do laudo seja o profissional devidamente qualificado.

N. 166 – CONVERTIDA – *PETROBRAS. PENSÃO POR MORTE DO EMPREGADO ASSEGURADA NO MANUAL DE PESSOAL. ESTABILIDADE DECENAL. OPÇÃO PELO REGIME DO FGTS. Inserida em 26.03.99 (Convertida na Orientação Jurisprudencial Transitória n. 42 da SBDI-1, DJ 20.04.2005)*

Tendo o empregado adquirido a estabilidade decenal, antes de optar pelo regime do FGTS, não há como negar-se o direito à pensão, eis que preenchido o requisito exigido pelo Manual de Pessoal.

N. 167 – CONVERTIDA – *POLICIAL MILITAR. RECONHECIMENTO DE VÍNCULO EMPREGATÍCIO COM EMPRESA PRIVADA. Inserida em 26.03.99 (Convertida na Súmula n. 386, DJ 20.04.2005)*

Preenchidos os requisitos do art. 3º da CLT, é legítimo o reconhecimento de relação de emprego entre policial militar e empresa privada, independentemente do eventual cabimento de penalidade disciplinar prevista no Estatuto do Policial Militar.

N. 168 – CONVERTIDA – *SUDS. GRATIFICAÇÃO. CONVÊNIO DA UNIÃO COM ESTADO. NATUREZA SALARIAL ENQUANTO PAGA. Inserida em 26.03.99 (Convertida na Orientação Jurisprudencial Transitória n. 43 da SBDI-1, DJ 20.04.2005)*

A parcela denominada "Complementação SUDS" paga aos servidores em virtude de convênio entre o Estado e a União Federal tem natureza salarial, enquanto paga, pelo que repercute nos demais haveres trabalhistas do empregado.

N. 169 – CANCELADA – *TURNO ININTERRUPTO DE REVEZAMENTO. FIXAÇÃO DE JORNADA DE TRABALHO MEDIANTE NEGOCIAÇÃO COLETIVA. VALIDADE. Inserida em 26.03.99 – (cancelada em decorrência da sua conversão na Súmula n. 423 – Res. 139/2006 – DJ 10.10.2006)*

Quando há na empresa o sistema de turno ininterrupto de revezamento, é válida a fixação de jornada superior a seis horas mediante a negociação coletiva.

N. 170 – CANCELADA – *ADICIONAL DE INSALUBRIDADE. LIXO URBANO. Inserida em 08.11.00 (cancelada* em decorrência da sua incorporação à nova redação da Orientação Jurisprudencial n. 4 da SBDI-1, DJ 20.04.2005)

A limpeza em residências e escritórios e a respectiva coleta de lixo não podem ser consideradas atividades insalubres, ainda que constatadas por laudo pericial, porque não se encontram dentre as classificadas como lixo urbano, na Portaria do Ministério do Trabalho.

N. 171 – ADICIONAL DE INSALUBRIDADE. ÓLEOS MINERAIS. SENTIDO DO TERMO "MANIPULAÇÃO". Inserida em 08.11.00

Para efeito de concessão de adicional de insalubridade não há distinção entre fabricação e manuseio de óleos minerais – Portaria n. 3214 do Ministério do Trabalho, NR 15, Anexo XIII.

N. 172 – ADICIONAL DE INSALUBRIDADE OU PERICULOSIDADE. CONDENAÇÃO. INSERÇÃO EM FOLHA DE PAGAMENTO. Inserida em 08.11.00

Condenada ao pagamento do adicional de insalubridade ou periculosidade, a empresa deverá inserir, mês a mês e enquanto o trabalho for executado sob essas condições, o valor correspondente em folha de pagamento.

N. 173 – ADICIONAL DE INSALUBRIDADE. RAIOS SOLARES. INDEVIDO. Inserida em 08.11.00

Em face da ausência de previsão legal, indevido o adicional de insalubridade ao trabalhador em atividade a céu aberto (art. 195, CLT e NR 15 MTb, Anexo 7).

***N. 174 – CANCELADA** – ADICIONAL DE PERICULOSIDADE. HORAS DE SOBREAVISO. INDEVIDO. Inserida em 08.11.00 (cancelada em decorrência da nova redação conferida à Súmula n. 132, DJ 20.04.2005)*

Durante as horas de sobreaviso, o empregado não se encontra em condições de risco, razão pela qual é incabível a integração do adicional de periculosidade sobre as mencionadas horas.

N. 175 – COMISSÕES. ALTERAÇÃO OU SUPRESSÃO. PRESCRIÇÃO TOTAL. Inserida em 08.11.2000 (nova redação em decorrência da incorporação da Orientação Jurisprudencial n. 248 da SBDI-1, DJ 22.11.2005)

A supressão das comissões, ou a alteração quanto à forma ou ao percentual, em prejuízo do empregado, é suscetível de operar a prescrição total da ação, nos termos da Súmula n. 294 do TST, em virtude de cuidar-se de parcela não assegurada por preceito de lei.

Histórico:

Redação original

N. 175 – ALTERAÇÃO CONTRATUAL. COMISSÕES. SUPRESSÃO. PRESCRIÇÃO TOTAL. Inserida em 08.11.00

***N. 176 – CONVERTIDA** – ANISTIA. LEI N. 6.683/79. TEMPO DE AFASTAMENTO. NÃO COMPUTÁVEL PARA EFEITO DE INDENIZAÇÃO E ADICIONAL POR TEMPO DE SERVIÇO, LICENÇA-PRÊMIO E PROMOÇÃO. Inserida em 08.11.00 (Convertida na Orientação Jurisprudencial Transitória n. 44 da SBDI-1, DJ 20.04.2005)*

***N. 177 – CANCELADA** – APOSENTADORIA ESPONTÂNEA. EFEITOS. Inserida em 08.11.2000 – (Cancelada – DJ 30.10.2006)*

A aposentadoria espontânea extingue o contrato de trabalho, mesmo quando o empregado continua a trabalhar na empresa após a concessão do benefício previdenciário. Assim sendo, indevida a multa de 40% do FGTS em relação ao período anterior à aposentadoria.

ERR 628600/00, Tribunal Pleno

Em 28.10.03, o Tribunal Pleno decidiu, por maioria, manter o entendimento contido na Orientação Jurisprudencial n. 177, de que a aposentadoria espontânea extingue o contrato de trabalho, mesmo quando o empregado continua a trabalhar na empresa.

N. 178 – BANCÁRIO. INTERVALO DE 15 MINUTOS. NÃO COMPUTÁVEL NA JORNADA DE TRABALHO. Inserida em 08.11.00 (inserido dispositivo, DJ 20.04.2005)

Não se computa, na jornada do bancário sujeito a seis horas diárias de trabalho, o intervalo de quinze minutos para lanche ou descanso.

N. 179 – BNDES. ARTS. 224/226, CLT. APLICÁVEL A SEUS EMPREGADOS. Inserida em 08.11.00

Entidade sujeita à legislação bancária.

(*) Vide Medida Provisória n. 56, de 18.07.02 (convertida na Lei n. 10.556/02, de 13.11.02) que fixa jornada de sete horas para empregados do BNDES e de suas subsidiárias (art. 7º) e de 8 horas para os empregados da FINEP (parágrafo único do art. 8º).

***N. 180 – CONVERTIDA** – COMISSIONISTA PURO. ABONO. LEI N. 8.178/91. NÃO INCORPORAÇÃO. Inserida em 08.11.00 (Convertida na Orientação Jurisprudencial Transitória n. 45 da SBDI-1, DJ 20.04.2005)*

É indevida a incorporação do abono instituído pela Lei n. 8.178/91 aos empregados comissionistas.

N. 181 – COMISSÕES. CORREÇÃO MONETÁRIA. CÁLCULO. Inserida em 08.11.00

O valor das comissões deve ser corrigido monetariamente para em seguida obter-se a média para efeito de cálculo de férias, 13º salário e verbas rescisórias.

***N. 182 – CANCELADA** – COMPENSAÇÃO DE JORNADA. ACORDO INDIVIDUAL. VALIDADE. Inserida em 08.11.00 (cancelada em decorrência da nova redação conferida à Súmula n. 85, DJ 20.04.2005)*

É válido o acordo individual para compensação de horas, salvo se houver norma coletiva em sentido contrário.

***N. 183 – CONVERTIDA** – COMPLEMENTAÇÃO DE APOSENTADORIA. BANCO ITAÚ. Inserida em 08.11.00*

(Convertida na Orientação Jurisprudencial Transitória n. 46 da SBDI-1, DJ 20.04.2005)

O empregado admitido na vigência da Circular BB-05/66, que passou para a inatividade posteriormente à vigência da RP-40/74, está sujeito ao implemento da condição "idade mínima de 55 anos".

N. 184 – CANCELADA – *CONFISSÃO FICTA. PRODUÇÃO DE PROVA POSTERIOR. Inserida em 08.11.00 (cancelada em decorrência da nova redação conferida à Súmula n. 74, DJ 20.04.2005)*

Somente a prova pré-constituída nos autos é que deve ser levada em conta para confronto com a confissão ficta (art. 400, I, CPC), não implicando cerceamento de defesa o indeferimento de provas posteriores.

N. 185 – CONTRATO DE TRABALHO COM A ASSOCIAÇÃO DE PAIS E MESTRES – APM. INEXISTÊNCIA DE RESPONSABILIDADE SOLIDÁRIA OU SUBSIDIÁRIA DO ESTADO. Inserida em 08.11.00 (inserido dispositivo, DJ 20.04.2005)

O Estado-Membro não é responsável subsidiária ou solidariamente com a Associação de Pais e Mestres pelos encargos trabalhistas dos empregados contratados por esta última, que deverão ser suportados integral e exclusivamente pelo real empregador.

N. 186 – CUSTAS. INVERSÃO DO ÔNUS DA SUCUMBÊNCIA. DESERÇÃO. NÃO OCORRÊNCIA. Inserida em 08.11.00

No caso de inversão do ônus da sucumbência em segundo grau, sem acréscimo ou atualização do valor das custas e se estas já foram devidamente recolhidas, descabe um novo pagamento pela parte vencida, ao recorrer. Deverá ao final, se sucumbente, ressarcir a quantia.

N. 187 – CONVERTIDA – *DÉCIMO TERCEIRO SALÁRIO. DEDUÇÃO DA 1ª PARCELA. URV. LEI N. 8.880/1994. Inserida em 08.11.00 (Convertida na Orientação Jurisprudencial Transitória n. 47 da SBDI-1, DJ 20.04.2005)*

Ainda que o adiantamento do 13º salário tenha ocorrido anteriormente à edição da Lei n. 8.880/1994, as deduções deverão ser realizadas considerando o valor da antecipação, em URV, na data do efetivo pagamento, não podendo a 2ª parcela ser inferior à metade do 13º salário, em URV.

N. 188 – DECISÃO NORMATIVA QUE DEFERE DIREITOS. FALTA DE INTERESSE DE AGIR PARA AÇÃO INDIVIDUAL. Inserida em 08.11.00

Falta interesse de agir para a ação individual, singular ou plúrima, quando o direito já foi reconhecido através de decisão normativa, cabendo, no caso, ação de cumprimento.

N. 189 – CANCELADA – *DEPÓSITO RECURSAL. AGRAVO DE PETIÇÃO. IN/TST N. 3/93. Inserida em 08.11.00 (cancelada em decorrência da nova redação conferida à Súmula n. 128, DJ 20.04.2005)*

Garantido o juízo, na fase executória, a exigência de depósito para recorrer de qualquer decisão viola os incisos II e LV do art. 5º da CF/1988. Havendo, porém, elevação do valor do débito, exige-se a complementação da garantia do juízo.

N. 190 – CANCELADA – *DEPÓSITO RECURSAL. CONDENAÇÃO SOLIDÁRIA. Inserida em 08.11.00 (cancelada em decorrência da nova redação conferida à Súmula n. 128, DJ 20.04.2005)*

Havendo condenação solidária de duas ou mais empresas, o depósito recursal efetuado por uma delas aproveita as demais, quando a empresa que efetuou o depósito não pleiteia sua exclusão da lide.

N. 191 – DONO DA OBRA. RESPONSABILIDADE. Inserida em 08.11.00

Diante da inexistência de previsão legal, o contrato de empreitada entre o dono da obra e o empreiteiro não enseja responsabilidade solidária ou subsidiária nas obrigações trabalhistas contraídas pelo empreiteiro, salvo sendo o dono da obra, uma empresa construtora ou incorporadora.

N. 192 – EMBARGOS DECLARATÓRIOS. PRAZO EM DOBRO. PESSOA JURÍDICA DE DIREITO PÚBLICO. DECRETO-LEI N. 779/69. Inserida em 08.11.00

É em dobro o prazo para a interposição de embargos declaratórios por pessoa jurídica de direito público.

N. 193 – CANCELADA – *EQUIPARAÇÃO SALARIAL. QUADRO DE CARREIRA. HOMOLOGAÇÃO. GOVERNO ESTADUAL. VÁLIDO. Inserida em 08.11.00 (cancelada em decorrência da redação da Súmula n. 6 conferida pela Res. 104/00, publicada em 18.12.00 – DJ 20.04.2005)*

N. 194 – CONVERTIDA – *FAC-SÍMILE. LEI N. 9.800/99. APLICÁVEL SÓ A RECURSOS INTERPOSTOS NA SUA VIGÊNCIA. Inserida em 08.11.00 (Convertida na Súmula n. 387, DJ 20.04.2005)*

A Lei n. 9.800/99 é aplicável somente a recursos interpostos após o início de sua vigência.

N. 195 – FÉRIAS INDENIZADAS. FGTS. NÃO INCIDÊNCIA. Inserida em 08.11.00 (inserido dispositivo, DJ 20.04.2005)

Não incide a contribuição para o FGTS sobre as férias indenizadas.

N. 196 – CANCELADA – *GESTANTE. CONTRATO DE EXPERIÊNCIA. ESTABILIDADE PROVISÓRIA. NÃO ASSEGURADA. Inserida em 08.11.00 (cancelada em decorrência da nova redação conferida à Súmula n. 244, DJ 20.04.2005)*

N. 197 – CANCELADA – *GRATIFICAÇÃO SEMESTRAL. REPERCUSSÃO NO 13º SALÁRIO. SÚMULA N. 78 DO TST. APLICÁVEL. Inserida em 08.11.00 (cancelada em decorrência da redação da Súmula n. 253 conferida pela Res. 121/03, DJ 21.11.2003) – DJ 20.04.2005*

N. 198 – HONORÁRIOS PERICIAIS. ATUALIZAÇÃO MONETÁRIA. Inserida em 08.11.00

Diferentemente da correção aplicada aos débitos trabalhistas, que têm caráter alimentar, a atualização monetária dos honorários periciais é fixada pelo art. 1º da Lei n. 6.899/81, aplicável a débitos resultantes de decisões judiciais.

N. 199 – JOGO DO BICHO. CONTRATO DE TRABALHO. NULIDADE. OBJETO ILÍCITO. ARTS. 82 E 145 DO CÓDIGO CIVIL. Inserida em 08.11.00

N. 200 – MANDATO TÁCITO. SUBSTABELECIMENTO INVÁLIDO. Inserida em 08.11.00 (inserido dispositivo, DJ 20.04.2005)

É inválido o substabelecimento de advogado investido de mandato tácito.

N. 201 – CONVERTIDA – MULTA. ART. 477 DA CLT. MASSA FALIDA. INAPLICÁVEL. Inserida em 08.11.00 (Convertida na Súmula n. 388, DJ 20.04.2005)

N. 202 – CONVERTIDA – PETROMISA. SUCESSÃO. PETROBRAS. LEGITIMIDADE. Inserida em 08.11.00 (Convertida na Orientação Jurisprudencial Transitória n. 48 da SBDI-1, DJ 20.04.2005)

Em virtude da decisão tomada em assembleia, a Petrobras é a real sucessora da Petromisa, considerando que recebeu todos os bens móveis e imóveis da extinta Petromisa.

N. 203 – CONVERTIDA – PLANO ECONÔMICO (COLLOR). EXECUÇÃO. CORREÇÃO MONETÁRIA. ÍNDICE DE 84,32%. LEI N. 7.738/89. APLICÁVEL. Inserida em 08.11.00 (Convertida na Orientação Jurisprudencial Transitória n. 54 da SBDI-1, DJ 20.04.2005)

N. 204 – CANCELADA – PRESCRIÇÃO. CONTAGEM DO PRAZO. ART. 7º, XXIX, DA CF. Inserida em 08.11.00 (cancelada em decorrência da nova redação conferida à Súmula n. 308, DJ 20.04.2005)

A prescrição quinquenal abrange os cinco anos anteriores ao ajuizamento da reclamatória e não os cinco anos anteriores à data da extinção do contrato.

N. 205 – CANCELADA – COMPETÊNCIA MATERIAL. JUSTIÇA DO TRABALHO. ENTE PÚBLICO. CONTRATAÇÃO IRREGULAR. REGIME ESPECIAL. DESVIRTUAMENTO. (cancelada pela Res. n. 156/09 – DEJT 27, 28 e 29.04.09)

Histórico:

(nova redação, DJ 20.04.2005)

I – Inscreve-se na competência material da Justiça do Trabalho dirimir dissídio individual entre trabalhador e ente público se há controvérsia acerca do vínculo empregatício.

II – A simples presença de lei que disciplina a contratação por tempo determinado para atender a necessidade temporária de excepcional interesse público (art. 37, inciso IX, da CF/1988) não é o bastante para deslocar a competência da Justiça do Trabalho se se alega desvirtuamento em tal contratação, mediante a prestação de serviços à Administração para atendimento de necessidade permanente e não para acudir a situação transitória e emergencial.

Redação original

N. 205 – Professor. Contratação a título precário. Incompetência da Justiça do Trabalho.

Inserida em 08.11.00

Existindo lei estadual disciplinando o regime dos professores contratados em caráter precário, o regime jurídico entre o Estado e o servidor é de natureza administrativa, não trabalhista. Art. 106 da CF/1967 e art. 37, IX, da CF/1988.

N. 206 – PROFESSOR. HORAS EXTRAS. ADICIONAL DE 50%. Inserida em 08.11.00

Excedida a jornada máxima (art. 318 da CLT), as horas excedentes devem ser remuneradas com o adicional de, no mínimo, 50% (art. 7º, XVI, CF/1988).

N. 207 – PROGRAMA DE INCENTIVO À DEMISSÃO VOLUNTÁRIA. INDENIZAÇÃO. IMPOSTO DE RENDA. NÃO INCIDÊNCIA. Inserida em 08.11.00 (inserido dispositivo, DJ 20.04.2005)

A indenização paga em virtude de adesão a programa de incentivo à demissão voluntária não está sujeita à incidência do imposto de renda.

N. 208 – RADIOLOGISTA. GRATIFICAÇÃO DE RAIOS X. REDUÇÃO. LEI N. 7.923/89. Inserida em 08.11.00

A alteração da gratificação por trabalho com raios X, de quarenta para dez por cento, na forma da Lei n. 7.923/89, não causou prejuízo ao trabalhador porque passou a incidir sobre o salário incorporado com todas as demais vantagens.

N. 209 – CANCELADA – RECESSO FORENSE. SUSPENSÃO DOS PRAZOS RECURSAIS (ARTS. 181, I, E 148 DO RI/TST). Inserida em 08.11.00 (cancelada em decorrência da nova redação conferida à Súmula n. 262, DJ 20.04.2005)

N. 210 – CONVERTIDA – SEGURO-DESEMPREGO. COMPETÊNCIA DA JUSTIÇA DO TRABALHO. Inserida em 08.11.00 (Convertida na Súmula n. 389, DJ 20.04.2005)

N. 211 – CONVERTIDA – SEGURO-DESEMPREGO. GUIAS. NÃO LIBERAÇÃO. INDENIZAÇÃO SUBSTITUTIVA. Inserida em 08.11.00 (Convertida na Súmula n. 389, DJ 20.04.2005)

O não fornecimento pelo empregador da guia necessária para o recebimento do seguro-desemprego dá origem ao direito à indenização.

N. 212 – CONVERTIDA – SERPRO. NORMA REGULAMENTAR. REAJUSTES SALARIAIS. SUPERVENIÊNCIA DE SENTENÇA NORMATIVA. PREVALÊNCIA. Inserida em 08.11.00 (Convertida na Orientação Jurisprudencial Transitória n. 49 da SBDI-1, DJ 20.04.2005)

Durante a vigência do instrumento normativo, é lícita ao empregador a obediência à norma coletiva (DC 8948/90), que alterou as diferenças interníveis previstas no Regulamento de Recursos Humanos.

N. 213 – TELEX. OPERADORES. ART. 227 DA CLT. INAPLICÁVEL. Inserida em 08.11.00

O operador de telex de empresa, cuja atividade econômica não se identifica com qualquer uma das previstas no art. 227 da CLT, não se beneficia de jornada reduzida.

N. 214 – CONVERTIDA – URP'S DE JUNHO E JULHO DE 1988. SUSPENSÃO DO PAGAMENTO. DATA-BASE EM MAIO. DECRETO-LEI N. 2.425/1988. INEXISTÊNCIA DE VIOLAÇÃO A DIREITO ADQUIRIDO. Inserida em 08.11.2000 (Convertida na Orientação Jurisprudencial Transitória n. 58 da SBDI-1, DJ 20.04.2005)

O Decreto-Lei n. 2.425, de 07.04.1988, não ofendeu o direito adquirido dos empregados com data-base em maio, pelo que não fazem jus às URP's de junho e julho de 1988.

N. 215 – VALE-TRANSPORTE. ÔNUS DA PROVA. Inserida em 08.11.00

É do empregado o ônus de comprovar que satisfaz os requisitos indispensáveis à obtenção do vale-transporte.

N. 216 – VALE-TRANSPORTE. SERVIDOR PÚBLICO CELETISTA. LEI N. 7.418/85. DEVIDO. Inserida em 08.11.00 (inserido dispositivo, DJ 20.04.2005)

Aos servidores públicos celetistas é devido o vale-transporte, instituído pela Lei n. 7.418/85, de 16 de dezembro de 1985.

N. 217 – AGRAVO DE INSTRUMENTO. TRASLADO. LEI N. 9.756/1998. GUIAS DE CUSTAS E DE DEPÓSITO RECURSAL. Inserida em 02.04.01

Para a formação do agravo de instrumento, não é necessária a juntada de comprovantes de recolhimento de custas e de depósito recursal relativamente ao recurso ordinário, desde que não seja objeto de controvérsia no recurso de revista a validade daqueles recolhimentos.

N. 218 – CANCELADA – PLANO COLLOR. SERVIDORES DO GDF. CELETISTAS. LEI DISTRITAL N. 38/89. Inserida em 02.04.01 (cancelada em decorrência da sua incorporação à Orientação Jurisprudencial n. 241 da SBDI-1 e posterior conversão na Orientação Jurisprudencial Transitória n. 55 da SBDI-1, DJ 20.04.2005)

Inexiste direito adquirido às diferenças salariais de 84,32% do IPC de março de 1990 aos servidores celetistas da Administração Direta do Distrito Federal.

N. 219 – RECURSO DE REVISTA OU DE EMBARGOS FUNDAMENTADO EM ORIENTAÇÃO JURISPRUDENCIAL DO TST. Inserida em 02.04.01

É válida, para efeito de conhecimento do recurso de revista ou de embargos, a invocação de Orientação Jurisprudencial do Tribunal Superior do Trabalho, desde que, das razões recursais, conste o seu número ou conteúdo.

N. 220 – CANCELADA – ACORDO DE COMPENSAÇÃO. EXTRAPOLAÇÃO DA JORNADA. Inserida em 20.06.01 (cancelada em decorrência da nova redação conferida à Súmula n. 85, DJ 20.04.2005)

A prestação de horas extras habituais descaracteriza o acordo de compensação de horas. Nesta hipótese, as horas que ultrapassarem a jornada semanal normal devem ser pagas como horas extras e, quanto àquelas destinadas à compensação, deve ser pago a mais apenas o adicional por trabalho extraordinário.

N. 221 – CONVERTIDA – ANISTIA. LEI N. 8.878/1994. EFEITOS FINANCEIROS DEVIDOS A PARTIR DO EFETIVO RETORNO À ATIVIDADE. Inserida em 20.06.01 (Convertida na Orientação Jurisprudencial Transitória n. 56 da SBDI-1, DJ 20.04.2005)

N. 222 – CANCELADA – BANCÁRIO. ADVOGADO. CARGO DE CONFIANÇA. Inserida em 20.06.01 (cancelada em decorrência da nova redação conferida à Súmula n. 102, DJ 20.04.2005)

O advogado empregado de banco, pelo simples exercício da advocacia, não exerce cargo de confiança, não se enquadrando, portanto, na hipótese do § 2º do art. 224 da CLT.

N. 223 – CANCELADA – COMPENSAÇÃO DE JORNADA. ACORDO INDIVIDUAL TÁCITO. INVÁLIDO. Inserida em 20.06.01 (cancelada em decorrência da nova redação conferida à Súmula n. 85, DJ 20.04.2005)

N. 224 – COMPLEMENTAÇÃO DE APOSENTADORIA. REAJUSTE. LEI N. 9.069/95. (nova redação, DJ 20.04.2005)

A partir da vigência da Medida Provisória n. 542/1994, convalidada pela Lei n. 9.069/95, o critério de reajuste da complementação de aposentadoria passou a ser anual e não semestral, aplicando-se o princípio "rebus sic stantibus" diante da nova ordem econômica.

Histórico:

Redação original

N. 224 – Complementação de aposentadoria. Banco Itaú. Reajuste. Lei n. 9.069/95.

Inserida em 20.06.01

A partir da vigência da Medida Provisória n. 542/1994, convalidada pela Lei n. 9.069/95, o critério de reajuste da complementação de aposentadoria passou a ser anual e não semestral, aplicando-se o princípio "rebus sic stantibus" diante da nova ordem econômica.

N. 225 – CONTRATO DE CONCESSÃO DE SERVIÇO PÚBLICO. RESPONSABILIDADE TRABALHISTA. (nova redação, DJ 20.04.2005)

Celebrado contrato de concessão de serviço público em que uma empresa (primeira concessionária) outorga a outra (segunda concessionária), no todo ou em parte, mediante arrendamento, ou qualquer outra forma contratual, a título transitório, bens de sua propriedade:

I – em caso de rescisão do contrato de trabalho após a entrada em vigor da concessão, a segunda concessionária, na condição de sucessora, responde pelos direitos decorrentes do contrato de trabalho, sem prejuízo da responsabilidade subsidiária da primeira concessionária pelos débitos trabalhistas contraídos até a concessão;

II – no tocante ao contrato de trabalho extinto antes da vigência da concessão, a responsabilidade pelos direitos dos trabalhadores será exclusivamente da antecessora.

Histórico:

N. 225 – Contrato de concessão de serviço público. Rede Ferroviária Federal S.A. Responsabilidade trabalhista – alterado pelo Tribunal Pleno, em 18.04.02 – MA 10.999/02.

Em razão da subsistência da Rede Ferroviária Federal S/A e da transitoriedade da transferência dos seus bens pelo arrendamento das malhas ferroviárias, a Rede é responsável subsidiariamente pelos direitos trabalhistas referentes aos contratos de trabalho rescindidos após a entrada em vigor do contrato de concessão; e quanto àqueles contratos rescindidos antes da entrada em vigor do contrato de concessão, a responsabilidade é exclusiva da Rede.

Redação original

N. 225 – Contrato de concessão de serviço público. RFFSA. Ferrovia Centro Atlântica S/A. Ferrovia Sul Atlântico S/A. Ferrovia Tereza Cristina S/A. MRS Logística S/A. Responsabilidade trabalhista.

Inserida em 20.06.01

As empresas que prosseguiram na exploração das malhas ferroviárias da Rede Ferroviária Federal são responsáveis pelos direitos trabalhistas dos ex-empregados desta, cujos contratos de trabalho não foram rescindidos antes da entrada em vigor do contrato de concessão de serviço respectivo.

N. 226 – CRÉDITO TRABALHISTA. CÉDULA DE CRÉDITO RURAL. CÉDULA DE CRÉDITO INDUSTRIAL. PENHORABILIDADE. Inserida em 20.06.01 (título alterado, DJ 20.04.2005)

Diferentemente da cédula de crédito industrial garantida por alienação fiduciária, na cédula rural pignoratícia ou hipotecária o bem permanece sob o domínio do devedor (executado), não constituindo óbice à penhora na esfera trabalhista. (Decreto-lei n. 167/67, art. 69; CLT, arts. 10 e 30 e Lei n. 6.830/80).

Histórico:

Redação original do título

N. 226 – Crédito trabalhista. Cédula de crédito rural ou industrial. Garantida por penhor ou hipoteca. Penhora.

N. 227 – CANCELADA – *DENUNCIAÇÃO DA LIDE. PROCESSO DO TRABALHO. INCOMPATIBILIDADE. Inserida em 20.06.01 (Cancelada, DJ 22.11.2005)*

N. 228 – CONVERTIDA – *DESCONTOS LEGAIS. SENTENÇAS TRABALHISTAS. LEI N. 8.541/92, ART. 46. PROVIMENTO DA CGJT N. 3/84 E ALTERAÇÕES POSTERIORES. Inserida em 20.06.01 (Convertida na Súmula n. 368, DJ 20.04.2005)*

O recolhimento dos descontos legais, resultante dos créditos do trabalhador oriundos de condenação judicial, deve incidir sobre o valor total da condenação e calculado ao final.

N. 229 – CONVERTIDA – *ESTABILIDADE. ART. 41, CF/1988. CELETISTA. EMPRESA PÚBLICA E SOCIEDADE DE ECONOMIA MISTA. INAPLICÁVEL. Inserida em 20.06.01 (Convertida na Súmula n. 390, DJ 20.04.2005)*

N. 230 – CONVERTIDA – *ESTABILIDADE. LEI N. 8.213/91. ART. 118 C/C ART. 59. Inserida em 20.06.01 (Convertida na Súmula n. 378, DJ 20.04.2005)*

O afastamento do trabalho por prazo superior a 15 dias e a consequente percepção do auxílio-doença acidentário constituem pressupostos para o direito à estabilidade prevista no art. 118 da Lei n. 8.213/91, assegurada por período de 12 meses, após a cessação do auxílio-doença.

N. 231 – CONVERTIDA – *FÉRIAS. ABONO INSTITUÍDO POR INSTRUMENTO NORMATIVO E TERÇO CONSTITUCIONAL. SIMULTANEIDADE INVIÁVEL. Inserida em 20.06.01 (Convertida na Orientação Jurisprudencial Transitória n. 50 da SBDI-1, DJ 20.04.2005)*

N. 232 – FGTS. INCIDÊNCIA. EMPREGADO TRANSFERIDO PARA O EXTERIOR. REMUNERAÇÃO. Inserida em 20.06.01

O FGTS incide sobre todas as parcelas de natureza salarial pagas ao empregado em virtude de prestação de serviços no exterior.

N. 233 – HORAS EXTRAS. COMPROVAÇÃO DE PARTE DO PERÍODO ALEGADO. (nova redação, DJ 20.04.2005)

A decisão que defere horas extras com base em prova oral ou documental não ficará limitada ao tempo por ela abrangido, desde que o julgador fique convencido de que o procedimento questionado superou aquele período.

Histórico:

Redação original

N. 233 – Horas extras. Comprovação de parte do período alegado.

Inserida em 20.06.01

A decisão com base em prova oral ou documental não ficará limitada ao tempo por ela abrangido, desde que o julgador fique convencido de que o procedimento questionado superou aquele período.

N. 234 – CANCELADA – *HORAS EXTRAS. FOLHA INDIVIDUAL DE PRESENÇA (FIP) INSTITUÍDA POR NORMA COLETIVA. PROVA ORAL. PREVALÊNCIA. Inserida em 20.06.01 (cancelada em decorrência da nova redação conferida à Súmula n. 338, DJ 20.04.2005)*

A presunção de veracidade da jornada de trabalho anotada em folha individual de presença, ainda que prevista em instrumento normativo, pode ser elidida por prova em contrário.

N. 235 – HORAS EXTRAS. SALÁRIO POR PRODUÇÃO. Inserida em 20.06.01 (título alterado e inserido dispositivo, DJ 20.04.2005)

O empregado que recebe salário por produção e trabalha em sobrejornada faz jus à percepção apenas do adicional de horas extras.

Histórico:

Redação original do título

N. 235 – Horas extras. Salário por produção. Devido apenas o adicional.

N. 236 – CANCELADA – HORAS "IN ITINERE". HORAS EXTRAS. ADICIONAL DEVIDO. Inserida em 20.06.01 (cancelada em decorrência da nova redação conferida à Súmula n. 90, DJ 20.04.2005)

Considerando que as horas "in itinere" são computáveis na jornada de trabalho, o tempo que extrapola a jornada legal é considerado como extraordinário e sobre ele deve incidir o adicional respectivo.

N. 237 – MINISTÉRIO PÚBLICO DO TRABALHO. ILEGITIMIDADE PARA RECORRER. Inserida em 20.06.01

O Ministério Público não tem legitimidade para recorrer na defesa de interesse patrimonial privado, inclusive de empresas públicas e sociedades de economia mista.

N. 238 – MULTA. ART. 477 DA CLT. PESSOA JURÍDICA DE DIREITO PÚBLICO. APLICÁVEL. Inserida em 20.06.01 (inserido dispositivo, DJ 20.04.2005)

Submete-se à multa do art. 477 da CLT a pessoa jurídica de direito público que não observa o prazo para pagamento das verbas rescisórias, pois nivela-se a qualquer particular, em direitos e obrigações, despojando-se do "jus imperii" ao celebrar um contrato de emprego.

N. 239 – CONVERTIDA – MULTA CONVENCIONAL. HORAS EXTRAS. Inserida em 20.06.01 (Convertida na Súmula n. 384, DJ 20.04.2005)

Prevista em instrumento normativo (sentença normativa, convenção ou acordo coletivo) determinada obrigação e, consequentemente, multa pelo respectivo descumprimento, esta tem incidência mesmo que aquela obrigação seja mera repetição de texto da CLT.

N. 240 – CONVERTIDA – PETROLEIROS. HORAS EXTRAS. LEI N. 5.811/72. RECEPCIONADA PELA CF/1988. Inserida em 20.06.01 (Convertida na Súmula n. 391, DJ 20.04.2005)

N. 241 – CONVERTIDA – PLANO COLLOR. SERVIDORES DE FUNDAÇÕES E AUTARQUIAS DO GDF. CELETISTAS. LEGISLAÇÃO FEDERAL. Inserida em 20.06.01 (Convertida na Orientação Jurisprudencial Transitória n. 55 da SBDI-1, DJ 20.04.2005)

Inexiste direito adquirido às diferenças salariais de 84,32% do IPC de março de 1990 aos servidores celetistas de Fundações e Autarquias do GDF.

N. 242 – PRESCRIÇÃO TOTAL. HORAS EXTRAS. ADICIONAL. INCORPORAÇÃO. Inserida em 20.06.01

Embora haja previsão legal para o direito à hora extra, inexiste previsão para a incorporação ao salário do respectivo adicional, razão pela qual deve incidir a prescrição total.

N. 243 – PRESCRIÇÃO TOTAL. PLANOS ECONÔMICOS. Inserida em 20.06.01

Aplicável a prescrição total sobre o direito de reclamar diferenças salariais resultantes de planos econômicos.

N. 244 – PROFESSOR. REDUÇÃO DA CARGA HORÁRIA. POSSIBILIDADE. Inserida em 20.06.01

A redução da carga horária do professor, em virtude da diminuição do número de alunos, não constitui alteração contratual, uma vez que não implica redução do valor da hora/aula.

N. 245 – REVELIA. ATRASO. AUDIÊNCIA. Inserida em 20.06.01

Inexiste previsão legal tolerando atraso no horário de comparecimento da parte na audiência.

N. 246 – CONVERTIDA – SALÁRIO-UTILIDADE. VEÍCULO. Inserida em 20.06.01 (Convertida na Súmula n. 367, DJ 20.04.2005)

A utilização, pelo empregado, em atividades particulares, de veículo que lhe é fornecido para o trabalho da empresa não caracteriza salário-utilidade.

N. 247 – SERVIDOR PÚBLICO. CELETISTA CONCURSADO. DESPEDIDA IMOTIVADA. EMPRESA PÚBLICA OU SOCIEDADE DE ECONOMIA MISTA. POSSIBILIDADE. (Alterada – Res. n. 143/2007 – DJ 13.11.2007). Inserida em 20.06.2001.

I – A despedida de empregados de empresa pública e de sociedade de economia mista, mesmo admitidos por concurso público, independe de ato motivado para sua validade;

II – A validade do ato de despedida do empregado da Empresa Brasileira de Correios e Telégrafos (ECT) está condicionada à motivação, por gozar a empresa do mesmo tratamento destinado à Fazenda Pública em relação à imunidade tributária e à execução por precatório, além das prerrogativas de foro, prazos e custas processuais.

N. 248 – CANCELADA – COMISSÕES. ALTERAÇÃO. PRESCRIÇÃO TOTAL. SÚMULA N. 294. APLICÁVEL. Inserida em 13.03.02 (Cancelada em decorrência da sua incorporação à Orientação Jurisprudencial n. 175 da SBDI-1, DJ 22.11.2005)

A alteração das comissões caracteriza-se como ato único e positivo do empregador, incidindo a prescrição total, nos termos da Súmula n. 294 do TST.

N. 249 – CANCELADA – *COMPETÊNCIA RESIDUAL. REGIME JURÍDICO ÚNICO. LEI N. 8.112/90. LIMITAÇÃO. Inserida em 13.03.02 (cancelada em decorrência da sua incorporação à nova redação da Orientação Jurisprudencial n. 138 da SBDI-1, DJ 20.04.2005)*

A superveniência de regime estatutário em substituição ao celetista, mesmo após a sentença, limita a execução ao período celetista.

N. 250 – CONVERTIDA – *COMPLEMENTAÇÃO DE APOSENTADORIA. CAIXA ECONÔMICA FEDERAL. AUXÍLIO-ALIMENTAÇÃO. SUPRESSÃO. SÚMULAS NS. 51 E 288. APLICÁVEIS. Inserida em 13.03.02 (Convertida na Orientação Jurisprudencial Transitória n. 51 da SBDI-1, DJ 20.04.2005)*

A determinação de supressão do pagamento de auxílio-alimentação aos aposentados e pensionistas da Caixa Econômica Federal, oriunda do Ministério da Fazenda, não atinge aqueles ex-empregados que já percebiam o benefício.

N. 251 – DESCONTOS. FRENTISTA. CHEQUES SEM FUNDOS. Inserida em 13.03.02

É lícito o desconto salarial referente à devolução de cheques sem fundos, quando o frentista não observar as recomendações previstas em instrumento coletivo.

N. 252 – CANCELADA – *EQUIPARAÇÃO SALARIAL. MESMA LOCALIDADE. CONCEITO. ART. 461 DA CLT. Inserida em 13.03.02 (cancelada em decorrência da nova redação conferida à Súmula n. 6, DJ 20.04.2005)*

O conceito de "mesma localidade" de que trata o art. 461 da CLT refere-se, em princípio, ao mesmo município, ou a municípios distintos que, comprovadamente, pertençam à mesma região metropolitana.

N. 253 – ESTABILIDADE PROVISÓRIA. COOPERATIVA. LEI N. 5.764/71. CONSELHO FISCAL. SUPLENTE. NÃO ASSEGURADA. Inserida em 13.03.02

O art. 55 da Lei n. 5.764/71 assegura a garantia de emprego apenas aos empregados eleitos diretores de Cooperativas, não abrangendo os membros suplentes.

N. 254 – CANCELADA – *FGTS. MULTA DE 40%. AVISO PRÉVIO INDENIZADO. ATUALIZAÇÃO MONETÁRIA. DIFERENÇA INDEVIDA. Inserida em 13.03.02 (cancelada em decorrência da sua incorporação à nova redação da Orientação Jurisprudencial n. 42 da SBDI-1, DJ 20.04.2005)*

O cálculo da multa de 40% do FGTS deverá ser feito com base no saldo da conta vinculada na data do efetivo pagamento das verbas rescisórias, desconsiderada a projeção do aviso prévio indenizado, por ausência de previsão legal.

N. 255 – MANDATO. CONTRATO SOCIAL. DESNECESSÁRIA A JUNTADA. Inserida em 13.03.02

O art. 12, VI, do CPC não determina a exibição dos estatutos da empresa em juízo como condição de validade do instrumento de mandato outorgado ao seu procurador, salvo se houver impugnação da parte contrária.

N. 256 – PREQUESTIONAMENTO. CONFIGURAÇÃO. TESE EXPLÍCITA. SÚMULA N. 297. Inserida em 13.03.02

Para fins do requisito do prequestionamento de que trata a Súmula n. 297, há necessidade de que haja, no acórdão, de maneira clara, elementos que levem à conclusão de que o Regional adotou uma tese contrária à lei ou à súmula.

N. 257 – RECURSO. FUNDAMENTAÇÃO. VIOLAÇÃO LEGAL. VOCÁBULO VIOLAÇÃO. DESNECESSIDADE. Inserida em 13.03.02

A invocação expressa, quer na revista, quer nos embargos, dos preceitos legais ou constitucionais tidos como violados não significa exigir da parte a utilização das expressões "contrariar", "ferir", "violar", etc.

N. 258 – CONVERTIDA – *ADICIONAL DE PERICULOSIDADE. ACORDO COLETIVO OU CONVENÇÃO COLETIVA. PREVALÊNCIA. Inserida em 27.09.02 (Convertida na Súmula n. 364, DJ 20.04.2005)*

A fixação do adicional de periculosidade, em percentual inferior ao legal e proporcional ao tempo de exposição ao risco, deve ser respeitada, desde que pactuada em acordos ou convenções coletivos de trabalho (art. 7º, inciso XXVI, da CF/1988).

N. 259 – ADICIONAL NOTURNO. BASE DE CÁLCULO. ADICIONAL DE PERICULOSIDADE. INTEGRAÇÃO. Inserida em 27.09.02

O adicional de periculosidade deve compor a base de cálculo do adicional noturno, já que também neste horário o trabalhador permanece sob as condições de risco.

N. 260 – AGRAVO DE INSTRUMENTO. RECURSO DE REVISTA. PROCEDIMENTO SUMARÍSSIMO. LEI N. 9.957/00. PROCESSOS EM CURSO. Inserida em 27.09.02

I – É inaplicável o rito sumaríssimo aos processos iniciados antes da vigência da Lei n. 9.957/00.

II – No caso de o despacho denegatório de recurso de revista invocar, em processo iniciado antes da Lei n. 9.957/00, o § 6º do art. 896 da CLT (rito sumaríssimo), como óbice ao trânsito do apelo calcado em divergência jurisprudencial ou violação de dispositivo infraconstitucional, o Tribunal superará o obstáculo, apreciando o recurso sob esses fundamentos.

N. 261 – BANCOS. SUCESSÃO TRABALHISTA. Inserida em 27.09.02

As obrigações trabalhistas, inclusive as contraídas à época em que os empregados trabalhavam para o banco sucedido, são de responsabilidade do sucessor, uma vez que a este foram transferidos os ativos, as agências, os direitos e deveres contratuais, caracterizando típica sucessão trabalhista.

N. 262 – COISA JULGADA. PLANOS ECONÔMICOS. LIMITAÇÃO À DATA-BASE NA FASE DE EXECUÇÃO.
Inserida em 27.09.02

Não ofende a coisa julgada a limitação à data-base da categoria, na fase executória, da condenação ao pagamento de diferenças salariais decorrentes de planos econômicos, quando a decisão exequenda silenciar sobre a limitação, uma vez que a limitação decorre de norma cogente. Apenas quando a sentença exequenda houver expressamente afastado a limitação à data-base é que poderá ocorrer ofensa à coisa julgada.

N. 263 – CANCELADA – CONTRATO POR PRAZO DETERMINADO. LEI ESPECIAL (ESTADUAL E MUNICIPAL). INCOMPETÊNCIA DA JUSTIÇA DO TRABALHO.
Inserida em 27.09.02 (cancelada – DJ 14.09.04)

A relação jurídica que se estabelece entre o Estado ou Município e o servidor contratado para exercer funções temporárias ou de natureza técnica, decorrente de lei especial, é de natureza administrativa, razão pela qual a competência é da justiça comum, até mesmo para apreciar a ocorrência de eventual desvirtuamento do regime especial (CF/1967, art. 106; CF/1988, art. 37, IX).

N. 264 – DEPÓSITO RECURSAL. PIS/PASEP. AUSÊNCIA DE INDICAÇÃO NA GUIA DE DEPÓSITO RECURSAL. VALIDADE. Inserida em 27.09.02

Não é essencial para a validade da comprovação do depósito recursal a indicação do número do PIS/PASEP na guia respectiva.

N. 265 – CONVERTIDA – ESTABILIDADE. ART. 41 DA CF/1988. CELETISTA. ADMINISTRAÇÃO DIRETA, AUTÁRQUICA OU FUNDACIONAL. APLICABILIDADE.
Inserida em 27.09.02 (Convertida na Súmula n. 390, DJ 20.04.2005)

O servidor público celetista da administração direta, autárquica ou fundacional é beneficiário da estabilidade prevista no art. 41 da Constituição Federal.

N. 266 – CONVERTIDA – ESTABILIDADE. DIRIGENTE SINDICAL. LIMITAÇÃO. ART. 522 DA CLT. *Inserida em 27.09.02 (Convertida na Súmula n. 369, DJ 20.04.2005)*

O art. 522 da CLT, que limita a sete o número de dirigentes sindicais, foi recepcionado pela Constituição Federal de 1988.

N. 267 – CANCELADA – HORAS EXTRAS. ADICIONAL DE PERICULOSIDADE. BASE DE CÁLCULO. *Inserida em 27.09.02 (cancelada em decorrência da nova redação conferida à Súmula n. 132, DJ 20.04.2005)*

O adicional de periculosidade integra a base de cálculo das horas extras.

N. 268 – INDENIZAÇÃO ADICIONAL. LEIS NS. 6.708/79 E 7.238/84. AVISO PRÉVIO. PROJEÇÃO. ESTABILIDADE PROVISÓRIA. Inserida em 27.09.02

Somente após o término do período estabilitário é que se inicia a contagem do prazo do aviso prévio para efeito das indenizações previstas nos arts. 9º da Lei n. 6.708/79 e 9º da Lei n. 7.238/84.

N. 269 – JUSTIÇA GRATUITA. REQUERIMENTO DE ISENÇÃO DE DESPESAS PROCESSUAIS. MOMENTO OPORTUNO. Inserida em 27.09.02

O benefício da justiça gratuita pode ser requerido em qualquer tempo ou grau de jurisdição, desde que, na fase recursal, seja o requerimento formulado no prazo alusivo ao recurso.

N. 270 – PROGRAMA DE INCENTIVO À DEMISSÃO VOLUNTÁRIA. TRANSAÇÃO EXTRAJUDICIAL. PARCELAS ORIUNDAS DO EXTINTO CONTRATO DE TRABALHO. EFEITOS. Inserida em 27.09.02.

A transação extrajudicial que importa rescisão do contrato de trabalho ante a adesão do empregado a plano de demissão voluntária implica quitação exclusivamente das parcelas e valores constantes do recibo.

N. 271 – RURÍCOLA. PRESCRIÇÃO. CONTRATO DE EMPREGO EXTINTO. EMENDA CONSTITUCIONAL n. 28/2000. INAPLICABILIDADE. Inserida em 27.09.2002 (alterada, DJ 22.11.2005)

O prazo prescricional da pretensão do rurícola, cujo contrato de emprego já se extinguira ao sobrevir a Emenda Constitucional n. 28, de 26.05.2000, tenha sido ou não ajuizada a ação trabalhista, prossegue regido pela lei vigente ao tempo da extinção do contrato de emprego.

Histórico:

Redação Original

N. 271 – RURÍCOLA. PRESCRIÇÃO. EMENDA CONSTITUCIONAL N. 28/00. PROCESSO EM CURSO. INAPLICÁVEL. Inserida em 27.09.02

Considerando a inexistência de previsão expressa na Emenda Constitucional n. 28/00 quanto à sua aplicação retroativa, há de prevalecer o princípio segundo o qual a prescrição aplicável é aquela vigente à época da propositura da ação.

N. 272 – SALÁRIO MÍNIMO. SERVIDOR. SALÁRIO-BASE INFERIOR. DIFERENÇAS. INDEVIDAS. Inserida em 27.09.02

A verificação do respeito ao direito ao salário mínimo não se apura pelo confronto isolado do salário-base com o mínimo legal, mas deste com a soma de todas as parcelas de natureza salarial recebidas pelo empregado diretamente do empregador.

N. 273 – "TELEMARKETING". OPERADORES. ART. 227 DA CLT. INAPLICÁVEL. Inserida em 27.09.02

A jornada reduzida de que trata o art. 227 da CLT não é aplicável, por analogia, ao operador de televendas, que não exerce suas atividades exclusivamente como telefonista, pois, naquela função, não opera mesa de transmissão, fazendo uso apenas dos telefones comuns para atender e fazer as ligações exigidas no exercício da função.

N. 274 – TURNO ININTERRUPTO DE REVEZAMENTO. FERROVIÁRIO. HORAS EXTRAS. DEVIDAS. Inserida em 27.09.02

O ferroviário submetido a escalas variadas, com alternância de turnos, faz jus à jornada especial prevista no art. 7º, XIV, da CF/1988.

N. 275 – TURNO ININTERRUPTO DE REVEZAMENTO. HORISTA. HORAS EXTRAS E ADICIONAL. DEVIDOS. Inserida em 27.09.02

Inexistindo instrumento coletivo fixando jornada diversa, o empregado horista submetido a turno ininterrupto de revezamento faz jus ao pagamento das horas extraordinárias laboradas além da 6ª, bem como ao respectivo adicional.

N. 276 – AÇÃO DECLARATÓRIA. COMPLEMENTAÇÃO DE APOSENTADORIA. DJ 11.08.03

É incabível ação declaratória visando a declarar direito à complementação de aposentadoria, se ainda não atendidos os requisitos necessários à aquisição do direito, seja por via regulamentar, ou por acordo coletivo.

N. 277 – AÇÃO DE CUMPRIMENTO FUNDADA EM DECISÃO NORMATIVA QUE SOFREU POSTERIOR REFORMA, QUANDO JÁ TRANSITADA EM JULGADO A SENTENÇA CONDENATÓRIA. COISA JULGADA. NÃO CONFIGURAÇÃO. DJ 11.08.03

A coisa julgada produzida na ação de cumprimento é atípica, pois dependente de condição resolutiva, ou seja, da não modificação da decisão normativa por eventual recurso. Assim, modificada a sentença normativa pelo TST, com a consequente extinção do processo, sem julgamento do mérito, deve-se extinguir a execução em andamento, uma vez que a norma sobre a qual se apoiava o título exequendo deixou de existir no mundo jurídico.

N. 278 – ADICIONAL DE INSALUBRIDADE. PERÍCIA. LOCAL DE TRABALHO DESATIVADO. DJ 11.08.03

A realização de perícia é obrigatória para a verificação de insalubridade. Quando não for possível sua realização, como em caso de fechamento da empresa, poderá o julgador utilizar-se de outros meios de prova.

N. 279 – ADICIONAL DE PERICULOSIDADE. ELETRICITÁRIOS. BASE DE CÁLCULO. LEI N. 7.369/85, ART. 1º. INTERPRETAÇÃO. DJ 11.08.03

O adicional de periculosidade dos eletricitários deverá ser calculado sobre o conjunto de parcelas de natureza salarial.

N. 280 – CONVERTIDA – ADICIONAL DE PERICULOSIDADE. EXPOSIÇÃO EVENTUAL. INDEVIDO. DJ 11.08.03 (Convertida na Súmula n. 364, DJ 20.04.2005)

O contato eventual com o agente perigoso, assim considerado o fortuito, ou o que, sendo habitual, se dá por tempo extremamente reduzido, não dá direito ao empregado a perceber o adicional respectivo.

N. 281 – CONVERTIDA – AGRAVO DE INSTRUMENTO. ACÓRDÃO DO TRT NÃO ASSINADO. INTERPOSTO ANTERIORMENTE À INSTRUÇÃO NORMATIVA N. 16/99. DJ 11.08.03 (Convertida na Orientação Jurisprudencial Transitória n. 52 da SBDI-1, DJ 20.04.2005)

Nos Agravos de Instrumentos interpostos anteriormente à edição da Instrução Normativa n. 16/99, a ausência de assinatura na cópia não a torna inválida, desde que dela conste o carimbo, aposto pelo servidor, certificando que confere com o original.

N. 282 – AGRAVO DE INSTRUMENTO. JUÍZO DE ADMISSIBILIDADE "AD QUEM". DJ 11.08.03

No julgamento de Agravo de Instrumento, ao afastar o óbice apontado pelo TRT para o processamento do recurso de revista, pode o juízo "ad quem" prosseguir no exame dos demais pressupostos extrínsecos e intrínsecos do recurso de revista, mesmo que não apreciados pelo TRT.

N. 283 – AGRAVO DE INSTRUMENTO. PEÇAS ESSENCIAIS. TRASLADO REALIZADO PELO AGRAVADO. VALIDADE. DJ 11.08.03

É válido o traslado de peças essenciais efetuado pelo agravado, pois a regular formação do agravo incumbe às partes e não somente ao agravante.

N. 284 – AGRAVO DE INSTRUMENTO. TRASLADO. AUSÊNCIA DE CERTIDÃO DE PUBLICAÇÃO. ETIQUETA ADESIVA IMPRESTÁVEL PARA AFERIÇÃO DA TEMPESTIVIDADE. DJ 11.08.03

A etiqueta adesiva na qual consta a expressão "no prazo" não se presta à aferição de tempestividade do recurso, pois sua finalidade é tão somente servir de controle processual interno do TRT e sequer contém a assinatura do funcionário responsável por sua elaboração.

N. 285 – AGRAVO DE INSTRUMENTO. TRASLADO. CARIMBO DO PROTOCOLO DO RECURSO ILEGÍVEL. INSERVÍVEL. DJ 11.08.03

O carimbo do protocolo da petição recursal constitui elemento indispensável para aferição da tempestividade do apelo, razão pela qual deverá estar legível, pois um dado ilegível é o mesmo que a inexistência do dado.

N. 286 – AGRAVO DE INSTRUMENTO. TRASLADO. MANDATO TÁCITO. ATA DE AUDIÊNCIA. CONFIGURAÇÃO. DJ 11.08.03

A juntada da ata de audiência, em que está consignada a presença do advogado do agravado, desde que não estivesse atuando com mandato expresso, torna dispensável a procuração deste, porque demonstrada a existência de mandato tácito.

N. 287 – AUTENTICAÇÃO. DOCUMENTOS DISTINTOS. DESPACHO DENEGATÓRIO DO RECURSO DE REVISTA E CERTIDÃO DE PUBLICAÇÃO. DJ 11.08.03

Distintos os documentos contidos no verso e anverso, é necessária a autenticação de ambos os lados da cópia.

N. 288 – CANCELADA – *BANCÁRIO. CARGO DE CONFIANÇA. ART. 224, § 2º, CLT. GRATIFICAÇÃO. PAGAMENTO A MENOR. DJ 11.08.03 (cancelada em decorrência da nova redação conferida à Súmula n. 102, DJ 20.04.2005)*

Devidas são as 7ª e 8ª horas como extras no período em que se verificou o pagamento a menor da gratificação de 1/3.

N. 289 – CANCELADA – *BANCO DO BRASIL. COMPLEMENTAÇÃO DE APOSENTADORIA. MÉDIA TRIENAL. VALORIZADA. DJ 11.08.03 (cancelada em decorrência da sua incorporação à nova redação da Orientação Jurisprudencial n. 18 da SBDI-1, DJ 20.04.2005)*

Nos cálculos da complementação de aposentadoria há de ser observada a média trienal valorizada.

N. 290 – CANCELADA – *CONTRIBUIÇÃO SINDICAL PATRONAL. AÇÃO DE CUMPRIMENTO. INCOMPETÊNCIA DA JUSTIÇA DO TRABALHO. DJ 11.08.03 (cancelada – DJ 05.07.2005)*

É incompetente a Justiça do Trabalho para apreciar lide entre o sindicato patronal e a respectiva categoria econômica, objetivando cobrar a contribuição assistencial.

N. 291 – CONVERTIDA – *CUSTAS. EMBARGOS DE TERCEIRO INTERPOSTOS ANTERIORMENTE À LEI N. 10.537/02. INEXIGÊNCIA DE RECOLHIMENTO. DJ 11.08.03 (convertida na Orientação Jurisprudencial Transitória n. 53 da SBDI-1, DJ 20.04.2005)*

Tratando-se de embargos de terceiro, incidentes em execução, interpostos anteriormente à Lei n. 10.537/02, incabível o pagamento de custas, por falta de previsão legal.

N. 292 – CANCELADA – *DIÁRIAS. INTEGRAÇÃO AO SALÁRIO. ART. 457, § 2º, DA CLT. DJ 11.08.03 (cancelada em decorrência da nova redação conferida à Súmula n. 101, DJ 20.04.2005)*

As diárias de viagem pagas, ainda que superiores a 50%, só integram o salário do empregado enquanto perdurarem as viagens.

N. 293 – EMBARGOS À SDI CONTRA DECISÃO DE TURMA DO TST EM AGRAVO DO ART. 557, § 1º, DO CPC. CABIMENTO. DJ 11.08.03

São cabíveis Embargos para a SDI contra decisão de Turma proferida em Agravo interposto de decisão monocrática do relator, baseada no art. 557, § 1º, do CPC.

N. 294 – EMBARGOS À SDI CONTRA DECISÃO EM RECURSO DE REVISTA NÃO CONHECIDO QUANTO AOS PRESSUPOSTOS INTRÍNSECOS. NECESSÁRIA A INDICAÇÃO EXPRESSA DE OFENSA AO ART. 896 DA CLT. DJ 11.08.03

Para a admissibilidade e conhecimento de embargos, interpostos contra decisão mediante a qual não foi conhecido o recurso de revista pela análise dos pressupostos intrínsecos, necessário que a parte embargante aponte expressamente a violação ao art. 896 da CLT.

N. 295 – EMBARGOS. REVISTA NÃO CONHECIDA POR MÁ APLICAÇÃO DE SÚMULA OU DE ORIENTAÇÃO JURISPRUDENCIAL. EXAME DO MÉRITO PELA SDI. DJ 11.08.03

A SDI, ao conhecer dos Embargos por violação do art. 896 — por má aplicação de súmula ou de orientação jurisprudencial pela Turma —, julgará desde logo o mérito, caso conclua que a revista mereça conhecimento e que a matéria de fundo se encontra pacificada neste Tribunal.

N. 296 – EQUIPARAÇÃO SALARIAL. ATENDENTE E AUXILIAR DE ENFERMAGEM. IMPOSSIBILIDADE. DJ 11.08.03

Sendo regulamentada a profissão de auxiliar de enfermagem, cujo exercício pressupõe habilitação técnica, realizada pelo Conselho Regional de Enfermagem, impossível a equiparação salarial do simples atendente com o auxiliar de enfermagem.

N. 297 – EQUIPARAÇÃO SALARIAL. SERVIDOR PÚBLICO DA ADMINISTRAÇÃO DIRETA, AUTÁRQUICA E FUNDACIONAL. ART. 37, XIII, DA CF/1988. DJ 11.08.03

O art. 37, inciso XIII, da CF/1988, veda a equiparação de qualquer natureza para o efeito de remuneração do pessoal do serviço público, sendo juridicamente impossível a aplicação da norma infraconstitucional prevista no art. 461 da CLT quando se pleiteia equiparação salarial entre servidores públicos, independentemente de terem sido contratados pela CLT.

N. 298 – CANCELADA – *EQUIPARAÇÃO SALARIAL. TRABALHO INTELECTUAL. POSSIBILIDADE. DJ 11.08.03 (cancelada em decorrência da nova redação conferida à Súmula n. 6, DJ 20.04.2005)*

Desde que atendidos os requisitos do art. 461 da CLT, é possível a equiparação salarial de trabalho intelectual, que pode ser avaliado por sua perfeição técnica, cuja aferição terá critérios objetivos.

N. 299 – CANCELADA – *ESTABILIDADE CONTRATUAL E FGTS. COMPATIBILIDADE. DJ 11.08.03 (cancelada em decorrência da nova redação conferida à Súmula n. 98, DJ 20.04.2005)*

A estabilidade contratual ou derivada de regulamento de empresa é compatível com o regime do FGTS. Diversamente ocorre com a estabilidade legal (decenal, art. 492, CLT), que é renunciada com a opção pelo FGTS.

N. 300 – EXECUÇÃO TRABALHISTA. CORREÇÃO MONETÁRIA. JUROS. LEI N. 8.177/91, ART. 39, E LEI N. 10.192/01, ART. 15. (nova redação, DJ 20.04.2005)

Não viola norma constitucional (art. 5º, II e XXXVI) a determinação de aplicação da TRD, como fator de correção monetária dos débitos trabalhistas, cumulada com juros de mora, previstos no art. 39 da Lei n. 8.177/91 e convalidado pelo art. 15 da Lei n. 10.192/01.

Histórico:

Redação original

N. 300 – Execução trabalhista. Correção monetária. Juros. Lei n. 8.177/91, art. 39 e Lei n. 10.192/01, art. 15.

DJ 11.08.03

Não viola norma constitucional (art. 5º, II e XXXVI) a determinação de aplicação da TRD, como fator de correção monetária dos débitos trabalhistas, cumulada com juros de mora.

N. 301 – FGTS. DIFERENÇAS. ÔNUS DA PROVA. LEI N. 8.036/90, ART. 17. DJ 11.08.03.

Definido pelo reclamante o período no qual não houve depósito do FGTS, ou houve em valor inferior, alegada pela reclamada a inexistência de diferença nos recolhimentos de FGTS, atrai para si o ônus da prova, incumbindo-lhe, portanto, apresentar as guias respectivas, a fim de demonstrar o fato extintivo do direito do autor (art. 818 da CLT c/c art. 333, II, do CPC).

N. 302 – FGTS. ÍNDICE DE CORREÇÃO. DÉBITOS TRABALHISTAS. DJ 11.08.03

Os créditos referentes ao FGTS, decorrentes de condenação judicial, serão corrigidos pelos mesmos índices aplicáveis aos débitos trabalhistas.

N. 303 – CONVERTIDA – *GRATIFICAÇÃO. REDUÇÃO. IMPOSSIBILIDADE. DJ 11.08.03 (Convertida na Súmula n. 372, DJ 20.04.2005)*

Mantido o empregado no exercício da função comissionada, não pode o empregador reduzir o valor da gratificação.

N. 304 – HONORÁRIOS ADVOCATÍCIOS. ASSISTÊNCIA JUDICIÁRIA. DECLARAÇÃO DE POBREZA. COMPROVAÇÃO. DJ 11.08.03

Atendidos os requisitos da Lei n. 5.584/70 (art. 14, § 2º), para a concessão da assistência judiciária, basta a simples afirmação do declarante ou de seu advogado, na petição inicial, para se considerar configurada a sua situação econômica (art. 4º, § 1º, da Lei n. 7.510/86, que deu nova redação à Lei n. 1.060/50).

N. 305 – HONORÁRIOS ADVOCATÍCIOS. REQUISITOS. JUSTIÇA DO TRABALHO. DJ 11.08.03

Na Justiça do Trabalho, o deferimento de honorários advocatícios sujeita-se à constatação da ocorrência concomitante de dois requisitos: o benefício da justiça gratuita e a assistência por sindicato.

N. 306 – CANCELADA – *HORAS EXTRAS. ÔNUS DA PROVA. REGISTRO INVARIÁVEL. DJ 11.08.03 (cancelada em decorrência da nova redação conferida à Súmula n. 338, DJ 20.04.2005)*

Os cartões de ponto que demonstram horários de entrada e saída invariáveis são inválidos como meio de prova, invertendo-se o ônus da prova, relativo às horas extras, que passa a ser do empregador, prevalecendo o horário da inicial se dele não se desincumbir.

N. 307 – INTERVALO INTRAJORNADA (PARA REPOUSO E ALIMENTAÇÃO). NÃO CONCESSÃO OU CONCESSÃO PARCIAL. LEI N. 8.923/1994. DJ 11.08.03

Após a edição da Lei n. 8.923/1994, a não concessão total ou parcial do intervalo intrajornada mínimo, para repouso e alimentação, implica o pagamento total do período correspondente, com acréscimo de, no mínimo, 50% sobre o valor da remuneração da hora normal de trabalho (art. 71 da CLT).

N. 308 – JORNADA DE TRABALHO. ALTERAÇÃO. RETORNO À JORNADA INICIALMENTE CONTRATADA. SERVIDOR PÚBLICO. DJ 11.08.03

O retorno do servidor público (administração direta, autárquica e fundacional) à jornada inicialmente contratada não se insere nas vedações do art. 468 da CLT, sendo a sua jornada definida em lei e no contrato de trabalho firmado entre as partes.

N. 309 – CANCELADA – *LEI ESTADUAL, NORMA COLETIVA OU REGULAMENTO DE EMPRESA. INTERPRETAÇÃO. ART. 896, "B", DA CLT. DJ 11.08.03 (cancelada em decorrência da sua incorporação à nova redação da Orientação Jurisprudencial n. 147 da SBDI-1, DJ 20.04.2005)*

Viola o art. 896, "b", da CLT, o conhecimento de recurso por divergência, caso a parte não comprove que a lei estadual, a norma coletiva ou o regulamento da empresa extrapolam o âmbito do TRT prolator da decisão recorrida.

N. 310 – LITISCONSORTES. PROCURADORES DISTINTOS. PRAZO EM DOBRO. ART. 191 DO CPC. INAPLICÁVEL AO PROCESSO DO TRABALHO. DJ 11.08.03

A regra contida no art. 191 do CPC é inaplicável ao processo do trabalho, em decorrência da sua incompatibilidade com o princípio da celeridade inerente ao processo trabalhista.

N. 311 – CONVERTIDA – *MANDATO. ART. 37 DO CPC. INAPLICÁVEL NA FASE RECURSAL. DJ 11.08.03 (Convertida na Súmula n. 383, DJ 20.04.2005)*

É inadmissível, em instância recursal, o oferecimento tardio de procuração, ainda que mediante protesto por posterior juntada, já que a interposição de recurso não pode ser reputada como ato urgente.

N. 312 – CONVERTIDA – *MANDATO. CLÁUSULA COM RESSALVA DE VIGÊNCIA. PRORROGAÇÃO ATÉ O FINAL DA DEMANDA. DJ 11.08.03 (Convertida na Súmula n. 395, DJ 20.04.2005)*

Válido é o instrumento de mandato com prazo determinado que contém cláusula estabelecendo a prevalência dos poderes para atuar até o final da demanda.

N. 313 – CONVERTIDA – *MANDATO. CLÁUSULA FIXANDO PRAZO PARA JUNTADA. DJ 11.08.03 (Convertida na Súmula n. 395, DJ 20.04.2005)*

Diante da existência de previsão, no mandato, fixando termo para sua juntada, o instrumento de mandato só tem validade se anexado ao processo dentro do aludido prazo.

N. 314 – CONVERTIDA – *MASSA FALIDA. DOBRA SALARIAL. ART. 467 DA CLT. INAPLICÁVEL. DJ 11.08.03 (Convertida na Súmula n. 388, DJ 20.04.2005)*

É indevida a aplicação da dobra salarial, prevista no art. 467 da CLT, nos casos da decretação de falência da empresa, porque a massa falida está impedida de saldar qualquer débito, até mesmo o de natureza trabalhista, fora do Juízo Universal da Falência (Decreto-Lei n. 7.661/1945, art. 23).

N. 315 – MOTORISTA. EMPRESA. ATIVIDADE PREDOMINANTEMENTE RURAL. ENQUADRAMENTO COMO TRABALHADOR RURAL. DJ 11.08.03

É considerado trabalhador rural o motorista que trabalha no âmbito de empresa cuja atividade é preponderantemente rural, considerando que, de modo geral, não enfrenta o trânsito das estradas e cidades.

N. 316 – PORTUÁRIOS. ADICIONAL DE RISCO. LEI N. 4.860/65. DJ 11.08.03

O adicional de risco dos portuários, previsto no art. 14 da Lei n. 4.860/65, deve ser proporcional ao tempo efetivo no serviço considerado sob risco e apenas concedido àqueles que prestam serviços na área portuária.

N. 317 – CANCELADA – *REPOSITÓRIO DE JURISPRUDÊNCIA AUTORIZADO APÓS A INTERPOSIÇÃO DO RECURSO. VALIDADE. DJ 11.08.03 (cancelada em decorrência da nova redação conferida à Súmula n. 337, DJ 20.04.2005)*

A concessão de registro de publicação como repositório autorizado de jurisprudência do TST torna válidas todas as suas edições anteriores.

N. 318 – REPRESENTAÇÃO IRREGULAR. AUTARQUIA. DJ 11.08.03

Os Estados e os Municípios não têm legitimidade para recorrer em nome das autarquias detentoras de personalidade jurídica própria, devendo ser representadas pelos procuradores que fazem parte de seus quadros ou por advogados constituídos.

N. 319 – REPRESENTAÇÃO REGULAR. ESTAGIÁRIO. HABILITAÇÃO POSTERIOR. DJ 11.08.03

Válidos são os atos praticados por estagiário se, entre o substabelecimento e a interposição do recurso, sobreveio a habilitação, do então estagiário, para atuar como advogado.

N. 320 – CANCELADA – *SISTEMA DE PROTOCOLO INTEGRADO. NORMA INTERNA. EFICÁCIA LIMITADA A RECURSOS DA COMPETÊNCIA DO TRT QUE A EDITOU. ART. 896, § 1º, DA CLT. DJ 11.08.2003 (cancelada – DJ 14.09.2004)*

O sistema de protocolo integrado, criado pelos Tribunais Regionais do Trabalho, que autoriza as Varas localizadas no interior do Estado a receberem e a protocolarem documentos de natureza judiciária ou administrativa, destinados a outras Varas ou ao TRT local, tem aplicação restrita ao âmbito de competência do Tribunal que o editou, não podendo ser considerado válido em relação a recursos de competência do Tribunal Superior do Trabalho.

N. 321 – VÍNCULO EMPREGATÍCIO COM A ADMINISTRAÇÃO PÚBLICA. PERÍODO ANTERIOR À CF/1988. (nova redação, DJ 20.04.2005)

Salvo os casos de trabalho temporário e de serviço de vigilância, previstos nas Leis ns. 6.019, de 03.01.74, e 7.102, de 20.06.83, é ilegal a contratação de trabalhadores por empresa interposta, formando-se o vínculo empregatício diretamente com o tomador dos serviços, inclusive ente público, em relação ao período anterior à vigência da CF/88.

Histórico:

Redação original

N. 321 – Vínculo empregatício com a Administração Pública. Período anterior à CF/1988. Súmula n. 256. Aplicável. DJ 11.08.03

É aplicável a Súmula n. 256 para as hipóteses de vínculo empregatício com a Administração Pública, em relação ao período anterior à vigência da CF/1988.

N. 322 – ACORDO COLETIVO DE TRABALHO. CLÁUSULA DE TERMO ADITIVO PRORROGANDO O ACORDO PARA PRAZO INDETERMINADO. INVÁLIDA. DJ 09.12.2003

Nos termos do art. 614, § 3º, da CLT, é de 2 anos o prazo máximo de vigência dos acordos e das convenções coletivas. Assim sendo, é inválida, naquilo que ultrapassa o prazo total de 2 anos, a cláusula de termo aditivo que prorroga a vigência do instrumento coletivo originário por prazo indeterminado.

N. 323 – ACORDO DE COMPENSAÇÃO DE JORNADA. "SEMANA ESPANHOLA". VALIDADE. DJ 09.12.2003

É válido o sistema de compensação de horário quando a jornada adotada é a denominada "semana espanhola", que alterna a prestação de 48 horas em uma semana e 40 horas em outra, não violando os arts. 59, § 2º, da CLT e 7º, XIII, da CF/1988 o seu ajuste mediante acordo ou convenção coletiva de trabalho.

N. 324 – ADICIONAL DE PERICULOSIDADE. SISTEMA ELÉTRICO DE POTÊNCIA. DECRETO N. 93.412/86, ART. 2º, § 1º. DJ 09.12.2003

É assegurado o adicional de periculosidade apenas aos empregados que trabalham em sistema elétrico de potência em condições de risco, ou que o façam com equipamentos e instalações elétricas similares, que ofereçam risco equivalente, ainda que em unidade consumidora de energia elétrica.

N. 325 – AUMENTO SALARIAL CONCEDIDO PELA EMPRESA. COMPENSAÇÃO NO ANO SEGUINTE EM ANTECIPAÇÃO SEM A PARTICIPAÇÃO DO SINDICATO PROFISSIONAL. IMPOSSIBILIDADE. DJ 09.12.2003

O aumento real, concedido pela empresa a todos os seus empregados, somente pode ser reduzido mediante a participação efetiva do sindicato profissional no ajuste, nos termos do art. 7º, VI, da CF/1988.

N. 326 – CONVERTIDA – CARTÃO DE PONTO. REGISTRO. HORAS EXTRAS. MINUTOS QUE ANTECEDEM E SUCEDEM A JORNADA DE TRABALHO. TEMPO UTILIZADO PARA UNIFORMIZAÇÃO, LANCHE E HIGIENE PESSOAL. DJ 09.12.2003 (Convertida na Súmula n. 366, DJ 20.04.2005)

O tempo gasto pelo empregado com troca de uniforme, lanche e higiene pessoal, dentro das dependências da empresa, após o registro de entrada e antes do registro de saída, considera-se tempo à disposição do empregador, sendo remunerado como extra o período que ultrapassar, no total, a dez minutos da jornada de trabalho diária.

N. 327 – CONVERTIDA – DANO MORAL. COMPETÊNCIA DA JUSTIÇA DO TRABALHO. DJ 09.12.2003 (Convertida na Súmula n. 392, DJ 20.04.2005)

Nos termos do art. 114 da CF/1988, a Justiça do Trabalho é competente para dirimir controvérsias referentes à indenização por dano moral, quando decorrente da relação de trabalho.

N. 328 – CANCELADA – EQUIPARAÇÃO SALARIAL. CARGO COM A MESMA DENOMINAÇÃO. FUNÇÕES DIFERENTES OU SIMILARES. NÃO AUTORIZADA A EQUIPARAÇÃO. DJ 09.12.2003 (cancelada em decorrência da nova redação conferida à Súmula n. 6, DJ 20.04.2005)

A equiparação salarial só é possível se o empregado e o paradigma exercerem a mesma função, desempenhando as mesmas tarefas, não importando se os cargos têm, ou não, a mesma denominação.

N. 329 – CANCELADA – ESTABILIDADE. CIPEIRO. SUPLENTE. EXTINÇÃO DO ESTABELECIMENTO. INDENIZAÇÃO INDEVIDA. DJ 09.12.2003 (cancelada em decorrência da nova redação conferida à Súmula n. 339, DJ 20.04.2005)

A estabilidade provisória do cipeiro não constitui vantagem pessoal, mas garantia para as atividades dos membros da CIPA, que somente tem razão de ser quando em atividade a empresa. Extinto o estabelecimento, não se verifica a despedida arbitrária, sendo impossível a reintegração e indevida a indenização do período estabilitário.

N. 330 – CONVERTIDA – IRREGULARIDADE DE REPRESENTAÇÃO. SUBSTABELECIMENTO ANTERIOR À PROCURAÇÃO. DJ 09.12.2003 (Convertida na Súmula n. 395, DJ 20.04.2005)

Configura-se a irregularidade de representação se o substabelecimento é anterior à outorga passada ao substabelecente.

N. 331 – JUSTIÇA GRATUITA. DECLARAÇÃO DE INSUFICIÊNCIA ECONÔMICA. MANDATO. PODERES ESPECÍFICOS DESNECESSÁRIOS. DJ 09.12.2003

Desnecessária a outorga de poderes especiais ao patrono da causa para firmar declaração de insuficiência econômica, destinada à concessão dos benefícios da justiça gratuita.

N. 332 – MOTORISTA. HORAS EXTRAS. ATIVIDADE EXTERNA. CONTROLE DE JORNADA POR TACÓGRAFO. RESOLUÇÃO N. 816/1986 DO CONTRAN. DJ 09.12.2003

O tacógrafo, por si só, sem a existência de outros elementos, não serve para controlar a jornada de trabalho de empregado que exerce atividade externa.

N. 333 – CONVERTIDA – PETROLEIROS. TURNO ININTERRUPTO DE REVEZAMENTO. ALTERAÇÃO DA JORNADA PARA HORÁRIO FIXO. ART. 10 DA LEI N. 5.811/72 RECEPCIONADO PELA CF/1988. DJ 09.12.2003 (Convertida na Súmula n. 391, DJ 20.04.2005)

A previsão contida no art. 10 da Lei n. 5.811/72, possibilitando a mudança do regime de revezamento para horário fixo, constitui alteração lícita, não violando os arts. 468 da CLT, e 7º, VI, da CF/1988.

N. 334 – REMESSA "EX OFFICIO". RECURSO DE REVISTA. INEXISTÊNCIA DE RECURSO ORDINÁRIO VOLUNTÁRIO DE ENTE PÚBLICO. INCABÍVEL. DJ 09.12.2003

Incabível recurso de revista de ente público que não interpôs recurso ordinário voluntário da decisão de primeira instância, ressalvada a hipótese de ter sido agravada, na segunda instância, a condenação imposta.

ERR 522601/1998, Tribunal Pleno

Em 28.10.03, o Tribunal Pleno decidiu, por maioria, ser incabível recurso de revista de ente público que não interpôs recurso ordinário voluntário.

N. 335 – CONTRATO NULO. ADMINISTRAÇÃO PÚBLICA. EFEITOS. CONHECIMENTO DO RECURSO POR VIOLAÇÃO DO ART. 37, II E § 2º, DA CF/1988. DJ 04.05.2004

A nulidade da contratação sem concurso público, após a CF/1988, bem como a limitação de seus efeitos, somente poderá ser declarada por ofensa ao art. 37, II, se invocado concomitantemente o seu § 2º, todos da CF/1988.

N. 336 – EMBARGOS. RECURSO NÃO CONHECIDO COM BASE EM ORIENTAÇÃO JURISPRUDENCIAL. DESNECESSÁRIO O EXAME DAS VIOLAÇÕES LEGAIS E CONSTITUCIONAIS ALEGADAS NA REVISTA. DJ 04.05.2004

Estando a decisão recorrida em conformidade com orientação jurisprudencial, desnecessário o exame das divergências e das violações legais e constitucionais alegadas, salvo nas hipóteses em que a orientação jurisprudencial não fizer qualquer citação do dispositivo constitucional.

N. 337 – CONVERTIDA – *FAC-SÍMILE. LEI N. 9.800/99, ART. 2º. PRAZO. APRESENTAÇÃO DOS ORIGINAIS. DJ 04.05.2004 (Convertida na Súmula n. 387, DJ 20.04.2005)*

A contagem do quinquídio para apresentação dos originais de recurso interposto por intermédio de fac-símile começa a fluir do dia subsequente ao término do prazo recursal, nos termos do art. 2º da Lei 9.800/99, e não do dia seguinte à interposição do recurso, se esta se deu antes do termo final do prazo. Ademais, não se tratando, a juntada dos originais, de ato que dependa de notificação, pois a parte, ao interpor o recurso, já tem ciência de seu ônus processual, não se aplica a regra do art. 184 do CPC quanto ao "dies a quo" do prazo, podendo coincidir com sábado, domingo ou feriado.

N. 338 – MINISTÉRIO PÚBLICO DO TRABALHO. LEGITIMIDADE PARA RECORRER. SOCIEDADE DE ECONOMIA MISTA E EMPRESA PÚBLICA. CONTRATO NULO. DJ 04.05.2004

Há interesse do Ministério Público do Trabalho para recorrer contra decisão que declara a existência de vínculo empregatício com sociedade de economia mista ou empresa pública, após a CF/1988, sem a prévia aprovação em concurso público.

N. 339 – TETO REMUNERATÓRIO. EMPRESA PÚBLICA E SOCIEDADE DE ECONOMIA MISTA. ART. 37, XI, DA CF/1988 (ANTERIOR À EMENDA CONSTITUCIONAL N. 19/1998). (nova redação, DJ 20.04.2005)

As empresas públicas e as sociedades de economia mista estão submetidas à observância do teto remuneratório previsto no inciso XI do art. 37 da CF/1988, sendo aplicável, inclusive, ao período anterior à alteração introduzida pela Emenda Constitucional n. 19/1998.

Histórico:

Redação original

N. 339 – Teto remuneratório. Empresa pública e sociedade de economia mista. Art. 37, XI, da CF/1988 (anterior à Emenda Constitucional n. 19/1998).

DJ 04.05.2004

As empresas públicas e as sociedades de economia mista estão submetidas à observância do teto remuneratório previsto no inciso XI do art. 37 da CF/1988.

N. 340 – CONVERTIDA – *EFEITO DEVOLUTIVO. PROFUNDIDADE. RECURSO ORDINÁRIO. ART. 515, § 1º, DO CPC. APLICAÇÃO. DJ 22.06.04 (Convertida na Súmula n. 393, DJ 20.04.2005)*

O efeito devolutivo em profundidade do Recurso Ordinário, que se extrai do § 1º do art. 515 do CPC, transfere automaticamente ao Tribunal a apreciação de fundamento da defesa não examinado pela sentença, ainda que não renovado em contrarrazões. Não se aplica, todavia, ao caso de pedido não apreciado na sentença.

N. 341 – FGTS. MULTA DE 40%. DIFERENÇAS DECORRENTES DOS EXPURGOS INFLACIONÁRIOS. RESPONSABILIDADE PELO PAGAMENTO. DJ 22.06.04

É de responsabilidade do empregador o pagamento da diferença da multa de 40% sobre os depósitos do FGTS, decorrente da atualização monetária em face dos expurgos inflacionários.

N. 342 – ALTERADA – *INTERVALO INTRAJORNADA PARA REPOUSO E ALIMENTAÇÃO. NÃO CONCESSÃO OU REDUÇÃO. PREVISÃO EM NORMA COLETIVA. INVALIDADE. EXCESSÃO AOS CONDUTORES DE VEÍCULOS RODOVIÁRIOS, EMPREGADOS EM EMPESAS DE TRANSPORTE COLETIVO URBANO (Alterada pela Res. 159/09 – DJET 20, 23 e 24.11.09)*

I – É inválida cláusula de acordo ou convenção coletiva de trabalho contemplando a supressão ou redução do intervalo intrajornada porque este constitui medida de higiene, saúde e segurança do trabalho, garantido por norma de ordem pública (art. 71 da CLT e art. 7º, XXII, da CF/1988), infenso à negociação coletiva.

II – Ante a natureza do serviço e em virtude das condições especiais de trabalho a que são submetidos estritamente os condutores e cobradores de veículos rodoviários, empregados em empresas de transporte público coletivo urbano, é válida cláusula de acordo ou convenção coletiva de trabalho contemplando a redução do intervalo intrajornada, desde que garantida a redução da jornada para, no mínimo, sete horas diárias ou quarenta e duas semanais, não prorrogada, mantida a mesma remuneração e concedidos intervalos para descanso menores e fracionados ao final de cada viagem, não descontados da jornada.

N. 343 – PENHORA. SUCESSÃO. ART. 100 DA CF/1988. EXECUÇÃO. DJ 22.06.04

É válida a penhora em bens de pessoa jurídica de direito privado, realizada anteriormente à sucessão pela União ou por Estado-membro, não podendo a execução prosseguir mediante precatório. A decisão que a mantém não viola o art. 100 da CF/1988.

N. 344 – FGTS. MULTA DE 40%. DIFERENÇAS DECORRENTES DOS EXPURGOS INFLACIONÁRIOS. PRESCRIÇÃO. TERMO INICIAL. DJ 10.11.2004 (alterada em decorrência do julgamento do processo TST IUJ-RR 1577/2003-019-03-00.8, DJ 22.11.2005)

O termo inicial do prazo prescricional para o empregado pleitear em juízo diferenças da multa do FGTS, decorrentes dos expurgos inflacionários, deu-se com a vigência da Lei Complementar n. 110, em 30.06.01, salvo comprovado trânsito em julgado de decisão proferida em ação proposta anteriormente na Justiça Federal, que reconheça o direito à atualização do saldo da conta vinculada.

Histórico:

Redação Original

N. 344 – FGTS. MULTA DE 40%. DIFERENÇAS DECORRENTES DOS EXPURGOS INFLACIONÁRIOS. PRESCRIÇÃO. TERMO INICIAL. LEI COMPLEMENTAR N. 110/01. DJ 10.11.04

O termo inicial do prazo prescricional para o empregado pleitear em juízo diferenças da multa do FGTS, decorrentes dos expurgos inflacionários, deu-se com a edição da Lei Complementar n. 110, de 29.06.01, que reconheceu o direito à atualização do saldo das contas vinculadas.

N. 345 – ADICIONAL DE PERICULOSIDADE. RADIAÇÃO IONIZANTE OU SUBSTÂNCIA RADIOATIVA. DEVIDO. DJ 22.06.05

A exposição do empregado à radiação ionizante ou à substância radioativa enseja a percepção do adicional de periculosidade, pois a regulamentação ministerial (Portarias do Ministério do Trabalho ns. 3.393, de 17.12.1987, e 518, de 07.04.2003), ao reputar perigosa a atividade, reveste-se de plena eficácia, porquanto expedida por força de delegação legislativa contida no art. 200, caput, e inciso VI, da CLT. No período de 12.12.2002 a 06.04.2003, enquanto vigeu a Portaria n. 496 do Ministério do Trabalho, o empregado faz jus ao adicional de insalubridade.

N. 346 – ABONO PREVISTO EM NORMA COLETIVA. NATUREZA INDENIZATÓRIA. CONCESSÃO APENAS AOS EMPREGADOS EM ATIVIDADE. EXTENSÃO AOS INATIVOS. IMPOSSIBILIDADE. DJ 25.04.2007

A decisão que estende aos inativos a concessão de abono de natureza jurídica indenizatória, previsto em norma coletiva apenas para os empregados em atividade, a ser pago de uma única vez, e confere natureza salarial à parcela, afronta o art. 7º, XXVI, da CF/88.

N. 347 – ADICIONAL DE PERICULOSIDADE. SISTEMA ELÉTRICO DE POTÊNCIA. LEI N. 7.369, DE 20.09.1985, REGULAMENTADA PELO DECRETO N. 93.412, DE 14.10.1986. EXTENSÃO DO DIREITO AOS CABISTAS, INSTALADORES E REPARADORES DE LINHAS E APARELHOS EM EMPRESA DE TELEFONIA. DJ 25.04.2007

É devido o adicional de periculosidade aos empregados cabistas, instaladores e reparadores de linhas e aparelhos de empresas de telefonia, desde que, no exercício de suas funções, fiquem expostos a condições de risco equivalente ao do trabalho exercido em contato com sistema elétrico de potência.

N. 348 – HONORÁRIOS ADVOCATÍCIOS. BASE DE CÁLCULO. VALOR LÍQUIDO. LEI N. 1.060, DE 05.02.1950. DJ 25.04.2007

Os honorários advocatícios, arbitrados nos termos do art. 11, § 1º, da Lei n. 1.060, de 05.02.1950, devem incidir sobre o valor líquido da condenação, apurado na fase de liquidação de sentença, sem a dedução dos descontos fiscais e previdenciários.

N. 349 – MANDATO. JUNTADA DE NOVA PROCURAÇÃO. AUSÊNCIA DE RESSALVA. EFEITOS. DJ 25.04.2007

A juntada de nova procuração aos autos, sem ressalva de poderes conferidos ao antigo patrono, implica revogação tácita do mandato anterior.

N. 350 – ALTERADA – MINISTÉRIO PÚBLICO DO TRABALHO. NULIDADE DO CONTRATO DE TRABALHO NÃO SUSCITADA PELO ENTE PÚBLICO NO MOMENTO DA DEFESA. ARGUIÇÃO EM PARECER. POSSIBILIDADE (Alterada pela Res. 162/09 – DJET 20, 23 e 24.11.09)

O Ministério Público do Trabalho pode arguir, em parecer, na primeira vez que tenha de se manifestar no processo, a nulidade do contrato de trabalho em favor de ente público, ainda que a parte não a tenha suscitado, a qual será apreciada, sendo vedada, no entanto, qualquer dilação probatória.

N. 351 – CANCELADA – MULTA. ART. 477, § 8º, DA CLT. VERBAS RESCISÓRIAS RECONHECIDAS EM JUÍZO (Cancelada pela Res. 163/09 – DJET 20, 23 e 24.11.09)

Incabível a multa prevista no art. 477, § 8º, da CLT, quando houver fundada controvérsia quanto à existência da obrigação cujo inadimplemento gerou a multa (DJET 25.04.2007)

Legislação:

CLT, art. 477, caput, §§ 6º e 8º

N. 352 – PROCEDIMENTO SUMARÍSSIMO. RECURSO DE REVISTA FUNDAMENTADO EM CONTRARIEDADE A ORIENTAÇÃO JURISPRUDENCIAL. INADMISSIBILIDADE. ART. 896, § 6º, DA CLT, ACRESCENTADO PELA LEI N. 9.957, DE 12.01.2000. DJ 25.04.2007

Nas causas sujeitas ao procedimento sumaríssimo, não se admite recurso de revista por contrariedade à Orientação Jurisprudencial do Tribunal Superior do Trabalho (Livro II, Título II, Capítulo III, do RITST), por ausência de previsão no art. 896, § 6º, da CLT.

N. 353 – EQUIPARAÇÃO SALARIAL. SOCIEDADE DE ECONOMIA MISTA. ART. 37, XIII, DA CF/1988. POSSIBILIDADE. (DJ 14.03.2008)

À sociedade de economia mista não se aplica a vedação à equiparação prevista no art. 37, XIII, da CF/1988, pois, ao contratar empregados sob o regime da CLT, equipara-se a empregador privado, conforme disposto no art. 173, § 1º, II, da CF/1988.

N. 354 – INTERVALO INTRAJORNADA. ART. 71, § 4º, DA CLT. NÃO CONCESSÃO OU REDUÇÃO. NATUREZA JURÍDICA SALARIAL. (DJ 14.03.2008)

Possui natureza salarial a parcela prevista no art. 71, § 4º, da CLT, com redação introduzida pela Lei n. 8.923, de 27 de julho de 1994, quando não concedido ou reduzido pelo empregador o intervalo mínimo intrajornada para repouso e alimentação, repercutindo, assim, no cálculo de outras parcelas salariais.

N. 355 – INTERVALO INTERJORNADAS. INOBSERVÂNCIA. HORAS EXTRAS. PERÍODO PAGO COMO SOBREJORNADA. ART. 66 DA CLT. APLICAÇÃO ANALÓGICA DO § 4º DO ART. 71 DA CLT. (DJ 14.03.2008)

O desrespeito ao intervalo mínimo interjornadas previsto no art. 66 da CLT acarreta, por analogia, os mesmos efeitos previstos no § 4º do art. 71 da CLT e na Súmula n. 110 do TST, devendo-se pagar a integralidade das horas que foram subtraídas do intervalo, acrescidas do respectivo adicional.

N. 356 – PROGRAMA DE INCENTIVO À DEMISSÃO VOLUNTÁRIA (PDV). CRÉDITOS TRABALHISTAS RECONHECIDOS EM JUÍZO. COMPENSAÇÃO. IMPOSSIBILIDADE. (DJ 14.03.2008)

Os créditos tipicamente trabalhistas reconhecidos em juízo não são suscetíveis de compensação com a indenização paga em decorrência de adesão do trabalhador a Programa de Incentivo à Demissão Voluntária (PDV).

N. 357 – RECURSO. INTERPOSIÇÃO ANTES DA PUBLICAÇÃO DO ACÓRDÃO IMPUGNADO. EXTEMPORANEIDADE. NÃO CONHECIMENTO. (DJ 14.03.2008)

É extemporâneo recurso interposto antes de publicado o acórdão impugnado.

N. 358 – SALÁRIO MÍNIMO E PISO SALARIAL PROPORCIONAL À JORNADA REDUZIDA. POSSIBILIDADE. (DJ 14.03.2008)

Havendo contratação para cumprimento de jornada reduzida, inferior à previsão constitucional de oito horas diárias ou quarenta e quatro semanais, é lícito o pagamento do piso salarial ou do salário mínimo proporcional ao tempo trabalhado.

N. 359 – SUBSTITUIÇÃO PROCESSUAL. SINDICATO. LEGITIMIDADE. PRESCRIÇÃO. INTERRUPÇÃO. (DJ 14.03.2008)

A ação movida por sindicato, na qualidade de substituto processual, interrompe a prescrição, ainda que tenha sido considerado parte ilegítima "ad causam".

N. 360 – TURNO ININTERRUPTO DE REVEZAMENTO. DOIS TURNOS. HORÁRIO DIURNO E NOTURNO. CARACTERIZAÇÃO. (DJ 14.03.2008)

Faz jus à jornada especial prevista no art. 7º, XIV, da CF/1988 o trabalhador que exerce suas atividades em sistema de alternância de turnos, ainda que em dois turnos de trabalho, que compreendam, no todo ou em parte, o horário diurno e o noturno, pois submetido à alternância de horário prejudicial à saúde, sendo irrelevante que a atividade da empresa se desenvolva de forma ininterrupta.

N. 361 – APOSENTADORIA ESPONTÂNEA. UNICIDADE DO CONTRATO DE TRABALHO. MULTA DE 40% DO FGTS SOBRE TODO O PERÍODO. (DJ 20.05.2008)

A aposentadoria espontânea não é causa de extinção do contrato de trabalho se o empregado permanece prestando serviços ao empregador após a jubilação. Assim, por ocasião da sua dispensa imotivada, o empregado tem direito à multa de 40% do FGTS sobre a totalidade dos depósitos efetuados no curso do pacto laboral.

N. 362 – CONTRATO NULO. EFEITOS. FGTS. MEDIDA PROVISÓRIA 2.164-41, DE 24.08.2001, E ART. 19-A DA LEI N. 8.036, DE 11.05.1990. IRRETROATIVIDADE. (DJ 20.05.2008)

Não afronta o princípio da irretroatividade da lei a aplicação do art. 19-A da Lei n. 8.036, de 11.05.1990, aos contratos declarados nulos celebrados antes da vigência da Medida Provisória n. 2.164-41, de 24.08.2001.

N. 363 – DESCONTOS PREVIDENCIÁRIOS E FISCAIS. CONDENAÇÃO DO EMPREGADOR EM RAZÃO DO INADIMPLEMENTO DE VERBAS REMUNERATÓRIAS. RESPONSABILIDADE DO EMPREGADO PELO PAGAMENTO. ABRANGÊNCIA. (DJ 20.05.2008)

A responsabilidade pelo recolhimento das contribuições social e fiscal, resultante de condenação judicial referente a verbas remuneratórias, é do empregador e incide sobre o total da condenação. Contudo, a culpa do empregador pelo inadimplemento das verbas remuneratórias não exime a responsabilidade do empregado pelos pagamentos do imposto de renda devido e da contribuição previdenciária que recaia sobre sua quota-parte.

N. 364 – ESTABILIDADE. ART. 19 DO ADCT. SERVIDOR PÚBLICO DE FUNDAÇÃO REGIDO PELA CLT. (DJ 20.05.2008)

Fundação instituída por lei e que recebe dotação ou subvenção do Poder Público para realizar atividades de interesse do Estado, ainda que tenha personalidade jurídica de direito privado, ostenta natureza de fundação pública. Assim, seus servidores regidos pela CLT são beneficiários da estabilidade excepcional prevista no art. 19 do ADCT.

N. 365 – ESTABILIDADE PROVISÓRIA. MEMBRO DE CONSELHO FISCAL DE SINDICATO. INEXISTÊNCIA. (DJ 20.05.2008)

Membro de conselho fiscal de sindicato não tem direito à estabilidade prevista nos arts. 543, § 3º, da CLT e 8º, VIII, da CF/1988, porquanto não representa ou atua na defesa de direitos da categoria respectiva, tendo sua competência limitada à fiscalização da gestão financeira do sindicato (art. 522, § 2º, da CLT).

N. 366 – ESTAGIÁRIO. DESVIRTUAMENTO DO CONTRATO DE ESTÁGIO. RECONHECIMENTO DO VÍNCULO EMPREGATÍCIO COM A ADMINISTRAÇÃO PÚBLICA DIRETA OU INDIRETA. PERÍODO POSTERIOR À CONSTITUIÇÃO FEDERAL DE 1988. IMPOSSIBILIDADE. (DJ 20.05.2008)

Ainda que desvirtuada a finalidade do contrato de estágio celebrado na vigência da Constituição Federal de 1988, é inviável o reconhecimento do vínculo empregatício com ente da Administração Pública direta ou indireta, por força do art. 37, II, da CF/1988, bem como o deferimento de indenização pecuniária, exceto em relação às parcelas previstas na Súmula n. 363 do TST, se requeridas.

N. 367 – AVISO PRÉVIO DE 60 DIAS. ELASTECIMENTO POR NORMA COLETIVA. PROJEÇÃO. REFLEXOS NAS PARCELAS TRABALHISTAS. (DEJT 03.12.2008)

O prazo de aviso prévio de 60 dias, concedido por meio de norma coletiva que silencia sobre alcance de seus efeitos jurídicos, computa-se integralmente como tempo de serviço, nos termos do § 1º do art. 487 da CLT, repercutindo nas verbas rescisórias.

N. 368 – DESCONTOS PREVIDENCIÁRIOS. ACORDO HOMOLOGADO EM JUÍZO. INEXISTÊNCIA DE VÍNCULO EMPREGATÍCIO. PARCELAS INDENIZATÓRIAS. AUSÊNCIA DE DISCRIMINAÇÃO. INCIDÊNCIA SOBRE O VALOR TOTAL. (DEJT 03.12.2008)

É devida a incidência das contribuições para a Previdência Social sobre o valor total do acordo homologado em juízo, independentemente do reconhecimento de vínculo de emprego, desde que não haja discriminação das parcelas sujeitas à incidência da contribuição previdenciária, conforme parágrafo único do art. 43 da Lei n. 8.212, de 24.07.1991, e do art. 195, I, "a", da CF/1988.

N. 369 – ESTABILIDADE PROVISÓRIA. DELEGADO SINDICAL. INAPLICÁVEL. (DEJT 03.12.2008)

O delegado sindical não é beneficiário da estabilidade provisória prevista no art. 8º, VIII, da CF/1988, a qual é dirigida, exclusivamente, àqueles que exerçam ou ocupem cargos de direção nos sindicatos, submetidos a processo eletivo.

N. 370 – FGTS. MULTA DE 40%. DIFERENÇAS DOS EXPURGOS INFLACIONÁRIOS. PRESCRIÇÃO. INTERRUPÇÃO DECORRENTE DE PROTESTOS JUDICIAIS. (DEJT 03.12.2008)

O ajuizamento de protesto judicial dentro do biênio posterior à Lei Complementar n. 110, de 29.06.2001, interrompe a prescrição, sendo irrelevante o transcurso de mais de dois anos da propositura de outra medida acautelatória, com o mesmo objetivo, ocorrida antes da vigência da referida lei, pois ainda não iniciado o prazo prescricional, conforme disposto na Orientação Jurisprudencial n. 344 da SBDI-1.

N. 371 – IRREGULARIDADE DE REPRESENTAÇÃO. SUBSTABELECIMENTO NÃO DATADO. INAPLICABILIDADE DO ART. 654, § 1º, DO CÓDIGO CIVIL. (DEJT 03.12.2008)

Não caracteriza a irregularidade de representação a ausência da data da outorga de poderes, pois, no mandato judicial, ao contrário do mandato civil, não é condição de validade do negócio jurídico. Assim, a data a ser considerada é aquela em que o instrumento for juntado aos autos, conforme preceitua o art. 370, IV, do CPC. Inaplicável o art. 654, § 1º, do Código Civil.

N. 372 – MINUTOS QUE ANTECEDEM E SUCEDEM A JORNADA DE TRABALHO. LEI N. 10.243, DE 27.06.2001. NORMA COLETIVA. FLEXIBILIZAÇÃO. IMPOSSIBILIDADE. (DEJT 03.12.2008)

A partir da vigência da Lei n. 10.243, de 27.06.2001, que acrescentou o § 1º ao art. 58 da CLT, não mais prevalece cláusula prevista em convenção ou acordo coletivo que elastece o limite de 5 minutos que antecedem e sucedem a jornada de trabalho para fins de apuração das horas extras.

N. 373 – IRREGULARIDADE DE REPRESENTAÇÃO. PESSOA JURÍDICA. PROCURAÇÃO INVÁLIDA. AUSÊNCIA DE IDENTIFICAÇÃO DO OUTORGANTE E DE SEU REPRESENTANTE. ART. 654, § 1º, DO CÓDIGO CIVIL. (DJe divulgado em 10, 11 e 12.03.2009)

Não se reveste de validade o instrumento de mandato firmado em nome de pessoa jurídica em que não haja a sua identificação e a de seu representante legal, o que, a teor do art. 654, § 1º, do Código Civil, acarreta, para a parte que o apresenta, os efeitos processuais da inexistência de poderes nos autos.

SDI-2
Orientação Jurisprudencial do Tribunal Superior do Trabalho SDI-2

N. 1 – CANCELADA – *AÇÃO RESCISÓRIA. AÇÃO CAUTELAR INCIDENTAL. PLANOS ECONÔMICOS. Inserida em 20.09.00 – (cancelada em decorrência da sua conversão na Súmula n. 405 – DJ 22.08.2005).*

Procede o pedido de cautelar incidental somente se o autor da ação rescisória, fundada no art. 485, inciso V, do CPC, invocar na respectiva petição inicial afronta ao art. 5º, inciso XXXVI, da Constituição Federal de 1988.

N. 2 – AÇÃO RESCISÓRIA. ADICIONAL DE INSALUBRIDADE. BASE DE CÁLCULO. SALÁRIO MÍNIMO. CABÍVEL. (mantida pela Resolução n. 148/08 – DJ 08.07.08) Inserida em 20.09.00.

Viola o art. 192 da CLT decisão que acolhe pedido de adicional de insalubridade com base na remuneração do empregado.

N. 3 – CANCELADA – *AÇÃO RESCISÓRIA. ANTECIPAÇÃO DE TUTELA DE MÉRITO REQUERIDA EM FASE RECURSAL. RECEBIMENTO COMO MEDIDA ACAUTELATÓRIA. MEDIDA PROVISÓRIA N. 1.906 E REEDIÇÕES. Inserida em 20.09.00 – (cancelada em decorrência da sua conversão na Súmula n. 405 – DJ 22.08.2005).*

Em face do que dispõe a Medida Provisória n. 1906 e reedições, é recebido como medida acautelatória em ação rescisória o pedido de antecipação de tutela formulado por entidade pública em recurso ordinário, visando a suspender a execução até o trânsito em julgado da decisão proferida na ação principal.

N. 4 – AÇÃO RESCISÓRIA. BANCO DO BRASIL. ADICIONAL DE CARÁTER PESSOAL – ACP. Inserida em 20.09.00.

Procede, por ofensa ao art. 5º, inciso XXXVI, da CF/1988, o pedido de rescisão de julgado que acolheu Adicional de Caráter Pessoal em favor de empregado do Banco do Brasil S.A.

N. 5 – AÇÃO RESCISÓRIA. BANCO DO BRASIL. AP E ADI. HORAS EXTRAS. SÚMULA N. 83 DO TST. APLICÁVEL. Inserida em 20.09.00.

Não se acolhe pedido de rescisão de julgado que deferiu a empregado do Banco do Brasil S.A. horas extras após a sexta, não obstante o pagamento dos adicionais AP e ADI, ou AFR quando a decisão rescindenda for anterior à Orientação Jurisprudencial n. 17, da Seção de Dissídios Individuais do TST (07.11.94). Incidência das Súmulas ns. 83 do TST e 343 do STF.

N. 6 – AÇÃO RESCISÓRIA. CIPEIRO SUPLENTE. ESTABILIDADE. ADCT DA CF/88, ART. 10, II, "A". SÚMULA N. 83 DO TST. Inserida em 20.09.00 (nova redação – DJ 22.08.2005).

Rescinde-se o julgado que nega estabilidade a membro suplente de CIPA, representante de empregado, por ofensa ao art. 10, II, "a", do ADCT da CF/88, ainda que se cuide de decisão anterior à Súmula n. 339 do TST. Incidência da Súmula n. 83 do TST.

Histórico:

Redação original

N. 6 – AÇÃO RESCISÓRIA. CIPEIRO-SUPLENTE. ESTABILIDADE. ADCT, ART. 10, II. SÚMULA N. 83 DO TST. INAPLICÁVEL. MATÉRIA CONSTITUCIONAL. Inserida em 20.09.00.

Rescinde-se o julgado que nega estabilidade a membro suplente de CIPA, representante de empregado, ainda que se cuide de decisão anterior à Súmula n. 339 do TST. Ofensa ao art. 10, II, "a", do ADCT da CF/1988.

N. 7 – AÇÃO RESCISÓRIA. COMPETÊNCIA. CRIAÇÃO DE TRIBUNAL REGIONAL DO TRABALHO. NA OMISSÃO DA LEI, É FIXADA PELO ART. 678, INC. I, "C", ITEM 2, DA CLT. Inserida em 20.09.00 (nova redação, DJ 22.08.2005).

A Lei n. 7.872/89 que criou o Tribunal Regional do Trabalho da 17ª Região não fixou a sua competência para apreciar as ações rescisórias de decisões oriundas da 1ª Região, o que decorreu do art. 678, I, "c", item 2, da CLT.

Histórico:

Redação original

A Lei n. 7.872/89 que criou o Tribunal Regional do Trabalho da 17ª Região não fixou a sua competência para apreciar as ações rescisórias de decisões oriundas da 1ª Região.

N. 8 – AÇÃO RESCISÓRIA. COMPLEMENTAÇÃO DE APOSENTADORIA. BANESPA. SÚMULA N. 83 DO TST. Inserida em 20.09.00 (nova redação – DJ 22.08.2005).

Não se rescinde julgado que acolheu pedido de complementação de aposentadoria integral em favor de empregado do BANESPA, antes da Súmula n. 313 do TST, em virtude da notória controvérsia jurisprudencial então reinante. Incidência da Súmula n. 83 do TST.

Histórico:

Redação original

N. 8 – AÇÃO RESCISÓRIA. COMPLEMENTAÇÃO DE APOSENTADORIA. BANESPA. Inserida em 20.09.00.

Não se rescinde julgado que acolheu pedido de complementação de aposentadoria integral em favor de empregado do BANESPA, antes da Súmula n. 313 do TST, em virtude da notória controvérsia jurisprudencial então reinante. Incidência da Súmula n. 83 do TST.

N. 9 – AÇÃO RESCISÓRIA. CONAB. AVISO DIREH 2/84. SÚMULA N. 83 DO TST. APLICÁVEL. Inserida em 20.09.00.

Não se rescinde julgado que reconheceu garantia de emprego com base no Aviso DIREH 02/84 da CONAB, antes da Súmula n. 355 do TST, em virtude da notória controvérsia jurisprudencial então reinante. Incidência da Súmula n. 83 do TST.

N. 10 – AÇÃO RESCISÓRIA. CONTRATO NULO. ADMINISTRAÇÃO PÚBLICA. EFEITOS. ART. 37, II E § 2º, DA CF/1988. Inserida em 20.09.00.

Somente por ofensa ao art. 37, II e § 2º, da CF/1988, procede o pedido de rescisão de julgado para considerar nula a contratação, sem concurso público, de servidor, após a CF/1988.

N. 11 – AÇÃO RESCISÓRIA. CORREÇÃO MONETÁRIA. LEI N. 7.596/87. UNIVERSIDADES FEDERAIS. IMPLANTAÇÃO TARDIA DO PLANO DE CLASSIFICAÇÃO DE CARGOS. VIOLAÇÃO DE LEI. SÚMULA N. 83 DO TST. APLICÁVEL. Inserida em 20.09.00.

Não se rescinde julgado que acolhe pedido de correção monetária decorrente da implantação tardia do Plano de Classificação de Cargos de Universidade Federal previsto na Lei n. 7.596/87, à época em que era controvertida tal matéria na jurisprudência. Incidência da Súmula n. 83 do TST.

N. 12 – AÇÃO RESCISÓRIA. DECADÊNCIA. CONSUMAÇÃO ANTES OU DEPOIS DA EDIÇÃO DA MEDIDA PROVISÓRIA N. 1.577/1997. AMPLIAÇÃO DO PRAZO. Inserida em 20.09.00 (nova redação em decorrência da incorporação da Orientação Jurisprudencial n. 17 da SBDI-II – DJ 22.08.2005).

I – A vigência da Medida Provisória n. 1.577/1997 e de suas reedições implicou o elastecimento do prazo decadencial para o ajuizamento da ação rescisória a favor dos entes de direito público, autarquias e fundações públicas. Se o biênio decadencial do art. 495 do CPC findou após a entrada em vigor da referida medida provisória e até sua suspensão pelo STF em sede liminar de ação direta de inconstitucionalidade (ADIn 1753-2), tem-se como aplicável o prazo decadencial elastecido à rescisória. (ex-OJ n. 17 da SDI-2 – inserida em 20.09.00)

II – A regra ampliativa do prazo decadencial para a propositura de ação rescisória em favor de pessoa jurídica de direito público não se aplica se, ao tempo em que sobreveio a Medida Provisória n. 1.577/1997, já se exaurira o biênio do art. 495 do CPC. Preservação do direito adquirido da parte à decadência já consumada sob a égide da lei velha. (ex-OJ n. 12 da SDI-2 – inserida em 20.09.00)

Histórico:

Redação original:

N. 12 – Ação rescisória. Decadência. Consumação anterior à edição da Medida Provisória n. 1.577/1997.

A regra ampliativa do prazo decadencial para a propositura de ação rescisória, em favor de pessoa jurídica de direito público, não se aplica se, ao tempo em que sobreveio a Medida Provisória n. 1577/1997, já se exaurira o biênio do art. 495 do CPC. Preservação do direito adquirido da parte à decadência já consumada sob a égide da lei velha.

N. 13 – CANCELADA – *AÇÃO RESCISÓRIA. DECADÊNCIA. "DIES AD QUEM". ART. 775 DA CLT. APLICÁVEL. Inserida em 20.09.00 – (cancelada em decorrência da nova redação conferida à Súmula n. 100 – DJ 22.08.2005).*

Prorroga-se até o primeiro dia útil imediatamente subsequente o prazo decadencial para ajuizamento de ação rescisória quando expira em férias forenses, feriados, finais de semana ou em dia em que não houver expediente forense. Aplicação do art. 775 da CLT.

N. 14 – CANCELADA – *AÇÃO RESCISÓRIA. DECADÊNCIA. "DIES A QUO". RECURSO INTEMPESTIVO. Inserida em 20.09.00 (cancelada em decorrência da nova redação conferida à Súmula n. 100, Res. 109/01, DJ 18.04.01).*

N. 15 – CANCELADA – *AÇÃO RESCISÓRIA. DECADÊNCIA. DUAS DECISÕES RESCINDENDAS. Inserida em 20.09.00 (cancelada em decorrência da nova redação conferida à Súmula n. 100, Res. 109/01, DJ 18.04.01).*

N. 16 – CANCELADA – *AÇÃO RESCISÓRIA. DECADÊNCIA. EXCEÇÃO DE INCOMPETÊNCIA. Inserida em 20.09.00 – (cancelada em decorrência da nova redação conferida à Súmula n. 100 – DJ 22.08.2005).*

A exceção de incompetência, ainda que oposta no prazo recursal, sem ter sido aviado o recurso próprio, não tem o condão de afastar a consumação da coisa julgada e, assim, postergar o termo inicial do prazo decadencial para a ação rescisória.

N. 17 – CANCELADA – *AÇÃO RESCISÓRIA. DECADÊNCIA. NÃO CONSUMAÇÃO ANTES DA EDIÇÃO DA MEDIDA PROVISÓRIA N. 1577/1997. AMPLIAÇÃO DO PRAZO. Inserida em 20.09.00 – (cancelada em decorrência da sua incorporação à nova redação da Orientação Jurisprudencial n. 12 da SBDI-II – DJ 22.08.2005).*

A vigência da Medida Provisória n. 1577/1997 e de suas reedições implicou o elastecimento do prazo decadencial para o ajuizamento da ação rescisória a favor dos entes de direito público, autarquias e fundações públicas. Se o biênio decadencial do art. 495 do CPC findou após a entrada em vigor da referida medida provisória e até sua suspensão pelo STF em sede liminar de ação direta de inconstitucionalidade (ADIn 1753-2), tem-se como aplicável o prazo decadencial elastecido à rescisória.

N. 18 – AÇÃO RESCISÓRIA. DECADÊNCIA. UNIÃO. LEI COMPLEMENTAR N. 73/93, ART. 67. LEI N. 8.682/93, ART. 6º. Inserida em 20.09.00.

O art. 67 da Lei Complementar n. 73/93 interrompeu todos os prazos, inclusive o de decadência, em favor da União no período compreendido entre 14.02.93 e 14.08.93.

N. 19 – AÇÃO RESCISÓRIA. DESLIGAMENTO INCENTIVADO. IMPOSTO DE RENDA. ABONO PECUNIÁRIO. VIOLAÇÃO DE LEI. SÚMULA N. 83 DO TST. APLICÁVEL. Inserida em 20.09.00.

Havendo notória controvérsia jurisprudencial acerca da incidência de imposto de renda sobre parcela paga pelo empregador ("abono pecuniário") a título de "desligamento incentivado", improcede pedido de rescisão do julgado. Incidência da Súmula n. 83 do TST.

N. 20 – CANCELADA – AÇÃO RESCISÓRIA. DOCUMENTO NOVO. DISSÍDIO COLETIVO. SENTENÇA NORMATIVA. Inserida em 20.09.00 – (cancelada em decorrência da sua conversão na Súmula n. 402 – DJ 22.08.2005).

Documento novo é o cronologicamente velho, já existente ao tempo da decisão rescindenda, mas ignorado pelo interessado ou de impossível utilização à época no processo. Não é documento novo apto a viabilizar a desconstituição de julgado.

a) a sentença normativa proferida ou transitada em julgado posteriormente à sentença rescindenda;

b) a sentença normativa preexistente à sentença rescindenda, mas não exibida no processo principal, em virtude de negligência da parte, quando podia e deveria louvar-se de documento já existente e não ignorado quando emitida a decisão rescindenda.

N. 21 – AÇÃO RESCISÓRIA. DUPLO GRAU DE JURISDIÇÃO. TRÂNSITO EM JULGADO. INOBSERVÂNCIA. DECRETO-LEI N. 779/69, ART. 1º, V. INCABÍVEL. Inserida em 20.09.00 (nova redação – DJ 22.08.2005).

É incabível ação rescisória para a desconstituição de sentença não transitada em julgado porque ainda não submetida ao necessário duplo grau de jurisdição, na forma do Decreto-lei n. 779/69. Determina-se que se oficie ao Presidente do TRT para que proceda à avocatória do processo principal para o reexame da sentença rescindenda.

Histórico:

Redação original

N. 21 – Ação rescisória. Duplo grau de jurisdição. Trânsito em julgado. Inobservância. Decreto-lei n. 779/69, art. 1º, V. Incabível.

Incabível ação rescisória para a desconstituição de sentença não transitada em julgado porque ainda não submetida ao necessário duplo grau de jurisdição, na forma do Decreto-lei n. 779/69. Determina-se que se oficie ao Presidente do TRT para que proceda à avocatória do processo principal para o reexame da sentença rescindenda.

N. 22 – CANCELADA – AÇÃO RESCISÓRIA. ESTABILIDADE. ART. 41, CF/1988. CELETISTA. ADMINISTRAÇÃO DIRETA, AUTÁRQUICA OU FUNDACIONAL. APLICABILIDADE. Inserida em 20.09.00 (cancelada em decorrência da sua conversão na Súmula n. 390, DJ 20.04.2005).

O servidor público celetista da administração direta, autárquica ou fundacional é beneficiário da estabilidade prevista no art. 41 da Constituição Federal.

N. 23 – AÇÃO RESCISÓRIA. ESTABILIDADE. PERÍODO PRÉ-ELEITORAL. VIOLAÇÃO DE LEI. SÚMULA N. 83 DO TST. APLICÁVEL. Inserida em 20.09.00.

Não procede pedido de rescisão de sentença de mérito que assegura ou nega estabilidade pré-eleitoral, quando a decisão rescindenda for anterior à Orientação Jurisprudencial n. 51, da Seção de Dissídios Individuais do TST (25.11.96). Incidência da Súmula n. 83 do TST.

N. 24 – AÇÃO RESCISÓRIA. ESTABILIDADE PROVISÓRIA. REINTEGRAÇÃO EM PERÍODO POSTERIOR. DIREITO LIMITADO AOS SALÁRIOS E CONSECTÁRIOS DO PERÍODO DA ESTABILIDADE. Inserida em 20.09.00.

Rescinde-se o julgado que reconhece estabilidade provisória e determina a reintegração de empregado, quando já exaurido o respectivo período de estabilidade. Em juízo rescisório, restringe-se a condenação quanto aos salários e consectários até o termo final da estabilidade.

N. 25 – AÇÃO RESCISÓRIA. EXPRESSÃO "LEI" DO ART. 485, V, DO CPC. NÃO INCLUSÃO DO ACT, CCT, PORTARIA, REGULAMENTO, SÚMULA E ORIENTAÇÃO JURISPRUDENCIAL DE TRIBUNAL. Inserida em 20.09.00 (nova redação em decorrência da incorporação da Orientação Jurisprudencial n. 118 da SBDI-II – DJ 22.08.2005).

Não procede pedido de rescisão fundado no art. 485, V, do CPC quando se aponta contrariedade à norma de convenção coletiva de trabalho, acordo coletivo de trabalho, portaria do Poder Executivo, regulamento de empresa e súmula ou orientação jurisprudencial de tribunal. (ex-OJ 25 da SDI-2, inserida em 20.09.00 e ex-OJ 118 da SDI-2, DJ 11.08.03)

Histórico:

Redação original

N. 25 – Ação rescisória. Expressão "lei" do art. 485, V, do CPC. Não inclusão do ACT, CCT, portaria e regulamento.

Não procede pedido de rescisão fundado no art. 485, inciso V, do CPC, quando se aponta violação da norma de convenção coletiva de trabalho, acordo coletivo de trabalho, portaria do Poder Executivo e regulamento de empresa.

N. 26 – AÇÃO RESCISÓRIA. GRATIFICAÇÃO DE NÍVEL SUPERIOR. SUFRAMA. Inserida em 20.09.00.

A extensão da gratificação instituída pela SUFRAMA aos servidores celetistas exercentes de atividade de nível superior não ofende as disposições contidas nos arts. 37, XIII e 39, § 1º, da CF/1988.

N. 27 – CANCELADA – *AÇÃO RESCISÓRIA. HONORÁRIOS ADVOCATÍCIOS. Inserida em 20.09.00 – (cancelada em decorrência da nova redação conferida à Súmula n. 219 – DJ 22.08.2005).*

Incabível condenação em honorários advocatícios em ação rescisória no processo trabalhista, salvo preenchidos os requisitos da Lei n. 5.584/70.

N. 28 – CANCELADA – *AÇÃO RESCISÓRIA. JUÍZO RESCISÓRIO. RESTITUIÇÃO DA PARCELA JÁ RECEBIDA. DEVE A PARTE PROPOR AÇÃO PRÓPRIA. (cancelada pela Resolução n. 149/08 – DEJT 20, 21 e 24.11.08). Inserida em 20.09.00.*

Inviável em sede de ação rescisória pleitear condenação relativa à devolução dos valores pagos aos empregados quando ultimada a execução da decisão rescindenda, devendo a empresa buscar por meio de procedimento próprio essa devolução.

N. 29 – CANCELADA – *AÇÃO RESCISÓRIA. MATÉRIA CONSTITUCIONAL. SÚMULA N. 83 DO TST E SÚMULA N. 343 DO STF. INAPLICÁVEIS. (cancelada em decorrência da redação conferida à Súmula n. 83 pela Res. 121/03, DJ 21.11.03 – Res. 137/05 – DJ 22.08.2005). Inserida em 20.09.00.*

No julgamento de ação rescisória fundada no art. 485, inciso V, do CPC, não se aplica o óbice das Súmulas ns. 83 do TST e 343 do STF, quando se tratar de matéria constitucional.

N. 30 – AÇÃO RESCISÓRIA. MULTA. ART. 920 DO CÓDIGO CIVIL DE 1916 (ART. 412 DO CÓDIGO CIVIL DE 2002). Inserida em 20.09.00 (nova redação em decorrência da incorporação da Orientação Jurisprudencial n. 31 da SBDI-II – DJ 22.08.2005).

Não se acolhe, por violação do art. 920 do Código Civil de 1916 (art. 412 do Código Civil de 2002), pedido de rescisão de julgado que:

a) em processo de conhecimento, impôs condenação ao pagamento de multa, quando a decisão rescindenda for anterior à Orientação Jurisprudencial n. 54 da Subseção I Especializada em Dissídios Individuais do TST (30.05.94), incidindo o óbice da Súmula n. 83 do TST; (ex-OJ n. 30 da SDI-2 inserida em 20.09.00);

b) em execução, rejeita-se limitação da condenação ao pagamento de multa, por inexistência de violação literal. (ex-OJ n. 31 da SDI-2 – inserida em 20.09.00)

Histórico:

Redação original:

N. 30 – Ação rescisória. Multa. Art. 920 do Código Civil. Súmula n. 83 do TST. Aplicável.

Não se acolhe, por violação do art. 920 do Código Civil, pedido de rescisão de julgado que impôs condenação ao pagamento de multa, quando a decisão rescindenda for anterior à Orientação Jurisprudencial n. 54, da Seção de Dissídios Individuais do TST (30.05.94). Incidência da Súmula n. 83 do TST.

N. 31 – CANCELADA – *AÇÃO RESCISÓRIA. MULTA. VIOLAÇÃO DO ART. 920 DO CÓDIGO CIVIL. DECISÃO RESCINDENDA EM EXECUÇÃO. Inserida em 20.09.00 – (cancelada em decorrência da sua incorporação à redação da Orientação Jurisprudencial n. 30 da SBDI-II – DJ 22.08.2005).*

Não se acolhe, por violação do art. 920 do Código Civil, pedido de rescisão de julgado que, em execução, rejeita limitação da condenação ao pagamento de multa. Inexistência de violação literal.

N. 32 – CANCELADA – *AÇÃO RESCISÓRIA. PETIÇÃO INICIAL. CAUSA DE PEDIR. AUSÊNCIA DE CAPITULAÇÃO, OU CAPITULAÇÃO ERRÔNEA NO ART. 485 DO CPC. PRINCÍPIO "IURA NOVIT CURIA". Inserida em 20.09.00 – (cancelada em decorrência da sua conversão na Súmula n. 408 – DJ 22.08.2005).*

Não padece de inépcia a petição inicial de ação rescisória apenas porque omite a subsunção do fundamento de rescindibilidade no art. 485 do CPC, ou o capitula erroneamente. Contanto que não se afaste dos fatos e fundamentos invocados como causa de pedir, ao Tribunal é lícito emprestar-lhes a adequada qualificação jurídica ("iura novit curia").

N. 33 – CANCELADA – *AÇÃO RESCISÓRIA. PETIÇÃO INICIAL. VIOLAÇÃO LITERAL DE LEI. PRINCÍPIO "IURA NOVIT CURIA". Inserida em 20.09.00 – (cancelada em decorrência da sua conversão na Súmula n. 408 – DJ 22.08.2005).*

Fundando-se a ação rescisória no art. 485, inciso V, do CPC, é indispensável expressa indicação na petição inicial da ação rescisória do dispositivo legal violado, não se aplicando, no caso, o princípio "iura novit curia".

N. 34 – AÇÃO RESCISÓRIA. PLANOS ECONÔMICOS. Inserida em 20.09.00.

1. O acolhimento de pedido em ação rescisória de plano econômico, fundada no art. 485, inciso V, do CPC, pressupõe, necessariamente, expressa invocação na petição inicial de afronta ao art. 5º, inciso XXXVI, da Constituição Federal de 1988. A indicação de ofensa literal a preceito de lei ordinária atrai a incidência da Súmula n. 83 do TST e Súmula n. 343 do STF.

2. Se a decisão rescindenda é posterior à Súmula n. 315 do TST (Res. 07, DJ 22.09.93), inaplicável a Súmula n. 83 do TST.

N. 35 – AÇÃO RESCISÓRIA. PLANOS ECONÔMICOS. COISA JULGADA. LIMITAÇÃO À DATA-BASE NA FASE DE EXECUÇÃO. Inserida em 20.09.00.

Não ofende a coisa julgada a limitação à data-base da categoria, na fase executória, da condenação ao pagamento de diferenças salariais decorrentes de planos econômicos, quando a decisão exequenda silenciar sobre a limitação, uma vez que a limitação decorre de norma cogente. Apenas quando a sentença exequenda houver expressamente afastado a limitação à data-base é que poderá ocorrer ofensa à coisa julgada.

N. 36 – CANCELADA – *AÇÃO RESCISÓRIA. PREQUESTIONAMENTO. VIOLAÇÃO OCORRIDA NA PRÓPRIA DECISÃO RESCINDENDA. Inserida em 20.09.00 – (cancelada em decorrência da nova redação conferida à Súmula n. 298 – DJ 22.08.2005).*

Não é absoluta a exigência de prequestionamento na ação rescisória: ainda que a ação rescisória tenha por fundamento violação de dispositivo legal, é prescindível o prequestionamento quando o vício nasce no próprio julgamento, como se dá com a sentença "extra, citra e ultra petita".

N. 37 – CANCELADA – *AÇÃO RESCISÓRIA. PRESCRIÇÃO QUINQUENAL. MATÉRIA CONSTITUCIONAL. SÚMULA N. 83 DO TST E SÚMULA N. 343 DO STF. INAPLICÁVEIS. Inserida em 20.09.00 – (cancelada em decorrência da redação conferida à Súmula n. 83 pela Res. 121/03, DJ 21.11.2003) – DJ 22.08.2005.*

No julgamento de ação rescisória fundada no art. 485, inciso V, do CPC, não se aplica o óbice das Súmulas ns. 83 do TST e 343 do STF quando se tratar de prazo prescricional com assento constitucional.

N. 38 – AÇÃO RESCISÓRIA. PROFESSOR-ADJUNTO. INGRESSO NO CARGO DE PROFESSOR-TITULAR. EXIGÊNCIA DE CONCURSO PÚBLICO (LEI N. 7.596/87, DECRETO N. 94.664/87 E ART. 206, V, CF/1988). Inserida em 20.09.00.

A assunção do professor-adjunto ao cargo de professor titular de universidade pública, sem prévia aprovação em concurso público, viola o art. 206, inciso V, da Constituição Federal. Procedência do pedido de rescisão do julgado.

N. 39 – AÇÃO RESCISÓRIA. REAJUSTES BIMESTRAIS E QUADRIMESTRAIS. LEI N. 8.222/91. SÚMULA N. 83 DO TST. APLICÁVEL. Inserida em 20.09.00.

Havendo controvérsia jurisprudencial à época, não se rescinde decisão que aprecia a possibilidade de cumulação das antecipações bimestrais e reajustes quadrimestrais de salário previstos na Lei n. 8.222/91. Incidência da Súmula n. 83 do TST.

N. 40 – CANCELADA – *AÇÃO RESCISÓRIA. REAJUSTES SALARIAIS PREVISTOS EM NORMA COLETIVA. PREVALÊNCIA DA LEGISLAÇÃO DE POLÍTICA SALARIAL QUANDO A NORMA COLETIVA É ANTERIOR À LEI. Inserida em 20.09.00 (cancelada em decorrência da sua conversão na Súmula n. 375, DJ 20.04.2005).*

Os reajustes salariais previstos em norma coletiva de trabalho não prevalecem frente à legislação superveniente de política salarial.

N. 41 – AÇÃO RESCISÓRIA. SENTENÇA "CITRA PETITA". CABIMENTO. Inserida em 20.09.00.

Revelando-se a sentença "citra petita", o vício processual vulnera os arts. 128 e 460 do CPC, tornando-a passível de desconstituição, ainda que não opostos embargos declaratórios.

N. 42 – CANCELADA – *AÇÃO RESCISÓRIA. SENTENÇA DE MÉRITO. COMPETÊNCIA DO TST. ACÓRDÃO RESCINDENDO DO TST. NÃO CONHECIMENTO DE RECURSO. SÚMULA N. 192. NÃO APLICAÇÃO. Inserida em 20.09.00 – (cancelada em decorrência da redação conferida à Súmula n. 192 pela Res. 121/2003 – DJ 21.11.2003) – DJ 22.08.2005.*

Acórdão rescindendo do TST que não conhece de recurso de embargos ou de revista, seja examinando a arguição de violação de dispositivo de lei, seja decidindo de acordo com súmula de direito material ou em consonância com iterativa, notória e atual jurisprudência de direito material da SDI (Súmula n. 333) examina o mérito da causa, comportando ação rescisória da competência do Tribunal Superior do Trabalho.

N. 43 – CANCELADA – *AÇÃO RESCISÓRIA. SENTENÇA DE MÉRITO. DECISÃO DE TRIBUNAL REGIONAL DO TRABALHO EM AGRAVO REGIMENTAL CONFIRMANDO DECISÃO MONOCRÁTICA DO RELATOR QUE, APLICANDO A SÚMULA N. 83 DO TST, INDEFERIU A PETIÇÃO INICIAL DA AÇÃO RESCISÓRIA. CABIMENTO. Inserida em 20.09.00 – (cancelada em decorrência da sua conversão na Súmula n. 411 – DJ 22.08.2005).*

Se a decisão recorrida, em agravo regimental, aprecia a matéria na fundamentação, sob o enfoque das Súmulas ns. 83 do TST e 343 do STF, constitui sentença de mérito ainda que haja resultado no indeferimento da petição inicial e na extinção do processo, "sem julgamento do mérito". Sujeita-se, assim, à reforma pelo TST a decisão do Tribunal que, invocando controvérsia na interpretação da lei, indefere a petição inicial de ação rescisória.

N. 44 – CANCELADA – *AÇÃO RESCISÓRIA. SENTENÇA DE MÉRITO. DECISÃO HOMOLOGATÓRIA DE ADJUDICAÇÃO. INCABÍVEL. Inserida em 20.09.00 – (cancelada em decorrência da sua conversão na Súmula n. 399 – DJ 22.08.2005).*

Incabível ação rescisória para impugnar decisão homologatória de adjudicação.

N. 45 – CANCELADA – *AÇÃO RESCISÓRIA. SENTENÇA DE MÉRITO. DECISÃO HOMOLOGATÓRIA DE ARREMATAÇÃO. INCABÍVEL. Inserida em 20.09.00 – (cancelada em decorrência da sua conversão na Súmula n. 399 – DJ 22.08.2005).*

Incabível ação rescisória para impugnar decisão homologatória de arrematação.

N. 46 – CANCELADA – *AÇÃO RESCISÓRIA. SENTENÇA DE MÉRITO. QUESTÃO PROCESSUAL. Inserida em 20.09.00 – (cancelada em decorrência da sua conversão na Súmula n. 412 – DJ 22.08.2005).*

Pode uma questão processual ser objeto de rescisão desde que consista em pressuposto de validade de uma sentença de mérito.

N. 47 – CANCELADA – *AÇÃO RESCISÓRIA. SENTENÇA DE MÉRITO. VIOLAÇÃO DO ART. 896, "A", DA CLT. Inserida em 20.09.00 – (cancelada em decorrência da sua conversão na Súmula n. 413 – DJ 22.08.2005).*

Incabível ação rescisória, por violação do art. 896, "a", da CLT, contra decisão que não conhece de recurso de revista, com base em divergência jurisprudencial, pois não se cuida de sentença de mérito (art. 485 do CPC).

N. 48 – CANCELADA – *AÇÃO RESCISÓRIA. SENTENÇA E ACÓRDÃO. SUBSTITUIÇÃO. Inserida em 20.09.00 – (cancelada em decorrência da nova redação da Súmula n. 192 – DJ 22.08.2005).*

Em face do disposto no art. 512 do CPC, é juridicamente impossível o pedido explícito de desconstituição de sentença quando substituída por acórdão Regional.

N. 49 – CANCELADA – *MANDADO DE SEGURANÇA. AÇÃO DE CUMPRIMENTO FUNDADA EM DECISÃO NORMATIVA QUE SOFREU POSTERIOR REFORMA, QUANDO JÁ TRANSITADA EM JULGADO A SENTENÇA CONDENATÓRIA PROFERIDA NA AÇÃO DE CUMPRIMENTO. Inserida em 20.09.00 – (cancelada em decorrência da conversão da tese mais abrangente da Orientação Jurisprudencial n. 116 na Súmula n. 397 – DJ 22.08.2005).*

É cabível o mandado de segurança para extinguir a execução fundada em sentença proferida em ação de cumprimento, quando excluída da sentença normativa a cláusula que lhe serviu de sustentáculo.

N. 50 – CANCELADA – *MANDADO DE SEGURANÇA. ANTECIPAÇÃO DE TUTELA. CABIMENTO. Inserida em 20.09.00 – (cancelada em decorrência da sua conversão na Súmula n. 414 – DJ 22.08.2005).*

A tutela antecipada concedida antes da prolação da sentença é impugnável mediante mandado de segurança, por não comportar recurso próprio.

N. 51 – CANCELADA – *MANDADO DE SEGURANÇA. ANTECIPAÇÃO DE TUTELA CONCEDIDA EM SENTENÇA. REINTEGRAÇÃO. NÃO CABIMENTO. Inserida em 20.09.00 – (cancelada em decorrência da sua conversão na Súmula n. 414 – DJ 22.08.2005).*

A antecipação da tutela conferida na sentença não comporta impugnação pela via do mandado de segurança, por ser impugnável mediante recurso ordinário. A ação cautelar é o meio próprio para se obter efeito suspensivo a recurso.

N. 52 – CANCELADA – *MANDADO DE SEGURANÇA. ART. 284, CPC. APLICABILIDADE. Inserida em 20.09.00 – (cancelada em decorrência da sua conversão na Súmula n. 415 – DJ 22.08.2005).*

Exigindo o mandado de segurança prova documental pré-constituída, inaplicável se torna o art. 284 do CPC quando verificada na petição inicial do "mandamus" a ausência de documento indispensável ou sua autenticação.

N. 53 – MANDADO DE SEGURANÇA. COOPERATIVA EM LIQUIDAÇÃO EXTRAJUDICIAL. LEI N. 5.764/71, ART. 76. INAPLICÁVEL. NÃO SUSPENDE A EXECUÇÃO. Inserida em 20.09.00.

A liquidação extrajudicial de sociedade cooperativa não suspende a execução dos créditos trabalhistas existentes contra ela.

N. 54 – MANDADO DE SEGURANÇA. EMBARGOS DE TERCEIRO. CUMULAÇÃO. PENHORA. INCABÍVEL. Inserida em 20.09.00 (nova redação – DJ 22.08.2005).

Ajuizados embargos de terceiro (art. 1.046 do CPC) para pleitear a desconstituição da penhora, é incabível a interposição de mandado de segurança com a mesma finalidade.

Histórico:

Redação original

N. 54 – Mandado de segurança. Embargos de terceiro. Cumulação. Inviabilidade.

Ajuizados embargos de terceiro (art. 1.046 do CPC) para pleitear a desconstituição da penhora, inviável a interposição de mandado de segurança com a mesma finalidade.

N. 55 – CANCELADA – *MANDADO DE SEGURANÇA. EXECUÇÃO. LEI N. 8.432/92. ART. 897, § 1º, DA CLT. CABIMENTO. Inserida em 20.09.00 – (cancelada em decorrência da sua conversão na Súmula n. 416 – DJ 22.08.2005).*

Devendo o agravo de petição delimitar justificadamente a matéria e os valores objeto de discordância, não fere direito líquido e certo o prosseguimento da execução quanto aos tópicos e valores não especificados no agravo.

N. 56 – MANDADO DE SEGURANÇA. EXECUÇÃO. PENDÊNCIA DE RECURSO EXTRAORDINÁRIO. Inserida em 20.09.00.

Não há direito líquido e certo à execução definitiva na pendência de recurso extraordinário, ou de agravo de instrumento visando a destrancá-lo.

N. 57 – MANDADO DE SEGURANÇA. INSS. TEMPO DE SERVIÇO. AVERBAÇÃO E/OU RECONHECIMENTO. Inserida em 20.09.00.

Conceder-se-á mandado de segurança para impugnar ato que determina ao INSS o reconhecimento e/ou averbação de tempo de serviço.

N. 58 – CANCELADA – *MANDADO DE SEGURANÇA PARA CASSAR LIMINAR CONCEDIDA EM AÇÃO CIVIL PÚBLICA. CABÍVEL. Inserida em 20.09.00 – (cancelada em decorrência da sua conversão na Súmula n. 414 – DJ 22.08.2005)*

É cabível o mandado de segurança visando a cassar liminar concedida em ação civil pública.

N. 59 – MANDADO DE SEGURANÇA. PENHORA. CARTA DE FIANÇA BANCÁRIA. Inserida em 20.09.00

A carta de fiança bancária equivale a dinheiro para efeito da gradação dos bens penhoráveis, estabelecida no art. 655 do CPC.

N. 60 – CANCELADA – *MANDADO DE SEGURANÇA. PENHORA EM DINHEIRO. BANCO. Inserida em 20.09.00 – (cancelada em decorrência da sua conversão na Súmula n. 417 – DJ 22.08.2005).*

Não fere direito líquido e certo do impetrante o ato judicial que determina penhora em dinheiro de banco, em execução definitiva, para garantir crédito exequendo, uma vez que obedece à gradação prevista no art. 655 do CPC.

N. 61 – CANCELADA – *MANDADO DE SEGURANÇA. PENHORA EM DINHEIRO. EXECUÇÃO DEFINITIVA. DEPÓSITO EM BANCO OFICIAL NO ESTADO. ARTS. 612 E 666 DO CPC. Inserida em 20.09.00 – (cancelada em decorrência da sua conversão na Súmula n. 417 – DJ 22.08.2005).*

Havendo discordância do credor, em execução definitiva, não tem o executado direito líquido e certo a que os valores penhorados em dinheiro fiquem depositados no próprio banco, ainda que atenda aos requisitos do art. 666, I, do CPC.

N. 62 – CANCELADA – *MANDADO DE SEGURANÇA. PENHORA EM DINHEIRO. EXECUÇÃO PROVISÓRIA. Inserida em 20.09.00 – (cancelada em decorrência da sua conversão na Súmula n. 417 – DJ 22.08.2005).*

Em se tratando de execução provisória, fere direito líquido e certo do impetrante a determinação de penhora em dinheiro, quando nomeados outros bens à penhora, pois o executado tem direito a que a execução se processe da forma que lhe seja menos gravosa, nos termos do art. 620 do CPC.

N. 63 – MANDADO DE SEGURANÇA. REINTEGRAÇÃO. AÇÃO CAUTELAR. Inserida em 20.09.00.

Comporta a impetração de mandado de segurança o deferimento de reintegração no emprego em ação cautelar.

N. 64 – MANDADO DE SEGURANÇA. REINTEGRAÇÃO LIMINARMENTE CONCEDIDA. Inserida em 20.09.00.

Não fere direito líquido e certo a concessão de tutela antecipada para reintegração de empregado protegido por estabilidade provisória decorrente de lei ou norma coletiva.

N. 65 – MANDADO DE SEGURANÇA. REINTEGRAÇÃO LIMINARMENTE CONCEDIDA. DIRIGENTE SINDICAL. Inserida em 20.09.00.

Ressalvada a hipótese do art. 494 da CLT, não fere direito líquido e certo a determinação liminar de reintegração no emprego de dirigente sindical, em face da previsão do inciso X do art. 659 da CLT.

N. 66 – MANDADO DE SEGURANÇA. SENTENÇA HOMOLOGATÓRIA DE ADJUDICAÇÃO. INCABÍVEL. Inserida em 20.09.00.

É incabível o mandado de segurança contra sentença homologatória de adjudicação, uma vez que existe meio próprio para impugnar o ato judicial, consistente nos embargos à adjudicação (CPC, art. 746).

N. 67 – MANDADO DE SEGURANÇA. TRANSFERÊNCIA. ART. 659, IX, DA CLT. Inserida em 20.09.00.

Não fere direito líquido e certo a concessão de liminar obstativa de transferência de empregado, em face da previsão do inciso IX do art. 659 da CLT.

N. 68 – ANTECIPAÇÃO DE TUTELA. COMPETÊNCIA. Inserida em 20.09.00 (nova redação – DJ 22.08.2005).

Nos Tribunais, compete ao relator decidir sobre o pedido de antecipação de tutela, submetendo sua decisão ao Colegiado respectivo, independentemente de pauta, na sessão imediatamente subsequente.

Histórico:

Redação original:

N. 68 – Antecipação de tutela. Competência.

Na Junta de Conciliação e Julgamento, a tutela antecipatória de mérito postulada, inclusive nas hipóteses previstas nos incisos IX e X, art. 659, da CLT, deve ser prontamente submetida e decidida pelo Juiz-Presidente. Nos Tribunais, compete ao Relator decidir sobre o pedido de antecipação de tutela, submetendo sua decisão ao Colegiado respectivo, independentemente de pauta, na sessão imediatamente subsequente.

N. 69 – FUNGIBILIDADE RECURSAL. INDEFERIMENTO LIMINAR DE AÇÃO RESCISÓRIA OU MANDADO DE SEGURANÇA. RECURSO PARA O TST. RECEBIMENTO COMO AGRAVO REGIMENTAL E DEVOLUÇÃO DOS AUTOS AO TRT. Inserida em 20.09.00.

Recurso ordinário interposto contra despacho monocrático indeferitório da petição inicial de ação rescisória ou de mandado de segurança pode, pelo princípio de fungibilidade recursal, ser recebido como agravo regimental. Hipótese de não conhecimento do recurso pelo TST e devolução dos autos ao TRT, para que aprecie o apelo como agravo regimental.

N. 70 – AÇÃO RESCISÓRIA. MANIFESTO E INESCUSÁVEL EQUÍVOCO NO DIRECIONAMENTO. INÉPCIA DA INICIAL. EXTINÇÃO DO PROCESSO. (Alterada em 26.11.02).

O manifesto equívoco da parte em ajuizar ação rescisória no TST para desconstituir julgado proferido pelo TRT, ou vice-versa, implica a extinção do processo sem julgamento do mérito por inépcia da inicial.

Histórico:

Redação original – Inserida em 08.11.00

N. 70 – Ação rescisória. Incompetência funcional. Extinção do feito.

Sendo manifesta a incompetência funcional do Tribunal para a desconstituição da decisão apontada na ação rescisória como rescindenda, extingue-se o processo, sem o julgamento do mérito, por impossibilidade jurídica do pedido.

N. 71 – AÇÃO RESCISÓRIA. SALÁRIO PROFISSIONAL. FIXAÇÃO. MÚLTIPLO DE SALÁRIO MÍNIMO. ART. 7º, IV, DA CF/88. (Nova redação – DJ 22.11.04).

A estipulação do salário profissional em múltiplos do salário mínimo não afronta o art. 7º, inciso IV, da Constituição Federal de 1988, só incorrendo em vulneração do referido preceito constitucional a fixação de correção automática do salário pelo reajuste do salário mínimo.

Histórico:

Redação original – Inserida em 08.11.00.

N. 71 – Ação rescisória. Vinculação do salário do servidor público ao salário mínimo. Violação do art. 7º, IV, da CF/1988.

Viola o art. 7º, IV, da CF/1988, ensejando a procedência de ação rescisória, decisão que defere reajuste de vencimentos a empregado público com base em vinculação ao salário mínimo.

N. 72 – CANCELADA – AÇÃO RESCISÓRIA. PREQUESTIONAMENTO QUANTO À MATÉRIA E AO CONTEÚDO DA NORMA, NÃO NECESSARIAMENTE DO DISPOSITIVO LEGAL TIDO POR VIOLADO. Inserida em 08.11.00 – (cancelada em decorrência da nova redação conferida à Súmula n. 298 – DJ 22.08.2005).

O prequestionamento exigido em ação rescisória diz respeito à matéria e ao enfoque específico da tese debatida na ação e não, necessariamente, ao dispositivo legal tido por violado. Basta que o conteúdo da norma reputada como violada tenha sido abordado na decisão rescindenda para que se considere preenchido o pressuposto do prequestionamento.

N. 73 – ART. 557 DO CPC. CONSTITUCIONALIDADE. Inserida em 08.11.00.

Não há como se cogitar da inconstitucionalidade do art. 557 do CPC, meramente pelo fato de a decisão ser exarada pelo Relator, sem a participação do Colegiado, porquanto o princípio da publicidade insculpido no inciso IX do art. 93 da CF/1988 não está jungido ao julgamento pelo Colegiado e sim o acesso ao processo pelas partes, seus advogados ou terceiros interessados, direito preservado pela Lei n. 9.756/1998, ficando, outrossim, assegurado o acesso ao Colegiado através de agravo.

N. 74 – CANCELADA – EMBARGOS DECLARATÓRIOS CONTRA DECISÃO MONOCRÁTICA DO RELATOR, CALCADA NO ART. 557 DO CPC. CABIMENTO. Inserida em 08.11.00 – (cancelada em decorrência da sua conversão na Súmula n. 421 – DJ 22.08.2005).

I – Tendo o despacho monocrático de provimento ou denegação de recurso, previsto no art. 557 do CPC, conteúdo decisório definitivo e conclusivo da lide, comporta ser esclarecido pela via dos embargos declaratórios, em despacho aclaratório, também monocrático quando se pretende tão somente suprir omissão e não modificação do julgado.

II – Postulando o embargante efeito modificativo, os embargos declaratórios deverão ser submetidos ao pronunciamento do Colegiado, convertidos em agravo, em face dos princípios da fungibilidade e celeridade processual.

N. 75 – CANCELADA – REMESSA DE OFÍCIO. AÇÃO RESCISÓRIA. PREQUESTIONAMENTO. DECISÃO REGIONAL QUE SIMPLESMENTE CONFIRMA A SENTENÇA. Inserida em 20.04.01 – (cancelada em decorrência da nova redação conferida à Súmula n. 298 – DJ 22.08.2005).

Para efeito de ação rescisória, considera-se prequestionada a matéria tratada na sentença quando, examinando remessa de ofício, o Tribunal simplesmente a confirma.

N. 76 – AÇÃO RESCISÓRIA. AÇÃO CAUTELAR PARA SUSPENDER EXECUÇÃO. JUNTADA DE DOCUMENTO INDISPENSÁVEL. POSSIBILIDADE DE ÊXITO NA RESCISÃO DO JULGADO. Inserida em 13.03.02.

É indispensável a instrução da ação cautelar com as provas documentais necessárias à aferição da plausibilidade de êxito na rescisão do julgado. Assim sendo, devem vir junto com a inicial da cautelar as cópias da petição inicial da ação rescisória principal, da decisão rescindenda, da certidão do trânsito em julgado da decisão rescindenda e informação do andamento atualizado da execução.

N. 77 – CANCELADA – AÇÃO RESCISÓRIA. APLICAÇÃO DA SÚMULA N. 83 DO TST. MATÉRIA CONTROVERTIDA. LIMITE TEMPORAL. DATA DE INSERÇÃO EM ORIENTAÇÃO JURISPRUDENCIAL DO TST. Inserida em 13.03.02 – (cancelada em decorrência da nova redação conferida à Súmula n. 83 – DJ 22.08.2005).

A data da inclusão da matéria discutida na ação rescisória, na Orientação Jurisprudencial do TST, é o divisor de águas quanto a ser, ou não, controvertida nos Tribunais a interpretação dos dispositivos legais citados na ação rescisória.

N. 78 – AÇÃO RESCISÓRIA. CUMULAÇÃO SUCESSIVA DE PEDIDOS. RESCISÃO DA SENTENÇA E DO ACÓRDÃO. AÇÃO ÚNICA. ART. 289 DO CPC. Inserida em 13.03.02.

É admissível o ajuizamento de uma única ação rescisória contendo mais de um pedido, em ordem sucessiva, de rescisão da sentença e do acórdão. Sendo inviável a tutela jurisdicional de um deles, o julgador está obrigado a apreciar os demais, sob pena de negativa de prestação jurisdicional.

N. 79 – CANCELADA – AÇÃO RESCISÓRIA. DECADÊNCIA AFASTADA. IMEDIATO JULGAMENTO DO MÉRITO. INEXISTÊNCIA DE OFENSA AO DUPLO GRAU DE JURISDIÇÃO. Inserida em 13.03.02 – (cancelada em decorrência da nova redação conferida à Súmula n. 100 – DJ 22.08.2005)

Não ofende o princípio do duplo grau de jurisdição a decisão do TST que, após afastar a decadência em sede de recurso ordinário, aprecia desde logo a lide, se a causa versar questão exclusivamente de direito e estiver em condições de imediato julgamento.

N. 80 – AÇÃO RESCISÓRIA. DECADÊNCIA. "DIES A QUO". RECURSO DESERTO. SÚMULA N. 100 DO TST. Inserida em 13.03.02.

O não conhecimento do recurso por deserção não antecipa o "dies a quo" do prazo decadencial para o ajuizamento da ação rescisória, atraindo, na contagem do prazo, a aplicação da Súmula n. 100 do TST.

N. 81 – CANCELADA – *AÇÃO RESCISÓRIA. DESCONTOS LEGAIS. FASE DE EXECUÇÃO. SENTENÇA EXEQUENDA OMISSA. INEXISTÊNCIA DE OFENSA À COISA JULGADA. Inserida em 13.03.02 – (cancelada em decorrência da sua conversão na Súmula n. 401 – DJ 22.08.2005).*

Os descontos previdenciários e fiscais devem ser efetuados pelo juízo executório, ainda que a sentença exequenda tenha sido omissa sobre a questão, dado o caráter de ordem pública ostentado pela norma que os disciplina. A ofensa à coisa julgada somente poderá ser caracterizada na hipótese de o título exequendo, expressamente, afastar a dedução dos valores a título de imposto de renda e de contribuição previdenciária.

N. 82 – CANCELADA – *AÇÃO RESCISÓRIA. LITISCONSÓRCIO. NECESSÁRIO NO POLO PASSIVO E FACULTATIVO NO ATIVO. Inserida em 13.03.02 – (cancelada em decorrência da sua conversão na Súmula n. 406 – DJ 22.08.2005).*

O litisconsórcio, na ação rescisória, é necessário em relação ao polo passivo da demanda, porque supõe uma comunidade de direito ou de obrigações que não admite solução díspar para os litisconsortes, em face da indivisibilidade do objeto. Já em relação ao polo ativo, o litisconsórcio é facultativo, uma vez que a aglutinação de autores se faz por conveniência, e não pela necessidade decorrente da natureza do litígio, pois não se pode condicionar o exercício do direito individual de um dos litigantes no processo originário à anuência dos demais para retomar a lide.

N. 83 – CANCELADA – *AÇÃO RESCISÓRIA. MINISTÉRIO PÚBLICO. LEGITIMIDADE "AD CAUSAM" PREVISTA NO ART. 487, III, "A" E "B", DO CPC. AS HIPÓTESES SÃO MERAMENTE EXEMPLIFICATIVAS. Inserida em 13.03.02 – (cancelada em decorrência da sua conversão na Súmula n. 407 – DJ 22.08.2005).*

A legitimidade "ad causam" do Ministério Público para propor ação rescisória, ainda que não tenha sido parte no processo que deu origem à decisão rescindenda, não está limitada às alíneas "a" e "b" do inciso III do art. 487 do CPC, uma vez que traduzem hipóteses meramente exemplificativas.

N. 84 – AÇÃO RESCISÓRIA. PETIÇÃO INICIAL. AUSÊNCIA DA DECISÃO RESCINDENDA E/OU DA CERTIDÃO DE SEU TRÂNSITO EM JULGADO DEVIDAMENTE AUTENTICADAS. PEÇAS ESSENCIAIS PARA A CONSTITUIÇÃO VÁLIDA E REGULAR DO FEITO. ARGUIÇÃO DE OFÍCIO. EXTINÇÃO DO PROCESSO SEM JULGAMENTO DO MÉRITO. Alterada em 26.11.02.

A decisão rescindenda e/ou a certidão do seu trânsito em julgado, devidamente autenticadas, à exceção de cópias reprográficas apresentadas por pessoa jurídica de direito público, a teor do art. 24 da Lei n. 10.522/02, são peças essenciais para o julgamento da ação rescisória. Em fase recursal, verificada a ausência de qualquer delas, cumpre ao Relator do recurso ordinário arguir, de ofício, a extinção do processo, sem julgamento do mérito, por falta de pressuposto de constituição e desenvolvimento válido do feito.

Histórico:

Redação original – Inserida em 13.03.02.

N. 84 – Ação rescisória. Petição inicial. Ausência da decisão rescindenda ou da certidão do seu trânsito em julgado. Peças essenciais para a constituição válida e regular do feito. Arguição de ofício. Extinção do processo sem julgamento do mérito.

A decisão rescindenda e a certidão do seu trânsito em julgado são peças essenciais para o julgamento da ação rescisória. Em fase recursal, verificada a ausência de qualquer delas nos autos, cumpre ao Relator do recurso ordinário arguir, de ofício, a extinção do processo, sem julgamento do mérito, por falta de pressuposto de constituição e desenvolvimento válido do feito.

N. 85 – CANCELADA – *AÇÃO RESCISÓRIA. SENTENÇA HOMOLOGATÓRIA DE CÁLCULO. EXISTÊNCIA DE CONTRADITÓRIO. DECISÃO DE MÉRITO. CABIMENTO. Inserida em 13.03.02 e alterada em 26.11.02 (cancelada – 1ª parte convertida na Súmula n. 399 e parte final incorporada à nova redação da Súmula n. 298 – DJ 22.08.2005).*

A decisão homologatória de cálculos apenas comporta rescisão quando enfrentar as questões envolvidas na elaboração da conta de liquidação, quer solvendo a controvérsia das partes, quer explicitando, de ofício, os motivos pelos quais acolheu os cálculos oferecidos por uma das partes, ou pelo setor de cálculos, e não contestados pela outra. A sentença meramente homologatória, que silencia sobre os motivos de convencimento do juiz, não se mostra rescindível, por ausência de prequestionamento.

Histórico:

Redação original – Inserida em 13.03.02.

N. 85 – Ação rescisória. Sentença homologatória de cálculo. Existência de contraditório. Decisão de mérito. Cabimento.

A decisão meramente homologatória de liquidação não é de mérito, não comportando ação rescisória. No entanto, se tiver havido contraditório, resolvido pela sentença de liquidação, a decisão é de mérito e, portanto, rescindível.

N. 86 – CANCELADA – *MANDADO DE SEGURANÇA. ANTECIPAÇÃO DE TUTELA. SENTENÇA SUPERVENIENTE. PERDA DE OBJETO. Inserida em 13.03.02 – (cancelada* *em decorrência da sua conversão na Súmula n. 414 – DJ 22.08.2005).*

Perde objeto o mandado de segurança que impugna tutela antecipada pelo fato de haver sido proferida sentença de mérito nos autos originários.

N. 87 – CANCELADA – *MANDADO DE SEGURANÇA. REINTEGRAÇÃO EM EXECUÇÃO PROVISÓRIA. IMPOSSIBILIDADE. Inserida em 13.03.02 (cancelada) – DJ 22.08.2005.*

O art. 899 da CLT, ao impedir a execução definitiva do título executório, enquanto pendente recurso, alcança tanto as execuções por obrigação de pagar quanto as por obrigação de fazer. Assim, tendo a obrigação de reintegrar caráter definitivo, somente pode ser decretada, liminarmente, nas hipóteses legalmente previstas, em sede de tutela antecipada ou tutela específica.

N. 88 – MANDADO DE SEGURANÇA. VALOR DA CAUSA. CUSTAS PROCESSUAIS. CABIMENTO. Inserida em 13.03.02.

Incabível a impetração de mandado de segurança contra ato judicial que, de ofício, arbitrou novo valor à causa, acarretando a majoração das custas processuais, uma vez que cabia à parte, após recolher as custas, calculadas com base no valor dado à causa na inicial, interpor recurso ordinário e, posteriormente, agravo de instrumento no caso de o recurso ser considerado deserto.

N. 89 – "HABEAS CORPUS". DEPOSITÁRIO. TERMO DE DEPÓSITO NÃO ASSINADO PELO PACIENTE. NECESSIDADE DE ACEITAÇÃO DO ENCARGO. IMPOSSIBILIDADE DE PRISÃO CIVIL. Inserida em 27.05.02.

A investidura no encargo de depositário depende da aceitação do nomeado que deve assinar termo de compromisso no auto de penhora, sem o que, é inadmissível a restrição de seu direito de liberdade.

N. 90 – CANCELADA – *RECURSO ORDINÁRIO. APELO QUE NÃO ATACA OS FUNDAMENTOS DA DECISÃO RECORRIDA. NÃO CONHECIMENTO. ART. 514, II, DO CPC. Inserida em 27.05.02 – (cancelada em decorrência da sua conversão na Súmula n. 422 – DJ 22.08.2005).*

Não se conhece de recurso ordinário para o TST, pela ausência do requisito de admissibilidade inscrito no art. 514, II, do CPC, quando as razões do recorrente não impugnam os fundamentos da decisão recorrida, nos termos em que fora proposta.

N. 91 – MANDADO DE SEGURANÇA. AUTENTICAÇÃO DE CÓPIAS PELAS SECRETARIAS DOS TRIBUNAIS REGIONAIS DO TRABALHO. REQUERIMENTO INDEFERIDO. ART. 789, § 9º, DA CLT. Inserida em 27.05.02.

Não sendo a parte beneficiária da assistência judiciária gratuita, inexiste direito líquido e certo à autenticação, pelas Secretarias dos Tribunais, de peças extraídas do processo principal, para formação do agravo de instrumento.

N. 92 – MANDADO DE SEGURANÇA. EXISTÊNCIA DE RECURSO PRÓPRIO. Inserida em 27.05.02.

Não cabe mandado de segurança contra decisão judicial passível de reforma mediante recurso próprio, ainda que com efeito diferido.

N. 93 – MANDADO DE SEGURANÇA. POSSIBILIDADE DA PENHORA SOBRE PARTE DA RENDA DE ESTABELECIMENTO COMERCIAL. Inserida em 27.05.02.

É admissível a penhora sobre a renda mensal ou faturamento de empresa, limitada a determinado percentual, desde que não comprometa o desenvolvimento regular de suas atividades.

N. 94 – AÇÃO RESCISÓRIA. COLUSÃO. FRAUDE À LEI. RECLAMATÓRIA SIMULADA EXTINTA. Inserida em 27.09.02.

A decisão ou acordo judicial subjacente à reclamação trabalhista, cuja tramitação deixa nítida a simulação do litígio para fraudar a lei e prejudicar terceiros, enseja ação rescisória, com lastro em colusão. No juízo rescisório, o processo simulado deve ser extinto.

N. 95 – CANCELADA – *AÇÃO RESCISÓRIA DE AÇÃO RESCISÓRIA. VIOLAÇÃO DE LEI. INDICAÇÃO DOS MESMOS DISPOSITIVOS LEGAIS APONTADOS NA RESCISÓRIA PRIMITIVA. (Nova redação – DJ 16.04.04) – (cancelada em decorrência da sua conversão na Súmula n. 400 – DJ 22.08.2005).*

Em se tratando de rescisória de rescisória, o vício apontado deve nascer na decisão rescindenda, não se admitindo a rediscussão do acerto do julgamento da rescisória anterior. Assim, não se admite rescisória calcada no inciso V do art. 485 do CPC, para discussão, por má aplicação, dos mesmos dispositivos de lei tidos por violados na rescisória anterior, bem como para arguição de questões inerentes à ação rescisória primitiva.

Legislação:

Art. 485 do CPC.

Histórico:

Redação original – Inserida em 27.09.02.

N. 95 – Ação rescisória. Decisão rescindenda proferida em anterior ação rescisória. Possibilidade.

É admissível a propositura de segunda ação rescisória, visando desconstituir acórdão de mérito proferido em ação rescisória anterior, desde que sejam apontados vícios atinentes ao acórdão indicado como rescindendo.

N. 96 – CANCELADA – *AÇÃO RESCISÓRIA. VÍCIO DE INTIMAÇÃO DA DECISÃO RESCINDENDA. AUSÊNCIA DA FORMAÇÃO DA COISA JULGADA MATERIAL. CARÊNCIA DE AÇÃO. Inserida em 27.09.02 – (cancelada em decorrência da nova redação conferida à Súmula n. 299 – DJ 22.08.2005).*

O pretenso vício de intimação posterior à decisão que se pretende rescindir, se efetivamente ocorrido, não permite a formação da coisa julgada material. Assim, a ação rescisória deve ser julgada extinta sem julgamento do mérito por carência de ação, por inexistir decisão transitada em julgado a ser rescindida.

N. 97 – AÇÃO RESCISÓRIA. VIOLAÇÃO DO ART. 5º, II, LIV E LV, DA CONSTITUIÇÃO FEDERAL. PRINCÍPIOS DA LEGALIDADE, DO DEVIDO PROCESSO LEGAL, DO CONTRADITÓRIO E DA AMPLA DEFESA. Inserida em 27.09.02 e alterada em 25.04.03 – DJ 09.05.03 (nova redação – DJ 22.08.2005).

Os princípios da legalidade, do devido processo legal, do contraditório e da ampla defesa não servem de fundamento para a desconstituição de decisão judicial transitada em julgado, quando se apresentam sob a forma de pedido genérico e desfundamentado, acompanhando dispositivos legais que tratam especificamente da matéria debatida, estes sim, passíveis de fundamentarem a análise do pleito rescisório.

Histórico:

N. 97 – Ação rescisória. Violação do art. 5º, II, LIV e LV, da Constituição Federal. Princípio da legalidade, do contraditório, da ampla defesa e do devido processo legal.

Os princípios da legalidade, do contraditório, da ampla defesa, e do devido processo legal não servem de fundamento para a desconstituição de decisão judicial transitada em julgado, quando se apresentam sob a forma de pedido genérico e desfundamentado, acompanhando dispositivos legais que tratam especificamente da matéria debatida, estes sim, passíveis de fundamentarem a análise do pleito rescisório.

Redação original – Inserida em 27.09.02.

N. 97 – Ação rescisória. Violação do art. 5º, II e LIV, da Constituição Federal. Princípio da legalidade e do devido processo legal.

Os princípios da legalidade e do devido processo legal não servem de fundamento para a desconstituição de decisão judicial transitada em julgado, quando se apresentam sob a forma de pedido genérico e desfundamentado, acompanhando dispositivos legais que tratam especificamente da matéria debatida, estes sim, passíveis de fundamentarem a análise do pleito rescisório.

N. 98 – MANDADO DE SEGURANÇA. CABÍVEL PARA ATACAR EXIGÊNCIA DE DEPÓSITO PRÉVIO DE HONORÁRIOS PERICIAIS. Inserida em 27.09.02 (nova redação – DJ 22.08.2005).

É ilegal a exigência de depósito prévio para custeio dos honorários periciais, dada a incompatibilidade com o processo do trabalho, sendo cabível o mandado de segurança visando à realização da perícia, independentemente do depósito.

Histórico:

Redação original:

N. 98 – Mandado de segurança. Cabível para atacar exigência de depósito prévio de honorários periciais.

É ilegal a exigência de depósito prévio para custeio dos honorários periciais, dada a incompatibilidade com o processo do trabalho e com a Súmula n. 236 do TST, sendo cabível o mandado de segurança visando à realização da perícia independentemente do depósito.

N. 99 – MANDADO DE SEGURANÇA. ESGOTAMENTO DE TODAS AS VIAS PROCESSUAIS DISPONÍVEIS. TRÂNSITO EM JULGADO FORMAL. DESCABIMENTO. Inserida em 27.09.02.

Esgotadas as vias recursais existentes, não cabe mandado de segurança.

N. 100 – RECURSO ORDINÁRIO PARA O TST. DECISÃO DE TRT PROFERIDA EM AGRAVO REGIMENTAL CONTRA LIMINAR EM AÇÃO CAUTELAR OU EM MANDADO DE SEGURANÇA. INCABÍVEL. Inserida em 27.09.02.

Não cabe recurso ordinário para o TST de decisão proferida pelo Tribunal Regional do Trabalho em agravo regimental interposto contra despacho que concede ou não liminar em ação cautelar ou em mandado de segurança, uma vez que o processo ainda pende de decisão definitiva do Tribunal "a quo".

N. 101 – AÇÃO RESCISÓRIA. ART. 485, IV, DO CPC. OFENSA A COISA JULGADA. NECESSIDADE DE FIXAÇÃO DE TESE NA DECISÃO RESCINDENDA. DJ 29.04.03.

Para viabilizar a desconstituição do julgado pela causa de rescindibilidade do inciso IV, do art. 485, do CPC, é necessário que a decisão rescindenda tenha enfrentado as questões ventiladas na ação rescisória, sob pena de inviabilizar o cotejo com o título executivo judicial tido por desrespeitado, de modo a se poder concluir pela ofensa à coisa julgada.

N. 102 – CANCELADA – AÇÃO RESCISÓRIA. CERTIDÃO DE TRÂNSITO EM JULGADO. DESCOMPASSO COM A REALIDADE. PRESUNÇÃO RELATIVA DE VERACIDADE. DJ 29.04.03 – (cancelada em decorrência da nova redação conferida à Súmula n. 100 – DJ 22.08.2005).

O juízo rescindente não está adstrito à certidão de trânsito em julgado juntada com a ação rescisória, podendo formar sua convicção através de outros elementos dos autos quanto à antecipação ou postergação do "dies a quo" do prazo decadencial.

N. 103 – AÇÃO RESCISÓRIA. CONTRADIÇÃO ENTRE FUNDAMENTAÇÃO E PARTE DISPOSITIVA DO JULGADO. CABIMENTO. ERRO DE FATO. DJ 29.04.03.

É cabível a rescisória para corrigir contradição entre a parte dispositiva do acórdão rescindendo e a sua fundamentação, por erro de fato na retratação do que foi decidido.

N. 104 – CANCELADA – *AÇÃO RESCISÓRIA. DECADÊNCIA. SENTENÇA HOMOLOGATÓRIA DE ACORDO. MOMENTO DO TRÂNSITO EM JULGADO. DJ 29.04.03 – (cancelada em decorrência da nova redação conferida à Súmula n. 100 – DJ 22.08.2005).*

O acordo homologado judicialmente tem força de decisão irrecorrível, na forma do art. 831 da CLT. Assim sendo, o termo conciliatório transita em julgado na data da sua homologação judicial.

N. 105 – CANCELADA – *AÇÃO RESCISÓRIA. DECISÃO RESCINDENDA. AGRAVO DE INSTRUMENTO. NÃO SUBSTITUIÇÃO. IMPOSSIBILIDADE JURÍDICA. DJ 29.04.03 – (cancelada em decorrência da nova redação conferida à Súmula n. 192 – DJ 22.08.2005).*

É manifesta a impossibilidade jurídica do pedido de rescisão de julgado proferido em agravo de instrumento que, limitando-se a aferir o eventual desacerto do juízo negativo de admissibilidade do recurso de revista, não substitui o acórdão regional, na forma do art. 512 do CPC.

N. 106 – CANCELADA – *AÇÃO RESCISÓRIA. DECISÃO RESCINDENDA. AUSÊNCIA DE TRÂNSITO EM JULGADO. DESCABIMENTO DE AÇÃO RESCISÓRIA PREVENTIVA. DJ 29.04.03 – (cancelada em decorrência da nova redação conferida à Súmula n. 299 – DJ 22.08.2005).*

A comprovação do trânsito em julgado da decisão rescindenda é pressuposto processual indispensável ao tempo do ajuizamento da ação rescisória. Eventual trânsito em julgado posterior ao ajuizamento da ação rescisória não reabilita a ação proposta, na medida em que o ordenamento jurídico não contempla a ação rescisória preventiva.

N. 107 – AÇÃO RESCISÓRIA. DECISÃO RESCINDENDA DE MÉRITO. SENTENÇA DECLARATÓRIA DE EXTINÇÃO DE EXECUÇÃO. SATISFAÇÃO DA OBRIGAÇÃO. DJ 29.04.03.

Embora não haja atividade cognitiva, a decisão que declara extinta a execução, nos termos do art. 794 c/c 795 do CPC, extingue a relação processual e a obrigacional, sendo passível de corte rescisório.

N. 108 – CANCELADA – *AÇÃO RESCISÓRIA. FUNDAMENTO PARA INVALIDAR CONFISSÃO. CONFISSÃO FICTA. INADEQUAÇÃO DO ENQUADRAMENTO NO ART. 485, VIII, DO CPC. DJ 29.04.03 – (cancelada em decorrência da sua conversão na Súmula n. 404 – DJ 22.08.2005).*

O art. 485, VIII, do CPC, ao tratar do fundamento para invalidar a confissão como hipótese de rescindibilidade da decisão judicial, refere-se à confissão real, fruto de erro, dolo ou coação, e não à confissão ficta resultante de revelia.

N. 109 – CANCELADA – *AÇÃO RESCISÓRIA. REEXAME DE FATOS E PROVAS. INVIABILIDADE. DJ 29.04.03 – (cancelada em decorrência da sua conversão na Súmula n. 410 – DJ 22.08.2005).*

A ação rescisória calcada em violação de lei não admite reexame de fatos e provas do processo que originou a decisão rescindenda.

N. 110 – CANCELADA – *AÇÃO RESCISÓRIA. RÉU SINDICATO. SUBSTITUTO PROCESSUAL NA AÇÃO ORIGINÁRIA. LEGITIMIDADE PASSIVA "AD CAUSAM". INEXISTÊNCIA DE LITISCONSÓRCIO PASSIVO NECESSÁRIO. DJ 29.04.03 – (cancelada em decorrência da sua conversão na Súmula n. 406 – DJ 22.08.2005).*

O Sindicato, substituto processual e autor da reclamação trabalhista, em cujos autos fora proferida a decisão rescindenda, possui legitimidade para figurar como réu na ação rescisória, sendo descabida a exigência de citação de todos os empregados substituídos, porquanto inexistente litisconsórcio passivo necessário.

N. 111 – CANCELADA – *AÇÃO RESCISÓRIA. SENTENÇA HOMOLOGATÓRIA DE ACORDO. DOLO DA PARTE VENCEDORA EM DETRIMENTO DA VENCIDA. ART. 485, III, DO CPC. INVIÁVEL. DJ 29.04.03 – (cancelada em decorrência da sua conversão na Súmula n. 403 – DJ 22.08.2005).*

Se a decisão rescindenda é homologatória de acordo, não há parte vencedora ou vencida, razão pela qual não é possível a sua desconstituição calcada no inciso III do art. 485 do CPC (dolo da parte vencedora em detrimento da vencida), pois constitui fundamento de rescindibilidade que supõe solução jurisdicional para a lide.

N. 112 – AÇÃO RESCISÓRIA. VIOLAÇÃO DE LEI. DECISÃO RESCINDENDA POR DUPLO FUNDAMENTO. IMPUGNAÇÃO PARCIAL. DJ 29.04.03.

Para que a violação da lei dê causa à rescisão de decisão de mérito alicerçada em duplo fundamento, é necessário que o Autor da ação rescisória invoque causas de rescindibilidade que, em tese, possam infirmar a motivação dúplice da decisão rescindenda.

N. 113 – AÇÃO CAUTELAR. EFEITO SUSPENSIVO AO RECURSO ORDINÁRIO EM MANDADO DE SEGURANÇA. INCABÍVEL. AUSÊNCIA DE INTERESSE. EXTINÇÃO. DJ 11.08.03.

É incabível medida cautelar para imprimir efeito suspensivo a recurso interposto contra decisão proferida em mandado de segurança, pois ambos visam, em última análise, à sustação do ato atacado. Extingue-se, pois, o processo, sem julgamento do mérito, por ausência de interesse de agir, para evitar que decisões judiciais conflitantes e inconciliáveis passem a reger idêntica situação jurídica.

N. 114 – CANCELADA – *COMPETÊNCIA. EXECUÇÃO POR CARTA. EMBARGOS DE TERCEIRO. JUÍZO DEPRECANTE. DJ 11.08.03 – (cancelada em decorrência da sua conversão na Súmula n. 419 – DJ 22.08.2005).*

Na execução por carta precatória, os embargos de terceiro serão oferecidos no juízo deprecante ou no juízo deprecado, mas a competência para julgá-los é do juízo deprecante, salvo se versarem, unicamente, sobre vícios ou irregularidades da penhora, avaliação ou alienação dos bens, praticados pelo juízo deprecado, em que a competência será deste último.

N. 115 – CANCELADA – *COMPETÊNCIA FUNCIONAL. CONFLITO NEGATIVO. TRT E VARA DO TRABALHO DE IDÊNTICA REGIÃO. NÃO CONFIGURAÇÃO. DJ 11.08.03 – (cancelada em decorrência da sua conversão na Súmula n. 420 – DJ 22.08.2005).*

Não se configura conflito de competência entre Tribunal Regional do Trabalho e Vara do Trabalho a ele vinculada.

N. 116 – CANCELADA – *AÇÃO RESCISÓRIA. ART. 485, IV, DO CPC. AÇÃO DE CUMPRIMENTO. OFENSA À COISA JULGADA EMANADA DE SENTENÇA NORMATIVA MODIFICADA EM GRAU DE RECURSO. INVIABILIDADE. DJ 11.08.03 – (cancelada em decorrência da sua conversão na Súmula n. 397 – DJ 22.08.2005).*

Não procede ação rescisória calcada em ofensa à coisa julgada perpetrada por decisão proferida em ação de cumprimento, em face de a sentença normativa, na qual se louvava, ter sido modificada em grau de recurso, porque em dissídio coletivo somente se consubstancia coisa julgada formal. Assim, os meios processuais, aptos a atacarem a execução da cláusula reformada, são a exceção da preexecutividade e o mandado de segurança, no caso de descumprimento do art. 572 do CPC.

N. 117 – CANCELADA – *AÇÃO RESCISÓRIA. DEPÓSITO RECURSAL. PEDIDO RESCISÓRIO PROCEDENTE. CONDENAÇÃO EM PECÚNIA. INSTRUÇÃO NORMATIVA N. 3/93, III. DJ 11.08.03 – (cancelada em decorrência da nova redação conferida à Súmula n. 99 – DJ 22.08.2005).*

Havendo recurso ordinário em sede de rescisória, o depósito recursal prévio só é exigível quando for julgado procedente o pedido e imposta condenação em pecúnia.

N. 118 – CANCELADA – *AÇÃO RESCISÓRIA. EXPRESSÃO "LEI" DO ART. 485, V, DO CPC. INDICAÇÃO DE CONTRARIEDADE A SÚMULA OU ORIENTAÇÃO JURISPRUDENCIAL DO TST. DESCABIMENTO. DJ 11.08.03 – (cancelada em decorrência da sua incorporação à nova redação da Orientação Jurisprudencial n. 25 da SBDI-II – DJ 22.08.2005).*

Não prospera pedido de rescisão fundado no art. 485, inciso V, do CPC, com indicação de contrariedade a súmula, uma vez que a jurisprudência consolidada dos tribunais não corresponde ao conceito de lei.

N. 119 – CANCELADA – *AÇÃO RESCISÓRIA. PRAZO PRESCRICIONAL. TOTAL OU PARCIAL. VIOLAÇÃO DO ART. 7º, XXIX, DA CF/1988. MATÉRIA INFRACONSTITUCIONAL. DJ 11.08.03 – (cancelada em decorrência da sua conversão na Súmula n. 409 – DJ 22.08.2005).*

Não procede ação rescisória calcada em violação do art. 7º, XXIX, da CF/1988, quando a questão envolve discussão sobre a espécie de prazo prescricional aplicável aos créditos trabalhistas, se total ou parcial, porque a matéria tem índole infraconstitucional, construída, na Justiça do Trabalho, no plano jurisprudencial.

N. 120 – CANCELADA – *MANDADO DE SEGURANÇA. RECUSA À HOMOLOGAÇÃO DE ACORDO. INEXISTÊNCIA DE DIREITO LÍQUIDO E CERTO. DJ 11.08.03 – (cancelada em decorrência da sua conversão na Súmula n. 418 – DJ 22.08.2005).*

Não comporta mandado de segurança a negativa de homologação de acordo, por inexistir direito líquido e certo à homologação, já que se trata de atividade jurisdicional alicerçada no livre convencimento do juiz.

N. 121 – CANCELADA – *AÇÃO RESCISÓRIA. PEDIDO DE ANTECIPAÇÃO DE TUTELA. DESCABIMENTO. DJ 11.08.03 – (cancelada em decorrência da sua conversão na Súmula n. 405 – DJ 22.08.2005).*

Não se admite tutela antecipada em sede de ação rescisória, na medida em que não se pode desconstituir antecipadamente a coisa julgada, com base em juízo de verossimilhança, dadas as garantias especiais de que se reveste o pronunciamento estatal transitado em julgado.

N. 122 – CANCELADA – *AÇÃO RESCISÓRIA. DECADÊNCIA. MINISTÉRIO PÚBLICO. "DIES A QUO" DO PRAZO. CONTAGEM. COLUSÃO DAS PARTES. DJ 11.08.03 – (cancelada em decorrência da nova redação conferida à Súmula n. 100 – DJ 22.08.2005).*

Na hipótese de colusão das partes, o prazo decadencial da ação rescisória somente começa a fluir para o Ministério Público, que não interveio no processo principal, a partir do momento em que tem ciência da fraude.

N. 123 – AÇÃO RESCISÓRIA. INTERPRETAÇÃO DO SENTIDO E ALCANCE DO TÍTULO EXECUTIVO. INEXISTÊNCIA DE OFENSA À COISA JULGADA. DJ 11.08.03 (título alterado – DJ 22.08.2005).

O acolhimento da ação rescisória calcada em ofensa à coisa julgada supõe dissonância patente entre as decisões exequenda e rescindenda, o que não se verifica quando se faz necessária a interpretação do título executivo judicial para se concluir pela lesão à coisa julgada.

Histórico:

Redação original

N. 123 – Ação rescisória. Interpretação do sentido e alcance do título executivo. Coisa julgada. Impertinência do art. 485, IV, do CPC. Descaracterizada a ofensa ao art. 5º, XXXVI, da CF/1988.

O acolhimento da ação rescisória calcada em ofensa à coisa julgada supõe dissonância patente entre as decisões exequenda e rescindenda, o que não se verifica quando se faz necessária a interpretação do título executivo judicial para se concluir pela lesão à coisa julgada.

N. 124 – AÇÃO RESCISÓRIA. ART. 485, II, DO CPC. ARGUIÇÃO DE INCOMPETÊNCIA ABSOLUTA. PRE-QUESTIONAMENTO INEXIGÍVEL. DJ 09.12.2003.

Na hipótese em que a ação rescisória tem como causa de rescindibilidade o inciso II do art. 485 do CPC, a arguição de incompetência absoluta prescinde de prequestionamento.

N. 125 – CANCELADA – *AÇÃO RESCISÓRIA. ART. 485, III, DO CPC. SILÊNCIO DA PARTE VENCEDORA ACERCA DE EVENTUAL FATO QUE LHE SEJA DESFAVORÁVEL. DESCARACTERIZADO O DOLO PROCESSUAL. DJ 09.12.2003 – (cancelada em decorrência da sua conversão na Súmula n. 403 – DJ 22.08.2005).*

Não caracteriza dolo processual, previsto no art. 485, III, do CPC, o simples fato de a parte vencedora haver silenciado a respeito de fatos contrários a ela, porque o procedimento, por si só, não constitui ardil do qual resulte cerceamento de defesa e, em consequência, desvie o juiz de uma sentença não condizente com a verdade.

N. 126 – CANCELADA – *AÇÃO RESCISÓRIA. AUSÊNCIA DE DEFESA. INAPLICÁVEIS OS EFEITOS DA REVELIA. DJ 09.12.2003 – (cancelada em decorrência da sua conversão na Súmula n. 398 – DJ 22.08.2005).*

Na ação rescisória, o que se ataca na ação é a sentença, ato oficial do Estado, acobertado pelo manto da coisa julgada. Assim sendo e, considerando que a coisa julgada envolve questão de ordem pública, a revelia não produz confissão na ação rescisória.

N. 127 – MANDADO DE SEGURANÇA. DECADÊNCIA. CONTAGEM. EFETIVO ATO COATOR. DJ 09.12.2003.

Na contagem do prazo decadencial para ajuizamento de mandado de segurança, o efetivo ato coator é o primeiro em que se firmou a tese hostilizada e não aquele que a ratificou.

N. 128 – AÇÃO RESCISÓRIA. CONCURSO PÚBLICO ANULADO POSTERIORMENTE. APLICAÇÃO DA SÚMULA N. 363 DO TST. DJ 09.12.2003.

O certame público posteriormente anulado equivale à contratação realizada sem a observância da exigência contida no art. 37, II, da Constituição Federal de 1988. Assim sendo, aplicam-se à hipótese os efeitos previstos na Súmula n. 363 do TST.

N. 129 – AÇÃO ANULATÓRIA. COMPETÊNCIA ORIGINÁRIA. DJ 04.05.2004.

Em se tratando de ação anulatória, a competência originária se dá no mesmo juízo em que praticado o ato supostamente eivado de vício.

N. 130 – AÇÃO CIVIL PÚBLICA. COMPETÊNCIA TERRITORIAL. EXTENSÃO DO DANO CAUSADO OU A SER REPARADO. APLICAÇÃO ANALÓGICA DO ART. 93 DO CÓDIGO DE DEFESA DO CONSUMIDOR. DJ 04.05.2004.

Para a fixação da competência territorial em sede de ação civil pública, cumpre tomar em conta a extensão do dano causado ou a ser reparado, pautando-se pela incidência analógica do art. 93 do Código de Defesa do Consumidor. Assim, se a extensão do dano a ser reparado limitar-se ao âmbito regional, a competência é de uma das Varas do Trabalho da Capital do Estado; se for de âmbito suprarregional ou nacional, o foro é o do Distrito Federal.

N. 131 – AÇÃO RESCISÓRIA. AÇÃO CAUTELAR PARA SUSPENDER EXECUÇÃO DA DECISÃO RESCINDENDA. PENDÊNCIA DE TRÂNSITO EM JULGADO DA AÇÃO RESCISÓRIA PRINCIPAL. EFEITOS. DJ 04.05.2004.

A ação cautelar não perde o objeto enquanto ainda estiver pendente o trânsito em julgado da ação rescisória principal, devendo o pedido cautelar ser julgado procedente, mantendo-se os efeitos da liminar eventualmente deferida, no caso de procedência do pedido rescisório ou, por outro lado, improcedente, se o pedido da ação rescisória principal tiver sido julgado improcedente.

N. 132 – AÇÃO RESCISÓRIA. ACORDO HOMOLOGADO. ALCANCE. OFENSA À COISA JULGADA. DJ 04.05.2004.

Acordo celebrado – homologado judicialmente – em que o empregado dá plena e ampla quitação, sem qualquer ressalva, alcança não só o objeto da inicial, como também todas as demais parcelas referentes ao extinto contrato de trabalho, violando a coisa julgada, a propositura de nova reclamação trabalhista.

N. 133 – CANCELADA – *AÇÃO RESCISÓRIA. DECISÃO EM AGRAVO REGIMENTAL. APLICAÇÃO DA SÚMULA N. 333. JUÍZO DE MÉRITO. DJ 04.05.2004 – (cancelada em decorrência da nova redação conferida à Súmula n. 192 – DJ 22.08.2005).*

A decisão proferida pela SDI, em sede de agravo regimental, calcada na Súmula n. 333, substitui acórdão de Turma do TST, porque emite juízo de mérito, comportando, em tese, o corte rescisório.

N. 134 – AÇÃO RESCISÓRIA. DECISÃO RESCINDENDA. PRECLUSÃO DECLARADA. FORMAÇÃO DA COISA JULGADA FORMAL. IMPOSSIBILIDADE JURÍDICA DO PEDIDO. DJ 04.05.2004.

A decisão que conclui estar preclusa a oportunidade de impugnação da sentença de liquidação, por ensejar tão somente a formação da coisa julgada formal, não é suscetível de rescindibilidade.

N. 135 – AÇÃO RESCISÓRIA. VIOLAÇÃO DO ART. 37, "CAPUT", DA CF/1988. NECESSIDADE DE PREQUESTIONAMENTO. DJ 04.05.2004.

A ação rescisória calcada em violação do art. 37, "caput", da Constituição Federal, por desrespeito ao princípio da legalidade administrativa exige que ao menos o princípio constitucional tenha sido prequestionado na decisão.

N. 136 – AÇÃO RESCISÓRIA. ERRO DE FATO. CARACTERIZAÇÃO. DJ 04.05.2004.

A caracterização do erro de fato como causa de rescindibilidade de decisão judicial transitada em julgado supõe a afirmação categórica e indiscutida de um fato, na decisão rescindenda, que não corresponde à realidade dos autos. O fato afirmado pelo julgador, que pode ensejar ação rescisória calcada no inciso IX do art. 485 do CPC, é apenas aquele que se coloca como premissa fática indiscutida de um silogismo argumentativo, não aquele que se apresenta ao final desse mesmo silogismo, como conclusão decorrente das premissas que especificaram as provas oferecidas, para se concluir pela existência do fato. Esta última hipótese é afastada pelo § 2º do art. 485 do CPC, ao exigir que não tenha havido controvérsia sobre o fato e pronunciamento judicial esmiuçando as provas.

N. 137 – MANDADO DE SEGURANÇA. DIRIGENTE SINDICAL. ART. 494 DA CLT. APLICÁVEL. DJ 04.05.2004.

Constitui direito líquido e certo do empregador a suspensão do empregado, ainda que detentor de estabilidade sindical, até a decisão final do inquérito em que se apure a falta grave a ele imputada, na forma do art. 494, "caput" e parágrafo único, da CLT.

N. 138 – CANCELADA – MANDADO DE SEGURANÇA. INCOMPETÊNCIA DA JUSTIÇA DO TRABALHO. COBRANÇA DE HONORÁRIOS ADVOCATÍCIOS. CONTRATO DE NATUREZA CIVIL. DJ 04.05.2004 – (cancelada – DJ 10.05.2006).

A Justiça do Trabalho é incompetente para apreciar ação de cobrança de honorários advocatícios, pleiteada na forma do art. 24, §§ 1º e 2º, da Lei n. 8.906/1994, em face da natureza civil do contrato de honorários.

Legislação:

CF/1988, art. 114

Lei n. 8.906/1994, art. 24, § 1º.

N. 139 – CANCELADA – MANDADO DE SEGURANÇA. LIMINAR EM AÇÃO CIVIL PÚBLICA. SENTENÇA DE MÉRITO SUPERVENIENTE. PERDA DE OBJETO. DJ 04.05.2004 – (cancelada em decorrência da sua conversão na Súmula n. 414 – DJ 22.08.2005).

Perde objeto o mandado de segurança que impugna liminar em ação civil pública substituída por sentença de mérito superveniente.

N. 140 – MANDADO DE SEGURANÇA CONTRA LIMINAR, CONCEDIDA OU DENEGADA EM OUTRA SEGURANÇA. INCABÍVEL. (ART. 8º DA LEI N. 1.533/51). DJ 04.05.2004.

Não cabe mandado de segurança para impugnar despacho que acolheu ou indeferiu liminar em outro mandado de segurança.

N. 141 – CANCELADA – MANDADO DE SEGURANÇA PARA CONCEDER LIMINAR DENEGADA EM AÇÃO CAUTELAR. DJ 04.05.2004 – (cancelada em decorrência da sua conversão na Súmula n. 418 – DJ 22.08.2005).

A concessão de liminar constitui faculdade do juiz, no uso de seu poder discricionário e de cautela, inexistindo direito líquido e certo tutelável pela via do mandado de segurança.

N. 142 – MANDADO DE SEGURANÇA. REINTEGRAÇÃO LIMINARMENTE CONCEDIDA. DJ 04.05.2004.

Inexiste direito líquido e certo a ser oposto contra ato de Juiz que, antecipando a tutela jurisdicional, determina a reintegração do empregado até a decisão final do processo, quando demonstrada a razoabilidade do direito subjetivo material, como nos casos de anistiado pela Lei n. 8.878/1994, aposentado, integrante de comissão de fábrica, dirigente sindical, portador de doença profissional, portador de vírus HIV ou detentor de estabilidade provisória prevista em norma coletiva.

Legislação:

CLT, art. 659, inciso X.

N. 143 – 'HABEAS CORPUS'. PENHORA SOBRE COISA FUTURA E INCERTA. PRISÃO. DEPOSITÁRIO INFIEL (redação alterada na sessão do Tribunal Pleno realizada em 17.11.2008. Resolução n. 151/08 – DEJT 20, 21 e 24.11.08).

Não se caracteriza a condição de depositário infiel quando a penhora recair sobre coisa futura e incerta, circunstância que, por si só, inviabiliza a materialização do depósito no momento da constituição do paciente em depositário, autorizando-se a concessão de "habeas corpus" diante da prisão ou ameaça de prisão que sofra.

Histórico:

N. 143 – "Habeas Corpus". Penhora sobre coisa futura. Prisão. Depositário Infiel.

Não se caracteriza a condição de depositário infiel quando a penhora recair sobre coisa futura, circunstância que, por si só, inviabiliza a materialização do depósito no momento da constituição do paciente em depositário, autorizando-se a concessão de "habeas corpus" diante da prisão ou ameaça de prisão que sofra.

N. 144 – MANDADO DE SEGURANÇA. PROIBIÇÃO DE PRÁTICA DE ATOS FUTUROS. SENTENÇA GENÉRICA. EVENTO FUTURO. INCABÍVEL. DJ 22.06.04 (nova redação – DJ 22.08.2005).

O mandado de segurança não se presta à obtenção de uma sentença genérica, aplicável a eventos futuros, cuja ocorrência é incerta.

Histórico:

Redação original:

N. 144 – Mandado de segurança. Proibição de prática de atos futuros. Sentença genérica. Evento futuro. Incabível.

O mandado de segurança não se presta à obtenção de uma sentença genérica, aplicável a eventos futuros, cuja ocorrência constitui uma incógnita.

N. 145 – *CANCELADA* – *AÇÃO RESCISÓRIA. DECADÊNCIA. NÃO ESGOTAMENTO DAS VIAS RECURSAIS. PRAZO LEGAL DO RECURSO EXTRAORDINÁRIO. DJ 10.11.04 – (cancelada em decorrência da nova redação conferida à Súmula n. 100 – DJ 22.08.2005).*

Conta-se o prazo decadencial da ação rescisória, após o decurso do prazo legal previsto para a interposição do recurso extraordinário, apenas quando esgotadas todas as vias recursais ordinárias.

N. 146 – **AÇÃO RESCISÓRIA. INÍCIO DO PRAZO PARA APRESENTAÇÃO DA CONTESTAÇÃO. ART. 774 DA CLT.** DJ 10.11.04.

A contestação apresentada em sede de ação rescisória obedece à regra relativa à contagem de prazo constante do art. 774 da CLT, sendo inaplicável o art. 241 do CPC.

N. 147 – *CANCELADA* – *AÇÃO RESCISÓRIA. VALOR DA CAUSA. (cancelada pela Res. n. 142/07 – DJ 10, 11 e 15.10.2007).*

O valor da causa, na ação rescisória de sentença de mérito advinda de processo de conhecimento, corresponde ao valor da causa fixado no processo originário, corrigido monetariamente. No caso de se pleitear a rescisão de decisão proferida na fase de execução, o valor da causa deve corresponder ao montante da condenação. DJ 10.11.04

N. 148 – **CUSTAS. MANDADO DE SEGURANÇA. RECURSO ORDINÁRIO. EXIGÊNCIA DO PAGAMENTO.** (conversão da Orientação Jurisprudencial n. 29 da SBDI-1) – Res. 129/2005, DJ 20.04.2005.

É responsabilidade da parte, para interpor recurso ordinário em mandado de segurança, a comprovação do recolhimento das custas processuais no prazo recursal, sob pena de deserção. (ex-OJ n. 29 – inserida em 20.09.00)

N. 149 – **CONFLITO DE COMPETÊNCIA. INCOMPETÊNCIA TERRITORIAL. HIPÓTESE DO ART. 651, § 3º, DA CLT. IMPOSSIBILIDADE DE DECLARAÇÃO DE OFÍCIO DE INCOMPETÊNCIA RELATIVA.** (DEJT 03.12.2008)

Não cabe declaração de ofício de incompetência territorial no caso do uso, pelo trabalhador, da faculdade prevista no art. 651, § 3º, da CLT. Nessa hipótese, resolve-se o conflito pelo reconhecimento da competência do juízo do local onde a ação foi proposta.

N. 150 – **AÇÃO RESCISÓRIA. DECISÃO RESCINDENDA QUE EXTINGUE O PROCESSO SEM RESOLUÇÃO DE MÉRITO POR ACOLHIMENTO DA EXCEÇÃO DE COISA JULGADA. CONTEÚDO MERAMENTE PROCESSUAL. IMPOSSIBILIDADE JURÍDICA DO PEDIDO.** (DEJT 03.12.2008).

Reputa-se juridicamente impossível o pedido de corte rescisório de decisão que, reconhecendo a configuração de coisa julgada, nos termos do art. 267, V, do CPC, extingue o processo sem resolução de mérito, o que, ante o seu conteúdo meramente processual, a torna insuscetível de produzir a coisa julgada material.

N. 151 – **AÇÃO RESCISÓRIA E MANDADO DE SEGURANÇA. IRREGULARIDADE DE REPRESENTAÇÃO PROCESSUAL VERIFICADA NA FASE RECURSAL. PROCURAÇÃO OUTORGADA COM PODERES ESPECÍFICOS PARA AJUIZAMENTO DE RECLAMAÇÃO TRABALHISTA. VÍCIO PROCESSUAL INSANÁVEL.** (DEJT 03.12.2008).

A procuração outorgada com poderes específicos para ajuizamento de reclamação trabalhista não autoriza a propositura de ação rescisória e mandado de segurança, bem como não se admite sua regularização quando verificado o defeito de representação processual na fase recursal, nos termos da Súmula n. 383, item II, do TST.

N. 152 – **AÇÃO RESCISÓRIA E MANDADO DE SEGURANÇA. RECURSO DE REVISTA DE ACÓRDÃO REGIONAL QUE JULGA AÇÃO RESCISÓRIA OU MANDADO DE SEGURANÇA. PRINCÍPIO DA FUNGIBILIDADE. INAPLICABILIDADE. ERRO GROSSEIRO NA INTERPOSIÇÃO DO RECURSO.** (DEJT 03.12.2008).

A interposição de recurso de revista de decisão definitiva de Tribunal Regional do Trabalho em ação rescisória ou em mandado de segurança, com fundamento em violação legal e divergência jurisprudencial e remissão expressa ao art. 896 da CLT, configura erro grosseiro, insuscetível de autorizar o seu recebimento como recurso ordinário, em face do disposto no art. 895, "b", da CLT.

N. 153 – **MANDADO DE SEGURANÇA. EXECUÇÃO. ORDEM DE PENHORA SOBRE VALORES EXISTENTES EM CONTA SALÁRIO. ART. 649, IV, DO CPC. ILEGALIDADE.** (DEJT 03.12.2008).

Ofende direito líquido e certo decisão que determina o bloqueio de numerário existente em conta salário, para satisfação de crédito trabalhista, ainda que seja limitado a determinado percentual dos valores recebidos ou a valor revertido para fundo de aplicação ou poupança, visto que o art. 649, IV, do CPC contém norma imperativa que não admite interpretação ampliativa, sendo a exceção prevista no art. 649, § 2º, do CPC espécie e não gênero de crédito de natureza alimentícia, não englobando o crédito trabalhista.

SDC
Orientação Jurisprudencial do TST — Seção de Dissídios Coletivos

N. 1 – CANCELADA – *ACORDO COLETIVO. DESCUMPRIMENTO. EXISTÊNCIA DE AÇÃO PRÓPRIA. ABUSIVIDADE DA GREVE DEFLAGRADA PARA SUBSTITUÍ-LA. Inserida em 27.03.1998 – Cancelada – DJ 22.06.2004.*

O ordenamento legal vigente assegura a via da ação de cumprimento para as hipóteses de inobservância de norma coletiva em vigor, razão pela qual é abusivo o movimento grevista deflagrado em substituição ao meio pacífico próprio para a solução do conflito.

N. 2 – ACORDO HOMOLOGADO. EXTENSÃO A PARTES NÃO SUBSCREVENTES. INVIABILIDADE. Inserida em 27.03.1998.

É inviável aplicar condições constantes de acordo homologado nos autos de dissídio coletivo, extensivamente, às partes que não o subscreveram, exceto se observado o procedimento previsto no art. 868 e seguintes, da CLT.

N. 3 – ARRESTO. APREENSÃO. DEPÓSITO. PRETENSÕES INSUSCETÍVEIS DE DEDUÇÃO EM SEDE COLETIVA. Inserida em 27.03.1998.

São incompatíveis com a natureza e finalidade do dissídio coletivo as pretensões de provimento judicial de arresto, apreensão ou depósito.

N. 4 – CANCELADA – *DISPUTA POR TITULARIDADE DE REPRESENTAÇÃO. INCOMPETÊNCIA DA JUSTIÇA DO TRABALHO. Inserida em 27.03.1998 – Cancelada – DJ 18.10.2006.*

A disputa intersindical pela representatividade de certa categoria refoge ao âmbito da competência material da Justiça do Trabalho.

N. 5 – DISSÍDIO COLETIVO CONTRA PESSOA JURÍDICA DE DIREITO PÚBLICO. IMPOSSIBILIDADE JURÍDICA. Inserida em 27.03.1998.

Aos servidores públicos não foi assegurado o direito ao reconhecimento de acordos e convenções coletivos de trabalho, pelo que, por conseguinte, também não lhes é facultada a via do dissídio coletivo, à falta de previsão legal.

N. 6 – CANCELADA – *DISSÍDIO COLETIVO. NATUREZA JURÍDICA. IMPRESCINDIBILIDADE DE REALIZAÇÃO DE ASSEMBLEIA DE TRABALHADORES E NEGOCIAÇÃO PRÉVIA. Inserida em 27.03.1998 – Cancelada pela SDC em sessão de 10.08.2000, no julgamento do RODC 604502/1999-8, DJ 23.03.2001.*

O dissídio coletivo de natureza jurídica não prescinde da autorização da categoria, reunida em assembleia, para legitimar o sindicato próprio, nem da etapa negocial prévia para buscar solução de consenso.

N. 7 – DISSÍDIO COLETIVO. NATUREZA JURÍDICA. INTERPRETAÇÃO DE NORMA DE CARÁTER GENÉRICO. INVIABILIDADE. Inserida em 27.03.1998.

Não se presta o dissídio coletivo de natureza jurídica à interpretação de normas de caráter genérico, a teor do disposto no art. 313, II, do RITST.

N. 8 – DISSÍDIO COLETIVO. PAUTA REIVINDICATÓRIA NÃO REGISTRADA EM ATA. CAUSA DE EXTINÇÃO. Inserida em 27.03.1998.

A ata da assembleia de trabalhadores que legitima a atuação da entidade sindical respectiva em favor de seus interesses deve registrar, obrigatoriamente, a pauta reivindicatória, produto da vontade expressa da categoria.

N. 9 – ENQUADRAMENTO SINDICAL. INCOMPETÊNCIA MATERIAL DA JUSTIÇA DO TRABALHO. Inserida em 27.03.1998.

O dissídio coletivo não é meio próprio para o Sindicato vir a obter o reconhecimento de que a categoria que representa é diferenciada, pois esta matéria – enquadramento sindical – envolve a interpretação de norma genérica, notadamente do art. 577 da CLT.

N. 10 – GREVE ABUSIVA NÃO GERA EFEITOS. Inserida em 27.03.1998.

É incompatível com a declaração de abusividade de movimento grevista o estabelecimento de quaisquer vantagens ou garantias a seus partícipes, que assumiram os riscos inerentes à utilização do instrumento de pressão máximo.

N. 11 – GREVE. IMPRESCINDIBILIDADE DE TENTATIVA DIRETA E PACÍFICA DA SOLUÇÃO DO CONFLITO. ETAPA NEGOCIAL PRÉVIA. Inserida em 27.03.1998.

É abusiva a greve levada a efeito sem que as partes hajam tentado, direta e pacificamente, solucionar o conflito que lhe constitui o objeto.

N. 12 – GREVE. QUALIFICAÇÃO JURÍDICA. ILEGITIMIDADE ATIVA "AD CAUSAM" DO SINDICATO PROFISSIONAL QUE DEFLAGRA O MOVIMENTO. Inserida em 27.03.1998.

Não se legitima o Sindicato profissional a requerer judicialmente a qualificação legal de movimento paredista que ele próprio fomentou.

N. 13 – CANCELADA – *LEGITIMAÇÃO DA ENTIDADE SINDICAL. ASSEMBLEIA DELIBERATIVA. "QUORUM" DE VALIDADE. ART. 612 DA CLT. Inserida em 27.03.1998 – Cancelada – DJ 24.11.2003.*

Mesmo após a promulgação da Constituição Federal de 1988, subordina-se a validade da assembleia de trabalhadores que legitima a atuação da entidade sindical respectiva em favor de seus interesses à observância do "quorum" estabelecido no art. 612 da CLT.

N. 14 – CANCELADA – *SINDICATO. BASE TERRITORIAL EXCEDENTE DE UM MUNICÍPIO. OBRIGATORIEDADE DA REALIZAÇÃO DE MÚLTIPLAS ASSEMBLEIAS. Inserida em 27.03.1998 – Cancelada – DJ 02.12.2003.*

Se a base territorial do Sindicato representativo da categoria abrange mais de um Município, a realização de assembleia deliberativa em apenas um deles inviabiliza a manifestação de vontade da totalidade dos trabalhadores envolvidos na controvérsia, pelo que conduz à insuficiência de "quorum" deliberativo, exceto quando particularizado o conflito.

N. 15 – SINDICATO. LEGITIMIDADE "AD PROCESSUM". IMPRESCINDIBILIDADE DO REGISTRO NO MINISTÉRIO DO TRABALHO. Inserida em 27.03.1998.

A comprovação da legitimidade "ad processum" da entidade sindical se faz por seu registro no órgão competente do Ministério do Trabalho, mesmo após a promulgação da Constituição Federal de 1988.

N. 16 – TAXA DE HOMOLOGAÇÃO DE RESCISÃO CONTRATUAL. ILEGALIDADE. Inserida em 27.03.1998.

É contrária ao espírito da lei (art. 477, § 7º, da CLT) e da função precípua do Sindicato a cláusula coletiva que estabelece taxa para homologação de rescisão contratual, a ser paga pela empresa a favor do sindicato profissional.

N. 17 – CONTRIBUIÇÕES PARA ENTIDADES SINDICAIS. INCONSTITUCIONALIDADE DE SUA EXTENSÃO A NÃO ASSOCIADOS. Inserida em 25.05.1998.

As cláusulas coletivas que estabeleçam contribuição em favor de entidade sindical, a qualquer título, obrigando trabalhadores não sindicalizados, são ofensivas ao direito de livre associação e sindicalização, constitucionalmente assegurado, e, portanto, nulas, sendo passíveis de devolução, por via própria, os respectivos valores eventualmente descontados.

N. 18 – DESCONTOS AUTORIZADOS NO SALÁRIO PELO TRABALHADOR. LIMITAÇÃO MÁXIMA DE 70% DO SALÁRIO BASE. Inserida em 25.05.1998.

Os descontos efetuados com base em cláusula de acordo firmado entre as partes não podem ser superiores a 70% do salário base percebido pelo empregado, pois deve-se assegurar um mínimo de salário em espécie ao trabalhador.

N. 19 – DISSÍDIO COLETIVO CONTRA EMPRESA. LEGITIMAÇÃO DA ENTIDADE SINDICAL. AUTORIZAÇÃO DOS TRABALHADORES DIRETAMENTE ENVOLVIDOS NO CONFLITO. Inserida em 25.05.1998.

N. 20 – EMPREGADOS SINDICALIZADOS. ADMISSÃO PREFERENCIAL. CONDIÇÃO VIOLADORA DO ART. 8º, V, DA CF/88. Inserida em 25.05.1998.

N. 21 – CANCELADA – *ILEGITIMIDADE "AD CAUSAM" DO SINDICATO. AUSÊNCIA DE INDICAÇÃO DO TOTAL DE ASSOCIADOS DA ENTIDADE SINDICAL. INSUFICIÊNCIA DE "QUORUM" (ART. 612 DA CLT). Inserida em 25.05.1998 – Cancelada – DJ 02.12.2003.*

N. 22 – LEGITIMIDADE "AD CAUSAM" DO SINDICATO. CORRESPONDÊNCIA ENTRE AS ATIVIDADES EXERCIDAS PELOS SETORES PROFISSIONAL E ECONÔMICO ENVOLVIDOS NO CONFLITO. NECESSIDADE. Inserida em 25.05.1998.

N. 23 – LEGITIMIDADE "AD CAUSAM". SINDICATO REPRESENTATIVO DE SEGMENTO PROFISSIONAL OU PATRONAL. IMPOSSIBILIDADE. Inserida em 25.05.1998.

A representação sindical abrange toda a categoria, não comportando separação fundada na maior ou menor dimensão de cada ramo ou empresa.

N. 24 – CANCELADA – *NEGOCIAÇÃO PRÉVIA INSUFICIENTE. REALIZAÇÃO DE MESA REDONDA PERANTE A DRT. ART. 114, § 2º, DA CF/88. VIOLAÇÃO. Inserida em 25.05.1998 – Cancelada – DJ 16.04.2004.*

N. 25 – SALÁRIO NORMATIVO. CONTRATO DE EXPERIÊNCIA. LIMITAÇÃO. TEMPO DE SERVIÇO. POSSIBILIDADE. Inserida em 25.05.1998.

Não fere o princípio da isonomia salarial (art. 7º, XXX, da CF/88) a previsão de salário normativo tendo em vista o fator tempo de serviço.

N. 26 – SALÁRIO NORMATIVO. MENOR EMPREGADO. ART. 7º, XXX, DA CF/88. VIOLAÇÃO. Inserida em 25.05.1998.

Os empregados menores não podem ser discriminados em cláusula que fixa salário mínimo profissional para a categoria.

N. 27 – CUSTAS. AUSÊNCIA DE INTIMAÇÃO. DESERÇÃO. CARACTERIZAÇÃO. Inserida em 19.08.1998.

A deserção se impõe mesmo não tendo havido intimação, pois incumbe à parte, na defesa do próprio interesse, obter os cálculos necessários para efetivar o preparo.

N. 28 – EDITAL DE CONVOCAÇÃO DA AGT. PUBLICAÇÃO. BASE TERRITORIAL. VALIDADE. Inserida em 19.08.1998.

O edital de convocação para a AGT deve ser publicado em jornal que circule em cada um dos municípios componentes da base territorial.

N. 29 – EDITAL DE CONVOCAÇÃO E ATA DA ASSEMBLEIA GERAL. REQUISITOS ESSENCIAIS PARA INSTAURAÇÃO DE DISSÍDIO COLETIVO. Inserida em 19.08.1998.

O edital de convocação da categoria e a respectiva ata da AGT constituem peças essenciais à instauração do processo de dissídio coletivo.

N. 30 – ESTABILIDADE DA GESTANTE. RENÚNCIA OU TRANSAÇÃO DE DIREITOS CONSTITUCIONAIS. IMPOSSIBILIDADE. Inserida em 19.08.1998.

Nos termos do art. 10, II, "a", do ADCT, a proteção à maternidade foi erigida à hierarquia constitucional, pois retirou do âmbito do direito potestativo do empregador a possibilidade de despedir arbitrariamente a empregada em estado gravídico. Portanto, a teor do art. 9º da CLT, torna-se nula de pleno direito a cláusula que estabelece a possibilidade de renúncia ou transação, pela gestante, das garantias referentes à manutenção do emprego e salário.

N. 31 – ESTABILIDADE DO ACIDENTADO. ACORDO HOMOLOGADO. PREVALÊNCIA. IMPOSSIBILIDADE. VIOLAÇÃO DO ART. 118 DA LEI N. 8.213/91. Inserida em 19.08.1998.

Não é possível a prevalência de acordo sobre legislação vigente, quando ele é menos benéfico do que a própria lei, porquanto o caráter imperativo dessa última restringe o campo de atuação da vontade das partes.

N. 32 – REIVINDICAÇÕES DA CATEGORIA. FUNDAMENTAÇÃO DAS CLÁUSULAS. NECESSIDADE. APLICAÇÃO DO PRECEDENTE NORMATIVO N. 37 DO TST. Inserida em 19.08.1998.

É pressuposto indispensável à constituição válida e regular da ação coletiva a apresentação em forma clausulada e fundamentada das reivindicações da categoria, conforme orientação do item VI, letra "e", da Instrução Normativa n. 4/93.

N. 33 – CANCELADA – AÇÃO RESCISÓRIA. MINISTÉRIO PÚBLICO. LEGITIMIDADE RESTRITA. HIPÓTESES DO ART. 487, INCISOS I E III, DO CPC. Inserida em 07.12.1998 – Cancelada – DJ 22.08.2005.

A teor do disposto no art. 487, incisos I e III, do CPC, o Ministério Público apenas detém legitimidade para propor ação rescisória nas hipóteses em que tenha sido parte no processo no qual proferida a decisão rescindenda; nas quais deixou de manifestar-se ou intervir na lide, quando por previsão legal expressa deveria tê-lo feito, ou ainda naquelas em que a sentença resultou de colusão das partes, com o intuito de fraudar a lei.

N. 34 – ACORDO EXTRAJUDICIAL. HOMOLOGAÇÃO. JUSTIÇA DO TRABALHO. PRESCINDIBILIDADE. Inserida em 07.12.1998.

É desnecessária a homologação, por Tribunal Trabalhista, do acordo extrajudicialmente celebrado, sendo suficiente, para que surta efeitos, sua formalização perante o Ministério do Trabalho (art. 614 da CLT e art. 7º, inciso XXVI, da Constituição Federal).

N. 35 – EDITAL DE CONVOCAÇÃO DA AGT. DISPOSIÇÃO ESTATUTÁRIA ESPECÍFICA. PRAZO MÍNIMO ENTRE A PUBLICAÇÃO E A REALIZAÇÃO DA ASSEMBLEIA. OBSERVÂNCIA OBRIGATÓRIA. Inserida em 07.12.1998.

Se os estatutos da entidade sindical contam com norma específica que estabeleça prazo mínimo entre a data de publicação do edital convocatório e a realização da assembleia correspondente, então a validade desta última depende da observância desse interregno.

N. 36 – EMPREGADOS DE EMPRESA DE PROCESSAMENTO DE DADOS. RECONHECIMENTO COMO CATEGORIA DIFERENCIADA. IMPOSSIBILIDADE. Inserida em 07.12.1998.

É por lei e não por decisão judicial, que as categorias diferenciadas são reconhecidas como tais. De outra parte, no que tange aos profissionais da informática, o trabalho que desempenham sofre alterações, de acordo com a atividade econômica exercida pelo empregador.

N. 37 – CANCELADA – EMPREGADOS DE ENTIDADES SINDICAIS. ESTABELECIMENTO DE CONDIÇÕES COLETIVAS DE TRABALHO DISTINTAS DAQUELAS ÀS QUAIS SUJEITAS AS CATEGORIAS REPRESENTADAS PELOS EMPREGADORES. IMPOSSIBILIDADE JURÍDICA. ART. 10 DA LEI N. 4.725/65. Inserida em 07.12.1998 – Cancelada – DJ 18.10.2006.

O art. 10 da Lei n. 4.725/65 assegura, para os empregados de entidades sindicais, as mesmas condições coletivas de trabalho fixadas para os integrantes das categorias que seus empregadores representam. Assim, a previsão legal expressa constitui óbice ao ajuizamento de dissídio coletivo com vistas a estabelecer para aqueles profissionais regramento próprio.

N. 38 – GREVE. SERVIÇOS ESSENCIAIS. GARANTIA DAS NECESSIDADES INADIÁVEIS DA POPULAÇÃO USUÁRIA. FATOR DETERMINANTE DA QUALIFICAÇÃO JURÍDICA DO MOVIMENTO. Inserida em 07.12.1998.

É abusiva a greve que se realiza em setores que a lei define como sendo essenciais à comunidade, se não é assegurado o atendimento básico das necessidades inadiáveis dos usuários do serviço, na forma prevista na Lei n. 7.783/89.

TRIBUNAL PLENO
Orientação Jurisprudencial do TST — Tribunal Pleno

N. 1 – PRECATÓRIO. CRÉDITO TRABALHISTA. PEQUENO VALOR. EMENDA CONSTITUCIONAL N. 37/2002. DJ 09.12.2003.

Há dispensa da expedição de precatório, na forma do art. 100, § 3º, da CF/1988, quando a execução contra a Fazenda Pública não exceder os valores definidos, provisoriamente, pela Emenda Constitucional n. 37/2002, como obrigações de pequeno valor, inexistindo ilegalidade, sob esse prisma, na determinação de sequestro da quantia devida pelo ente público.

N. 2 – PRECATÓRIO. REVISÃO DE CÁLCULOS. LIMITES DA COMPETÊNCIA DO PRESIDENTE DO TRT. DJ 09.12.2003.

O pedido de revisão dos cálculos, em fase de precatório, previsto no art. 1º-E da Lei n. 9.494/1997, apenas poderá ser acolhido desde que: a) o requerente aponte e especifique claramente quais são as incorreções existentes nos cálculos, discriminando o montante que seria correto, pois do contrário a incorreção torna-se abstrata; b) o defeito nos cálculos esteja ligado à incorreção material ou à utilização de critério em descompasso com a lei ou com o título executivo judicial; e c) o critério legal aplicável ao débito não tenha sido objeto de debate nem na fase de conhecimento, nem na fase de execução.

N. 3 – PRECATÓRIO. SEQUESTRO. EMENDA CONSTITUCIONAL N. 30/00. PRETERIÇÃO. ADIN 1662-8. ART. 100, § 2º, DA CF/1988. DJ 09.12.2003.

O sequestro de verbas públicas para satisfação de precatórios trabalhistas só é admitido na hipótese de preterição do direito de precedência do credor, a ela não se equiparando as situações de não inclusão da despesa no orçamento ou de não pagamento do precatório até o final do exercício, quando incluído no orçamento.

N. 4 – MANDADO DE SEGURANÇA. DECISÃO DE TRT. INCOMPETÊNCIA ORIGINÁRIA DO TRIBUNAL SUPERIOR DO TRABALHO. DJ 17.03.2004.

Ao Tribunal Superior do Trabalho não compete apreciar, originariamente, mandado de segurança impetrado em face de decisão de TRT.

N. 5 – RECURSO ORDINÁRIO. CABIMENTO. (conversão da Orientação Jurisprudencial n. 70 da SBDI-1, DJ 20.04.2005).

Não cabe recurso ordinário contra decisão em agravo regimental interposto em reclamação correicional ou em pedido de providência. (ex-OJ n. 70 – inserida em 13.09.1994)

N. 6 – PRECATÓRIO. EXECUÇÃO. LIMITAÇÃO DA CONDENAÇÃO IMPOSTA PELO TÍTULO JUDICIAL EXEQUENDO À DATA DO ADVENTO DA LEI N. 8.112, de 11.12.1990. DJ 25.04.2007.

Em sede de precatório, não configura ofensa à coisa julgada a limitação dos efeitos pecuniários da sentença condenatória ao período anterior ao advento da Lei n. 8.112, de 11.12.1990, em que o exequente submetia-se à legislação trabalhista, salvo disposição expressa em contrário na decisão exequenda.

N. 7 – PRECATÓRIO. JUROS DE MORA. CONDENAÇÃO DA FAZENDA PÚBLICA. LEI N. 9.494, DE 10.09.1997, ART. 1º-F. DJ 25.04.2007.

São aplicáveis, nas condenações impostas à Fazenda Pública, os juros de mora de 0,5% (meio por cento) ao mês, a partir de setembro de 2001, conforme determina o art. 1º-F da Lei n. 9.494, de 10.09.1997, introduzido pela Medida Provisória n. 2.180-35, de 24.08.2001, procedendo-se a adequação do montante da condenação a essa limitação legal, ainda que em sede de precatório.

N. 8 – PRECATÓRIO. MATÉRIA ADMINISTRATIVA. REMESSA NECESSÁRIA. NÃO CABIMENTO. DJ 25.04.2007.

Em sede de precatório, por se tratar de decisão de natureza administrativa, não se aplica o disposto no art. 1º, V, do Decreto-lei n. 779, de 21.08.1969, em que se determina a remessa necessária em caso de decisão judicial desfavorável a ente público.

N. 9 – PRECATÓRIO. PEQUENO VALOR. INDIVIDUALIZAÇÃO DO CRÉDITO APURADO. RECLAMAÇÃO TRABALHISTA PLÚRIMA. EXECUÇÃO DIRETA CONTRA A FAZENDA PÚBLICA. POSSIBILIDADE. DJ 25.04.2007.

Tratando-se de reclamações trabalhistas plúrimas, a aferição do que vem a ser obrigação de pequeno valor, para efeito de dispensa de formação de precatório e aplicação do disposto no § 3º do art. 100 da CF/88, deve ser realizada considerando-se os créditos de cada reclamante.

N. 10 – PRECATÓRIO. PROCESSAMENTO E PAGAMENTO. NATUREZA ADMINISTRATIVA. MANDADO DE SEGURANÇA. CABIMENTO. DJ 25.04.2007

É cabível mandado de segurança contra atos praticados pela Presidência dos Tribunais Regionais em precatório em razão de sua natureza administrativa, não se aplicando o disposto no inciso II do art. 5º da Lei n. 1.533, de 31.12.1951.

N. 11 – RECURSO EM MATÉRIA ADMINISTRATIVA. PRAZO. ÓRGÃO COLEGIADO. OITO DIAS. ART. 6º DA LEI N. 5.584, DE 26.06.1970. DJ 25.04.2007.

Se não houver norma específica quanto ao prazo para interposição de recurso em matéria administrativa de decisão emanada de órgão Colegiado do Tribunal Regional do Trabalho, aplica-se, por analogia, a regra geral dos prazos adotados na Justiça do Trabalho, ou seja, oito dias, conforme estabelecido no art. 6º da Lei n. 5.584, de 26.06.1970. O prazo de dez dias a que alude o art. 59 da Lei n. 9.784, de 29.01.1999, aplica-se somente à interposição de recursos de decisões prolatadas monocraticamente.

SBDI-I — TRANSITÓRIA
Orientações Jurisprudenciais da SBDI-I, que tratam de matérias transitórias e/ou de aplicação restrita no TST ou a determinado Tribunal Regional

N. 1 – FGTS. MULTA DE 40%. COMPLEMENTAÇÃO. INDEVIDA. Inserida em 02.10.97 (título alterado e inserido dispositivo, DJ 20.04.2005).

A rescisão contratual operada antes da vigência da Constituição Federal de 1988, com o pagamento da multa sobre os depósitos do FGTS no percentual de 10%, é ato jurídico perfeito, não se admitindo retroatividade. Assim, indevido o deferimento da complementação, a título de diferenças de multa do FGTS, do percentual de 30%, referente ao período do primeiro contrato rescindido e pago de acordo com a norma vigente à época. (Lei n. 5.107/66, art. 6º).

N. 2 – CSN. LICENÇA REMUNERADA. Inserida em 02.10.97.

É devido o valor das horas extras até então habitualmente prestadas.

N. 3 – SÚMULA N. 337. INAPLICABILIDADE. (título alterado e inserido dispositivo, DJ 20.04.2005).

A Súmula n. 337 do TST é inaplicável a recurso de revista interposto anteriormente à sua vigência.

Histórico:

Redação original do título:

N. 3 – Súmula n. 337. Inaplicável em revista interposta anteriormente à sua edição.

Inserida em 02.10.97.

N. 4 – MINERAÇÃO MORRO VELHO. ADICIONAL DE INSALUBRIDADE. BASE DE CÁLCULO. ACORDO COLETIVO. PREVALÊNCIA. Inserida em 02.10.97 (inserido dispositivo, DJ 20.04.2005).

O acordo coletivo estabelecido com a Mineração Morro Velho sobrepõe-se aos comandos da lei, quando as partes, com o propósito de dissipar dúvidas e nos exatos limites de seu regular direito de negociação, livremente acordaram parâmetros para a base de cálculo do adicional de insalubridade.

N. 5 – SERVITA. BONIFICAÇÃO DE ASSIDUIDADE E PRODUTIVIDADE PAGA SEMANALMENTE. REPERCUSSÃO NO REPOUSO SEMANAL REMUNERADO. (título alterado e inserido dispositivo, DJ 20.04.2005).

O valor das bonificações de assiduidade e produtividade, pago semanalmente e em caráter permanente pela empresa Servita, visando incentivar o melhor rendimento dos empregados, possui natureza salarial, repercutindo no cálculo do repouso semanal remunerado.

Histórico:

Redação original do título:

N. 5 – Servita. Bonificação de assiduidade e produtividade paga semanalmente. Repercute no cálculo do repouso semanal remunerado.

Inserida em 02.10.97.

N. 6 – ADICIONAL DE PRODUTIVIDADE. DECISÃO NORMATIVA. VIGÊNCIA. LIMITAÇÃO. Inserida em 19.10.00.

O adicional de produtividade previsto na decisão normativa, proferida nos autos do Dissídio Coletivo n. DC-TST 6/1979, tem sua eficácia limitada à vigência do respectivo instrumento normativo.

N. 7 – BANRISUL. COMPLEMENTAÇÃO DE APOSENTADORIA. ADI E CHEQUE-RANCHO. NÃO INTEGRAÇÃO. (nova redação em decorrência da incorporação da Orientação Jurisprudencial Transitória n. 8 da SBDI-1, DJ 20.04.2005).

As parcelas ADI e cheque-rancho não integram a complementação de aposentadoria dos empregados do Banrisul. (ex-OJ Transitória n. 8 da SBDI-1 – inserida em 19.10.00).

Histórico:

Redação original:

N. 7 – Banrisul. Complementação de aposentadoria. ADI. Não integração.

Inserida em 19.10.00.

N. 8 – CANCELADA – BANRISUL. COMPLEMENTAÇÃO DE APOSENTADORIA. CHEQUE-RANCHO. NÃO INTEGRAÇÃO. Inserida em 19.10.00 (cancelada em decorrência da sua incorporação à redação da Orientação Jurisprudencial Transitória n. 7 da SBDI-1, DJ 20.04.2005).

N. 9 – BNCC. GARANTIA DE EMPREGO. NÃO ASSEGURADA. Inserida em 19.10.00.

O Regulamento do BNCC não garante a estabilidade ao empregado nos moldes daquela prevista na CLT, mas apenas a garantia no emprego, ou seja, a garantia contra a despedida imotivada.

N. 10 – BNCC. JUROS. SÚMULA N. 304 DO TST. INAPLICÁVEL. Inserida em 19.10.00.

A extinção do BNCC não foi decretada pelo Banco Central mas por deliberação de seus acionistas. Portanto, inaplicável a Súmula n. 304 do TST e, em seus débitos trabalhistas, devem incidir os juros de mora.

N. 11 – COMPLEMENTAÇÃO DE APOSENTADORIA. CEAGESP. Inserida em 19.10.00.

Para o empregado se beneficiar da aposentadoria integral, prevista no § 1º do art. 16 do Regulamento Geral n. 1/1963, da CEAGESP, o empregado deverá contar com 30 anos ou mais de efetivo serviço à CEAGESP.

N. 12 – CSN. ADICIONAL DE INSALUBRIDADE E DE PERICULOSIDADE. SALÁRIO COMPLESSIVO. PREVALÊNCIA DO ACORDO COLETIVO. Inserida em 19.10.00 (inserido dispositivo, DJ 20.04.2005).

O pagamento do adicional de insalubridade e periculosidade embutido no salário contratual dos empregados da CSN não caracteriza a complessividade salarial, uma vez que essa forma de pagamento decorre de acordo coletivo há muitos anos em vigor.

N. 13 – CSN. LICENÇA REMUNERADA. AVISO PRÉVIO. CONCOMITÂNCIA. POSSIBILIDADE. Inserida em 19.10.00.

Devido às circunstâncias especialíssimas ocorridas na CSN (Próspera), considera-se válida a concessão de aviso prévio durante o período da licença remunerada.

N. 14 – DEFENSORIA PÚBLICA. OPÇÃO PELA CARREIRA. Inserida em 19.10.00.

Servidor investido na função de defensor público até a data em que foi instalada a Assembleia Nacional Constituinte tem direito à opção pela carreira, independentemente de realização de concurso público (celetista ou estatutário), bastando que a opção tenha sido feita até a data supra.

N. 15 – ENERGIPE. PARTICIPAÇÃO NOS LUCROS. INCORPORAÇÃO ANTERIOR À CF/1988. NATUREZA SALARIAL. Inserida em 19.10.00.

A parcela participação nos lucros, incorporada ao salário do empregado anteriormente à CF/88, possui natureza salarial e gera reflexos em todas as verbas salariais.

N. 16 – AGRAVO DE INSTRUMENTO INTERPOSTO NA VIGÊNCIA DA LEI N. 9.756/1998 E ANTERIORMENTE À EDIÇÃO DA INSTRUÇÃO NORMATIVA N. 16/99 DO TST. TRASLADO DE PEÇAS. OBRIGATORIEDADE. Inserida em 13.02.01.

Não há como dizer que a exigência de traslado de peças necessárias ao julgamento de ambos os recursos (o agravo e o recurso principal) somente se tornou obrigatória após a edição da Instrução Normativa n. 16/99, pois trata-se apenas de meio destinado à interpretação acerca das novas exigências que se tornaram efetivas a partir da vigência da Lei n. 9.756/1998.

N. 17 – AGRAVO DE INSTRUMENTO INTERPOSTO NA VIGÊNCIA DA LEI n. 9.756/1998. EMBARGOS DECLARATÓRIOS. Inserida em 13.02.01.

Para comprovar a tempestividade do recurso de revista, basta a juntada da certidão de publicação do acórdão dos embargos declaratórios opostos perante o Regional, se conhecidos.

N. 18 – AGRAVO DE INSTRUMENTO INTERPOSTO NA VIGÊNCIA DA LEI N. 9.756/1998. PEÇA INDISPENSÁVEL. CERTIDÃO DE PUBLICAÇÃO DO ACÓRDÃO REGIONAL. NECESSÁRIA A JUNTADA, SALVO SE NOS AUTOS HOUVER ELEMENTOS QUE ATESTEM A TEMPESTIVIDADE DA REVISTA. Inserida em 13.02.01.

A certidão de publicação do acórdão regional é peça essencial para a regularidade do traslado do agravo de instrumento, porque imprescindível para aferir a tempestividade do recurso de revista e para viabilizar, quando provido, seu imediato julgamento, salvo se nos autos houver elementos que atestem a tempestividade da revista.

N. 19 – AGRAVO DE INSTRUMENTO. INTERPOSTO NA VIGÊNCIA DA LEI N. 9.756/1998. PEÇAS DISPENSÁVEIS À COMPREENSÃO DA CONTROVÉRSIA. DESNECESSÁRIA A JUNTADA. Inserida em 13.02.01.

Mesmo na vigência da Lei n. 9.756/1998, a ausência de peças desnecessárias à compreensão da controvérsia, ainda que relacionadas no inciso I do § 5º do art. 897 da CLT, não implica o não conhecimento do agravo.

N. 20 – AGRAVO DE INSTRUMENTO. MINISTÉRIO PÚBLICO. PRESSUPOSTOS EXTRÍNSECOS. Inserida em 13.02.01.

Para aferição da tempestividade do AI interposto pelo Ministério Público, desnecessário o traslado da certidão de publicação do despacho agravado, bastando a juntada da cópia da intimação pessoal na qual conste a respectiva data de recebimento (Lei Complementar n. 75/93, art. 84, IV).

N. 21 – AGRAVO DE INSTRUMENTO. TRASLADO. CERTIDÃO. INSTRUÇÃO NORMATIVA N. 6/96 DO TST. Inserida em 13.02.01.

Certidão do Regional afirmando que o AI está formado de acordo com IN n. 6/96 do TST não confere autenticidade às peças.

N. 22 – CANCELADA – AUTENTICAÇÃO. DOCUMENTOS DISTINTOS. CÓPIA. VERSO E ANVERSO. NECESSIDADE. Inserida em 13.02.01 (cancelada em face de sua conversão na Orientação Jurisprudencial n. 287 da SBDI-1 – DJ 24.11.03).

Distintos os documentos contidos no verso e anverso, é necessária a autenticação de ambos os lados da cópia.

N. 23 – AUTENTICAÇÃO. DOCUMENTO ÚNICO. CÓPIA. VERSO E ANVERSO. Inserida em 13.02.01.

Inexistindo impugnação da parte contrária, bem como o disposto no art. 795 da CLT, é válida a autenticação aposta em uma face da folha que contenha documento que continua no verso, por constituir documento único.

N. 24 – ABONO. COMPLEMENTAÇÃO DE APOSENTADORIA. REAJUSTE. CVRD (VALIA). DJ 09.12.03.

A Resolução n. 7/89 da CVRD, que instituiu o benefício "abono aposentadoria" (art. 6º), determina que o reajuste seja feito na mesma época e com o mesmo índice aplicado pelo INSS ou observada a variação do IGP ou da OTN, aplicando-se o maior deles.

N. 25 – BANCO MERIDIONAL. COMPLEMENTAÇÃO DE APOSENTADORIA. REAJUSTES. EXTENSÃO. DJ 09.12.2003.

Os reajustes salariais concedidos sobre quaisquer parcelas aos empregados ativos devem ser estendidos aos inativos, com exclusão apenas das parcelas ressalvadas expressamente no Regulamento do Banco.

N. 26 – BANERJ. PLANO BRESSER. ACORDO COLETIVO DE TRABALHO DE 91. NÃO É NORMA PROGRAMÁTICA. DJ 09.12.2003.

É de eficácia plena e imediata o "caput" da cláusula 5ª do Acordo Coletivo de Trabalho de 1991/1992 celebrado pelo Banerj contemplando o pagamento de diferenças salariais do Plano Bresser, sendo devido o percentual de 26,06% nos meses de janeiro a agosto de 1992, inclusive.

N. 27 – BANRISUL. GRATIFICAÇÃO JUBILEU. PRESCRIÇÃO. DJ 09.12.2003.

A Gratificação Jubileu, instituída pela Resolução n. 1.761/1967, que foi alterada, reduzindo-se o seu valor, pela Resolução n. 1.885/70, era devida a todo empregado que completasse 25, 30, 35 e 40 anos de serviço no Banco. Era vantagem a ser paga de uma única vez, na data da aposentadoria, fluindo desta data o prazo prescricional, sendo inaplicável a Súmula n. 294 do TST, que é restrito aos casos em que se postulam prestações sucessivas.

N. 28 – CDHU. SUCESSÃO TRABALHISTA. DJ 09.12.2003.

Considerando a moldura fática delineada pelo Regional, conduz-se à ilação de que a CDHU foi a sucessora da CONESP, uma vez que ocupou os imóveis e assumiu os contratos anteriores, dando sequência às obras com o mesmo pessoal.

N. 29 – CEEE. EQUIPARAÇÃO SALARIAL. QUADRO DE CARREIRA. REESTRUTURAÇÃO EM 1991. VÁLIDO. DJ 09.12.2003.

O quadro de carreira implantado na CEEE em 1977 foi homologado pelo Ministério do Trabalho. A reestruturação procedida em 1991, mesmo não homologada, é válida.

N. 30 – CISÃO PARCIAL DE EMPRESA. RESPONSABILIDADE SOLIDÁRIA. PROFORTE. DJ 09.12.2003.

É solidária a responsabilidade entre a empresa cindida subsistente e aquelas que absorverem parte do seu patrimônio, quando constatada fraude na cisão parcial.

N. 31 – PLANOS BRESSER E VERÃO. ACORDO COLETIVO AUTORIZANDO A QUITAÇÃO ATRAVÉS DA CONCESSÃO DE FOLGAS REMUNERADAS. CONVERSÃO EM PECÚNIA APÓS A EXTINÇÃO DO CONTRATO DE TRABALHO. INVIABILIDADE. DJ 09.12.2003.

Acordo coletivo celebrado entre as partes autorizando a quitação dos valores devidos a título de Planos Bresser e Verão em folgas remuneradas é válido. Incabível a conversão do valor correspondente às folgas remuneradas em pecúnia quando extinto o contrato de trabalho pelo advento de aposentadoria voluntária.

N. 32 – COMPLEMENTAÇÃO DE APOSENTADORIA. BANCO DO BRASIL. SUCUMBÊNCIA. INVERSÃO. DJ 10.11.04.

Imposta condenação originária em diferenças de complementação de aposentadoria, por ocasião do julgamento de recurso de revista, imperativo o exame no acórdão, sob pena de negativa de prestação jurisdicional, de postulação aduzida em contestação e/ou em contrarrazões visando à limitação da condenação à média trienal e ao teto, matéria insuscetível de prequestionamento.

N. 33 – ADICIONAL DE INSALUBRIDADE. BASE DE CÁLCULO, NA VIGÊNCIA DO DECRETO-LEI N. 2.351/1987: PISO NACIONAL DE SALÁRIOS. (conversão da Orientação Jurisprudencial n. 3 da SBDI-1, DJ 20.04.2005).

Na vigência do Decreto-lei n. 2.351/1987, o piso nacional de salários é a base de cálculo para o adicional de insalubridade. (ex-OJ n. 3 da SBDI-1 – inserida em 14.03.94)

N. 34 – BRDE. ENTIDADE AUTÁRQUICA DE NATUREZA BANCÁRIA. LEI N. 4.595/1964, ART. 17. RES. BACEN N. 469/1970, ART. 8º. CLT, ART. 224, § 2º. CF, ART. 173, § 1º. (conversão da Orientação Jurisprudencial n. 22 da SBDI-1, DJ 20.04.2005).

O Banco Regional de Desenvolvimento do Extremo Sul – BRDE é uma entidade autárquica de natureza bancária, e, como tal, submete-se ao art. 173, § 1º, da Constituição Federal de 1988. Desta forma, sendo a natureza das atividades por ele exercidas similares às de qualquer instituição financeira, seus empregados são bancários, regendo-se pelas normas especiais a eles referentes, inclusive o art. 224 da CLT. (ex-OJ n. 22 da SBDI-1 – inserida em 14.03.94).

N. 35 – REAJUSTES SALARIAIS. BIMESTRAIS E QUADRIMESTRAIS (LEI N. 8.222/1991). SIMULTANEIDADE INVIÁVEL. (conversão da Orientação Jurisprudencial n. 68 da SBDI-1, DJ 20.04.2005)

Nova antecipação bimestral, na mesma época do reajuste quadrimestral, constitui verdadeiro "bis in idem", pois o bimestre anterior, que servia como base de cálculo, já teve o INPC considerado para fim do reajuste quadrimestral. (ex-OJ n. 68 da SBDI-1 – inserida em 28.11.95).

N. 36 – HORA "IN ITINERE". TEMPO GASTO ENTRE A PORTARIA DA EMPRESA E O LOCAL DO SERVIÇO. DEVIDA. AÇOMINAS. (conversão da Orientação Jurisprudencial n. 98 da SBDI-1, DJ 20.04.2005).

Configura-se como hora "in itinere" o tempo gasto pelo obreiro para alcançar seu local de trabalho a partir da portaria da Açominas. (ex-OJ n. 98 da SBDI-1 – inserida em 30.05.1997).

N. 37 – MINASCAIXA. LEGITIMIDADE PASSIVA "AD CAUSAM" ENQUANTO NÃO CONCLUÍDO O PROCEDIMENTO DE LIQUIDAÇÃO EXTRAJUDICIAL.
(conversão da Orientação Jurisprudencial n. 109 da SBDI-1, DJ 20.04.2005).

A Minascaixa tem legitimidade passiva "ad causam" para figurar nas demandas contra ela ajuizadas enquanto não tiver concluído o processo de liquidação extrajudicial ao qual se encontra submetida. (ex-OJ n. 109 da SBDI-1 – inserida em 01.10.97).

N. 38 – BANCO MERIDIONAL. CIRCULAR N. 34.046/1989. DISPENSA SEM JUSTA CAUSA. (conversão da Orientação Jurisprudencial n. 137 da SBDI-1, DJ 20.04.2005).

A inobservância dos procedimentos disciplinados na Circular n. 34.046/1989 do Banco Meridional, norma de caráter eminentemente procedimental, não é causa para a nulidade da dispensa sem justa causa. (ex-OJ n. 137 da SBDI-1 – inserida em 27.11.98)

N. 39 – FGTS. OPÇÃO RETROATIVA. CONCORDÂNCIA DO EMPREGADOR. NECESSIDADE. (conversão da Orientação Jurisprudencial n. 146 da SBDI-1, DJ 20.04.2005).

A concordância do empregador é indispensável para que o empregado possa optar retroativamente pelo sistema do Fundo de Garantia por Tempo de Serviço. (ex-OJ n. 146 da SBDI-1 – inserida em 27.11.98).

N. 40 – BANRISUL. COMPLEMENTAÇÃO DE APOSENTADORIA. (conversão da Orientação Jurisprudencial n. 155 da SBDI-1, DJ 20.04.2005).

A Resolução n. 1.600/1964, vigente à época da admissão do empregado, incorporou-se ao contrato de trabalho, pelo que sua alteração não poderá prejudicar o direito adquirido, mesmo em virtude da edição da Lei n. 6.435/1977. Incidência das Súmulas ns. 51 e 288. (ex-OJ ns. 155 da SBDI-1 – inserida em 26.03.99)

N. 41 – COMPLEMENTAÇÃO DE APOSENTADORIA. FUNDAÇÃO CLEMENTE DE FARIA. BANCO REAL.
(conversão da Orientação Jurisprudencial n. 157 da SBDI-1, DJ 20.04.2005).

É válida a cláusula do Estatuto da Fundação Clemente de Faria que condicionou o direito à complementação de aposentadoria à existência de recursos financeiros, e também previa a suspensão, temporária ou definitiva, da referida complementação. (ex-OJ n. 157 da SBDI-1 – inserida em 26.03.99).

N. 42 – PETROBRAS. PENSÃO POR MORTE DO EMPREGADO ASSEGURADA NO MANUAL DE PESSOAL. ESTABILIDADE DECENAL. OPÇÃO PELO REGIME DO FGTS. (conversão da Orientação Jurisprudencial n. 166 da SBDI-1, DJ 20.04.2005).

Tendo o empregado adquirido a estabilidade decenal, antes de optar pelo regime do FGTS, não há como negar-se o direito à pensão, eis que preenchido o requisito exigido pelo Manual de Pessoal. (ex-OJ n. 166 da SBDI-1 – inserida em 26.03.99).

N. 43 – SUDS. GRATIFICAÇÃO. CONVÊNIO DA UNIÃO COM ESTADO. NATUREZA SALARIAL ENQUANTO PAGA. (conversão da Orientação Jurisprudencial n. 168 da SBDI-1, DJ 20.04.2005).

A parcela denominada "Complementação SUDS" paga aos servidores em virtude de convênio entre o Estado e a União Federal tem natureza salarial, enquanto paga, pelo que repercute nos demais créditos trabalhistas do empregado. (ex-OJ n. 168 da SBDI-1 – inserida em 26.03.99).

N. 44 – ANISTIA. LEI N. 6.683/79. TEMPO DE AFASTAMENTO. NÃO COMPUTÁVEL PARA EFEITO DE INDENIZAÇÃO E ADICIONAL POR TEMPO DE SERVIÇO, LICENÇA-PRÊMIO E PROMOÇÃO. (conversão da Orientação Jurisprudencial n. 176 da SBDI-1, DJ 20.04.2005).

O tempo de afastamento do anistiado pela Lei n. 6.683/79 não é computável para efeito do pagamento de indenização por tempo de serviço, licença-prêmio e promoção. (ex-OJ n. 176 da SBDI-1 – inserida em 08.11.00).

N. 45 – COMISSIONISTA PURO. ABONO. LEI N. 8.178/1991. NÃO INCORPORAÇÃO. (conversão da Orientação Jurisprudencial n. 180 da SBDI-1, DJ 20.04.2005)

É indevida a incorporação do abono instituído pela Lei n. 8.178/1991 aos empregados comissionistas. (ex-OJ n. 180 da SBDI-1 – inserida em 08.11.00).

N. 46 – COMPLEMENTAÇÃO DE APOSENTADORIA. BANCO ITAÚ. (conversão da Orientação Jurisprudencial n. 183 da SBDI-1, DJ 20.04.2005).

O empregado do Banco Itaú admitido na vigência da Circular BB-05/1966, que passou para a inatividade posteriormente à vigência da RP-40/1974, está sujeito ao implemento da condição "idade mínima de 55 anos". (ex-OJ n. 183 da SBDI-1 – inserida em 08.11.00).

N. 47 – DÉCIMO TERCEIRO SALÁRIO. DEDUÇÃO DA 1ª PARCELA. URV. LEI N. 8.880/1994. (conversão da Orientação Jurisprudencial n. 187 da SBDI-1, DJ 20.04.2005).

Ainda que o adiantamento do 13º salário tenha ocorrido anteriormente à edição da Lei n. 8.880/1994, as deduções deverão ser realizadas considerando o valor da antecipação, em URV, na data do efetivo pagamento, não podendo a 2ª parcela ser inferior à metade do 13º salário, em URV. (ex-OJ n. 187 da SBDI-1 – inserida em 08.11.00).

N. 48 – PETROMISA. SUCESSÃO. PETROBRAS. LEGITIMIDADE. (conversão da Orientação Jurisprudencial n. 202 da SBDI-1, DJ 20.04.2005).

Em virtude da decisão tomada em assembleia, a Petrobras é a real sucessora da Petromisa, considerando que recebeu todos os bens móveis e imóveis da extinta Petromisa. (ex-OJ n. 202 da SBDI-1 – inserida em 08.11.00).

N. 49 – SERPRO. NORMA REGULAMENTAR. REAJUSTES SALARIAIS. SUPERVENIÊNCIA DE SENTENÇA NORMATIVA. PREVALÊNCIA. (conversão da Orientação Jurisprudencial n. 212 da SBDI-1, DJ 20.04.2005).

Durante a vigência do instrumento normativo, é lícita ao empregador a obediência à norma coletiva (DC n. 8.948/1990) que alterou as diferenças interníveis previstas no Regulamento de Recursos Humanos. (ex-OJ n. 212 da SBDI-1 – inserida em 08.11.00).

N. 50 – FÉRIAS. ABONO INSTITUÍDO POR INSTRUMENTO NORMATIVO E TERÇO CONSTITUCIONAL. SIMULTANEIDADE INVIÁVEL. (conversão da Orientação Jurisprudencial n. 231 da SBDI-1, DJ 20.04.2005).

O abono de férias decorrente de instrumento normativo e o abono de 1/3 (um terço) previsto no art. 7º, XVII, da CF/1988 têm idêntica natureza jurídica, destinação e finalidade, constituindo-se "bis in idem" seu pagamento simultâneo, sendo legítimo o direito do empregador de obter compensação de valores porventura pagos. (ex-OJ n. 231 da SBDI-1 – inserida em 20.06.01).

N. 51 – COMPLEMENTAÇÃO DE APOSENTADORIA. CAIXA ECONÔMICA FEDERAL. AUXÍLIO-ALIMENTAÇÃO. SUPRESSÃO. SÚMULAS NS. 51 E 288. (conversão da Orientação Jurisprudencial n. 250 da SBDI-1, DJ 20.04.2005).

A determinação de supressão do pagamento de auxílio-alimentação aos aposentados e pensionistas da Caixa Econômica Federal, oriunda do Ministério da Fazenda, não atinge aqueles ex-empregados que já percebiam o benefício. (ex-OJ n. 250 da SBDI-1 – inserida em 13.03.02).

N. 52 – AGRAVO DE INSTRUMENTO. ACÓRDÃO DO TRT NÃO ASSINADO. INTERPOSTO ANTERIORMENTE À INSTRUÇÃO NORMATIVA N. 16/1999. (conversão da Orientação Jurisprudencial n. 281 da SBDI-1, DJ 20.04.2005).

Nos agravos de instrumento interpostos anteriormente à edição da Instrução Normativa n. 16/1999, a ausência de assinatura na cópia não a torna inválida, desde que conste o carimbo aposto pelo servidor certificando que confere com o original. (ex-OJ n. 281 da SBDI-1 – inserida em 11.08.03).

N. 53 – CUSTAS. EMBARGOS DE TERCEIRO. INTERPOSTOS ANTERIORMENTE À LEI N. 10.537/2002. INEXIGÊNCIA DE RECOLHIMENTO PARA A INTERPOSIÇÃO DE AGRAVO DE PETIÇÃO. (conversão da Orientação Jurisprudencial n. 291 da SBDI-1, DJ 20.04.2005).

Tratando-se de embargos de terceiro, incidentes em execução, ajuizados anteriormente à Lei n. 10.537/2002, incabível a exigência do recolhimento de custas para a interposição de agravo de petição por falta de previsão legal. (ex-OJ n. 291 da SBDI-1 – inserida em 11.08.03).

N. 54 – PLANO ECONÔMICO (COLLOR). EXECUÇÃO. CORREÇÃO MONETÁRIA. ÍNDICE DE 84,32%. LEI N. 7.738/89. APLICÁVEL. (conversão da Orientação Jurisprudencial n. 203 da SBDI-1, DJ 20.04.2005).

Aplica-se o índice de 84,32%, relativo ao IPC de março de 1990, para a correção monetária do débito trabalhista, por ocasião da execução, nos termos da Lei n. 7.738/89. (ex-OJ n. 203 da SBDI-1 – inserida em 08.11.00).

N. 55 – PLANO COLLOR. SERVIDORES CELETISTAS DO GDF. LEGISLAÇÃO FEDERAL. PREVALÊNCIA. (conversão da Orientação Jurisprudencial n. 218 da SBDI-1 e incorporada a Orientação Jurisprudencial n. 241 da SBDI-1, DJ 20.04.2005).

Inexiste direito adquirido às diferenças salariais de 84,32% do IPC de março de 1990 aos servidores celetistas da Administração Direta, Fundações e Autarquias do Distrito Federal. (ex-OJs n. 218 e 241 da SBDI-1 – inseridas respectivamente em 02.04.01 e 20.06.01).

N. 56 – ANISTIA. LEI N. 8.878/1994. EFEITOS FINANCEIROS DEVIDOS A PARTIR DO EFETIVO RETORNO À ATIVIDADE. (conversão da Orientação Jurisprudencial n. 221 da SBDI-1, DJ 20.04.2005).

Os efeitos financeiros da anistia concedida pela Lei n. 8.878/1994 somente serão devidos a partir do efetivo retorno à atividade, vedada a remuneração em caráter retroativo. (ex-OJ n. 221 da SBDI-1 – inserida em 20.06.01).

N. 57 – ADICIONAL DE INSALUBRIDADE. DEFICIÊNCIA DE ILUMINAMENTO. LIMITAÇÃO. (conversão da Orientação Jurisprudencial n. 153 da SBDI-1, DJ 20.04.2005).

Somente após 26.02.1991 foram, efetivamente, retiradas do mundo jurídico as normas ensejadoras do direito ao adicional de insalubridade por iluminação insuficiente no local da prestação de serviço, como previsto na Portaria n. 3.751/1990 do Ministério do Trabalho. (ex-OJ n. 153 da SBDI-1 – inserida em 26.03.99).

N. 58 – URP'S DE JUNHO E JULHO DE 1988. SUSPENSÃO DO PAGAMENTO. DATA-BASE EM MAIO. DECRETO-LEI N. 2.425/1988. INEXISTÊNCIA DE VIOLAÇÃO A DIREITO ADQUIRIDO. (conversão da Orientação Jurisprudencial n. 214 da SBDI-1, DJ 20.04.2005).

O Decreto-lei n. 2.425, de 07.04.1988, não ofendeu o direito adquirido dos empregados com data-base em maio, pelo que não fazem jus às URP's de junho e julho de 1988. (ex-OJ n. 214 da SBDI-1 – inserida em 08.11.00).

N. 59 – INTERBRAS. SUCESSÃO. RESPONSABILIDADE. (DJ 25.04.2007).

A Petrobras não pode ser responsabilizada solidária ou subsidiariamente pelas obrigações trabalhistas da extinta Interbras, da qual a União é a real sucessora, nos termos do art. 20 da Lei n. 8.029, de 12.04.1990 (atual art. 23, em face da renumeração dada pela Lei n. 8.154, de 28.12.1990).

N. 60 – ADICIONAL POR TEMPO DE SERVIÇO. BASE DE CÁLCULO. SALÁRIO-BASE. ART. 129 DA CONSTITUIÇÃO DO ESTADO DE SÃO PAULO. (DJ 14.03.2008).

O adicional por tempo de serviço – quinquênio –, previsto no art. 129 da Constituição do Estado de São Paulo, tem como base de cálculo o vencimento básico do servidor público estadual, ante o disposto no art. 11 da Lei Complementar do Estado de São Paulo n. 713, de 12.04.1993.

N. 61 – AUXÍLIO CESTA-ALIMENTAÇÃO PREVISTO EM NORMA COLETIVA. CEF. CLÁUSULA QUE ESTABELECE NATUREZA INDENIZATÓRIA À PARCELA. EXTENSÃO AOS APOSENTADOS E PENSIONISTAS. IMPOSSIBILIDADE. (DJ 14.03.2008)

Havendo previsão em cláusula de norma coletiva de trabalho de pagamento mensal de auxílio cesta-alimentação somente a empregados em atividade, dando-lhe caráter indenizatório, é indevida a extensão desse benefício aos aposentados e pensionistas. Exegese do art. 7º, XXVI, da Constituição Federal.

N. 62 – PETROBRAS. COMPLEMENTAÇÃO DE APOSENTADORIA. AVANÇO DE NÍVEL. CONCESSÃO DE PARCELA POR ACORDO COLETIVO APENAS PARA OS EMPREGADOS DA ATIVA. EXTENSÃO PARA OS INATIVOS. ART. 41 DO REGULAMENTO DO PLANO DE BENEFÍCIOS DA PETROS. (DEJT 03.12.2008).

Ante a natureza de aumento geral de salários, estende-se à complementação de aposentadoria dos ex-empregados da Petrobras benefício concedido indistintamente a todos os empregados da ativa e estabelecido em norma coletiva, prevendo a concessão de aumento de nível salarial – "avanço de nível" –, a fim de preservar a paridade entre ativos e inativos assegurada no art. 41 do Regulamento do Plano de Benefícios da Fundação Petrobras de Seguridade Social – Petros.

N. 63 – PETROBRAS. COMPLEMENTAÇÃO DE APOSENTADORIA. INTEGRALIDADE. CONDIÇÃO. IDADE MÍNIMA. LEI N. 6.435, DE 15.07.1977. (DEJT 03.12.2008).

Os empregados admitidos na vigência do Decreto n. 81.240, de 20.01.1978, que regulamentou a Lei n. 6.435, de 15.07.1977, ainda que anteriormente à alteração do Regulamento do Plano de Benefícios da Petros, sujeitam-se à condição "idade mínima de 55 anos" para percepção dos proventos integrais de complementação de aposentadoria.

N. 64 – PETROBRAS. PARCELAS GRATIFICAÇÃO CONTINGENTE E PARTICIPAÇÃO NOS RESULTADOS DEFERIDAS POR NORMA COLETIVA A EMPREGADOS DA ATIVA. NATUREZA JURÍDICA NÃO SALARIAL. NÃO INTEGRAÇÃO NA COMPLEMENTAÇÃO DE APOSENTADORIA. (DEJT 03.12.2008).

As parcelas gratificação contingente e participação nos resultados, concedidas por força de acordo coletivo a empregados da Petrobras em atividade, pagas de uma única vez, não integram a complementação de aposentadoria.

N. 65 – REPRESENTAÇÃO JUDICIAL DA UNIÃO. ASSISTENTE JURÍDICO. APRESENTAÇÃO DO ATO DE DESIGNAÇÃO. (DEJT 03.12.2008).

A ausência de juntada aos autos de documento que comprove a designação do assistente jurídico como representante judicial da União (art. 69 da Lei Complementar n. 73, de 10.02.1993) importa irregularidade de representação.

N. 66 – SPTRANS. RESPONSABILIDADE SUBSIDIÁRIA. NÃO CONFIGURAÇÃO. CONTRATO DE CONCESSÃO DE SERVIÇO PÚBLICO. TRANSPORTE COLETIVO. (DEJT 03.12.2008).

A atividade da São Paulo Transportes S/A – SPTrans de gerenciamento e fiscalização dos serviços prestados pelas concessionárias de transporte público, atividade descentralizada da Administração Pública, não se confunde com a terceirização de mão de obra, não se configurando a responsabilidade subsidiária.

N. 67 – TELEMAR. PRIVATIZAÇÃO. PLANO DE INCENTIVO À RESCISÃO CONTRATUAL (PIRC). PREVISÃO DE PAGAMENTO DA INDENIZAÇÃO COM REDUTOR DE 30%. APLICAÇÃO LIMITADA AO PERÍODO DA REESTRUTURAÇÃO. (DEJT 03.12.2008).

Não é devida a indenização com redutor de 30%, prevista no Plano de Incentivo à Rescisão Contratual da Telemar, ao empregado que, embora atenda ao requisito estabelecido de não haver aderido ao PIRC, foi despedido em data muito posterior ao processo de reestruturação da empresa, e cuja dispensa não teve relação com o plano.

N. 68 – BANCO DO ESTADO DE SÃO PAULO S.A. – BANESPA. CONVENÇÃO COLETIVA. REAJUSTE SALARIAL. SUPERVENIÊNCIA DE ACORDO EM DISSÍDIO COLETIVO. PREVALÊNCIA. (DJe divulgado em 03, 04 e 05.11.2009).

O acordo homologado no Dissídio Coletivo n. TST – DC – 810.950/2001.3, que estabeleceu a garantia de emprego aos empregados em atividade do Banco do Estado de São Paulo S.A. – Banespa e que, portanto, não se aplica aos empregados aposentados, prevalece sobre a fixação do reajuste salarial previsto na convenção coletiva firmada entre a Federação Nacional dos Bancos – Fenaban e os sindicatos dos bancários, ante a consideração do conjunto das cláusulas constantes do acordo e em respeito às disposições dos arts. 5º, XXXVI, e 7º, XXVI da CF/1988.

PRECEDENTES NORMATIVOS SDC

N. 1 – CANCELADO – ANTECIPAÇÃO SALARIAL TRIMESTRAL (negativo) – (cancelado pela SDC em sessão de 14.09.1998 – homologação Res. 86/1998, DJ 15.10.1998).

Não se concede antecipação salarial trimestral.

N. 2 – CANCELADO – ABONO PECUNIÁRIO (negativo) – (cancelado pela SDC em sessão de 14.09.1998 – homologação Res. 86/1998, DJ 15.10.1998).

Não se concede abono pecuniário ao empregado estudante com 1 (um) mês de trabalho.

N. 3 – CANCELADO – ADICIONAL DE INSALUBRIDADE (negativo) – (cancelado pela SDC em sessão de 02.06.1998 – homologação Res. 81/1998, DJ 20.08.1998).

Não se concede adicional de insalubridade sobre o piso salarial.

N. 4 – CANCELADO – AJUDA DE CUSTO POR QUILOMETRAGEM RODADA (negativo) – (cancelado pela SDC em sessão de 02.06.1998 – homologação Res. 81/1998, DJ 20.08.1998).

Não se concede cláusula tratando da seguinte condição: salvo disposição contratual em contrário, a empresa, quando paga ajuda de custo por quilometragem rodada ao empregado, está obrigada a ressarcimento de danos materiais no veículo por ele utilizado a serviço.

N. 5 – ANOTAÇÕES DE COMISSÕES (positivo).

O empregador é obrigado a anotar, na CTPS, o percentual das comissões a que faz jus o empregado.

N. 6 – GARANTIA DE SALÁRIO NO PERÍODO DE AMAMENTAÇÃO (positivo).

É garantido às mulheres, no período de amamentação, o recebimento do salário, sem prestação de serviços, quando o empregador não cumprir as determinações dos §§ 1º e 2º do art. 389 da CLT.

N. 7 – CANCELADO – ASSISTÊNCIA SINDICAL (negativo) – (cancelado pela SDC em sessão de 02.06.1998 – homologação Res. 81/1998, DJ 20.08.1998).

Não se concede cláusula que determine a assistência sindical nas rescisões contratuais de empregados com tempo de serviço inferior a 1 (um) ano.

N. 8 – ATESTADOS DE AFASTAMENTO E SALÁRIOS (positivo).

O empregador é obrigado a fornecer atestados de afastamento e salários ao empregado demitido.

N. 9 – CANCELADO – AUXÍLIO-ALIMENTAÇÃO (negativo) – (cancelado pela SDC em sessão de 14.09.1998 – homologação Res. 86/1998, DJ 15.10.1998).

Não se concede auxílio-alimentação a empregado.

N. 10 – BANCO DO BRASIL COMO PARTE EM DISSÍDIO COLETIVO NO TRT (positivo) (nova redação dada pela SDC em sessão de 14.09.1998 – homologação Res. 86/1998, DJ 15.10.1998).

Os Tribunais Regionais do Trabalho são incompetentes para processar e julgar Dissídios Coletivos em que sejam partes o Banco do Brasil S.A. e entidades sindicais dos bancários.

N. 11 – CANCELADO – BONIFICAÇÃO A QUEM SE APOSENTA (negativo) – (cancelado pela SDC em sessão de 14.09.1998 – homologação Res. 86/1998, DJ 15.10.1998).

Não se concede bonificação de salário a quem se aposenta.

N. 12 – CANCELADO – HORÁRIO DE CAIXA (negativo) – (cancelado pela SDC em sessão de 02.06.1998 – homologação Res. 81/1998, DJ 20.08.1998).

Não se concede ao caixa o horário de 6 (seis) horas, por analogia com o dos bancários.

N. 13 – CANCELADO – LOCAL PARA SINDICALIZAÇÃO (negativo) – (cancelado pela SDC em sessão de 14.09.1998 – homologação Res. 86/1998, DJ 15.10.1998).

Não se concede cláusula prevendo a cessão de local na empresa destinado à sindicalização.

N. 14 – DESCONTO NO SALÁRIO (positivo).

Proíbe-se o desconto no salário do empregado dos valores de cheques não compensados ou sem fundos, salvo se não cumprir as resoluções da empresa.

N. 15 – COMISSÃO SOBRE COBRANÇA (positivo).

Se não obrigado por contrato a efetuar cobranças, o vendedor receberá comissões por esse serviço, respeitadas as taxas em vigor para os demais cobradores.

N. 16 – CANCELADO – COMISSÃO PARA DISCIPLINAR QUADRO DE CARREIRA DA EMPRESA (negativo) – (cancelado pela SDC em sessão de 14.09.1998 – homologação Res. 86/1998, DJ 15.10.1998).

Não se concede a criação de comissão para disciplinar quadro de carreira na empresa.

N. 17 – CANCELADO – COMPLEMENTAÇÃO DE AUXÍLIO-DOENÇA (negativo) – (cancelado pela SDC em sessão de 14.09.1998 – homologação Res. 86/1998, DJ 15.10.1998).

Não se concede complementação de auxílio-doença.

N. 18 – CANCELADO – *CONTRATO DE EXPERIÊNCIA (negativo) – (cancelado pela SDC em sessão de 14.09.1998 – homologação Res. 86/1998, DJ 15.10.1998).*

Não se concede norma que obrigue a remessa de cópia do contrato de experiência ao sindicato.

N. 19 – CANCELADO – *CURSOS E REUNIÕES OBRIGATÓRIOS (positivo) – (cancelado pela SDC em sessão de 02.06.1998 – homologação Res. 81/1998, DJ 20.08.1998).*

Quando realizados fora do horário normal, os cursos e reuniões obrigatórios terão seu tempo remunerado como trabalho extraordinário.

N. 20 – EMPREGADO RURAL. CONTRATO ESCRITO (positivo)

Sendo celebrado contrato por tarefa, parceria ou meação, por escrito, obriga-se o empregador a fornecer uma via deste ao empregado, devidamente datada e assinada pelas partes.

N. 21 – CANCELADO – *DEDUÇÃO DO AUXÍLIO-DOENÇA PARA AQUISIÇÃO DE FÉRIAS (negativo) – (cancelado pela SDC em sessão de 14.09.1998 – homologação Res. 86/1998, DJ 15.10.1998).*

Não se concede cláusula prevendo a dedução do período de auxílio-doença para aquisição de férias.

N. 22 – CRECHE (positivo).

Determina-se a instalação de local destinado à guarda de crianças em idade de amamentação, quando existentes na empresa mais de 30 (trinta) mulheres maiores de 16 (dezesseis) anos, facultado o convênio com creches.

N. 23 – CANCELADO – *CRIAÇÃO DE FERIADO (negativo) – (cancelado pela SDC em sessão de 14.09.1998 – homologação Res. 86/1998, DJ 15.10.1998).*

A Justiça do Trabalho é incompetente para criar feriado remunerado.

N. 24 – DISPENSA DO AVISO PRÉVIO (positivo).

O empregado despedido fica dispensado do cumprimento do aviso prévio quando comprovar a obtenção de novo emprego, desonerando a empresa do pagamento dos dias não trabalhados.

N. 25 – CANCELADO – *ELEIÇÕES DAS CIPAs (negativo) – (cancelado pela SDC em sessão de 02.06.1998 – homologação Res. 81/1998, DJ 20.08.1998).*

Não se concede cláusula regulando as eleições para a CIPA.

N. 26 – CANCELADO – *ESTABILIDADE AO BENEFICIÁRIO DO AUXÍLIO-DOENÇA (negativo) – (cancelado pela SDC em sessão de 14.09.1998 – homologação Res. 86/1998, DJ 15.10.1998).*

Não se concede estabilidade ao beneficiário do auxílio-doença.

N. 27 – CANCELADO – *ESTABILIDADE AO EMPREGADO QUE RETORNA DE FÉRIAS (negativo) – (cancelado pela SDC em sessão de 14.09.1998 – homologação Res. 86/1998, DJ 15.10.1998).*

Não se concede estabilidade ao empregado que retorna de férias.

N. 28 – CANCELADO – *FÉRIAS PROPORCIONAIS (negativo) – (cancelado pela SDC em sessão de 02.06.1998 – homologação Res. 81/1998, DJ 20.08.1998).*

Não se concedem férias proporcionais a empregado que, contando com menos de 1 (um) ano de serviço, pede demissão.

N. 29 – GREVE. COMPETÊNCIA DOS TRIBUNAIS PARA DECLARÁ-LA ABUSIVA (positivo).

Compete aos Tribunais do Trabalho decidir sobre o abuso do direito de greve.

N. 30 – CANCELADO – *EMPREGADO ACIDENTADO. GARANTIA NO EMPREGO (positivo) – (cancelado pela SDC em sessão de 02.06.1998 – homologação Res. 81/1998, DJ 20.08.1998).*

Asseguram-se ao empregado vítima de acidente de trabalho 180 (cento e oitenta) dias de garantia no emprego, contados a partir da alta do órgão previdenciário (aplicável até 24 de julho de 1991, em face do que dispõe o art. 118 da Lei n. 8.213, de 24 de julho de 1991, publicada no Diário Oficial da União do dia 25 de julho de 1991).

N. 31 – PROFESSOR (JANELAS) (positivo).

Os tempos vagos (janelas) em que o professor ficar à disposição do curso serão remunerados como aula, no limite de 1 (uma) hora diária por unidade.

N. 32 – JORNADA DO ESTUDANTE (positivo).

Proíbe-se a prorrogação da jornada de trabalho do empregado estudante, ressalvadas as hipóteses dos arts. 59 e 61 da CLT.

N. 33 – CANCELADO – *LICENÇA-PRÊMIO (negativo) – (cancelado pela SDC em sessão de 02.06.1998 – homologação Res. 81/1998, DJ 20.08.1998).*

Não se concede um mês de licença-prêmio para empregado com 10 (dez) anos de serviço.

N. 34 – EMPREGADO RURAL. MORADIA (positivo).

Ao empregado que residir no local de trabalho fica assegurada a moradia em condições de habitabilidade, conforme exigências da autoridade local.

N. 35 – CANCELADO – *MÃO DE OBRA LOCADA (positivo) – (cancelado pela SDC em sessão de 02.06.1998 – homologação Res. 81/1998, DJ 20.08.1998).*

Fica proibida a contratação de mão de obra locada, ressalvadas as hipóteses previstas nas Leis ns. 6019/1974 e 7102/1983.

N. 36 – CANCELADO – *13º SALÁRIO – MULTA (negativo) – (cancelado pela SDC em sessão de 02.06.1998 – homologação Res. 81/1998, DJ 20.08.1998).*

Não se manda pagar multa por atraso do 13º salário.

N. 37 – DISSÍDIO COLETIVO. FUNDAMENTAÇÃO DE CLÁUSULAS. NECESSIDADE (positivo).

Nos processos de dissídio coletivo só serão julgadas as cláusulas fundamentadas na representação, em caso de ação originária, ou no recurso.

N. 38 – CANCELADO – *ADICIONAL POR TEMPO DE SERVIÇO (negativo) – (cancelado pela SDC em sessão de 14.09.1998 – homologação Res. 86/1998, DJ 15.10.1998).*

Não se concede adicional por tempo de serviço (quinquênio, triênio, anuênio, etc.)

N. 39 – CANCELADO – *READMISSÃO. PREFERÊNCIA (negativo) – (cancelado pela SDC em sessão de 14.09.1998 – homologação Res. 86/1998, DJ 15.10.1998).*

Não se concede cláusula prevendo que, para o preenchimento de vagas, o empregador dará preferência aos empregados que foram dispensados sem justa causa.

N. 40 – CANCELADO – *REPOUSO SEMANAL DO COMISSIONISTA (positivo) – (cancelado pela SDC em sessão de 02.06.1998 – homologação Res. 81/1998, DJ 20.08.1998).*

O repouso semanal do comissionista é calculado nos termos da Lei n. 605/1949.

N. 41 – RELAÇÃO NOMINAL DE EMPREGADOS (positivo).

As empresas encaminharão à entidade profissional cópia das guias de contribuição sindical e assistencial, com a relação nominal dos respectivos salários, no prazo máximo de 30 dias após o desconto.

N. 42 – SEGURO OBRIGATÓRIO (positivo).

Institui-se a obrigação do seguro, por acidente ou morte, para empregados que transportem valores ou exerçam as atividades de vigia ou vigilante.

N. 43 – CANCELADO – *HORAS EXTRAS. ADICIONAL (positivo) – (cancelado pela SDC em sessão de 02.06.1998 – homologação Res. 81/1998, DJ 20.08.1998).*

As horas extraordinárias serão remuneradas com o adicional de 100%.

N. 44 – CANCELADO – *TRANSPORTE (negativo) – (cancelado pela SDC em sessão de 14.09.1998 – homologação Res. 86/1998, DJ 15.10.1998).*

Não se concede condição para o fornecimento de transporte aos empregados que trabalham após as 22 horas.

N. 45 – CANCELADO – *TRIMESTRALIDADE (negativo) – (cancelado pela SDC em sessão de 02.06.1998 – homologação Res. 81/1998, DJ 20.08.1998).*

Não se concede revisão trimestral de reajustamento.

N. 46 – CANCELADO – *VERBAS RESCISÓRIAS (positivo) – (cancelado pela SDC em sessão de 02.06.1998 – homologação Res. 81/1998, DJ 20.08.1998).*

Impõe-se multa pelo não pagamento das verbas rescisórias até o 10º dia útil subsequente ao afastamento definitivo do empregado, por dia de atraso, no valor equivalente ao salário diário, desde que o retardamento não decorra de culpa do trabalhador (aplicável até a edição da Lei n. 7855, de 24.10.1989).

N. 47 – DISPENSA DE EMPREGADO (positivo).

O empregado despedido será informado, por escrito, dos motivos da dispensa.

N. 48 – CANCELADO – *EMPREGADO RURAL. CONCESSÃO DE TERRA (positivo) – (cancelado pelo t. pleno em sessão de 02.09.2004 – homologação Res. 125/2004, DJ 10.09.2004).*

O empregado rural terá direito ao uso de área para cultivo, em torno da moradia, observado o seguinte balizamento: a) 0,5 hectare para trabalhador solteiro, viúvo ou desquitado; b) 1 hectare para trabalhador viúvo ou desquitado, com filho de idade superior a 15 anos; c) 1,5 hectare para trabalhador casado; d) 2 hectares para trabalhador casado e com filho de idade superior a 15 anos. Quando o empregado rural for despedido sem justa causa, antes de colher sua própria cultura, será indenizado pelo empregador no valor equivalente às despesas que efetuou.

N. 49 – CANCELADO – *GESTANTE. GARANTIA DE EMPREGO (positivo) – (cancelado pela SDC em sessão de 02.06.1998 – homologação Res. 81/1998, DJ 20.08.1998).*

Defere-se garantia de emprego à gestante, desde a concepção até 5 meses após o parto.

N. 50 – EMPREGADO RURAL. DEFENSIVOS AGRÍCOLAS (positivo).

O empregador rural é obrigado a possuir o receituário agronômico de defensivos agrícolas e a observar as medidas de prevenção nele contidas.

N. 51 – CANCELADO – *CIPA'S. SUPLENTES. GARANTIA DE EMPREGO (positivo) – (cancelado pela SDC em sessão de 02.06.1998 – homologação Res. 81/1998, DJ 20.08.1998).*

Concede-se a garantia do art. 165 da CLT aos suplentes das CIPAs.

N. 52 – RECEBIMENTO DO PIS (positivo).

Garante-se ao empregado o recebimento do salário do dia em que tiver de se afastar para recebimento do PIS.

N. 53 – EMPREGADO RURAL. RESCISÃO DO CONTRATO DE TRABALHO DO CHEFE DE FAMÍLIA (positivo).

A rescisão do contrato de trabalho rural, sem justa causa, do chefe da unidade familiar é extensiva à esposa, às filhas solteiras e aos filhos até 20 anos de idade, que exerçam atividades na propriedade, mediante opção destes.

N. 54 – CANCELADO – *TRANSPORTE PARA AUDIÊNCIA (negativo) – (cancelado pela SDC em sessão de 14.09.1998 – homologação Res. 86/1998, DJ 15.10.1998).*

Não se concede cláusula prevendo o fornecimento de transporte aos trabalhadores para assistirem à audiência em Junta de Conciliação e Julgamento.

N. 55 – JORNALISTA. CONTRATO DE TRABALHO (positivo).

O empregador é obrigado a mencionar no contrato de trabalho o órgão de imprensa no qual o jornalista vai trabalhar.

N. 56 – CONSTITUCIONALIDADE (positivo).

São constitucionais os Decretos-Leis ns. 2.012/1983, 2.024/1983 e 2.045/1983.

N. 57 – CANCELADO – *EMPREGADO RURAL. INSALUBRIDADE (positivo) – (cancelado pela SDC em sessão de 02.06.1998 – homologação Res. 81/1998, DJ 20.08.1998).*

O empregado rural tem direito ao adicional de insalubridade previsto na CLT, desde que as condições desfavoráveis sejam apuradas através de perícia técnica.

N. 58 – SALÁRIO. PAGAMENTO AO ANALFABETO (positivo).

O pagamento de salário ao empregado analfabeto deverá ser efetuado na presença de 2 (duas) testemunhas.

N. 59 – EMPREGADO RURAL. AFERIÇÃO DAS BALANÇAS (positivo).

O instrumento de peso e medida, utilizado pelos empregadores para aferição das tarefas no regime de produção, deverá ser conferido pelo INPM.

N. 60 – EMPREGADO RURAL. LATÃO DE CAFÉ (positivo).

O latão de café terá capacidade de 60 litros e será padronizado de acordo com as normas do INPM.

N. 61 – COBRANÇA DE TÍTULOS (positivo).

Salvo disposição contratual, é vedado ao empregador responsabilizar o empregado pelo inadimplemento do cliente, até mesmo quanto a títulos.

N. 62 – EMPREGADO RURAL. CONSERVAÇÃO DAS CASAS (positivo).

Os empregadores são responsáveis pelos reparos nas residências que cedam aos empregados rurais, desde que os danos não decorram de culpa destes.

N. 63 – EMPREGADO RURAL. FICHA DE CONTROLE DA PRODUÇÃO (positivo).

Quando da colheita, o café será entregue na lavoura ou no monte, fornecendo-se ao trabalhador uma ficha com o valor da respectiva produção.

N. 64 – EMPREGADO RURAL. HORÁRIO E LOCAL DE CONDUÇÃO (positivo).

Fornecendo o empregador condução para o trabalho, informará ele aos empregados, previamente, os locais e horários do transporte.

N. 65 – EMPREGADO RURAL. PAGAMENTO DE SALÁRIO (positivo).

O pagamento do salário será efetuado em moeda corrente e no horário de serviço, para isso permitido o seu prolongamento até duas horas após o término da jornada de trabalho.

N. 66 – GARRAFAS "BICADAS" (positivo).

Constituem ônus do empregador aceitar a devolução de garrafas "bicadas" e o extravio de engradados, salvo se não cumpridas as disposições contratuais pelo empregado.

N. 67 – REMUNERAÇÃO POR PRODUÇÃO (positivo).

Quando o serviço for contratado por produção, a remuneração não poderá ser inferior à diária correspondente ao salário normativo.

N. 68 – EMPREGADO RURAL. FALTAS AO SERVIÇO. COMPRAS (positivo).

Autoriza-se o chefe de família, se empregado rural, a faltar ao serviço um dia por mês ou meio dia por quinzena, para efetuar compras, sem remuneração ou mediante compensação de horário, mas sem prejuízo do repouso remunerado, desde que não tenha falta injustificada durante o mês.

N. 69 – EMPREGADO RURAL. PAGAMENTO DE DIA NÃO TRABALHADO (positivo).

O empregado rural fará jus ao salário do dia, quando comparecer ao local de prestação de serviço ou ponto de embarque, se fornecida condução pelo empregador, e não puder trabalhar em consequência de chuva ou de outro motivo alheio à sua vontade.

N. 70 – LICENÇA PARA ESTUDANTE (positivo).

Concede-se licença não remunerada nos dias de prova ao empregado estudante, desde que avisado o patrão com 72 horas de antecedência e mediante comprovação.

N. 71 – EMPREGADO RURAL. TRANSPORTE. CONDIÇÕES DE SEGURANÇA (positivo).

Quando fornecidos pelo empregador, os veículos destinados a transportar trabalhadores rurais deverão satisfazer as condições de segurança e comodidade, sendo proibido o carregamento de ferramentas soltas junto às pessoas conduzidas.

N. 72 – MULTA. ATRASO NO PAGAMENTO DE SALÁRIO (positivo).

Estabelece-se multa de 10% sobre o saldo salarial, na hipótese de atraso no pagamento de salário até 20 dias, e de 5% por dia no período subsequente.

N. 73 – MULTA. OBRIGAÇÃO DE FAZER (positivo).

Impõe-se multa, por descumprimento das obrigações de fazer, no valor equivalente a 10% do salário básico, em favor do empregado prejudicado.

N. 74 – CANCELADO – DESCONTO ASSISTENCIAL (positivo) – (cancelado pela SDC em sessão de 02.06.1998 – homologação Res. 81/1998, DJ 20.08.1998).

Subordina-se o desconto assistencial sindical à não oposição do trabalhador, manifestada perante a empresa até 10 dias antes do primeiro pagamento reajustado.

N. 75 – CANCELADO – CONTRATO DE EXPERIÊNCIA. READMISSÃO (positivo) – (cancelado pela SDC em sessão de 02.06.1998 – homologação Res. 81/1998, DJ 20.08.1998).

Readmitido o empregado no prazo de 1 (um) ano, na função que exercia, não será celebrado novo contrato de experiência, desde que cumprido integralmente o anterior.

N. 76 – CANCELADO – AVISO PRÉVIO DE 60 DIAS (positivo) – (cancelado pela SDC em sessão de 02.06.1998 – homologação Res. 81/1998, DJ 20.08.1998).

Concedem-se 60 dias de aviso prévio a todos os trabalhadores demitidos sem justa causa.

N. 77 – EMPREGADO TRANSFERIDO. GARANTIA DE EMPREGO (positivo).

Assegura-se ao empregado transferido, na forma do art. 469 da CLT, a garantia de emprego por 1 (um) ano após a data da transferência.

N. 78 – PROFESSOR. REDUÇÃO SALARIAL NÃO CONFIGURADA (negativo).

Não configura redução salarial ilegal a diminuição de carga horária motivada por inevitável supressão de aulas eventuais ou de turmas.

N. 79 – TRABALHADOR TEMPORÁRIO. DESCANSO SEMANAL (positivo).

Concede-se ao trabalhador temporário o acréscimo de 1/6 ao seu salário diário, correspondente ao descanso semanal remunerado, por aplicação analógica do art. 3º da Lei n. 605/1949.

N. 80 – SERVIÇO MILITAR. GARANTIA DE EMPREGO AO ALISTANDO (positivo).

Garante-se o emprego do alistando, desde a data da incorporação no serviço militar até 30 dias após a baixa.

N. 81 – ATESTADOS MÉDICOS E ODONTOLÓGICOS (positivo).

Assegura-se eficácia aos atestados médicos e odontológicos fornecidos por profissionais do sindicato dos trabalhadores, para o fim de abono de faltas ao serviço, desde que existente convênio do sindicato com a Previdência Social, salvo se o empregador possuir serviço próprio ou conveniado.

N. 82 – DISSÍDIO COLETIVO. GARANTIA DE SALÁRIOS E CONSECTÁRIOS (positivo).

Defere-se a garantia de salários e consectários ao empregado despedido sem justa causa, desde a data do julgamento do dissídio coletivo até 90 dias após a publicação do acórdão, limitado o período total a 120 dias.

N. 83 – DIRIGENTES SINDICAIS. FREQUÊNCIA LIVRE (positivo) – (nova redação – Res. 123/2004, DJ 06.07.2004).

Assegura-se a frequência livre dos dirigentes sindicais para participarem de assembleias e reuniões sindicais devidamente convocadas e comprovadas, sem ônus para o empregador.

Histórico:

Ex-PN 135.

Redação original – RA 37/1992, DJ 08.09.1992.

N. 83 – Dirigentes sindicais. Frequência livre (positivo).

Assegura-se a frequência livre dos dirigentes sindicais para participarem de assembleias e reuniões sindicais devidamente convocadas e comprovadas.

N. 84 – SEGURO DE VIDA. ASSALTO (positivo).

Institui-se a obrigação do seguro de vida, em favor do empregado e seus dependentes previdenciários, para garantir a indenização nos casos de morte ou invalidez permanente, decorrentes de assalto, consumado ou não, desde que o empregado se encontre no exercício das suas funções.

N. 85 – GARANTIA DE EMPREGO. APOSENTADORIA VOLUNTÁRIA (positivo).

Defere-se a garantia de emprego, durante os 12 meses que antecedem a data em que o empregado adquire direito à aposentadoria voluntária, desde que trabalhe na empresa há pelo menos 5 anos. Adquirido o direito, extingue-se a garantia.

N. 86 – REPRESENTANTES DOS TRABALHADORES. ESTABILIDADE NO EMPREGO (positivo).

Nas empresas com mais de 200 empregados é assegurada a eleição direta de um representante, com as garantias do art. 543, e seus parágrafos, da CLT.

N. 87 – TRABALHO EM DOMINGOS E FERIADOS. PAGAMENTO DOS SALÁRIOS (positivo).

É devida a remuneração em dobro do trabalho em domingos e feriados não compensados, sem prejuízo do pagamento do repouso remunerado, desde que, para este, não seja estabelecido outro dia pelo empregador.

N. 88 – CANCELADO – DESCONTO EM FOLHA (positivo) – (cancelado pela SDC em sessão de 02.06.1998 – homologação Res. 81/1998, DJ 20.08.1998).

A empresa poderá descontar da remuneração mensal do empregado as parcelas relativas a empréstimos do convênio MTb/CEF, bem como prestações referentes a financiamento de tratamento odontológico feito pelo sindicato convenente, mensalidades de seguro ou outros, desde que os descontos sejam autorizados pelo empregado e não excedam a 30% da remuneração mensal.

N. 89 – REEMBOLSO DE DESPESAS (positivo).

Defere-se o reembolso das despesas de alimentação e pernoite a motorista e ajudante, quando executarem tarefas a mais de 100 km da empresa. (Ex-PN 142).

N. 90 – CANCELADO – TRABALHO NOTURNO. ADICIONAL DE 60% (positivo) – (cancelado pela SDC em sessão de 02.06.1998 – homologação Res. 81/1998, DJ 20.08.1998).

O trabalho noturno será pago com adicional de 60%, a incidir sobre o salário da hora normal.

N. 91 – ACESSO DE DIRIGENTE SINDICAL À EMPRESA (positivo).

Assegura-se o acesso dos dirigentes sindicais às empresas, nos intervalos destinados a alimentação e descanso, para desempenho de suas funções, vedada a divulgação de matéria político-partidária ou ofensiva.

N. 92 – GARANTIA DE REPOUSO REMUNERADO. INGRESSO COM ATRASO (positivo).

Assegura-se o repouso remunerado ao empregado que chegar atrasado, quando permitido seu ingresso pelo empregador, compensado o atraso no final da jornada de trabalho ou da semana.

N. 93 – COMPROVANTE DE PAGAMENTO (positivo).

O pagamento do salário será feito mediante recibo, fornecendo-se cópia ao empregado, com a identificação da empresa, e do qual constarão a remuneração, com a discriminação das parcelas, a quantia líquida paga, os dias trabalhados ou o total da produção, as horas extras e os descontos efetuados, inclusive para a Previdência Social, e o valor correspondente ao FGTS.

N. 94 – CANCELADO – EMPREGADO RURAL. SALÁRIO-DOENÇA (positivo) – (cancelado pela SDC em sessão de 02.06.1998 – homologação Res. 81/1998, DJ 20.08.1998).

Assegura-se ao trabalhador rural o direito aos salários dos primeiros 15 dias de afastamento em virtude de doença. Possuindo a empresa serviço médico ou mantendo convênio com terceiro, a este caberá o abono das faltas.

N. 95 – ABONO DE FALTA PARA LEVAR FILHO AO MÉDICO (positivo).

Assegura-se o direito à ausência remunerada de 1 (um) dia por semestre ao empregado, para levar ao médico filho menor ou dependente previdenciário de até 6 (seis) anos de idade, mediante comprovação no prazo de 48 horas.

N. 96 – CANCELADO – AVISO PRÉVIO. REDUÇÃO DA JORNADA (positivo) – (cancelado pela SDC em sessão de 02.06.1998 – homologação Res. 81/1998, DJ 20.08.1998).

No início do período do aviso prévio, o empregado poderá optar pela redução de 2 horas no começo ou no final da jornada de trabalho.

N. 97 – PROIBIÇÃO DE ESTORNO DE COMISSÕES (positivo).

Ressalvada a hipótese prevista no art. 7º da Lei n. 3.207/1957, fica vedado às empresas o desconto ou estorno das comissões do empregado, incidentes sobre mercadorias devolvidas pelo cliente, após a efetivação de venda.

N. 98 – RETENÇÃO DA CTPS. INDENIZAÇÃO (positivo).

Será devida ao empregado a indenização correspondente a 1 (um) dia de salário, por dia de atraso, pela retenção de sua carteira profissional após o prazo de 48 horas.

N. 99 – CANCELADO – NOVA FUNÇÃO. SALÁRIO (positivo) – (cancelado pela SDC em sessão de 02.06.1998 – homologação Res. 81/1998, DJ 20.08.1998).

Assegura-se ao empregado, designado ou promovido, o direito de receber integralmente o salário da nova função, observando-se o disposto no art. 460 da CLT.

N. 100 – FÉRIAS. INÍCIO DO PERÍODO DE GOZO (positivo).

O início das férias, coletivas ou individuais, não poderá coincidir com sábado, domingo, feriado ou dia de compensação de repouso semanal.

N. 101 – CANCELADO – ADICIONAL DE TRANSFERÊNCIA (positivo) – (cancelado pela SDC em sessão de 02.06.1998 – homologação Res. 81/1998, DJ 20.08.1998).

Concede-se adicional de transferência estabelecido pelo § 3º do art. 469 da CLT, no percentual de 50%.

N. 102 – ASSISTÊNCIA JURÍDICA AOS VIGIAS (positivo).

A empresa prestará assistência jurídica a seu empregado que, no exercício da função de vigia, praticar ato que o leve a responder a ação penal.

N. 103 – GRATIFICAÇÃO DE CAIXA (positivo).

Concede-se ao empregado que exercer permanentemente a função de caixa a gratificação de 10% sobre seu salário, excluídos do cálculo adicionais, acréscimos e vantagens pessoais.

N. 104 – QUADRO DE AVISOS (positivo).

Defere-se a afixação, na empresa, de quadro de avisos do sindicato, para comunicados de interesse dos empregados, vedados os de conteúdo político-partidário ou ofensivo.

N. 105 – ANOTAÇÃO NA CARTEIRA PROFISSIONAL (positivo).

As empresas ficam obrigadas a anotar na carteira de trabalho a função efetivamente exercida pelo empregado, observada a Classificação Brasileira de Ocupações (CBO).

N. 106 – EMPREGADO RURAL. ATIVIDADE INSALUBRE. FORNECIMENTO DE LEITE (positivo).

Os empregadores que se dedicarem à pecuária leiteira fornecerão, diariamente, 1 (um) litro de leite aos trabalhadores que exerçam atividades insalubres.

N. 107 – EMPREGADO RURAL. CAIXA DE MEDICAMENTOS (positivo).

Nos locais de trabalho no campo serão mantidos pelo empregador medicamentos e materiais de primeiros socorros.

N. 108 – EMPREGADO RURAL. ABRIGO NO LOCAL DE TRABALHO (positivo).

Os empregadores rurais ficam obrigados a construir abrigos rústicos, nos locais de trabalho, para proteção de seus empregados.

N. 109 – DESCONTO-MORADIA (positivo).

Autoriza-se o desconto da moradia fornecida ao empregado somente quando o imóvel tiver o habite-se concedido pela autoridade competente.

N. 110 – EMPREGADO RURAL. FERRAMENTAS. FORNECIMENTO PELO EMPREGADOR (positivo).

Serão fornecidas gratuitamente, pelo empregador, as ferramentas necessárias à execução do trabalho.

N. 111 – RELAÇÃO DE EMPREGADOS (positivo).

Obriga-se a empresa a remeter ao sindicato profissional, uma vez por ano, a relação dos empregados pertencentes à categoria.

N. 112 – JORNALISTA. SEGURO DE VIDA (positivo).

Institui-se a obrigação do seguro de vida em favor de jornalista designado para prestar serviço em área de risco.

N. 113 – TRANSPORTE DE ACIDENTADOS, DOENTES E PARTURIENTES (positivo).

Obriga-se o empregador a transportar o empregado, com urgência, para local apropriado, em caso de acidente, mal súbito ou parto, desde que ocorram no horário de trabalho ou em consequência deste.

N. 114 – CANCELADO – CONTAGEM DO TEMPO GASTO COM TRANSPORTE (positivo) – (cancelado pela SDC em sessão de 02.06.1998 – homologação Res. 81/1998, DJ 20.08.1998).

Computa-se na jornada laboral o tempo gasto no trajeto do trabalhador, em condução fornecida pelo empregador, da cidade e para o local de trabalho de difícil acesso e não servido por transporte regular e, de volta, até o ponto costumeiro.

N. 115 – UNIFORMES (positivo).

Determina-se o fornecimento gratuito de uniformes, desde que exigido seu uso pelo empregador.

N. 116 – FÉRIAS. CANCELAMENTO OU ADIANTAMENTO (positivo).

Comunicado ao empregado o período do gozo de férias individuais ou coletivas, o empregador somente poderá cancelar ou modificar o início previsto se ocorrer necessidade imperiosa e, ainda assim, mediante o ressarcimento, ao empregado, dos prejuízos financeiros por este comprovados.

N. 117 – PAGAMENTO DO SALÁRIO COM CHEQUE (positivo).

Se o pagamento do salário for feito em cheque, a empresa dará ao trabalhador o tempo necessário para descontá-lo, no mesmo dia.

N. 118 – QUEBRA DE MATERIAL (positivo).

Não se permite o desconto salarial por quebra de material, salvo nas hipóteses de dolo ou recusa de apresentação dos objetos danificados, ou ainda, havendo previsão contratual, de culpa comprovada do empregado.

N. 119 – CONTRIBUIÇÕES SINDICAIS – INOBSERVÂNCIA DE PRECEITOS CONSTITUCIONAIS – (nova redação dada pela SDC em sessão de 02.06.1998 – homologação Res. 82/1998, DJ 20.08.1998.

"A Constituição da República, em seus arts. 5º, XX e 8º, V, assegura o direito de livre associação e sindicalização. É ofensiva a essa modalidade de liberdade cláusula constante de acordo, convenção coletiva ou sentença normativa estabelecendo contribuição em favor de entidade sindical a título de taxa para custeio do sistema confederativo, assistencial, revigoramento ou fortalecimento sindical e outras da mesma espécie, obrigando trabalhadores não sindicalizados. Sendo nulas as estipulações que inobservem tal restrição, tornam-se passíveis de devolução os valores irregularmente descontados".

Enunciados aprovados na 1ª Jornada de Direito Material e Processual na Justiça do Trabalho (23.11.2007)

N. 1 – DIREITOS FUNDAMENTAIS. INTERPRETAÇÃO E APLICAÇÃO. Os direitos fundamentais devem ser interpretados e aplicados de maneira a preservar a integridade sistêmica da Constituição, a estabilizar as relações sociais e, acima de tudo, a oferecer a devida tutela ao titular do direito fundamental. No Direito do Trabalho, deve prevalecer o princípio da dignidade da pessoa humana.

N. 2 – DIREITOS FUNDAMENTAIS – FORÇA NORMATIVA.

I – ART. 7º, INC. I, DA CONSTITUIÇÃO DA REPÚBLICA. EFICÁCIA PLENA. FORÇA NORMATIVA DA CONSTITUIÇÃO. DIMENSÃO OBJETIVA DOS DIREITOS FUNDAMENTAIS E DEVER DE PROTEÇÃO. A omissão legislativa impõe a atuação do Poder Judiciário na efetivação da norma constitucional, garantindo aos trabalhadores a efetiva proteção contra a dispensa arbitrária.

II – DISPENSA ABUSIVA DO EMPREGADO. VEDAÇÃO CONSTITUCIONAL. NULIDADE. Ainda que o empregado não seja estável, deve ser declarada abusiva e, portanto, nula a sua dispensa quando implique a violação de algum direito fundamental, devendo ser assegurada prioritariamente a reintegração do trabalhador.

III – LESÃO A DIREITOS FUNDAMENTAIS. ÔNUS DA PROVA. Quando há alegação de que ato ou prática empresarial disfarça uma conduta lesiva a direitos fundamentais ou a princípios constitucionais, incumbe ao empregador o ônus de provar que agiu sob motivação lícita.

N. 3 – FONTES DO DIREITO – NORMAS INTERNACIONAIS.

I – FONTES DO DIREITO DO TRABALHO. DIREITO COMPARADO. CONVENÇÕES DA OIT NÃO RATIFICADAS PELO BRASIL. O Direito Comparado, segundo o art. 8º da Consolidação das Leis do Trabalho, é fonte subsidiária do Direito do Trabalho. Assim, as Convenções da Organização Internacional do Trabalho não ratificadas pelo Brasil podem ser aplicadas como fontes do direito do trabalho, caso não haja norma de direito interno pátrio regulando a matéria.

II – FONTES DO DIREITO DO TRABALHO. DIREITO COMPARADO. CONVENÇÕES E RECOMENDAÇÕES DA OIT. O uso das normas internacionais, emanadas da Organização Internacional do Trabalho, constitui-se em importante ferramenta de efetivação do Direito Social e não se restringe à aplicação direta das Convenções ratificadas pelo país. As demais normas da OIT, como as Convenções não ratificadas e as Recomendações, assim como os relatórios dos seus peritos, devem servir como fonte de interpretação da lei nacional e como referência a reforçar decisões judiciais baseadas na legislação doméstica.

N. 4 – "*DUMPING* SOCIAL". DANO À SOCIEDADE. INDENIZAÇÃO SUPLEMENTAR. As agressões reincidentes e inescusáveis aos direitos trabalhistas geram um dano à sociedade, pois com tal prática desconsidera-se, propositalmente, a estrutura do Estado social e do próprio modelo capitalista com a obtenção de vantagem indevida perante a concorrência. A prática, portanto, reflete o conhecido "*dumping* social", motivando a necessária reação do Judiciário trabalhista para corrigi-la. O dano à sociedade configura ato ilícito, por exercício abusivo do direito, já que extrapola limites econômicos e sociais, nos exatos termos dos arts. 186, 187 e 927 do Código Civil. Encontra-se no art. 404, parágrafo único do Código Civil, o fundamento de ordem positiva para impingir ao agressor contumaz uma indenização suplementar, como, aliás, já previam os artigos 652, "d", e 832, § 1º, da CLT.

N. 5 – UNICIDADE SINDICAL. SENTIDO E ALCANCE. ART. 8º, II, DA CONSTITUIÇÃO DA REPÚBLICA. A compreensão do art. 8º, II, da CF, em conjunto com os princípios constitucionais da democracia, da pluralidade ideológica e da liberdade sindical, bem como os diversos pactos de direitos humanos ratificados pelo Brasil, aponta para a adoção, entre nós, de critérios aptos a vincular a concessão da personalidade sindical à efetiva representatividade exercida pelo ente em relação à sua categoria, não podendo restringir-se aos critérios de precedência e especificidade. Desse modo, a exclusividade na representação de um determinado grupo profissional ou empresarial, nos termos exigidos pelo art. 8º, II, da Constituição da República, será conferida à associação que demonstrar maior representatividade e democracia interna segundo critérios objetivos, sendo vedada a discricionariedade da autoridade pública na escolha do ente detentor do monopólio.

N. 6 – GREVES ATÍPICAS REALIZADAS POR TRABALHADORES. CONSTITUCIONALIDADE DOS ATOS. Não há, no texto constitucional, previsão reducionista do direito de greve, de modo que todo e qualquer ato dela decorrente está garantido, salvo os abusos. A Constituição da República contempla a greve atípica, ao fazer referência à liberdade conferida aos trabalhadores para deliberarem acerca da oportunidade da manifestação e dos interesses a serem defendidos. A greve não se esgota com a paralisação das atividades, eis que envolve a organização do evento, os piquetes, bem como a defesa de bandeiras mais amplas ligadas à democracia e à justiça social.

N. 7 – ACESSO À JUSTIÇA. CLT, ART. 651, § 3º. INTERPRETAÇÃO CONFORME A CONSTITUIÇÃO. ART. 5º, INC. XXXV, DA CONSTITUIÇÃO DA REPÚBLICA.

Em se tratando de empregador que arregimente empregado domiciliado em outro município ou outro Estado da federação, poderá o trabalhador optar por ingressar com a reclamatória na Vara do Trabalho de seu domicílio, na do local da contratação ou na do local da prestação dos serviços.

N. 8 – COMPETÊNCIA DA JUSTIÇA DO TRABALHO. SUCESSÃO NA FALÊNCIA OU RECUPERAÇÃO JUDICIAL.
Compete à Justiça do Trabalho – e não à Justiça Comum Estadual – dirimir controvérsia acerca da existência de sucessão entre o falido ou o recuperando e a entidade que adquira total ou parcialmente suas unidades de produção.

N. 9 – FLEXIBILIZAÇÃO.
I – FLEXIBILIZAÇÃO DOS DIREITOS SOCIAIS. Impossibilidade de desregulamentação dos direitos sociais fundamentais, por se tratar de normas contidas na cláusula de intangibilidade prevista no art. 60, § 4º, inc. IV, da Constituição da República.

II – DIREITO DO TRABALHO. PRINCÍPIOS. EFICÁCIA. A negociação coletiva que reduz garantias dos trabalhadores asseguradas em normas constitucionais e legais ofende princípios do Direito do Trabalho. A quebra da hierarquia das fontes é válida na hipótese de o instrumento inferior ser mais vantajoso para o trabalhador.

N. 10 – TERCEIRIZAÇÃO. LIMITES. RESPONSABILIDADE SOLIDÁRIA.
A terceirização somente será admitida na prestação de serviços especializados, de caráter transitório, desvinculados das necessidades permanentes da empresa, mantendo-se, de todo modo, a responsabilidade solidária entre as empresas.

N. 11 – TERCEIRIZAÇÃO. SERVIÇOS PÚBLICOS. RESPONSABILIDADE SOLIDÁRIA.
A terceirização de serviços típicos da dinâmica permanente da Administração Pública, não se considerando como tal a prestação de serviço público à comunidade por meio de concessão, autorização e permissão, fere a Constituição da República, que estabeleceu a regra de que os serviços públicos são exercidos por servidores aprovados mediante concurso público. Quanto aos efeitos da terceirização ilegal, preservam-se os direitos trabalhistas integralmente, com responsabilidade solidária do ente público.

N. 12 – AÇÕES CIVIS PÚBLICAS. TRABALHO ESCRAVO. REVERSÃO DA CONDENAÇÃO ÀS COMUNIDADES LESADAS.
Ações civis públicas em que se discute o tema do trabalho escravo. Existência de espaço para que o magistrado reverta os montantes condenatórios às comunidades diretamente lesadas, por via de benfeitorias sociais tais como a construção de escolas, postos de saúde e áreas de lazer. Prática que não malfere o artigo 13 da Lei 7.347/85, que deve ser interpretado à luz dos princípios constitucionais fundamentais, de modo a viabilizar a promoção de políticas públicas de inclusão dos que estão à margem, que sejam capazes de romper o círculo vicioso de alienação e opressão que conduz o trabalhador brasileiro a conviver com a mácula do labor degradante. Possibilidade de edificação de uma Justiça do Trabalho ainda mais democrática e despida de dogmas, na qual a responsabilidade para com a construção da sociedade livre, justa e solidária delineada na Constituição seja um compromisso palpável e inarredável.

N. 13 – DONO DA OBRA. RESPONSABILIDADE.
Considerando que a responsabilidade do dono da obra não decorre simplesmente da lei em sentido estrito (Código Civil, arts. 186 e 927) mas da própria ordem constitucional no sentido de se valorizar o trabalho (CF, art. 170), já que é fundamento da Constituição a valorização do trabalho (CF, art. 1º, IV), não se lhe faculta beneficiar-se da força humana despendida sem assumir responsabilidade nas relações jurídicas de que participa. Dessa forma, o contrato de empreitada entre o dono da obra e o empreiteiro enseja responsabilidade subsidiária nas obrigações trabalhistas contraídas pelo empreiteiro, salvo apenas a hipótese de utilização da prestação de serviços como instrumento de produção de mero valor de uso, na construção ou reforma residenciais.

N. 14 – IMAGEM DO TRABALHADOR. UTILIZAÇÃO PELO EMPREGADOR. LIMITES.
São vedadas ao empregador, sem autorização judicial, a conservação de gravação, a exibição e a divulgação, para seu uso privado, de imagens dos trabalhadores antes, no curso ou logo após a sua jornada de trabalho, por violação ao direito de imagem e à preservação das expressões da personalidade, garantidos pelo art. 5º, V, da Constituição. A formação do contrato de emprego, por si só, não importa em cessão do direito de imagem e da divulgação fora de seu objeto da expressão da personalidade do trabalhador, nem o pagamento do salário e demais títulos trabalhistas os remunera.

N. 15 – REVISTA DE EMPREGADO.
I – REVISTA – ILICITUDE. Toda e qualquer revista, íntima ou não, promovida pelo empregador ou seus prepostos em seus empregados e/ou em seus pertences, é ilegal, por ofensa aos direitos fundamentais da dignidade e intimidade do trabalhador.

II – REVISTA ÍNTIMA – VEDAÇÃO A AMBOS OS SEXOS. A norma do art. 373-A, inc. VI, da CLT, que veda revistas íntimas nas empregadas, também se aplica aos homens em face da igualdade entre os sexos inscrita no art. 5º, inc. I, da Constituição da República.

N. 16 – SALÁRIO.
I – SALÁRIO. PRINCÍPIO DA ISONOMIA. Os estreitos limites das condições para a obtenção da igualdade salarial estipulados pelo art. 461 da CLT e Súmula n. 6 do Colendo TST não esgotam as hipóteses de correção das desigualdades salariais, devendo o intérprete proceder à sua aplicação na

conformidade dos artigos 5º, caput, e 7º, inc. XXX, da Constituição da República e das Convenções 100 e 111 da OIT.

II – TERCEIRIZAÇÃO. SALÁRIO EQUITATIVO. PRINCÍPIO DA NÃO DISCRIMINAÇÃO. Os empregados da empresa prestadora de serviços, em caso de terceirização lícita ou ilícita, terão direito ao mesmo salário dos empregados vinculados à empresa tomadora que exercerem função similar.

N. 17 – LIMITAÇÃO DA JORNADA. REPOUSO SEMANAL REMUNERADO. DIREITO CONSTITUCIONALMENTE ASSEGURADO A TODOS OS TRABALHADORES. INCONSTITUCIONALIDADE DO ART. 62 DA CLT.
A proteção jurídica ao limite da jornada de trabalho, consagrada nos incisos XIII e XV do art. 7º da Constituição da República, confere, respectivamente, a todos os trabalhadores, indistintamente, os direitos ao repouso semanal remunerado e à limitação da jornada de trabalho, tendo-se por inconstitucional o art. 62 da CLT.

N. 18 – PRINCÍPIO DA PROTEÇÃO INTEGRAL. TRABALHO DO ADOLESCENTE. ILEGALIDADE DA CONCESSÃO DE AUTORIZAÇÃO JUDICIAL.
A Constituição Federal veda qualquer trabalho anterior à idade de dezesseis anos, salvo na condição de aprendiz, a partir dos quatorze anos (art. 7º, inciso XXXIII, CF, arts. 428 a 433 da CLT). Princípio da proteção integral que se impõe com prioridade absoluta (art. 227, *caput*), proibindo a emissão de autorização judicial para o trabalho antes dos dezesseis anos.

N. 19 – TRABALHO DO MENOR. DIREITOS ASSEGURADOS SEM PREJUÍZO DE INDENIZAÇÃO SUPLEMENTAR.
A proibição de trabalho ao menor visa protegê-lo e não prejudicá-lo (exegese CF, art. 7º, *caput* e XXXIII e art. 227). De tal sorte, a Justiça do Trabalho, apreciando a prestação de labor pretérito, deve contemplá-lo com todos os direitos como se o contrato proibido não fosse, sem prejuízo de indenização suplementar que considere as peculiaridades do caso.

N. 20 – RURÍCOLA. PAGAMENTO INTEGRAL DAS HORAS EXTRAS. NÃO INCIDÊNCIA DA SÚMULA 340 DO TST.
É devida a remuneração integral das horas extras prestadas pelo trabalhador rurícola, inclusive com o adicional de, no mínimo, 50%, independentemente de ser convencionado regime de "remuneração por produção". Inteligência dos artigos 1º, incisos III e IV e 3º, 7º, XIII, XVI e XXIII, da CF/88. Não incidência da Súmula n. 340 do C. TST, uma vez que as condições de trabalho rural são bastante distintas das condições dos trabalhadores comissionados internos ou externos e a produção durante o labor extraordinário é manifestamente inferior àquela da jornada normal, base de cálculo de horas extras para qualquer tipo de trabalhador.

N. 21 – FÉRIAS. APLICAÇÃO DA CONVENÇÃO 132 DA OIT.
I – A época das férias será fixada pelo empregador após consulta ao empregado, salvo manifestação em contrário exteriorizada em acordo ou convenção coletiva;

II – As férias poderão ser fracionadas por negociação coletiva, desde que um dos períodos não seja inferior a duas semanas;

III – Qualquer que seja a causa de extinção do contrato de trabalho serão devidas férias proporcionais.

N. 22 – ART. 384 DA CLT. NORMA DE ORDEM PÚBLICA. RECEPÇÃO PELA CF DE 1988.
Constitui norma de ordem pública que prestigia a prevenção de acidentes de trabalho (CF, 7º, XXII) e foi recepcionada pela Constituição Federal, em interpretação conforme (artigo 5º, I, e 7º, XXX), para os trabalhadores de ambos os sexos.

N. 23 – COMPETÊNCIA DA JUSTIÇA DO TRABALHO. AÇÃO DE COBRANÇA DE HONORÁRIOS ADVOCATÍCIOS. AUSÊNCIA DE RELAÇÃO DE CONSUMO.
A Justiça do Trabalho é competente para julgar ações de cobrança de honorários advocatícios, desde que ajuizada por advogado na condição de pessoa natural, eis que o labor do advogado não é prestado em relação de consumo, em virtude de lei e de particularidades próprias, e ainda que o fosse, porque a relação consumeirista não afasta, por si só, o conceito de trabalho abarcado pelo art. 114 da CF.

N. 24 – COMPETÊNCIA DA JUSTIÇA DO TRABALHO. CONFLITOS INTER E INTRASSINDICAIS.
Os conflitos inter e intrassindicais, inclusive os que envolvam sindicatos de servidores públicos (estatutários e empregados públicos), são da competência da Justiça do Trabalho.

N. 25 – CONDUTA ANTISSINDICAL. PARTICIPAÇÃO EM GREVE. DISPENSA DO TRABALHADOR.
A dispensa de trabalhador motivada por sua participação lícita na atividade sindical, inclusive em greve, constitui ato de discriminação antissindical e desafia a aplicação do art. 4º da Lei 9.029/95, devendo ser determinada a "readmissão com ressarcimento integral de todo o período de afastamento, mediante pagamento das remunerações devidas" ou "a percepção, em dobro, da remuneração do período de afastamento" sempre corrigidas monetariamente e acrescida dos juros legais.

N. 26 – CONDUTA ANTISSINDICAL. CRIAÇÃO DE CCP SEM O AVAL DO SINDICATO LABORAL.
Na hipótese de o sindicato laboral simplesmente ignorar ou rejeitar de modo peremptório, na sua base, a criação de CCP, qualquer ato praticado com esse propósito não vingará, do ponto de vista jurídico. O referido juízo de conveniência política pertence tão somente aos legitimados pelos trabalhadores a procederem deste modo. Agindo ao arrepio do texto constitucional e da vontade do sindicato laboral, os empregadores e as suas representações, ao

formarem Comissões de Conciliação Prévia sem o pressuposto da aquiescência sindical obreira, não apenas criam mecanismos desprovidos do poder único para o qual o legislador criou as Comissões de Conciliação Prévia, como também incidem na conduta antissindical a ser punida pelo Estado.

N. 27 – CONDUTA ANTISSINDICAL. FINANCIAMENTO PELO EMPREGADOR. VEDAÇÃO. É vedada a estipulação em norma coletiva de cláusula pela qual o empregador financie a atividade sindical dos trabalhadores, mediante transferência de recursos aos sindicatos obreiros, sem os correspondentes descontos remuneratórios dos trabalhadores da categoria respectiva, sob pena de ferimento ao princípio da liberdade sindical e caracterização de conduta antissindical tipificada na Convenção n. 98 da OIT, ratificada pelo Brasil.

N. 28 – MINISTÉRIO PÚBLICO DO TRABALHO. CONFLITOS SINDICAIS. LEGITIMIDADE. O Ministério Público do Trabalho possui legitimidade para promover as ações pertinentes para a tutela das liberdades sindicais individuais e coletivas, quando violados os princípios de liberdade sindical, nos conflitos inter e intrassindicais, por meio de práticas e condutas antissindicais nas relações entre sindicatos, sindicatos e empregadores, sindicatos e organizações de empregadores ou de trabalhadores, sindicatos e trabalhadores, empregadores e trabalhadores, órgãos públicos e privados e as entidades sindicais, empregadores ou trabalhadores.

N. 29 – PEDIDO DE REGISTRO SINDICAL. COOPERATIVA. IMPOSSIBILIDADE DIANTE DO PRINCÍPIO DA UNICIDADE SINDICAL. NÃO CONFIGURA CATEGORIA PARA FINS DE ORGANIZAÇÃO SINDICAL, NOS TERMOS DO ART. 511 DA CLT E ART 4º DA PORTARIA MTE N. 343/2000. Não é possível a formação de entidade sindical constituída por cooperativas, uma vez que afronta o princípio da unicidade sindical, bem como a organização sindical por categorias.

N. 30 – ENTIDADE SINDICAL. DENOMINAÇÃO. RESULTADO DE SUA REAL REPRESENTATIVIDADE. ART. 572 DA CONSOLIDAÇÃO DAS LEIS DO TRABALHO. EXPLICITAÇÃO DA CATEGORIA E BASE TERRITORIAL. Da inteligência do artigo 572 da CLT decorre a exigência de que as entidades sindicais, em sua denominação, explicitem a categoria e a base territorial que realmente representam, para assegurar o direito difuso de informação.

N. 31 – ENTIDADE SINDICAL CONSTITUÍDA POR CATEGORIAS SIMILARES OU CONEXAS. FORMAÇÃO DE NOVA ENTIDADE COM CATEGORIA MAIS ESPECÍFICA. POSSIBILIDADE. NÃO FERIMENTO DA UNICIDADE SINDICAL. INVOCAÇÃO AO PRINCÍPIO DA LIBERDADE SINDICAL. É possível a formação de entidade sindical mais específica, por desmembramento ou dissociação, através de ato volitivo da fração da categoria que pretende ser desmembrada, deliberada em Assembleia Geral amplamente divulgada com antecedência e previamente notificada a entidade sindical originária.

N. 32 – ENTIDADES SINDICAIS DE GRAU SUPERIOR. REQUISITOS PARA SUA CONSTITUIÇÃO. ARTS. 534 E 535 DA CLT. MANUTENÇÃO DESSES REQUISITOS PARA A PERMANÊNCIA DO REGISTRO JUNTO AO MINISTÉRIO DO TRABALHO E EMPREGO. A permanência do número mínimo de entidades filiadas consubstancia-se condição *sine qua non* para a existência das entidades de grau superior.

N. 33 – NEGOCIAÇÃO COLETIVA. SUPRESSÃO DE DIREITOS. NECESSIDADE DE CONTRAPARTIDA. A negociação coletiva não pode ser utilizada somente como um instrumento para a supressão de direitos, devendo sempre indicar a contrapartida concedida em troca do direito transacionado, cabendo ao magistrado a análise da adequação da negociação coletiva realizada quando o trabalhador pleiteia em ação individual a nulidade de cláusula convencional.

N. 34 – DISSÍDIO COLETIVO – CLÁUSULAS PREEXISTENTES. O § 2º do art. 114 da CF impõe aos Tribunais do Trabalho que, no julgamento dos dissídios coletivos, respeitem as disposições convencionadas anteriormente. Idêntico entendimento deve ser aplicado às cláusulas pré-existentes previstas em sentenças normativas.

N. 35 – DISSÍDIO COLETIVO. COMUM ACORDO. CONSTITUCIONALIDADE. AUSÊNCIA DE VULNERABILIDADE AO ART. 114, § 2º, DA CRFB. Dadas as características das quais se reveste a negociação coletiva, não fere o princípio do acesso à Justiça o pré-requisito do comum acordo (§ 2º, do art. 114, da CRFB) previsto como necessário para a instauração da instância em dissídio coletivo, tendo em vista que a exigência visa a fomentar o desenvolvimento da atividade sindical, possibilitando que os entes sindicais ou a empresa decidam sobre a melhor forma de solução dos conflitos.

N. 36 – ACIDENTE DO TRABALHO. COMPETÊNCIA. AÇÃO AJUIZADA POR HERDEIRO, DEPENDENTE OU SUCESSOR. Compete à Justiça do Trabalho apreciar e julgar ação de indenização por acidente de trabalho, mesmo quando ajuizada pelo herdeiro, dependente ou sucessor, inclusive em relação aos danos em ricochete.

N. 37 – RESPONSABILIDADE CIVIL OBJETIVA NO ACIDENTE DE TRABALHO. ATIVIDADE DE RISCO. Aplica-se o art. 927, parágrafo único, do Código Civil nos acidentes do trabalho. O art. 7º, XXVIII, da Constituição da República, não constitui óbice à aplicação desse dispositivo legal, visto que seu *caput* garante a inclusão de outros direitos que visem à melhoria da condição social dos trabalhadores.

N. 38 – RESPONSABILIDADE CIVIL. DOENÇAS OCUPACIONAIS DECORRENTES DOS DANOS AO MEIO AMBIENTE DO TRABALHO. Nas doenças ocupacionais decorrentes dos danos ao meio ambiente do trabalho, a responsabilidade do empregador é objetiva. Interpretação sistemática dos arts. 7º, XXVIII, 200, VIII, 225, § 3º, da Constituição Federal e do art. 14, § 1º, da Lei 6.938/81.

N. 39 – MEIO AMBIENTE DE TRABALHO. SAÚDE MENTAL. DEVER DO EMPREGADOR. É dever do empregador e do tomador dos serviços zelar por um ambiente de trabalho saudável também do ponto de vista da saúde mental, coibindo práticas tendentes ou aptas a gerar danos de natureza moral ou emocional aos seus trabalhadores, passíveis de indenização.

N. 40 – RESPONSABILIDADE CIVIL. ACIDENTE DO TRABALHO. EMPREGADO PÚBLICO. A responsabilidade civil nos acidentes do trabalho envolvendo empregados de pessoas jurídicas de Direito Público interno é objetiva. Inteligência do art. 37, § 6º da Constituição Federal e do artigo 43 do Código Civil.

N. 41 – RESPONSABILIDADE CIVIL. ACIDENTE DO TRABALHO. ÔNUS DA PROVA. Cabe a inversão do ônus da prova em favor da vítima nas ações indenizatórias por acidente do trabalho.

N. 42 – ACIDENTE DO TRABALHO. NEXO TÉCNICO EPIDEMIOLÓGICO. Presume-se a ocorrência de acidente do trabalho, mesmo sem a emissão da CAT – Comunicação de Acidente de Trabalho, quando houver nexo técnico epidemiológico conforme art. 21-A da Lei 8.213/1991.

N. 43 – ESTABILIDADE ACIDENTÁRIA. AUSÊNCIA DE EMISSÃO DA CAT. A ausência de emissão da CAT – Comunicação de Acidente do Trabalho pelo empregador não impede o direito à estabilidade do art. 118 da Lei 8.213/1991, desde que comprovado que o trabalhador deveria ter se afastado em razão do acidente por período superior a quinze dias.

N. 44 – RESPONSABILIDADE CIVIL. ACIDENTE DO TRABALHO. TERCEIRIZAÇÃO. SOLIDARIEDADE. Em caso de terceirização de serviços, o tomador e o prestador respondem solidariamente pelos danos causados à saúde dos trabalhadores. Inteligência dos arts. 932, III, 933 e 942, parágrafo único, do Código Civil e da Norma Regulamentadora 4 (Portaria 3.214/77 do Ministério do Trabalho e Emprego).

N. 45 – RESPONSABILIDADE CIVIL. ACIDENTE DO TRABALHO. PRESCRIÇÃO. A prescrição da indenização por danos materiais ou morais resultantes de acidente do trabalho é de 10 anos, nos termos do art. 205, ou de 20 anos, observado o artigo 2.028 do Código Civil de 2002.

N. 46 – ACIDENTE DO TRABALHO. PRESCRIÇÃO. TERMO INICIAL. O termo inicial do prazo prescricional da indenização por danos decorrentes de acidente do trabalho é a data em que o trabalhador teve ciência inequívoca da incapacidade laboral ou do resultado gravoso para a saúde física e/ou mental.

N. 47 – ACIDENTE DO TRABALHO. PRESCRIÇÃO. SUSPENSÃO DO CONTRATO DE TRABALHO. Não corre prescrição nas ações indenizatórias nas hipóteses de suspensão e/ou interrupção do contrato de trabalho decorrentes de acidentes do trabalho.

N. 48 – ACIDENTE DO TRABALHO. INDENIZAÇÃO. NÃO COMPENSAÇÃO DO BENEFÍCIO PREVIDENCIÁRIO. A indenização decorrente de acidente de trabalho ou doença ocupacional, fixada por pensionamento ou arbitrada para ser paga de uma só vez, não pode ser compensada com qualquer benefício pago pela Previdência Social.

N. 49 – ATIVIDADE INSALUBRE. PRORROGAÇÃO DE JORNADA. NEGOCIAÇÃO COLETIVA. INVALIDADE. O art. 60 da CLT não foi derrogado pelo art. 7º, XIII, da Constituição da República, pelo que é inválida cláusula de Convenção ou Acordo Coletivo que não observe as condições nele estabelecidas.

N. 50 – INSALUBRIDADE. EXPEDIÇÃO DE OFÍCIO À DRT. Constatada a insalubridade em ação trabalhista, o juiz deve oficiar à Delegacia Regional do Trabalho para que a autoridade administrativa faça cumprir o disposto no art. 191, parágrafo único, da CLT.

N. 51 – RESPONSABILIDADE CIVIL. DANOS MORAIS. CRITÉRIOS PARA ARBITRAMENTO. O valor da condenação por danos morais decorrentes da relação de trabalho será arbitrado pelo juiz de maneira equitativa, a fim de atender ao seu caráter compensatório, pedagógico e preventivo.

N. 52 – RESPONSABILIDADE CIVIL. DANOS MORAIS. CORREÇÃO MONETÁRIA. TERMO INICIAL. O termo inicial de incidência da correção monetária sobre o valor fixado a título de indenização por danos morais é o da prolação da decisão judicial que o quantifica.

N. 53 – REPARAÇÃO DE DANOS – HONORÁRIOS CONTRATUAIS DE ADVOGADO. Os arts. 389 e 404 do Código Civil autorizam o Juiz do Trabalho a condenar o vencido em honorários contratuais de advogado, a fim de assegurar ao vencedor a inteira reparação do dano.

N. 54 – PROVA PERICIAL. POSSIBILIDADE DE DISPENSA. Aplica-se o art. 427 do Código de Processo Civil no processo do trabalho, de modo que o juiz pode dispensar a produção de prova pericial quando houver prova suficiente nos autos.

N. 55 – TERMO DE AJUSTE DE CONDUTA – ALCANCE. A celebração de TAC não importa em remissão dos atos de infração anteriores, os quais têm justa sanção pecuniária como resposta às irregularidades trabalhistas constatadas pela DRT.

N. 56 – AUDITOR FISCAL DO TRABALHO. RECONHECIMENTO DA RELAÇÃO DE EMPREGO. POSSIBILIDADE. Os auditores do trabalho têm por missão funcional a análise dos fatos apurados em diligências de fiscalização, o que não pode excluir o reconhecimento fático da relação de emprego, garantindo-se ao empregador o acesso às vias judicial e/ou administrativa, para fins de reversão da autuação ou multa imposta.

N. 57 – FISCALIZAÇÃO DO TRABALHO. RECONHECIMENTO DE VÍNCULO EMPREGATÍCIO. DESCONSIDERAÇÃO DA PESSOA JURÍDICA E DOS CONTRATOS CIVIS. Constatando a ocorrência de contratos civis com o objetivo de afastar ou impedir a aplicação da legislação trabalhista, o auditor-fiscal do trabalho desconsidera o pacto nulo e reconhece a relação de emprego. Nesse caso, o auditor-fiscal não declara, com definitividade, a existência da relação, mas sim constata e aponta a irregularidade administrativa, tendo como consequência a autuação e posterior multa à empresa infringente.

N. 58 – AÇÃO DE EXECUÇÃO FISCAL. PRESUNÇÃO DE CERTEZA E LIQUIDEZ DA EXISTÊNCIA DA DÍVIDA. Não é dado ao Juiz retirar a presunção de certeza e liquidez atribuída pela lei, nos termos do arts. 204 do CTN e 3º da Lei n. 6.830/80, à dívida ativa inscrita regularmente. Ajuizada a ação de execução fiscal – desde que presentes os requisitos da petição inicial previstos no art. 6º da Lei n. 6.830/80 –, a presunção de certeza e liquidez da Certidão de Dívida Ativa somente pode ser infirmada mediante produção de prova inequívoca, cujo ônus é do executado ou do terceiro, a quem aproveite.

N. 59 – DIREITO ADMINISTRATIVO SANCIONADOR (FISCALIZAÇÃO DO TRABALHO). CONTRADITÓRIO E AMPLA DEFESA. INTERPRETAÇÃO CONFORME DO ART. 632 DA CLT. Aplicam-se ao Direito Administrativo sancionador brasileiro, em matéria laboral, os princípios do contraditório e da ampla defesa (art. 5º, LV, da CRFB), com projeção concreta no art. 632 da CLT. Nesse caso, a prerrogativa administrativa de "julgar da necessidade das provas" deve ser motivada, desafiando a aplicação da teoria dos motivos determinantes, sob pena de nulidade do ato.

N. 60 – INTERDIÇÃO DE ESTABELECIMENTO E AFINS. AÇÃO DIRETA NA JUSTIÇA DO TRABALHO. REPARTIÇÃO DINÂMICA DO ÔNUS DA PROVA. I – A interdição de estabelecimento, setor de serviço, máquina ou equipamento, assim como o embargo de obra (art. 161 da CLT), podem ser requeridos na Justiça do Trabalho (art. 114, I e VII, da CRFB), em sede principal ou cautelar, pelo Ministério Público do Trabalho, pelo sindicato profissional (art. 8º, III, da CRFB) ou por qualquer legitimado específico para a tutela judicial coletiva em matéria labor-ambiental (arts. 1º, I, 5º, e 21 da Lei 7.347/85), independentemente da instância administrativa.

II – Em tais hipóteses, a medida poderá ser deferida [a] "inaudita altera parte", em havendo laudo técnico preliminar ou prova prévia igualmente convincente; [b] após audiência de justificação prévia (artigo 12, *caput*, da Lei 7.347/85), caso não haja laudo técnico preliminar, mas seja verossímil a alegação, invertendo-se o ônus da prova, à luz da teoria da repartição dinâmica, para incumbir à empresa a demonstração das boas condições de segurança e do controle de riscos.

N. 61 – PRESCRIÇÃO. MULTAS ADMINISTRATIVAS IMPOSTAS PELA DRT. Aplica-se às ações para cobrança das multas administrativas impostas pela Delegacia Regional do Trabalho, por analogia, o prazo prescricional quinquenal, previsto no art. 174 do CTN.

N. 62 – DEPÓSITO RECURSAL ADMINISTRATIVO. RECEPÇÃO CONSTITUCIONAL. O depósito exigido pelo § 1º do art. 636 consolidado não afronta qualquer dispositivo constitucional que assegure a ampla defesa administrativa, o direito de petição aos órgãos públicos e o direito aos recursos administrativos.

N. 63 – COMPETÊNCIA DA JUSTIÇA DO TRABALHO. PROCEDIMENTO DE JURISDIÇÃO VOLUNTÁRIA. LIBERAÇÃO DO FGTS E PAGAMENTO DO SEGURO-DESEMPREGO. Compete à Justiça do Trabalho, em procedimento de jurisdição voluntária, apreciar pedido de expedição de alvará para liberação do FGTS e de ordem judicial para pagamento do seguro-desemprego, ainda que figurem como interessados os dependentes de ex-empregado falecido.

N. 64 – COMPETÊNCIA DA JUSTIÇA DO TRABALHO. PRESTAÇÃO DE SERVIÇO POR PESSOA FÍSICA. RELAÇÃO DE CONSUMO SUBJACENTE. IRRELEVÂNCIA. Havendo prestação de serviços por pessoa física a outrem, seja a que título for, há relação de trabalho incidindo a competência da Justiça do Trabalho para os litígios dela oriundos (CF, art. 114, I), não importando qual o direito material que será utilizado na solução da lide (CLT, CDC, CC etc).

N. 65 – AÇÕES DECORRENTES DA NOVA COMPETÊNCIA DA JUSTIÇA DO TRABALHO – PROCEDIMENTO DA CLT.

I – Excetuadas as ações com procedimentos especiais, o procedimento a ser adotado nas ações que envolvam as matérias da nova competência da Justiça do Trabalho é o previsto na CLT, ainda que adaptado.

II – As ações com procedimentos especiais submetem-se ao sistema recursal do processo do trabalho.

N. 66 – APLICAÇÃO SUBSIDIÁRIA DE NORMAS DO PROCESSO COMUM AO PROCESSO TRABALHISTA. OMISSÕES ONTOLÓGICA E AXIOLÓGICA. ADMISSIBILIDADE.

Diante do atual estágio de desenvolvimento do processo comum e da necessidade de se conferir aplicabilidade à garantia constitucional da duração razoável do processo, os arts. 769 e 889 da CLT comportam interpretação conforme a Constituição Federal, permitindo a aplicação de normas processuais mais adequadas à efetivação do direito. Aplicação dos princípios da instrumentalidade, efetividade e não retrocesso social.

N. 67 – *JUS POSTULANDI*. ART. 791 DA CLT. RELAÇÃO DE TRABALHO. POSSIBILIDADE. A faculdade de as partes reclamarem, pessoalmente, seus direitos perante a Justiça do Trabalho e de acompanharem suas reclamações até o final, contida no artigo 791 da CLT, deve ser aplicada às lides decorrentes da relação de trabalho.

N. 68 – INTERVENÇÃO DE TERCEIROS.

I – Admissibilidade da intervenção de terceiros nos Processos submetidos à jurisdição da Justiça do Trabalho.

II – Nos processos que envolvem crédito de natureza privilegiada, a compatibilidade da intervenção de terceiros está subordinada ao interesse do autor, delimitado pela utilidade do provimento final.

III – Admitida a denunciação da lide, é possível à decisão judicial estabelecer a condenação do denunciado como co-responsável.

N. 69 – EXECUÇÃO PROVISÓRIA. APLICABILIDADE DO ART. 475-O DO CPC NO PROCESSO DO TRABALHO.

I – A expressão "... até a penhora..." constante da Consolidação das Leis do Trabalho, art. 899, é meramente referencial e não limita a execução provisória no âmbito do direito processual do trabalho, sendo plenamente aplicável o disposto no Código de Processo Civil, art. 475-O.

II – Na execução provisória trabalhista é admissível a penhora de dinheiro, mesmo que indicados outros bens. Adequação do postulado da execução menos gravosa ao executado aos princípios da razoável duração do processo e da efetividade.

III – É possível a liberação de valores em execução provisória, desde que verificada alguma das hipóteses do art. 475-O, § 2º, do Código de Processo Civil, sempre que o recurso interposto esteja em contrariedade com Súmula ou Orientação Jurisprudencial, bem como na pendência de agravo de instrumento no TST.

N. 70 – EXECUÇÃO. PENHORA DE RENDIMENTOS DO DEVEDOR. CRÉDITOS TRABALHISTAS DE NATUREZA ALIMENTAR E PENSÕES POR MORTE OU INVALIDEZ DECORRENTES DE ACIDENTE DO TRABALHO. PONDERAÇÃO DE PRINCÍPIOS CONSTITUCIONAIS. POSSIBILIDADE. Tendo em vista a natureza alimentar dos créditos trabalhistas e da pensão por morte ou invalidez decorrente de acidente do trabalho (CF, art. 100, § 1º-A), o disposto no art. 649, inciso IV, do CPC deve ser aplicado de forma relativizada, observados o princípio da proporcionalidade e as peculiaridades do caso concreto. Admite-se, assim, a penhora dos rendimentos do executado em percentual que não inviabilize o seu sustento.

N. 71 – ART. 475-J DO CPC. APLICAÇÃO NO PROCESSO DO TRABALHO. A aplicação subsidiária do art. 475-J do CPC atende às garantias constitucionais da razoável duração do processo, efetividade e celeridade, tendo, portanto, pleno cabimento na execução trabalhista.

N. 72 – EMBARGOS À EXECUÇÃO (IMPUGNAÇÃO). EFEITO SUSPENSIVO. Em razão da omissão da CLT, os embargos à execução (impugnação) não terão efeito suspensivo, salvo quando relevantes seus fundamentos e o prosseguimento da execução seja manifestamente suscetível de causar ao executado grave dano de difícil ou incerta reparação (art. 475-M do CPC).

N. 73 – EXECUÇÃO DE CONTRIBUIÇÕES PREVIDENCIÁRIAS. REVISÃO DA SÚMULA N. 368 DO TST.

I – Com a edição da Lei 11.457/2007, que alterou o parágrafo único do art. 876 da CLT, impõe-se a revisão da Súmula n. 368 do TST: é competente a Justiça do Trabalho para a execução das contribuições à Seguridade Social devidas durante a relação de trabalho, mesmo não havendo condenação em créditos trabalhistas, obedecida a decadência.

II – Na hipótese, apurar-se-á o montante devido à época do período contratual, mês a mês, executando-se o tomador dos serviços, por força do art. 33, § 5º, da Lei n. 8.212/91, caracterizada a sonegação de contribuições previdenciárias, não devendo recair a cobrança de tais contribuições na pessoa do trabalhador.

III – Incidem, sobre as contribuições devidas, os juros e a multa moratória previstos nos artigos 34 e 35 da Lei n. 8.212/91, a partir da data em que as contribuições seriam devidas e não foram pagas.

N. 74 – CONTRIBUIÇÕES DEVIDAS A TERCEIROS. INCOMPETÊNCIA DA JUSTIÇA DO TRABALHO.

A competência da Justiça do Trabalho para a execução de contribuições à Seguridade Social (CF, art. 114, § 3º) nas ações declaratórias, condenatórias ou homologatórias de acordo cinge-se às contribuições previstas no art. 195, inciso I, alínea "a" e inciso II, da Constituição, e seus acréscimos moratórios. Não se insere, pois, em tal competência, a cobrança de "contribuições para terceiros", como as destinadas ao "sistema S" e "salário-educação", por não se constituírem em contribuições vertidas para o sistema de Seguridade Social.

N. 75 – AÇÃO CIVIL PÚBLICA. INTERESSES INDIVIDUAIS HOMOGÊNEOS. LEGITIMAÇÃO DO MINISTÉRIO PÚBLICO.

I – O Ministério Público do Trabalho detém legitimidade para defender direitos ou interesses individuais homogêneos, assim entendidos os decorrentes de origem comum, nos exatos termos do art. 81, inciso III, do CDC.

II – Incidem na hipótese os arts. 127 e 129, inciso III, da Constituição Federal, pois a defesa de direitos individuais homogêneos quando coletivamente demandada se enquadra no campo dos interesses sociais previstos no art. 127 da Magna Carta, constituindo os direitos individuais homogêneos em espécie de direitos coletivos *lato sensu*.

N. 76 – AÇÃO CIVIL PÚBLICA. REPARAÇÃO DE DANO MORAL COLETIVO. TRABALHO FORÇADO OU EM CONDIÇÕES DEGRADANTES. LEGITIMIDADE DO MINISTÉRIO PÚBLICO DO TRABALHO.

I – Alegada a utilização de mão de obra obtida de forma ilegal e aviltante, sujeitando o trabalhador a condições degradantes de trabalho, a trabalho forçado ou a jornada exaustiva, cabe Ação Civil Pública de reparação por dano moral coletivo.

II – Legitimidade do Ministério Público do Trabalho para o ajuizamento da ação civil pública na tutela de interesses coletivos e difusos, uma vez que a referida prática põe em risco, coletivamente, trabalhadores indefinidamente considerados.

N. 77 – AÇÃO CIVIL PÚBLICA. INTERESSES INDIVIDUAIS HOMOGÊNEOS. LEGITIMAÇÃO DOS SINDICATOS. DESNECESSIDADE DE APRESENTAÇÃO DE ROL DOS SUBSTITUÍDOS.

I – Os sindicatos, nos termos do art. 8º, III, da CF, possuem legitimidade extraordinária para a defesa dos direitos e interesses – individuais e metaindividuais – da categoria respectiva em sede de ação civil pública ou outra ação coletiva, sendo desnecessária a autorização e indicação nominal dos substituídos.

II – Cabe aos sindicatos a defesa dos interesses e direitos metaindividuais (difusos, coletivos e individuais homogêneos) da categoria, tanto judicialmente quanto extrajudicialmente.

III – Na ausência de sindicato, é da federação respectiva a legitimidade extraordinária para a defesa dos direitos e interesses da categoria e, na falta de ambos, da confederação.

IV – O art. 16 da Lei da ação civil pública contraria toda a filosofia e sistemática das ações coletivas. A decisão proferida nas ações coletivas deve ter alcance, abrangência e eficácia em toda área geográfica afetada, seja em todo o território nacional (âmbito nacional) ou em apenas parte dele (âmbito suprarregional), conforme a extensão do ato ilícito e/ou do dano causado ou a ser reparado.

N. 78 – INEXISTÊNCIA DE LITISPENDÊNCIA ENTRE AÇÃO COLETIVA E AÇÃO INDIVIDUAL.

Às ações coletivas ajuizadas pelos sindicatos e pelo Ministério Público na Justiça do Trabalho aplicam-se subsidiariamente as normas processuais do Título III do Código de Defesa do Consumidor. Assim, não haverá litispendência entre ação coletiva e ação individual, devendo o juiz adotar o procedimento indicado no art. 104 do CDC: a) o autor da ação individual, uma vez notificado da existência de ação coletiva, deverá se manifestar no prazo de trinta dias sobre o seu prosseguimento ou suspensão; b) optando o autor da ação individual por seu prosseguimento, não se beneficiará dos efeitos da coisa julgada da ação coletiva; c) o autor da ação individual suspensa poderá requerer o seu prosseguimento em caso de decisão desfavorável na ação coletiva.

N. 79 – HONORÁRIOS SUCUMBENCIAIS DEVIDOS NA JUSTIÇA DO TRABALHO.

I – Honorários de sucumbência na Justiça do Trabalho. As partes, em reclamatória trabalhista e nas demais ações da competência da Justiça do Trabalho, na forma da lei, têm direito a demandar em juízo através de procurador de sua livre escolha, forte no princípio da isonomia (art. 5º, caput, da Constituição da República Federativa do Brasil) sendo, em tal caso, devidos os honorários de sucumbência, exceto quando a parte sucumbente estiver ao abrigo do benefício da justiça gratuita.

II – Os processos recebidos pela Justiça do Trabalho decorrentes da Emenda Constitucional n. 45, oriundos da Justiça Comum, que nesta esfera da Justiça tramitavam sob a égide da Lei n. 9.099/95, não se sujeitam na primeira instância aos honorários advocatícios, por força do art. 55 da Lei n. 9.099/95 a que estavam submetidas as partes quando da propositura da ação.

STF
Súmula Vinculante

Súmula Vinculante n. 1 – Ofende a garantia constitucional do ato jurídico perfeito a decisão que, sem ponderar as circunstâncias do caso concreto, desconsidera a validez e a eficácia de acordo constante de termo de adesão instituído pela Lei Complementar n. 110/2001.

Súmula Vinculante n. 2 – É inconstitucional a lei ou ato normativo estadual ou distrital que disponha sobre sistemas de consórcios e sorteios, inclusive bingos e loterias.

Súmula Vinculante n. 3 – Nos processos perante o Tribunal de Contas da União asseguram-se o contraditório e a ampla defesa quando da decisão puder resultar anulação ou revogação de ato administrativo que beneficie o interessado, excetuada a apreciação da legalidade do ato de concessão inicial de aposentadoria, reforma e pensão.

Súmula Vinculante n. 4 – Salvo os casos previstos na Constituição Federal, o salário mínimo não pode ser usado como indexador de base de cálculo de vantagem de servidor público ou de empregado, nem ser substituído por decisão judicial.

Súmula Vinculante n. 5 – A falta de defesa técnica por advogado no processo administrativo disciplinar não ofende a Constituição.

Súmula Vinculante n. 6 – Não viola a Constituição o estabelecimento de remuneração inferior ao salário mínimo para as praças prestadoras de serviço militar inicial.

Súmula Vinculante n. 7 – A norma do § 3º do art. 192 da Constituição, revogada pela Emenda Constitucional 40/2003, que limitava a taxa de juros reais a 12% ao ano, tinha sua aplicabilidade condicionada à edição de Lei Complementar.

Súmula Vinculante n. 8 – Declara a inconstitucionalidade dos arts. 45 e 46 da Lei n. 8.212/91, que previam, respectivamente, prazos decadencial e prescricional de 10 anos para as contribuições devidas à Seguridade Social.

Súmula Vinculante n. 9 – O disposto no art. 127 da Lei n. 7.210/84 (Lei de Execução Penal) foi recebido pela ordem constitucional vigente, e não se lhe aplica o limite temporal previsto no *caput* do art. 58.

Súmula Vinculante n. 10 – Viola a cláusula de reserva de plenário (CF, art. 97) a decisão de órgão fracionário de tribunal que, embora não declare expressamente a inconstitucionalida de lei ou ato normativo do poder público, afasta a sua incidência no todo ou em parte.

Súmula Vinculante n. 11 – Só é lícito o uso de algemas em caso de resistência e de fundado receio de fuga ou de perigo à integridade física própria ou alheia, por parte do preso ou de terceiros, justificada a excepcionalidade por escrito, sob pena de responsabilidade disciplinar civil e penal do agente ou da autoridade e de nulidade da prisão ou do ato processual a que se refere, sem prejuízo da responsabilidade civil do Estado.

Súmula Vinculante n. 12 – A cobrança de taxa de matrículas nas Universidade Públicas viola o disposto no art. 206, inciso IV, da Constituição Federal.

Súmula Vinculante n. 13 – A nomeação de cônjuge, companheiro ou parente em linha reta, colateral ou por afinidade, até o terceiro grau, inclusive, da autoridade nomeante ou de servidor da mesma pessoa jurídica investido em cargo de direção, chefia ou assessoramento, para o exercício de cargo em comissão ou de confiança ou, ainda, de função gratificada na administração pública direta e indireta em qualquer dos Poderes da União, dos Estados, do Distrito Federal e dos Municípios, compreendido o ajuste mediante designações recíprocas, viola a Constituição Federal.

Súmula Vinculante n. 14 – É direito do defensor, no interesse do representado, ter acesso amplo aos elementos de prova que, já documentados em procedimento investigatório realizado por órgão com competência de polícia judiciária, digam respeito ao exercício do direito de defesa.

Súmula Vinculante n. 15 – O cálculo de gratificações e outras vantagens não incide sobre o abono utilizado para se atingir o salário mínimo do servidor público.

Súmula Vinculante n. 16 – Os arts. 7º, IV, e 39, § 3º (redação da EC n. 19/89), da Constituição, referem-se ao total da remuneração percebida pelo servidor público.

Súmula Vinculante n. 17 – Durante o período previsto no § 1º do art. 100 da Constituição, não incidem juros de mora sobre os precatórios que nele sejam pagos.

Súmula Vinculante n. 18 – A dissolução da sociedade ou do vínculo conjugal, no curso do mandato, não afasta a inelegibilidade prevista no § 7º do art. 14 da Constituição Federal.

Súmula Vinculante n. 19 – A taxa cobrada exclusivamente em razão dos serviços públicos de coleta, remoção e tratamento ou destinação de lixo ou resíduos provenientes de imóveis, não viola o art. 145, II, da Constituição Federal.

Súmula Vinculante n. 20 – A gratificação de desempenho de atividade técnico-administrativa – GDATA, instituída pela Lei n. 10.404/2002, deve ser deferida aos inativos nos valores correspondentes a 37,5 (trinta e sete vírgula cinco) pontos no período de fevereiro a maio de 2002 e, nos termos do art. 5º, parágrafo único, da Lei n. 10.404/2002, no período de junho de 2002 até a conclusão dos efeitos do último ciclo de avaliação a que se refere o art. 1º da Medida Provisória n. 198/2004, a partir da qual passa a ser de 60 (sessenta) pontos.

Súmula Vinculante n. 21 – É inconstitucional a exigência de depósito ou arrolamento prévios de dinheiro ou bens para admissibilidade de recurso administrativo.

Súmula Vinculante n. 22 – A Justiça do Trabalho é competente para processar e julgar as ações de indenização por danos morais e patrimoniais decorrentes de acidente do trabalho propostas por empregado contra empregador, inclusive aquelas que ainda não possuíam sentença de mérito em primeiro grau quando da promulgação da Emenda Constitucional n. 45/04.

Súmula Vinculante n. 23 – A Justiça do Trabalho é competente para processar e julgar ação possessória ajuizada em decorrência do exercício do direito de greve pelos trabalhadores da iniciativa privada.

Súmula Vinculante n. 24 – Não se tipifica crime material contra a ordem tributária, previsto no art. 1º, incisos I a IV, da Lei n. 8.137/90, antes do lançamento definitivo do tributo.

Súmula Vinculante n. 25 – É lícita a prosão civil de depositário infiel, qualquer que seja a modalidade do depósito.

Súmula Vinculante n. 27 – Compete à Justiça Estadual julgar causas entre consumidor e concessionária de serviço público de telefonia, quando a Anatel não seja litisconsorte passiva necessária, assistente, nem opoente.

Súmula Vinculante n. 28 – É inconstitucional a exigência de depósito prévio como requisito de admissibilidade de ação judicial na qual se pretenda discutir a exigibilidade de crédito tributário.

Súmula Vinculante n. 29 – É constitucional a adoção, no cálculo do valor da taxa, de um ou mais elementos da base de cálculo própria de determinado imposto, desde que não haja integral identidade entre uma base e outra.

Súmula Vinculante n. 31 – É inconstitucional a incidência do imposto sobre serviços de qualquer natureza – ISS sobre operações de locação de bens móveis.

Índice Remissivo

A

ABANDONO DE EMPREGO
SÚM. 32 – Configuração. Cessação do benefício previdenciário – Nova redação – Res. 121/2003, DJ 21.11.2003.

SÚM. 62 – Inquérito judicial. Decadência.

SÚM. 73 – Falta grave. Indenização – Nova redação – Res. 121/2003, DJ 21.11.2003.

ABONO
OJ-SDI-1 T 5 – Servita. Bonificação de assiduidade e produtividade pagas semanalmente. Repercussão no repouso semanal remunerado.

OJ-SDI-1 T 45 – Comissionista puro. Lei n. 8.178/91. (conversão da OJ 180 da SDI-1).

OJ-SDI-1 T 50 – De férias instituído por instrumento normativo e terço constitucional. Idêntica natureza jurídica. Simultaneidade. (conversão da OJ 231 da SDI-1).

PN 11 – CANCELADO – Bonificação a quem se aposenta. (cancelado – Res. 86/1998, DJ 15.10.98).

STF SÚM. VINCULANTE 15.

ABONO APOSENTADORIA
Ver Complementação de Aposentadoria.

ABONO DE FALTAS
SÚM. 15 – Percepção do salário-enfermidade. Atestado médico. Ordem preferencial.

SÚM. 46 – Acidente do trabalho. Duração de férias e cálculo da gratificação natalina.

SÚM. 89 – Justificadas por lei. Cálculo. Férias.

SÚM. 155 – Comparecimento como parte na Justiça do Trabalho.

SÚM. 282 – Serviço médico da empresa ou mantido por convênio. Abono dos primeiros 15 dias.

ABONO PECUNIÁRIO
OJ-SDI-1 346 – Abono previsto em norma coletiva. Natureza indenizatória. Concessão apenas aos empregados em atividade. Extensão aos inativos. Impossibilidade.

OJ-SDI-2 19 – Ação rescisória. Imposto de renda. Incidência. Desligamento incentivado. Súmula n. 83. Violação de lei.

PN 2 – CANCELADO – Empregado estudante. Não concessão. (cancelado – Res. 86/1998, DJ 15.10.98)

ABRANGÊNCIA
SÚM. 374 – Categoria profissional diferenciada. Vantagens previstas em norma coletiva. Empresa não foi representada por órgão de classe de sua categoria.

AÇÃO ANULATÓRIA
OJ-SDI-2 129 – Competência originária.

AÇÃO CAUTELAR
OJ-SDI-2 1 – CANCELADA – Ação rescisória. Cautelar incidental. Planos econômicos. CPC, art. 485, V. CF/88, art. 5º, XXXVI. (cancelada em decorrência da sua conversão na Súm. 405, II.)

OJ-SDI-2 3 – CANCELADA – Ação rescisória. Pedido de antecipação de tutela recebido como medida acautelatória. Entidade pública. Medida Provisória n. 1.906 e reedições. (cancelada em decorrência da sua conversão na Súm. 405, II)

OJ-SDI-2 63 – Deferimento de reintegração em ação cautelar. Mandado de segurança. Cabimento.

OJ-SDI-2 76 – Ação rescisória. Suspensão de execução. Juntada de documento indispensável. Possibilidade de êxito na rescisão do julgado.

OJ-SDI-2 100 – Recurso ordinário. Decisão regional proferida em agravo regimental contra liminar em ação cautelar ou em mandado de segurança. Incabível.

OJ-SDI-2 113 – Incabível. Efeito suspensivo ao recurso ordinário em mandado de segurança. Ausência de interesse de agir. Extinção do processo sem julgamento do mérito.

OJ-SDI-2 131 – Ação rescisória. Ação cautelar para suspender execução da decisão rescindenda. Pendência de trânsito em julgado da ação rescisória principal. Efeitos.

AÇÃO CIVIL PÚBLICA
OJ-SDI-2 58 – CONVERTIDA – Mandado de segurança. Liminar concedida em ação civil pública. Cabimento. (convertida na Súm. 414, II)

OJ-SDI-2 130 – Competência territorial. Extensão do dano causado ou a ser reparado. Aplicação analógica do art. 93 do Código de Defesa do Consumidor.

OJ-SDI-2 139 – CONVERTIDA – Mandado de segurança. Liminar em ação civil pública. Sentença de mérito superveniente. Perda de objeto. (convertida na Súm. 414, III)

EN 12 – Ações civis públicas. Trabalho escravo. Reversão da condenação às comunidades lesadas.

EN 75 – Ação civil pública. Interesses individuais homogêneos. Legitimação do Ministério Público.

EN 76 – Ação civil pública. Reparação de dano moral coletivo. Trabalho forçado ou em condições degradantes. Legitimidade do Ministério Público do Trabalho.

EN 77 – Ação civil pública. Interesses individuais homogêneos. Legitimação dos sindicatos. Desnecessidade de apresentação de rol dos substituídos.

AÇÃO DE COBRANÇA
EN 23 – Competência da Justiça do Trabalho. Ação de cobrança de honorários advocatícios. Ausência de relação de consumo.

AÇÃO DECLARATÓRIA

OJ-SDI-1 276 – Complementação de aposentadoria. Cabimento.

AÇÃO DE CUMPRIMENTO

SÚM. 180 – CANCELADA – Substituição processual. Desistência. Comprovação de transação. SÚM. 255 Substituição processual. Desistência. (cancelada – Res. 121/03, DJ 21.11.03)

SÚM. 286 – Sindicato Substituição processual. Convenção e acordos coletivos. (nova redação – Res. 98/00, DJ 18.09.00)

SÚM. 350 – Prescrição. Marco inicial. Sentença normativa. Trânsito em julgado.

SÚM. 334 – CANCELADA – Recolhimento de desconto assistencial. Sindicato Incompetência da Justiça do Trabalho. (cancelada – Res. 59/96, DJ 28.06.96) (cancelada – Res. 121/03, DJ 21.11.03)

SÚM. 224 – CANCELADA – Recolhimento de desconto assistencial. Sindicato. Incompetência da Justiça do Trabalho. (cancelada – Res. 121/03, DJ 21.11.03)

SÚM. 246 – Ação de cumprimento. Trânsito em julgado da sentença normativa. Desnecessidade.

SÚM. 359 – CANCELADA – Substituição processual. Federação. Ilegitimidade para ajuizar ação de cumprimento. (cancelada – Res. 121/03, DJ 21.11.03)

SÚM. 397 – Ação rescisória. CPC, art. 485, IV. Ação de Cumprimento. Ofensa à coisa julgada. Sentença normativa modificada em grau de recurso. Exceção de preexecutividade e mandado de segurança. Cabimento. (conversão da OJ 116 da SDI-2)

OJ-SDI-1 188 – Decisão normativa que defere direitos. Falta de interesse de agir para ação individual. Ação de cumprimento. Cabimento.

OJ-SDI-1 277 – Ação de cumprimento fundada em decisão normativa. Reforma posterior. Coisa julgada. Não configuração.

OJ-SDI-1 290 – CANCELADA – Contribuição sindical patronal. Ação de cumprimento. Incompetência da Justiça do Trabalho. (cancelada, DJ 05.07.05)

OJ-SDI-2 3 – CONVERTIDA – Ação rescisória. Pedido de antecipação de tutela recebido como medida acautelatória. Entidade pública. Medida Provisória n. 1.906 e reedições. (convertida na Súm. 405, II)

OJ-SDI-2 49 – CANCELADA – Mandado de segurança. Extinção da execução. Decisão normativa que sofreu posterior reforma. Trânsito em julgado da sentença condenatória proferida na ação de cumprimento. (cancelada em decorrência da conversão da tese mais abrangente da OJ 116 da SDI-2 na Súm. 397)

OJ-SDC 1 – CANCELADA – Acordo coletivo. Descumprimento. Existência de ação própria. Abusividade da greve deflagrada para substituí-la. (cancelada, DJ 22.06.04)

AÇÃO DE EXECUÇÃO FISCAL

EN 58 – Ação de execução fiscal. Presunção de certeza e liquidez da existência da dívida.

AÇÃO PLÚRIMA

SÚM. 36 – Custas processuais.

OJ-SDI-1 188 – Decisão normativa que defere direitos. Falta de interesse de agir para ação individual ou plúrima. Ação de cumprimento. Cabimento.

OJ-TP 9 – Precatório. Pequeno valor. Individualização do crédito apurado. Reclamação trabalhista plúrima. Execução direta contra a Fazenda Pública. Possibilidade.

AÇÃO RESCISÓRIA

SÚM. 83, I – Matéria controvertida. Decisão rescindenda baseada em texto legal infraconstitucional. Improcedência. (nova redação – Res. 121/03, DJ 21.11.03)

SÚM. 83, II – Matéria controvertida. Limite temporal. Data de inserção em Orientação Jurisprudencial do TST. (incorporação da OJ 77 da SDI-2)

SÚM. 99 – Depósito recursal. Recurso ordinário. Pedido rescisório procedente. Condenação em pecúnia. Prazo. Deserção. (incorporação da OJ 117 da SDI-2)

SÚM. 100, I – Decadência. "Dies a quo". Trânsito em julgado. (nova redação – Res. 109/01, DJ 18.04.01)

SÚM. 100, II – Decadência. "Dies a quo". Duas decisões rescindendas. Recurso parcial no processo principal. (nova redação – Res. 109/01, DJ 18.04.01).

SÚM. 100, III – Decadência. "Dies a quo". Recurso intempestivo ou incabível. (nova redação – Res. 109/01, DJ 18.04.01)

SÚM. 100, IV – Ação rescisória. Certidão de trânsito em julgado. Descompasso com a realidade. Presunção relativa de veracidade. Prazo decadencial (incorporação da OJ 102 da SDI-2)

SÚM. 100, V – Decadência. Sentença homologatória de acordo. Momento do trânsito em julgado. (incorporação da OJ 104 da SDI-2)

SÚM. 100, VI – Decadência. Ministério Público. "Dies a quo". Colusão das partes. (incorporação da OJ 122 da SDI-2)

SÚM. 100, VII – Decadência afastada em recurso ordinário. Julgamento imediato do mérito. Duplo grau de jurisdição. (incorporação da OJ 79 da SDI-2)

SÚM. 100, VIII – Decadência. Prazo. Exceção de incompetência. (incorporação da OJ 16 da SDI-2)

SÚM. 100, IX – Decadência. "Dies ad quem" expirado quando não há expediente forense. Férias forenses, feriados, finais de semana. Prorrogação do prazo. CLT, art. 775. (incorporação da OJ 13 da SDI-2)

SÚM. 100, X – Decadência. Não esgotamento das vias recursais. Prazo legal do recurso extraordinário. (incorporação da OJ 145 da SDI-2)

SÚM. 144 – CANCELADA – Cabimento. Justiça do Trabalho. (cancelada – Res. 121/03, DJ 21.11.03)

SÚM. 158 – Recurso ordinário para o TST. Cabimento. Decisão de TRT.

SÚM. 169 – Depósito prévio. Art. 485 "usque" 495 do CPC. Arts. 488, item II, e 494 do CPC. (cancelada – Res. 121/03, DJ 21.11.03)

SÚM. 192, I – Competência do TRT. Recurso de revista ou de embargos não conhecidos. (nova redação – Res. 121/03, DJ 21.11.03)

SÚM. 192, II – Competência do TST. Recurso de revista ou de embargos não conhecidos. Súmula de direito material. Aplicação da Súm. 333. (nova redação – Res. 121/03, DJ 21.11.03)

SÚM. 192, III – Sentença. Substituição por decisão regional. Impossibilidade jurídica do pedido. CPC, art. 512. (incorporação da OJ 48 da SDI-2)

SÚM. 192, IV – Decisão rescindenda. Agravo de instrumento. Juízo de admissibilidade de recurso de revista. Impossibilidade jurídica. (incorporação da OJ 105 da SDI-2)

SÚM. 192, V – Decisão em agravo regimental. Aplicação da Súm. 333. Juízo de mérito. Competência. (incorporação da OJ 133 da SDI-2).

SÚM. 194 – CANCELADA – Ação rescisória. Justiça do Trabalho. Depósito prévio. Desnecessidade. Art. 485 "usque" 495 do CPC. Arts. 488, item II, e 494 do CPC. (Revisão da Súmula n. 169 – RA 102/82, DJ 11.10.82 e DJ 15.10.82) (cancelada pela Resolução n. 142/2007 – DJ 10, 11 e 15.10.2007)

SÚM. 219, II – Honorários advocatícios em ação rescisória. Lei n. 5.584/70. (incorporação da OJ 27 da SDI-2)

SÚM. 259 – Termo de conciliação. CLT, art. 831, parágrafo único.

SÚM. 298, I – Prequestionamento. Violação literal de lei. Pronunciamento explícito.

SÚM. 298, II – Prequestionamento quanto à matéria e ao conteúdo da norma, não necessariamente do dispositivo legal tido por violado. (incorporação da OJ 72 da SDI-2)

SÚM. 298, III – Prequestionamento. Decisão regional que simplesmente confirma a sentença. Remessa "ex officio". (incorporação da OJ 75 da SDI-2)

SÚM. 298, IV – Sentença meramente homologatória. Prequestionamento. (incorporação da parte final da OJ 85 da SDI-2)

SÚM. 298, V – Prequestionamento. Violação ocorrida na própria decisão rescindenda. (incorporação da OJ 36 da SDI-2)

SÚM. 299, I – Prova do trânsito em julgado da decisão rescindenda. Indispensabilidade.

SÚM. 299, II – Trânsito em julgado da decisão rescindenda. Documento comprobatório. Concessão de prazo para juntada.

SÚM. 299, III – Decisão rescindenda. Ausência de trânsito em julgado. Descabimento de ação rescisória preventiva. (incorporação da OJ 106 da SDI-2)

SÚM. 299, IV – Vício de intimação da decisão rescindenda. Ausência da formação da coisa julgada material. Carência de ação. (incorporação da OJ 96 da SDI-2)

SÚM. 303, II – Remessa "ex officio". Decisões contrárias à Fazenda Pública. Obrigatória. (incorporação da OJ 71 da SDI-1)

SÚM. 365 – Alçada. Ação rescisória e mandado de segurança. Inaplicável. (conversão das OJs 8 e 10 da SDI-1).

SÚM. 397 – CPC, art. 485, IV. Ação de Cumprimento. Ofensa à coisa julgada. Sentença normativa modificada em grau de recurso. Exceção de preexecutividade e mandado de segurança. Cabimento. (conversão da OJ 116 da SDI-2)

SÚM. 398 – Ausência de defesa. Inaplicáveis os efeitos da revelia. (conversão da OJ 126 da SDI-2)

SÚM. 399, I – Sentença de mérito. Decisão homologatória de adjudicação e de arrematação. Incabível. (conversão das OJs 44 e 45 da SDI-2)

SÚM. 399, II – Sentença homologatória de cálculo. Decisão de mérito. (conversão da primeira parte da OJ 85 da SDI-2)

SÚM. 400 – Ação rescisória de ação rescisória. Violação de lei. Indicação dos mesmos dispositivos legais apontados na rescisória primitiva. (conversão da OJ 95 da SDI-2)

SÚM. 401 – Descontos previdenciários e fiscais. Fase de execução. Sentença omissa. Coisa julgada. (conversão da OJ 81 da SDI-2)

SÚM. 402 – Documento novo. Descaracterização. Sentença normativa. (conversão da OJ 20 da SDI-2)

SÚM. 403, I – Art. 485, III, do CPC. Silêncio da parte vencedora. Fato desfavorável. Descaracterizado o dolo processual. (conversão da OJ 125 da SDI-2)

SÚM. 403, II – Art. 485, III, do CPC. Sentença homologatória de acordo. Dolo da parte vencedora em detrimento da vencida. Causa de rescindibilidade inadequada. (conversão da OJ 111 da SDI-2)

SÚM. 404 – Art. 485, VIII, do CPC. Fundamento para invalidar confissão. Confissão ficta. Inadequação do enquadramento. (conversão da OJ 108 da SDI-2)

SÚM. 405, I – Pedido liminar formulado na petição inicial ou na fase recursal. Suspensão de execução. Cabimento. MP 1.984-22/00. CPC, art. 273, § 7º. (Res. 137/05 – DJ 22.08.05)

SÚM. 405, II – Pedido de antecipação de tutela. Recebimento como medida acautelatória. (conversão das OJs 1 e 3 da SDI-2)

SÚM. 406, I – Litisconsórcio. Necessário no polo passivo e facultativo no ativo. (conversão da OJ 82 da SDI-2)

SÚM. 406, II – Réu sindicato. Substituto processual na ação originária. Legitimidade passiva "ad causam". Inexistência de litisconsórcio passivo necessário. (conversão da OJ 110 da SDI-2)

SÚM. 407 – Ministério Público. Legitimidade "ad causam". CPC, art. 487, III, "a" e "b". Hipóteses exemplificativas. (conversão da OJ 83 da SDI-2)

SÚM. 408 – Petição inicial. Causa de pedir. Ausência de capitulação ou capitulação errônea. Art. 485 do CPC. Princípio "iura novit curia". Exceção feita ao inc. V do art. 485 do CPC. (conversão das OJs 32 e 33 da SDI-2)

SÚM. 409 – Prazo prescricional aplicável aos créditos trabalhistas. Total ou parcial. Violação do art. 7º, XXIX, da CF/88. Matéria infraconstitucional. (conversão da OJ 119 da SDI-2)

SÚM. 410 – Reexame de fatos e provas. Inviabilidade. (conversão da OJ 109 da SDI-2)

SÚM. 411 – Ação rescisória. Sentença de mérito. Decisão de TRT em agravo regimental confirmando decisão monocrática do relator que, aplicando a Súm. 83 do TST, indeferiu a petição inicial da ação rescisória. Competência do TST. (conversão da OJ 43 da SDI-2)

SÚM. 412 – Sentença de mérito. Questão processual. (conversão da OJ 46 da SDI-2)

SÚM. 413 – Violação do art. 896, "a", da CLT. Decisão que não conhece de recurso de revista, com base em divergência Jurisprudencial. CPC, art. 485, "V". Ausência de sentença de mérito. (conversão da OJ 47 da SDI-2)

OJ-SDI-1 71 – INCORPORADA – Remessa "ex officio". Decisões contrárias a entes públicos. Decreto-lei n. 779/69, art. 1º, V. CPC, art. 475, II. (incorporada à Súm. 303, II)

OJ-SDI-2 1 – CONVERTIDA – Ação cautelar incidental. Planos econômicos. CPC, art. 485, V. CF/88, art. 5º, XXXVI. (convertida na Súm. 405, II)

OJ-SDI-2 2 – Adicional de insalubridade. Base de cálculo. Salário mínimo. CLT, art. 192.

OJ-SDI-2 3 – CONVERTIDA – Pedido de antecipação de tutela recebido como medida acautelatória. Entidade pública. Medida Provisória n. 1.906 e reedições. (convertida na Súm. 405, II)

OJ-SDI-2 4 – Banco do Brasil. Adicional de caráter pessoal. ACP. CF/88, art. 5º, XXXVI.

OJ-SDI-2 5 – Banco do Brasil. Adicionais AP e ADI ou AFR. Horas extras. Anterior à OJ 17. Súm. 83 do TST. Súm. 343 do STF.

OJ-SDI-2 6 – CIPA. Suplente. Estabilidade provisória. Decisão rescindenda anterior à Súm. 339. Matéria constitucional. ADCT, art. 10, II. Súm. 83. (nova redação – DJ 22.08.05)

OJ-SDI-2 7 – Decisão rescindenda oriunda do TRT da 1ª Região. Competência funcional. Criação do TRT da 17ª Região. Lei n. 7.872/89. CLT, art. 678, I, "c", item 2. (nova redação – DJ 22.08.05)

OJ-SDI-2 8 – Banespa. Complementação de aposentadoria. Decisão rescindenda anterior à Súm. 313. Súm. 83. (nova redação – DJ 22.08.05)

OJ-SDI-2 9 – Conab. Estabilidade. Aviso Direh 02/84. Decisão rescindenda anterior à Súm. 355. Súm. 83.

OJ-SDI-2 10 – Ausência de concurso público. Contrato nulo. Servidor. Administração pública. Ação rescisória. Indicação expressa. CF/88, art. 37, II e § 2º.

OJ-SDI-2 11 – Lei n. 7.596/87. Universidades federais. Implantação tardia. Plano de classificação de cargos. Súm. 83.

OJ-SDI-2 12, I – Decadência. Pessoa jurídica de direito público. Ampliação do prazo. Consumação posterior à Medida Provisória n. 1.577/97. CPC, art. 495. Liminar em ação direta de inconstitucionalidade (ADIn 1753-2). (incorporação da OJ 17 da SDI-II)

OJ-SDI-2 12, II – Decadência. Pessoa jurídica de direito público. Ampliação do prazo. Consumação anterior à Medida Provisória n. 1.577/1997. CPC, art. 495. (nova redação – DJ 22.08.05)

OJ-SDI-2 18 – Decadência. União Federal. Prazo. Interrupção. Lei Complementar n. 73/93, art. 67. Lei n. 8.682/93, art. 6º.

OJ-SDI-2 19 – Imposto de renda. Incidência. Desligamento incentivado. Abono pecuniário. Súm. 83. Violação de lei.

OJ-SDI-2 21 – Ausência de trânsito em julgado. Inobservância do duplo grau de jurisdição. Decreto-lei n. 779/69, art. 1º, V. (nova redação – DJ 22.08.05)

OJ-SDI-2 22 – CONVERTIDA – Estabilidade do art. 41 da CF/88. Servidor público celetista. Administração direta, autárquica ou fundacional. (convertida na Súm. 390, I)

OJ-SDI-2 23 – Estabilidade provisória. Período pré-eleitoral. Decisão rescindenda anterior à OJ 51. Súm. 83.

OJ-SDI-2 24 – Estabilidade provisória. Decisão rescindenda que determina a reintegração. Período estabilitário exaurido. Devida apenas indenização.

OJ-SDI-2 25 – Art. 485, V, do CPC. Expressão "lei". Indicação de contrariedade a ACT, CCT, portaria, regulamento, súmula e orientação jurisprudencial de tribunal. (incorporação da OJ 118 da SDI-II)

OJ-SDI-2 26 – Gratificação de nível superior. Suframa. Extensão aos servidores celetistas. CF/88, arts. 37, XIII e 39, § 1º.

OJ-SDI-2 28 – CANCELADA – Ação rescisória. Juízo rescisório. Restituição da parcela recebida. Deve a parte propor ação própria. (cancelada pela Resolução n. 149/08 – DEJT 20, 21 e 24.11.08)

OJ-SDI-2 29 – CANCELADA – Matéria constitucional. Súm. 83 do TST. Súm. 343 do STF. (cancelada em decorrência da redação conferida à Súm. 83 pela Res. 121/03, DJ 21.11.03 – Res. 137/05 – DJ 22.08.2005)

OJ-SDI-2 30, "a" – Multa. Art. 920 do Código Civil de 1916. Art. 412 do Código Civil de 2002. Decisão rescindenda anterior à OJ 54. Súm. 83. Improcedência.

OJ-SDI-2 30, "b" – Multa. Art. 920 do Código Civil de 1916. Art. 412 do Código Civil de 2002. Limitação. Decisão rescindenda em execução. (incorporação da OJ 31 da SDI-II)

OJ-SDI-2 34 – Art. 485, V, do CPC. Planos econômicos. Decisão rescindenda posterior à Súm. 315. Petição inicial. Indicação expressa. CF/88, art. 5º, XXXVI. Súm. 83 do TST. Súm. 343 do STF.

OJ-SDI-2 35 – Planos econômicos. Coisa julgada. Limitação à data-base na fase de execução.

OJ-SDI-2 37 – CANCELADA – Prescrição quinquenal. Matéria constitucional. CPC, art. 485, V. Súm. 83 do TST. Súm. 343 do STF. (cancelada em decorrência da redação conferida à Súm. 83 pela Res. 121/03, DJ 21.11.03)

OJ-SDI-2 38 – Professor adjunto. Ingresso no cargo de professor titular. Concurso público. Lei n. 7.596/87. Decreto n. 94.664/87. CF/88, art. 206, V.

SÚM. 107 – CANCELADA – Prova do trânsito em julgado da decisão rescindenda. (cancelada pela Súm. 299)

OJ-SDI-2 39 – Reajustes bimestrais e quadrimestrais. Lei n. 8.222/91. Súm. 83.

OJ-SDI-2 40 – CONVERTIDA – Reajuste salarial previsto em norma coletiva. Prevalência. Legislação de política salarial. (convertida na Súm. 375)

OJ-SDI-2 41 – Decisão rescindenda "citra petita". Cabimento. CPC, arts. 128 e 460.

OJ-SDI-2 42 – Competência do TST. Recurso de revista ou de embargos não conhecidos. Súm. 333. (cancelada em decorrência da redação conferida à Súm. 192, II, pela Res. 121/03, DJ 21.11.03)

OJ-SDI-2 69 – Fungibilidade recursal. Indeferimento liminar de ação rescisória ou mandado de segurança em despacho monocrático. Recurso para o TST. Recebimento como agravo regimental. Devolução dos autos ao TRT.

OJ-SDI-2 70 – Inépcia da inicial. Manifesto e inescusável equívoco no direcionamento. Extinção do processo. (alterada em 26.11.02)

OJ-SDI-2 71 – Salário profissional. Fixação. Múltiplo de salário mínimo. CF/88, art. 7º, IV. (nova redação – DJ 11.11.04)

OJ-SDI-2 76 – Ação cautelar para suspender execução. Juntada de documento indispensável. Possibilidade de êxito na rescisão do julgado.

OJ-SDI-2 78 – Cumulação sucessiva de pedidos. Rescisão da sentença e do acórdão. Ação única. CPC, art. 289.

OJ-SDI-2 80 – Decadência. "Dies a quo". Recurso deserto. Súm. 100.

OJ-SDI-2 84 – Decisão rescindenda e/ou certidão de seu trânsito em julgado devidamente autenticadas. Peças essenciais. Fase recursal. Arguição de ofício. Extinção do processo sem julgamento do mérito. (alterada em 26.11.02)

OJ-SDI-2 85 – Sentença homologatória de cálculo. Existência de contraditório. Decisão de mérito. (1ª parte convertida na Súm. 399, II, e parte final incorporada à Súm. 298, IV)

OJ-SDI-2 94 – Colusão. Fraude à lei. Reclamatória simulada extinta.

OJ-SDI-2 97 – Violação do art. 5º, II, LIV e LV, da CF/88. Princípios da legalidade, do devido processo legal, do contraditório e da ampla defesa. (nova redação – DJ 22.08.05)

OJ-SDI-2 101 – Art. 485, IV, do CPC. Ofensa à coisa julgada. Necessidade de fixação de tese na decisão rescindenda.

OJ-SDI-2 103 – Contradição entre fundamentação e parte dispositiva do julgado. Erro de fato.

OJ-SDI-2 107 – Decisão rescindenda de mérito. Sentença declaratória de extinção de execução. Satisfação da obrigação.

OJ-SDI-2 112 – Violação de lei. Decisão rescindenda por duplo fundamento. Impugnação parcial.

OJ-SDI-2 121 – CONVERTIDA – Pedido de antecipação de tutela em ação rescisória. Descabimento. (convertida na Súm. 405, II)

OJ-SDI-2 123 – Decisão exequenda e recindenda. Interpretação do sentido e alcance do título executivo. Coisa julgada. CF/88, art. 5º, XXXVI. (nova redação – DJ 22.08.05)

OJ-SDI-2 124 – Arguição de incompetência absoluta. CPC, art. 485, II. Prequestionamento inexigível.

OJ-SDI-2 128 – Concurso público anulado posteriormente. Aplicação da Súm. 363.

OJ-SDI-2 131 – Ação cautelar para suspender execução da decisão rescindenda. Pendência de trânsito em julgado da ação rescisória principal. Efeitos.

OJ-SDI-2 132 – Acordo homologado judicialmente. Quitação. Alcance. Ofensa à coisa julgada.

OJ-SDI-2 134 – Decisão rescindenda. Preclusão declarada. Formação da coisa julgada formal. Impossibilidade jurídica do pedido.

OJ-SDI-2 135 – Violação do art. 37, "caput", da CF/88. Princípio da legalidade administrativa. Necessidade de prequestionamento.

OJ-SDI-2 136 – Erro de fato. Caracterização.

OJ-SDI-2 146 – Início do prazo para apresentação da contestação. CLT, art. 774.

OJ-SDI-2 147 – CANCELADA – Valor da causa. Processo de conhecimento ou de execução. (cancelada pela Resolução n. 142/2007)

OJ-SDI-2 150 – Ação rescisória. Decisão rescindenda que extingue o processo sem resolução de mérito por acolhimento da exceção de coisa julgada. Conteúdo meramente processual. Impossibilidade jurídica do pedido. (DEJT 03.12.2008)

OJ-SDI-2 151 – Ação rescisória e mandado de segurança. Irregularidade de representação processual verificada na fase recursal. Procuração outorgada com poderes específicos para ajuizamento de reclamação trabalhista. Vício processual insanável. (DEJT 03.12.2008)

OJ-SDI-2 152 – Ação rescisória e mandado de segurança. Recurso de revista de acórdão regional que julga ação rescisória ou mandado de segurança. Princípio da fungibilidade. Inaplicabilidade. Erro grosseiro na interposição do recurso. (DEJT 03.12.2008)

OJ-SDC 33 – CANCELADA – Ministério Público. Legitimidade restrita. CPC, art. 487, I e III. (cancelada, DJ 22.08.05)

AÇÃO RESCISÓRIA PREVENTIVA

SÚM. 299, III – Ação rescisória. Decisão rescindenda. Ausência de trânsito em julgado. Descabimento de ação rescisória preventiva. (incorporação da OJ 106 da SDI-2)

ACESSO À JUSTIÇA

EN 7 – Acesso à justiça. CLT, art. 651, § 3º. Interpretação conforme a Constituição. Art. 5º, inc. XXXV, da Constituição da República.

ACIDENTE DO TRABALHO

SÚM. 46 – Acidente do trabalho. Faltas. Duração de férias. Cálculo da gratificação natalina.

SÚM. 378, I – Estabilidade provisória. Constitucionalidade. Lei n. 8.213/91, art. 118. (conversão da OJ 105 da SDI-1)

SÚM. 378, II – Estabilidade provisória. Direito. Pressupostos para concessão. Afastamento e auxílio-doença. (conversão da OJ 230 da SDI-1)

OJ-SDI-1 41 – Estabilidade provisória. Preenchimento dos pressupostos na vigência do instrumento normativo.

OJ-SDC 31 – Estabilidade provisória. Acordo homologado. Prevalência. Lei n. 8.213/91, art. 118.

PN 30 – CANCELADO – Empregado acidentado. Garantia no emprego. Contagem. (cancelado – Res. 81/98, DJ 20.08.98)

EN 36 – Acidente do trabalho. Competência. Ação ajuizada por herdeiro, dependente ou sucessor.

EN 40 – Responsabilidade civil. Acidente do trabalho. Empregado público.

EN 41 – Responsabilidade civil. Acidente do trabalho. Ônus da prova.

EN 42 – Acidente do trabalho. Nexo Técnico Epidemiológico.

EN 44 – Responsabilidade civil. Acidente do trabalho. Terceirização. Solidariedade.

EN 45 – Responsabilidade civil. Acidente do trabalho. Prescrição.

EN 46 – Acidente do trabalho. Prescrição. Termo inicial.

EN 47 – Acidente do trabalho. Prescrição. Suspensão do contrato de trabalho.

EN 48 – Acidente do trabalho. Indenização. Não compensação do benefício previdenciário.

STF – Súmula Vinculante n. 22.

AÇOMINAS

OJ-SDI-1 T 36 – Hora "in itinere". Tempo gasto entre a portaria da empresa e o local do serviço. (conversão da OJ 98 da SDI-1)

ACÓRDÃO REGIONAL

OJ-SDI-1 T 52 – Agravo de instrumento. Acórdão do TRT não assinado. Interposição anterior à Instrução Normativa n. 16/99. Carimbo aposto por servidor. Validade. (conversão da OJ 281 da SDI-1)

ACORDO

SÚM. 100, V – Ação rescisória. Sentença homologatória de acordo. Decadência. Momento do trânsito em julgado. (incorporação da OJ 104 da SDI-2)

SÚM. 403, II – Ação rescisória. Art. 485, III, do CPC. Sentença homologatória de acordo. Dolo da parte vencedora em detrimento da vencida. Causa de rescindibilidade inadequada. (conversão da OJ 111 da SDI-2)

SÚM. 418 – Mandado de segurança visando à concessão de liminar ou homologação de acordo. Inexistência de direito líquido e certo. (conversão das OJs 120 e 141 da SDI-2)

OJ-SDI-2 132 – Ação rescisória. Acordo homologado judicialmente. Quitação. Alcance. Ofensa à coisa julgada.

OJ-SDC 2 – Homologado nos autos de dissídio coletivo. Extensão a partes não subscreventes.

OJ-SDC 31 – Homologado. Estabilidade do acidentado. Prevalência. Lei n. 8.213/91, art. 118.

OJ-SDC 34 – Acordo extrajudicial. Homologação. Justiça do Trabalho. Prescindibilidade.

ACORDO COLETIVO DE TRABALHO

Ver Norma Coletiva.

ACORDO DE COMPENSAÇÃO DE HORÁRIO

Ver Compensação de Horário.

ACORDO ESCRITO

SÚM. 85, I – Compensação de jornada. Acordo individual escrito, acordo coletivo ou convenção coletiva. Instrumentos. Validade.

SÚM. 85, III – Compensação de jornada. Não atendimento das exigências legais. Acordo tácito. Horas extras. Adicional. (incorporação da OJ 223 da SDI-1)

SÚM. 108 – CANCELADA – Compensação de horário. Possibilidade. Exceção do trabalho da mulher. (cancelada – Res. 85/98 DJ 20.08.98)

SÚM. 215 – CANCELADA – Horas extras não contratadas expressamente. Adicional devido. (cancelada – Res. 28/94, DJ 12.05.94)

ACORDO INDIVIDUAL

SÚM. 85, I – Compensação de jornada. Acordo individual escrito, acordo coletivo ou convenção coletiva. Instrumentos. Validade.

SÚM. 85, II – Compensação de horas. Validade. Norma coletiva em sentido contrário. (incorporação da OJ 182 da SDI-1)

SÚM. 85, III – Compensação de jornada. Não atendimento das exigências legais. Horas extras. Adicional. (incorporação da OJ 223 da SDI-1)

OJ-SDI-1 223 – Tácito. Compensação de jornada. Inválido. (incorporada à Súm. 85, III)

ACORDO TÁCITO

SÚM. 85, III – Compensação de jornada. Não atendimento das exigências legais. Horas extras. Adicional. (incorporação da OJ 223 da SDI-1)

OJ-SDI-1 223 – Compensação de jornada. Inválido. (incorporada à Súm. 85, III)

ADICIONAIS AP E ADI

OJ-SDI-1 17 – Banco do Brasil. AFR. Adicionais somados ou isolados. Cargo de confiança. CLT, art. 224, § 2º.

OJ-SDI-1 18, II – Banco do Brasil. Complementação de aposentadoria. Teto. Integração. (incorporação da OJ 21 da SDI-1)

OJ-SDI-2 5 – Banco do Brasil. Horas extras. Ação rescisória. Decisão rescindenda anterior à OJ 17. Súm. 83 do TST. Súm. 343 do STF.

ADICIONAIS EVENTUAIS
SÚM. 63 – Incidência do FGTS.

ADICIONAL ADI
OJ-SDI-1 T 7 – Banrisul. Integração. Complementação de aposentadoria.

ADICIONAL DE ANTIGUIDADE
SÚM. 79 – Fepasa. Base de cálculo. (cancelada – Res. 121/03, DJ 21.11.03)

SÚM. 250 – CANCELADA – Plano de classificação. Parcela. Desempenho e antiguidade. Incorporação ao salário-base. (cancelada – Res. 121/03, DJ 21.11.03)

ADICIONAL DE CARÁTER PESSOAL – ACP
OJ-SDI-1 16 – Banco do Brasil. Isonomia de vencimentos. Banco Central do Brasil.

OJ-SDI-2 4 – Ação rescisória. Banco do Brasil. Adicional de caráter pessoal. ACP. CF/88, art. 5º, XXXVI.

ADICIONAL DE HORAS EXTRAS
Ver Horas Extras.

ADICIONAL DE INSALUBRIDADE
SÚM. 17 – CANCELADA – Adicional de insalubridade (cancelada na sessão do Tribunal Pleno realizada em 26.06.2008) – Res. 148/2008, DJ 04 e 07.07.2008 – Republicada DJ 08, 09 e 10.07.2008.

SÚM. 47 – Contato intermitente. Percepção.

SÚM. 80 – Aparelho protetor. Fornecimento. Exclusão da percepção.

SÚM. 137 – CANCELADA – Base de cálculo. Salário mínimo regional. (cancelada – Res. 121/03, DJ 21.11.03)

SÚM. 139 – Integração à remuneração enquanto percebido. (incorporação da OJ 102 da SDI-1. Res. 129/05, DJ 20.04.05)

SÚM. 162 – CANCELADA – Constitucionalidade do art. 3º do Decreto-lei n. 389/68. (cancelada – Res. 59/96, DJ 28.06.96)

SÚM. 228 – Adicional de insalubridade. Base de cálculo. (redação alterada na sessão do Tribunal Pleno em 26.06.2008) – Res. 148/2008, DJ 04 e 07.07.2008 – Republicada DJ 08, 09 e 10.07.2008).

SÚM. 248 – Reclassificação ou descaracterização da insalubridade. Direito adquirido. Irredutibilidade salarial.

SÚM. 271 – CANCELADA – Substituição processual. Sindicato. Legitimidade. (cancelada – Res. 121/03, DJ 21.11.03)

SÚM. 289 – Fornecimento de aparelho protetor. Fiscalização pelo empregador de seu uso.

SÚM. 292 – CANCELADA – Trabalhador rural. Adicional de insalubridade. (cancelada – Res. 121/03, DJ 21.11.03)

SÚM. 293 – Agente nocivo diverso do apontado na inicial. Perícia.

OJ-SDI-1 2 – CANCELADA – Adicional de insalubridade. Base de cálculo. Mesmo na vigência da CF/1988: Salário mínimo. (cancelada na sessão do Tribunal Pleno realizada em 26.06.2008 – Res. 148/2008, DJ 04 e 07.07.2008 – Republicada DJ 08, 09 e 10.07.2008)

OJ-SDI-1 3 – CONVERTIDA – Adicional de insalubridade. Base de cálculo, na vigência do Decreto-lei n. 2.351/1987: Piso Nacional de salários. (convertida na Orientação Jurisprudencial Transitória n. 33 da SBDI-1 – Res. TST 129/2005 – DJU 20.04.2005)

OJ-SDI-1 4, I – Necessidade de classificação da atividade insalubre na relação oficial elaborada pelo Ministério do Trabalho. Laudo pericial. CLT, art. 190. (nova redação – Res. 129/05, DJ 20.04.05)

OJ-SDI-1 4, II – Lixo urbano. Limpeza em residências e escritórios. Desconsideração. (incorporação da OJ 170 da SDI-1)

OJ-SDI-1 47 – Hora extra. Adicional de insalubridade. Base de cálculo (redação alterada na sessão do Tribunal Pleno em 26.06.2008) – Res. 148/2008, DJ 04 e 07.07.2008 – Republicada DJ 08, 09 e 10.07.2008.

OJ-SDI-1 103 – Repouso semanal e feriados. (nova redação – Res. 129/05, DJ 20.04.05)

OJ-SDI-1 121 – Diferenças. Substituição processual. Sindicato. Legitimidade. (nova redação – Res. 129/05, DJ 20.04.05)

OJ-SDI-1 165 – Perícia. Elaboração de laudo. Engenheiro ou médico do trabalho. CLT, art. 195.

OJ-SDI-1 171 – Óleos minerais. Sentido do termo "manipulação". Portaria n. 3.214, NR-15, Anexo XIII.

OJ-SDI-1 172 – Condenação. Inclusão em folha de pagamento.

OJ-SDI-1 173 – Raios solares. Indevido. (CLT, art. 195 e NR-15 MTb, Anexo 7)

OJ-SDI-1 278 – Perícia. Local de trabalho desativado. Utilização de outros meios de prova.

OJ-SDI-1 T 4 – Mineração Morro Velho. Base de cálculo. Acordo coletivo. Prevalência.

OJ-SDI-1 T 12 – CSN. Salário complessivo. Prevalência do acordo coletivo.

OJ-SDI-1 T 33 – Base de cálculo. Piso nacional de salários. Decreto-lei n. 2.351/87. (conversão da OJ 3 da SDI-1)

OJ-SDI-1 T 57 – Deficiência de iluminamento. Limitação. Portaria n. 3.751/90 do MTb. (conversão da OJ 153 da SDI-1)

OJ-SDI-2 2 – Base de cálculo. Remuneração do empregado. CLT, art. 192. Ação rescisória. Cabimento.

PN 3 – CANCELADA – Adicional de insalubridade. Cálculo sobre o piso salarial. (cancelado – Res. 81/98, DJ 20.08.98)

PN 57 – CANCELADA – Trabalhador rural. Atividade insalubre. Perícia técnica. (cancelado – Res. 81/98, DJ 20.08.98)

ADICIONAL DE PERICULOSIDADE

SÚM. 39 – Bomba de gasolina. Lei n. 2.573/55.

SÚM. 70 – Integração. Base de cálculo. Triênio. Petrobras.

SÚM. 132, I – Integração. Indenização e horas extras. Pagamento em caráter permanente. (redação original Súm. 132, RA. 102/82 e incorporação da OJ 267 da SDI-1)

SÚM. 132, II – Integração. Base de cálculo. Horas de sobreaviso. Indevida. (incorporação da OJ 174 da SDI-1)

SÚM. 191 – Cálculo. Salário-base. Eletricitários. Cálculo. Parcelas de natureza salarial. (nova redação – Res. 121/03, DJ 21.11.03)

SÚM. 271 – CANCELADA – Substituição processual. Sindicato. Legitimidade. (cancelada – Res. 121/03, DJ 21.11.03)

SÚM. 361 – Eletricitários. Exposição intermitente.

SÚM. 364, I – Exposição eventual, permanente e intermitente. Tempo reduzido. (conversão das OJs 5 e 280 da SDI-1)

SÚM. 364, II – Proporcionalidade. Percentual inferior ao legal. Previsão em instrumento coletivo. Possibilidade. (conversão da OJ 258 da SDI-1)

OJ-SDI-1 5 – CONVERTIDA – Exposição permanente e intermitente. Inflamáveis e/ou explosivos. (convertida na Súm. 364, I)

OJ-SDI-1 165 – Perícia. Elaboração de laudo. Engenheiro ou médico do trabalho. CLT, art. 195.

OJ-SDI-1 172 – Condenação. Inclusão em folha de pagamento.

OJ-SDI-1 259 – Integração. Base de cálculo. Adicional noturno.

OJ-SDI-1 267 – INCORPORADA – Integração. Base de cálculo. Horas extras. (incorporada à Súm. 132, I)

OJ-SDI-1 279 – Eletricitários. Base de cálculo. Lei n. 7.369/85, art. 1º.

OJ-SDI-1 324 – Sistema elétrico de potência. Decreto n. 93.412/86, art. 2º, § 1º. Unidade consumidora de energia.

OJ-SDI-1 345 – Radiação ionizante ou substância radioativa. Devido. Portarias n. 3.393/87 e 518/03. Indevido na vigência da Portaria n. 496/02.

OJ-SDI-1 347 – Sistema elétrico de potência. Lei n. 7.369, de 20.09.1985, regulamentada pelo Decreto n. 93.412, de 14.10.1986. Extensão do direito aos cabistas, instaladores e reparadores de linhas e aparelhos em empresa de telefonia.

OJ-SDI.1 T 12 – CSN. Salário complessivo. Prevalência do acordo coletivo.

ADICIONAL DE PRODUTIVIDADE

SÚM. 121 – CANCELADA – Funcionário público de ex-autarquia. Administração portuária. Opção pelo regime celetista. (cancelada – Res. 121/03, DJ 21.11.03)

SÚM. 225 – Repouso semanal remunerado. Repercussão. Gratificações por tempo de serviço e produtividade.

OJ-SDI-1 60, II – Portuário. Horas extras. Base de cálculo. Exclusão de adicionais de risco e produtividade. Lei n. 4.860/65, art. 7º, § 5º. (incorporação da OJ 61 da SDI-1)

OJ-SDI-1 T 5 – Servita. Bonificação de assiduidade e produtividade pagas semanalmente. Repercussão no repouso semanal remunerado.

OJ-SDI-1 T 6 – Limitação. Vigência. Decisão normativa. DC-TST 6/79.

ADICIONAL DE RISCO

OJ-SDI-1 60, II – Portuário. Horas extras. Base de cálculo. Exclusão de adicionais de risco e produtividade. Lei n. 4.860/65, art. 7º, § 5º. (incorporação da OJ 61 da SDI-1)

OJ-SDI-1 316 – Portuário. Proporcionalidade. Lei n. 4.860/65.

ADICIONAL DE TRANSFERÊNCIA

OJ-SDI-1 113 – Exercente de cargo de confiança ou previsão contratual de transferência. Transferência provisória. Devido.

PN 101 –CANCELADO – Percentual. CLT, art. 469, § 3º. (cancelado – Res. 81/98, DJ 20.08.98)

ADICIONAL NOTURNO

SÚM. 60, I – Habitualidade. Integração no salário.

SÚM. 60, II – Cumprimento integral da jornada no período noturno. Prorrogação. CLT, art. 73, § 5º. (incorporação da OJ 6 da SDI-1)

SÚM. 130 – CANCELADA – Regime de revezamento. CLT, art. 73. CF/46, art. 157, III. (cancelada – Res. 121/03, DJ 21.11.03)

SÚM. 140 – Vigia. Devido.

SÚM. 265 – Alteração do turno de trabalho. Supressão.

SÚM. 354 – Gorjetas. Base de cálculo. Não integração.

OJ-SDI-1 97 – Horas extras prestadas no período noturno. Base de cálculo. Integração.

OJ-SDI-1 259 – Base de cálculo. Integração. Adicional de periculosidade.

ADICIONAL POR TEMPO DE SERVIÇO

Ver Tempo de Serviço.

ADICIONAL REGIONAL

SÚM. 84 – Petrobras. CF/88, art. 7º, XXXII. (nova redação – Res. 121/03, DJ 21.11.03)

ADMINISTRAÇÃO PÚBLICA

SÚM. 331, II – Contrato de prestação de serviços. Irregularidade. Vínculo de emprego. Órgãos da administração pública direta, indireta ou fundacional. CF/88, art. 37, II.

SÚM. 331, IV – Contrato de prestação de serviços. Inadimplemento das obrigações trabalhistas. Responsabilidade subsidiária.

OJ-SDI-1 205, I – Competência material da Justiça do Trabalho. Dissídio individual entre trabalhador e ente público. Controvérsia acerca do vínculo empregatício.

OJ-SDI-1 205, II – Competência material da Justiça do Trabalho. Contratação irregular. Ente público. Regime especial. Desvirtuamento. CF/88, art. 37, IX. (item inserido pela Res. 129/05, DJ 20.04.05)

OJ-SDI-1 321 – Contratação por empresa interposta. Vínculo empregatício. Período anterior à CF/88. (nova redação – Res.129/05, DJ 20.04.05)

OJ-SDI-1 335 – Ausência de concurso público. Contrato nulo. Administração pública. Efeitos. Conhecimento do recurso por violação do art. 37, II e § 2º, da CF/88.

OJ-SDI-1 366 – Estagiário. Desvirtuamento do contrato de estágio. Reconhecimento do vínculo empregatício com a Administração Pública Direta ou Indireta. Período posterior à Constituição Federal de 1988. Impossibilidade. (DJ 20.05.2008)

ADMISSIBILIDADE RECURSAL

SÚM. 23 – Recurso de revista ou de embargos. Divergência jurisprudencial. Abrangência de todos os fundamentos da decisão recorrida.

SÚM. 33 – Mandado de segurança. Decisão judicial transitada em julgado. Cabimento.

SÚM. 40 – CANCELADA – Processo administrativo de interesse de funcionário. Recurso para o TST. Cabimento. (cancelada – Res. 121/03, DJ 21.11.03)

SÚM. 107 – CANCELADA – Ação rescisória. Prova do trânsito em julgado da decisão rescindenda. (cancelada pela Súm. 299)

SÚM. 126 – Recurso de revista ou de embargos. Reexame de fatos e provas.

SÚM. 144 – CANCELADA – Ação rescisória. Justiça do Trabalho. (cancelada – Res. 121/03, DJ 21.11.03)

SÚM. 158 – Recurso ordinário para o TST. Cabimento. Ação rescisória. Decisão de TRT.

SÚM. 175 – CANCELADA – Recurso adesivo. CPC, art. 500. (cancelada – Res. 121/03, DJ 21.11.03)

SÚM. 184 – Embargos declaratórios. Omissão em recurso de revista ou de embargos. Preclusão.

SÚM. 196 – CANCELADA – Recurso adesivo. Compatibilidade. Prazo. (cancelada – Res. 121/03, DJ 21.11.03)

SÚM. 208 – CANCELADA – Recurso de revista. Interpretação de cláusula contratual ou de regulamento da empresa. (cancelada – Res. 59/96, DJ 28.06.96)

SÚM. 210 – CANCELADA – Recurso de revista. Execução de sentença. (cancelada – Res. 121/03, DJ 21.11.03)

SÚM. 214 – Decisão interlocutória. Irrecorribilidade. Exceções. (nova redação – Res. 127/05, DJ 16.03.05)

SÚM. 218 – Recurso de revista. Acórdão proferido em agravo de instrumento.

SÚM. 221, I – Recurso de revista ou de embargos. Fundamentação. Violação legal. Indicação expressa de dispositivo de lei. (incorporação da OJ 94 da SDI-1)

SÚM. 221, II – Recurso de revista ou de embargos. Violação legal. Interpretação razoável.

SÚM. 296, I – Recurso. Divergência jurisprudencial específica. Interpretação diversa de mesmo dispositivo legal.

SÚM. 297 – Prequestionamento. Oportunidade. Configuração. (nova redação – Res. 121/03, DJ 21.11.03)

SÚM. 298, I – Prequestionamento. Ação rescisória. Violação literal de lei. Pronunciamento explícito.

SÚM. 246 – Ação de cumprimento. Trânsito em julgado da sentença normativa. Desnecessidade.

SÚM. 266 – Recurso de revista. Execução de sentença. (revisão da Súm. 210)

SÚM. 272 – CANCELADA – Agravo de instrumento. Traslado deficiente. (cancelada – Res. 121/03, DJ 21.11.03).

SÚM. 283 – Recurso adesivo. Pertinência no processo do trabalho. Prazo. Correlação de matérias.

SÚM. 285 – Recurso de revista. Admissibilidade parcial pelo Juiz-Presidente do TRT. Apreciação integral pela Turma do TST. Imprópria a interposição de agravo de instrumento.

SÚM. 296, II – Recurso de embargos. Divergência jurisprudencial. Especificidade. Conhecimento ou desconhecimento pela Turma. (incorporação da OJ 37 da SDI-1)

SÚM. 298, V – Ação rescisória. Prequestionamento. Violação ocorrida na própria decisão rescindenda. (incorporação da OJ 36 da SDI-2)

SÚM. 299, I – Ação rescisória. Prova do trânsito em julgado da decisão rescindenda.

SÚM. 299, II – Ação rescisória. Trânsito em julgado da decisão rescindenda. Documento comprobatório. Concessão de prazo para juntada.

SÚM. 302 – CANCELADA – Processo administrativo. Cabimento. Recurso para o TST. Interesse de magistrado. (cancelada – Res. 121/03, DJ 21.11.03).

SÚM. 312 – Constitucionalidade. Alínea "b" do art. 896 da CLT. Lei n. 7.701/88.

SÚM. 321 – CANCELADA – Decisão administrativa. Recurso para o TST. Exame da legalidade do ato. (revisão das Súm. 40 e 302. Cancelada – Res. 135/05, DJ 05.07.05).

SÚM. 333 – Recurso de revista. Conhecimento. (Resolução n. 155/09, DEJT 26/02, 27/02 e 02.03.09).

SÚM. 337, I – Recurso de revista ou de embargos. Comprovação de divergência jurisprudencial. (revisão da Súm. 38)

SÚM. 337, II – Repositório autorizado. Validade das edições anteriores à concessão do registro. (incorporação da OJ 317 da SDI-1)

SÚM. 353 – Recurso de embargos à SDI. Agravo. Cabimento. (nova redação – Res. 128/05, DJ 16.03.05)

SÚM. 385 – Feriado local. Ausência de expediente forense. Comprovação. Prorrogação do prazo recursal. (conversão da OJ 161 da SDI-1)

SÚM. 387, I – "Fac símile". Aplicabilidade da Lei n. 9.800/99. Vigência. (conversão da OJ 194 da SDI-1)

SÚM. 400 – Ação rescisória de ação rescisória. Violação de lei. Indicação dos mesmos dispositivos legais apontados na rescisória primitiva. Inadmissibilidade. (conversão da OJ 95 da SDI-2)

SÚM. 422 – Recurso. Apelo que não ataca os fundamentos da decisão recorrida. CPC, art. 514, II. (conversão da OJ 90 da SDI-2)

OJ-SDI-1 62 – Prequestionamento. Pressuposto de recorribilidade em apelo de natureza extraordinária.

OJ-SDI-1 95 – Admissibilidade. Recurso de embargos. Aresto oriundo da mesma Turma do TST. Inservível ao conhecimento. CLT, art. 894, "b".

OJ-SDI-1 111 – Recurso de revista. Divergência jurisprudencial. Aresto oriundo do mesmo Tribunal Regional. (nova redação – Res. 129/05, DJ 20.04.05)

OJ-SDI-1 115 – Recurso de revista ou de embargos. Nulidade por negativa de prestação jurisdicional. Conhecimento. Art. 832 da CLT. Art. 458 do CPC ou art. 93, IX, da CF/88. (nova redação – Res. 129/05, DJ 20.04.05)

OJ-SDI-1 118 – Prequestionamento. Tese explícita. Indicação expressa do dispositivo legal tido como violado. Súm. 297.

OJ-SDI-1 119 – Prequestionamento. Violação nascida na própria decisão recorrida. Súm. 297.

OJ-SDI-1 120 – Recurso. Assinatura da petição ou das razões recursais. Validade. (nova redação – Res. 129/05, DJ 20.04.05)

OJ-SDI-1 147, I – Recurso de revista. Conhecimento por divergência jurisprudencial. Lei estadual, norma coletiva ou regulamento empresarial. Âmbito de aplicação. Necessidade de comprovação. (incorporação da OJ 309 da SDI-1)

OJ-SDI-1 147, II – Recurso de embargos. Admissibilidade indevida do recurso de revista por divergência jurisprudencial. Lei estadual, norma coletiva ou norma regulamentar de âmbito restrito ao Regional. Necessidade de arguição de afronta ao art. 896 da CLT. (nova redação – Res. 129/05, DJ 20.04.05)

OJ-SDI-1 151 – Prequestionamento. Decisão regional que adota a sentença. Súm. 297.

OJ-SDI-1 219 – Recurso de revista ou de embargos. Invocação de orientação jurisprudencial do TST. Indicação de número ou conteúdo.

OJ-SDI-1 256 – Prequestionamento. Configuração. Tese explícita. Súm. 297.

OJ-SDI-1 257 – Recurso de revista ou de embargos. Fundamentação. Violação legal. Vocábulo "violação".

OJ-SDI-1 260, I – Agravo de instrumento. Recurso de revista. Procedimento sumaríssimo. Processos em curso. Lei n. 9.957/00. Aplicabilidade

OJ-SDI-1 260, II – Recurso de revista. Processos em curso. Lei n. 9.957/00. Despacho denegatório. Apelo calcado em divergência jurisprudencial ou violação de dispositivo infraconstitucional. Apreciação do recurso sob esses fundamentos.

OJ-SDI-1 282 – Agravo de instrumento. Juízo de admissibilidade "ad quem". Alcance.

OJ-SDI-1 283 – Agravo de instrumento. Traslado de peças essenciais realizado pelo agravado.

OJ-SDI-1 284 – Agravo de instrumento. Traslado. Ausência de certidão de publicação. Etiqueta adesiva imprestável para aferição da tempestividade.

OJ-SDI-1 285 – Agravo de instrumento. Traslado. Carimbo do protocolo do recurso ilegível.

OJ-SDI-1 286 – Agravo de instrumento. Traslado. Mandato tácito. Ata de audiência.

OJ-SDI-1 293 – Recurso de embargos à SDI contra decisão de Turma do TST em agravo do art. 557, § 1º, do CPC.

OJ-SDI-1 294 – Recurso de embargos à SDI. Recurso de revista não conhecido quanto aos pressupostos intrínsecos. Necessária a indicação expressa de ofensa ao art. 896 da CLT.

OJ-SDI-1 295 – Recurso de embargos. Revista não conhecida por má aplicação de súmula ou de orientação jurisprudencial. Exame do mérito pela SDI.

OJ-SDI-1 334 – Recurso de revista. Inexistência de recurso ordinário voluntário de ente público. Impossibilidade.

OJ-SDI-1 335 – Ausência de concurso público. Contrato nulo. Administração pública. Efeitos. Conhecimento do recurso por violação do art. 37, II e § 2º, da CF/88.

OJ-SDI-1 336 – Recurso de embargos. Revista não conhecida com base em orientação jurisprudencial. Desnecessário o exame das violações legais e constitucionais alegadas na revista.

OJ-SDI-1 T 3 – Recurso de revista interposto antes da edição da Súm. 337. Inaplicabilidade.

OJ-SDI-1 T 52 – Agravo de instrumento. Acórdão do TRT não assinado. Interposição anterior à Instrução Normativa n. 16/99. Carimbo aposto por servidor. Validade. (conversão da OJ 281 da SDI-1).

OJ-SDI-2 90 – CONVERTIDA – Recurso ordinário. Apelo que não ataca os fundamentos da decisão recorrida. CPC, art. 514, II. (convertida na Súm. 422)

ADVOGADO

SÚM. 102, V – Bancário. Cargo de confiança. Jornada de trabalho. CLT, art. 224, § 2º. (incorporação da OJ 222 da SDI-1)

SÚM. 122 – Revelia. Ausência da reclamada. Comparecimento de advogado munido de procuração. Indispensabilidade de apresentação do atestado médico. (primeira parte – incorporação da OJ 74 da SDI-1)

OJ-SDI-1 7 – Atuação fora da seção da OAB onde está inscrito. Ausência de comunicação. Infração disciplinar. Lei n. 4.215/63, art. 56, § 2º.

OJ-SDI-1 120 – Recurso sem assinatura. Assinatura da petição ou das razões recursais. (nova redação – Res. 129/05, DJ 20.04.05)

OJ-SDI-1 318 – Representação irregular. Autarquia.

OJ-SDI-1 319 – Representação regular. Estagiário. Habilitação posterior.

AGRAVO

SÚM. 353 – Recurso de embargos à SDI. Cabimento. (nova redação – Res. 128/05, DJ 16.03.05)

SÚM. 421, I – Embargos declaratórios. Omissão. Decisão monocrática do relator. CPC, art. 557. (conversão da OJ 74 da SDI-2)

SÚM. 421, II – Decisão monocrática do relator. CPC, art. 557. Embargos de declaração. Conversão em agravo. Fungibilidade e celeridade processual. (conversão da OJ 74 da SDI-2)

OJ-SDI-1 293 – Recurso de embargos à SDI contra decisão de Turma do TST em agravo do art. 557, § 1º, do CPC.

AGRAVO DE INSTRUMENTO

SÚM. 183 – CANCELADA – Despacho denegatório de recurso de revista. Embargos para o Tribunal Pleno. (cancelada – Res. 121/03, DJ 21.11.03)

SÚM. 192, IV – Ação rescisória. Decisão rescindenda. Não substituição. Impossibilidade jurídica. (incorporação da OJ 105 da SDI-2)

SÚM. 218 – Recurso de revista. Acórdão proferido em agravo de instrumento.

SÚM. 272 – CANCELADA – Traslado deficiente. Peças essenciais. (cancelada – Res. 121/03, DJ 21.11.03)

SÚM. 285 – Recurso de revista. Admissibilidade parcial pelo Juiz-Presidente do TRT. Apreciação integral pela Turma do TST. Imprópria a interposição de agravo de instrumento.

SÚM. 335 – CANCELADA – Despacho denegatório. Recurso de revista. Recurso de embargos à SDI. (cancelada – Res. 121/03, DJ 21.11.03)

SÚM. 353 – Recurso de embargos à SDI. Agravo. Cabimento. (nova redação – Res. 128/05, DJ 16.03.05)

OJ-SDI-1 90 – CANCELADA – Traslado. Certidão de publicação do acórdão regional. Instrução Normativa n. 6/96. (cancelada em decorrência da nova redação conferida ao art. 897 da CLT pela Lei n. 9.756/98)

OJ-SDI-1 110 – Procuração apenas nos autos de agravo de instrumento. Representação irregular nos autos originários.

OJ-SDI-1 217 – Traslado. Guias de custas e de depósito recursal relativas ao recurso ordinário. Lei n. 9.756/98.

OJ-SDI-1 260, I – Recurso de revista. Rito sumaríssimo. Processos em curso. Lei n. 9.957/00. Aplicabilidade.

OJ-SDI-1 282 – Juízo de admissibilidade "ad quem". Alcance.

OJ-SDI-1 283 – Traslado de peças essenciais realizado pelo agravado.

OJ-SDI-1 284 – Traslado. Ausência de certidão de publicação. Etiqueta adesiva imprestável para aferição da tempestividade.

OJ-SDI-1 285 – Traslado. Carimbo do protocolo do recurso ilegível.

OJ-SDI-1 286 – Traslado. Mandato tácito. Ata de audiência.

OJ-SDI-1 T 16 – Traslado de peças essenciais. Agravo de instrumento interposto antes da vigência da Lei n. 9.756/98 e anteriormente à edição da Instrução Normativa n. 16/99.

OJ-SDI-1 T 17 – Traslado. Certidão de publicação do acórdão dos embargos declaratórios. Comprovação de tempestividade da revista. Lei n. 9.756/98.

OJ-SDI-1 T 18 – Traslado. Certidão de publicação do acórdão regional. Comprovação de tempestividade. Lei n. 9.756/98.

OJ-SDI-1 T 19 – Agravo de Instrumento interposto na vigência da Lei n. 9.756/98. Traslado de peças dispensáveis à compreensão da controvérsia. CLT, art. 897, § 5º, I.

OJ-SDI-1 T 20 – Interposição pelo Ministério Público. Comprovação da tempestividade. Juntada da cópia da intimação pessoal. Lei Complementar n. 75/93, art. 84, IV.

OJ-SDI-1 T 21 – Traslado. Certidão do Regional conferindo autenticidade às peças. Instrução Normativa n. 6/96.

OJ-SDI-1 T 52 – Acórdão do TRT não assinado. Interposição anterior à Instrução Normativa n. 16/99. Carimbo aposto por servidor. Validade. (conversão da OJ 281 da SDI-1)

OJ-SDI-2 56 – Mandado de segurança. Execução. Pendência de recurso extraordinário ou de agravo de instrumento.

OJ-SDI-2 91 – Mandado de segurança. Autenticação de cópias pelas secretarias dos tribunais regionais do trabalho. Requerimento indeferido. CLT, art. 789, § 9º.

AGRAVO DE PETIÇÃO

SÚM. 128, II – Depósito recursal. Inexigível na fase executória. Juízo garantido. Salvo elevação do valor do débito. CF/88, art. 5º, II e LV. (incorporação da OJ 189 da SDI-1)

SÚM. 416 – Mandado de segurança. Execução. Tópicos e valores não especificados no agravo de petição. Lei n. 8.432/92. CLT, art. 897, § 1º. (conversão da OJ 55 da SDI-2)

OJ-SDI-1 T 53 – Embargos de terceiro interpostos anteriormente à Lei n. 10.537/02. Agravo de petição. Recolhimento de custas. Inexigibilidade. (conversão da OJ 291 da SDI-1)

AGRAVO REGIMENTAL

SÚM. 192, V – Ação rescisória. Decisão em agravo regimental. Aplicação da Súm. 333. Juízo de mérito. Competência. (incorporação da OJ 133 da SDI-2)

SÚM. 195 – Recurso de embargos para o Tribunal Pleno. (cancelada – Res. 121/03, DJ 21.11.03)

SÚM. 353 – Recurso de embargos à SDI. Agravo. Cabimento. (nova redação – Res. 128/05, DJ 16.03.05)

SÚM. 411 – Ação rescisória. Sentença de mérito. Decisão de TRT em agravo regimental confirmando decisão monocrática do relator que, aplicando a Súm. 83 do TST, indeferiu a petição inicial da ação rescisória. Competência do TST. (conversão da OJ 43 da SDI-2)

OJ-SDI-1 132 – Peças essenciais nos autos principais. Não previsão em lei exigindo tramitação em autos apartados. Efeitos.

OJ TP 5 – Decisão de agravo regimental interposto em pedido de providência ou reclamação correicional. Recurso ordinário. Descabimento. (conversão da OJ 70 da SDI-1)

OJ-SDI-2 100 – Decisão regional proferida em agravo regimental contra liminar em ação cautelar ou em mandado de segurança. Recurso ordinário. Incabível.

OJ-SDI-2 69 – Fungibilidade recursal. Indeferimento liminar de ação rescisória ou mandado de segurança em despacho monocrático. Recurso para o TST. Recebimento como agravo regimental. Devolução dos autos ao TRT.

AJUDA-ALIMENTAÇÃO

OJ-SDI-1 123 – Bancário. Ajuda-alimentação prevista em norma coletiva decorrente de horas extras. Natureza indenizatória.

OJ-SDI-1 133 – PAT. Integração no salário. Lei n. 6.321/76.

AJUDA DE CUSTO

PN 4 – CANCELADO – Por quilometragem rodada. Danos materiais no veículo. Ressarcimento. (cancelado – Res. 81/98, DJ 20.08.98)

ALÇADA

SÚM. 71 – Valor da causa. Fixação no ajuizamento.

SÚM. 303, I – Decisão contrária à Fazenda Pública. Duplo grau de jurisdição. Exceções. (incorporação da OJ 9 da SDI-1)

SÚM. 356 – Vinculação ao salário mínimo. (conversão da OJ 11 da SDI-1)

SÚM. 365 – Ação rescisória. Mandado de segurança. Inaplicável. (conversão das OJs 8 e 10 da SDI-1)

OJ-SDI-1 9 – INCORPORADA – Remessa "ex officio". Decisão contrária à entidade pública. Decreto-lei n. 779/69. Lei n. 5.584/70. (incorporada à Súm. 303, I, "a")

ALTERAÇÃO CONTRATUAL

SÚM. 51, I – Cláusulas regulamentares. Vantagens deferidas anteriormente. Trabalhadores atingidos.

SÚM. 168 – CANCELADA – Prescrição parcial. Prestações periódicas. (cancelada pela Súm. 294)

SÚM. 198 – CANCELADA – Prescrição parcial. Prestações periódicas. Ato único. Exceção. (cancelada pela Súm. 294)

SÚM. 265 – Transferência para o período diurno de trabalho. Supressão do adicional noturno.

SÚM. 294 – Prescrição. Prestações sucessivas. Trabalhador urbano. (cancela as Súm. 168 e 198)

OJ-SDI-1 76 – CEEE. Substituição de avanços trienais por quinquênios. Prescrição total.

OJ-SDI-1 175 – Comissões. Alteração ou supressão. Prescrição total. (nova redação em decorrência da incorporação da Orientação Jurisprudencial n. 248 da SBDI-1, DJ 22.11.05)

OJ-SDI-1 244 – Professor. Redução da carga horária.

OJ-SDI-1 308 – Servidor público. Retorno à jornada de trabalho inicialmente contratada.

AMPLA DEFESA

EN 59 – Direito Administrativo sancionador (fiscalização do trabalho). Contraditório e ampla defesa. Interpretação conforme do art. 632 da CLT.

ANALFABETO

PN 58 – Salário. Pagamento. Testemunhas.

ANISTIA

OJ-SDI-1 12 – Emenda Constitucional n. 26/85. Efeitos financeiros. (nova redação – Res. 129/05, DJ 20.04.05)

OJ-SDI-1 91 – Readmissão. ADCT, art. 8º, § 1º. Efeitos financeiros. ECT. Contagem.

OJ-SDI-1 T 44 – Lei n. 6.683/79. Tempo de afastamento. Não computável para efeito de indenização e adicional por tempo de serviço, licença-prêmio e promoção. (conversão da OJ 176 da SDI-1)

OJ-SDI-1 T 56 – Lei n. 8.878/94. Efcitos financeiros. (conversão da OJ 221 da SDI-1)

ANTECIPAÇÃO DE TUTELA

SÚM. 405, I – Pedido liminar formulado na petição inicial de ação rescisória ou na fase recursal. Suspensão de execução. Cabimento. CPC, art. 273, § 7º. (Res. 137/05 – DJ 22.08.05)

SÚM. 405, II – Ação rescisória. Pedido de antecipação de tutela. Recebimento como medida acautelatória. (conversão das OJs 1, 3 e 120 da SDI-2)

SÚM. 414, I – Concedida na sentença. Mandado de segurança. Não cabimento. Existência de ação própria. (conversão da OJ 51 da SDI-2)

SÚM. 414, II – Concedida antes da sentença. Mandado de segurança. Cabimento. (conversão das OJs 50 e 58 da SDI-2)

SÚM. 414, III – Mandado de Segurança. Antecipação de tutela (ou liminar) concedida antes ou na sentença. Perda de objeto. (conversão das OJs 86 e 139 da SDI-2)

OJ-SDI-2 3 – CONVERTIDA – Ação rescisória. Pedido de antecipação de tutela recebido como medida acautelatória. Entidade pública. Medida Provisória n. 1.906 e reedições. (convertida na Súm. 405, II)

OJ-SDI-2 121 – CONVERTIDA – Ação rescisória. Pedido de antecipação de tutela. Descabimento. (convertida na Súm. 405, II)

OJ-SDI-2 64 – Mandado de segurança. Reintegração. Tutela antecipada. Estabilidade provisória prevista em lei ou norma coletiva.

OJ-SDI-2 68 – Competência. Relator nos Tribunais. Colegiado. (nova redação – DJ 22.08.05)

ANUÊNIO

Ver Tempo de Serviço.

APLICAÇÃO DE OFÍCIO

SÚM. 394 – Art. 462 do CPC. Fato constitutivo, modificativo ou extintivo do direito superveniente à propositura da ação.

APLICAÇÃO SUBSIDIÁRIA

EN 66 – Aplicação subsidiária de normas do processo comum ao processo trabalhista. Omissões ontológica e axiológica. Admissibilidade.

EN 69 – Execução provisória. Aplicabilidade do art. 475-O do CPC no processo do trabalho.

EN 71 – Art. 475-J do CPC. Aplicação no processo do trabalho.

APOSENTADO

OJ-SDI-1 250 – CONVERTIDA – Complementação de aposentadoria. Caixa Econômica Federal. Auxílio-alimentação. Supressão. Súmulas ns. 51 e 288. Aplicáveis. (Convertida na Orientação Jurisprudencial Transitória n. 51 da SBDI-1, DJ 20.04.2005)

OJ-SDI-1 346 – Abono previsto em norma coletiva. Natureza indenizatória. Concessão apenas aos empregados em atividade. Extensão aos inativos. Impossibilidade.

APOSENTADORIA

Ver também Complementação de Aposentadoria.

Ver também Aposentado.

SÚM. 3 – CANCELADA – Gratificação natalina proporcional. Lei n. 4.090/62. (cancelada – Res. 121/03, DJ 19.11.2003, Rep. DJ 25.11.03)

SÚM. 21 – CANCELADA – Cômputo do tempo anterior à aposentadoria. Permanência na empresa. (cancelamento mantido Res. 121/03, DJ 19.11.2003, Rep. DJ 25.11.03)

SÚM. 72 – Prêmio-aposentadoria. Norma regulamentar. Lei n. 8.036/90, art. 14, § 2º. (nova redação – Res. 121/03, DJ 21.11.03)

SÚM. 106 – Ferroviário. RFFSA. Competência da Justiça do Trabalho.

SÚM. 160 – Por invalidez. Cancelamento. Retorno ao emprego.

SÚM. 174 – CANCELADA – Lei n. 3.841/60. Previdência privada. Inaplicabilidade. (cancelada – Res. 121/03, DJ 21.11.03)

SÚM. 295 – CANCELADA – Aposentadoria espontânea. Depósito do FGTS. Período anterior à opção. (cancelada pela Res. n. 152/08 – DEJT 20, 21 e 24.11.08)

OJ-SDI-1 177 – CANCELADA – Espontânea. Extinção do contrato de trabalho. Multa de 40% do FGTS. Indevida. (cancelada – DJ 30.10.2006)

OJ-SDI-1 361 – Aposentadoria espontânea. Unicidade do contrato de trabalho. Multa de 40% do FGTS sobre todo o período. (DJ 20.05.2008)

OJ-SDI-1 T 31 – Voluntária. Planos Bresser e Verão. Acordo coletivo autorizando a quitação com folgas remuneradas. Conversão em pecúnia após a extinção do contrato de trabalho.

PN 11 – CANCELADO – Bonificação. (cancelado – Res. 86/98, DJ 15.10.98)

PN 85 – Voluntária. Garantia de emprego. Condições.

APPA

Ver Execução.

APREENSÃO

OJ-SDC 3 – Arresto. Depósito. Pretensões insuscetíveis de dedução em sede coletiva.

ARQUIVAMENTO DO PROCESSO

SÚM. 9 – Ausência do Reclamante. Adiamento da instrução. Não importa arquivamento.

SÚM. 49 – CANCELADA – Inquérito judicial. Custas processuais. Arquivamento do processo. (cancelada – Res. 121/03, DJ 21.11.03)

SÚM. 268 – Prescrição. Interrupção. Pedidos idênticos. (nova redação – Res. 121/03, DJ 21.11.03)

ARRESTO

OJ-SDC 3 – Apreensão. Depósito. Pretensões insuscetíveis de dedução em sede coletiva.

ASSEMBLEIA DE TRABALHADORES

SÚM. 177 – CANCELADA – Sindicato. Representação processual. Aprovação em assembleia. CLT, art. 859. (cancelada – Res. 121/03, DJ 21.11.03)

OJ-SDC 6 – CANCELADA – Dissídio coletivo de natureza jurídica. Desnecessidade de realização de assembleia de trabalhadores e negociação prévia. (cancelada, DJ 23.03.01)

OJ-SDC 8 – Dissídio coletivo. Pauta reivindicatória não registrada em ata. Causa de extinção.

OJ-SDC 13 – CANCELADA – Legitimação da entidade sindical. Assembleia deliberativa. "Quorum" de validade. CLT, art. 612. (cancelada, DJ 24.11.03)

OJ-SDC 14 – Sindicato. Base territorial excedente de um município. Múltiplas assembleias. (cancelada, DJ 02.12.03)

OJ-SDC 19 – Dissídio coletivo. Legitimação da entidade sindical. Autorização dos trabalhadores diretamente envolvidos no conflito.

OJ-SDC 28 – Edital de convocação da AGT. Publicação. Base territorial.

OJ-SDC 35 – Edital de convocação da AGT. Disposição estatutária específica. Prazo mínimo entre a publicação e a realização da assembleia. Observância obrigatória.

ASSINATURA

OJ-SDI-1 120 – Recurso sem assinatura. Assinatura da petição ou das razões recursais. (nova redação – Res. 129/05, DJ 20.04.05)

OJ-SDI-1 284 – Agravo de instrumento. Traslado. Etiqueta adesiva imprestável para aferição da tempestividade.

OJ-SDI-1 T 52 – Agravo de instrumento. Acórdão do TRT não assinado. Interposição anterior à Instrução Normativa n. 16/99. Carimbo aposto por servidor. Validade. (conversão da OJ 281 da SDI-1)

OJ-SDI-2 89 – "Habeas corpus". Termo de depósito não assinado pelo paciente. Necessidade de aceitação do encargo. Prisão civil.

PN 20 – Contrato por tarefa, parceria ou meação se celebrado por escrito. Obrigatoriedade do fornecimento da via do empregado.

ASSISTÊNCIA
Ver Intervenção Assitencial.

ASSISTÊNCIA JUDICIÁRIA
Ver também Honorários Advocatícios.

OJ-SDI-1 269 – Requerimento de isenção de despesas processuais. Momento oportuno.

OJ-SDI-1 304 – Honorários advocatícios. Declaração de pobreza. Comprovação. Simples afirmação na petição inicial.

OJ-SDI-1 305 – Honorários advocatícios. Requisitos. Justiça do Trabalho.

OJ-SDI-1 331 – Declaração de insuficiência econômica. Mandato. Poderes específicos desnecessários.

OJ-SDI-2 91 – Autenticação de cópias pelas secretarias dos tribunais regionais do trabalho para formação do agravo de instrumento. Requerimento indeferido. CLT, art. 789, § 9º.

ASSISTÊNCIA JURÍDICA
PN 102 – Vigia. Ação penal. Assistência por parte da empresa.

ASSISTÊNCIA SINDICAL
PN 7 – CANCELADO – Rescisão contratual. Tempo de serviço inferior a 1 ano. (cancelado – Res. 81/98, DJ 20.08.98)

ASSISTENTE TÉCNICO
SÚM. 341 – Honorários. Responsabilidade.

ASSOCIAÇÃO DE PAIS E MESTRES – APM
OJ-SDI-1 185 – Contrato de trabalho. Responsabilidade solidária ou subsidiária do Estado. Inexistência.

ATA DE ASSEMBLEIA
Ver também Assembleia de Trabalhadores.

OJ-SDC 8 – Dissídio coletivo. Pauta reivindicatória não registrada em ata. Causa de extinção.

OJ-SDC 29 – Edital de convocação. Requisitos essenciais para instauração de dissídio coletivo.

ATA DE AUDIÊNCIA
OJ-SDI-1 286 – Agravo de instrumento. Traslado. Mandato tácito.

ATENDENTE DE ENFERMAGEM
OJ-SDI-1 296 – Equiparação salarial. Atendente e auxiliar de enfermagem. Impossibilidade.

ATESTADO DE AFASTAMENTO E SALÁRIOS
PN 8 – Empregado demitido. Fornecimento.

ATESTADO MÉDICO
SÚM. 15 – Ausência motivada por doença. Percepção do salário-enfermidade. Ordem preferencial estabelecida em lei. Repouso semanal remunerado.

SÚM. 122 – Revelia. Ausência da reclamada. Comparecimento de advogado munido de procuração. Indispensabilidade de apresentação do atestado médico. (primeira parte – incorporação da OJ 74 da SDI-1)

OJ-SDI-1 154 – CANCELADA – Atestado médico – INSS. Exigência prevista em instrumento normativo. (cancelada pela Res. 158/09, DEJT 21, 22 e 23.10.09)

ATESTADOS MÉDICOS E ODONTOLÓGICOS
PN 81 – Eficácia. Fornecimento. Profissionais do sindicato dos trabalhadores. Convênio com a Previdência Social.

ATIVIDADE INSALUBRE
PN 106 – Trabalhador rural. Fornecimento diário pelo empregador de 1 litro de leite.

ATO JURÍDICO PERFEITO
STF SÚM. VINCULANTE 1.

ATOS INSTITUCIONAIS
SÚM. 150 – CANCELADA – Demissão do empregado. Reintegração. Indenização. Incompetência da Justiça do Trabalho. (cancelada – Res. 121/03, DJ 21.11.03)

ATUALIZAÇÃO MONETÁRIA
Ver Correção Monetária.

AUMENTO SALARIAL
Ver Reajustamento Salarial.

AUSÊNCIA DO RECLAMANTE
SÚM. 9 – Adiamento da instrução. Não importa arquivamento.

AUTARQUIA
SÚM. 121 – CANCELADA – Funcionário público de ex-autarquia. Administração portuária. Opção pelo regime celetista. Gratificação de produtividade. (cancelada – Res. 121/03, DJ 21.11.03)

SÚM. 235 – CANCELADA – Servidor do Distrito Federal e autarquias. Correção automática de salários. Lei n. 6.708/79. (cancelada – Res. 121/03, DJ 21.11.03)

SÚM. 331, IV – Contrato de prestação de serviços. Inadimplemento das obrigações trabalhistas. Responsabilidade subsidiária.

OJ-SDI-1 52 – Procurador da União, Estados, Municípios e Distrito Federal, suas autarquias e fundações públicas. Procuração. Dispensa da juntada de mandato. Medida Provisória n. 1.561/96. Lei n. 9.469/97.

OJ-SDI-1 100 – Celetista. Reajuste salarial previsto em legislação federal. Incidência sobre as relações contratuais trabalhistas do estado-membro, autarquias e fundações públicas.

OJ-SDI-1 318 – Representação irregular.

OJ-SDI-2 12, II – Ação rescisória. Decadência. Pessoa jurídica de direito público. Ampliação do prazo. Consumação anterior à Medida Provisória n. 1.577/97. CPC, art. 495. (nova redação – DJ 22.08.05)

OJ-SDI-1 T 55 – IPC de mar/90. Servidores celetistas da Administração Direta, Fundações e Autarquias do GDF. Legislação federal. Prevalência. (conversão das OJs 218 e 241 da SDI-1)

AUTENTICAÇÃO

SÚM. 216 – CANCELADA – Depósito recursal. Relação de empregados. Necessidade. Deserção. (cancelada – Res. 87/98, DJ 15.10.98)

OJ-SDI-1 33 – Custas processuais. Comprovação do recolhimento. Carimbo do banco.

OJ-SDI-1 36 – Documento comum às partes. Instrumento normativo. Cópia não autenticada.

OJ-SDI-1 134 – Documento. Pessoa jurídica de direito público. Validade. Medida Provisória n. 1.360/96 e suas reedições. Dispensa de autenticação.

OJ-SDI-1 287 – Documentos distintos. Cópia. Verso e anverso. Despacho denegatório do recurso de revista e certidão de publicação. (conversão da OJ Transitória 22 da SDI-1)

OJ-SDI-2 91 – Mandado de segurança. Autenticação de cópias pelas secretarias dos tribunais regionais do trabalho para formação do agravo de instrumento. Requerimento indeferido. CLT, art. 789, § 9º.

OJ-SDI-1 T 21 – Agravo de instrumento. Traslado. Certidão do Regional conferindo autenticidade às peças. Instrução Normativa n. 6/96.

OJ-SDI-1 T 23 – Documento único. Autenticação aposta em uma face da folha. Validade. Verso e anverso.

AUXILIAR DE ENFERMAGEM

OJ-SDI-1 296 – Equiparação salarial. Atendente e auxiliar de enfermagem. Impossibilidade.

AUXILIAR DE LABORATÓRIO

SÚM. 301 – Ausência de diploma. Lei n. 3.999/61.

AUXÍLIO-ALIMENTAÇÃO

OJ-SDI-1 123 – Ajuda-alimentação prevista em norma coletiva decorrente de horas extras. Natureza indenizatória.

OJ-SDI-1 133 – Ajuda-alimentação. PAT. Integração no salário. Lei n. 6.321/76.

OJ-SDI-1 T 51 – CEF. Complementação de aposentadoria. Supressão. Súm. 51 e 288. (conversão da OJ 250 da SDI-1)

OJ-SDI-1 T 61 – Auxílio cesta-alimentação previsto em norma coletiva. CEF. Cláusula que estabelece natureza indenizatória à parcela. Extensão aos aposentados e pensionistas. Impossibilidade. DJ 14.03.2008

PN 9 – CANCELADO – Não Concessão. (cancelado – Res. 86/98, DJ 15.10.98)

AUXÍLIO-DOENÇA

SÚM. 371 – Concessão de auxílio-doença no curso do aviso prévio indenizado. Efeitos da dispensa. (conversão das OJs 40 e 135 da SDI-1)

SÚM. 378, II – Estabilidade provisória. Direito. Pressupostos para concessão. Afastamento e auxílio-doença. (conversão da OJ 230 da SDI-1)

PN 17 – CANCELADO – Complementação. Concessão. (cancelado – Res. 86/98, DJ 15.10.98)

PN 21 – CANCELADO – Dedução. Férias. (cancelado – Res. 86/98, DJ 15.10.98)

PN 26 – CANCELADO – Estabilidade. Não concessão. (cancelado – Res. 86/98, DJ 15.10.98)

PN 94 – CANCELADO – Trabalhador rural. (cancelado – Res. 81/98, DJ 20.08.98)

AUXÍLIO-FUNERAL

OJ-SDI-1 129 – Prescrição. Marco inicial.

AVISO PRÉVIO

SÚM. 5 – CANCELADA – Reajuste salarial concedido no curso do aviso prévio. Recebimento antecipado. (cancelada – Res. 121/03, DJ 21.11.03)

SÚM. 14 – Rescisão contratual. Culpa recíproca. (nova redação – Res. 121/03, DJ 21.11.03)

SÚM. 31 – CANCELADA – Despedida indireta. Incabível. (cancelada – Res. 31/94, DJ 12.05.94)

SÚM. 44 – Cessação da atividade da empresa.

SÚM. 73 – Falta grave. Decurso do prazo do aviso prévio. Verbas rescisórias indenizatórias. (nova redação – Res. 121/03, DJ 21.11.03)

SÚM. 94 – CANCELADA – Cálculo. Integração. Horas extras habituais. (cancelada – Res. 121/03, DJ 21.11.03)

SÚM. 163 – Contrato de experiência. CLT, art. 481.

SÚM. 182 – Indenização adicional. Contagem. Lei n. 6.708/79, art. 9º. (nova redação – Res. 5/83, DJ 09.11.83)

SÚM. 230 – Redução da jornada. Substituição pelo pagamento das horas correspondentes.

SÚM. 253 – Décimo terceiro salário. Cálculo. Repercussão. Gratificação semestral. (nova redação – Res. 121/03, DJ 21.11.03)

SÚM. 276 – Renúncia pelo empregado.

SÚM. 305 – Contribuição para o FGTS. Incidência.

SÚM. 348 – Concessão na fluência da garantia de emprego. Incompatibilidade.

SÚM. 354 – Gorjetas. Natureza jurídica. Repercussões. (revisão da Súm. n. 290 – Res. 23/1988, DJ 24.03.1988)

SÚM. 369, V – Dirigente sindical. Registro da candidatura no curso do aviso prévio. Estabilidade provisória. (conversão da OJ 35 da SDI-1)

SÚM. 371 – Concessão de auxílio-doença no curso do aviso prévio indenizado. Efeitos da dispensa. (conversão das OJs 40 e 135 da SDI-1)

SÚM. 380 – Início da contagem. Aplicação do código Civil de 2002, art. 132, "caput". (conversão da OJ 122 da SDI-1)

OJ-SDI-1 14 – Cumprimento em casa. Verbas rescisórias. Prazo para pagamento a partir da notificação da despedida. CLT, art. 477, § 6º, "b".

OJ-SDI-1 42, II – Indenizado. Multa de 40%. Cálculo. (incorporação da OJ 254 da SDI-1)

OJ-SDI-1 82 – Baixa na CTPS. Término do prazo do aviso prévio.

OJ-SDI-1 83 – Indenizado. Prescrição. Marco inicial. CLT, art. 487, § 1º.

OJ-SDI-1 84 – Proporcionalidade. Tempo de serviço. Ausência de lei regulamentadora. CF/88, art. 7º, XXI.

OJ-SDI-1 268 – Contagem do prazo do aviso prévio. Projeção. Indenização adicional. Leis ns. 6.708/79 e 7.238/84.

OJ-SDI-1 367 – Aviso prévio de 60 dias. Elastecimento por norma coletiva. Projeção. Reflexos nas parcelas trabalhistas. (DEJT 03.12.2008)

OJ-SDI-1 T 13 – CSN. Concomitância. Licença remunerada. Concessão de aviso prévio.

PN 24 – Dispensa. Novo emprego. Pagamento dos dias não trabalhados.

PN 76 – CANCELADO – Sessenta dias. Dispensa sem justa causa. (cancelado – Res. 81/98, DJ 20.08.98)

PN 96 – CANCELADO – Redução da jornada. Opção. (cancelado – Res. 81/98, DJ 20.08.98)

B

BALCONISTA

SÚM. 56 – CANCELADA – Comissionista. Adicional de horas extras. (cancelada – Res. 121/03, DJ 21.11.03)

SÚM. 340 – Comissionista. Adicional de horas extras. (revisão da Súm. 56. Nova redação – Res. 121/03, DJ 21.11.03)

BANCÁRIO

SÚM. 55 – Empregado de Financeira. Jornada especial dos bancários. Equiparação. CLT, art. 224.

SÚM. 59 – CANCELADA – Vigia de estabelecimento bancário. Jornada de trabalho reduzida. (cancelada – Res. 121/03, DJ 21.11.03)

SÚM. 93 – Venda de papéis ou valores mobiliários. Grupo econômico. Remuneração. Integração.

SÚM. 102, I – Bancário. Configuração do cargo de confiança. Prova das reais atribuições. CLT, art. 224, § 2º. (incorporação da Súm. 204)

SÚM. 102, II – Cargo de confiança. Enquadramento no art. 224, § 2º, da CLT. Percepção de gratificação. Indevidas as 7ª e 8ª horas como extras. (incorporação da Súm. 166)

SÚM. 102, III – Cargo de confiança. Gratificação. Pagamento a menor. 7ª e 8ª horas devidas. (incorporação da OJ 288 da SDI-1)

SÚM. 102, IV – Cargo de confiança. Enquadramento no art. 224, § 2º, da CLT. Horas extras além da 8ª diária. (incorporação da Súm. 232)

SÚM. 102, V – Advogado. Cargo de confiança. Jornada de trabalho. CLT, art. 224, § 2º. (incorporação da OJ 222 da SDI-1)

SÚM. 102, VI – Caixa executivo. Cargo de confiança. Horas extras.

SÚM. 102, VII – Cargo de confiança. Gratificação de função não inferior a 1/3. Norma coletiva que contempla valor superior. Indevidas as 7ª e 8ª horas. Direito às diferenças de gratificação de função. (incorporação da OJ 15 da SDI-1)

SÚM. 113 – Sábado. Dia útil. Repercussão de horas extras.

SÚM. 124 – Mensalista. Salário-hora. Divisor 180.

SÚM. 109 – Gratificação de função. Compensação. Horas extras. (nova redação – RA 97/80, DJ 19.09.80)

SÚM. 117 – Empregado de estabelecimento de crédito. Categoria profissional diferenciada. Equiparação.

SÚM. 119 – Empregados de distribuidoras e corretoras de títulos de valores mobiliários. Jornada especial dos bancários. Equiparação.

SÚM. 199, I – Horas extras. Pré-contratação ou pactuadas após a admissão. Efeitos. (redação original dada pela Res. 41/95 e incorporação da OJ 48 da SDI-1)

SÚM. 199, II – Horas extras. Pré-contratação. Supressão. Prescrição total. (incorporação da OJ 63 da SDI-1)

SÚM. 226 – Gratificação por tempo de serviço. Integração. Base de cálculo. Horas extras.

SÚM. 233 – CANCELADA – Bancário. Chefe. Jornada de trabalho. Indevidas as 7ª e 8ª horas como extras. (cancelada – Res. 121/03, DJ 21.11.03)

SÚM. 234 – CANCELADA – Bancário. Subchefe. Jornada de trabalho. Indevidas as 7ª e 8ª horas como extras (cancelada – Res. 121/03, DJ 21.11.03)

SÚM. 237 – CANCELADA – Bancário. Tesoureiro. Jornada de trabalho. CLT, art. 224, § 2º. Indevidas as 7ª e 8ª horas como extras (cancelada – Res. 121/03, DJ 21.11.03)

SÚM. 238 – CANCELADA – Bancário. Subgerente. Jornada de trabalho. CLT, art. 224, § 2º. Indevidas as 7ª e 8ª horas como extras (cancelada – Res. 121/03, DJ 21.11.03)

SÚM. 239 – Empregado de empresa de processamento de dados. Grupo econômico. Enquadramento e exceção. (incorporação das OJs 64 e 126 da SDI-1)

SÚM. 240 – Adicional por tempo de serviço. Integração. Gratificação de função. CLT, art. 224, § 2º.

SÚM. 257 – Vigilante de banco. Enquadramento como bancário. Impossibilidade.

SÚM. 267 – CANCELADA – Salário-hora. Divisor. (cancelada – Res. 121/03, DJ 21.11.03)

SÚM. 343 – Salário-hora. Divisor 220. Jornada de 8 horas. (Revisão da Súmula n. 267 – Res. 2/1987, DJ 14.12.1987)

SÚM. 247 – Quebra de caixa. Natureza salarial. Integração.

SÚM. 287 – Bancário. Gerente de agência. Jornada de trabalho. CLT, art. 224, § 2º. Gerente-geral. CLT, art. 62 (nova redação – Res. 121/03, DJ 21.11.03)

SÚM. 345 – Bandepe. Regulamento Interno de Pessoal. Estabilidade.

OJ-SDI-1 16 – Banco do Brasil. Adicional de caráter pessoal. Isonomia de vencimentos. Banco Central do Brasil.

OJ-SDI-1 17 – Banco do Brasil. Adicionais AP, ADI ou AFR. Somatório. Cargo de confiança. CLT, art. 224, § 2º.

OJ-SDI-1 18, I – Banco do Brasil. Complementação de aposentadoria. Integração. Horas extras. (nova redação – Res. 129/05, DJ 20.04.05)

OJ-SDI-1 18, II – Banco do Brasil. Complementação de aposentadoria. Teto. Adicionais AP e ADI. (incorporação da OJ 21 da SDI-1)

OJ-SDI-1 18, III – Banco do Brasil. Complementação de aposentadoria. Média trienal. (incorporação das OJs 19 e 289 da SDI-1)

OJ-SDI-1 18, IV – Banco do Brasil. Complementação de aposentadoria. Proporcionalidade. Circ. Funci 436/63. (incorporação da OJ 20 da SDI-1)

OJ-SDI-1 18, V – Banco do Brasil. Complementação de aposentadoria integral. Telex Direc 5003/87. (incorporação da OJ 136 da SDI-1)

OJ-SDI-1 56 – Nossa Caixa-Nosso Banco (Caixa Econômica do Estado de São Paulo). Regulamento. Gratificação especial e/ou anuênios. Direito.

OJ-SDI-1 64 – Empregado de empresa de processamento de dados. Probam. (incorporada à Súm. 239)

OJ-SDI-1 123 – Ajuda-alimentação prevista em norma coletiva decorrente de horas extras. Natureza indenizatória.

OJ-SDI-1 126 – INCORPORADA – Empregado de empresa de processamento de dados. Enquadramento. (incorporada à Súm. 239)

OJ-SDI-1 178 – Intervalo para lanche e descanso. Não computável na jornada de trabalho.

OJ-SDI-1 179 – BNDES. Natureza bancária. CLT, arts. 224 a 226.

OJ-SDI-1 224 – Complementação de aposentadoria. Reajuste anual. Princípio "rebus sic stantibus". Medida Provisória n. 542/94. Lei n. 9.069/95. (nova redação – Res. 129/05, DJ 20.04.05)

OJ-SDI-2 4 – Banco do Brasil. Adicional de caráter pessoal. Ação rescisória. Cabimento. CF/88, art. 5º, XXXVI.

OJ-SDI-2 5 – Banco do Brasil. Adicionais AP e ADI ou AFR. Horas extras. Ação rescisória. Decisão rescindenda anterior à OJ 17. Súm. 83 do TST. Súm. 343 do STF.

OJ-SDI-2 8 – Banespa. Complementação de aposentadoria. Ação rescisória. Decisão rescindenda anterior à Súm. 313. Súm. 83. (nova redação – DJ 22.08.05)

OJ-SDI-1 T 7 – Banrisul. Complementação de aposentadoria. ADI e cheque-rancho. Integração. (incorporação da OJ Transitória 8 da SDI-1)

OJ-SDI-1 T 25 – Banco Meridional. Complementação de aposentadoria. Reajuste salarial. Extensão.

OJ-SDI-1 T 26 – Banerj. Plano Bresser. Acordo coletivo de 1991. Não é norma programática.

OJ-SDI-1 T 27 – Banrisul. Gratificação Jubileu. Vantagem paga de uma única vez. Prazo prescricional a partir da data da aposentadoria. Inaplicabilidade da Súmula 294.

OJ-SDI-1 T 32 – Banco do Brasil. Complementação de aposentadoria. Sucumbência. Inversão.

OJ-SDI-1 T 34 – BRDE. Entidade autárquica. Natureza bancária. Lei n. 4.595/64, art. 17. Res. BACEN 469/70, art. 8º. CLT, art. 224, § 2º. CF, art. 173, § 1º. (conversão da OJ 22 da SDI-1)

OJ-SDI-1 T 38 – Banco Meridional. Circular 34.046/89. Dispensa sem justa causa. (conversão da OJ 137 da SDI-1)

OJ-SDI-1 T 40 – Banrisul. Complementação de aposentadoria. Resolução n. 1.600/64. Lei n. 6.435/77. Súmulas ns. 51 e 288. (conversão da OJ 155 da SDI-1)

OJ-SDI-1 T 41 – Fundação Clemente de Faria. Banco Real. Complementação de aposentadoria. (conversão da OJ 157 da SDI-1)

OJ-SDI-1 T 46 – Banco Itaú. Complementação de aposentadoria. Idade mínima. Circular BB-05/66. RP-40/74. (conversão da OJ 183 da SDI-1)

BANCO DO BRASIL

OJ-SDI-1 16 – Adicional de caráter pessoal. Isonomia de vencimentos. Banco Central do Brasil.

OJ-SDI-1 17 – Adicionais AP, ADI ou AFR. Somatório. Cargo de confiança. CLT, art. 224, § 2º.

OJ-SDI-1 18, I – Complementação de aposentadoria. Integração. Horas extras. (nova redação – Res. 129/05, DJ 20.04.05)

OJ-SDI-1 18, II – Complementação de aposentadoria. Teto. Adicionais AP e ADI. (incorporação da OJ 21 da SDI-1)

OJ-SDI-1 18, III – Complementação de aposentadoria. Média trienal. (incorporação das OJs 19 e 289 da SDI-1)

OJ-SDI-1 18, IV – Complementação de aposentadoria. Proporcionalidade. Circ. Funci 436/63. (incorporação da OJ 20 da SDI-1)

OJ-SDI-1 18, V – Complementação de aposentadoria integral. Telex Direc 5003/87. (incorporação da OJ 136 da SDI-1)

OJ-SDI-1 T 32 – Complementação de aposentadoria. Sucumbência. Inversão.

OJ-SDI-2 4 – Adicional de caráter pessoal. Ação rescisória. Cabimento. CF/88, art. 5º, XXXVI.

OJ-SDI-2 5 – Adicionais AP e ADI ou AFR. Horas extras. Ação rescisória. Decisão rescindenda anterior à OJ 17. Súm. 83 do TST. Súm. 343 do STF.

PN 10 – Banco do Brasil como parte em dissídio coletivo. Incompetência. TRT. (nova redação – Res. 86/98, DJ 15.10.98)

BANCO ITAÚ

OJ-SDI-1 T 46 – Complementação de aposentadoria. Idade mínima. Circular BB-05/66. RP-40/74. (conversão da OJ 183 da SDI-1)

BANCO MERIDIONAL

OJ-SDI-1 T 25 – Complementação de aposentadoria. Reajuste salarial. Extensão.

OJ-SDI-1 T 38 – Circular 34.046/89. Dispensa sem justa causa. (conversão da OJ 137 da SDI-1)

BANCO OFICIAL

OJ-SDI-2 61 – CONVERTIDA – Mandado de segurança. Penhora em dinheiro. Depósito em banco oficial no Estado. Execução definitiva. Ausência de direito líquido e certo. (convertida na Súm. 417, II)

BANCO REAL

OJ-SDI-1 T 41 – Complementação de aposentadoria. Fundação Clemente de Faria. (conversão da OJ 157 da SDI-1)

BANERJ

OJ-SDI-1 T 26 – Plano Bresser. Acordo coletivo de 1991. Não é norma programática.

BANESPA

SÚM. 313 – Complementação de aposentadoria. Proporcionalidade. Norma regulamentar.

OJ-SDI-2 8 – Complementação de aposentadoria. Ação rescisória. Decisão rescindenda anterior à Súm. 313. Súm. 83. (nova redação – DJ 22.08.05)

OJ-SDI-1 T 68 – Banco do Estado de São Paulo S.A. – Banespa. Convenção Coletiva. Reajuste salarial. Superveniência de acordo em dissídio coletivo. Prevalência (DJe divulgado em 03, 04 e 05.11.2009)

BANRISUL

OJ-SDI-1 T 7 – Complementação de aposentadoria. ADI e cheque-rancho. Integração. (incorporação da OJ Transitória 8 da SDI-1)

OJ-SDI-1 T 27 – Banrisul. Gratificação Jubileu. Vantagem paga de uma única vez Prazo prescricional a partir da data da aposentadoria. Inaplicabilidade da Súmula 294.

OJ-SDI-1 T 40 – Complementação de aposentadoria. Resolução n. 1.600/64. Lei n. 6.435/77. Súmulas ns. 51 e 288. (conversão da OJ 155 da SDI-1)

BASE DE CÁLCULO

SÚM. 7 – Férias indenizadas. Base de cálculo. Remuneração do empregado na época da reclamação ou da extinção do contrato.

SÚM. 17 – CANCELADA – Adicional de insalubridade (cancelada na sessão do Tribunal Pleno realizada em 26.06.2008) – Res. 148/2008, DJ 04 e 07.07.2008 – Republicada DJ 08, 09 e 10.07.2008.

SÚM. 24 – Indenização por antiguidade. Incidência das horas extras habituais.

SÚM. 45 – Gratificação natalina. Integração. Horas extras habituais.

SÚM. 56 – CANCELADA – Adicional de horas extras. Comissionista. Balconista. (cancelada – Res. 121/03, DJ 21.11.03)

SÚM. 63 – FGTS. Incidência. Remuneração. Horas extras. Adicionais eventuais.

SÚM. 66 – CANCELADA – Quinquênios. RFFSA. (cancelada – Res. 121/03, DJ 21.11.03)

SÚM. 70 – Adicional de periculosidade. Integração. Triênio. Petrobras.

SÚM. 78 – CANCELADA – Gratificação periódica contratual. Lei n. 4.090/62. Cálculo. Integração. (cancelada – Res. 121/03, DJ 21.11.03)

SÚM. 79 – CANCELADA – Adicional de antiguidade. Fepasa. (cancelada – Res. 121/03, DJ 21.11.03)

SÚM. 94 – CANCELADA – Aviso prévio indenizado. Cálculo. Integração. Horas extras. (cancelada – Res. 121/03, DJ 21.11.03)

SÚM. 101 – Diárias de viagem excedentes a 50% do salário. Integração temporária no salário. (incorporação da OJ 292 da SDI-1)

SÚM. 115 – Gratificação semestral. Integração. Horas extras habituais. (nova redação – Res. 121/03, DJ 21.11.03)

SÚM. 132, I – Adicional de periculosidade. Integração. Indenização e horas extras. (incorporação da OJ 267 da SDI-1)

SÚM. 132, II – Horas de sobreaviso. Integração. Adicional de periculosidade. (incorporação da OJ 174 da SDI-1)

SÚM. 137 – CANCELADA – Adicional de insalubridade. Salário mínimo regional. (cancelada – Res. 121/03, DJ 21.11.03)

SÚM. 139 – Remuneração. Incidência do adicional de insalubridade enquanto percebido. (incorporação da OJ 102 da SDI-1)

SÚM. 148 – Indenização. Incidência da gratificação natalina.

SÚM. 149 – Férias. Tarefeiro.

SÚM. 151 – CANCELADA – Férias. Integração. Horas extras habituais. (cancelada – Res. 121/03, DJ 21.11.03)

SÚM. 172 – Repouso semanal remunerado. Incidência das horas extras habituais.

SÚM. 191 – Adicional de periculosidade. Cálculo. Salário-base. Eletricitários. Cálculo. Parcelas de natureza salarial. (nova redação – Res. 121/03, DJ 21.11.03)

SÚM. 225 – Repouso semanal remunerado. Repercussão. Gratificações por tempo de serviço e produtividade.

SÚM. 226 – Bancário. Gratificação por tempo de serviço. Integração. Horas extras.

SÚM. 228 – Adicional de insalubridade. Base de cálculo. (redação alterada na sessão do Tribunal Pleno em 26.06.2008) – Res. 148/2008, DJ 04 e 07.07.2008 – Republicada DJ 08, 09 e 10.07.2008).

SÚM. 229 – Eletricitários. Remuneração das horas de sobreaviso. Art. 244, § 2º, da CLT (nova redação – Res. 121/03, DJ 21.11.03)

SÚM. 240 – Bancário. Gratificação de função. Integração. Adicional por tempo de serviço. CLT, art. 224, § 2º.

SÚM. 242 – Indenização adicional. Leis ns. 6.708/79 e 7.238/84.

SÚM. 253 – Décimo terceiro salário. Cálculo. Repercussão. Gratificação semestral. (nova redação – Res. 121/03, DJ 21.11.03)

SÚM. 264 – Hora suplementar. Composição. Parcela de natureza salarial. Adicional previsto em norma coletiva.

SÚM. 291 – Horas extras habituais. Supressão. Indenização. Cálculo. (revisão da Súm. n. 76 – RA. 69/1978, DJ 26.09.1978)

SÚM. 307 – Fórmula de cálculo de juros. Irretroatividade do Decreto-lei n. 2.322/87.

SÚM. 311 – Correção monetária. Benefício previdenciário devido a dependente de ex-empregado. Aplicação da Lei n. 6.899/81.

SÚM. 318 – Diárias. Integração no salário. Empregado mensalista.

SÚM. 340 – Comissionista. Adicional de horas extras. (revisão da Súm. 56. Nova redação – Res. 121/03, DJ 21.11.03)

SÚM. 347 – Horas extras habituais. Apuração. Média física.

SÚM. 354 – Gorjetas. Natureza jurídica. Repercussões. (revisão da Súm. n. 290 – Res. 23/1988, DJ 24.03.1988)

SÚM. 376, II – Horas extras habituais. Integração salarial não limitada a duas horas diárias. CLT, art. 59. (conversão da OJ 89 da SDI-1)

OJ-SDI-1 2 – CANCELADA – Adicional de insalubridade. Base de cálculo. Mesmo na vigência da CF/88: Salário mínimo. (cancelada na sessão do Tribunal Pleno realizada em 26.06.2008) – Res. 148/2008, DJ 04 e 07.07.2008 – Republicada DJ 08, 09 e 10.07.2008.

OJ-SDI-1 18, I – Banco do Brasil. Complementação de aposentadoria. Integração. Horas extras. (nova redação – Res. 129/05, DJ 20.04.05)

OJ-SDI-1 18, III – Banco do Brasil. Complementação de aposentadoria. Média trienal. (incorporação das OJs 19 e 289 da SDI-1)

OJ-SDI-1 47 – Hora extra. Adicional de insalubridade. Base de cálculo (redação alterada na sessão do Tribunal Pleno em 26.06.2008) – Res. 148/2008, DJ 04 e 07.07.2008 – Republicada DJ 08, 09 e 10.07.2008.

OJ-SDI-1 60, II – Portuário. Horas extras. Base de cálculo. Exclusão de adicionais de risco e produtividade. Lei n. 4.860/65, art. 7º, § 5º. (incorporação da OJ 61 da SDI-1)

OJ-SDI-1 97 – Adicional noturno. Horas extras prestadas no período noturno.

OJ-SDI-1 181 – Comissões. Cálculo. Valor das comissões corrigido monetariamente. Férias, 13º salário e verbas rescisórias.

OJ-SDI-1 197 – CANCELADA – Décimo terceiro salário. Cálculo. Repercussão. Gratificação semestral. Súm. 78. (cancelada em decorrência da redação da Súm. 253 conferida pela Res. 121/03, DJ 21.11.03)

OJ-SDI-1 259 – Adicional de periculosidade. Integração. Adicional noturno.

OJ-SDI-1 267 – INCORPORADA – Adicional de periculosidade. Integração. Horas extras. (incorporada à Súm. 132, I)

OJ-SDI-1 279 – Adicional de periculosidade. Eletricitários. Lei n. 7.369/85, art. 1º.

OJ-SDI-1 289 – INCORPORADA – Banco do Brasil. Complementação de aposentadoria. Média trienal valorizada. (incorporada à OJ 18, III, da SDI-1)

OJ-SDI-1 348 – Honorários advocatícios. Valor líquido. Lei n. 1.060, de 05.02.1950.

OJ-SDI-1 T 4 – Mineração Morro Velho. Adicional de insalubridade. Acordo coletivo. Prevalência.

OJ-SDI-1 T 5 – Servita. Bonificação de assiduidade e produtividade pagas semanalmente. Repercussão no repouso semanal remunerado.

OJ-SDI-1 T 33 – Adicional de insalubridade. Piso nacional de salários. Decreto-lei n. 2.351/87. (conversão da OJ 3 da SDI-1)

OJ-SDI-1 T 35 – Reajustes bimestrais e quadrimestrais (Lei n. 8.222/91). Base de cálculo. (conversão da OJ 68 da SDI-1)

OJ-SDI-2 2 – Adicional de insalubridade. Salário mínimo. CLT, art. 192. Ação rescisória. Cabimento.

BASE TERRITORIAL

SÚM. 369, IV – Estabilidade provisória. Dirigente sindical. Extinção da atividade empresarial. (conversão da OJ 86 da SDI-1)

OJ-SDC 14 – CANCELADA – Excedente de um município. Sindicato. Múltiplas assembleias. (cancelada, DJ 02.12.03)

OJ-SDC 28 – Edital de convocação da AGT. Publicação.

BENEFÍCIO PREVIDENCIÁRIO

Ver também Aposentadoria.

Ver também Auxílio-doença.

SÚM. 32 – Cessação do benefício. Retorno ao serviço. Abandono de emprego. (nova redação – Res. 121/03, DJ 21.11.03)

SÚM. 87 – Previdência privada criada pela empresa. Vantagem equivalente. Norma regulamentar anterior. Compensação.

SÚM. 92 – Complementação de aposentadoria. Regulamento da empresa. Instituição de benefício previdenciário por órgão oficial.

SÚM. 311 – Dependente de ex-empregado. Correção monetária. Aplicação da Lei n. 6.899/81.

SÚM. 371 – Concessão de auxílio-doença no curso do aviso prévio indenizado. Efeitos da dispensa. (conversão das OJs 40 e 135 da SDI-1)

OJ-SDI-1 177 – CANCELADA – Aposentadoria espontânea. Extinção do contrato de trabalho. Continuidade do trabalho. (cancelada – DJ 30.10.2006)

"BIP"
OJ-SDI-1 49 – Uso do BIP. Não caracteriza sobreaviso. Horas extras. Indevidas.

BNCC
OJ-SDI-1 T 9 – Norma regulamentar. Garantia de emprego não assegurada. Despedida imotivada.

OJ-SDI-1 T 10 – Juros. Súm. 304. Extinção por deliberação dos acionistas.

BNDES
OJ-SDI-1 179 – Natureza bancária. CLT, arts. 224 a 226.

BONIFICAÇÃO
OJ-SDI-1 T 5 – Servita. Bonificação de assiduidade e produtividade pagas semanalmente. Repercussão no repouso semanal remunerado.

PN 11 – CANCELADO – Bonificação a quem se aposenta. (cancelado – Res. 86/98, DJ 15.10.98)

BRDE
OJ-SDI-1 T 34 – Entidade autárquica. Natureza bancária. Lei n. 4.595/64, art. 17. Res. BACEN 469/70, art. 8º. CLT, art. 224, § 2º. CF, art. 173, § 1º. (conversão da OJ 22 da SDI-1)

C

CABISTA
OJ-SDI-1 347 – Adicional de periculosidade. Sistema elétrico de potência. Lei n. 7.369, de 20.09.1985, regulamentada pelo Decreto n. 93.412, de 14.10.1986. Extensão do direito aos cabistas, instaladores e reparadores de linhas e aparelhos em empresa de telefonia.

CAIXA
SÚM. 102, VI – Bancário. Caixa executivo. Cargo de confiança. Horas extras.

PN 12 – CANCELADO – Jornada de trabalho. (cancelado – Res. 81/98, DJ 20.08.98)

PN 103 – Função de caixa. Exercício permanente. Gratificação. Concessão.

CARÊNCIA DE AÇÃO
SÚM. 299, IV – Ação rescisória. Vício de intimação da decisão rescindenda. Ausência da formação da coisa julgada material. (incorporação da OJ 96 da SDI-2)

CARGO DE CONFIANÇA
SÚM. 102, I – Bancário. Configuração do cargo de confiança. Prova das reais atribuições. CLT, art. 224, § 2º. (incorporação da Súm. 204)

SÚM. 102, II – Bancário. Enquadramento no art. 224, § 2º, da CLT. Percepção de gratificação. Indevidas as 7ª e 8ª horas como extras. (incorporação da Súm. 166)

SÚM. 102, III – Bancário. Cargo de confiança. Gratificação. Pagamento a menor. 7ª e 8ª horas devidas. (incorporação da OJ 288 da SDI-1)

SÚM. 102, IV – Bancário. Enquadramento no art. 224, § 2º, da CLT. Horas extras além da 8ª diária. (incorporação da Súm. 232)

SÚM. 102, V – Advogado. Bancário. Cargo de confiança. Jornada de trabalho. CLT, art. 224, § 2º. (incorporação da OJ 222 da SDI-1)

SÚM. 102, VI – Bancário. Caixa executivo. Horas extras.

SÚM. 102, VII – Cargo de confiança. Gratificação de função não inferior a 1/3. Norma coletiva que contempla valor superior. Indevidas as 7ª e 8ª horas. Direito às diferenças de gratificação de função. (incorporação da OJ 15 da SDI-1)

SÚM. 204 – Bancário. Configuração do cargo de confiança dependente da prova das reais atribuições. CLT, arts. 224, § 2º, e 62, letra "b". (incorporada à Súm. 102, I)

SÚM. 209 – CANCELADA – Reversão ao cargo efetivo. (cancelada – RA 81/85, DJ 03.12.85)

SÚM. 233 – CANCELADA – Bancário. Chefe. Jornada de trabalho. Indevidas as 7ª e 8ª horas como extras. (cancelada – Res. 121/03, DJ 21.11.03)

SÚM. 234 – CANCELADA – Bancário. Subchefe. Jornada de trabalho. Indevidas as 7ª e 8ª horas como extras (cancelada – Res. 121/03, DJ 21.11.03)

SÚM. 237 – CANCELADA – Bancário. Tesoureiro. Jornada de trabalho. CLT, art. 224, § 2º. Indevidas as 7ª e 8ª horas como extras (cancelada – Res. 121/03, DJ 21.11.03)

SÚM. 238 – CANCELADA – Bancário. Subgerente. Jornada de trabalho. CLT, art. 224, § 2º. Indevidas as 7ª e 8ª horas como extras (cancelada – Res. 121/03, DJ 21.11.03)

SÚM. 287 – Bancário. Gerente de agência. Jornada de trabalho. CLT, art. 224, § 2º. Gerente-geral. CLT, art. 62 (nova redação – Res. 121/03, DJ 21.11.03)

SÚM. 372, I – Gratificação de função percebida por dez anos ou mais. Reversão ao cargo efetivo sem justo motivo. (conversão da OJ 45 da SDI-1)

OJ-SDI-1 17 – Banco do Brasil. Adicionais AP, ADI ou AFR. Somatório. CLT, art. 224, § 2º.

OJ-SDI-1 113 – Adicional de tranferência. Exercente de cargo de confiança ou previsão contratual de transferência. Transferência provisória. Devido.

STF SÚM. VINCULANTE 13.

CARGO EM COMISSÃO
Ver Cargo de Confiança.

CARTA DE FIANÇA BANCÁRIA
OJ-SDI-2 59 – Mandado de segurança. Penhora. CPC, art. 655.

CARTA PRECATÓRIA
SÚM. 419 – Execução por carta. Competência do juízo deprecante. Embargos de terceiro. (conversão da OJ 114 da SDI-2)

CARTÃO DE PONTO
SÚM. 338, III – Horas extras. Registro de horários de entrada e saída uniformes. Ônus da prova (incorporação da OJ 306 da SDI-1)

SÚM. 366 – Registro. Minutos que antecedem e sucedem a jornada de trabalho. Horas extras. (conversão das OJs 23 e 326 da SDI-1)

CARTEIRA PROFISSIONAL – CTPS
SÚM. 12 – Anotações. Presunção "juris tantum".

SÚM. 64 – CANCELADA – Anotações. Prescrição. (cancelada – Res. 121/03, DJ 21.11.03)

OJ-SDI-1 82 – Aviso prévio. Baixa na CTPS. Término do prazo do aviso prévio.

PN 5 – Anotações de comissões.

PN 98 – Retenção. Um dia de salário. Prazo de 48 horas.

PN 105 – Anotação. Função efetivamente exercida.

CATEGORIA PROFISSIONAL DIFERENCIADA
SÚM. 117 – Bancário. Empregado de estabelecimento de crédito. Categoria profissional diferenciada. Equiparação.

SÚM. 369, III – Estabilidade provisória. Dirigente sindical. (conversão da OJ 145 da SDI-1)

SÚM. 374 – Abrangência. Vantagens previstas em norma coletiva na qual a empresa não foi representada por órgão de classe de sua categoria. (conversão da OJ 55 da SDI-1)

OJ-SDC 9 – Dissídio coletivo. Enquadramento sindical. Incompetência material da Justiça do Trabalho.

OJ-SDC 36 – Empregados de empresa de processamento de dados.

CDHU
OJ-SDI-1 T 28 – CONESP. Sucessão trabalhista.

CEAGESP
OJ-SDI-1 T 11 – Complementação de aposentadoria integral. Norma regulamentar.

CÉDULA DE CRÉDITO RURAL
OJ-SDI-1 226 – Execução de sentença. Crédito trabalhista. Penhorabilidade.

CEEE
OJ-SDI-1 T 29 – Equiparação salarial. Quadro de carreira. Reestruturação em 1991. Válido.

CERCEAMENTO DE DEFESA
SÚM. 74, II – Confissão ficta. Confronto com prova pré-constituída. Produção de prova posterior. CPC, art. 400, I. (incorporação da OJ 184 da SDI-1)

SÚM. 403, I – Art. 485, III, do CPC. Silêncio da parte vencedora. Fato desfavorável. Descaracterizado o dolo processual. (conversão da OJ 125 da SDI-2)

CERTIDÃO DE PUBLICAÇÃO
OJ-SDI-1 90 – CANCELADA – Agravo de instrumento. Traslado. Certidão de publicação do acórdão regional. Instrução Normativa n. 6/96. (cancelada em decorrência da nova redação conferida ao art. 897 da CLT pela Lei n. 9.756/98)

OJ-SDI-1 284 – Agravo de instrumento. Traslado. Etiqueta adesiva imprestável para aferição da tempestividade.

OJ-SDI-1 287 – Autenticação. Documentos distintos. Cópia. Verso e anverso. Despacho denegatório do recurso de revista e certidão de publicação. (conversão da OJ Transitória 22 da SDI-1)

OJ-SDI-1 T 17 – Agravo de instrumento. Traslado. Certidão de publicação do acórdão dos embargos declaratórios. Comprovação de tempestividade da revista. Lei n. 9.756/98.

OJ-SDI-1 T 18 – Agravo de instrumento. Traslado. Certidão de publicação do acórdão regional. Comprovação de tempestividade. Lei n. 9.756/98.

OJ-SDI-1 T 20 – Agravo de instrumento. Interposição pelo Ministério Público. Comprovação da tempestividade. Juntada da cópia da intimação pessoal. Lei Complementar n. 75/93, art. 84, IV.

CERTIDÃO DE TRÂNSITO EM JULGADO
Ver Trânsito em Julgado.

CESSÃO
SÚM. 6, V – Equiparação salarial. Empregado cedido. Função em órgão governamental estranho à cedente. Responsabilidade pelos salários. (incorporação da Súm. 111)

SÚM. 50 – Servidor público cedido. Gratificação natalina.

SÚM. 116 – CANCELADA – Funcionário público cedido. Reajuste salarial. Lei n. 4.345/64. (cancelada – Res. 121/03, DJ 21.11.03)

SÚM. 252 – CANCELADA – Funcionário público cedido. Reajuste salarial. Lei n. 4.345/64. (cancelada – Res. 121/03, DJ 21.11.03)

CHEQUE
OJ-SDI-1 251 – Sem fundos. Desconto salarial. Frentista.

PN 14 – Desconto salarial. Cheques não compensados ou sem fundos.

PN 117 – Salário. Pagamento com cheque.

CHEQUE-RANCHO

OJ-SDI-1 T 7 – Banrisul. Integração. Complementação de aposentadoria. (incorporação da OJ Transitória 8 da SDI-1)

CIGARRO

SÚM. 367, II – Salário-utilidade. Integração. (conversão da OJ 24 da SDI-1)

CIPA

SÚM. 339, I – Suplente. Estabilidade provisória. Garantia de emprego a partir da CF/88. (incorporação da OJ 25 da SDI-1)

SÚM. 339, II – Suplente. Estabilidade provisória. Extinção do estabelecimento. (incorporação da OJ 329 da SDI-1)

OJ-SDI-2 6 – Suplente. Estabilidade provisória. Ação rescisória. Decisão rescindenda anterior à Súm. 339. Matéria constitucional. ADCT, art. 10, II. Súm. 83. (nova redação – DJ 22.08.05)

PN 25 – CANCELADO – Eleição de seus membros. (cancelado – Res. 81/98, DJ 20.08.98)

PN 51 – CANCELADO – Suplentes. Garantia de emprego. (cancelado – Res. 81/98, DJ 20.08.98)

CISÃO DE EMPRESAS

OJ-SDI-1 T 30 – PROFORTE. Cisão parcial de empresa. Responsabilidade solidária. Constatação de fraude.

CITAÇÃO

SÚM. 406, II – Ação rescisória. Réu sindicato. Substituto processual na ação originária. Legitimidade passiva "ad causam". Inexistência de litisconsórcio passivo necessário. (conversão da OJ 110 da SDI-2)

OJ-SDI-1 80 – CONVERTIDA – Ação rescisória. Réu sindicato. Substituto processual na ação originária. Litisconsórcio passivo necessário. (convertida na OJ 110 da SDI-2)

CLÁUSULAS

OJ-SDI-1 54 – Cláusula Penal. Multa. Valor superior ao principal. Código Civil de 2002, art. 412. (art. 920 do Código Civil de 1916).

OJ-SDI-1 322 – Cláusula de termo aditivo. Acordo coletivo de trabalho. Prorrogação do acordo para prazo indeterminado.

OJ-SDC 32 – Fundamentação das cláusulas. Reivindicações da categoria. Aplicação do Precedente Normativo n. 37 do TST.

CLÁUSULA COLETIVA

Ver Norma Coletiva.

CLÁUSULA DE RESERVA DE PLENÁRIO

STF SÚM. VINCULANTE 10.

COBRANÇA

PN 15 – Comissão sobre cobrança. Vendedor.

PN 61 – Cobrança de títulos. Inadimplemento do cliente.

COISA JULGADA

SÚM. 299, IV – Ação rescisória. Vício de intimação da decisão rescindenda. Ausência da formação da coisa julgada material. Carência de ação. (incorporação da OJ 96 da SDI-2)

SÚM. 397 – Ação rescisória. CPC, art. 485, IV. Ação de Cumprimento. Ofensa à coisa julgada. Sentença normativa modificada em grau de recurso. Exceção de preexecutividade e mandado de segurança. Cabimento. (conversão da OJ 116 da SDI-2)

SÚM. 398 – Ação rescisória. Ausência de defesa. Inaplicáveis os efeitos da revelia. (conversão da OJ 126 da SDI-2)

SÚM. 401 – Ação rescisória. Descontos previdenciários e fiscais. Fase de execução. Sentença omissa. Coisa julgada. (conversão da OJ 81 da SDI-2)

SÚM. 405, II – Ação rescisória. Pedido de antecipação de tutela. Recebimento como medida acautelatória. (conversão das OJs 1, 3 e 121 da SDI-2)

OJ-SDI-1 262 – Planos econômicos. Limitação à data-base na fase de execução.

OJ-SDI-1 277 – Ação de cumprimento fundada em decisão normativa. Reforma posterior. Coisa julgada. Não configuração.

OJ-SDI-2 35 – Ação rescisória. Planos econômicos. Limitação à data-base na fase de execução.

OJ-SDI-2 99 – Mandado de segurança. Cabimento. Esgotamento de todas as vias processuais disponíveis. Trânsito em julgado formal.

OJ-SDI-2 101 – Ação rescisória. CPC, art. 485, IV. Necessidade de fixação de tese na decisão rescindenda.

OJ-SDI-2 132 – Ação rescisória. Acordo homologado judicialmente. Quitação. Alcance.

OJ-SDI-2 121 – CONVERTIDA – Ação rescisória. Pedido de antecipação de tutela. Descabimento. (convertida na Súm. 405, II)

OJ-SDI-2 123 – Decisão exequenda e recindenda. Interpretação do sentido e alcance do título executivo. Coisa julgada. CF/88, art. 5º, XXXVI. (nova redação – DJ 22.08.05)

OJ-SDI-2 134 – Ação rescisória. Decisão rescindenda. Preclusão declarada. Formação da coisa julgada formal. Impossibilidade jurídica do pedido.

OJ-TP 6 – Precatório. Execução. Limitação da condenação imposta pelo título judicial exequendo a data do advento da Lei n. 8.112, de 11.12.1990.

COLUSÃO

SÚM. 100, VI – Ação rescisória. Decadência. Ministério Público. "Dies a quo". Colusão das partes. (incorporação da OJ 122 da SDI-2)

OJ-SDI-2 94 – Ação rescisória. Fraude à lei. Reclamatória simulada extinta.

OJ-SDC 33 – CANCELADA – Ação rescisória. Ministério Público. Legitimidade restrita. CPC, art. 487, I e III. (cancelada, DJ 22.08.05)

COMISSIONISTA
Ver Comissões.

COMISSÕES
SÚM. 27 – Comissionista. Repouso remunerado e feriados.

SÚM. 56 – CANCELADA – Comissionista. Balconista. Adicional de horas extras. (cancelada – Res. 121/03, DJ 21.11.03)

SÚM. 340 – Comissionista. Adicional de horas extras. (nova redação – Res. 121/03, DJ 21.11.03)

OJ-SDI-1 175 – Alteração ou supressão. Prescrição total. (nova redação em decorrência da incorporação da Orientação Jurisprudencial n. 248 da SBDI-1, DJ 22.11.05)

OJ-SDI-1 181 – Valor corrigido monetariamente. Cálculo. Férias, 13º salário e verbas rescisórias.

OJ-SDI-1 248 – CANCELADA – Alteração. Prescrição total. Súmula n. 294. Aplicável. Inserida em 13.03.02 – (cancelada em decorrência da sua incorporação à Orientação Jurisprudencial n. 175 da SBDI-1, DJ 22.11.05)

OJ-SDI-1 T 45 – Comissionista puro. Abono. Lei n. 8.178/91. Incorporação. (conversão da OJ 180 da SDI-1)

PN 5 – Anotação. CTPS.

PN 15 – Comissão sobre cobrança. Vendedor.

PN 40 – CANCELADA – Comissionista. Repouso semanal. Cálculo. (cancelada – Res. 81/98, DJ 20.08.98)

PN 97 – Estorno.

COMPENSAÇÃO
SÚM. 18 – Dívida trabalhista.

SÚM. 48 – Arguição. Contestação.

SÚM. 87 – Benefício de previdência privada criada pela empresa. Vantagem equivalente. Norma regulamentar anterior. Compensação.

SÚM. 109 – Gratificação de função. Horas extras. Bancário. CLT, art. 224, § 2º. (nova redação – RA 97/80, DJ 19.09.80)

SÚM. 145 – CANCELADA – Gratificação natalina. Lei n. 4.090/62. (cancelada – Res. 121/03, DJ 21.11.03)

SÚM. 202 – Gratificação por tempo de serviço. Vantagem de mesma natureza instituída por instrumento coletivo. Simultaneidade.

OJ-SDI-1 325 – Aumento salarial concedido pela empresa. Compensação no ano seguinte em antecipação sem a participação do sindicato profissional. Impossibilidade.

OJ-SDI-1 356 – Programa de incentivo à demissão voluntária (PDV). Créditos trabalhistas reconhecidos em juízo. Compensação. Impossibilidade. DJ 14.03.2008.

COMPENSAÇÃO DE HORÁRIO
SÚM. 85, I – Acordo individual escrito, acordo coletivo ou convenção coletiva. Instrumentos. Validade.

SÚM. 85, II – Acordo individual. Validade. Norma coletiva em sentido contrário. (incorporação da OJ 182 da SDI-1)

SÚM. 85, III – Não atendimento das exigências legais. Acordo tácito. Horas extras. Adicional. (incorporação da OJ 223 da SDI-1)

SÚM. 85, IV – Horas extras habituais. Descaracterização. (incorporação da OJ 220 da SDI-1)

SÚM. 108 – CANCELADA – Acordo escrito. Possibilidade. Exceção do trabalho da mulher. (cancelada – Res. 85/98 DJ 20.08.98)

SÚM. 146 – Domingos e feriados trabalhados e não compensados. Pagamento em dobro. (nova redação – Res. 121/03, DJ 21.11.03)

SÚM. 349 – Acordo ou convenção coletivos. Atividade insalubre. Validade.

OJ-SDI-1 223 – Acordo individual tácito. (incorporada à Súm. 85, III)

OJ-SDI-1 323 – "Semana espanhola". Validade.

PN 68 – Trabalhador rural. Chefe de família. Faltas ao serviço sem remuneração ou mediante compensação mas sem prejuízo do repouso remunerado para efetuar compras.

COMPENSAÇÃO DE JORNADA
Ver Compensação de Horário.

COMPETÊNCIA
SÚM. 19 – Quadro de carreira. Competência da Justiça do Trabalho.

SÚM. 75 – CANCELADA – Ferroviário. Funcionário público. Competência da Justiça do Trabalho. (cancelada – Res. 121/03, DJ 21.11.03)

SÚM. 106 – Complementação de aposentadoria. Ferroviário. RFFSA. Competência da Justiça do Trabalho.

SÚM. 123 – CANCELADA – Contrato por tempo determinado. Servidor temporário. Lei (estadual ou municipal) que estabelece o regime jurídico. CF, art. 106. Competência. Justiça do Trabalho. (cancelada – Res. 121/03, DJ 21.11.03)

SÚM. 150 – CANCELADA – Atos institucionais. Demissão do empregado. Reintegração. Indenização. Incompetência da Justiça do Trabalho. (cancelada – Res. 121/03, DJ 21.11.03)

SÚM. 176 – Levantamento do FGTS. Competência da Justiça do Trabalho. (nova redação – Res. 121/03, DJ 21.11.03)

SÚM. 179 – CANCELADA – Inconstitucionalidade. Art. 22 da Lei n. 5.107/66. Competência da Justiça do Trabalho. (cancelada – Res. 121/03, DJ 21.11.03)

SÚM. 189 – Greve. Abusividade. Competência da Justiça do Trabalho. (nova redação – Res. 121/03, DJ 21.11.03)

SÚM. 192, I – Ação rescisória. Competência do TRT. Recurso de revista ou de embargos não conhecidos. (nova redação – Res. 121/03, DJ 21.11.03)

SÚM. 192, II – Ação rescisória. Competência do TST. Recurso de revista ou de embargos não conhecidos. Súm. 333. (nova redação – Res. 121/03, DJ 21.11.03)

SÚM. 224 – CANCELADA – Ação de cumprimento. Recolhimento de desconto assistencial. Sindicato. Incompetência da Justiça do Trabalho. (cancelada – Res. 121/03, DJ 21.11.03)

SÚM. 300 – Cadastramento no PIS. Justiça do Trabalho.

SÚM. 334 – CANCELADA – Ação de cumprimento. Recolhimento de desconto assistencial. Sindicato. Incompetência da Justiça do Trabalho. (cancelada – Res. 59/96, DJ 28.06.96)

SÚM. 368, I – Descontos previdenciários e fiscais. Competência. Responsabilidade pelo pagamento. Forma de cálculo. Limitação. Sentença e acordo. (conversão da OJ 141 da SDI-1)

SÚM. 389, I – Seguro-desemprego. Não fornecimento das guias. Competência material da Justiça do Trabalho. (conversão da OJ 210 da SDI-1)

SÚM. 392 – Dano moral. Relação de trabalho. Competência da Justiça do Trabalho. (conversão da OJ 327 da SDI-1)

SÚM. 411 – Ação rescisória. Sentença de mérito. Decisão de TRT em agravo regimental confirmando decisão monocrática do relator que, aplicando a Súm. 83 do TST, indeferiu a petição inicial da ação rescisória. Competência do TST. (conversão da OJ 43 da SDI-2)

SÚM. 419 – Execução por carta. Competência do juízo deprecante. Embargos de terceiro. (conversão da OJ 114 da SDI-2)

SÚM. 420 – Competência funcional. Conflito negativo. TRT e vara do trabalho de idêntica região. (conversão da OJ 115 da SDI-2)

OJ-SDI-1 26 – Complementação de pensão. Viúva de ex-empregado. Competência da Justiça do Trabalho.

OJ-SDI-1 138 – Competência residual da Justiça do Trabalho. Período anterior à Lei n. 8.112/90. Limitação da execução ao período celetista. (incorporação da OJ 249 da SDI-1)

OJ-SDI-1 205, I – CANCELADA – Competência material. Justiça do Trabalho. Ente Público. Contratação irregular. Regime especial. Desvirtuamento. (cancelada pela Res. n. 156/09 – DEJT 27, 28 e 29.04.09)

OJ-SDI-1 205, II – CANCELADA – Competência material. Justiça do Trabalho. Ente Público. Contratação irregular. Regime especial. Desvirtuamento. (cancelada pela Res. n. 156/09 – DEJT 27, 28 e 29.04.09).

OJ-SDI-1 263 – CANCELADA – Contrato por tempo determinado. Natureza administrativa. Lei especial (estadual ou municipal). Incompetência da Justiça do Trabalho. (cancelada, DJ 14.09.04)

OJ-SDI-1 290 – CANCELADA – Contribuição sindical patronal. Ação de cumprimento. Incompetência da Justiça do Trabalho. (cancelada, DJ 05.07.05)

OJ-SDI-1 320 – CANCELADA – Sistema de protocolo integrado. Norma interna. Eficácia limitada a recursos da competência do TRT que a editou. CLT, art. 896, § 1º. (cancelada, DJ 14.09.04)

OJ-SDI-2 7 – Ação rescisória. Decisão rescindenda oriunda do TRT da 1ª Região. Competência funcional. Criação do TRT da 17ª Região. Lei n. 7.872/89. CLT, art. 678, I, "c", item 2. (nova redação – DJ 22.08.05)

OJ-SDI-2 42 – CANCELADA – Ação rescisória. Sentença de mérito. Acórdão rescindendo do TST não conhecido.

Súm. 333. Competência do TST. Súm. 192. (cancelada em decorrência da redação conferida à Súm. 192, II, pela Res. 121/03, DJ 21.11.03)

OJ-SDI-2 68 – Antecipação de tutela. Relator nos Tribunais. Colegiado. (nova redação – DJ 22.08.05)

OJ-SDI-2 124 – Ação rescisória. Arguição de incompetência absoluta. CPC, art. 485, II. Prequestionamento inexigível.

OJ-SDI-2 129 – Ação anulatória. Competência originária.

OJ-SDI-2 130 – Ação civil pública. Competência territorial. Extensão do dano causado ou a ser reparado. Aplicação analógica do art. 93 do Código de Defesa do Consumidor.

OJ-SDI-2 138 – CANCELADA – Mandado de segurança. Incompetência da Justiça do Trabalho. Cobrança de honorários advocatícios. Contrato de natureza civil – (cancelada – DJ 10.05.2006)

OJ-SDC 4 – CANCELADA – Disputa por titularidade de representação. Incompetência da Justiça do Trabalho. (cancelada – DJ 18.10.2006)

OJ-SDC 9 – Dissídio coletivo. Categoria profissional diferenciada. Enquadramento sindical. Incompetência material da Justiça do Trabalho.

PN 10 – Banco do Brasil como parte em dissídio coletivo. Incompetência. TRT. (nova redação – Res. 86/98, DJ 15.10.98)

PN 23 – CANCELADO – Criação de feriados. Incompetência. Justiça do Trabalho. (cancelado – Res. 86/98, DJ 15.10.98)

PN 29 – Greve. Competência dos Tribunais para declará-la abusiva.

OJ-TP 4 – Mandado de segurança. Decisão de TRT. Incompetência originária do TST.

EN 23 – Competência da Justiça do Trabalho. Ação de cobrança de honorários advocatícios. Ausência de relação de consumo.

EN 24 – Competência da Justiça do Trabalho. Conflitos inter e intrassindicais.

EN 36 – Acidente do trabalho. Competência. Ação ajuizada por herdeiro, dependente ou sucessor.

EN 63 – Competência da Justiça do Trabalho. Procedimento de jurisdição voluntária. Liberação do FGTS e pagamento do seguro-desemprego.

EN 64 – Competência da Justiça do Trabalho. Prestação de serviço por pessoa física. Relação de consumo subjacente. Irrelavância.

EN 65 – Ações decorrentes da nova competência da Justiça do Trabalho – Procedimento da CLT.

EN 74 – Contribuições devidas a terceiros. Incompetência da Justiça do Trabalho.

STF – SÚM. Vinculante 22.

STF – SÚM. Vinculante 23.

COMPETÊNCIA DO PRESIDENTE DO TRT

OJ-TP 2 – Precatório. Revisão de cálculos. Requisitos. Limites da competência do Presidente do TRT.

COMPLEMENTAÇÃO DE APOSENTADORIA

SÚM. 52 – Adicional de tempo de serviço (quinquênio). Lei n. 4.345/64, art. 19.

SÚM. 92 – Regulamento da empresa. Instituição de benefício previdenciário por órgão oficial. Inalterabilidade.

SÚM. 97 – Instituída por ato da empresa. Regulamentação. (nova redação – RA 96/80, DJ 11.09.80)

SÚM. 106 – Ferroviário. RFFSA. Competência da Justiça do Trabalho.

SÚM. 288 – Normas da empresa. Data da admissão do empregado.

SÚM. 313 – Proporcionalidade. Norma regulamentar. Banespa.

SÚM. 332 – Petrobras. Manual de pessoal. Norma programática.

SÚM. 326 – Prescrição total. Parcela nunca recebida.

SÚM. 327 – Prescrição parcial. Diferenças. (nova redação – Res. 121/03, DJ 21.11.03)

OJ-SDI-1 18, I – Banco do Brasil. Complementação de aposentadoria. Integração. Horas extras. (nova redação – Res. 129/05, DJ 20.04.05)

OJ-SDI-1 18, II – Banco do Brasil. Teto. Adicionais AP e ADI. (incorporação da OJ 21 da SDI-1)

OJ-SDI-1 18, III – Banco do Brasil. Média trienal. (incorporação das OJs 19 e 289 da SDI-1)

OJ-SDI-1 18, IV – Banco do Brasil. Proporcionalidade. Circ. Funci 436/63. (incorporação da OJ 20 da SDI-1)

OJ-SDI-1 18, V – Banco do Brasil. Telex Direc 5003/87. (incorporação da OJ 136 da SDI-1)

OJ-SDI-1 156 – Diferenças. Prescrição total.

OJ-SDI-1 224 – Reajuste anual. Princípio "rebus sic stantibus". Medida Provisória n. 542/94. Lei n. 9.069/95. (nova redação – Res. 129/05, DJ 20.04.05)

OJ-SDI-1 276 – Ação declaratória. Cabimento.

OJ-SDI-1 289 – Banco do Brasil. Média trienal valorizada. (incorporada à OJ 18, III, da SDI-1)

OJ-SDI-2 8 – Banespa. Ação rescisória. Decisão rescindenda anterior à Súm. 313. Súm. 83. (nova redação – DJ 22.08.05)

OJ-SDI-1 T 7 – Banrisul. ADI e cheque-rancho. Integração. (incorporação da OJ Transitória 8 da SDI-1)

OJ-SDI-1 T 11 – CEAGESP. Norma regulamentar.

OJ-SDI-1 T 24 – CVRD (VALIA). Abono aposentadoria. Reajuste.

OJ-SDI-1 T 25 – Banco Meridional. Reajuste salarial. Extensão.

OJ-SDI-1 T 32 – Banco do Brasil. Sucumbência. Inversão.

OJ-SDI-1 T 40 – Banrisul. Resolução 1.600/64. Lei n. 6.435/77. Súmulas nos 51 e 288. (conversão da OJ 155 da SDI-1)

OJ-SDI-1 T 41 – Fundação Clemente de Faria. Banco Real. (conversão da OJ 157 da SDI-1)

OJ-SDI.1 T 46 – Banco Itaú. Idade mínima. Circular BB-05/66. RP-40/74. (conversão da OJ 183 da SDI-1)

OJ-SDI-1 T 51 – CEF. Auxílio-alimentação. Supressão. Súmulas ns. 51 e 288. (conversão da OJ 250 da SDI-1)

OJ-SDI-1 T 62 – Petrobras. Complementação de aposentadoria. Avanço de nível. Concessão de parcela por acordo coletivo apenas para os empregados da ativa. Extensão para os inativos. Art. 41 do regulamento do plano de benefícios da Petros. (DEJT 03.12.2008)

OJ-SDI-1 T 63 – Petrobras. Complementação de aposentadoria. Integralidade. Condição. Idade mínima. Lei n. 6.435, de 15.07.1977. (DEJT 03.12.2008)

COMPLEMENTAÇÃO DE PENSÃO

OJ-SDI-1 26 – Competência da Justiça do Trabalho. Viúva de ex-empregado.

OJ-SDI-1 129 – Prescrição. Marco inicial.

CONCURSO PÚBLICO

SÚM. 363 – Ausência de concurso público. Contrato nulo. Servidor público. Efeitos financeiros. (nova redação – Res. 121/03, DJ 21.11.03)

SÚM. 390, II – Estabilidade do art. 41 da CF/88. Servidor público celetista. Empresa pública e sociedade de economia mista. (conversão da OJ 229 da SDI-1)

OJ-SDI-1 65 – Professor adjunto. Ingresso no cargo de professor titular. CF/88, arts. 37, II e 206, V.

OJ-SDI-1 85 – Ausência de concurso público. Contrato nulo. Servidor público. Efeitos financeiros. CF/88, art. 37, II e § 2º. (convertida na Súm. 363)

OJ-SDI-1 335 – Ausência de concurso público. Contrato nulo. Administração pública. Efeitos. Conhecimento do recurso por violação do art. 37, II e § 2º, da CF/88.

OJ-SDI-1 338 – Ausência de concurso público. Contrato nulo. Ministério Público do Trabalho. Legitimidade para recorrer. Sociedade de economia mista e empresa pública.

OJ-SDI-2 10 – Ausência de concurso público. Contrato nulo. Servidor. Administração pública. Ação rescisória. Indicação expressa. CF/88, art. 37, II e § 2º.

OJ-SDI-2 38 – Ação rescisória. Professor adjunto. Ingresso no cargo de professor titular. Concurso público. Lei n. 7.596/87. Decreto n. 94.664/87. CF/88, art. 206, V.

OJ-SDI-2 128 – Anulado posteriormente. Ação rescisória. Aplicação da Súm. 363.

OJ-SDI-1 T 14 – Defensoria pública. Opção pela carreira.

CONDENAÇÃO EM PECÚNIA

SÚM. 99 – Ação rescisória. Depósito recursal. Recurso ordinário. Pedido rescisório procedente. Condenação em pecúnia. Prazo. Deserção. (incorporação da OJ 117 da SDI-2)

SÚM. 161 – Depósito prévio. Ausência de condenação em pecúnia. Indevido.

CONDENAÇÃO SOLIDÁRIA

SÚM. 128, III – Depósito recursal. Deserção. (incorporação da OJ 190 da SDI-1)

SÚM. 205 – CANCELADA – Integrante de grupo econômico, que não participou da relação processual. Execução. (cancelada – Res. 121/03, DJ 21.11.03)

CONDUTA ANTISSINDICAL

EN 25 – Conduta antissindical. Participação em greve. Dispensa do trabalhador.

EN 26 – Conduta antissindical. Criação de CCP sem o aval do sindicato laboral.

EN 27 – Conduta antissindical. Financiamento pelo empregador. Vedação.

CONESP

OJ-SDI-1 T 28 – CDHU. Sucessão trabalhista.

CONFISSÃO

SÚM. 69 – Revelia. Lei n. 10.272/01. Verbas rescisórias não quitadas na primeira audiência. Acréscimo de 50%. Pagamento em dobro até o advento da Lei n. 10.272/01 (nova redação – Res. 121/03, DJ 21.11.03)

SÚM. 74, I – Não comparecimento à audiência na qual deveria depor.

SÚM. 74, II – Ficta. Confronto com prova pré-constituída. Produção de prova posterior. Cerceamento de defesa. CPC, art. 400, I. (incorporação da OJ 184 da SDI-1)

SÚM. 398 – Ação rescisória. Ausência de defesa. Inaplicáveis os efeitos da revelia. (conversão da OJ 126 da SDI-2)

SÚM. 404 – Ação rescisória. Fundamento para invalidar confissão. Inadequação do enquadramento no art. 485, VIII, do CPC. (conversão da OJ 108 da SDI-2)

CONFLITO DE COMPETÊNCIA

SÚM. 420 – Competência funcional. Conflito negativo. TRT e Vara do Trabalho de idêntica região. (conversão da OJ 115 da SDI-2)

OJ-SDI-2 149 – Conflito de competência. Incompetência territorial. Hipótese do art. 651, § 3º, da CLT. Impossibilidade de declaração de ofício de incompetência relativa. (DEJT 03.12.2008)

CONFLITO DE LEIS TRABALHISTAS NO ESPAÇO

SÚM. 207 – Princípio da "lex loci executionis". Prestação de serviço. Contratação.

CONSTITUCIONALIDADE

SÚM. 141 – CANCELADA – Art. 2º da Lei n. 4.725/65. Reajustamento salarial. Dissídio coletivo. (cancelada – Res. 121/03, DJ 21.11.03)

SÚM. 162 – CANCELADA – Art. 3º do Decreto-lei n. 389/68. Insalubridade. (cancelada – Res. 59/96, DJ 28.06.96)

SÚM. 179 – CANCELADA – Inconstitucionalidade. Art. 22 da Lei n. 5.107/66. Competência da Justiça do Trabalho. (cancelada – Res. 121/03, DJ 21.11.03)

SÚM. 190 – Poder normativo do TST. Condições de trabalho. Inconstitucionalidade. Decisões contrárias às do STF.

SÚM. 273 – CANCELADA – Decretos-leis ns. 2.012/83 e 2.045/83. Reajuste salarial. (cancelada – Res. 121/03, DJ 21.11.03)

SÚM. 312 – Art. 896, alínea "b", da CLT. Lei n. 7.701/88.

SÚM. 336 – Art. 9º, § 2º, do Decreto-lei n. 1.971/82.

SÚM. 378, I – Art. 118 da Lei n. 8.213/91. Estabilidade provisória. Acidente do trabalho. (conversão da OJ 105 da SDI-1)

OJ-SDI-1 148 – Art. 31 da Lei n. 8.880/94. Dispensa sem justa causa. Indenização. (nova redação – Res. 129/05, DJ 20.04.05)

OJ-SDI-2 73 – Art. 557 do CPC. Decisão exarada pelo Relator, sem a participação do Colegiado. CF/88, art. 93, IX. Lei n. 9.756/98.

OJ-SDC 17 – Contribuições para entidades sindicais. Cláusulas coletivas. Inconstitucionalidade. Extensão a não associados.

PN 56 – Decretos-leis ns. 2.012/83, 2.024/83 e 2.045/83.

CONTESTAÇÃO

SÚM. 48 – Compensação. Arguição. Contestação.

OJ-SDI-2 146 – Ação rescisória. Início do prazo para apresentação da contestação. CLT, art. 774.

CONTRATO DE CONCESSÃO DE SERVIÇO PÚBLICO

OJ-SDI-1 225, I – Sucessão trabalhista. Responsabilidade. Contrato de trabalho extinto após a vigência da concessão. (nova redação – Res. 129/05, DJ 20.04.05)

OJ-SDI-1 225, II – Sucessão trabalhista. Responsabilidade. Contrato de trabalho extinto antes da vigência da concessão. (nova redação – Res. 129/05, DJ 20.04.05)

CONTRATO DE EXPERIÊNCIA

SÚM. 163 – Aviso prévio. CLT, art. 481.

PN 18 – CANCELADO – Cópia do contrato para sindicato. (cancelado – Res. 86/98, DJ 15.10.98)

SÚM. 188 – Prorrogação. Limite máximo de 90 (noventa) dias.

SÚM. 244, III – Gestante. Estabilidade provisória. (incorporação da OJ 196 da SDI-1)

SÚM. 260 – CANCELADA – Salário-maternidade. (cancelada – Res. 121/03, DJ 21.11.03)

OJ-SDC 25 – Salário normativo estabelecido com base em tempo de serviço. Princípio de isonomia salarial. Violação não configurada.

PN 75 – CANCELADO – Readmissão. (cancelado – Res. 81/98, DJ 20.08.98)

CONTRATO DE PRESTAÇÃO DE SERVIÇOS

SÚM. 256 – CANCELADA – Legalidade. (cancelada – Res. 121/03, DJ 21.11.03)

SÚM. 331, I – Irregularidade. Vínculo de emprego.

SÚM. 331, II – Irregularidade. Vínculo de emprego. Órgãos da administração pública direta, indireta ou fundacional. CF/88, art. 37, II.

SÚM. 331, III – Vínculo de emprego. Serviços de vigilância (Lei n. 7.102/83) e de conservação e limpeza, serviços especializados ligados à atividade-meio.

SÚM. 331, IV – Inadimplemento das obrigações trabalhistas. Responsabilidade subsidiária.

CONTRATO DE TRABALHO

Ver também Rescisão Contratual.

Ver também Alteração Contratual.

Ver também Trabalhador Rural.

SÚM. 129 – Duplicidade. Grupo econômico.

SÚM. 156 – Prescrição. Soma de períodos descontínuos de trabalho.

SÚM. 186 – Licença-prêmio. Conversão em pecúnia. Regulamento da empresa. (nova redação – Res. 121/03, DJ 21.11.03)

SÚM. 207 – Conflito de leis trabalhistas no espaço. Princípio da "lex loci executionis".

SÚM. 269 – Suspensão do contrato de trabalho. Diretor eleito. Tempo de serviço.

SÚM. 363 – Nulo. Ausência de concurso público. Servidor público. Efeitos financeiros. (nova redação – Res. 121/03, DJ 21.11.03)

SÚM. 382 – Regime celetista para estatutário. Extinção do contrato. Prescrição bienal. (conversão da OJ 128 da SDI-1)

OJ-SDI-1 85 – Nulo. Servidor público. Ausência de concurso público. Efeitos financeiros. CF/88, art. 37, II e § 2º. (convertida na Súm. 363)

OJ-SDI-1 177 – CANCELADA – Extinção. Aposentadoria espontânea. Multa de 40% do FGTS. Indevida. (cancelada – DJ 30.10.2006)

OJ-SDI-1 185 – Associação de Pais e Mestres – APM. Responsabilidade solidária ou subsidiária do Estado. Inexistência.

OJ-SDI-1 199 – Jogo do bicho. Objeto ilícito. Código Civil de 2002, arts. 104 e 166.

OJ-SDI-1 270 – Programa de incentivo à demissão voluntária. Transação extrajudicial. Quitação total.

OJ-SDI-1 335 – Ausência de concurso público. Contrato nulo. Administração pública. Efeitos. Conhecimento do recurso por violação do art. 37, II e § 2º, da CF/88.

OJ-SDI-1 338 – Nulo. Ausência de aprovação em concurso público. Ministério Público do Trabalho. Legitimidade para recorrer. Sociedade de economia mista e empresa pública.

OJ-SDI-1 350 – ALTERADA – Ministério Público do Trabalho. Nulidade do contrato de trabalho não suscitada pelo ente público no momento da defesa. Arguição em parecer. Possibilidade. (alterada pela Res. 162/09 – DEJT 20, 23 e 24.11.09)

OJ-SDI-1 362 – Contrato nulo. Efeitos. FGTS. Medida Provisória 2.164-41, de 24.08.2001, e art. 19-A da Lei n. 8.036, de 11.05.1990. Irretroatividade. (DJ 20.05.2008)

OJ-SDI-2 10 – Ausência de concurso público. Contrato nulo. Servidor. Administração pública. Ação rescisória. Indicação expressa. CF/88, art. 37, II e § 2º.

OJ-SDI-2 128 – Concurso público anulado posteriormente. Ação rescisória. Aplicação da Súm. 363.

OJ-SDI-1 T 31 – Planos Bresser e Verão. Acordo coletivo autorizando a quitação com folgas remuneradas. Conversão em pecúnia após a extinção do contrato de trabalho. Aposentadoria voluntária.

PN 55 – Jornalista.

CONTRATO POR PRAZO DETERMINADO

SÚM. 2 – CANCELADA – Safra. Gratificação natalina proporcional. Lei n. 4.090/62. (cancelada – Res. 121/03, DJ 21.11.03)

SÚM. 125 – Indenização. Dispensa sem justa causa. Opção. FGTS. CLT, art. 479. Decreto n. 59.820/66, art. 30, § 3º.

OJ-SDI-1 205, II – Competência material da Justiça do Trabalho. Contratação irregular. Ente público. Regime especial. Desvirtuamento. CF/88, art. 37, IX. (item inserido pela Res. 129/05, DJ 20.04.05)

OJ-SDI-1 263 – CANCELADA – Natureza administrativa. Lei especial (estadual ou municipal). Incompetência da Justiça do Trabalho. (cancelada, DJ 14.09.04)

CONTRATO POR PRODUÇÃO

Ver Salário por Produção.

CONTRATO POR SAFRA

SÚM. 2 – CANCELADA – Gratificação natalina proporcional. Lei n. 4.090/62. (cancelada – Res. 121/03, DJ 21.11.03)

CONTRIBUIÇÃO PREVIDENCIÁRIA

SÚM. 368, I – Competência. Responsabilidade pelo pagamento. Forma de cálculo. Limitação. Sentença e acordo. (conversão da OJ 141 da SDI-1)

SÚM. 368, II – Responsabilidade pelo recolhimento. Sentenças trabalhistas. Critério de apuração dos descontos fiscais. (conversão das OJs 32 e 228 da SDI-1)

SÚM. 368, III – Critério de apuração. (conversão das OJs 32 e 228 da SDI-1)

SÚM. 401 – Ação rescisória. Descontos previdenciários e fiscais. Fase de execução. Sentença omissa. Coisa julgada. (conversão da OJ 81 da SDI-2)

OJ-SDI-1 363 – Descontos previdenciários e fiscais. Condenação do empregador em razão do inadimplemento de verbas remuneratórias. Responsabilidade do empregado pelo pagamento. Abrangência. (DJ 20.05.2008)

OJ-SDI-1 368 – Descontos previdenciários. Acordo homologado em juízo. Inexistência de vínculo empregatício. Parcelas indenizatórias. Ausência de discriminação. Incidência sobre o valor total. (DEJT 03.12.2008)

CONTRIBUIÇÃO SINDICAL E ASSISTENCIAL

OJ-SDI-1 290 – CANCELADA – Contribuição sindical. Patronal. Ação de cumprimento. Incompetência da Justiça do Trabalho. (cancelada, DJ 05.07.05)

OJ-SDC 17 – Contribuições para entidades sindicais. Cláusulas coletivas. Inconstitucionalidade. Extensão a não associados.

PN 41 – Relação nominal de empregados.

PN 119 – Contribuições sindicais. Inobservância de preceitos constitucionais. (nova redação – Res. 82/98, DJ 20.08.98)

CONVENÇÃO COLETIVA DE TRABALHO

Ver também Norma Coletiva.

SÚM. 280 – CANCELADA – Sociedade de economia mista. Audiência prévia do órgão oficial competente. (cancelada – Res. 2/90, DJ 10.01.91)

OJ-SDI-1 T 68 – Convenção Coletiva. Reajuste salarial. Superveniência de acordo em dissídio coletivo. Prevalência (DJe divulgado em 03, 04 e 05.11.2009)

CONVERSÃO EM PECÚNIA

SÚM. 186 – Licença-prêmio. Regulamento da empresa. (nova redação – Res. 121/03, DJ 21.11.03)

OJ-SDI-1 T 31 – Planos Bresser e Verão. Acordo coletivo autorizando a quitação com folgas remuneradas. Conversão em pecúnia após a extinção do contrato de trabalho. Aposentadoria voluntária.

COOPERATIVA

OJ-SDI-1 253 – Diretor eleito. Garantia de emprego. Lei n. 5.764/71. Conselho fiscal.

OJ-SDI-2 53 – Mandado de segurança. Cooperativa em liquidação extrajudicial. Execução. Suspensão. Lei n. 5.764/71, art. 76.

EN 29 – Pedido de registro sindical. Cooperativa. Impossibilidade diante do princípio da unicidade sindical. Não configura categoria para fins de organização sindical, nos termos do art. 511 da CLT e art. 4º da Portaria MTE n. 343/2000.

CORREÇÃO AUTOMÁTICA DE SALÁRIOS

SÚM. 235 – CANCELADA – Servidor do Distrito Federal e autarquias. Correção automática de salários. Lei n. 6.708/79. (cancelada – Res. 121/03, DJ 21.11.03)

SÚM. 273 – CANCELADA – Reajuste salarial. Decretos-leis ns. 2.012/83 e 2.045/83. Constitucionalidade. (cancelada – Res. 121/03, DJ 21.11.03)

SÚM. 319 – Reajustes salariais (gatilhos). Decretos-leis ns. 2.284/86 e 2.302/86. Servidores públicos celetistas.

SÚM. 322 – Diferenças salariais. Planos econômicos. Limitação à data-base.

OJ-SDI-2 71 – Ação rescisória. Salário profissional. Fixação. Múltiplo de salário mínimo. CF/88, art. 7º, IV. (nova redação – DJ 11.11.04)

CORREÇÃO MONETÁRIA

SÚM. 185 – CANCELADA – Juros. Liquidação extrajudicial. (cancelada – Res. 121/03, DJ 21.11.03)

SÚM. 187 – Incidência. Débito trabalhista.

SÚM. 193 – CANCELADA – Juros. Execução de sentença. Pessoa jurídica de direito público. (cancelada – Res. 105/00, DJ 18.12.00)

SÚM. 211 – Juros de mora e correção monetária. Omissão no pedido inicial ou na condenação Inclusão na liquidação.

SÚM. 284 – CANCELADA – Juros. Liquidação extrajudicial. Lei n. 6.024/74. (cancelada – Res. 121/03, DJ 21.11.03)

SÚM. 304 – Débitos trabalhistas. Juros de mora. Liquidação extrajudicial. ADCT/CF, art. 46. (revisão da Súmula n. 284 – Res. 17/1988, DJ 18.03)

SÚM. 311 – Benefício previdenciário devido a dependente de ex-empregado. Aplicação da Lei n. 6.899/81.

SÚM. 381 – Salário. Data-limite para pagamento ultrapassada. Correção monetária. CLT, art. 459. (conversão da OJ 124 da SDI-1)

OJ-SDI-1 28 – Diferenças salariais. Universidades federais. Lei n. 7.596/87. (nova redação – Res. 129/05, DJ 20.04.05)

OJ-SDI-1 28 – Salário. Correção monetária. Diferenças salariais decorrentes da aplicação retroativa da Lei n. 7.596/87. Universidades Federais. (nova redação – Res. 129/05, DJ 20.04.05)

OJ-SDI-1 42, I – FGTS. Multa de 40%. Saques. Lei n. 8.036/90, art. 18, § 1º e Decreto n. 99.684/90, art. 9º, § 1º. (incorporação da OJ 107 da SDI-1)

OJ-SDI-1 181 – Valor das comissões. Cálculo. Férias, 13º salário e verbas rescisórias.

OJ-SDI-1 198 – Honorários periciais. Lei n. 6.899/81, art. 1º.

OJ-SDI-1 300 – Execução trabalhista. Aplicação da TRD cumulada com juros de mora. Constitucionalidade. Lei n. 8.177/91, art. 39 e Lei n. 10.192/01, art. 15. (nova redação – Res.129/05, DJ 20.04.05)

OJ-SDI-1 302 – FGTS. Índice de correção. Débitos trabalhistas.

OJ-SDI-2 11 – Ação rescisória. Lei n. 7.596/87. Universidades federais. Implantação tardia. Plano de classificação de cargos. Súm. 83

OJ-SDI-1 T 54 – Plano Collor. Execução. Índice de 84,32%. Lei n. 7.738/89. (conversão da OJ 203 da SDI-1)

CORRETORES DE TÍTULOS E VALORES MOBILIÁRIOS

SÚM. 119 – Empregados de distribuidoras e corretoras de títulos de valores mobiliários. Jornada especial dos bancários. Equiparação.

CRECHE
PN 22 – Creche. Crianças em idade de amamentação.

CREDENCIAMENTO BANCÁRIO
SÚM. 217 – Depósito recursal. Prova dispensável.

CSN
OJ-SDI-1 T 2 – Licença remunerada. Horas extras habituais.

OJ-SDI-1 T 12 – Adicional de insalubridade e periculosidade. Salário complessivo. Prevalência do acordo coletivo.

OJ-SDI-1 T 13 – Licença remunerada. Aviso prévio. Concomitância.

CULPA RECÍPROCA
SÚM. 14 – Rescisão contratual. Aviso prévio, décimo terceiro e férias proporcionais. (nova redação – Res. 121/03, DJ 21.11.03)

CUMULAÇÃO DE AÇÕES
SÚM. 384, I – Multa. Instrumentos normativos diversos. (conversão da OJ 150 da SDI-1)

CURSOS E REUNIÕES OBRIGATÓRIOS
PN 19 – Hora extra.

CUSTAS PROCESSUAIS
SÚM. 4 – CANCELADA – Depósito recursal. Pessoa jurídica de direito público. (cancelada – Res. 121/03, DJ 19.11.2003, Rep. DJ 25.11.03)

SÚM. 25 – Sentença reformada. Inversão do ônus da sucumbência. Ausência de recolhimento das custas processuais.

SÚM. 36 – Ações plúrimas.

SÚM. 49 – CANCELADA – Inquérito judicial. Arquivamento do processo. (cancelada – Res. 121/03, DJ 21.11.03)

SÚM. 53 – Prazo para pagamento. Contagem. Intimação do cálculo.

SÚM. 86 – Empresa em liquidação extrajudicial. Massa falida. Depósito recursal e custas processuais. Deserção. (incorporação da OJ 31 da SDI-1)

SÚM. 170 – Isenção. Sociedade de economia mista. Decreto-lei n. 779/69.

SÚM. 352 – CANCELADA – Comprovação do recolhimento. Prazo. (cancelada – Res. 114/02, DJ 28.11.02)

OJ-SDI-1 217 – Agravo de instrumento. Traslado. Guias de custas e de depósito recursal relativas ao recurso ordinário. Lei n. 9.756/98.

OJ-SDI-1 13 – APPA. Depósito recursal e custas processuais Decreto-lei n. 779/69.

OJ-SDI-1 30 – Comprovação do recolhimento. Prazo. (convertida na Súm. 352)

OJ-SDI-1 33 – Comprovação do recolhimento. Carimbo do banco.

OJ-SDI-1 104 – Condenação acrescida. Ausência de cálculo. Intimação. Deserção

OJ-SDI-1 140 – Depósito recursal. Diferença ínfima. Deserção. (nova redação – Res. 129/05, DJ 20.04.05)

OJ-SDI-1 158 – Comprovação do recolhimento. DARF eletrônico. Entes da administração pública federal.

OJ-SDI-1 186 – Inversão do ônus da sucumbência. Deserção.

OJ-SDI-2 88 – Mandado de segurança. Cabimento. Alteração, de ofício, do valor da causa. Majoração das custas processuais.

OJ-SDI-2 148 – Comprovação do recolhimento. Prazo. Interposição de recurso ordinário em mandado de segurança. (conversão da OJ 29 da SDI-1)

OJ-SDC 27 – Ausência de intimação. Deserção.

OJ-SDI-1 T 53 – Embargos de terceiro interpostos anteriormente à Lei n. 10.537/02. Agravo de petição. Recolhimento de custas. Inexigibilidade. (conversão da OJ 291 da SDI-1)

CTPS
Ver Carteira Profissional.

CVRD (VALIA)
OJ-SDI-1 T 24 – Abono. Complementação de aposentadoria. Reajuste.

D

DANO MATERIAL
PN 4 – CANCELADO – No veículo. Ajuda de custo por quilometragem rodada. Ressarcimento. (cancelado – Res. 81/98, DJ 20.08.98)

DANO MORAL
SÚM. 392 – Competência da Justiça do Trabalho. Relação de trabalho. (conversão da OJ 327 da SDI-1)

EN 51 – Responsabilidade civil. Danos morais. Critérios para arbitramento.

EN 52 – Responsabilidade civil. Danos morais. Correção monetária.

STF – SÚM. Vinculante 22.

DARF ELETRÔNICO
OJ-SDI-1 158 – Custas processuais. Comprovação de recolhimento. Entes da administração pública federal.

DECADÊNCIA
SÚM. 62 – Abandono de emprego. Contagem do prazo para ajuizamento de inquérito.

SÚM. 100, I – Ação rescisória. "Dies a quo". (nova redação – Res. 109/01, DJ 18.04.01)

SÚM. 100, II – Ação rescisória. "Dies a quo". Duas decisões rescindendas. Recurso parcial no processo principal. (nova redação – Res. 109/01, DJ 18.04.01)

SÚM. 100, III – Ação rescisória. "Dies a quo". Recurso intempestivo ou incabível. (nova redação – Res. 109/01, DJ 18.04.01)

SÚM. 100, IV – Ação rescisória. Certidão de trânsito em julgado. Descompasso com a realidade. Presunção relativa de veracidade. Prazo decadencial (incorporação da OJ 102 da SDI-2)

SÚM. 100, V – Ação rescisória. Sentença homologatória de acordo. Momento do trânsito em julgado. (incorporação da OJ 104 da SDI-2)

SÚM. 100, VI – Ação rescisória. "Dies a quo". Ministério Público. Colusão das partes. (incorporação da OJ 122 da SDI-2)

SÚM. 100, VII – Ação rescisória. Decadência afastada em recurso ordinário. Julgamento imediato do mérito. Duplo grau de jurisdição. (incorporação da OJ 79 da SDI-2)

SÚM. 100, VIII – Ação rescisória. Prazo. Exceção de incompetência. (incorporação da OJ 16 da SDI-2)

SÚM. 100, IX – Decadência. "Dies ad quem" expirado quando não há expediente forense. Férias forenses, feriados, finais de semana. Prorrogação do prazo. CLT, art. 775. (incorporação da OJ 13 da SDI-2)

SÚM. 100, X – Ação rescisória. Não esgotamento das vias recursais. Prazo legal do recurso extraordinário. (incorporação da OJ 145 da SDI-2)

OJ-SDI-2 12, I – Ação rescisória. Pessoa jurídica de direito público. Ampliação do prazo. Não consumação anterior à Medida Provisória n. 1.577/97. CPC, art. 495. Suspensão pelo STF em sede liminar de ação direta de inconstitucionalidade (ADIn 1753-2). (incorporação da OJ 17 da SDI-II)

OJ-SDI-2 12, II – Ação rescisória. Pessoa jurídica de direito público. Ampliação do prazo. Consumação anterior à Medida Provisória n. 1.577/97. CPC, art. 495. (nova redação – DJ 22.08.05)

OJ-SDI-2 14 – CANCELADA – Ação rescisória. "Dies a quo". Recurso intempestivo. (cancelada devido à nova redação conferida à Súm. 100, III, pela Res. 109/01, DJ 18.04.01)

OJ-SDI-2 15 – CANCELADA – Ação rescisória. "Dies a quo". Duas decisões rescindendas. Recurso parcial no processo principal. (cancelada devido à nova redação conferida à Súm. 100, II, pela Res. 109/01, DJ 18.04.01)

OJ-SDI-2 18 – Ação rescisória. União Federal. Interrupção do prazo. Lei Complementar n. 73/93, art. 67. Lei n. 8.682/93, art. 6º.

OJ-SDI-2 80 – Ação rescisória. "Dies a quo". Recurso deserto. Súm. 100.

OJ-SDI-2 127 – Mandado de segurança. Contagem. Efetivo ato coator.

DÉCIMO TERCEIRO SALÁRIO

SÚM. 2 – CANCELADA – Proporcional. Contratos a prazo. Safra. Lei n. 4.090/62. (cancelada – Res. 121/03, DJ 19.11.2003, Rep. DJ 25.11.03)

SÚM. 3 – CANCELADA – Proporcional. Aposentadoria. Lei n. 4.090/62. (cancelada – Res. 121/03, DJ 19.11.2003, Rep. DJ 25.11.03)

SÚM. 14 – Rescisão contratual. Culpa recíproca. (nova redação – Res. 121/03, DJ 21.11.03)

SÚM. 34 – CANCELADA – Trabalhador rural. Lei n. 4.090/62. (cancelada – Res. 121/03, DJ 21.11.03)

SÚM. 45 – Cálculo. Horas extras habituais. Lei n. 4.090/62.

SÚM. 46 – Acidente do trabalho. Faltas. Duração de férias. Cálculo da gratificação natalina

SÚM. 50 – Servidor público cedido. Lei n. 4.090/62.

SÚM. 78 – CANCELADA – Cálculo. Integração. Gratificação periódica contratual. Lei n. 4.090/62. (cancelada – Res. 121/03, DJ 21.11.03)

SÚM. 145 – CANCELADA – Compensação. Lei n. 4.090/62. (cancelada – Res. 121/03, DJ 21.11.03)

SÚM. 148 – Cálculo. Indenização. Computável.

SÚM. 157 – Resilição contratual. Iniciativa do empregado. Lei n. 4.090/62.

SÚM. 242 – Cálculo. Indenização adicional. Leis ns. 6.708/79 e 7.238/84.

SÚM. 253 – Décimo terceiro salário. Cálculo. Repercussão. Gratificação semestral. (nova redação – Res. 121/03, DJ 21.11.03)

OJ-SDI-1 181 – Cálculo. Valor das comissões corrigido monetariamente. Férias, 13º salário e verbas rescisórias.

OJ-SDI-1 197 – CANCELADA – Cálculo. Repercussão. Gratificação semestral. Súm. 78. (cancelada em decorrência da redação da Súm. 253 conferida pela Res. 121/03, DJ 21.11.03)

OJ-SDI-1 T 47 – Dedução da 1ª parcela. URV. Lei n. 8.880/94. (conversão da OJ 187 da SDI-1)

PN 36 – CANCELADA – Multa por atraso. (cancelada – Res. 81/98, DJ 20.08.98)

DECISÃO "CITRA, ULTRA E EXTRA PETITA"

Ver Nulidade.

SÚM. 298, V – Ação rescisória. Prequestionamento. Violação ocorrida na própria decisão rescindenda. (incorporação da OJ 36 da SDI-2)

SÚM. 396, II – Estabilidade provisória. Pedido de reintegração. Salário relativo ao período estabilitário. (conversão da OJ 106 da SDI-1)

OJ-SDI-2 41 – Ação rescisória. Decisão rescindenda "citra petita". Cabimento. CPC, arts. 128 e 460.

DECISÃO DE MÉRITO

SÚM. 192, I – Ação rescisória. Competência do TRT. Recurso de revista ou de embargos não conhecidos. (nova redação – Res. 121/03, DJ 21.11.03)

SÚM. 192, II – Ação rescisória. Competência do TST. Recurso de revista ou de embargos não conhecidos. Súm. 333. (Nova redação – Res. 121/03, DJ 21.11.03)

SÚM. 192, IV – Ação rescisória. Decisão rescindenda. Agravo de instrumento. Não substituição. Impossibilidade jurídica. (incorporação da OJ 105 da SDI-2)

SÚM. 192, V – Ação rescisória. Decisão em agravo regimental. Aplicação da Súm. 333. Juízo de mérito. (incorporação da OJ 133 da SDI-2)

SÚM. 399, I – Ação rescisória. Decisão Homologatória de adjudicação e de arrematação. Incabível. (conversão das OJs 44 e 45 da SDI-2)

SÚM. 399, II – Ação rescisória. Sentença homologatória de cálculo. (conversão da primeira parte da OJ 85 da SDI-2)

SÚM. 411 – Ação rescisória. Sentença de mérito. Decisão de TRT em agravo regimental confirmando decisão monocrática do relator que, aplicando a Súm. 83 do TST, indeferiu a petição inicial da ação rescisória. Competência recursal do TST. (conversão da OJ 43 da SDI-2)

SÚM. 412 – Ação rescisória. Questão processual. (conversão da OJ 46 da SDI-2)

SÚM. 413 – Ação rescisória. Violação do art. 896, "a", da CLT. Decisão que não conhece de recurso de revista, com base em divergência Jurisprudencial. CPC, art. 485, "V". Ausência de sentença de mérito. (conversão da OJ 47 da SDI-2)

OJ-SDI-2 42 – CANCELADA – Ação rescisória. Sentença de mérito. Acórdão rescindindo do TST não conhecido. Súm. 333. Competência do TST. Recurso de revista ou de embargos não conhecidos. Súm. 333. Súm. 192. (cancelada em decorrência da redação conferida à Súm. 192, II, pela Res. 121/03, DJ 21.11.03)

OJ-SDI-2 85 – CONVERTIDA E INCORPORADA – Ação rescisória. Sentença homologatória de cálculo. Existência de contraditório. (1ª parte convertida na Súm. 399, II, e parte final incorporada à Súm. 298, IV)

OJ-SDI-2 107 – Ação rescisória. Decisão rescindenda de mérito. Sentença declaratória de extinção de execução. Satisfação da obrigação.

DECISÃO HOMOLOGATÓRIA DE ACORDO

Ver Sentença Homologatória de Acordo.

DECISÃO HOMOLOGATÓRIA DE ADJUDICAÇÃO

Ver Sentença Homologatória de Adjudicação.

DECISÃO HOMOLOGATÓRIA DE ARREMATAÇÃO

Ver Sentença Homologatória de Arrematação.

DECISÃO HOMOLOGATÓRIA DE CÁLCULOS

Ver Sentença Homologatória de Cálculos.

DECISÃO INTERLOCUTÓRIA

SÚM. 214 – Irrecorribilidade. Exceções. (nova redação – Res. 127/05, DJ 16.03.05)

DECISÃO MONOCRÁTICA

SÚM. 353 – Recurso de embargos à SDI. Agravo. Cabimento. (nova redação – Res. 128/05, DJ 16.03.05)

SÚM. 411 – Ação rescisória. Sentença de mérito. Decisão de TRT em agravo regimental confirmando decisão monocrática do relator que, aplicando a Súm. 83 do TST, indeferiu a petição inicial da ação rescisória. Competência recursal do TST. (conversão da OJ 43 da SDI-2)

SÚM. 421, I – CPC, art. 557. Embargos declaratórios. Omissão. Cabimento. (conversão da OJ 74 da SDI-2)

SÚM. 421, II – Decisão monocrática do relator. CPC, art. 557. Embargos de declaração. Conversão em agravo. Fungibilidade e celeridade processual. (conversão da OJ 74 da SDI-2)

OJ-SDI-1 293 – Embargos para a SDI contra decisão de Turma do TST em agravo do art. 557, § 1º, do CPC.

OJ-SDI-2 69 – Fungibilidade recursal. Indeferimento liminar de ação rescisória ou mandado de segurança em despacho monocrático. Recurso para o TST. Recebimento como agravo regimental. Devolução dos autos ao TRT.

DECISÃO NORMATIVA

Ver Sentença Normativa.

DECLARAÇÃO DE INSUFICIÊNCIA ECONÔMICA

OJ-SDI-1 304 – Honorários advocatícios. Assistência judiciária. Comprovação. Simples afirmação na petição inicial.

OJ-SDI-1 331 – Justiça gratuita. Mandato. Poderes específicos desnecessários.

DEFENSORIA PÚBLICA

OJ-SDI-1 T 14 – Opção pela carreira. Concurso público.

DELEGACIA REGIONAL DO TRABALHO

OJ-SDC 24 – CANCELADA – Negociação prévia insuficiente. Realização de mesa-redonda perante a DRT. CF/88, art. 114, § 2º. (cancelada, DJ 16.04.04)

DEMISSÃO COM JUSTA CAUSA

Ver Dispensa de Empregado.

DEMISSÃO SEM JUSTA CAUSA

Ver Dispensa de Empregado.

DENTISTA

SÚM. 143 – Salário profissional. Proporcionalidade. Horas trabalhadas.

DENUNCIAÇÃO DA LIDE

OJ-SDI-1 227 – CANCELADA – Denunciação da lide. Incompatibilidade. (cancelada, DJ 22.11.2005)

DEPOSITÁRIO

OJ-SDI-2 89 – "Habeas corpus". Termo de depósito não assinado pelo paciente. Necessidade de aceitação do encargo. Prisão civil.

OJ-SDI-2 143 – "Habeas corpus". Penhora sobre coisa futura e incerta. Prisão. Depositário infiel. (redação alterada – Res. n. 151/08 – DEJT 20, 21 e 24.11.08).

DEPÓSITO

OJ-SDC 3 – Arresto. Apreensão. Pretensões insuscetíveis de dedução em sede coletiva.

DEPÓSITO PRÉVIO

SÚM. 4 – CANCELADA – Custas processuais. Depósito recursal. Pessoa jurídica de direito público. (cancelada – Res. 121/03, DJ 21.11.03)

SÚM. 99 – Ação rescisória. Recurso ordinário. Depósito recursal. Pedido rescisório procedente. Condenação em pecúnia. Prazo. Deserção. (incorporação da OJ 117 da SDI-2)

SÚM. 161 – Depósito prévio. Ausência de condenação em pecúnia. Indevido.

SÚM. 194 – Ação rescisória. Justiça do Trabalho. Depósito prévio. Desnecessidade. Art. 485 "usque" 495 do CPC. Arts. 488, item II, e 494 do CPC. (Revisão da Súmula n. 169 – RA 102/82, DJ 11.10.82 e DJ 15.10.82)

OJ-SDI-2 98 – Mandado de segurança. Cabimento. Exigência do depósito prévio dos honorários periciais. Incompatibilidade com o processo do trabalho. (nova redação – DJ 22.08.05)

SÚM. 424 – Recurso administrativo. Pressuposto de admissibilidade. Depósito prévio da multa administrativa. Não recepção pela Constituição Federal do § 1º do art. 636 da CLT.

STF – SÚM. Vinculante 21.

DEPÓSITO RECURSAL

SÚM. 4 – CANCELADA – Custas processuais. Depósito recursal prévio. Pessoa jurídica de direito público. (cancelada – Res. 121/03, DJ 21.11.03)

SÚM. 35 – CANCELADA – Complementação. Majoração do salário mínimo. CLT, art. 899. (cancelada – Res. 121/03, DJ 21.11.03)

SÚM. 86 – Empresa em liquidação extrajudicial. Massa falida. Custas processuais. Deserção. (incorporação da OJ 31 da SDI-1)

SÚM. 99 – Ação rescisória. Depósito recursal. Recurso ordinário. Pedido rescisório procedente. Condenação em pecúnia. Prazo. Deserção. (incorporação da OJ 117 da SDI-2)

SÚM. 128, I – Complementação. Ônus do recorrente. (incorporação da OJ 139 da SDI-1)

SÚM. 128, II – Depósito recursal. Inexigível na fase executória. Juízo garantido. Salvo elevação do valor do débito. CF/88, art. 5º, II e LV. (incorporação da OJ 189 da SDI-1)

SÚM. 128, III – Condenação solidária. Deserção. (incorporação da OJ 190 da SDI-1)

SÚM. 161 – Depósito prévio. Ausência de condenação em pecúnia. Indevido.

SÚM. 165 – CANCELADA – Conta vinculada. (cancelada – Res. 87/98, DJ 15.10.98)

SÚM. 216 – CANCELADA – Relação de empregados. Autenticação mecânica. Necessidade. Deserção. (cancelada – Res. 87/98, DJ 15.10.98)

SÚM. 217 – Credenciamento bancário. Prova dispensável.

SÚM. 245 – Prazo para pagamento e comprovação. Interposição antecipada do recurso.

OJ-SDI-1 13 – APPA. Depósito recursal e custas processuais. Decreto-lei n. 779/69.

OJ-SDI-1 140 – Custas processuais. Diferença ínfima. Deserção. (nova redação – Res. 129/05, DJ 20.04.05)

OJ-SDI-1 217 – Agravo de instrumento. Traslado. Guias de custas e de depósito recursal relativas ao recurso ordinário. Lei n. 9.756/98.

OJ-SDI-1 264 – PIS/PASEP. Ausência de indicação na guia de depósito recursal. Validade.

EN 62 – Depósito recursal administrativo. Recepção constitucional.

DESCANSO REMUNERADO

Ver Repouso Remunerado.

DESCONSIDERAÇÃO DA PESSOA JURÍDICA

EN 57 – Fiscalização do trabalho. Reconhecimento de vínculo empregatício. Desconsideração da pessoa jurídica e dos contratos civis.

DESCONTO ASSISTENCIAL

SÚM. 224 – CANCELADA – Recolhimento. Incompetência da Justiça do Trabalho. Ação de cumprimento. Sindicato. (cancelada – Res. 121/03, DJ 21.11.03)

SÚM. 334 – CANCELADA – Ação de cumprimento. Recolhimento de desconto assistencial. Sindicato. Incompetência da Justiça do Trabalho. (cancelada – Res. 59/96, DJ 28.06.96)

PN 74 – CANCELADO – Oposição do empregado. (cancelado – Res. 82/98, DJ 20.08.98)

DESCONTO SALARIAL

SÚM. 155 – Comparecimento como parte à Justiça do Trabalho.

SÚM. 342 – Art. 462 da CLT.

OJ-SDI-1 160 – Vício de consentimento. Presunção. Autorização no ato da admissão.

OJ-SDI-1 251 – Frentista. Cheques sem fundos.

OJ-SDC 18 – Autorização pelo trabalhador. Limitação. 70% do salário-base.

PN 14 – Cheques não compensados ou sem fundos.

PN 88 – CANCELADO – Autorização. Limite. (cancelado – Res. 81/98, DJ 20.08.98)

PN 109 – Desconto-moradia. Necessidade do "habite-se".

PN 118 – Quebra de material.

DESCONTOS

Ver Desconto Assistencial.

Ver Desconto Salarial.

Ver Contribuição Previdenciária.

Ver Imposto de Renda.

Ver Contribuição Sindical e Assistencial.

DESERÇÃO

SÚM. 4 – CANCELADA – Custas processuais. Depósito recursal prévio. Pessoa jurídica de direito público. (cancelada – Res. 121/03, DJ 21.11.03)

SÚM. 25 – Sentença reformada. Inversão do ônus da sucumbência. Ausência de recolhimento das custas processuais.

SÚM. 35 – CANCELADA – Depósito recursal. Complementação. Majoração do salário mínimo. CLT, art. 899. (cancelada – Res. 121/03, DJ 21.11.03)

SÚM. 36 – Custas processuais. Ações plúrimas.

SÚM. 49 – CANCELADA – Inquérito judicial. Custas processuais. Arquivamento do processo. (cancelada – Res. 121/03, DJ 21.11.03)

SÚM. 53 – Custas processuais. Prazo para pagamento. Contagem. Intimação do cálculo.

SÚM. 86 – Empresa em liquidação extrajudicial. Massa falida. Depósito recursal e custas processuais. Deserção. (incorporação da OJ 31 da SDI-1)

SÚM. 99 – Ação rescisória. Depósito recursal. Recurso ordinário. Pedido rescisório procedente. Condenação em pecúnia. Prazo. Deserção. (incorporação da OJ 117 da SDI-2)

SÚM. 128, I – Depósito recursal. Complementação. Ônus do recorrente. (incorporação da OJ 139 da SDI-1)

SÚM. 128, II – Depósito recursal. Inexigível na fase executória. Juízo garantido. Salvo elevação do valor do débito. CF/88, art. 5º, II e LV. (incorporação da OJ 189 da SDI-1)

SÚM. 128, III – Depósito recursal. Condenação solidária. (incorporação da OJ 190 da SDI-1)

SÚM. 161 – Depósito recursal prévio. Ausência de condenação em pecúnia. Indevido.

SÚM. 165 – CANCELADA – Depósito recursal. Conta vinculada. (cancelada – Res. 87/98, DJ 15.10.98)

SÚM. 170 – Custas processuais. Isenção. Sociedade de economia mista. Decreto-lei n. 779/69.

SÚM. 194 – Ação rescisória. Justiça do Trabalho. Depósito prévio. Desnecessidade. Art. 485 "usque" 495 do CPC. Arts. 488, item II, e 494 do CPC. (Revisão da Súmula n. 169 – RA 102/82, DJ 11.10.82 e DJ 15.10.82)

SÚM. 216 – CANCELADA – Depósito recursal. Relação de empregados. Autenticação mecânica. Necessidade. Deserção. (cancelada – Res. 87/98, DJ 15.10.98)

SÚM. 217 – Depósito recursal. Credenciamento bancário. Prova dispensável.

SÚM. 245 – Depósito recursal. Prazo para pagamento e comprovação. Interposição antecipada do recurso.

SÚM. 352 – CANCELADA – Custas processuais. Prazo para comprovação. (cancelada – Res. 114/02, DJ 28.11.02)

OJ-SDI-1 13 – APPA. Depósito recursal e custas processuais Decreto-lei n. 779/69.

OJ-SDI-1 30 – CONVERTIDA – Custas processuais. Prazo para comprovação. (convertida na Súm. 352)

OJ-SDI-1 33 – Custas processuais. Comprovação do recolhimento. Carimbo do banco.

OJ-SDI-1 104 – Custas processuais. Condenação acrescida. Ausência de cálculo. Intimação.

OJ-SDI-1 140 – Depósito recursal e custas processuais. Diferença ínfima. Deserção. (nova redação – Res. 129/05, DJ 20.04.05)

OJ-SDI-1 158 – Custas processuais. Comprovação de recolhimento. DARF eletrônico. Entes da administração pública federal.

OJ-SDI-1 186 – Custas processuais. Inversão do ônus da sucumbência. Deserção.

OJ-SDI-1 264 – Depósito recursal. PIS/PASEP. Ausência de indicação na guia de depósito recursal. Validade.

OJ-SDI-2 80 – Ação rescisória. Decadência. "Dies a quo". Recurso deserto. Súm. 100.

OJ-SDI 2 148 – Custas processuais. Mandado de segurança. Interposição de recurso ordinário. Exigência do Pagamento. Comprovação. (conversão da OJ 29 da SDI-1)

OJ-SDC 27 – Custas processuais. Ausência de intimação.

OJ-SDI-1 T 53 – Custas processuais. Embargos de terceiro interpostos anteriormente à Lei n. 10.537/02. Agravo de petição. (conversão da OJ 291 da SDI-1).

DESISTÊNCIA

SÚM. 180 – CANCELADA – Ação de cumprimento. Substituição processual. Comprovação de transação. (cancelada – Res. 121/03, DJ 21.11.03)

SÚM. 255 – CANCELADA – Substituto processual. Sentença de primeiro grau. (cancelada – Res. 121/03, DJ 21.11.03)

DESMEMBRAMENTO DE MUNICÍPIOS

OJ-SDI-1 92 – Responsabilidade trabalhista.

DESPEDIDA DE EMPREGADO

Ver Dispensa de Empregado.

DESVIO DE FUNÇÃO

SÚM. 275, I – Pedido de correção de desvio funcional. Incidência da prescrição parcial.

SÚM. 275, II – Pedido de reenquadramento. Incidência da prescrição total. (incorporação da OJ 144 da SDI-1)

OJ-SDI-1 125 – Desvio de função iniciado antes da vigência da CF/88. Reenquadramento indevido. Direito apenas às diferenças salariais.

DIÁRIAS

SÚM. 101 – Diárias de viagem excedentes a 50% do salário. Integração temporária no salário. (incorporação da OJ 292 da SDI-1)

SÚM. 318 – Base de cálculo. Integração no salário. Empregado mensalista.

DIGITADOR

SÚM. 346 – Intervalos intrajornada. Aplicação analógica do art. 72 da CLT.

DIRETOR ELEITO

SÚM. 269 – Suspensão do contrato de trabalho. Tempo de serviço.

OJ-SDI-1 253 – Cooperativa. Garantia de emprego. Lei n. 5.764/71.

DIREITOS FUNDAMENTAIS

EN 01 – Direitos fundamentais. Interpretação e aplicação.

EN 02 – Direitos fundamentais. Força normativa.

DIRIGENTE SINDICAL

PN 91 – Acesso à empresa.

SÚM. 369, I – Estabilidade provisória. Comunicação ao empregador pela entidade sindical. (conversão da OJ 34 da SDI-1)

SÚM. 369, II – Estabilidade provisória. Limitação do número de dirigentes. CLT, art. 522, recepcionado pela CF/88. (conversão da OJ 266 da SDI-1)

SÚM. 369, III – Estabilidade provisória. Categoria profissional diferenciada. (conversão da OJ 145 da SDI-1)

SÚM. 369, IV – Estabilidade provisória. Extinção da atividade empresarial. Base territorial do sindicato. (conversão da OJ 86 da SDI-1)

SÚM. 369, V – Estabilidade provisória. Registro da candidatura no curso do aviso prévio. (conversão da OJ 35 da SDI-1)

SÚM. 379 – Despedida. Falta grave. Inquérito judicial. (conversão da OJ 114 da SDI-1)

OJ-SDI-1 266 – CONVERTIDA – Estabilidade provisória. Limitação do número de dirigentes. CLT, art. 522. CF/88. (convertida na Súm. 369, II)

OJ-SDI-2 65 – Mandado de segurança. Reintegração liminarmente concedida. CLT, art. 659, X.

OJ-SDI-2 137 – Mandado de segurança. Estabilidade provisória. Suspensão para apuração de falta grave. Inquérito judicial. CLT, art. 494.

PN 83 – Frequência livre. (nova redação – Res. 123/04, DJ 06.07.04)

DIRIGENTES DE ASSOCIAÇÕES PROFISSIONAIS

SÚM. 222 – CANCELADA – Estabilidade provisória. (cancelada – Res. 84/98, DJ 20.08.98)

DISPENSA DE EMPREGADO

Ver também Rescisão Contratual.

SÚM. 10 – Professor. Dispensa sem justa causa durante as férias escolares. Direito aos salários.

SÚM. 20 – CANCELADA – Fraude à lei. Permanência na empresa ou readmissão em curto prazo. (cancelada – Res. 106/01, DJ 21.03.01)

SÚM. 26 – CANCELADA – Dispensa obstativa à estabilidade. (cancelada – Res. 121/03, DJ 21.11.03)

SÚM. 31 – CANCELADA – Aviso prévio. Rescisão indireta. Incabível. (cancelada – Res. 31/94, DJ 12.05.94)

SÚM. 54 – Rescisão do contrato por acordo. Empregado estável optante. Indenização em dobro.

SÚM. 73 – Falta grave. Decurso do prazo do aviso prévio. Verbas rescisórias indenizatórias. (nova redação – Res. 121/03, DJ 21.11.03)

SÚM. 142 – CANCELADA – Dispensa sem justa causa. Gestante. Salário-maternidade. (cancelada – Res. 121/03, DJ 21.11.03)

SÚM. 150 – CANCELADA – Atos institucionais. Incompetência da Justiça do Trabalho. Reintegração. Indenização. (cancelada – Res. 121/03, DJ 21.11.03)

SÚM. 171 – Férias proporcionais. Extinção do contrato de trabalho. (nova redação – Res. 121/03, DJ 21.11.03)

SÚM. 182 – Aviso prévio. Indenização adicional. Contagem. Lei n. 6.708/79, art. 9º. (nova redação – Res. 5/83, DJ 09.11.83)

SÚM. 212 – Iniciativa da rescisão do contrato. Ônus da prova. Término do contrato de trabalho.

SÚM. 306 – CANCELADA – Trintídio que antecede a data-base. Indenização adicional. Leis ns. 6.708/79 e 7.238/84. (cancelada – Res. 121/03, DJ 21.11.03)

SÚM. 314 – Trintídio que antecede a data-base. Pagamento das verbas rescisórias com salário corrigido. Indenização adicional. Leis ns. 6.708/79 e 7.238/84.

SÚM. 348 – Aviso prévio. Concessão na fluência da garantia de emprego. Incompatibilidade.

SÚM. 379 – Despedida de dirigente sindical. Falta grave. Inquérito judicial. Necessidade. (conversão da OJ 114 da SDI-1)

OJ-SDI-1 148 – Lei n. 8.880/94, art. 31. Constitucionalidade. Indenização. (nova redação – Res. 129/05, DJ 20.04.05)

OJ-SDI-1 247 – Servidor público. Celetista concursado. Despedida imotivada. Empresa pública ou sociedade de economia mista. Possibilidade. (Res. n. 143/2007 – DJ 13.11.2007)

OJ-SDC 30 – Estabilidade da gestante. Cláusula coletiva. Renúncia ou transação de direitos constitucionais.

OJ-SDI-1 T 38 – Banco Meridional. Circular 34.046/89. Dispensa sem justa causa. (conversão da OJ 137 da SDI-1)

PN 39 – CANCELADO – Sem justa causa. Readmissão. Preferência. (cancelado – Res. 86/98, DJ 15.10.98)

PN 47 – Informação por escrito.

PN 76 – CANCELADO – Aviso prévio de 60 dias. (cancelado – Res. 81/98, DJ 20.08.98)

PN 82 – Dissídio coletivo. Garantia de salários e consectários. Demissão sem justa causa.

DISPUTA INTERSINDICAL POR REPRESENTATIVIDADE

OJ-SDC 4 – CANCELADA – Incompetência da Justiça do Trabalho. (cancelada – DJ 18.10.2006)

DISSÍDIO COLETIVO

SÚM. 141 – CANCELADA – Constitucionalidade do art. 2º da Lei n. 4.725/65. Reajustamento salarial. (cancelada – Res. 121/03, DJ 21.11.03)

SÚM. 177 – CANCELADA – Sindicato. Representação processual. CLT, art. 859. (cancelada – Res. 121/03, DJ 21.11.03)

SÚM. 179 – CANCELADA – Inconstitucionalidade. Art. 22 da Lei n. 5.107/66. Competência da Justiça do Trabalho. (cancelada – Res. 121/03, DJ 21.11.03)

SÚM. 397 – Ação rescisória. CPC, art. 485, IV. Ação de Cumprimento. Ofensa à coisa julgada. Sentença normativa modificada em grau de recurso. Exceção de preexecutividade e mandado de segurança. Cabimento. (conversão da OJ 116 da SDI-2)

SÚM. 402 – Ação rescisória. Documento novo. Descaracterização. Sentença normativa. (conversão da OJ 20 da SDI-2)

OJ-SDC 2 – Acordo homologado. Extensão a partes não subscreventes.

OJ-SDC 3 – Arresto. Apreensão. Depósito. Pretensões insuscetíveis de dedução em sede coletiva.

OJ-SDC 5 – Contra pessoa jurídica de direito público. Impossibilidade jurídica.

OJ-SDC 6 – CANCELADA – Dissídio coletivo de natureza jurídica. Desnecessidade de realização de assembleia de trabalhadores e negociação prévia. (cancelada, DJ 23.03.01)

OJ-SDC 7 – Dissídio coletivo de natureza jurídica. Interpretação de norma de caráter genérico. Inviabilidade.

OJ-SDC 8 – Pauta reivindicatória não registrada em ata. Causa de extinção.

OJ-SDC 9 – Categoria profissional diferenciada. Enquadramento sindical. Incompetência material da Justiça do Trabalho.

OJ-SDC 19 – Contra empresa. Legitimação da entidade sindical. Autorização dos trabalhadores diretamente envolvidos no conflito.

OJ-SDC 24 – CANCELADA – Negociação prévia insuficiente. Realização de mesa-redonda perante a DRT. CF/88, art. 114, § 2º. (cancelada, DJ 16.04.04)

OJ-SDC 29 – Edital de convocação e ata da assembleia geral. Requisitos essenciais para instauração de dissídio coletivo.

OJ-SDC 32 – Fundamentação das cláusulas. Reivindicações da categoria. Aplicação do Precedente Normativo n. 37 do TST.

OJ-SDC 37 – CANCELADA – Empregados de entidades sindicais. Estabelecimento de condições coletivas de trabalho distintas daquelas às quais sujeitas as categorias representadas pelos empregadores. Impossibilidade jurídica. Lei n. 4.725/65, art. 10. (cancelada – DJ 18.10.2006)

PN 10 – Banco do Brasil como parte em dissídio coletivo. Incompetência. TRT. (nova redação – Res. 86/98, DJ 15.10.98)

PN 37 – Fundamentação de cláusulas. Necessidade.

PN 82 – Garantia de salários e consectários. Demissão sem justa causa.

EN 34 – Dissídio coletivo – Cláusulas preexistentes.

EN 35 – Dissídio coletivo. Comum acordo. Constitucionalidade. Ausência de vulnerabilidade ao art. 114, § 2º, da CRFB.

OJ-SDI-1 T 68 – Banco do Estado de São Paulo S.A. – Banespa. Convenção Coletiva. Reajuste salarial. Superveniência de acordo em dissídio coletivo. Prevalência (DJe divulgado em 03, 04 e 05.11.2009)

DIVERGÊNCIA JURISPRUDENCIAL

SÚM. 23 – Admissibilidade. Recurso de revista ou de embargos. Abrangência de todos os fundamentos da decisão recorrida.

SÚM. 38 – CANCELADA – Admissibilidade. Recurso de revista ou de embargos. Comprovação. (cancelada – Res. 121/03, DJ 21.11.03)

SÚM. 42 – CANCELADA – Admissibilidade. Recurso de revista ou de embargos. Decisões superadas por iterativa, notória e atual jurisprudência. (cancelada – Res. 121/03, DJ 21.11.03)

SÚM. 208 – CANCELADA – Admissibilidade. Recurso de revista. Interpretação de cláusula contratual ou de regulamento da empresa. (cancelada – Res. 59/96, DJ 28.06.96)

SÚM. 296, I – Recurso. Divergência jurisprudencial específica. Interpretação diversa de mesmo dispositivo legal.

SÚM. 296, II – Recurso de embargos. Divergência jurisprudencial. Especificidade. Conhecimento ou desconhecimento pela Turma. (incorporação da OJ 37 da SDI-1)

SÚM. 333 – Recurso de revista. Conhecimento. (Resolução n. 155/09, DEJT 26/02, 27/02 e 02.03.09).

SÚM. 337, I – Admissibilidade. Recurso de revista ou de embargos. Comprovação de divergência jurisprudencial. (revisão da Súm. 38)

SÚM. 337, II – Repositório de jurisprudência autorizado. Validade das edições anteriores à concessão do registro. (incorporação da OJ 317 da SDI-1)

SÚM. 413 – Ação rescisória. Violação do art. 896, "a", da CLT. Decisão que não conhece de recurso de revista, com base em divergência jurisprudencial. CPC, art. 485, "V". Ausência de sentença de mérito. (conversão da OJ 47 da SDI-2)

OJ-SDI-1 95 – Admissibilidade. Recurso de embargos. Aresto oriundo da mesma Turma do TST. Inservível ao conhecimento. CLT, art. 894, "b".

OJ-SDI-1 111 – Admissibilidade. Recurso de revista. Aresto oriundo do mesmo Tribunal Regional. (nova redação – Res. 129/05, DJ 20.04.05)

OJ-SDI-1 147, I – Recurso de revista. Conhecimento por divergência jurisprudencial. Lei estadual, norma coletiva ou regulamento empresarial. Âmbito de aplicação. Necessidade de comprovação. (incorporação da OJ 309 da SDI-1)

OJ-SDI-1 147, II – Recurso de embargos. Admissibilidade indevida do recurso de revista por divergência jurisprudencial. Lei estadual, norma coletiva ou norma regulamentar de âmbito restrito ao Regional. Necessidade de arguição de afronta ao art. 896 da CLT. (nova redação – Res. 129/05, DJ 20.04.05)

OJ-SDI-1 260, II – Recurso de revista. Processos em curso. Lei n. 9.957/00. Despacho denegatório. Apelo calcado em divergência jurisprudencial ou violação de dispositivo infraconstitucional. Apreciação do recurso sob esses fundamentos.

OJ-SDI-1 T 3 – Admissibilidade. Recurso de revista interposto antes da edição da Súm. 337. Inaplicabilidade.

DOBRA SALARIAL

SÚM. 69 – Revelia. Lei n. 10.272/01. Verbas rescisórias não quitadas na primeira audiência. Acréscimo de 50%. Pagamento em dobro até o advento da Lei n. 10.272/01 (nova redação – Res. 121/03, DJ 21.11.03)

SÚM. 388 – Arts. 467 e 477 da CLT. Massa falida. (conversão das OJs 201 e 314 da SDI-1)

DOCUMENTO NOVO

SÚM. 402 – Ação rescisória. Documento novo. Descaracterização. Sentença normativa. (conversão da OJ 20 da SDI-2)

DOCUMENTO ÚNICO

OJ-SDI-1 T 23 – Autenticação aposta em uma face da folha. Validade. Verso e anverso.

DOCUMENTOS DISTINTOS

OJ-SDI-1 287 – Autenticação. Cópia. Verso e anverso. Despacho denegatório do recurso de revista e certidão de publicação. (conversão da OJ Transitória 22 da SDI-1)

DOENÇA OCUPACIONAL

EN 38 – Responsabilidade civil. Doenças ocupacionais decorrentes dos danos ao meio ambiente do trabalho.

DOENÇA PROFISSIONAL

Ver também Acidente do Trabalho.

SÚM. 378, II – Estabilidade provisória. Direito. Pressupostos para concessão. Afastamento e auxílio-doença. (conversão da OJ 230 da SDI-1)

OJ-SDI-1 41 – Estabilidade provisória. Preenchimento dos requisitos na vigência do instrumento normativo.

OJ-SDI-1 154 – Atestado médico – INSS. Exigência prevista em instrumento normativo. Estabilidade provisória (nova redação – Res. 129/05, DJ 20.04.05)

OJ-SDI-2 142 – Mandado de segurança. Reintegração liminarmente concedida. Tutela antecipada. CLT, art. 659, X.

DOLO

SÚM. 403, I – Art. 485, III, do CPC. Silêncio da parte vencedora. Fato desfavorável. Descaracterizado o dolo processual. (conversão da OJ 125 da SDI-2)

SÚM. 403, II – Ação rescisória. Art. 485, III, do CPC. Sentença homologatória de acordo. Dolo da parte vencedora em detrimento da vencida. Causa de rescindibilidade inadequada. (conversão da OJ 111 da SDI-2)

DOMINGOS E FERIADOS

Ver Repouso Semanal Remunerado.

Ver Prazo.

DONO DA OBRA

OJ-SDI-1 191 – Responsabilidade solidária ou subsidiária.

EN 13 – Dono da obra. Responsabilidade.

DUMPING SOCIAL

EN 04 – "Dumping social". Dano à sociedade. Indenização suplementar.

DUPLO GRAU DE JURISDIÇÃO

Ver também Remessa "Ex Officio"

SÚM. 100, VII – Ação rescisória. Decadência afastada em recurso ordinário. Julgamento imediato do mérito. (incorporação da OJ 79 da SDI-2)

OJ-SDI-2 21 – Ação rescisória. Ausência de trânsito em julgado. Inobservância do duplo grau de jurisdição. Decreto-lei n. 779/69, art. 1º, V. (nova redação – DJ 22.08.05)

E

EDITAL DE CONVOCAÇÃO DA ASSEMBLEIA GERAL DOS TRABALHADORES

OJ-SDC 28 – Publicação. Base territorial.

OJ-SDC 29 – Ata da assembleia geral. Requisitos essenciais para instauração de dissídio coletivo.

OJ-SDC 35 – Disposição estatutária específica. Prazo mínimo entre a publicação e a realização da assembleia. Observância obrigatória.

EFEITO DEVOLUTIVO

SÚM. 393 – Profundidade. Recurso ordinário. CPC, art. 515, § 1º. (conversão da OJ 340 da SDI-1)

EFEITO MODIFICATIVO

SÚM. 421, I – Embargos declaratórios. Omissão. Decisão monocrática do relator. CPC, art. 557. (conversão da OJ 74 da SDI-2)

SÚM. 421, II – Decisão monocrática do relator. CPC, art. 557. Embargos de declaração. Conversão em agravo. Fungibilidade e celeridade processual. (conversão da OJ 74 da SDI-2)

SÚM. 278 – Embargos declaratórios. Omissão no julgado.

OJ-SDI-1 142 – Embargos declaratórios. Efeito modificativo. Ausência de vista à parte contrária. Nulidade.

EFEITO SUSPENSIVO

SÚM. 279 – Recurso contra sentença normativa. Efeito suspensivo. Cassação.

SÚM. 414, I – Mandado de segurança. Não cabimento. Antecipação de tutela concedida na sentença. Existência de ação própria. (conversão da OJ 51 da SDI-2)

OJ-SDI-2 113 – Ação cautelar. Incabível. Efeito suspensivo ao recurso ordinário em mandado de segurança. Ausência de interesse de agir. Extinção do processo sem julgamento do mérito.

EN 72 – Embargos à execução (impugnação). Efeito suspensivo.

EFEITOS FINANCEIROS

SÚM. 28 – Reintegração convertida em indenização dobrada. (nova redação – Res. 121/03, DJ 21.11.03)

SÚM. 363 – Ausência de concurso público. Contrato nulo. Servidor público. (nova redação – Res. 121/03, DJ 21.11.03)

SÚM. 396, I – Estabilidade provisória. Período estabilitário exaurido. Reintegração. (conversão da OJ 116 da SDI-1)

OJ-SDI-1 12 – Anistia. Emenda Constitucional n. 26/85. (nova redação – Res. 129/05, DJ 20.04.05)

OJ-SDI-1 85 – CONVERTIDA – Contrato nulo. Servidor público. Ausência de concurso público. CF/88, art. 37, II e § 2º. (convertida na Súm. 363)

OJ-SDI-1 91 – Anistia. Readmissão. ADCT, art. 8º, § 1º. ECT. Contagem.

OJ-SDI-1 101 – CANCELADA – Reintegração convertida em indenização dobrada. (cancelada em decorrência da redação da Súm. 28 conferida pela Res. 121/03, DJ 21.11.03)

OJ-SDI-2 24 – Ação rescisória. Estabilidade provisória. Decisão rescindenda que determina a reintegração. Período estabilitário exaurido. Devida apenas indenização.

OJ-SDI-1 T 56 – Anistia. Lei n. 8.878/94. (conversão da OJ 221 da SDI-1)

ELETRICITÁRIOS

SÚM. 191 – Adicional de periculosidade. Cálculo sobre a totalidade das parcelas de natureza salarial. (nova redação – Res. 121/03, DJ 21.11.03)

SÚM. 229 – Remuneração das horas de sobreaviso. Art. 244, § 2º, da CLT (nova redação – Res. 121/03, DJ 21.11.03)

SÚM. 361 – Adicional de periculosidade. Exposição intermitente.

OJ-SDI-1 279 – Adicional de periculosidade. Base de cálculo. Lei n. 7.369/85, art. 1º.

EMBARGOS

EN 72 – Embargos à execução (impugnação). Efeito suspensivo.

EMBARGOS DECLARATÓRIOS

SÚM. 184 – Preclusão. Omissão em recurso de revista ou de embargos.

SÚM. 213 – CANCELADA – Prazo recursal. Suspensão. (cancelada – Res. 46/95, DJ 20.04.95)

SÚM. 278 – Efeito modificativo.

SÚM. 297, II – Matéria invocada no recurso principal. Omissão no julgado. Prequestionamento. Necessidade de oposição de embargos declaratórios.

SÚM. 421, I – Decisão monocrática. CPC, art. 557. Embargos declaratórios. Omissão. Cabimento. (conversão da OJ 74 da SDI-2)

SÚM. 421, II – Decisão monocrática do relator. CPC, art. 557. Embargos de declaração. Conversão em agravo. Fungibilidade e celeridade processual. (conversão da OJ 74 da SDI-2)

OJ-SDI-2 41 – Ação Recisória. Sentença "citra petita". Cabimento.

OJ-SDI-1 142 – Efeito modificativo. Ausência de vista à parte contrária. Nulidade.

OJ-SDI-1 192 – Prazo em dobro. Pessoa jurídica de direito público. Decreto-lei n. 779/69.

OJ-SDI-1 T 17 – Agravo de instrumento. Traslado. Certidão de publicação do acórdão dos embargos declaratórios. Comprovação de tempestividade da revista. Lei n. 9.756/98.

EMBARGOS DE TERCEIRO

SÚM. 419 – Execução por carta. Competência do juízo deprecante. (conversão da OJ 114 da SDI-2)

OJ-SDI-2 54 – Mandado de segurança. Desconstituição da penhora. Cumulação. CPC, art. 1.046. (nova redação – DJ 22.08.05)

OJ-SDI-1 T 53 – Embargos de terceiro interpostos anteriormente à Lei n. 10.537/02. Agravo de petição. Recolhimento de custas. Inexigibilidade. (conversão da OJ 291 da SDI-1)

EMBARGOS INFRINGENTES

SÚM. 133 – CANCELADA – JCJ. Notificação das partes. (cancelada – Res. 121/03, DJ 21.11.03)

EMPREGADO ESTÁVEL

SÚM. 54 – Optante. Rescisão do contrato por acordo. Indenização em dobro.

EMPREGADO PÚBLICO

EN 40 – Responsabilidade civil. Acidente do trabalho. Empregado público.

EMPREGADO TRANSFERIDO PARA O EXTERIOR

OJ-SDI-1 232 – FGTS. Incidência. Remuneração.

EMPREGADOS ASSOCIADOS

OJ-SDC 17 – Contribuições para entidades sindicais. Cláusulas coletivas. Inconstitucionalidade. Extensão a não associados.

OJ-SDC 21 – CANCELADA – Ilegitimidade "ad causam" do sindicato. Ausência de indicação do total de associados da entidade sindical. Insuficiência de "quorum". CLT, art. 612. (cancelada, DJ 02.12.03)

EMPREGADOS DE ENTIDADES SINDICAIS

OJ-SDC 37 – CANCELADA – Estabelecimento de condições coletivas de trabalho distintas daquelas às quais sujeitas as categorias representadas pelos empregadores. Impossibilidade jurídica. Lei n. 4.725/65, art. 10. (cancelada – DJ 18.10.2006)

EMPREITEIRO

OJ-SDI-1 191 – Dono da obra. Responsabilidade solidária ou subsidiária.

EMPRESA DE PROCESSAMENTO DE DADOS

SÚM. 239 – Enquadramento como bancário e exceção. Grupo econômico. (incorporação das OJs 64 e 126 da SDI-1)

OJ-SDI-1 64 – INCORPORADA – Probam. Enquadramento como bancário. (incorporada à Súm. 239)

OJ-SDC 36 – Empregados. Reconhecimento como Categoria profissional diferenciada.

EMPRESA EM LIQUIDAÇÃO EXTRAJUDICIAL

Ver Liquidação Extrajudicial.

EMPRESA PÚBLICA

SÚM. 331, IV – Contrato de prestação de serviços. Responsabilidade subsidiária.

SÚM. 355 – Conab. Estabilidade concedida por norma interna. Aviso Direh 2/84. Necessidade de aprovação pelo Ministério ao qual a empresa pública se subordina.

SÚM. 390, II – Estabilidade do art. 41 da CF/88. Servidor público celetista. Empresa pública e sociedade de economia mista. (conversão da OJ 229 da SDI-1)

OJ-SDI-1 51 – Estabilidade provisória. Legislação eleitoral. Lei n. 7.773/89, art. 15. Aplicável aos empregados públicos.

OJ-SDI-1 237 – Ministério Público. Ilegitimidade para recorrer na defesa de empresa pública ou sociedade de economia mista. Interesse patrimonial privado.

OJ-SDI-1 338 – Ministério Público do Trabalho. Legitimidade para recorrer. Sociedade de economia mista e empresa pública. Contrato nulo. Ausência de aprovação em concurso público.

OJ-SDI-1 339 – Teto remuneratório. Empresa pública e sociedade de economia mista. CF/88, art. 37, XI. Emenda Constitucional n. 19/98. (nova redação – Res.129/05, DJ 20.04.05)

OJ-SDI-1 247 – Servidor público. Celetista concursado. Despedida imotivada. Empresa pública ou sociedade de economia mista. Possibilidade. (Res. n. 143/2007 – DJ 13.11.2007).

ENERGIA ELÉTRICA

SÚM. 367, I – Utilidade "in natura". Indispensável para a realização do trabalho. Natureza indenizatória. (conversão das OJs 131 e 246 da SDI-1)

OJ-SDI-1 324 – Adicional de periculosidade. Trabalho em unidade consumidora de energia elétrica.

ENERGIPE

OJ-SDI-1 T 15 – Participação nos lucros. Incorporação anterior à CF/88. Natureza salarial.

ENGENHEIRO

SÚM. 370 – Médico e Engenheiro. Leis ns. 3.999/61 e 4.950/66. Jornada de trabalho reduzida. (conversão das OJs 39 e 53 da SDI-1)

OJ-SDI-1 165 – Adicional de periculosidade. Perícia. Elaboração de laudo. Engenheiro ou médico do trabalho. CLT, art. 195.

ENQUADRAMENTO FUNCIONAL

Ver também Equiparação.

SÚM. 239 – Empregado de empresa de processamento de dados. Grupo econômico. Bancário. Exceção ao enquadramento. (incorporação das OJs 64 e 126 da SDI-1)

SÚM. 257 – Vigilante de banco. Enquadramento como bancário. Impossibilidade.

SÚM. 275, II – Pedido de reenquadramento. Incidência da prescrição total (incorporação da OJ 144 da SDI-1)

OJ-SDI-1 64 – Empregado de empresa de processamento de dados. Probam. (incorporada à Súm. 239)

OJ-SDI-1 125 – Desvio de função iniciado antes da vigência da CF/88. Reenquadramento indevido. Direito apenas às diferenças salariais.

OJ-SDI-1 179 – BNDES. Natureza bancária. CLT, arts. 224 a 226.

OJ-SDI-1 315 – Motorista. Empresa com atividade predominantemente rural. Enquadramento.

OJ-SDI-1 T 34 – BRDE. Entidade autárquica. Natureza bancária. Lei n. 4.595/64, art.17. Res. BACEN n. 469/70, art. 8º, CLT, 224, § 2º. CF, art. 173, § 1º. (conversão da OJ 22 da SDI-1)

ENQUADRAMENTO SINDICAL

OJ-SDC 9 – Dissídio coletivo. Categoria profissional diferenciada. Incompetência material da Justiça do Trabalho.

ENTIDADE DE DIREITO PRIVADO

Ver Pessoa Jurídica de Direito Privado.

ENTIDADE DE DIREITO PÚBLICO

Ver Pessoa Jurídica de Direito Público.

ENTIDADE SINDICAL
Ver Sindicato.

EQUIPARAÇÃO
Ver também Enquadramento Funcional.

SÚM. 55 – Bancário. Financeiras. CLT, art. 224.

SÚM. 117 – Bancário. Empregado de estabelecimento de crédito. Categoria profissional diferenciada. Equiparação.

SÚM. 119 – Empregados de distribuidoras e corretoras de títulos de valores mobiliários. Jornada especial dos bancários. Equiparação.

EQUIPARAÇÃO SALARIAL

SÚM. 6, I – Quadro de carreira. Equiparação salarial. Homologação. Ministério do Trabalho. CLT, art. 461, § 2º. (nova redação – Res. 104/00, DJ 18.12.00)

SÚM. 6, II – Contagem do tempo de serviço na função. Trabalho igual. (incorporação da Súm. 135)

SÚM. 6, III – Exercício da mesma função. Não importa se os cargos têm, ou não, a mesma denominação. (incorporação da OJ 328 da SDI-1)

SÚM. 6, IV – Contemporaneidade na função. Situação pretérita. (incorporação da Súm. 22)

SÚM. 6, V – Empregado cedido. Função em órgão governamental estranho à cedente. Responsabilidade pelos salários. (incorporação da Súm. 111)

SÚM. 6, VI – Requisitos do art. 461 da CLT preenchidos. Desnível salarial oriundo de decisão judicial. (incorporação da Súm. 120)

SÚM. 6, VII – Trabalho intelectual. Perfeição técnica. Critérios objetivos. (incorporação da OJ 298 da SDI-1)

SÚM. 6, VIII – Fato impeditivo, modificativo ou extintivo da equiparação salarial. Ônus da prova. (incorporação da Súm. 68)

SÚM. 6, IX – Prescrição parcial. Incidência. (incorporação da Súm. 274)

SÚM. 6, X – Mesma localidade. Conceito. (incorporação da OJ n. 252 da SDI-1)

SÚM. 127 – CANCELADA – Quadro de carreira. Preterição. SÚM. 231. Quadro de carreira. Homologação. CNPS. CLT, art. 461, § 2º. (cancelada – Res. 121/03, DJ 21.11.03)

OJ-SDI-1 193 – CANCELADA – Quadro de carreira. Homologação. Governo Estadual. (cancelada em decorrência da redação da Súm. 6 conferida pela Res. 104/00, DJ 18.12.00)

OJ-SDI-1 296 – Atendente e auxiliar de enfermagem. Impossibilidade.

OJ-SDI-1 297 – Servidor público da administração direta, autárquica e fundacional. CF/88, art. 37, XIII.

OJ-SDI-1 353 – Equiparação salarial. Sociedade de economia mista. Art. 37, XIII, da CF/1988. Possibilidade. DJ 14.03.2008

OJ-SDI-1 T 29 – CEEE. Quadro de carreira. Reestruturação em 1991. Válido.

ERRO DE FATO

OJ-SDI-2 103 – Ação rescisória. Contradição entre fundamentação e parte dispositiva do julgado. Cabimento.

OJ-SDI-2 136 – Ação rescisória. Erro de fato. Caracterização.

ESTABILIDADE
Ver também Estabilidade Regulamentar.

SÚM. 26 – CANCELADA – Decenal. Despedida obstativa. (cancelada – Res. 121/03, DJ 21.11.03)

SÚM. 54 – Rescisão do contrato por acordo. Indenização em dobro. Empregado estável. Optante.

SÚM. 98, I – Estabilidade da CLT. Equivalência jurídica. Regime do FGTS.

SÚM. 98, II – Estabilidade contratual ou regulamentar. Compatibilidade. Estabilidade legal ou decenal. Renúncia com a opção ao FGTS (incorporação da OJ 299 da SDI-1)

SÚM. 390, I – Art. 41 da CF/88. Servidor público celetista. Administração direta, autárquica ou fundacional. (conversão das OJs 265 da SDI-1 e 22 da SDI-2)

SÚM. 390, II – Estabilidade do art. 41 da CF/88. Servidor público celetista. Empresa pública e sociedade de economia mista. (conversão da OJ 229 da SDI-1)

OJ-SDI-1 247 – Servidor público. Celetista concursado. Despedida imotivada. Empresa pública ou sociedade de economia mista. Possibilidade. (Res. n. 143/2007 – DJ 13.11.2007).

OJ-SDI-1 364 – Estabilidade. Art. 19 do ADCT. Servidor público de fundação regido pela CLT. (DJ 20.05.2008)

OJ-SDI-1 365 – Estabilidade provisória. Membro de Conselho Fiscal de Sindicato. Inexistência. (DJ 20.05.2008)

OJ-SDI-1 T 42 – Petrobras. Pensão por morte do empregado. Manual de pessoal. Estabilidade decenal. Opção pelo regime do FGTS. (conversão da OJ 166 da SDI-1)

EN 43 – Estabilidade acidentária. Ausência de emissão da CAT.

ESTABILIDADE FINANCEIRA

SÚM. 372, I – Gratificação de função percebida por dez anos ou mais. Reversão ao cargo efetivo sem justo motivo. (conversão da OJ 45 da SDI-1)

ESTABILIDADE PROVISÓRIA

SÚM. 222 – CANCELADA – Dirigentes de associações profissionais. (cancelada – Res. 84/98, DJ 20.08.98)

SÚM. 244, I – Gestante. Desconhecimento do estado gravídico. Indenização. ADCT, art. 10, II, "b". (incorporação da OJ 88 da SDI-1)

SÚM. 244, II – Gestante. Estabilidade provisória. Direito à reintegração durante período da garantia de emprego.

SÚM. 244, III – Gestante. Contrato de experiência. (incorporação da OJ 196 da SDI-1)

SÚM. 339, I – CIPA. Suplente. Estabilidade provisória. Garantia de emprego a partir da CF/88. (incorporação da OJ 25 da SDI-1)

SÚM. 339, II – CIPA. Suplente. Extinção do estabelecimento. (incorporação da OJ 329 da SDI-1)

SÚM. 348 – Aviso prévio. Concessão na fluência da garantia de emprego. Incompatibilidade.

SÚM. 369, I – Dirigente sindical. Comunicação ao empregador pela entidade sindical. (conversão da OJ 34 da SDI-1)

SÚM. 369, II – Limitação do número de dirigentes. CLT, art. 522, recepcionado pela CF/88. (conversão da OJ 266 da SDI-1)

SÚM. 369, III – Dirigente sindical. Categoria profissional diferenciada. (conversão da OJ 145 da SDI-1)

SÚM. 369, IV – Dirigente sindical. Extinção da atividade empresarial. Base territorial do sindicato. (conversão da OJ 86 da SDI-1)

SÚM. 369, V – Dirigente sindical. Registro da candidatura no curso do aviso prévio. (conversão da OJ 35 da SDI-1)

SÚM. 371 – Concessão de auxílio-doença no curso do aviso prévio indenizado. Efeitos da dispensa. (conversão das OJs 40 e 135 da SDI-1)

SÚM. 378, I – Acidente do trabalho. Constitucionalidade. Lei n. 8.213/91, art. 118. (conversão da OJ 105 da SDI-1)

SÚM. 378, II – Estabilidade provisória. Direito. Pressupostos para concessão. Afastamento e auxílio-doença. (conversão da OJ 230 da SDI-1)

SÚM. 379 – Dirigente sindical. Despedida. Falta grave. Inquérito judicial. (conversão da OJ 114 da SDI-1)

SÚM. 396, I – Período estabilitário exaurido. Reintegração. Efeitos financeiros. (conversão da OJ 116 da SDI-1)

SÚM. 396, II – Pedido de reintegração. Salário relativo ao período estabilitário. Julgamento "extra petita". (conversão da OJ 106 da SDI-1)

OJ-SDI-1 41 – Acidente ou doença profissional. Preenchimento dos requisitos na vigência do instrumento normativo.

OJ-SDI-1 51 – Legislação eleitoral. Lei n. 7.773/89, art. 15. Aplicável aos empregados públicos.

OJ-SDI-1 114 – CONVERTIDA – Dirigente sindical. Despedida. Falta grave. Inquérito judicial. (convertida na Súm. 379)

OJ-SDI-1 154 – Doença profissional. Atestado médico – INSS. Exigência prevista em instrumento normativo. (nova redação – Res. 129/05, DJ 20.04.05)

OJ-SDI-1 230 – CONVERTIDA – Acidente do trabalho. Pressupostos para concessão. (convertida na Súm. 378, II)

OJ-SDI-1 253 – Cooperativa. Diretor eleito. Garantia de emprego. Lei n. 5.764/71. Conselho fiscal.

OJ-SDI-1 268 – Contagem do prazo do aviso prévio. Projeção. Indenização adicional. Leis ns. 6.708/79 e 7.238/84.

OJ-SDI-1 365 – Estabilidade provisória. Membro de Conselho Fiscal de Sindicato. Inexistência. (DJ 20.05.2008)

OJ-SDI-1 369 – Estabilidade provisória. Delegado sindical. Inaplicável. (DEJT 03.12.2008)

OJ-SDI-2 6 – CIPA. Suplente. Estabilidade provisória. Ação rescisória. Decisão rescindenda anterior à Súm. 339. Matéria constitucional. ADCT, art. 10, II. Súm. 83. (nova redação – DJ 22.08.05)

OJ-SDI-2 23 – Período pré-eleitoral. Decisão rescindenda anterior à OJ 51. Ação rescisória. Súm. 83.

OJ-SDI-2 24 – Ação rescisória. Estabilidade provisória. Decisão rescindenda que determina a reintegração. Período estabilitário exaurido. Devida apenas indenização.

OJ-SDI-2 64 – Mandado de segurança. Reintegração. Tutela antecipada. Estabilidade provisória prevista em lei ou norma coletiva.

OJ-SDI-2 65 – Mandado de segurança. Reintegração liminarmente concedida. Dirigente sindical. CLT, art. 659, X.

OJ-SDI-2 137 – Mandado de segurança. Estabilidade provisória. Suspensão para apuração de falta grave. Inquérito judicial. CLT, art. 494.

OJ-SDI-2 142 – Mandado de segurança. Reintegração liminarmente concedida. Tutela antecipada. CLT, art. 659, X.

OJ-SDC 30 – Estabilidade da gestante. Cláusula coletiva. Renúncia ou transação de direitos constitucionais.

OJ-SDC 31 – Acidentado. Acordo homologado. Prevalência. Impossibilidade. Lei n. 8.213/91, art. 118.

PN 26 – CANCELADO – Auxílio-doença. (cancelado – Res. 86/98, DJ 15.10.98)

PN 27 – CANCELADO – Retorno de férias. (cancelado – Res. 86/98, DJ 15.10.98)

PN 30 – CANCELADO – Empregado acidentado. Garantia no emprego. Contagem. (cancelado – Res. 81/98, DJ 20.08.98)

PN 49 – CANCELADO – Gestante. (cancelado – Res. 81/98, DJ 20.08.98)

PN 51 – CANCELADO – CIPA. Suplente. (cancelado – Res. 81/98, DJ 20.08.98)

PN 77 – Empregado transferido.

PN 80 – Serviço militar.

PN 85 – Aposentadoria voluntária. Condições.

PN 86 – Representantes dos trabalhadores.

ESTABILIDADE REGULAMENTAR

SÚM. 51, II – Opção pelo novo regulamento. Renúncia às regras do antigo regulamento. CLT, art. 468. (incorporação da OJ 163 da SDI-1)

SÚM. 98, II – Estabilidade contratual ou regulamentar. Compatibilidade. Estabilidade legal ou decenal. Renúncia com a opção ao FGTS (incorporação da OJ 299 da SDI-1)

SÚM. 345 – Regulamento Interno de Pessoal. Bandepe.

SÚM. 355 – Conab. Estabilidade concedida por norma interna. Aviso Direh 2/84. Necessidade de aprovação pelo Ministério ao qual a empresa pública se subordina.

OJ-SDI-2 9 – Conab. Estabilidade concedida por norma interna. Aviso Direh 02/84. Ação rescisória. Decisão rescindenda anterior à Súm. 355. Súm. 83.

OJ-SDI-1 T 9 – BNCC. Garantia de emprego não assegurada. Despedida imotivada.

OJ-SDI-1 T 38 – Banco Meridional. Circular 34.046/89. Dispensa sem justa causa. (conversão da OJ 137 da SDI-1)

ESTADOS E MUNICÍPIOS
OJ-SDI-1 318 – Representação irregular. Autarquia.

ESTAGIÁRIO
OJ-SDI-1 319 – Representação regular. Habilitação posterior.

OJ-SDI-1 366 – Estagiário. Desvirtuamento do contrato de estágio. Reconhecimento do vínculo empregatício com a Administração Pública Direta ou Indireta. Período posterior à Constituição Federal de 1988. Impossibilidade. (DJ 20.05.2008)

ETIQUETA ADESIVA
OJ-SDI-1 284 – Agravo de instrumento. Traslado. Ausência de certidão de publicação. Etiqueta adesiva imprestável para aferição da tempestividade.

ESTUDANTE
PN 2 – CANCELADO – Abono pecuniário. (cancelado – Res. 86/98, DJ 15.10.98)

PN 32 – Jornada de trabalho.

PN 70 – Licença. Dias de prova.

EXCEÇÃO DE INCOMPETÊNCIA
SÚM. 100, VIII – Ação rescisória. Decadência. Prazo recursal. (incorporação da OJ 16 da SDI-2)

EXECUÇÃO
SÚM. 128, II – Depósito recursal. Inexigível na fase executória. Juízo garantido. Salvo elevação do valor do débito. CF/88, art. 5º, II e LV. (incorporação da OJ 189 da SDI-1)

SÚM. 193 – CANCELADA – Correção monetária. Juros. Cálculo. Pessoa jurídica de direito público. (cancelada – Res. 105/00, DJ 18.12.00)

SÚM. 205 – CANCELADA – Integrante de grupo econômico, que não participou da relação processual. Solidariedade. (cancelada – Res. 121/03, DJ 21.11.03)

SÚM. 210 – CANCELADA – Admissibilidade. Recurso de revista. (cancelada – Res. 121/03, DJ 21.11.03)

SÚM. 266 – Admissibilidade. Recurso de revista. (revisão da Súm. 210)

SÚM. 401 – Ação rescisória. Descontos previdenciários e fiscais. Fase de execução. Sentença omissa. Coisa julgada. (conversão da OJ 81 da SDI-2)

SÚM. 405, I – Pedido liminar formulado na petição inicial de ação rescisória ou na fase recursal. Suspensão de execução. Cabimento. CPC, art. 273, § 7º. (Res. 137/05 – DJ 22.08.05)

SÚM. 416 – Mandado de segurança. Tópicos e valores não especificados no agravo de petição. Lei n. 8.432/92. CLT, art. 897, § 1º. (conversão da OJ 55 da SDI-2)

SÚM. 417, I – Mandado de segurança. Penhora em dinheiro. Discordância do credor. Execução definitiva. CPC, art. 655. (conversão da OJ 60 da SDI-2)

SÚM. 417, II – Mandado de segurança. Penhora em dinheiro. Execução definitiva. Depósito no próprio banco. CPC, art. 666, I. (conversão da OJ 61 da SDI-2)

SÚM. 417, III – Mandado de segurança. Penhora em dinheiro. Execução provisória. Nomeação de outros bens à penhora. CPC, art. 620. (conversão da OJ 62 da SDI-2)

SÚM. 419 – Execução por carta. Competência do juízo deprecante. Embargos de terceiro. (conversão da OJ 114 da SDI-2)

OJ-SDI-1 138 – Competência residual da Justiça do Trabalho. Período anterior à Lei n. 8.112/90. Limitação da execução ao período celetista. (incorporação da OJ 249 da SDI-1)

OJ-SDI-1 143 – Empresa em liquidação extrajudicial. Prosseguimento da execução. Créditos trabalhistas. Lei n. 6.024/74, arts. 5º e 29. CLT, art. 889. CF/88, art. 114.

OJ-SDI-1 226 – Penhora. Cédula de crédito rural. Cédula de crédito industrial.

OJ-SDI-1 262 – Coisa julgada. Planos econômicos. Limitação à data-base na fase de execução.

OJ-SDI-1 277 – Ação de cumprimento fundada em decisão normativa. Reforma posterior. Coisa julgada. Não configuração.

OJ-SDI-1 300 – Execução trabalhista. Aplicação da TRD cumulada com juros de mora. Constitucionalidade. Lei n. 8.177/91, art. 39 e Lei n. 10.192/01, art. 15. (nova redação – Res.129/05, DJ 20.04.05)

OJ-SDI-1 343 – Penhora. Bens de pessoa jurídica de direito privado. Sucessão pela União ou Estado-membro. CF/88, art. 100.

OJ-SDI-2 3 – Ação rescisória. Pedido de antecipação de tutela recebido como medida acautelatória. Entidade pública. Medida Provisória n. 1.906 e reedições. (convertida na Súm. 405, II)

OJ-SDI-2 30, "b" – Ação rescisória. Multa. Art. 920 do Código Civil de 1916. Art. 412 do Código Civil de 2002. Limitação. Decisão rescindenda em execução. (incorporação da OJ 31 da SDI-II)

OJ-SDI-2 35 – Ação rescisória. Planos econômicos. Coisa julgada. Limitação à data-base na fase de execução.

OJ-SDI-2 49 – Mandado de segurança. Extinção da execução. Decisão normativa que sofreu posterior reforma. Trânsito em julgado da sentença condenatória proferida na ação de cumprimento. (cancelada em decorrência da conversão da tese mais abrangente da OJ 116 da SDI-2 na Súm. 397)

OJ-SDI-2 53 – Mandado de segurança. Cooperativa em liquidação extrajudicial. Execução. Suspensão. Lei n. 5.764/71, art. 76.

OJ-SDI-2 54 – Mandado de segurança. Desconstituição da penhora. Cumulação. Embargos de terceiro. CPC, art. 1.046. (nova redação – DJ 22.08.05)

OJ-SDI-2 56 – Mandado de segurança. Execução. Pendência de recurso extraordinário ou de agravo de instrumento.

OJ-SDI-2 59 – Mandado de segurança. Penhora. Carta de fiança bancária. CPC, art. 655.

OJ-SDI-2 76 – Ação rescisória. Ação cautelar para suspender execução. Juntada de documento indispensável. Possibilidade de êxito na rescisão do julgado.

OJ-SDI-2 87 – CANCELADA – Mandado de segurança. Reintegração em execução provisória. CPC, art. 899. (cancelada – DJ 22.08.05)

OJ-SDI-2 93 – Mandado de segurança. Penhora. Renda mensal ou faturamento de estabelecimento comercial.

OJ-SDI-2 107 – Ação rescisória. Decisão rescindenda de mérito. Sentença declaratória de extinção de execução. Satisfação da obrigação.

OJ-SDI-2 123 – Decisão exequenda e recindenda. Interpretação do sentido e alcance do título executivo. Coisa julgada. CF/88, art. 5º, XXXVI. (nova redação – DJ 22.08.05)

OJ-SDI-2 131 – Ação rescisória. Ação cautelar para suspender execução da decisão rescindenda. Pendência de trânsito em julgado da ação rescisória principal. Efeitos.

OJ-SDI-2 147 – CANCELADA – Ação rescisória. Valor da causa. (cancelada pela Res. n. 142/07 – DJ 10, 11 e 15.10.2007)

OJ-SDI-2 153 – Mandado de segurança. Execução. Ordem de penhora sobre valores existentes em conta salário. Art. 649, IV, do CPC. Ilegalidade. (DEJT 03.12.2008)

OJ-SDI-1 T 53 – Embargos de terceiro interpostos anteriormente à Lei n. 10.537/02. Agravo de petição. Recolhimento de custas. Inexigibilidade. (conversão da OJ 291 da SDI-1)

OJ-SDI-1 T 54 – Plano Collor. Correção monetária. Índice de 84,32%. Lei n. 7.738/89. (conversão da OJ 203 da SDI-1)

OJ-TP 1 – Precatório. Crédito trabalhista. Pequeno valor. Emenda Constitucional n. 37/02.

OJ-TP 2 – Precatório. Revisão de cálculos. Requisitos. Limites da competência do Presidente do TRT.

OJ-TP 3 – Precatório. Sequestro. Emenda Constitucional n. 30/00. Preterição. Não inclusão no orçamento. ADIn 1662-8. CF/88, art. 100, § 2º.

OJ-TP 6 – Precatório. Limitação da condenação imposta pelo título judicial exequendo à data do advento da Lei n. 8.112, de 11.12.1990.

OJ-TP 9 – Precatório. Pequeno valor. Individualização do crédito apurado. Reclamação trabalhista plúrima. Execução direta contra a Fazenda Pública. Possibilidade.

EN 69 – Execução provisória. Aplicabilidade do art. 475-O do CPC no processo do trabalho.

EN 70 – Execução. Penhora de rendimentos do devedor. Créditos trabalhistas de natureza alimentar e pensões por morte ou invalidez decorrentes de acidente do trabalho. Ponderação de princípios constitucionais. Possibilidade.

EN 73 – Execução de contribuições previdenciárias. Revisão da Súmula 368 do TST.

EXECUÇÃO DIRETA

OJ-SDI-1 87 – Execução direta. Exploração de atividade econômica. CLT, art. 883. CF/88, art. 173, § 1º. (nova redação, DJ 16.04.04)

OJ-SDI-1 343 – Penhora. Bens de pessoa jurídica de direito privado. Sucessão pela União ou Estado-membro. CF/88, art. 100.

OJ-TP 9 – Precatório. Pequeno valor. Individualização do crédito apurado. Reclamação trabalhista plúrima. Execução direta contra a Fazenda Pública. Possibilidade.

EXECUÇÃO POR CARTA PRECATÓRIA

Ver Execução.

EXPOSIÇÃO EVENTUAL, PERMANENTE E INTERMITENTE

SÚM. 47 – Adicional de insalubridade. Devido.

SÚM. 361 – Adicional de periculosidade. Eletricitários.

SÚM. 364, I – Adicional de periculosidade. (conversão das OJs 5 e 280 da SDI-1)

SÚM. 364, I – Adicional de periculosidade. Exposição eventual. (conversão das OJs 5 e 280 da SDI-1)

OJ-SDI-1 5 – CONVERTIDA – Adicional de periculosidade. Inflamáveis e/ou explosivos. (convertida na Súm. 364, I)

EXPURGOS INFLACIONÁRIOS

OJ-SDI-1 341 – FGTS. Multa de 40%. Diferenças decorrentes dos expurgos inflacionários. Responsabilidade pelo pagamento.

OJ-SDI-1 344 – FGTS. Multa de 40%. Diferenças decorrentes dos expurgos inflacionários. Prescrição. Termo inicial. (alterada em decorrência do julgamento do processo TST IUJ-RR 1577/2003-019-03-00.8 – DJ 22.11.05)

OJ-SDI-1 370 – FGTS. Multa de 40%. Diferenças dos expurgos inflacionários. Prescrição. Interrupção decorrente de protestos judiciais. (DEJT 03.12.2008)

EXTINÇÃO DA ATIVIDADE EMPRESARIAL

SÚM. 369, IV – Estabilidade provisória. Dirigente sindical. (conversão da OJ 86 da SDI-1)

EXTINÇÃO DA EMPRESA

SÚM. 339, II – Estabilidade provisória. CIPA.

OJ-SDI-1 278 – Adicional de insalubridade. Perícia. Local de trabalho desativado. Utilização de outros meios de prova.

EXTINÇÃO DO PROCESSO

OJ-SDI-2 84 – Ação rescisória. Decisão rescindenda e/ou certidão de seu trânsito em julgado devidamente autenticadas. Peças essenciais. Fase recursal. Arguição de ofício. Extinção do processo sem julgamento do mérito. (alterada em 26.11.02)

OJ-SDI 2 70 – Ação rescisória. Manifesto e inescusável equívoco no direcionamento. Extinção do processo. (alterada em 26.11.02)

OJ-SDI-2 113 – Ação cautelar. Incabível. Efeito suspensivo ao recurso ordinário em mandado de segurança. Ausência de interesse de agir.

OJ-SDI-1 277 – Ação de cumprimento fundada em decisão normativa. Reforma posterior. Coisa julgada. Não configuração.

F

FAC-SÍMILE

SÚM. 387, I – Aplicabilidade da Lei n. 9.800/99. Vigência. (conversão da OJ 194 da SDI-1)

SÚM. 387, II – Lei n. 9.800/99, art. 2º. Prazo. Apresentação dos originais. (conversão da OJ 337 da SDI-1)

SÚM. 387, III – Juntada de originais. Ato que não depende de notificação. "Dies a quo". CPC, art. 184. Inaplicável. (conversão da OJ 337 da SDI-1)

FALTA AO SERVIÇO

SÚM. 15 – Ausência motivada por doença. Percepção do salário-enfermidade. Atestado médico. Ordem preferencial estabelecida em lei. Repouso semanal remunerado.

SÚM. 32 – Cessação do benefício previdenciário. Abandono de emprego. (nova redação – Res. 121/03, DJ 21.11.03)

SÚM. 46 – Acidente do trabalho. Faltas. Duração de férias. Cálculo da gratificação natalina.

SÚM. 89 – Justificadas por lei. Descontos. Não incidência. Férias.

SÚM. 155 – Comparecimento como parte à Justiça do Trabalho.

SÚM. 282 – Abono dos primeiros 15 dias de ausência ao trabalho. Serviço médico da empresa ou mantido por convênio.

PN 81 – Atestados médicos e odontológicos. Eficácia. Fornecimento. Profissionais do sindicato dos trabalhadores. Convênio com a Previdência Social.

PN 95 – Abono de falta para levar filho ao médico.

FALTA GRAVE

SÚM. 32 – Cessação do benefício previdenciário. Abandono de emprego. (nova redação – Res. 121/03, DJ 21.11.03)

SÚM. 62 – Abandono de emprego. Prazo de decadência para ajuizamento de inquérito. Contagem.

SÚM. 73 – Decurso do prazo do aviso prévio. Verbas rescisórias indenizatórias. (nova redação – Res. 121/03, DJ 21.11.03)

SÚM. 379 – Dirigente sindical. Despedida. Inquérito judicial. (conversão da OJ 114 da SDI-1)

OJ-SDI-2 137 – Mandado de segurança. Estabilidade provisória. Dirigente sindical. Suspensão para apuração de falta grave. Inquérito judicial. CLT, art. 494.

FATO SUPERVENIENTE

SÚM. 394 – Art. 462 do CPC. Aplicação de ofício. Processos em curso. (conversão da OJ 81 da SDI-1)

FATOR DE CORREÇÃO MONETÁRIA

Ver Índice de Correção Monetária.

FAZENDA PÚBLICA

SÚM. 303, I – Remessa "ex officio". Decisão contrária à Fazenda Pública. Duplo grau de jurisdição. Exceções. (incorporação da OJ 9 da SDI-1)

SÚM. 303, II – Ação rescisória. Remessa "ex officio". Decisão contrária à Fazenda Pública. (incorporação da OJ 71 da SDI-1)

SÚM. 303, III – Remessa "ex officio". Mandado de segurança. Fazenda Pública prejudicada pela concessão da ordem. (incorporação das OJs 72 e 73 da SDI-1)

OJ-SDI-1 9 – INCORPORADA – Remessa "ex officio". Alçada. Decisão contrária a ente público. Decreto-lei n. 779/69. Lei n. 5.584/70. (incorporada à Súm. 303, I, "a")

OJ-SDI-1 73 – INCORPORADA – Remessa "ex officio". Mandado de segurança. Decisões proferidas pelo TRT e favoráveis a ente público. Lei n. 1.533/51, art. 12. (incorporada à Súm. 303, III)

OJ-TP 1 – Precatório. Crédito trabalhista. Pequeno valor. Emenda Constitucional n. 37/02.

OJ-TP 2 – Precatório. Revisão de cálculos. Requisitos. Limites da competência do Presidente do TRT.

OJ-TP 3 – Precatório. Sequestro. Emenda Constitucional n. 30/00. Preterição. Não inclusão no orçamento. ADIn 1662-8. CF/88, art. 100, § 2º.

OJ-TP 7 – Precatório. Juros de mora. Condenação da Fazenda Pública. Lei n. 9.494, de 10.09.1997, art. 1º-F.

OJ-TP 9 – Precatório. Pequeno valor. Individualização do crédito apurado. Reclamação trabalhista plúrima. Execução direta contra a Fazenda Pública. Possibilidade.

FERIADOS

SÚM. 27 – Comissionista.

SÚM. 100, IX – Ação rescisória. Decadência. "Dies ad quem" expirado quando não há expediente forense. Férias forenses, feriados, finais de semana. Prorrogação do prazo. CLT, art. 775. (incorporação da OJ 13 da SDI-2)

SÚM. 146 – Trabalhados e não compensados. Pagamento em dobro. (nova redação – Res. 121/03, DJ 21.11.03)

SÚM. 147 – CANCELADA – Intercorrentes nas férias indenizadas. (cancelada – Res. 121/03, DJ 21.11.03)

SÚM. 385 – Feriado local. Ausência de expediente forense. Comprovação. Prorrogação do prazo recursal. (conversão da OJ 161 da SDI-1)

OJ-SDI-1 93 – CANCELADA – Trabalhados e não compensados. Pagamento em dobro. (cancelada em decorrência da redação da Súm. 146 conferida pela Res. 121/03, DJ 21.11.03)

OJ-SDI-1 103 – Adicional de insalubridade. Remuneração. (nova redação – Res. 129/05, DJ 20.04.05)

PN 23 – CANCELADO – Criação. Incompetência. Justiça do Trabalho. (cancelado – Res. 86/98, DJ 15.10.98)

FÉRIAS

SÚM. 7 – Indenizadas. Base de cálculo. Remuneração do empregado na época da reclamação ou da extinção do contrato.

SÚM. 10 – Professor. Dispensa sem justa causa durante as férias escolares. Direito aos salários.

SÚM. 14 – Proporcionais. Rescisão contratual. Culpa recíproca. (nova redação – Res. 121/03, DJ 21.11.03)

SÚM. 46 – Acidente do trabalho. Faltas. Duração de férias. Cálculo da gratificação natalina.

SÚM. 81 – Dias gozados após o período legal de concessão. Remuneração em dobro.

SÚM. 89 – Faltas justificadas por lei. Descontos. Não incidência.

SÚM. 100, IX – Ação rescisória. Decadência. "Dies ad quem" expirado quando não há expediente forense. Férias forenses, feriados, finais de semana. Prorrogação do prazo. CLT, art. 775. (incorporação da OJ 13 da SDI-2)

SÚM. 104 – CANCELADA – Trabalhador rural. (cancelada – Res. 121/03, DJ 21.11.03)

SÚM. 147 – CANCELADA – Indenizadas. Repousos semanais e feriados intercorrentes. (cancelada – Res. 121/03, DJ 21.11.03)

SÚM. 149 – Tarefeiro. Base de cálculo.

SÚM. 151 – CANCELADA – Cálculo. Incidência das horas extras habituais. (cancelada – Res. 121/03, DJ 21.11.03)

SÚM. 159, I – Substituição de caráter não eventual. Direito ao salário contratual do substituído.

SÚM. 171 – Proporcionais. Extinção do contrato de trabalho. (nova redação – Res. 121/03, DJ 21.11.03)

SÚM. 253 – Décimo terceiro salário. Cálculo. Repercussão. Gratificação semestral. (nova redação – Res. 121/03, DJ 21.11.03)

SÚM. 261 – Proporcionais. Rescisão contratual por iniciativa do empregado. Contrato vigente há menos de 1 ano. (nova redação – Res. 121/03, DJ 21.11.03)

SÚM. 328 – Terço constitucional. Férias integrais ou proporcionais, usufruídas ou não, na vigência da CF/1988.

OJ-SDI-1 96 – CANCELADA – Salário substituição. (cancelada em decorrência da redação da Súm. 159 conferida pela Res. 121/03, DJ 21.11.03)

OJ-SDI-1 181 – Cálculo. Valor das comissões corrigido monetariamente. Férias, 13º salário e verbas rescisórias.

OJ-SDI-1 195 – Indenizadas. FGTS. Não incidência.

OJ-SDI-1 T 50 – De férias instituído por instrumento normativo e terço constitucional. Idêntica natureza jurídica. Simultaneidade. (conversão da OJ 231 da SDI-1)

PN 21 – CANCELADO – Dedução. Auxílio-doença. (cancelado – Res. 86/98, DJ 15.10.98)

PN 27 – CANCELADO – Estabilidade. Retorno de férias. (cancelado – Res. 86/98, DJ 15.10.98)

PN 28 – CANCELADO – Proporcionais. Desligamento. Iniciativa do empregado. Tempo de serviço inferior a 1 ano. (cancelado – Res. 81/98, DJ 20.08.98)

PN 100 – Início do período de gozo.

PN 116 – Cancelamento ou adiantamento.

EN 21 – Férias. Aplicação da Convenção 132 da OIT.

FERROVIÁRIO

SÚM. 61 – Estação do Interior. Horas extras. CLT, art. 243.

SÚM. 66 – CANCELADA – RFFSA. Quinquênio. Base de cálculo. (cancelada – Res. 121/03, DJ 21.11.03)

SÚM. 67 – Chefe de trem. Gratificação. Decreto n. 35.530/59, art. 110.

SÚM. 75 – CANCELADA – Funcionário público. Competência da Justiça do Trabalho. (cancelada – Res. 121/03, DJ 21.11.03)

SÚM. 79 – CANCELADA – Adicional de antiguidade. Fepasa. Base de cálculo. (cancelada – Res. 121/03, DJ 21.11.03)

SÚM. 106 – Complementação de aposentadoria. Ferroviário. RFFSA. Competência da Justiça do Trabalho.

OJ-SDI-1 274 – Turnos ininterruptos de revezamento. Horas extras. CF/88, art. 7º, XIV.

FGTS

SÚM. 63 – Incidência. Remuneração. Horas extras. Adicionais eventuais.

SÚM. 95 – CANCELADA – Prescrição trintenária. Recolhimento. (cancelada – Res. 121/03, DJ 21.11.03)

SÚM. 98, I – Indenização. Equivalência jurídica. Estabilidade da CLT.

SÚM. 98, II – Estabilidade contratual ou regulamentar. Compatibilidade. Estabilidade legal ou decenal. Renúncia com a opção ao FGTS (incorporação da OJ 299 da SDI-1)

SÚM. 125 – Contrato por prazo determinado. Indenização. Dispensa sem justa causa. Opção. FGTS. CLT, art. 479. Decreto n. 59.820/66, art. 30, § 3º.

SÚM. 176 – Levantamento do FGTS. Competência da Justiça do Trabalho. (nova redação – Res. 121/03, DJ 21.11.03)

SÚM. 206 – Incidência sobre parcelas prescritas. (nova redação – Res. 121/03, DJ 21.11.03)

SÚM. 223 – CANCELADA – Anulação da opção. Marco inicial. Prescrição. (cancelada – Res. 121/03, DJ 21.11.03)

SÚM. 295 – CANCELADA – Aposentadoria espontânea. Depósito do FGTS. Período anterior à opção. (cancelada pela Res. 152/08, DEJT 20, 21 e 24.11.08)

SÚM. 305 – Incidência sobre o aviso prévio.

SÚM. 362 – Prescrição trintenária. Prazo de dois anos do término do contrato de trabalho. (nova redação – Res. 121/03, DJ 21.11.03)

OJ-SDI-1 42, I – Multa de 40%. Saques. Lei n. 8.036/90, art. 18, § 1º e Decreto n. 99.684/90, art. 9º, § 1º. (incorporação da OJ 107 da SDI-1)

OJ-SDI-1 42, II – Multa de 40%. Aviso prévio indenizado. Cálculo. (incorporação da OJ 254 da SDI-1)

OJ-SDI-1 177 – CANCELADA – Multa de 40%. Aposentadoria espontânea. Extinção do contrato de trabalho. Indevida. (cancelada – DJ 30.10.2006)

OJ-SDI-1 195 – Férias indenizadas. Não incidência.

OJ-SDI-1 232 – Incidência. Remuneração. Empregado transferido para o exterior.

OJ-SDI-1 301 – Diferenças. Ônus da prova. Lei n. 8.036/90, art. 17.

OJ-SDI-1 302 – Índice de correção. Débitos trabalhistas.

OJ-SDI-1 341 – Multa de 40%. Diferenças decorrentes dos expurgos inflacionários. Responsabilidade pelo pagamento.

OJ-SDI-1 344 – Multa de 40%. Diferenças decorrentes dos expurgos inflacionários. Prescrição. Termo inicial. (alterada em decorrência do julgamento do processo TST IUJ-RR 1577/2003-019-03-00.8 – DJ 22.11.05)

OJ-SDI-1 370 – FGTS. Multa de 40%. Diferenças dos expurgos inflacionários. Prescrição. Interrupção decorrente de protestos judiciais. (DEJT 03.12.2008)

OJ-SDI-1 T 1 – Multa de 40%. Rescisão contratual anterior a CF/88. Complementação do percentual de 30% indevida.

OJ-SDI-1 T 39 – Opção retroativa. Concordância do empregador. Necessidade. (conversão da OJ 146 da SDI-1)

OJ-SDI-1 T 42 – Petrobras. Pensão por morte do empregado. Manual de pessoal. Estabilidade decenal. Opção pelo regime do FGTS. (conversão da OJ 166 da SDI-1)

FISCALIZAÇÃO

EN 57 – Fiscalização do trabalho. Reconhecimento de vínculo empregatício. Desconsideração da pessoa jurídica e dos contratos civis.

FLEXIBILIZAÇÃO

EN 09 – Flexibilização.

FOLGAS REMUNERADAS

OJ-SDI-1 T 31 – Planos Bresser e Verão. Acordo coletivo autorizando a quitação com folgas remuneradas. Conversão em pecúnia após a extinção do contrato de trabalho. Aposentadoria voluntária.

FOLHA INDIVIDUAL DE PRESENÇA – FIP

OJ-SDI-1 234 – Instituída por norma coletiva. Hora extra. Prova oral. Prevalência. (incorporada à Súm. 338, II)

FONTES

EN 03 – Fontes do direito. Normas internacionais

FORÇA NORMATIVA

EN 02 – Direitos fundamentais. Força normativa.

FORMA DE CÁLCULO

SÚM. 368, II – Descontos previdenciários e fiscais. Responsabilidade pelo recolhimento. Sentenças trabalhistas. Critério de apuração dos descontos fiscais. (conversão das OJs 32 e 228 da SDI-1)

SÚM. 368, III – Descontos previdenciários. Critério de apuração. (conversão das OJs 32 e 228 da SDI-1)

FRAUDE

SÚM. 20 – CANCELADA – Resilição contratual. Pagamento da indenização de antiguidade. Permanência na empresa ou readmissão em curto prazo. (cancelada – Res. 106/01, DJ 21.03.01)

SÚM. 100, VI – Ação rescisória. Decadência. "Dies a quo". Ministério Público. Colusão das partes. (incorporação da OJ 122 da SDI-2)

OJ-SDI-2 94 – Ação rescisória. Colusão. Reclamatória simulada extinta.

OJ-SDC 33 – CANCELADA – Ação rescisória. Ministério Público. Legitimidade restrita. CPC, art. 487, I e III. (cancelada, DJ 22.08.05)

OJ-SDI-1 T 30 – PROFORTE. Cisão parcial de empresa. Responsabilidade solidária.

FRENTISTA

OJ-SDI-1 251 – Desconto salarial. Cheque sem fundos.

FUNÇÃO COMISSIONADA

Ver Gratificação de Função.

FUNCIONÁRIO PÚBLICO

Ver Servidor Público.

FUNGIBILIDADE RECURSAL

SÚM. 421, II – Decisão monocrática do relator. CPC, art. 557. Embargos de declaração. Conversão em agravo. Fungibilidade e celeridade processual. (conversão da OJ 74 da SDI-2)

OJ-SDI-2 69 – Fungibilidade recursal. Indeferimento liminar de ação rescisória ou mandado de segurança em despacho monocrático. Recurso para o TST. Recebimento como agravo regimental. Devolução dos autos ao TRT.

G

GARANTIA DE EMPREGO

Ver Estabilidade Provisória.

GARRAFAS "BICADAS"

PN 66 – Devolução e extravio de engradados.

GESTANTE

SÚM. 142 – CANCELADA – Dispensa sem justa causa. Salário-maternidade. (cancelada – Res. 121/03, DJ 21.11.03)

SÚM. 244, I – Desconhecimento do estado gravídico. Indenização. ADCT, art. 10, II, "b". (incorporação da OJ 88 da SDI-1)

SÚM. 244, II – Gestante. Estabilidade provisória. Direito à reintegração durante período da garantia de emprego.

SÚM. 244, III – Estabilidade provisória. Contrato de experiência. (incorporação da OJ 196 da SDI-1)

SÚM. 260 – CANCELADA – Salário-maternidade. Contrato de experiência. (cancelada – Res. 121/03, DJ 21.11.03)

OJ-SDI-1 44 – Salário-maternidade de 120 dias.

OJ-SDC 30 – Estabilidade provisória. Cláusula coletiva. Renúncia ou transação de direitos constitucionais.

PN 49 – CANCELADO – Garantia de emprego. (cancelado – Res. 81/98, DJ 20.08.98)

GORJETA

SÚM. 290 – CANCELADA – Natureza jurídica. Repercussões. (cancelada – Res. 121/03, DJ 21.11.03)

SÚM. 354 – Natureza jurídica. Repercussões. (revisão da Súm. n. 290 – Res. 23/1988, DJ 24.03.1988)

GRATIFICAÇÃO

SÚM. 67 – Ferroviário. Chefe de trem. Decreto n. 35.530/59, art. 110.

SÚM. 78 – CANCELADA – Gratificação periódica contratual. Lei n. 4.090/62. Cálculo. Integração. (cancelada – Res. 121/03, DJ 21.11.03)

SÚM. 152 – Ajuste tácito.

OJ-SDI-1 208 – De raios X. Redução. Radiologista. Lei n. 7.923/89.

OJ-SDI-1 T 43 – SUDS. Convênio da União com Estado. Natureza salarial. (conversão da OJ 168 da SDI-1)

STF SÚM. VINCULANTE 15.

GRATIFICAÇÃO DE CAIXA

PN 103 – Função de Caixa. Exercício permanente. Concessão.

GRATIFICAÇÃO DE FUNÇÃO

SÚM. 102, I – Bancário. Configuração do cargo de confiança. Prova das reais atribuições. CLT, art. 224, § 2º. (incorporação da Súm. 204)

SÚM. 102, II – Bancário. Cargo de confiança. Enquadramento no art. 224, § 2º, da CLT. Percepção de gratificação. Indevidas as 7ª e 8ª horas como extras. (incorporação da Súm. 166)

SÚM. 102, III – Bancário. Cargo de confiança. Gratificação. Pagamento a menor. 7ª e 8ª horas devidas. (incorporação da OJ 288 da SDI-1)

SÚM. 102, IV – Bancário. Cargo de confiança. Enquadramento no art. 224, § 2º, da CLT. Horas extras além da 8ª diária. (incorporação da Súm. 232)

SÚM. 102, V – Advogado. Bancário. Cargo de confiança. Jornada de trabalho. CLT, art. 224, § 2º. (incorporação da OJ 222 da SDI-1)

SÚM. 102, VI – Bancário. Caixa executivo. Cargo de confiança. Horas extras.

SÚM. 102, VII – Cargo de confiança. Gratificação de função não inferior a 1/3. Norma coletiva que contempla valor superior. Indevidas as 7ª e 8ª horas. Direito às diferenças de gratificação de função. (incorporação da OJ 15 da SDI-1)

SÚM. 109 – Bancário. Compensação. Horas extras. (nova redação – RA 97/80, DJ 19.09.80)

SÚM. 233 – CANCELADA – Bancário. Chefe. Jornada de trabalho. Indevidas as 7ª e 8ª horas como extras. (cancelada – Res. 121/03, DJ 21.11.03)

SÚM. 234 – CANCELADA – Bancário. Subchefe. Jornada de trabalho. Indevidas as 7ª e 8ª horas como extras. (cancelada – Res. 121/03, DJ 21.11.03)

SÚM. 237 – Bancário. Tesoureiro. Jornada de trabalho. CLT, art. 224, § 2º. Indevidas as 7ª e 8ª horas como extras (cancelada – Res. 121/03, DJ 21.11.03)

SÚM. 238 – CANCELADA – Bancário. Subgerente. Jornada de trabalho. CLT, art. 224, § 2º. Indevidas as 7ª e 8ª horas como extras (cancelada – Res. 121/03, DJ 21.11.03)

SÚM. 240 – Bancário. Integração. Adicional por tempo de serviço. CLT, art. 224, § 2º.

SÚM. 372, I – Percebida por dez anos ou mais. Reversão ao cargo efetivo sem justo motivo. (conversão da OJ 45 da SDI-1)

SÚM. 372, II – Manutenção do empregado no exercício da função comissionada. Redução. (conversão da OJ 303 da SDI-1)

GRATIFICAÇÃO DE NÍVEL SUPERIOR. SUFRAMA

OJ-SDI-2 26 – Ação rescisória. Extensão aos servidores celetistas exercentes de atividade de nível superior. CF/88, arts. 37, XIII e 39, § 1º.

GRATIFICAÇÃO DE PRODUTIVIDADE

Ver Adicional de Produtividade.

GRATIFICAÇÃO ESPECIAL

OJ-SDI-1 56 – Nossa Caixa-Nosso Banco (Caixa Econômica do Estado de São Paulo). Regulamento. Gratificação especial e/ou anuênios. Direito.

GRATIFICAÇÃO JUBILEU

OJ-SDI-1 T 27 – Banrisul. Vantagem paga de uma única vez. Prazo prescricional a partir da data da aposentadoria. Inaplicabilidade da Súmula 294.

GRATIFICAÇÃO NATALINA

Ver Décimo Terceiro Salário.

GRATIFICAÇÃO POR TEMPO DE SERVIÇO

SÚM. 202 – Compensação. Vantagem de mesma natureza instituída por instrumento coletivo. Simultaneidade.

SÚM. 203 – Natureza salarial.

SÚM. 225 – Repouso semanal remunerado. Repercussão. Gratificações por tempo de serviço e produtividade.

SÚM. 226 – Bancário. Integração. Base de cálculo. Horas extras.

GRATIFICAÇÃO SEMESTRAL

SÚM. 115 – Horas extras habituais. Integração. (nova redação – Res. 121/03, DJ 21.11.03)

SÚM. 253 – Décimo terceiro salário. Cálculo. Repercussão. Gratificação semestral. (nova redação – Res. 121/03, DJ 21.11.03)

SÚM. 373 – Congelamento. Prescrição parcial. (conversão da OJ 46 da SDI-1)

OJ-SDI-1 197 – CANCELADA – Décimo terceiro salário. Cálculo. Repercussão. Gratificação semestral. Súm. 78. (cancelada em decorrência da redação da Súm. 253 conferida pela Res. 121/03, DJ 21.11.03)

GREVE

SÚM. 189 – Abusividade. Competência da Justiça do Trabalho. (nova redação – Res. 121/03, DJ 21.11.03)

OJ-SDC 1 – CANCELADA – Acordo coletivo. Descumprimento. Existência de ação própria. Ação de cumprimento. Abusividade da greve deflagrada para substituí-la. (cancelada, DJ 22.06.04)

OJ-SDC 10 – Greve abusiva não gera efeitos.

OJ-SDC 11 – Imprescindibilidade de tentativa direta e pacífica da solução do conflito. Etapa negocial prévia.

OJ-SDC 12 – Qualificação jurídica. Ilegitimidade ativa "ad causam" do sindicato profissional que deflagra o movimento.

OJ-SDC 38 – Serviços essenciais. Garantia das necessidades inadiáveis da população usuária. Fator determinante da qualificação jurídica do movimento.

PN 29 – Competência dos Tribunais para declará-la abusiva.

EN 06 – Greves atípicas realizadas por trabalhadores. Constitucionalidade dos atos.

STF – SÚM. VINCULANTE 23.

GRUPO ECONÔMICO

SÚM. 93 – Bancário. Venda de papéis ou valores mobiliários. Grupo econômico. Remuneração. Integração.

SÚM. 129 – Duplicidade de contrato de trabalho.

SÚM. 205 – CANCELADA – Execução. Integrante de grupo econômico, que não participou da relação processual. Solidariedade. (cancelada – Res. 121/03, DJ 21.11.03)

SÚM. 239 – Empregado de empresa de processamento de dados. Enquadramento como bancário. Exceção. Empresa não bancária. (incorporação das OJs 64 e 126 da SDI-1)

H

"HABEAS CORPUS"

OJ-SDI-2 89 – Depositário. Termo de depósito não assinado pelo paciente. Necessidade de aceitação do encargo. Prisão civil.

OJ-SDI-2 143 – "Habeas corpus". Penhora sobre coisa futura e incerta. Prisão. Depositário infiel. (redação alterada – Res. n. 151/08 – DEJT 20, 21 e 24.11.08).

HABILITAÇÃO PROFISSIONAL

SÚM. 301 – Auxiliar de laboratório. Ausência de diploma. Lei n. 3.999/61.

OJ-SDI-1 296 – Equiparação salarial. Atendente e auxiliar de enfermagem. Impossibilidade.

OJ-SDI-1 319 – Representação regular. Estagiário. Habilitação posterior.

HABITAÇÃO

SÚM. 367, I – Utilidade "in natura". Indispensável para a realização do trabalho. Natureza indenizatória. (conversão das OJs 131 e 246 da SDI-1)

PN 34 – Trabalhador rural. Condições de habitabilidade.

PN 62 – Trabalhador rural. Moradia. Conservação e reparos das casas. Responsabilidade.

HOMOLOGAÇÃO

SÚM. 6, I – Quadro de carreira. Equiparação salarial. Homologação. Ministério do Trabalho. CLT, art. 461, § 2º. (nova redação – Res. 104/00, DJ 18.12.00)

SÚM. 231 – CANCELADA – Quadro de carreira. Homologação. CNPS. CLT, art. 461, § 2º. (cancelada – Res. 121/03, DJ 21.11.03)

OJ-SDI-1 193 – CANCELADA – Quadro de carreira. Equiparação salarial. Governo Estadual. (cancelada em decorrência da redação da Súm. 6 conferida pela Res. 104/00, DJ 18.12.00)

OJ-SDC 2 – Acordo nos autos de dissídio coletivo. Extensão a partes não subscreventes.

OJ-SDC 31 – Acidentado. Acordo homologado. Prevalência. Impossibilidade. Lei n. 8.213/91, art. 118.

OJ-SDC 34 – Acordo Extrajudicial. Homologação. Justiça do Trabalho. Prescindibilidade.

HOMOLOGAÇÃO JUDICIAL

SÚM. 190 – Poder normativo do TST. Condições de trabalho. Inconstitucionalidade. Decisões contrárias às do STF.

SÚM. 418 – Mandado de segurança visando à concessão de liminar ou homologação de acordo. (conversão das OJs 120 e 141 da SDI-2)

HONORÁRIOS ADVOCATÍCIOS

SÚM. 11 – CANCELADA – Lei n. 1.060/50. (cancelada – Res. 121/03, DJ 19.11.2003, Rep. DJ 25.11.03)

SÚM. 219, I – Hipótese de cabimento.

SÚM. 219, II – Honorários advocatícios em ação rescisória. Incabível. (incorporação da OJ 27 da SDI-2)

SÚM. 220 – CANCELADA – Substituição processual. Sindicato. (cancelada – Res. 55/96, DJ 19.04.96)

SÚM. 310 – CANCELADA – *Substituição processual. Sindicato. (cancelada – Res. 119/03, DJ 01.10.03)*

SÚM. 329 – Art. 133 da CF/88. Súmula n. 219.

OJ-SDI-1 304 – Honorários advocatícios. Assistência judiciária. Declaração de pobreza. Comprovação. Simples afirmação na petição inicial.

OJ-SDI-1 305 – Requisitos. Justiça do Trabalho.

OJ-SDI-1 348 – Base de cálculo. Valor líquido. Lei n. 1.060, de 05.02.1950.

OJ-SDI-2 138 – CANCELADA – *Mandado de segurança. Incompetência da Justiça do Trabalho. Cobrança de honorários advocatícios. Contrato de natureza civil. (cancelada – DJ 10.05.2006)*

EN 53 – Reparação de danos. Honorários contratuais de advogado.

HONORÁRIOS PERICIAIS

SÚM. 236 – CANCELADA – *Responsabilidade. Sucumbência. (cancelada – Res. 121/03, DJ 21.11.03)*

SÚM. 341 – Assistente. Responsabilidade.

OJ-SDI-1 198 – Atualização monetária. Lei n. 6.899/81, art. 1º.

OJ-SDI-2 98 – Mandado de segurança. Cabimento. Exigência do depósito prévio dos honorários periciais. Incompatibilidade com o processo do trabalho. (nova redação – DJ 22.08.05)

HONORÁRIOS SUCUMBENCIAIS

EN 79 – Honorários sucumbenciais devidos na Justiça do Trabalho.

HORÁRIO FIXO

SÚM. 391, II – Petroleiros. Turnos ininterruptos de revezamento. Alteração da jornada para horário fixo. Lei n. 5.811/72, art. 10. CF/88. (conversão da OJ 333 da SDI-1)

HORÁRIO NOTURNO

Ver Trabalho Noturno.

HORAS DE SOBREAVISO

Ver Sobreaviso.

HORAS EXTRAS

SÚM. 24 – Habituais. Cálculo. Indenização por tempo de serviço. Incidência.

SÚM. 45 – Habituais. Cálculo. Gratificação natalina.

SÚM. 56 – CANCELADA – *Balconista. Comissionista. (cancelada – Res. 121/03, DJ 21.11.03)*

SÚM. 60, II – Adicional noturno. Cumprimento integral da jornada no período noturno. Prorrogação em horário diurno. CLT, art. 73, § 5º. (incorporação da OJ 6 da SDI-1)

SÚM. 61 – Ferroviário. Estação do interior. CLT, art. 243.

SÚM. 63 – Incidência. FGTS. Remuneração. Adicionais eventuais.

SÚM. 76 – CANCELADA – *Habituais. Supressão. (cancelada – Res. 121/03, DJ 21.11.03)*

SÚM. 85, III – Compensação de jornada. Não atendimento das exigências legais. Adicional. (incorporação da OJ 223 da SDI-1)

SÚM. 85, IV – Habituais. Acordo de compensação de jornada. Descaracterização. (incorporação da OJ 220 da SDI-1)

SÚM. 88 – CANCELADA – *Jornada de trabalho. Intervalo entre turnos. Penalidade administrativa. (cancelada – Res. 42/95, DJ 17.02.95)*

SÚM. 90, V – Horas "in itinere". Adicional de horas extras. (incorporação da Súm. 236)

SÚM. 94 – CANCELADA – *Habituais. Integração. Cálculo. Aviso prévio indenizado. (cancelada – Res. 121/03, DJ 21.11.03)*

SÚM. 96 – Marítimo. Permanência do tripulante a bordo do navio.

SÚM. 102, II – Bancário. Cargo de confiança. Enquadramento no art. 224, § 2º, da CLT. Percepção de gratificação. Indevidas as 7ª e 8ª horas como extras. (incorporação da Súm. 166)

SÚM. 102, III – Bancário. Cargo de confiança. Gratificação. Pagamento a menor. 7ª e 8ª horas devidas. (incorporação da OJ 288 da SDI-1)

SÚM. 102, IV – Bancário. Cargo de confiança. Enquadramento no art. 224, § 2º, da CLT. Horas extras além da 8ª diária. (incorporação da Súm. 232)

SÚM. 102, V – Advogado. Bancário. Cargo de confiança. Jornada de trabalho. CLT, art. 224, § 2º. (incorporação da OJ 222 da SDI-1)

SÚM. 102, VI – Bancário. Caixa executivo. Cargo de confiança. Horas extras.

SÚM. 102, VII – Cargo de confiança. Gratificação de função não inferior a 1/3. Norma coletiva que contempla valor superior. Indevidas as 7ª e 8ª horas. Direito às diferenças de gratificação de função. (incorporação da OJ 15 da SDI-1)

SÚM. 109 – Bancário. Compensação. Gratificação de função. (nova redação – RA 97/80, DJ 19.09.80)

SÚM. 110 – Regime de revezamento. Intervalo mínimo de 11 horas.

SÚM. 113 – Bancário. Sábado. Dia útil. Repercussão de horas extras.

SÚM. 115 – Habituais. Gratificação semestral. Integração. (nova redação – Res. 121/03, DJ 21.11.03)

SÚM. 118 – Intervalo intrajornada não previsto em lei concedidos pelo empregador. Excedida a jornada devidas as horas extras.

SÚM. 132, I – Adicional de periculosidade. Integração. Indenização e horas extras. (incorporação da OJ 267 da SDI-1)

SÚM. 151 – CANCELADA – *Habituais. Integração. Férias. (cancelada – Res. 121/03, DJ 21.11.03)*

SÚM. 172 – Repouso semanal remunerado. Incidência das horas extras habituais.

SÚM. 199, I – Bancário. Horas extras. Pré-contratação ou pactuadas após a admissão. Efeitos. (redação original dada pela Res. 41/95 e incorporação da OJ 48 da SDI-1)

SÚM. 199, II – Bancário. Pré-contratação. Supressão. Prescrição total. (incorporação da OJ 63 da SDI-1)

SÚM. 215 – CANCELADA – *Não contratadas expressamente. Adicional de horas extras. (cancelada – Res. 28/94, DJ 12.05.94)*

SÚM. 226 – Bancário. Base de cálculo. Integração. Gratificação por tempo de serviço.

SÚM. 233 – CANCELADA – *Bancário. Chefe. Jornada de trabalho. Indevidas as 7ª e 8ª horas como extras. (cancelada – Res. 121/03, DJ 21.11.03)*

SÚM. 234 – CANCELADA – *Bancário. Subchefe. Jornada de trabalho. Indevidas as 7ª e 8ª horas como extras (cancelada – Res. 121/03, DJ 21.11.03)*

SÚM. 237 – CANCELADA – *Bancário. Tesoureiro. Jornada de trabalho. CLT, art. 224, § 2º. Indevidas as 7ª e 8ª horas como extras (cancelada – Res. 121/03, DJ 21.11.03)*

SÚM. 238 – CANCELADA – *Bancário. Subgerente. Jornada de trabalho. CLT, art. 224, § 2º. Indevidas as 7ª e 8ª horas como extras (cancelada – Res. 121/03, DJ 21.11.03)*

SÚM. 253 – Décimo terceiro salário. Cálculo. Repercussão. Gratificação semestral. (nova redação – Res. 121/03, DJ 21.11.03)

SÚM. 264 – Base de cálculo. Composição. Parcela de natureza salarial. Adicional previsto em norma coletiva.

SÚM. 376, I – Limitação legal da jornada suplementar a duas horas diárias. Pagamento de todas as horas trabalhadas. (conversão da OJ 117 da SDI-1)

SÚM. 291 – Habituais. Supressão. Indenização. Cálculo. (revisão da Súm. n. 76 – RA. 69/1978, DJ 26.09.1978)

SÚM. 338, I – Ônus da prova. Recusa injustificada de apresentação de cartões de ponto. Presunção relativa.

SÚM. 338, II – Prova. Presunção de veracidade da jornada de trabalho. Previsão em instrumento coletivo. Elisão. (incorporação da OJ 234 da SDI-1)

SÚM. 338, III – Horas extras. Cartões de ponto. Registro de horários de entrada e saída uniformes. Ônus da prova (incorporação da OJ 306 da SDI-1)

SÚM. 340 – Comissionista. Adicional de horas extras. (nova redação – Res. 121/03, DJ 21.11.03)

SÚM. 347 – Habituais. Apuração. Média física.

SÚM. 354 – Gorjetas. Natureza jurídica. Repercussões. (revisão da Súm. n. 290 – Res. 23/1988, DJ 24.03.1988)

SÚM. 366 – Cartão de ponto. Registro. Minutos que antecedem e sucedem a jornada de trabalho. (conversão das OJs 23 e 326 da SDI-1)

SÚM. 370 – Médico e Engenheiro. Leis ns. 3.999/61 e 4.950/66. Jornada de trabalho reduzida. (conversão das OJs 39 e 53 da SDI-1)

SÚM. 376, II – Habituais. Integração salarial não limitada a duas horas diárias. CLT, art. 59. (conversão da OJ 89 da SDI-1)

SÚM. 384, II – Multa. Cláusula normativa. Repetição de texto legal. (conversão da OJ 239 da SDI-1)

SÚM. 391, I – Petroleiros. Turnos ininterruptos de revezamento. Lei n. 5.811/72. Recepcionada pela CF/88. (conversão da OJ 240 da SDI-1)

SÚM. 423 – Turno ininterrupto de revezamento. Fixação de jornada de trabalho mediante negociação coletiva. Validade. (conversão da Orientação Jurisprudencial n. 169 da SBDI-1) (Res. 139/06 – DJ 10, 11 e 13.10.2006)

OJ-SDI-1 17 – Banco do Brasil. Adicionais AP, ADI ou AFR. Somatório. Cargo de confiança. CLT, art. 224, § 2º.

OJ-SDI-1 18, I – Banco do Brasil. Complementação de aposentadoria. Integração. Horas extras. (nova redação – Res. 129/05, DJ 20.04.05)

OJ-SDI-1 47 – Hora extra. Adicional de insalubridade. Base de cálculo (redação alterada na sessão do Tribunal Pleno em 26.06.2008) – Res. 148/2008, DJ 04 e 07.07.2008 – Republicada DJ 08, 09 e 10.07.2008.

OJ-SDI-1 49 – Uso do BIP. Não caracteriza sobreaviso. Horas extras. Indevidas.

OJ-SDI-1 60, II – Portuário. Base de cálculo. Exclusão de adicionais de risco e produtividade. Lei n. 4.860/65, art. 7º, § 5º. (incorporação da OJ 61 da SDI-1)

OJ-SDI-1 97 – Adicional noturno. Base de cálculo. Hora extra prestada no período noturno.

OJ-SDI-1 123 – Bancário. Ajuda-alimentação prevista em norma coletiva decorrente de horas extras. Natureza indenizatória.

OJ-SDI-1 206 – Professor. Adicional de, no mínimo, 50%. CLT, art. 318. CF/88, art. 7º, XVI.

OJ-SDI-1 223 – Compensação de jornada. Acordo individual tácito. Validade. (incorporada à Súm. 85, III)

OJ-SDI-1 233 – Ônus da prova quanto ao período não abrangido pela prova oral ou documental. Deferimento por presunção. Possibilidade. (nova redação – Res. 129/05, DJ 20.04.05)

OJ-SDI-1 234 – Prova oral. Prevalência sobre folha individual de presença (FIP) instituída por norma coletiva. (incorporada à Súm. 338, II)

OJ-SDI-1 235 – Salário por produção. Devido apenas o adicional.

OJ-SDI-1 242 – Prescrição total. Adicional de horas extras. Incorporação.

OJ-SDI-1 274 – Ferroviário. Turnos ininterruptos de revezamento. CF/88, art. 7º, XIV.

OJ-SDI-1 275 – Horista. Turnos ininterruptos de revezamento. Horas extras e adicional. Inexistência de instrumento coletivo fixando jornada diversa.

OJ-SDI-1 307 – Intervalo intrajornada para repouso e alimentação. Não concessão ou concessão parcial. Lei n. 8.923/94.

OJ-SDI-1 332 – Motorista. Controle de jornada por tacógrafo. Res. 816/86 do CONTRAN.

OJ-SDI-1 355 – Intervalo interjornadas. Inobservância. Horas extras. Período pago como sobrejornada. Art. 66 da CLT. Aplicação analógica do § 4º do art. 71 da CLT. DJ 14.03.2008

OJ-SDI-2 5 – Banco do Brasil. Adicionais AP e ADI ou AFR. Ação rescisória. Decisão rescindenda anterior à OJ 17. Súm. 83 do TST. Súm. 343 do STF.

OJ-SDI-1 T 2 – CSN. Horas extras habituais. Licença remunerada.

PN 19 – CANCELADO – Cursos e reuniões obrigatórios. (cancelado – Res. 81/98, DJ 20.08.98)

PN 43 – CANCELADO – Adicional. (cancelado – Res. 81/98, DJ 20.08.98)

HORAS "IN ITINERE"

SÚM. 90, I – Local de difícil acesso ou ausência de transporte público.

SÚM. 90, II – Incompatibilidade entre horários de início, término da jornada e transporte público regular. (incorporação da OJ 50 da SDI-1)

SÚM. 90, III – Insuficiência de transporte público. (incorporação da Súm. 324)

SÚM. 90, IV – Trecho não servido por transporte público. (incorporação da Súm. 325)

SÚM. 90, V – Adicional de horas extras. (incorporação da Súm. 236)

SÚM. 320 – Cômputo na jornada de trabalho. Fornecimento de transporte. Cobrança.

OJ-SDI-1 T 36 – AÇOMINAS. Tempo gasto entre a portaria da empresa e o local do serviço. (conversão da OJ 98 da SDI-1)

PN 114 – CANCELADO – Transporte fornecido pelo empregador. Local de difícil acesso. (cancelado – Res. 81/98, DJ 20.08.98)

HORAS NOTURNAS

Ver Trabalho Noturno.

HORISTA

OJ-SDI-1 275 – Turnos ininterruptos de revezamento. Horas extras e adicional. Inexistência de instrumento coletivo fixando jornada diversa.

I

IDENTIDADE FÍSICA

SÚM. 136 – Do juiz. Inaplicabilidade. Varas do Trabalho.

IMAGEM

EN 14 – Imagem do trabalhador. Utilização pelo empregador. Limites.

IMPOSSIBILIDADE JURÍDICA DO PEDIDO

SÚM. 192, III – Ação rescisória. Sentença. Substituição por acórdão regional ou sentença superveniente homologatória de acordo. CPC, art. 512. (redação alterada pela Res. n. 153/08 – DEJT 20, 21 e 24.11.08)

SÚM. 192, IV – Ação rescisória. Decisão rescindenda. Agravo de instrumento. Não substituição. (incorporação da OJ 105 da SDI-2)

OJ-SDI-2 134 – Ação rescisória. Decisão rescindenda. Preclusão declarada. Formação da coisa julgada formal.

OJ-SDC 5 – Dissídio coletivo contra pessoa jurídica de direito público.

IMPOSTO DE RENDA

SÚM. 368, I – Descontos previdenciários e fiscais. Competência. Responsabilidade pelo pagamento. Forma de cálculo. Limitação. Sentença e acordo. (conversão da OJ 141 da SDI-1)

SÚM. 368, II – Descontos previdenciários e fiscais. Responsabilidade pelo recolhimento. Sentenças trabalhistas. Critério de apuração dos descontos fiscais. (conversão das OJs 32 e 228 da SDI-1)

SÚM. 401 – Ação rescisória. Descontos previdenciários e fiscais Fase de execução. Sentença omissa. Coisa julgada. (conversão da OJ 81 da SDI-2)

OJ-SDI-1 207 – Indenização. Programa de Incentivo à Demissão Voluntária.

OJ-SDI-2 19 – Incidência. Desligamento incentivado. Abono pecuniário. Ação rescisória. Súm. 83. Violação de lei.

INCOMPETÊNCIA

Ver Competência.

INCOMPETÊNCIA ABSOLUTA

OJ-SDI-1 62 – Prequestionamento. Pressuposto de recorribilidade em apelo de natureza extraordinária.

OJ-SDI-2 124 – Ação rescisória. Arguição de incompetência absoluta. CPC, art. 485, II. Prequestionamento inexigível.

INDENIZAÇÃO

SÚM. 7 – Férias indenizadas. Base de cálculo. Remuneração do empregado na época da reclamação ou da extinção do contrato.

SÚM. 44 – Cessação da atividade da empresa. Direito ao aviso prévio.

SÚM. 73 – Falta grave. Decurso do prazo do aviso prévio. Verbas rescisórias indenizatórias. (nova redação – Res. 121/03, DJ 21.11.03)

SÚM. 76 – CANCELADA – Horas extras habituais. Supressão. (cancelada – Res. 121/03, DJ 21.11.03)

SÚM. 94 – CANCELADA – Aviso prévio. Cálculo. Integração. Horas extras. (cancelada – Res. 121/03, DJ 21.11.03)

SÚM. 98, I – Equivalência jurídica entre o regime do FGTS e a estabilidade da CLT.

SÚM. 132, I – Adicional de periculosidade. Integração. Cálculo. (incorporação da OJ 267 da SDI-1)

SÚM. 147 – CANCELADA – Férias. Repousos semanais e feriados intercorrentes. (cancelada – Res. 121/03, DJ 21.11.03)

SÚM. 148 – Cálculo. Gratificação natalina. Computável.

SÚM. 150 – CANCELADA – Demissão do empregado. Atos institucionais. Reintegração. Indenização. Incompetência da Justiça do Trabalho. (cancelada – Res. 121/03, DJ 21.11.03)

SÚM. 244, I – Gestante. Desconhecimento do estado gravídico. Indenização. ADCT, art. 10, II, "b". (incorporação da OJ 88 da SDI-1)

SÚM. 244, II – Gestante. Estabilidade provisória. Direito à reintegração durante período da garantia de emprego.

SÚM. 253 – Indenização por antiguidade. Décimo terceiro salário. Cálculo. Repercussão. Gratificação semestral. (nova redação – Res. 121/03, DJ 21.11.03)

SÚM. 291 – Horas extras habituais. Supressão. Indenização. Cálculo. (revisão da Súm. n. 76 – RA. 69/1978, DJ 26.09.1978)

SÚM. 295 – CANCELADA – Aposentadoria espontânea. Depósito do FGTS. Período anterior à opção. (cancelada pela Res. 152/08, DEJT 20, 21 e 24.11.08)

SÚM. 339, II – Estabilidade provisória. CIPA. Suplente. Extinção do estabelecimento. (incorporação da OJ 329 da SDI-1)

SÚM. 389, II – Seguro-desemprego. Guias. Não liberação. (conversão da OJ 211 da SDI-1)

OJ-SDI-1 148 – Lei n. 8.880/94, art. 31. Constitucionalidade. Dispensa sem justa causa. (nova redação – Res. 129/05, DJ 20.04.05)

OJ-SDI-1 207 – Programa de Incentivo à Demissão Voluntária. Imposto de renda.

OJ-SDI-2 24 – Ação rescisória. Estabilidade provisória. Decisão rescindenda que determina a reintegração. Período estabilitário exaurido. Devida apenas indenização.

OJ-SDI-1 T 44 – Anistia. Lei n. 6.683/79. Tempo de afastamento. Não computável para efeito de indenização e adicional por tempo de serviço, licença-prêmio e promoção. (conversão da OJ 176 da SDI-1)

PN 98 – Retenção da CTPS. Um dia de salário. Prazo de 48 horas.

INDENIZAÇÃO ADICIONAL

SÚM. 182 – Aviso prévio. Indenização adicional. Contagem. Lei n. 6.708/79, art. 9º. (nova redação – Res. 5/83, DJ 09.11.83)

SÚM. 242 – Leis ns. 6.708/79 e 7.238/84. Base de cálculo.

SÚM. 306 – CANCELADA – Dispensa imotivada. Trintídio que antecede a data-base. Leis ns. 6.708/79 e 7.238/84. (cancelada – Res. 121/03, DJ 21.11.03)

SÚM. 314 – Dispensa imotivada. Trintídio que antecede a data-base. Pagamento das verbas rescisórias com salário corrigido. Leis ns. 6.708/79 e 7.238/84.

OJ-SDI-1 268 – Contagem do prazo do aviso prévio. Projeção. Leis ns. 6.708/79 e 7.238/84.

INDENIZAÇÃO EM DOBRO

SÚM. 28 – Reintegração convertida em indenização dobrada. (nova redação – Res. 121/03, DJ 21.11.03)

SÚM. 54 – Rescisão do contrato por acordo. Empregado estável optante.

OJ-SDI-1 101 – CANCELADA – Reintegração convertida em indenização dobrada. (cancelada em decorrência da redação da Súm. 28 conferida pela Res. 121/03, DJ 21.11.03)

INDENIZAÇÃO POR TEMPO DE SERVIÇO

SÚM. 20 – CANCELADA – Rescisão contratual. Permanência na empresa ou readmissão em curto prazo. Fraude à lei. (cancelada – Res. 106/01, DJ 21.03.01)

SÚM. 24 – Cálculo. Horas extras habituais. Incidência.

OJ-SDI-1 T 44 – Anistia. Lei n. 6.683/79. Tempo de afastamento. Não computável para efeito de indenização e adicional por tempo de serviço, licença-prêmio e promoção. (conversão da OJ 176 da SDI-1)

ÍNDICE DE CORREÇÃO MONETÁRIA

Ver Correção Monetária.

INÉPCIA DA INICIAL

SÚM. 408 – Ação rescisória. Petição inicial. Causa de pedir. Ausência de capitulação ou capitulação errônea. Art. 485 do CPC. Princípio "iura novit curia". Exceção feita ao inc. V do art. 485 do CPC. (conversão das OJs 32 e 33 da SDI-2)

OJ-SDI-2 70 – Ação rescisória. Manifesto e inescusável equívoco no direcionamento. Extinção do processo. (alterada em 26.11.02)

INQUÉRITO JUDICIAL

SÚM. 49 – CANCELADA – Custas processuais. Arquivamento do processo. (cancelada – Res. 121/03, DJ 21.11.03)

SÚM. 62 – Abandono de emprego. Prazo de decadência para ajuizamento de inquérito.

SÚM. 379 – Dirigente sindical. Despedida. Falta grave. (conversão da OJ 114 da SDI-1)

OJ-SDI-2 137 – Mandado de segurança. Estabilidade provisória. Suspensão para apuração de falta grave. Inquérito judicial. CLT, art. 494.

INSALUBRIDADE

EN 49 – Atividade insalubre. Prorrogação de jornada. Negociação coletiva. Invalidade.

EN 50 – Insalubridade. Expedição de ofício à DRT.

INSS

OJ-SDI-1 154 – CANCELADA – Atestado médico – INSS. Exigência prevista em instrumento normativo. (cancelada pela Res. 158/09, DEJT 21, 22 e 23.10.09)

OJ-SDI-2 57 – Mandado de segurança. Cabimento. Averbação e/ou reconhecimento.

INSTRUÇÃO NORMATIVA

SÚM. 99 – Ação rescisória. Depósito recursal. Recurso ordinário. Pedido rescisório procedente. Condenação em pecúnia. Prazo. Deserção. (incorporação da OJ 117 da SDI-2)

SÚM. 128, I – Depósito recursal. Complementação. Ônus do recorrente. (incorporação da OJ 139 da SDI-1)

SÚM. 128, II – Depósito recursal. Inexigível na fase executória. Juízo garantido. Salvo elevação do valor do débito. CF/88, art. 5º, II e LV. (incorporação da OJ 189 da SDI-1)

OJ-SDI-1 90 – CANCELADA – Agravo de instrumento. Traslado. Certidão de publicação do acórdão regional. Instrução Normativa n. 6/96. (cancelada em decorrência da nova redação conferida ao art. 897 da CLT pela Lei n. 9.756/98)

OJ-SDI-1 T 16 – Agravo de instrumento. Traslado de peças essenciais. Agravo de instrumento interposto antes da vigência da Lei n. 9.756/98 e anteriormente à edição da Instrução Normativa n. 16/99.

OJ-SDI-1 T 21 – Agravo de instrumento. Traslado. Certidão do Regional conferindo autenticidade às peças. Instrução Normativa n. 6/96.

OJ-SDI-1 T 52 – Agravo de instrumento. Acórdão do TRT não assinado. Interposição anterior à Instrução Normativa n. 16/99. Carimbo aposto por servidor. Validade. (conversão da OJ 281 da SDI-1)

INSTRUMENTO NORMATIVO

Ver Norma Coletiva.

INTEGRAÇÃO SALARIAL

SÚM. 60, I – Adicional noturno. Pagamento habitual.

SÚM. 203 – Gratificação por tempo de serviço. Natureza salarial.

SÚM. 367, I – Vantagens "in natura". Habitação. Energia elétrica. Veículo. Indispensáveis para a realização do trabalho. Natureza indenizatória. (conversão das OJs 131 e 246 da SDI-1)

SÚM. 367, II – Cigarro. Salário-utilidade. Integração. (conversão da OJ 24 da SDI-1)

SÚM. 376, II – Horas extras habituais. Integração salarial não limitada a duas horas diárias. CLT, art. 59. (conversão da OJ 89 da SDI-1)

OJ-SDI-1 123 – Bancário. Ajuda-alimentação prevista em norma coletiva. Natureza indenizatória. Não integração ao salário.

OJ-SDI-1 133 – Ajuda-alimentação. PAT. Integração ao salário. Lei n. 6.321/76.

INTERBRAS

OJ-SDI-1 T 59 – Sucessão. Responsabilidade.

INTERDIÇÃO

EN 60 – Interdição de estabelelecimento e afins. Ação direta na Justiça do Trabalho. Repartição dinâmica do ônus da prova.

INTERESSE DE AGIR

SÚM. 82 – Intervenção assistencial. Interesse jurídico. (nova redação – Res. 121/03, DJ 21.11.03)

OJ-SDI-1 188 – Decisão normativa que defere direitos. Falta de interesse de agir para ação individual. Cabimento. Ação de cumprimento.

OJ-SDI-2 113 – Ação cautelar. Incabível. Efeito suspensivo ao recurso ordinário em mandado de segurança. Extinção do processo sem julgamento do mérito.

INTERPRETAÇÃO CONFORME A CONSTITUIÇÃO

EN 7 – Acesso à justiça. CLT, art. 651, § 3º. Interpretação conforme a Constituição. Art. 5º, inc. XXXV, da Constituição da República.

INTERVALO INTERJORNADA

OJ-SDI-1 355 – Intervalo interjornadas. Inobservância. Horas extras. Período pago como sobrejornada. Art. 66 da CLT. Aplicação analógica do § 4º do art. 71 da CLT. DJ 14.03.2008

INTERVALO INTRAJORNADA

SÚM. 88 – CANCELADA – Jornada de trabalho. Intervalo entre turnos. Penalidade administrativa. (cancelada – Res. 42/95, DJ 17.02.95)

SÚM. 110 – Regime de revezamento. Intervalo mínimo de 11 horas. Horas extras.

SÚM. 118 – Intervalo intrajornada não previsto em lei concedidos pelo empregador. Excedida a jornada devidas as horas extras.

SÚM. 346 – Digitador. Intervalos intrajornada. Aplicação analógica do art. 72 da CLT.

SÚM. 360 – Turnos ininterruptos de revezamento. Intervalos intrajornada e semanal.

OJ-SDI-1 178 – Bancário. Intervalo de 15 minutos para lanche ou descanso. Não computável na jornada de trabalho.

OJ-SDI-1 307 – Repouso e alimentação. Não concessão ou concessão parcial. Lei n. 8.923/94.

OJ-SDI-1 342 – ALTERADA – Intervalo intrajornada para repouso e alimentação. Não concessão ou redução. Previsão em norma coletiva. Invalidade. Excessão aos condutores de veículos rodoviários, empregados em empresas de transporte coletivo urbano. Intervalo intrajornada para repouso e alimentação. Não concessão ou redução. Previsão em instrumento coletivo. Norma de ordem pública. (alterada pela Res. 159/09 – DEJT 20, 23 e 24.11.09)

OJ-SDI-1 354 – Intervalo intrajornada. Art. 71, § 4º, da CLT. Não concessão ou redução. Natureza jurídica salarial. DJ 14.03.2008

EN 22 – Art. 384 da CLT. Norma de ordem pública. Recepção pela CF de 1988.

INTERVENÇÃO ASSISTENCIAL

SÚM. 82 – Intervenção. Interesse jurídico. (nova redação – Res. 121/03, DJ 21.11.03)

INTERVENÇÃO DE TERCEIRO
EN 68 – Intervenção de Terceiros.

INTIMAÇÃO
Ver também Notificação.

SÚM. 1 – Na sexta-feira. Contagem. Prazo judicial.

SÚM. 25 – Sentença reformada. Inversão do ônus da sucumbência. Ausência de recolhimento das custas processuais.

SÚM. 30 – Da sentença. Não juntada a ata ao processo. Contagem. Prazo para recurso.

SÚM. 37 – CANCELADA – Da sentença. Parte que não comparece à audiência de julgamento. Prazo para recurso. (cancelada – Res. 32/94, DJ 12.05.94)

SÚM. 53 – Custas processuais. Prazo para pagamento. Contagem. Intimação do cálculo.

SÚM. 74, I – Confissão. Não comparecimento à audiência na qual deveria depor.

SÚM. 299, IV – Ação rescisória. Vício de intimação da decisão rescindenda. Ausência da formação da coisa julgada material. Carência de ação. (incorporação da OJ 96 da SDI-2)

SÚM. 262, I – Prazo judicial. Notificação ou intimação em sábado.

SÚM. 262, II – Recesso forense. Férias coletivas. Suspensão dos prazos recursais. (incorporação da OJ 209 da SDI-1)

OJ-SDI-1 104 – Custas processuais. Condenação acrescida. Deserção.

OJ-SDC 27 – Custas processuais. Ausência de intimação. Deserção.

IPC
Ver também Planos Econômicos.

SÚM. 315 – IPC de mar./90. Plano Collor. Lei n. 8.030/90. Inexistência de direito adquirido.

SÚM. 316 – CANCELADA – IPC de jun./87. Plano Bresser. Existência de direito adquirido. (cancelada – Res. 37/94, DJ 25.11.94)

OJ-SDI-1 58 – IPC de jun./87. Plano Bresser. Inexistência de direito adquirido.

OJ-SDI-1 T 54 – IPC de mar./90. Plano Collor. Execução. Correção monetária. Índice de 84,32%. Lei n. 7.738/89. (conversão da OJ 203 da SDI-1)

OJ-SDI-1 T 55 – IPC de mar./90. Servidores celetistas da Administração Direta, Fundações e Autarquias do GDF. Legislação federal. Prevalência. (conversão das OJs 218 e 241 da SDI-1)

ISONOMIA SALARIAL
Ver também Equiparação Salarial.

OJ-SDI-1 16 – Banco do Brasil. Isonomia de vencimentos. Banco Central do Brasil. Adicional de caráter pessoal.

OJ-SDC 25 – Salário normativo estabelecido com base em tempo de serviço. Contrato de experiência. Princípio de isonomia salarial. Violação não configurada.

OJ-SDC 26 – Salário normativo. Salário mínimo profissional. Menor empregado. CF/88, art. 7º, XXX.

J

JOGO DO BICHO
OJ-SDI-1 199 – Contrato de trabalho. Jogo do bicho. Objeto ilícito. Código Civil de 2002, arts. 104 e 166.

JORNADA DE TRABALHO
SÚM. 55 – Financeiras. Equiparação. Estabelecimentos bancários. CLT, art. 224.

SÚM. 59 – CANCELADA – Vigia de estabelecimento bancário. Jornada de trabalho reduzida. (cancelada – Res. 121/03, DJ 21.11.03)

SÚM. 60, II – Cumprimento integral da jornada no período noturno. Prorrogação em horário diurno. CLT, art. 73, § 5º. (incorporação da OJ 6 da SDI-1)

SÚM. 85, I – Compensação de jornada. Acordo tácito. Inválido.

SÚM. 85, II – Compensação de jornada. Acordo individual. Validade. Norma coletiva em sentido contrário. (incorporação da OJ 182 da SDI-1)

SÚM. 85, III – Compensação de jornada. Não atendimento das exigências legais. (incorporação da OJ 223 da SDI-1)

SÚM. 85, IV – Acordo de compensação. Horas extras habituais. (incorporação da OJ 220 da SDI-1)

SÚM. 88 – CANCELADA – Intervalo entre turnos. Penalidade administrativa. (cancelada – Res. 42/95, DJ 17.02.95)

SÚM. 102, II – Bancário. Cargo de confiança. Enquadramento no art. 224, § 2º, da CLT. Percepção de gratificação. Indevidas as 7ª e 8ª horas como extras. (incorporação da Súm. 166)

SÚM. 102, IV – Bancário. Cargo de confiança. Enquadramento no art. 224, § 2º, da CLT. Horas extras além da 8ª diária. (incorporação da Súm. 232)

SÚM. 102, V – Bancário. Advogado. Cargo de confiança. Jornada de trabalho. CLT, art. 224, § 2º. (incorporação da OJ 222 da SDI-1)

SÚM. 110 – Intervalo mínimo de 11 horas. Regime de revezamento. Horas extras.

SÚM. 113 – Bancário. Sábado. Dia útil. Repercussão de horas extras.

SÚM. 118 – Intervalo intrajornada não previsto em lei concedidos pelo empregador. Excedida a jornada, devidas as horas extras.

SÚM. 119 – Empregados de distribuidoras e corretoras de títulos de valores mobiliários. Jornada especial dos bancários. Equiparação.

SÚM. 124 – Bancário. Mensalista. Salário-hora. Divisor 180.

SÚM. 178 – Telefonista de mesa de empresa que não explora o serviço de telefonia. CLT, art. 227 e parágrafos.

SÚM. 230 – Aviso prévio. Redução da jornada. Substituição pelo pagamento das horas correspondentes.

SÚM. 233 – CANCELADA – Bancário. Chefe. Jornada de trabalho. Indevidas as 7ª e 8ª horas como extras. (cancelada – Res. 121/03, DJ 21.11.03)

SÚM. 234 – CANCELADA – Bancário. Subchefe. Jornada de trabalho. Indevidas as 7ª e 8ª horas como extras (cancelada – Res. 121/03, DJ 21.11.03)

SÚM. 237 – CANCELADA – Bancário. Tesoureiro. Jornada de trabalho. CLT, art. 224, § 2º. Indevidas as 7ª e 8ª horas como extras (cancelada – Res. 121/03, DJ 21.11.03)

SÚM. 238 – CANCELADA – Bancário. Subgerente. Jornada de trabalho. CLT, art. 224, § 2º. Indevidas as 7ª e 8ª horas como extras (cancelada – Res. 121/03, DJ 21.11.03)

SÚM. 267 – CANCELADA – Bancário. Jornada de 8 horas. Salário-hora. Divisor. (cancelada – Res. 121/03, DJ 21.11.03)

SÚM. 287 – Bancário. Gerente de agência. CLT, art. 224, § 2º. Gerente-geral. CLT, art.62 (nova redação – Res. 121/03, DJ 21.11.03)

SÚM. 287 – Bancário. Gerente de agência. Jornada de trabalho. CLT, art. 224, § 2º. Gerente-geral. CLT, art. 62 (nova redação – Res. 121/03, DJ 21.11.03)

SÚM. 338, I – Horas extras. Ônus da prova. Recusa injustificada de apresentação de cartões de ponto. Presunção relativa.

SÚM. 338, II – Horas extras. Presunção de veracidade. Previsão em instrumento coletivo. Elisão. (incorporação da OJ 234 da SDI-1)

SÚM. 338, III – Horas extras. Cartões de ponto. Registro de horários de entrada e saída uniformes. Ônus da prova (incorporação da OJ 306 da SDI-1)

SÚM. 343 – Bancário. Salário-hora. Divisor 220. Jornada de 8 horas. (Revisão da Súmula n. 267 – Res. 2/1987, DJ 14.12.1987)

SÚM. 346 – Digitador. Intervalos intrajornada. Aplicação analógica do art. 72 da CLT.

SÚM. 349 – Acordo ou convenção coletivos de compensação. Atividade insalubre. Validade.

SÚM. 360 – Turnos ininterruptos de revezamento. Intervalos intrajornada e semanal.

SÚM. 366 – Cartão de ponto. Registro. Minutos que antecedem e sucedem a jornada de trabalho. Horas extras. (conversão das OJs 23 e 326 da SDI-1)

SÚM. 370 – Médico e Engenheiro. Leis ns. 3.999/61 e 4.950/66. Jornada de trabalho reduzida. (conversão das OJs 39 e 53 da SDI-1)

SÚM. 391, I – Petroleiros. Turnos ininterruptos de revezamento. Lei n. 5.811/72. Recepcionada pela CF/88. (conversão da OJ 240 da SDI-1)

SÚM. 391, II – Petroleiros. Turnos ininterruptos de revezamento. Alteração da jornada para horário fixo. Lei n. 5.811/72, art. 10. CF/88. (conversão da OJ 333 da SDI-1)

SÚM. 423 – Turno ininterrupto de revezamento. Fixação de jornada de trabalho mediante negociação coletiva. Validade. (conversão da Orientação Jurisprudencial n. 169 da SBDI-1) Res. 139/06 – DJ 10, 11 e 13.10.2006)

OJ-SDI-1 17 – Banco do Brasil. Adicionais AP, ADI ou AFR. Somatório. Cargo de confiança. CLT, art. 224, § 2º.

OJ-SDI-1 169 – CANCELADA – Turno ininterrupto de revezamento. Fixação de jornada de trabalho superior a seis horas mediante negociação coletiva. (cancelada em decorrência da sua conversão na Súmula n. 423 – Res. 139/2006 – DJ 10.10.06)

OJ-SDI-1 178 – Bancário. Intervalo para lanche e descanso. Não computável na jornada de trabalho.

OJ-SDI-1 179 – BNDES. Natureza bancária. CLT, arts. 224 a 226.

OJ-SDI-1 206 – Professor. Hora extra. Adicional de, no mínimo, 50%. CLT, art. 318. CF/88, art. 7º, XVI.

OJ-SDI-1 213 – Operadores de telex. Jornada reduzida. CLT, art. 227. Não aplicável.

OJ-SDI-1 234 – Horas extras. Prova oral. Prevalência sobre folha individual de presença (FIP) instituída por norma coletiva. (incorporada à Súm. 338, II)

OJ-SDI-1 244 – Professor. Redução da carga horária. Alteração contratual.

OJ-SDI-1 273 – Operadores de "telemarketing". Jornada reduzida. CLT, art. 227. Não aplicável.

OJ-SDI-1 274 – Ferroviário. Turnos ininterruptos de revezamento. Horas extras. CF/88, art. 7º, XIV.

OJ-SDI-1 275 – Horista. Turnos ininterruptos de revezamento. Horas extras e adicional. Inexistência de instrumento coletivo fixando jornada diversa.

OJ-SDI-1 307 – Intervalo intrajornada para repouso e alimentação. Não concessão ou concessão parcial. Lei n. 8.923/94.

OJ-SDI-1 308 – Servidor público. Retorno à jornada inicialmente contratada.

OJ-SDI-1 323 – Acordo de compensação. "Semana espanhola".

OJ-SDI-1 332 – Motorista. Horas extras. Controle de jornada por tacógrafo. Res. 816/86 do Contran.

OJ-SDI-1 342 – ALTERADA – Intervalo intrajornada para repouso e alimentação. Não concessão ou redução. Previsão em norma coletiva. Invalidade. Excessão aos condutores de veículos rodoviários, empregados em empresas de transporte coletivo urbano. Intervalo intrajornada para repouso e alimentação. Não concessão ou redução. Previsão em instrumento coletivo. Norma de ordem pública. (alterada pela Res. 159/09 – DEJT 20, 23 e 24.11.09)

OJ-SDI-1 372 – Minutos que antecedem e sucedem a jornada de trabalho. Lei n. 10.243, de 27.06.2001. Norma coletiva. Flexibilização. Impossibilidade. (DEJT 03.12.2008)

OJ-SDI-1 T 34 – BRDE. Entidade autárquica. Natureza bancária. Lei n. 4.594/64, art. 17. Res. BACEN 469/70, art. 8º. CLT, art. 224, § 2º. CF, art. 173, § 1º. (conversão da OJ 22 da SDI-1)

PN 12 – CANCELADO – Caixa. (cancelado – Res. 81/98, DJ 20.08.98)

PN 32 – Estudante.

PN 96 – CANCELADO – Redução no curso do aviso prévio. Opção. (cancelado – Res. 81/98, DJ 20.08.98)

EN 17 – Limitação da jornada. Repouso semanal remunerado. Direito constitucionalmente assegurado a todos os trabalhadores. Inconstitucionalidade do art. 62 da CLT.

JORNADA REDUZIDA

OJ-SDI-1 358 – Salário mínimo e piso salarial profissional à jornada reduzida. Possibilidade. DJ 14.03.2008.

JORNALISTA

PN 55 – Contrato de trabalho.

PN 112 – Seguro de vida. Jornalista designado para serviço em área de risco.

JUIZ

SÚM. 136 – Identidade física. Varas do Trabalho.

JUIZ CLASSISTA

Ver Vogal.

JUÍZO DE ADMISSIBILIDADE

SÚM. 285 – Recurso de revista. Admissibilidade parcial pelo Juiz-Presidente do TRT. Apreciação integral pela Turma do TST. Imprópria a interposição de agravo de instrumento.

OJ-SDI-1 282 – Agravo de Instrumento. Juízo de admissibilidade "ad quem". Alcance.

JUÍZO DEPRECANTE

Ver Carta Precatória.

JUNTADA DE DOCUMENTOS

SÚM. 8 – Fase recursal.

SÚM. 30 – Não juntada a ata ao processo. Contagem. Prazo para recurso.

SÚM. 107 – CANCELADA – Ação rescisória. Prova do trânsito em julgado da decisão rescindenda. (cancelada pela Súm. 299)

SÚM. 299, I – Ação rescisória. Prova do trânsito em julgado da decisão rescindenda.

SÚM. 299, II – Ação rescisória. Trânsito em julgado da decisão rescindenda. Documento comprobatório. Concessão de prazo para juntada.

SÚM. 383, I – Mandato. CPC, art. 37. Inaplicável na fase recursal. (conversão da OJ 311 da SDI-1)

SÚM. 395, II – Mandato. Cláusula fixando prazo para juntada. (conversão da OJ 313 da SDI-1)

OJ-SDI-2 76 – Ação rescisória. Ação cautelar para suspender execução. Juntada de documento indispensável. Possibilidade de êxito na rescisão do julgado.

OJ-SDI-2 84 – Ação rescisória. Decisão rescindenda e/ou certidão de seu trânsito em julgado devidamente autenticadas. Peças essenciais. Fase recursal. Arguição de ofício. Extinção do processo sem julgamento do mérito. (alterada em 26.11.02)

JUROS

SÚM. 185 – CANCELADA – Correção monetária. Liquidação extrajudicial. (cancelada – Res. 121/03, DJ 21.11.03)

SÚM. 193 – CANCELADA – Correção monetária. Cálculo. Execução de sentença. Pessoa jurídica de direito público. (cancelada – Res. 105/00, DJ 18.12.00)

SÚM. 200 – Juros de mora. Incidência. Condenação corrigida monetariamente.

SÚM. 211 – Juros de mora e correção monetária. Omissão no pedido inicial ou na condenação. Inclusão na liquidação.

SÚM. 304 – Débitos trabalhistas. Juros de mora. Liquidação extrajudicial. ADCT/CF, art. 46. (revisão da Súmula n. 284 – Res. 17/1988, DJ 18.03)

SÚM. 307 – Fórmula de cálculo de juros. Irretroatividade do Decreto-lei n. 2.322/87.

OJ-SDI-1 300 – Execução trabalhista. Aplicação da TRD cumulada com juros de mora. Constitucionalidade. Lei n. 8.177/91, art. 39 e Lei n. 10.192/01, art. 15. (nova redação – Res.129/05, DJ 20.04.05)

OJ-SDI-1 T 10 – BNCC. Juros. Súm. 304. Extinção por deliberação dos acionistas.

OJ-TP 7 – Precatório. Juros de mora. Condenação da Fazenda Pública. Lei n. 9.494, de 10.09.1997, art. 1º-F.

STF SÚM. VINCULANTE 7.

"JUS POSTULANDI"

EN 67 – "Jus postulandi". Art. 791 da CLT. Relação de trabalho. Possibilidade.

JUSTA CAUSA

Ver Dispensa de Emprego.

JUSTIÇA GRATUITA

Ver também Assistência Judiciária.

L

LEGISLAÇÃO ELEITORAL

OJ-SDI-1 51 – Estabilidade provisória. Lei n. 7.773/89, art. 15. Aplicável aos empregados públicos.

LEGISLAÇÃO ESTADUAL

SÚM. 123 – CANCELADA – Contrato por tempo determinado. Servidor temporário. Lei (estadual ou municipal) que estabelece o regime jurídico. CF, art. 106. Competência. Justiça do Trabalho. (cancelada – Res. 121/03, DJ 21.11.03)

OJ-SDI-1 147, I – Recurso de revista. Conhecimento por divergência jurisprudencial. Lei estadual, norma coletiva ou regulamento empresarial. Âmbito de aplicação. Necessidade de comprovação. (incorporação da OJ 309 da SDI-1)

OJ-SDI-1 147, II – Recurso de embargos. Admissibilidade indevida do recurso de revista por divergência jurisprudencial. Lei estadual, norma coletiva ou norma regulamentar de âmbito restrito ao Regional. Necessidade de arguição de afronta ao art. 896 da CLT. (nova redação – Res. 129/05, DJ 20.04.05)

OJ-SDI-1 263 – CANCELADA – Contrato por tempo determinado. Natureza administrativa. Lei especial (estadual ou municipal). Incompetência da Justiça do Trabalho. (cancelada, DJ 14.09.04)

OJ-SDI-1 309 – CANCELADA – Lei estadual ou regulamento de empresa. Art. 896, "b", da CLT. Conhecimento de recurso por divergência. (cancelada em decorrência da sua incorporação à nova redação conferida à OJ n. 147 da SDI-I)

LEGITIMIDADE

SÚM. 286 – Sindicato Substituição processual. Convenção e acordos coletivos. (nova redação – Res. 98/00, DJ 18.09.00)

SÚM. 359 – CANCELADA – Federação. Substituição processual. Ilegitimidade para ajuizar ação de cumprimento. (cancelada – Res. 121/03, DJ 21.11.03)

SÚM. 406, II – Legitimidade passiva "ad causam". Réu sindicato. Ação rescisória. Substituto processual na ação originária. Litisconsórcio passivo necessário. (conversão da OJ 110 da SDI-2)

SÚM. 407 – Ação rescisória. Ministério Público. Legitimidade "ad causam". CPC, art. 487, III, "a" e "b". Hipóteses exemplificativas. (conversão da OJ 83 da SDI-2)

OJ-SDI-1 121 – Sindicato. Substituição processual. Diferença do adicional de insalubridade. (nova redação – Res. 129/05, DJ 20.04.05)

OJ-SDI-1 130 – Ministério Público. Parecer na remessa de ofício, na qualidade de "custos legis". Ilegitimidade. Arguição de prescrição em favor de entidade de direito público. Matéria de direito patrimonial. (nova redação – Res. 129/05, DJ 20.04.05)

OJ-SDI-1 237 – Ministério Público. Ilegitimidade para recorrer na defesa de empresa pública ou sociedade de economia mista. Interesse patrimonial privado.

OJ-SDC 6 – CANCELADA – Dissídio coletivo de natureza jurídica. Desnecessidade de realização de assembleia de trabalhadores e negociação prévia. (cancelada, DJ 23.03.01)

OJ-SDC 8 – Dissídio coletivo. Pauta reivindicatória não registrada em ata. Causa de extinção.

OJ-SDC 12 – Greve. Qualificação jurídica. Ilegitimidade ativa "ad causam" do sindicato profissional que deflagra o movimento.

OJ-SDC 13 – CANCELADA – Legitimação da entidade sindical. Assembleia deliberativa. "Quorum" de validade. CLT, art. 612. (cancelada, DJ 24.11.03)

OJ-SDC 14 – CANCELADA – Sindicato. Base territorial excedente de um município. Múltiplas assembleias. (cancelada, DJ 02.12.03)

OJ-SDC 15 – Legitimidade "ad processum". Sindicato. Registro no Ministério do Trabalho.

OJ-SDC 19 – Dissídio coletivo contra empresa. Legitimação da entidade sindical. Autorização dos trabalhadores diretamente envolvidos no conflito.

OJ-SDC 21 – CANCELADA – Ilegitimidade "ad causam" do sindicato. Ausência de indicação do total de associados da entidade sindical. Insuficiência de "quorum". CLT, art. 612. (cancelada, DJ 02.12.03)

OJ-SDC 22 – Legitimidade "ad causam" do sindicato. Correspondência entre as atividades exercidas pelos setores profissional e econômico envolvidos no conflito.

OJ-SDC 23 – Legitimidade "ad causam". Sindicato representativo de segmento profissional ou patronal.

OJ-SDC 33 – CANCELADA – Ministério Público. Legitimidade restrita. Ação rescisória. CPC, art. 487, I e III. (cancelada, DJ 22.08.05)

OJ-SDI-1 T 37 – Minascaixa. Legitimidade passiva "ad causam". Empresa em liquidação extrajudicial. (conversão da OJ 109 da SDI-1)

OJ-SDI-1 T 48 – Petromisa. Sucessão. Petrobras. (conversão da OJ 202 da SDI-1)

EN 28 – Ministério Público do Trabalho. Conflitos sindicais. Legitimidade.

LICENÇA-PRÊMIO

SÚM. 103 – CANCELADA – Tempo de serviço. Lei n. 1.890/53. Opção estatutário. (cancelada – Res. 121/03, DJ 21.11.03)

SÚM. 186 – Conversão em pecúnia. Regulamento da empresa. (nova redação – Res. 121/03, DJ 21.11.03)

OJ-SDI-1 T 44 – Anistia. Lei n. 6.683/79. Tempo de afastamento. Não computável para efeito de indenização e adicional por tempo de serviço, licença-prêmio e promoção. (conversão da OJ 176 da SDI-1)

PN 33 – CANCELADO – Concessão. (cancelado – Res. 81/98, DJ 20.08.98)

LICENÇA REMUNERADA

OJ-SDI-1 T 2 – CSN. Horas extras habituais.

OJ-SDI-1 T 13 – CSN. Concomitância. Aviso prévio.

LIMINAR

Ver também Ação Cautelar.

Ver também Antecipação de Tutela.

SÚM. 405, I – Pedido liminar formulado na petição inicial de ação rescisória ou na fase recursal. Suspensão de execução. Cabimento. CPC, art. 273, § 7º. (Res. 137/05 – DJ 22.08.05)

SÚM. 414, III – Mandado de Segurança. Antecipação de tutela (ou liminar) concedida antes ou na sentença. Perda de objeto. (conversão das OJs 86 e 139 da SDI-2)

SÚM. 418 – Mandado de segurança visando à concessão de liminar ou homologação de acordo. (conversão das OJs 120 e 141 da SDI-2)

LIMITAÇÃO À DATA-BASE

SÚM. 322 – Diferenças salariais. Planos econômicos.

OJ-SDI-1 262 – Coisa julgada. Planos econômicos. Limitação à data-base na fase de execução.

OJ-SDI-2 35 – Coisa julgada. Planos econômicos. Limitação à data-base na fase de execução. Ação rescisória.

LIQUIDAÇÃO EXTRAJUDICIAL

SÚM. 86 – Empresa em liquidação extrajudicial. Massa falida. Depósito recursal e custas processuais. Deserção. (incorporação da OJ 31 da SDI-1)

SÚM. 185 – CANCELADA – Juros. Correção monetária. (cancelada – Res. 121/03, DJ 21.11.03)

SÚM. 284 – CANCELADA – Correção monetária. Lei n. 6.024/74. (cancelada – Res. 121/03, DJ 21.11.03)

SÚM. 304 – Débitos trabalhistas. Juros de mora. ADCT/CF, art. 46. (revisão da Súmula n. 284 – Res. 17/1988, DJ 18.03)

OJ-SDI-1 143 – Prosseguimento da execução. Créditos trabalhistas. Lei n. 6.024/74, arts. 5º e 29. CLT, art. 889. CF/88, art. 114.

OJ-SDI-2 53 – Mandado de segurança. Cooperativa em liquidação extrajudicial. Execução. Suspensão. Lei n. 5.764/71, art. 76.

OJ-SDI-1 T 37 – Minascaixa. Legitimidade passiva "ad causam". (conversão da OJ 109 da SDI-1)

LITISCONSÓRCIO

SÚM. 406, I – Ação rescisória. Litisconsórcio. Necessário no polo passivo e facultativo no ativo. (conversão da OJ 82 da SDI-2)

SÚM. 406, II – Ação rescisória. Réu sindicato. Substituto processual na ação originária. Legitimidade passiva "ad causam". Inexistência de litisconsórcio passivo necessário. (conversão da OJ 110 da SDI-2)

OJ-SDI-1 310 – Procuradores distintos. Prazo em dobro. CPC, art. 191. Inaplicável ao processo do trabalho.

LITISPENDÊNCIA

EN 78 – Inexistência de litispendência entre ação coletiva e ação individual.

M

MANDADO DE SEGURANÇA

SÚM. 33 – Cabimento. Decisão transitada em julgado.

SÚM. 154 – CANCELADA – Cabimento. Recurso ordinário para o TST. Prazo. (cancelada – Res. 121/03, DJ 21.11.03)

SÚM. 201 – Cabimento. Recurso ordinário para o TST. Prazo. (revisão da Súmula n. 154)

SÚM. 303, III – Remessa "ex officio". Cabimento. Fazenda Pública prejudicada pela concessão da ordem. (incorporação das OJs 72 e 73 da SDI-1)

SÚM. 365 – Alçada. Inaplicável. Ação rescisória. (conversão da OJ 8 e 10 da SDI-1)

SÚM. 397 – Ação rescisória. CPC, art. 485, IV. Ação de Cumprimento. Ofensa à coisa julgada. Sentença normativa modificada em grau de recurso. Exceção de preexecutividade e mandado de segurança. Cabimento. (conversão da OJ 116 da SDI-2)

SÚM. 414, I – Cabimento. Antecipação de tutela concedida na sentença. Efeito suspensivo. Existência de ação própria. (conversão da OJ 51 da SDI-2)

SÚM. 414, II – Cabimento. Antecipação de tutela ou liminar concedida antes da sentença. (conversão das OJs 50 e 58 da SDI-2)

SÚM. 414, III – Mandado de Segurança. Antecipação de tutela (ou liminar) concedida antes ou na sentença. Perda de objeto. (conversão das OJs 86 e 139 da SDI-2)

SÚM. 415 – Prova documental pré-constituída. CPC, art. 284. (conversão da OJ 52 da SDI-2)

SÚM. 416 – Execução. Tópicos e valores não especificados no agravo de petição. Lei n. 8.432/92. CLT, art. 897, § 1º. (conversão da OJ 55 da SDI-2)

SÚM. 417, I – Penhora em dinheiro. Discordância do credor. Execução definitiva. CPC, art. 655. (conversão da OJ 60 da SDI-2)

SÚM. 417, II – Penhora em dinheiro. Execução definitiva. Depósito no próprio banco. CPC, art. 666, I. (conversão da OJ 61 da SDI-2)

SÚM. 417, III – Penhora em dinheiro. Execução provisória. Nomeação de outros bens à penhora. CPC, art. 620. (conversão da OJ 62 da SDI-2)

SÚM. 418 – Visando à concessão de liminar ou homologação de acordo. Faculdade do juiz. (conversão das OJs 120 e 141 da SDI-2)

OJ-SDI-1 72 – INCORPORADA – Remessa "ex officio". Impetrante e terceiro interessado pessoas de direito privado. (incorporada à Súm. 303, III)

OJ-SDI-1 73 – INCORPORADA – Remessa "ex officio". Decisões proferidas pelo TRT e favoráveis a ente público. Lei n. 1.533/51, art. 12. (incorporada à Súm. 303, III)

OJ-SDI-2 49 – CANCELADA – Extinção da execução. Decisão normativa que sofreu posterior reforma. Trânsito em julgado da sentença condenatória proferida na ação de cumprimento. (cancelada em decorrência da conversão da tese mais abrangente da OJ 116 da SDI-2 na Súm. 397)

OJ-SDI-2 51 – CONVERTIDA – Cabimento. Antecipação de tutela concedida em sentença. Reintegração. Existência de ação própria. (convertida na Súm. 414, I)

OJ-SDI-2 53 – Cooperativa em liquidação extrajudicial. Execução. Suspensão. Lei n. 5.764/71, art. 76.

OJ-SDI-2 54 – Desconstituição da penhora. Cumulação. Embargos de terceiro. CPC, art. 1.046. (nova redação – DJ 22.08.05)

OJ-SDI-2 56 – Execução. Pendência de recurso extraordinário ou de agravo de instrumento.

OJ-SDI-2 57 – Cabimento. INSS. Averbação e/ou reconhecimento.

OJ-SDI-2 58 – CONVERTIDA – Cabimento. Liminar concedida em ação civil pública. (convertida na Súm. 414, II)

OJ-SDI-2 59 – Penhora. Carta de fiança bancária. CPC, art. 655.

OJ-SDI-2 62 – CONVERTIDA – Penhora em dinheiro. Execução provisória. CPC, art. 620. (convertida na Súm. 417, III)

OJ-SDI-2 63 – Deferimento de reintegração em ação cautelar. Cabimento.

OJ-SDI-2 64 – Reintegração. Tutela antecipada. Estabilidade provisória prevista em lei ou norma coletiva.

OJ-SDI-2 65 – Reintegração liminarmente concedida. Dirigente sindical. CLT, art. 659, X.

OJ-SDI-2 66 – Decisão homologatória de adjudicação. Existência de recurso próprio. Embargos à adjudicação. CPC, art. 746.

OJ-SDI-2 67 – Liminar obstativa da transferência do empregado. CLT, art. 659, IX.

OJ-SDI-2 69 – Fungibilidade recursal. Indeferimento liminar de ação rescisória ou mandado de segurança em despacho monocrático. Recurso para o TST. Recebimento como agravo regimental. Devolução dos autos ao TRT.

OJ-SDI-2 87 – CANCELADA – Reintegração em execução provisória. CPC, art. 899. (cancelada – DJ 22.08.05)

OJ-SDI-2 88 – Cabimento. Alteração, de ofício, do valor da causa. Majoração das custas processuais.

OJ-SDI-2 91 – Autenticação de cópias pelas secretarias dos tribunais regionais do trabalho para formação do agravo de instrumento. Requerimento indeferido. CLT, art. 789, § 9º.

OJ-SDI-2 92 – Cabimento. Existência de recurso próprio.

OJ-SDI-2 93 – Penhora. Renda mensal ou faturamento de estabelecimento comercial.

OJ-SDI-2 98 – Cabimento. Exigência do depósito prévio dos honorários periciais. Incompatibilidade com o processo do trabalho. (nova redação – DJ 22.08.05)

OJ-SDI-2 99 – Cabimento. Esgotamento de todas as vias processuais disponíveis. Trânsito em julgado formal.

OJ-SDI-2 100 – Recurso ordinário. Cabimento. Decisão regional proferida em agravo regimental contra liminar em ação cautelar ou em mandado de segurança.

OJ-SDI-2 113 – Ação cautelar. Incabível. Efeito suspensivo ao recurso ordinário em mandado de segurança. Ausência de interesse de agir. Extinção do processo sem julgamento do mérito.

OJ-SDI-2 120 – CONVERTIDA – Negativa de homologação de acordo. Inexistência de direito líquido e certo. (convertida na Súm. 418)

OJ-SDI-2 127 – Decadência. Contagem. Efetivo ato coator.

OJ-SDI-2 137 – Dirigente sindical. Estabilidade provisória. Suspensão para apuração de falta grave. Inquérito judicial. CLT, art. 494.

OJ-SDI-2 138 – CANCELADA – Incompetência da Justiça do Trabalho. Cobrança de honorários advocatícios. Contrato de natureza civil. (cancelada – DJ 10.05.2006)

OJ-SDI-2 139 – CONVERTIDA – Liminar em ação civil pública. Sentença de mérito superveniente. Perda de objeto. (convertida na Súm. 414, III)

OJ-SDI-2 140 – Liminar concedida ou denegada em outra segurança. Lei n. 1.533/51, art. 8º.

OJ-SDI-2 142 – Reintegração liminarmente concedida. Tutela antecipada. CLT, art. 659, X.

OJ-SDI-2 144 – Proibição de prática de atos futuros. Sentença genérica. Evento futuro. Ocorrência incerta. (nova redação – DJ 22.08.05)

OJ-SDI-2 148 – Deserção. Custas processuais. Interposição de recurso ordinário. Prazo para comprovação. (conversão da OJ 29 da SDI-1)

OJ-SDI-2 151 – Ação rescisória e mandado de segurança. Irregularidade de representação processual verificada na fase recursal. Procuração outorgada com poderes específicos para ajuizamento de reclamação trabalhista. Vício processual insanável. (DEJT 03.12.2008)

OJ-SDI-2 152 – Ação rescisória e mandado de segurança. Recurso de revista de acórdão regional que julga ação rescisória ou mandado de segurança. Princípio da fungibilidade. Inaplicabilidade. Erro grosseiro na interposição do recurso. (DEJT 03.12.2008)

OJ-SDI-2 153 – Mandado de segurança. Execução. Ordem de penhora sobre valores existentes em conta salário. Art. 649, IV, do CPC. Ilegalidade. (DEJT 03.12.2008)

OJ-TP 4 – Decisão de TRT. Incompetência originária do TST.

OJ-TP 10 – Precatório. Processamento e pagamento. Natureza administrativa. Cabimento.

MANDATO

SÚM. 122 – Revelia. Ausência da reclamada. Comparecimento de advogado munido de procuração. Indispensabilidade de apresentação do atestado médico. (primeira parte – incorporação da OJ 74 da SDI-1)

SÚM. 164 – Procuração. Juntada. Art. 5º, §§ 1º e 2º, da Lei n. 8.906/94 e art. 37 do CPC. (nova redação – Res. 121/03, DJ 21.11.03)

SÚM. 270 – CANCELADA – Expresso. Ausência de firma reconhecida. (cancelada – Res. 49/95, DJ 30.08.95)

SÚM. 383, I – CPC, art. 37. Fase recursal. (conversão da OJ 311 da SDI-1)

SÚM. 383, II – CPC, art. 13. Fase recursal. (conversão da OJ 149 da SDI-1)

SÚM. 395, I – Cláusula com ressalva de vigência. Prorrogação até o final da demanda. (conversão da OJ 312 da SDI-1)

SÚM. 395, II – Cláusula fixando prazo para juntada. (conversão da OJ 313 da SDI-1)

SÚM. 395, III – Expresso. Ausência de poderes para substabelecer. Código Civil de 2002, art. 667 e parágrafos. (Código Civil de 1916, art. 1300, §§ 1º e 2º) (conversão da OJ 108 da SDI-1)

SÚM. 395, IV – Irregularidade de representação. Substabelecimento anterior à procuração. (conversão da OJ 330 da SDI-1)

OJ-SDI-1 52 – Procurador da União, Estados, Municípios e Distrito Federal, suas autarquias e fundações públicas.

Procuração. Dispensa da juntada de mandato. Medida Provisória n. 1.561/96. Lei n. 9.469/97.

OJ-SDI-1 75 – Substabelecimento sem o reconhecimento de firma do substabelecente. Lei n. 8.952/94

OJ-SDI-1 110 – Representação irregular. Procuração apenas nos autos de agravo de instrumento.

OJ-SDI-1 200 – Mandato tácito. Substabelecimento inválido.

OJ-SDI-1 255 – Contrato social. Desnecessidade da juntada. CPC, art. 12, VI.

OJ-SDI-1 286 – Mandato tácito. Agravo de instrumento. Traslado. Ata de audiência.

OJ-SDI-1 349 – Juntada de nova procuração. Ausência de ressalva. Efeitos.

OJ-SDI-1 331 – Justiça gratuita. Declaração de insuficiência econômica. Poderes específicos desnecessários.

OJ-SDI-1 373 – Irregularidade de representação. Pessoa jurídica. Procuração inválida. Ausência de identificação do outorgante e de seu representante. Art. 654, § 1º, do Código Civil. (DJe divulgado em 10, 11 e 12.03.2009).

MANDATO TÁCITO
Ver Mandato.

MÃO DE OBRA LOCADA
PN 35 – CANCELADA – Mão de obra locada. (cancelada – Res. 81/98, DJ 20.08.98)

MARÍTIMO
SÚM. 96 – Permanência do tripulante a bordo do navio. Tempo à disposição.

MASSA FALIDA
SÚM. 86 – Empresa em liquidação extrajudicial. Massa falida. Depósito recursal e custas processuais. Deserção. (incorporação da OJ 31 da SDI-1)

SÚM. 388 – Multa e dobra salarial. CLT, arts. 467 e 477. (conversão das OJs 201 e 314 da SDI-1)

MATÉRIA ADMINISTRATIVA
SÚM. 303, III – Remessa "ex officio". Mandado de segurança. Fazenda Pública prejudicada pela concessão da ordem. (incorporação das OJs 72 e 73 da SDI-1)

OJ-SDI-1 72 – INCORPORADA – Remessa "ex officio". Mandado de segurança concedido. Impetrante e terceiro interessado pessoas de direito privado. Incabível, ressalvadas as hipóteses de matéria administrativa, de competência do Órgão Especial. (incorporada à Súm. 303, III)

OJ-TP 8 – Precatório. Remessa necessária. Não cabimento.

OJ-TP 10 – Precatório. Processamento e pagamento. Natureza administrativa. Mandado de segurança. Cabimento.

OJ-TP 11 – Recurso em matéria administrativa. Prazo. Órgão Colegiado. Oito dias. Art. 6º da Lei n. 5.584, de 26.06.1970.

MATÉRIA CONSTITUCIONAL
OJ-SDI-2 6 – Ação rescisória. CIPA. Suplente. Estabilidade provisória. Decisão rescindenda anterior à Súm. 339. Matéria constitucional. ADCT, art. 10, II. Súm. 83. (nova redação – DJ 22.08.05)

OJ-SDI-2 29 – CANCELADA – Ação rescisória. Cabimento. CPC, art. 485, V. Súm. 83 do TST. Súm. 343 do STF. (cancelada em decorrência da redação conferida à Súm. 83 pela Res. 121/03, DJ 21.11.03)

OJ-SDI-2 37 – CANCELADA – Ação rescisória. Prescrição quinquenal. CPC, art. 485, V. Súm. 83 do TST. Súm. 343 do STF. (cancelada em decorrência da redação conferida à Súm. 83 pela Res. 121/03, DJ 21.11.03)

OJ-SDI-2 71 – Ação rescisória. Salário profissional. Fixação. Múltiplo de salário mínimo. CF/88, art. 7º, IV. (nova redação – DJ 11.11.04)

MATÉRIA CONTROVERTIDA
SÚM. 83, I – Ação rescisória. Violação literal de lei. Norma infraconstitucional. Improcedência. (nova redação – Res. 121/03, DJ 21.11.03)

SÚM. 83, II – Ação rescisória. Matéria controvertida. Limite temporal. Data de inserção em Orientação Jurisprudencial do TST. (incorporação da OJ 77 da SDI-2)

SÚM. 411 – Ação rescisória. Sentença de mérito. Decisão de TRT em agravo regimental confirmando decisão monocrática do relator que, aplicando a Súm. 83 do TST, indeferiu a petição inicial da ação rescisória. Competência do TST. (conversão da OJ 43 da SDI-2)

OJ-SDI-2 5 – Ação rescisória. Banco do Brasil. Adicionais AP e ADI ou AFR. Horas extras. Decisão rescindenda anterior à OJ 17. Súm. 83 do TST. Súm. 343 do STF.

OJ-SDI-2 6 – Ação rescisória. CIPA. Suplente. Estabilidade provisória. ADCT, art. 10, II. Decisão rescindenda anterior à Súm. 339. Súm. 83. (nova redação – DJ 22.08.05)

OJ-SDI-2 8 – Ação rescisória. Banespa. Complementação de aposentadoria. Decisão rescindenda anterior à Súm. 313. Súm. 83. (nova redação – DJ 22.08.05)

OJ-SDI-2 9 – Ação rescisória. Conab. Estabilidade regulamentar. Aviso Direh 02/84. Decisão rescindenda anterior à Súm. 355. Súm. 83.

OJ-SDI-2 11 – Ação rescisória. Lei n. 7.596/87. Universidades federais. Implantação tardia. Plano de classificação de cargos. Súm. 83

OJ-SDI-2 19 – Ação rescisória. Imposto de renda. Incidência. Desligamento incentivado. Abono pecuniário. Súm. 83. Violação de lei.

OJ-SDI-2 23 – Ação rescisória. Estabilidade provisória. Período pré-eleitoral. Decisão rescindenda anterior à OJ 51. Súm. 83.

OJ-SDI-2 30, "a" – Ação rescisória. Multa. Art. 920 do Código Civil de 1916. Art. 412 do Código Civil de 2002. Decisão rescindenda anterior à OJ 54. Súm. 83. Improcedência.

OJ-SDI-2 34 – Ação rescisória. Planos econômicos. CPC, art. 485, V. Decisão rescindenda anterior à Súm. 315. Petição inicial. Indicação expressa. CF/88, art. 5º, XXXVI. Súm. 83 do TST. Súm. 343 do STF.

OJ-SDI-2 39 – Ação rescisória. Reajustes bimestrais e quadrimestrais. Lei n. 8.222/91. Súm. 83.

MATÉRIA FÁTICA

Ver Reexame de Fatos e Provas.

MATÉRIA INFRACONSTITUCIONAL

SÚM. 409 – Ação rescisória. Prazo prescricional aplicável aos créditos trabalhistas. Total ou parcial. Violação do art. 7º, XXIX, da CF/88. Matéria infraconstitucional. (conversão da OJ 119 da SDI-2)

MÉDIA TRIENAL

OJ-SDI-1 18, III – Banco do Brasil. Complementação de aposentadoria. (incorporação das OJs 19 e 289 da SDI-1)

OJ-SDI-1 289 – INCORPORADA – *Banco do Brasil. Complementação de aposentadoria. Média trienal valorizada. (incorporada à OJ 18, III, da SDI-1)*

OJ-SDI-1 T 32 – Banco do Brasil. Complementação de aposentadoria. Sucumbência. Inversão.

MÉDICO

SÚM. 143 – Salário profissional. Médicos e dentistas. Proporcionalidade. Horas trabalhadas.

SÚM. 370 – Médico e Engenheiro. Leis ns. 3.999/61 e 4.950/66. Jornada de trabalho reduzida. (conversão das OJs 39 e 53 da SDI-1)

OJ-SDI-1 165 – Adicional de periculosidade e insalubridade. Perícia. Elaboração de laudo. Engenheiro ou médico do trabalho. CLT, art. 195.

PN 95 – Abono de falta para levar filho ao médico.

MEDIDA CAUTELAR

Ver Ação Cautelar.

MEDIDA PROVISÓRIA

SÚM. 405, I – Ação Rescisória. Pedido liminar formulado na petição inicial ou na fase recursal. Suspensão de execução. Cabimento. MP 1.984-22/00. CPC, art. 273, § 7º. (Res. 137/05 – DJ 22.08.05)

SÚM. 405, II – Ação rescisória. Pedido de antecipação de tutela. Recebimento como medida acautelatória. (conversão das OJs 1, 3 e 121 da SDI-2)

OJ-SDI-1 134 – Autenticação de documento. Pessoa jurídica de direito público. Validade. Medida Provisória n. 1.360/96 e suas reedições. Dispensa de autenticação.

OJ-SDI-1 224 – Complementação de aposentadoria. Reajuste anual. Princípio "rebus sic stantibus". Medida Provisória n. 542/94. Lei n. 9.069/95. (nova redação – Res. 129/05, DJ 20.04.05)

OJ-SDI-2 3 – CONVERTIDA – *Ação rescisória. Pedido de antecipação de tutela recebido como medida acautelatória. Entidade pública. Medida Provisória n. 1.906 e reedições. (convertida na Súm. 405, II)*

OJ-SDI-2 12, I – Ação rescisória. Decadência. Pessoa jurídica de direito público. Ampliação do prazo. Consumação posterior à Medida Provisória n. 1.577/97. CPC, art. 495. Liminar em ação direta de inconstitucionalidade (ADIn 1753-2). (incorporação da OJ 17 da SDI-II)

OJ-SDI-2 12, II – Ação rescisória. Decadência. Pessoa jurídica de direito público. Ampliação do prazo. Consumação anterior à Medida Provisória n. 1.577/97. CPC, art. 495. (nova redação – DJ 22.08.05)

MEIO AMBIENTE

EN 39 – Meio ambiente de trabalho. Saúde mental. Dever do empregador.

MENOR

SÚM. 134 – CANCELADA – *Não aprendiz. Salário mínimo. (cancelada – Res. 121/03, DJ 21.11.03)*

OJ-SDC 26 – Salário normativo. Salário mínimo profissional. Menor empregado. CF/88, art. 7º, XXX.

PN 95 – Abono de falta para levar filho ao médico.

MINASCAIXA

OJ-SDI-1 87 – Execução direta. Exploração de atividade econômica. CLT, art. 883. CF/88, art. 173, § 1º. (nova redação, DJ 16.04.04)

OJ-SDI-1 T 37 – Legitimidade passiva "ad causam". Empresa em liquidação extrajudicial. (conversão da OJ 109 da SDI-1)

MINERAÇÃO MORRO VELHO

OJ-SDI-1 T 4 – Adicional de insalubridade. Base de cálculo. Acordo coletivo. Prevalência.

MINISTÉRIO DO TRABALHO

Ver também Portarias do MTb.

SÚM. 6, I – Equiparação salarial. Homologação. Ministério do Trabalho. CLT, art. 461, § 2º. (nova redação – Res. 104/00, DJ 18.12.00)

OJ-SDI-1 4, I – Necessidade de classificação da atividade insalubre na relação oficial elaborada pelo Ministério do Trabalho. Laudo pericial. CLT, art. 190. (nova redação – Res. 129 /05, DJ 20.04.05)

OJ-SDI-1 4, II – Adicional de insalubridade. Lixo urbano. Limpeza em residências e escritórios. Laudo pericial. (incorporação da OJ 170 da SDI-1)

OJ-SDI-1 171 – Adicional de insalubridade. Óleos minerais. Sentido do termo "manipulação". Portaria n. 3.214, NR-15, Anexo XIII.

OJ-SDI-1 173 – Adicional de insalubridade. Raios solares. Indevido. (CLT, art. 195 e NR 15 MTb, Anexo 7)

OJ-SDI-1 345 – Adicional de Periculosidade. Radiação ionizante ou substância radioativa. Devido. (Portarias ns. 3.393 de 17.12.87 e 518 de 07.04.03)

OJ-SDC 15 – Sindicato. Legitimidade "ad processum". Registro no Ministério do Trabalho.

OJ-SDC 34 – Acordo extrajudicial. Homologação. Justiça do Trabalho. Prescindibilidade.

OJ-SDI-1 T 29 – CEEE. Equiparação salarial. Quadro de carreira. Homologação. Ministério do Trabalho. Reestruturação em 1991, mesmo não homologada é válida.

OJ-SDI-1 T 57 – Adicional de insalubridade. Deficiência de iluminamento. Limitação. Portaria n. 3.751/90 do MTb. (conversão da OJ 153 da SDI-1)

MINISTÉRIO PÚBLICO

SÚM. 100, VI – Ação rescisória. Decadência. "Dies a quo". Colusão das partes. (incorporação da OJ 122 da SDI-2)

SÚM. 407 – Ação rescisória. Ministério Público. Legitimidade "ad causam". CPC, art. 487, III, "a" e "b". Hipóteses exemplificativas. (conversão da OJ 83 da SDI-2)

OJ-SDI-1 130 – Parecer na remessa de ofício, na qualidade de "custos legis". Ilegitimidade. Arguição de prescrição em favor de entidade de direito público. Matéria de direito patrimonial. (nova redação – Res. 129/05, DJ 20.04.05)

OJ-SDI-1 237 – Ilegitimidade para recorrer na defesa de empresa pública ou sociedade de economia mista. Interesse patrimonial privado.

OJ-SDI-1 338 – Ausência de concurso público. Contrato nulo. Ministério Público do Trabalho. Legitimidade para recorrer. Sociedade de economia mista e empresa pública.

OJ-SDI-1 350 – ALTERADA – Ministério Público do Trabalho. Nulidade do contrato de trabalho não suscitada pelo ente público no momento da defesa. Arguição em parecer. Possibilidade. (alterada pela Res. 162/09 – DEJT 20, 23 e 24.11.09)

OJ-SDC 33 – CANCELADA – Ação rescisória. Legitimidade restrita. CPC, art. 487, I e III. (cancelada, DJ 22.08.05)

OJ-SDI-1 T 20 – Agravo de instrumento. Interposição pelo Ministério Público. Comprovação da tempestividade. Juntada da cópia da intimação pessoal. Lei Complementar n. 75/93, art. 84, IV.

EN 28 – Ministério Público do Trabalho. Conflitos sindicais. Legitimidade.

MORA

SÚM. 13 – Rescisão indireta. Pagamento dos salários em audiência.

MORADIA

Ver Habitação.

MOTORISTA

OJ-SDI-1 315 – Enquadramento como trabalhador rural. Atividade preponderante da empresa.

OJ-SDI-1 332 – Horas extras. Controle de jornada por tacógrafo. Res. 816/86 do Contran.

MOTORISTA E AJUDANTE

PN 89 – Reembolso de despesas. Alimentação e pernoite.

MULTA

SÚM. 384, I – Instrumentos normativos diversos. Cumulação de ações. (conversão da OJ 150 da SDI-1)

SÚM. 384, II – Instrumento normativo. Repetição de texto legal. (conversão da OJ 239 da SDI-1)

SÚM. 388 – Arts. 467 e 477 da CLT. Massa falida. (conversão das OJs 201 e 314 da SDI-1)

OJ-SDI-1 42, I – FGTS. Multa de 40%. Saques. Lei n. 8.036/90, art. 18, § 1º e Decreto n. 99.684/90, art. 9º, § 1º. (incorporação da OJ 107 da SDI-1)

OJ-SDI-1 42, II – FGTS. Multa de 40%. Aviso prévio indenizado. Cálculo. (incorporação da OJ 254 da SDI-1)

OJ-SDI-1 54 – Cláusula Penal. Multa. Valor superior ao principal. Código Civil de 2002, art. 412. (art. 920 do Código Civil de 1916)

OJ-SDI-1 162 – Art. 477 da CLT. Contagem do prazo para pagamento das verbas rescisórias. Exclusão do dia da notificação e inclusão do dia do vencimento. Código Civil de 2002, art. 132. Código Civil de 1916, art. 125.

OJ-SDI-1 177 – CANCELADA – FGTS. Multa de 40%. Aposentadoria espontânea. Extinção do contrato de trabalho. Indevida. (cancelada – DJ 30.10.2006)

OJ-SDI-1 238 – Multa. Art. 477 da CLT. Pessoa jurídica de direito público. Prazo para pagamento das verbas rescisórias.

OJ-SDI-1 341 – FGTS. Multa de 40%. Diferenças decorrentes dos expurgos inflacionários. Responsabilidade pelo pagamento.

OJ-SDI-1 344 – FGTS. Multa de 40%. Diferenças decorrentes dos expurgos inflacionários. Prescrição. Termo inicial. (alterada em decorrência do julgamento do processo TST IUJ-RR 1577/2003-019-03-00.8 – DJ 22.11.05)

OJ-SDI-1 351 – CANCELADA – Multa. Art. 477, § 8º, da CLT. Verbas rescisórias reconhecidas em juízo. (cancelada pela Res. 163/09 – DEJT 20, 23 e 24.11.09)

OJ-SDI-1 370 – FGTS. Multa de 40%. Diferenças dos expurgos inflacionários. Prescrição. Interrupção decorrente de protestos judiciais. (DEJT 03.12.2008)

OJ-SDI-2 30, "a" – Art. 920 do Código Civil de 1916. Art. 412 do Código Civil de 2002. Limitação. Ação rescisória. Decisão rescindenda anterior à OJ n. 54. Súmula n. 83. Improcedência.

OJ-SDI-2 30, "b" – Ação rescisória. Art. 920 do Código Civil de 1916. Art. 412 do Código Civil de 2002. Limitação. Decisão rescindenda em execução. (incorporação da OJ 31 da SDI-II)

OJ-SDI-1 T 1 – FGTS. Multa de 40%. Rescisão contratual anterior à CF/88. Complementação do percentual de 30%.

PN 36 – CANCELADO – Atraso no pagamento do 13º salário. (cancelado – Res. 81/98, DJ 20.08.98)

PN 46 – CANCELADO – Atraso no pagamento de verbas rescisórias. (cancelado – Res. 81/98, DJ 20.08.98)

PN 72 – Atraso no pagamento de salário.

PN 73 – Obrigação de fazer. Descumprimento.

N

NATUREZA JURÍDICA

Ver Bancário.

SÚM. 247 – Quebra de caixa. Natureza salarial.

SÚM. 354 – Gorjetas. Natureza jurídica. Repercussões.

OJ-SDC 6 – CANCELADA – Dissídio coletivo de natureza jurídica. Desnecessidade de realização de assembleia de trabalhadores e negociação prévia. (cancelada, DJ 23.03.01)

OJ-SDC 7 – Dissídio coletivo de natureza jurídica. Interpretação de norma de caráter genérico. Inviabilidade.

OJ-SDI-1 T 50 – Abono de férias instituído por instrumento normativo e terço constitucional. Idêntica natureza jurídica. Simultaneidade. (conversão da OJ 231 da SDI-1)

NEGATIVA DE PRESTAÇÃO JURISDICIONAL

OJ-SDI-1 115 – Recurso de revista ou de embargos. Nulidade por negativa de prestação jurisdicional. Conhecimento. Art. 832 da CLT. Art. 458 do CPC ou art. 93, IX, da CF/88. (nova redação – Res. 129/05, DJ 20.04.05)

OJ-SDI-2 78 – Ação rescisória. Cumulação sucessiva de pedidos. Rescisão da sentença e do acórdão. Ação única. CPC, art. 289.

OJ-SDI-1 T 32 – Banco do Brasil. Complementação de aposentadoria. Inversão. Sucumbência. Exame de postulação aduzida em contestação e/ou em contrarrazões.

NEGOCIAÇÃO COLETIVA

EN 33 – Negociação coletiva. Supressão de direitos. Necessidade de contrapartida.

EN 49 – Atividade insalubre. Prorrogação de jornada. Negociação coletiva. Invalidade.

NEGOCIAÇÃO PRÉVIA

OJ-SDC 6 – CANCELADA – Dissídio coletivo de natureza jurídica. Desnecessidade de realização de assembleia de trabalhadores e negociação prévia. (cancelada, DJ 23.03.01)

OJ-SDC 11 – Greve. Imprescindibilidade de tentativa direta e pacífica da solução do conflito.

OJ-SDC 24 – CANCELADA – Insuficiente. Realização de mesa-redonda perante a DRT. CF/88, art. 114, § 2º. (cancelada, DJ 16.04.04)

NORMA COLETIVA

Ver também Sentença Normativa.

SÚM. 57 – CANCELADA – Trabalhador rural. Usinas de açúcar. Categoria profissional de industriários. (cancelada – Res. 3/93, DJ 06.05.93)

SÚM. 102, VII – Cargo de confiança. Gratificação de função não inferior a 1/3. Norma coletiva que contempla valor superior. Indevidas as 7ª e 8ª horas. Direito às diferenças de gratificação de função. (incorporação da OJ 15 da SDI-1)

SÚM. 202 – Gratificação por tempo de serviço. Compensação. Vantagem de mesma natureza instituída por instrumento coletivo. Simultaneidade.

SÚM. 224 – CANCELADA – Incompetência da Justiça do Trabalho. Ação de cumprimento. Sindicato. Recolhimento de desconto assistencial. (cancelada – Res. 121/03, DJ 21.11.03)

SÚM. 246 – Ação de cumprimento. Trânsito em julgado da sentença normativa. Desnecessidade.

SÚM. 264 – Hora suplementar. Composição. Parcela de natureza salarial. Adicional previsto em norma coletiva.

SÚM. 280 – CANCELADA – Convenção coletiva. Sociedade de economia mista. Audiência prévia do órgão oficial competente. (cancelada – Res. 2/90, DJ 10.01.91)

SÚM. 286 – Substituição processual. Sindicato. Convenção e acordos coletivos. (nova redação – Res. 98/00, DJ 18.09.00)

SÚM. 338, II – Horas extras. Presunção de veracidade. Previsão em instrumento coletivo. Elisão. (incorporação da OJ 234 da SDI-1)

SÚM. 364, II – Adicional de periculosidade. Proporcionalidade. Percentual inferior ao legal. Previsão em instrumento coletivo. Possibilidade. (conversão da OJ 258 da SDI-1)

SÚM. 374 – Categoria profissional diferenciada. Vantagens previstas em norma coletiva na qual a empresa não foi representada por órgão de classe de sua categoria. (conversão da OJ 55 da SDI-1)

SÚM. 375 – Reajuste salarial. Prevalência da legislação de política salarial. (conversão das OJs 69 da SDI-1 e 40 da SDI-2)

SÚM. 384, I – Multa. Instrumentos normativos diversos. (conversão da OJ 150 da SDI-1)

SÚM. 384, II – Multa. Cláusula normativa. Obrigação prevista em lei. Repetição de texto legal. (conversão da OJ 239 da SDI-1)

SÚM. 423 – Turno ininterrupto de revezamento. Fixação de jornada de trabalho mediante negociação coletiva. Validade. (conversão da Orientação Jurisprudencial n. 169 da SBDI-1) Res. 139/06 – DJ 10, 11 e 13.10.2006)

OJ-SDI-1 36 – Cópia não autenticada. Documento comum às partes.

OJ-SDI-1 41 – Acidente do trabalho ou doença profissional. Estabilidade provisória. Preenchimento dos requisitos na vigência do instrumento normativo.

OJ-SDI-1 69 – CONVERTIDA – Reajuste salarial previsto em norma coletiva. Prevalência dos Decretos-leis ns. 2.283/86 e 2.284/86. "Plano Cruzado". (convertida na Súm. 375)

OJ-SDI-1 123 – Bancário. Ajuda-alimentação prevista em norma coletiva decorrente de horas extras. Natureza indenizatória.

OJ-SDI-1 147, I – Recurso de revista. Conhecimento por divergência jurisprudencial. Lei estadual, norma coletiva ou regulamento empresarial. Âmbito de aplicação. Necessidade de comprovação. (incorporação da OJ 309 da SDI-1)

OJ-SDI-1 147, II – Recurso de embargos. Admissibilidade indevida do recurso de revista por divergência jurisprudencial. Lei estadual, norma coletiva ou norma regulamentar de âmbito restrito ao Regional. Necessidade de arguição de afronta ao art. 896 da CLT. (nova redação – Res. 129/05, DJ 20.04.05)

OJ-SDI-1 154 – CANCELADA – Atestado médico – INSS. Exigência prevista em instrumento normativo. (cancelada pela Res. 158/09, DEJT 21, 22 e 23.10.09)

OJ-SDI-1 169 – CANCELADA – Turno ininterrupto de revezamento. Fixação de jornada de trabalho superior a seis horas mediante negociação coletiva. (cancelada em decorrência da sua conversão na Súmula n. 423 – Res. 139/2006 – DJ 10.10.2006)

OJ-SDI-1 234 – INCORPORADA – Horas extras. Prova oral. Prevalência sobre folha individual de presença (FIP) instituída por norma coletiva. (incorporada à Súm. 338, II)

OJ-SDI-1 275 – Turnos ininterruptos de revezamento. Horista. Horas extras e adicional. Inexistência de instrumento coletivo fixando jornada diversa.

OJ-SDI-1 276 – Ação declaratória. Complementação de aposentadoria. Caso não atendidos os requisitos necessários ao direito por via regulamentar ou acordo coletivo.

OJ-SDI-1 290 – CANCELADA – Contribuição sindical patronal. Ação de cumprimento. Incompetência da Justiça do Trabalho. (cancelada, DJ 05.07.05)

OJ-SDI-1 322 – Acordo coletivo de trabalho. Cláusula de termo aditivo prorrogando o acordo para prazo indeterminado.

OJ-SDI-1 342 – Intervalo intrajornada para repouso e alimentação. Não concessão ou redução. Previsão em instrumento coletivo. Norma de ordem pública.

OJ-SDI-1 346 – Abono previsto em norma coletiva. Natureza indenizatória. Concessão apenas aos empregados em atividade. Extensão aos inativos. Impossibilidade.

OJ-SDI-1 372 – Minutos que antecedem e sucedem a jornada de trabalho. Lei n. 10.243, de 27.06.2001. Norma coletiva. Flexibilização. Impossibilidade. (DEJT 03.12.2008)

OJ-SDI-2 40 – CONVERTIDA – Reajuste salarial previsto em norma coletiva. Prevalência. Legislação de política salarial. Ação rescisória. (convertida na Súm. 375)

OJ-SDI-2 64 – Mandado de segurança. Reintegração. Tutela antecipada. Estabilidade provisória prevista em lei ou norma coletiva.

OJ-SDC 1 – CANCELADA – Acordo coletivo. Descumprimento. Existência de ação própria. Ação de cumprimento. Abusividade da greve deflagrada para substituí-la. (cancelada, DJ 22.06.04)

OJ-SDI-1 T 4 – Mineração Morro Velho. Adicional de insalubridade. Base de cálculo. Acordo coletivo de trabalho.

OJ-SDI-1 T 6 – Adicional de produtividade. Limitação. Vigência. DC-TST 6/79.

OJ-SDI-1 T 12 – CSN. Adicional de insalubridade e periculosidade. Prevalência do acordo coletivo.

OJ-SDI-1 T 26 – Banerj. Plano Bresser. Acordo coletivo de 1991. Não é norma programática.

OJ-SDI-1 T 31 – Planos Bresser e Verão. Acordo coletivo autorizando a quitação com folgas remuneradas. Conversão em pecúnia após a extinção do contrato de trabalho. Aposentadoria voluntária.

OJ-SDI-1 T 49 – Serpro. Norma regulamentar. Reajuste salarial. Superveniência de sentença normativa. (conversão da OJ 212 da SDI-1)

OJ-SDI-1 T 50 – Férias. Abono instituído por instrumento normativo e terço constitucional. Idêntica natureza jurídica. Simultaneidade. (conversão da OJ 231 da SDI-1)

OJ-SDI-1 T 61 – Auxílio cesta-alimentação previsto em norma coletiva. CEF. Cláusula que estabelece natureza indenizatória à parcela. Extensão aos aposentados e pensionistas. Impossibilidade. DJ 14.03.2008

PN 119 – Contribuição sindical. Inobservância de preceitos constitucionais. (nova redação – Res. 82/98, DJ 20.08.98)

OJ-SDI-1 T 68 – Banco do Estado de São Paulo S.A. – Banespa. Convenção Coletiva. Reajuste salarial. Superveniência de acordo em dissídio coletivo. Prevalência (DJe divulgado em 03, 04 e 05.11.2009)

NORMA DE CARÁTER GENÉRICO

OJ-SDC 7 – Dissídio coletivo de natureza jurídica. Interpretação de norma de caráter genérico. Inviabilidade.

OJ-SDC 9 – Dissídio coletivo. Categoria profissional diferenciada. Enquadramento sindical. Incompetência material da Justiça do Trabalho.

NORMA DE ORDEM PÚBLICA

EN 22 – Art. 384 da CLT. Norma de ordem pública. Recepção pela CF de 1988.

NORMA REGULAMENTAR

SÚM. 51, I – Revogação ou alteração das vantagens deferidas anteriormente. Trabalhadores atingidos.

SÚM. 51, II – Opção pelo novo regulamento. Renúncia às regras do antigo regulamento. CLT, art. 468. (incorporação da OJ 163 da SDI-1)

SÚM. 72 – Prêmio-aposentadoria. Norma regulamentar. Lei n. 8.036/90, art. 14, § 2º. (nova redação – Res. 121/03, DJ 21.11.03)

SÚM. 77 – Punição. Inquérito ou sindicância internos a que se obrigou a empresa. Nulidade.

SÚM. 87 – Benefício de previdência privada criada pela empresa. Vantagem equivalente. Norma regulamentar anterior. Compensação.

SÚM. 92 – Complementação de aposentadoria. Instituição de benefício previdenciário por órgão oficial. Inalterabilidade.

SÚM. 97 – Complementação de aposentadoria. Instituída por ato da empresa. Regulamentação. (nova redação – RA 96/80, DJ 11.09.80)

SÚM. 98, II – Estabilidade contratual ou regulamentar. Compatibilidade. Estabilidade legal ou decenal. Renúncia com a opção ao FGTS. (incorporação da OJ 299 da SDI-1)

SÚM. 186 – Licença-prêmio. Conversão em pecúnia. Regulamento da empresa. (nova redação – Res. 121/03, DJ 21.11.03)

SÚM. 288 – Complementação de aposentadoria. Data da admissão do empregado.

SÚM. 313 – Complementação de aposentadoria. Proporcionalidade. Banespa.

SÚM. 326 – Complementação de aposentadoria. Parcela nunca recebida. Prescrição total.

SÚM. 327 – Complementação de aposentadoria. Diferenças. Prescrição parcial. (nova redação – Res. 121/03, DJ 21.11.03)

SÚM. 332 – Petrobras. Complementação de aposentadoria. Manual de pessoal. Norma programática.

SÚM. 345 – Bandepe. Regulamento Interno de Pessoal. Estabilidade.

SÚM. 355 – Conab. Estabilidade concedida por norma interna. Aviso Direh 2/84. Necessidade de aprovação pelo Ministério ao qual a empresa pública se subordina.

OJ-SDI-1 18, IV – Banco do Brasil. Complementação de aposentadoria. Proporcionalidade. Circ. Funci 436/63. (incorporação da OJ 20 da SDI-1)

OJ-SDI-1 18, V – Banco do Brasil. Complementação de aposentadoria integral. Telex Direc 5003/87. (incorporação da OJ 136 da SDI-1)

OJ-SDI-1 56 – Nossa Caixa-Nosso Banco (Caixa Econômica do Estado de São Paulo). Regulamento. Gratificação especial e/ou anuênios. Direito.

OJ-SDI-1 147, I – Recurso de revista. Conhecimento por divergência jurisprudencial. Lei estadual, norma coletiva ou regulamento empresarial. Âmbito de aplicação. Necessidade de comprovação. (incorporação da OJ 309 da SDI-1)

OJ-SDI-1 147, II – Recurso de embargos. Admissibilidade indevida do recurso de revista por divergência jurisprudencial. Lei estadual, norma coletiva ou norma regulamentar de âmbito restrito ao Regional. Necessidade de arguição de afronta ao art. 896 da CLT. (nova redação – Res. 129/05, DJ 20.04.05)

OJ-SDI-1 276 – Ação declaratória. Complementação de aposentadoria. Cabimento.

OJ-SDI-2 9 – Conab. Estabilidade regulamentar. Aviso Direh 2/84. Ação rescisória. Decisão rescindenda anterior à Súm. 355. Súm. 83.

OJ-SDI-1 T 9 – BNCC. Garantia de emprego não assegurada. Despedida imotivada.

OJ-SDI-1 T 11 – CEAGESP. Complementação de aposentadoria integral.

OJ-SDI-1 T 25 – Banco Meridional. Complementação de aposentadoria. Reajuste salarial. Extensão.

OJ-SDI-1 T 38 – Banco Meridional. Circular 34.046/89. Dispensa sem justa causa. (conversão da OJ 137 da SDI-1)

OJ-SDI-1 T 40 – Banrisul. Complementação de aposentadoria. Resolução n. 1.600/64. Lei n. 6.435/77. Súmulas ns. 51 e 288. (conversão da OJ 155 da SDI-1)

OJ-SDI-1 T 42 – Petrobras. Pensão por morte do empregado. Estabilidade decenal. Opção pelo regime do FGTS. (conversão da OJ 166 da SDI-1)

OJ-SDI-1 T 46 – Banco Itaú. Complementação de aposentadoria. Idade mínima. Circular BB-05/66. RP-40/74. (conversão da OJ 183 da SDI-1)

OJ-SDI-1 T 49 – Serpro. Reajuste salarial. Superveniência de sentença normativa. (conversão da OJ 212 da SDI-1)

OJ-SDI-1 T 51 – CEF. Complementação de aposentadoria. Auxílio-alimentação. Supressão. Súmulas ns. 51 e 288. (conversão da OJ 250 da SDI-1)

NOTIFICAÇÃO

SÚM. 16 – Recebimento. Ônus da prova. (nova redação – Res. 121/03, DJ 21.11.03)

SÚM. 133 – CANCELADA – Embargos infringentes. (cancelada – Res. 121/03, DJ 21.11.03)

SÚM. 262, I – Prazo judicial. Notificação ou intimação em sábado.

SÚM. 262, II – Recesso forense. Férias coletivas. Suspensão dos prazos recursais. (incorporação da OJ 209 da SDI-1)

SÚM. 387, III – Fac-símile. Juntada de originais. Ato que não depende de notificação. "Dies a quo". CPC, art. 184. Inaplicável. (conversão da OJ 337 da SDI-1)

OJ-SDI-1 14 – Aviso prévio. Cumprimento em casa. Verbas rescisórias. Prazo para pagamento a partir da notificação da despedida. CLT, art. 477, § 6º, "b".

OJ-SDI-1 162 – Multa. Art. 477 da CLT. Contagem do prazo para pagamento das verbas rescisórias. Exclusão do dia da notificação e inclusão do dia do vencimento. Código Civil de 2002, art. 132. Código Civil de 1916, art. 125.

NULIDADE

SÚM. 363 – Ausência de concurso público. Contrato nulo. Servidor público. Efeitos financeiros. (nova redação – Res. 121/03, DJ 21.11.03)

SÚM. 396, II – Estabilidade provisória. Pedido de reintegração. Salário relativo ao período estabilitário. Julgamento "extra petita". (conversão da OJ 106 da SDI-1)

OJ-SDI-1 7 – Advogado. Atuação fora da seção da OAB onde está inscrito. Ausência de comunicação. Infração disciplinar. Lei n. 4.215/63, art. 56, § 2º.

OJ-SDI-1 115 – Recurso de revista ou de embargos. Nulidade por negativa de prestação jurisdicional. Conhecimento. Art. 832 da CLT. Art. 458 do CPC ou art. 93, IX, da CF/88. (nova redação – Res. 129/05, DJ 20.04.05)

OJ-SDI-1 199 – Contrato de trabalho. Jogo do bicho. Objeto ilícito. Código Civil de 2002, arts. 104 e 166.

OJ-SDI-1 350 – ALTERADA – Ministério Público do Trabalho. Nulidade do contrato de trabalho não suscitada pelo ente público no momento da defesa. Arguição em parecer. Possibilidade. (alterada pela Res. 162/09 – DEJT 20, 23 e 24.11.09)

OJ-SDI-2 128 – Ação rescisória. Concurso público anulado posteriormente. Aplicação da Súm. 363.

OJ-SDC 17 – Contribuições para entidades sindicais. Cláusulas coletivas. Inconstitucionalidade. Extensão a não associados.

OJ-SDC 30 – Estabilidade da gestante. Cláusula coletiva. Renúncia ou transação de direitos constitucionais.

PN 119 – Contribuições sindicais. Inobservância de preceitos constitucionais. (nova redação – Res. 82/98, DJ 20.08.98)

O

OFENSA À COISA JULGADA
Ver Coisa Julgada.

OFICIAL DE JUSTIÇA
OJ-SDI-1 164 – "Ad hoc". Vínculo empregatício.

ÔNUS DA PROVA
SÚM. 6, VIII – Fato impeditivo, modificativo ou extintivo da equiparação salarial. (incorporação da Súm. 68)

SÚM. 16 – Recebimento da notificação. (nova redação – Res. 121/03, DJ 21.11.03)

SÚM. 212 – Iniciativa da rescisão do contrato. Ônus da prova. Término do contrato de trabalho.

SÚM. 338, I – Ônus da prova. Horas extras. Recusa injustificada de apresentação de cartões de ponto. Presunção relativa.

SÚM. 338, III – Horas extras. Cartões de ponto. Registro de horários de entrada e saída uniformes. Ônus da prova (incorporação da OJ 306 da SDI-1)

OJ-SDI-1 215 – Vale-transporte. Ônus da prova. Empregado.

OJ-SDI-1 301 – FGTS. Diferenças. Lei n. 8.036/90, art. 17.

EN 60 – Interdição de estabelelecimento e afins. Ação direta na Justiça do Trabalho. Repartição dinâmica do ônus da prova.

OPERADOR DE "TELEMARKETING"
OJ-SDI-1 273 – Jornada reduzida. CLT, art. 227. Não aplicável.

OPERADOR DE TELEX
OJ-SDI-1 213 – Jornada reduzida. CLT, art. 227. Não aplicável.

P

PARTICIPAÇÃO NOS LUCROS
SÚM. 251 – CANCELADA – Natureza salarial. (cancelada – Res. 33/94, DJ 12.05.94)

OJ-SDI-1 T 15 – ENERGIPE. Incorporação anterior à CF/88. Natureza salarial.

PAUTA REIVINDICATÓRIA
OJ-SDC 8 – Dissídio coletivo. Pauta reivindicatória não registrada em ata. Causa de extinção.

OJ-SDC 32 – Fundamentação das cláusulas. Reivindicações da categoria. Aplicação do Precedente Normativo n. 37 do TST.

PEÇAS ESSENCIAIS
SÚM. 272 – CANCELADA – Agravo de instrumento. Traslado deficiente. (cancelada – Res. 121/03, DJ 21.11.03)

OJ-SDI-1 132 – Agravo regimental. Peças essenciais nos autos principais. Não previsão em lei exigindo tramitação em autos apartados. Efeitos.

OJ-SDI-1 283 – Agravo de instrumento. Traslado realizado pelo agravado.

OJ-SDI-1 285 – Agravo de instrumento. Traslado. Carimbo do protocolo do recurso ilegível.

OJ-SDI-1 286 – Agravo de instrumento. Traslado. Mandato tácito. Ata de audiência.

OJ-SDC 29 – Edital de convocação e ata da assembleia geral. Requisitos essenciais para instauração de dissídio coletivo.

OJ-SDC 32 – Fundamentação das cláusulas. Reivindicações da categoria. Aplicação do Precedente Normativo n. 37 do TST.

OJ-SDI-1 T 16 – Agravo de instrumento. Traslado de peças essenciais. Agravo de instrumento interposto antes da vigência da Lei n. 9.756/98 e anteriormente à edição da Instrução Normativa n. 16/99.

OJ-SDI-1 T 17 – Agravo de instrumento. Traslado. Certidão de publicação do acórdão dos embargos declaratórios. Comprovação de tempestividade da revista. Lei n. 9.756/98.

OJ-SDI-1 T 18 – Agravo de instrumento. Traslado. Certidão de publicação do acórdão regional. Comprovação de tempestividade. Lei n. 9.756/98.

OJ-SDI-1 T 19 – Agravo de Instrumento interposto na vigência da Lei n. 9.756/98. Traslado de peças dispensáveis à compreensão da controvérsia. CLT, art. 897, § 5º, I.

OJ-SDI-1 T 52 – Agravo de instrumento. Acórdão do TRT não assinado. Interposição anterior à Instrução Normativa n. 16/99. Carimbo aposto por servidor. Validade. (conversão da OJ 281 da SDI-1)

PEDIDO DE PROVIDÊNCIA
OJ-TP-5 – Decisão de agravo regimental interposto em pedido de providência ou reclamação correicional. Recurso ordinário. Descabimento. (conversão da OJ 70 da SDI-1)

PENHORA
SÚM. 417, I – Mandado de segurança. Penhora em dinheiro. Discordância do credor. Execução definitiva. CPC, art. 655. (conversão da OJ 60 da SDI-2)

SÚM. 417, II – Mandado de segurança. Penhora em dinheiro. Execução definitiva. Depósito no próprio banco. CPC, art. 666, I. (conversão da OJ 61 da SDI-2)

SÚM. 417, III – Mandado de segurança. Penhora em dinheiro. Execução provisória. Nomeação de outros bens à penhora. CPC, art. 620. (conversão da OJ 62 da SDI-2)

SÚM. 419 – Execução por carta. Competência do juízo deprecante. Embargos de terceiro. (conversão da OJ 114 da SDI-2)

OJ-SDI-1 226 – Cédula de crédito rural. Cédula de crédito industrial. Execução de sentença. Crédito trabalhista.

OJ-SDI-1 343 – Bens de pessoa jurídica de direito privado. Sucessão pela União ou Estado-membro. CF/88, art. 100.

OJ-SDI-2 54 – Mandado de segurança. Desconstituição da penhora. Cumulação. Embargos de terceiro. CPC, art. 1.046. (nova redação – DJ 22.08.05)

OJ-SDI-2 59 – Mandado de segurança. Carta de fiança bancária. CPC, art. 655.

OJ-SDI-2 89 – "Habeas corpus". Termo de depósito não assinado pelo paciente. Necessidade de aceitação do encargo. Prisão civil. Depositário.

OJ-SDI-2 93 – Penhora sobre renda. Mandado de segurança. Renda mensal ou faturamento de estabelecimento comercial.

OJ-SDI-2 143 – "Habeas corpus". Penhora sobre coisa futura e incerta. Prisão. Depositário infiel. (redação alterada – Res. n. 151/08 – DEJT 20, 21 e 24.11.08)

OJ-SDI-2 153 – Mandado de segurança. Execução. Ordem de penhora sobre valores existentes em conta salário. Art. 649, IV, do CPC. Ilegalidade. (DEJT 03.12.2008)

PENSÃO POR MORTE

OJ-SDI-1 T 42 – Petrobras. Manual de pessoal. Estabilidade decenal. Opção pelo regime do FGTS. (conversão da OJ 166 da SDI-1)

PERÍCIA

SÚM. 162 – CANCELADA – Constitucionalidade do art. 3º do Decreto-lei n. 389/68. Insalubridade. Periculosidade. (cancelada – Res. 59/96, DJ 28.06.96)

SÚM. 293 – Adicional de insalubridade. Agente nocivo diverso do apontado na inicial.

OJ-SDI-1 4, I – Necessidade de classificação da atividade insalubre na relação oficial elaborada pelo Ministério do Trabalho. Laudo pericial. CLT, art. 190. (nova redação – Res. 129/05, DJ 20.04.05)

OJ-SDI-1 4, II – Adicional de insalubridade. Lixo urbano. Limpeza em residências e escritórios. Laudo pericial. (incorporação da OJ 170 da SDI-1)

OJ-SDI-1 165 – Adicional de periculosidade e insalubridade. Perícia. Elaboração de laudo. Engenheiro ou médico do trabalho. CLT, art. 195.

OJ-SDI-1 278 – Adicional de insalubridade. Perícia. Local de trabalho desativado. Utilização de outros meios de prova.

PERÍODO DE AMAMENTAÇÃO

PN 6 – Período de amamentação. Garantia de salário, sem contraprestação de serviços.

PN 22 – Creche. Crianças em idade de amamentação.

PESSOA JURÍDICA DE DIREITO PRIVADO

SÚM. 303, III – Remessa "ex officio". Mandado de segurança. Fazenda Pública prejudicada pela concessão da ordem. (incorporação das OJs 72 e 73 da SDI-1)

OJ-SDI-1 343 – Penhora. Bens de pessoa jurídica de direito privado. Sucessão pela União ou Estado-membro. CF/88, art. 100.

PESSOA JURÍDICA DE DIREITO PÚBLICO

SÚM. 4 – CANCELADA – Custas processuais. Depósito recursal. (cancelada – Res. 121/03, DJ 21.11.03)

SÚM. 6, I – Equiparação salarial. Homologação. Ministério do Trabalho. CLT, art. 461, § 2º. (nova redação – Res. 104/00, DJ 18.12.00)

SÚM. 193 – CANCELADA – Correção monetária. Juros. Cálculo. Execução de sentença. (cancelada – Res. 105/00, DJ 18.12.00)

SÚM. 303, I – Decisão contrária à Fazenda Pública. Duplo grau de jurisdição. Exceções. (incorporação da OJ 9 da SDI-1)

SÚM. 303, II – Remessa "ex officio". Ação rescisória. Decisões contrárias à Fazenda Pública. (incorporação da OJ 71 da SDI-1)

SÚM. 303, III – Remessa "ex officio". Mandado de segurança. Fazenda Pública prejudicada pela concessão da ordem. (incorporação das OJs 72 e 73 da SDI-1)

OJ-SDI-1 9 – Remessa "ex officio". Alçada. Decisão contrária a ente público. Decreto-lei n. 779/69. Lei n. 5.584/70. (incorporada à Súm. 303, I, "a")

OJ-SDI-1 73 – Remessa "ex officio". Mandado de segurança. Decisões proferidas pelo TRT e favoráveis a ente público. Lei n. 1.533/51, art. 12. (incorporada à Súm. 303, III)

OJ-SDI-1 87 – Execução direta. Exploração de atividade econômica. CLT, art. 883. CF/88, art. 173, § 1º. (nova redação, DJ 16.04.04)

OJ-SDI-1 130 – Ministério Público. Parecer na remessa de ofício, na qualidade de "custos legis". Ilegitimidade. Arguição de prescrição em favor de entidade de direito público. Matéria de direito patrimonial. (nova redação – Res. 129/05, DJ 20.04.05)

OJ-SDI-1 134 – Autenticação de documento. Pessoa jurídica de direito público. Validade. Medida Provisória n. 1.360/96 e suas reedições. Dispensa de autenticação.

OJ-SDI-1 152 – Revelia. CLT, art. 844.

OJ-SDI-1 158 – Custas processuais. Comprovação de recolhimento. DARF eletrônico.

OJ-SDI-1 192 – Embargos declaratórios. Prazo em dobro. Decreto-lei n. 779/69.

OJ-SDI-1 343 – Penhora. Bens de pessoa jurídica de direito privado. Sucessão pela União ou Estado-membro. CF/88, art. 100.

OJ-SDI-1 238 – Multa. Art. 477 da CLT. Pessoa jurídica de direito público. Prazo para pagamento das verbas rescisórias.

OJ-SDI-1 334 – Recurso de revista. Inexistência de recurso ordinário voluntário de ente público. Impossibilidade.

OJ-SDI-2 3 – CONVERTIDA – Ação rescisória. Pedido de antecipação de tutela recebido como medida acautelatória. Entidade pública. Medida Provisória n. 1.906 e reedições. (convertida na Súm. 405, II)

OJ-SDI-2 12, I – Ação rescisória. Decadência. Pessoa jurídica de direito público. Ampliação do prazo. Consumação posterior à Medida Provisória n. 1.577/97. CPC, art. 495. Liminar em ação direta de inconstitucionalidade (ADIn 1753-2). (incorporação da OJ 17 da SDI-II)

OJ-SDI-2 12, II – Ação rescisória. Decadência. Ampliação do prazo. Consumação anterior à Medida Provisória n. 1.577/97. CPC, art. 495. (nova redação – DJ 22.08.05)

OJ-SDC 5 – Dissídio coletivo. Impossibilidade jurídica.

OJ-TP-1 – Precatório. Crédito trabalhista. Pequeno valor. Emenda Constitucional n. 37/02.

OJ-TP-2 – Precatório. Revisão de cálculos. Requisitos. Limites da competência do Presidente do TRT.

OJ-TP-3 – Precatório. Sequestro. Emenda Constitucional n. 30/00. Preterição. Não inclusão no orçamento. ADIn 1662-8. CF/88, art. 100, § 2º.

OJ-TP-7 – Precatório. Juros de mora. Condenação da Fazenda Pública. Lei n. 9.494, de 10.09.1997, art. 1º-F.

OJ-TP-9 – Precatório. Pequeno valor. Individualização do crédito apurado. Reclamação trabalhista plúrima. Execução direta contra a Fazenda Pública. Possibilidade.

PESSOAL DE OBRAS

SÚM. 58 – Admissão. Aplicação da legislação trabalhista.

PETIÇÃO INICIAL

Ver Honorários Advocatícios.

SÚM. 107 – CANCELADA – Ação rescisória. Prova do trânsito em julgado da decisão rescindenda. (cancelada pela Súm. 299)

SÚM. 211 – Juros de mora e correção monetária. Omissão no pedido inicial ou na condenação. Inclusão na liquidação.

SÚM. 263 – Indeferimento. Instrução obrigatória deficiente. Prazo para saneamento de vício. (nova redação – Res. 121/03, DJ 21.11.03)

SÚM. 293 – Adicional de insalubridade. Agente nocivo diverso do apontado na inicial.

SÚM. 299, I – Ação rescisória. Prova do trânsito em julgado da decisão rescindenda.

SÚM. 299, II – Ação rescisória. Trânsito em julgado da decisão rescindenda. Documento comprobatório. Concessão de prazo para juntada.

SÚM. 310, V – CANCELADA – Substituição processual. Sindicato. Individualização dos substituídos na petição inicial. Identificação ela CTPS. (cancelada – Res. 119/03, DJ 01.10.03)

SÚM. 405, I – Pedido liminar formulado na petição inicial de ação rescisória ou na fase recursal. Suspensão de execução. Cabimento. CPC, art. 273, § 7º. (Res. 137/05 – DJ 22.08.05)

SÚM. 408 – Ação rescisória. Petição inicial. Causa de pedir. Ausência de capitulação ou capitulação errônea. Art. 485 do CPC. Princípio "iura novit curia". Exceção feita ao inc. V do art. 485 do CPC. (conversão das OJs 32 e 33 da SDI-2)

SÚM. 411 – Ação rescisória. Sentença de mérito. Decisão de TRT em agravo regimental confirmando decisão monocrática do relator que, aplicando a Súm. 83 do TST, indeferiu a petição inicial da ação rescisória. Competência do TST. (conversão da OJ 43 da SDI-2)

SÚM. 415 – Mandado de segurança. Prova documental pré-constituída. CPC, art. 284. (conversão da OJ 52 da SDI-2)

OJ-SDI-1 120 – Recurso sem assinatura. Assinatura da petição ou das razões recursais. (nova redação – Res. 129/05, DJ 20.04.05)

OJ-SDI-1 304 – Honorários advocatícios. Assistência judiciária. Comprovação. Simples afirmação na petição inicial.

OJ-SDI-2 34 – Ação rescisória. Planos econômicos. CPC, art. 485, V. Decisão rescindenda anterior à Súm. 315. Petição inicial. Indicação expressa. CF/88, art. 5º, XXXVI. Súm. 83 do TST. Súm. 343 do STF.

OJ-SDI-2 69 – Fungibilidade recursal. Indeferimento liminar de ação rescisória ou mandado de segurança em despacho monocrático indeferitório da petição inicial. Recurso para o TST. Recebimento como agravo regimental. Devolução dos autos ao TRT.

OJ-SDI-2 70 – Ação rescisória. Manifesto e inescusável equívoco no direcionamento. Extinção do processo. (alterada em 26.11.02)

OJ-SDI-2 76 – Ação rescisória. Ação cautelar para suspender execução. Juntada de documento indispensável. Possibilidade de êxito na rescisão do julgado.

OJ-SDI-2 84 – Ação rescisória. Decisão rescindenda e/ou certidão de seu trânsito em julgado devidamente autenticadas. Peças essenciais. Fase recursal. Arguição de ofício. Extinção do processo sem julgamento do mérito. (alterada em 26.11.02)

PETROBRAS

SÚM. 70 – Adicional de periculosidade. Incidência. Base de cálculo. Triênio.

SÚM. 84 – Adicional regional. CF/88, art. 7º, XXXII. (nova redação – Res. 121/03, DJ 21.11.03)

SÚM. 332 – Complementação de aposentadoria. Manual de pessoal. Norma programática.

OJ-SDI-1 T 42 – Pensão por morte do empregado. Manual de pessoal. Estabilidade decenal. Opção pelo regime do FGTS. (conversão da OJ 166 da SDI-1)

OJ-SDI-1 T 48 – Sucessão. Petromisa. Legitimidade. (conversão da OJ 202 da SDI-1)

OJ-SDI-1 T 59 – Interbras. Sucessão. Responsabilidade.

OJ-SDI-1 T 62 – Petrobras. Complementação de aposentadoria. Avanço de nível. Concessão de parcela por acordo coletivo apenas para os empregados da ativa. Extensão para os inativos. Art. 41 do regulamento do plano de benefícios da Petros. (DEJT 03.12.2008)

OJ-SDI-1 T 63 – Petrobras. Complementação de aposentadoria. Integralidade. Condição. Idade mínima. Lei n. 6.435, de 15.07.1977. (DEJT 03.12.2008)

OJ-SDI-1 T 64 – Petrobras. Parcelas gratificação contingente e participação nos resultados deferidas por norma coletiva a empregados da ativa. Natureza jurídica não salarial. Não integração na complementação de aposentadoria. (DEJT 03.12.2008)

PETROLEIRO

SÚM. 391, I – Turnos ininterruptos de revezamento. Lei n. 5.811/72. Recepcionada pela CF/88. (conversão da OJ 240 da SDI-1)

SÚM. 391, II – Turnos ininterruptos de revezamento. Alteração da jornada para horário fixo. Não configura alteração contratual ilícita. Lei n. 5.811/72, art. 10. CF/88. (conversão da OJ 333 da SDI-1)

PIS/PASEP

SÚM. 300 – Cadastramento. Competência da Justiça do Trabalho.

OJ-SDI-1 264 – Ausência de indicação na guia de depósito recursal. Validade.

PN 52 – Recebimento. Salário do dia.

PISO NACIONAL DE SALÁRIOS

OJ-SDI-1 T 33 – Base de cálculo. Adicional de insalubridade. Decreto-lei n. 2.351/87. (conversão da OJ 3 da SDI-1)

PISO SALARIAL

SÚM. 281 – CANCELADA – Professores. Fundo de Participação dos Estados e Municípios. (cancelada – Res. 121/03, DJ 21.11.03)

OJ-SDI-1 358 – Salário mínimo e piso salarial profissional à jornada reduzida. Possibilidade. DJ 14.03.2008

PN 3 – Adicional de insalubridade. (cancelado – Res. 81/98, DJ 20.08.98)

PLANO BRESSER

SÚM. 316 – CANCELADA – IPC de jun/87. Existência de direito adquirido. (cancelada – Res. 37/94, DJ 25.11.94)

OJ-SDI-1 58 – IPC de jun/87. Inexistência de direito adquirido.

OJ-SDI-1 243 – Planos econômicos. Prescrição total.

OJ-SDI-1 T 26 – Banerj. Acordo coletivo de 1991. Não é norma programática.

OJ-SDI-1 T 31 – Acordo coletivo autorizando a quitação com folgas remuneradas. Conversão em pecúnia após a extinção do contrato de trabalho. Aposentadoria voluntária.

PLANO COLLOR

SÚM. 315 – IPC de mar./90. Lei n. 8.030/90. Inexistência de direito adquirido.

OJ-SDI-1 243 – Planos econômicos. Prescrição total.

OJ-SDI-1 T 54 – Execução. Correção monetária. Índice de 84,32%. Lei n. 7.738/89. (conversão da OJ 203 da SDI-1)

OJ-SDI-1 T 55 – IPC de mar./90. Servidores celetistas da Administração Direta, Fundações e Autarquias do GDF. Legislação federal. Prevalência. (conversão das OJs 218 e 241 da SDI-1)

PLANO CRUZADO

OJ-SDI-1 43 – Conversão de cruzeiros para cruzados. Decreto-lei n. 2.284/86. Direito adquirido. (nova redação – Res. 129/05, DJ 20.04.05)

OJ-SDI-1 69 – CONVERTIDA – Reajuste salarial previsto em norma coletiva. Prevalência dos Decretos-leis ns. 2.283/86 e 2.284/86. (convertida na Súm. 375)

OJ-SDI-1 243 – Planos econômicos. Prescrição total.

PLANO DE CLASSIFICAÇÃO DE CARGOS E SALÁRIOS – PCCS

SÚM. 250 – CANCELADA – Parcelas antiguidade e desempenho. Incorporação ao salário-base. (cancelada – Res. 121/03, DJ 21.11.03)

OJ-SDI-1 57 – Devido o reajuste do adiantamento. Lei n. 7.686/88, art. 1º.

OJ-SDI-2 11 – Ação rescisória. Lei n. 7.596/87. Universidades federais. Implantação tardia. Plano de classificação de cargos. Súm. 83.

PLANO VERÃO

OJ-SDI-1 59 – URP de fev./89. Inexistência de direito adquirido.

OJ-SDI-1 243 – Planos econômicos. Prescrição total.

OJ-SDI-1 T 31 – Acordo coletivo autorizando a quitação com folgas remuneradas. Conversão em pecúnia após a extinção do contrato de trabalho. Aposentadoria voluntária.

PLANOS ECONÔMICOS

SÚM. 315 – IPC de mar./90. Plano Collor. Lei n. 8.030/90. Inexistência de direito adquirido.

SÚM. 316 – CANCELADA – IPC de jun./87. Plano Bresser. Existência de direito adquirido. (cancelada – Res. 37/94, DJ 25.11.94)

SÚM. 317 – CANCELADA – Plano Verão. URP de fev./89. Existência de direito adquirido. (cancelada – Res. 37/94, DJ 25.11.94)

SÚM. 319 – Reajustes salariais (gatilhos). Decretos-leis ns. 2.284/86 e 2.302/86. Servidores públicos celetistas.

SÚM. 322 – Diferenças salariais. Limitação à data-base.

SÚM. 323 – CANCELADA – URP de abril e maio/88. Decreto-lei n. 2.425/88. (cancelada – Res. 38/94, DJ 25.11.94)

Consolidação da Jurisprudência do TST

SÚM. 375 – Reajuste salarial previsto em norma coletiva. Prevalência da legislação de política salarial. (conversão das OJs 69 da SDI-1 e 40 da SDI-2)

OJ-SDI-1 43 – Conversão de cruzeiros para cruzados. Decreto-lei n. 2.284/86. Direito adquirido. (nova redação – Res. 129/05, DJ 20.04.05)

OJ-SDI-1 58 – IPC de jun./87. Plano Bresser. Inexistência de direito adquirido.

OJ-SDI-1 59 – Plano Verão. URP de fev./89. Inexistência de direito adquirido.

OJ-SDI-1 69 – CONVERTIDA – Reajuste salarial previsto em norma coletiva. Prevalência dos Decretos-leis ns. 2.283/86 e 2.284/86. "Plano Cruzado". (convertida na Súm. 375)

OJ-SDI-1 79 – URPs de abril e maio/88. Decreto-lei n. 2.425/88. (alterada em decorrência do julgamento do processo TST-RXOFROAR 573062/1999 pelo Tribunal Pleno – certidão de julgamento publicada no DJ 14.06.05)

OJ-SDI-1 100 – Reajuste salarial previsto em legislação federal. Incidência sobre as relações contratuais trabalhistas do estado-membro, suas autarquias e fundações públicas.

OJ-SDI-1 243 – Prescrição total.

OJ-SDI-1 262 – Coisa julgada. Limitação à data-base na fase de execução.

OJ-SDI-2 1 – CONVERTIDA – Ação rescisória. Ação cautelar incidental. CPC, art. 485, V. CF/88, art. 5º, XXXVI. (convertida na Súm. 405, II)

OJ-SDI-2 34 – Ação rescisória. CPC, art. 485, V. Decisão rescindenda anterior à Súm. 315. Petição inicial. Indicação expressa. CF/88, art. 5º, XXXVI. Súm. 83 do TST. Súm. 343 do STF.

OJ-SDI-2 35 – Ação rescisória. Coisa julgada. Limitação à data-base na fase de execução.

OJ-SDI-2 39 – Reajustes bimestrais e quadrimestrais. Lei n. 8.222/91. Ação rescisória. Súm. 83.

OJ-SDI-1 T 26 – Plano Bresser. Banerj. Acordo coletivo de 1991. Não é norma programática.

OJ-SDI-1 T 31 – Planos Bresser e Verão. Acordo coletivo autorizando a quitação com folgas remuneradas. Conversão em pecúnia após a extinção do contrato de trabalho. Aposentadoria voluntária.

OJ-SDI-1 T 35 – Reajustes bimestrais e quadrimestrais (Lei n. 8.222/91). Base de cálculo. (conversão da OJ 68 da SDI-1)

OJ-SDI-1 T 47 – Décimo terceiro salário. Dedução da 1ª parcela. URV. Lei n. 8.880/94. (conversão da OJ 187 da SDI-1)

OJ-SDI-1 T 54 – Plano Collor. Execução. Correção monetária. Índice de 84,32%. Lei n. 7.738/89. (conversão da OJ 203 da SDI-1)

OJ-SDI-1 T 55 – IPC de mar./90. Servidores celetistas da Administração Direta, Fundações e Autarquias do GDF. Legislação federal. Prevalência. (conversão das OJs 218 e 241 da SDI-1)

OJ-SDI-1 T 58 – URP de junho e julho/88. Suspensão do pagamento. Data-base em maio. Decreto-lei n. 2.425/88. Inexistência de violação a direito adquirido. (conversão da OJ 214 da SDI-1)

PODER NORMATIVO

SÚM. 190 – TST. Condições de trabalho. Inconstitucionalidade. Decisões contrárias às do STF.

POLICIAL MILITAR

SÚM. 386 – Vínculo empregatício. CLT, art. 3º. (conversão da OJ 167 da SDI-1)

PORTARIA DO MINISTÉRIO DO TRABALHO

OJ-SDI-1 4, I – Necessidade de classificação da atividade insalubre na relação oficial elaborada pelo Ministério do Trabalho. Laudo pericial. CLT, art. 190. (nova redação – Res. 129/05, DJ 20.04.05)

OJ-SDI-1 4, II – Adicional de insalubridade. Lixo urbano. Limpeza em residências e escritórios. Laudo pericial. (incorporação da OJ 170 da SDI-1)

OJ-SDI-1 171 – Adicional de insalubridade. Óleos minerais. Sentido do termo "manipulação". Portaria n. 3.214, NR-15, Anexo XIII.

OJ-SDI-1 173 – Adicional de insalubridade. Raios solares. Indevido. (CLT, art. 195 e NR-15 MTb, Anexo 7)

OJ-SDI-1 345 – Adicional de Periculosidade. Radiação ionizante ou substância radioativa. Devido. (Portarias ns. 3.393 de 17.12.87 e 518 de 07.04.03). Indevido na vigência da Portaria n. 496/02.

OJ-SDI-1 T 57 – Adicional de insalubridade. Deficiência de iluminamento. Limitação. Portaria n. 3.751/90 do MTb. (conversão da OJ 153 da SDI-1)

PORTUÁRIO

SÚM. 309 – Vigia portuário. Terminal privativo. Requisição.

OJ-SDI-1 60, I – Duração da hora noturna. 60 minutos (entre 19 e 7 h do dia seguinte). Lei n. 4.860/65, art. 4º. (nova redação – Res. 129/05, DJ 20.04.05)

OJ-SDI-1 60, II – Horas extras. Base de cálculo. Exclusão de adicionais de risco e produtividade. Lei n. 4.860/65, art. 7º, § 5º. (incorporação da OJ 61 da SDI-1)

OJ-SDI-1 316 – Adicional de risco. Proporcionalidade. Lei n. 4.860/65.

PRAZO

Ver também Prescrição.

SÚM. 1 – Judicial. Contagem. Intimação na sexta-feira.

SÚM. 6, IX – Prescrição parcial. Equiparação salarial. (incorporação da Súm. 274)

SÚM. 16 – Notificação. Recebimento. Ônus da prova. (nova redação – Res. 121/03, DJ 21.11.03)

SÚM. 30 – Recursal. Contagem. Não juntada a ata ao processo.

SÚM. 37 – CANCELADA – *Recursal. Ausência à audiência de julgamento. Intimação da sentença. (cancelada – Res. 32/94, DJ 12.05.94)*

SÚM. 49 – CANCELADA – *Inquérito judicial. Custas processuais. Arquivamento do processo. (cancelada – Res. 121/03, DJ 21.11.03)*

SÚM. 53 – Custas processuais. Prazo para pagamento. Contagem. Intimação do cálculo.

SÚM. 62 – Decadencial. Contagem. Ajuizamento de inquérito. Abandono de emprego.

SÚM. 64 – CANCELADA – *Prescricional. Anotação de carteira profissional. (cancelada – Res. 121/03, DJ 21.11.03)*

SÚM. 95 – CANCELADA – *Prescrição trintenária. Recolhimento. FGTS. (cancelada – Res. 121/03, DJ 21.11.03)*

SÚM. 99 – Ação rescisória. Depósito recursal. Recurso ordinário. Pedido rescisório procedente. Condenação em pecúnia. Prazo. Deserção. (incorporação da OJ 117 da SDI-2)

SÚM. 100, I – Ação rescisória. Decadência. "Dies a quo". Trânsito em julgado. (nova redação – Res. 109/01, DJ 18.04.01)

SÚM. 100, II – Ação rescisória. Prazo de decadência. "Dies a quo". Duas decisões rescindendas. Recurso parcial no processo principal. (nova redação – Res. 109/01, DJ 18.04.01)

SÚM. 100, III – Ação rescisória. Prazo de decadência. "Dies a quo". Recurso intempestivo ou incabível. (nova redação – Res. 109/01, DJ 18.04.01)

SÚM. 100, IV – Ação rescisória. Certidão de trânsito em julgado. Descompasso com a realidade. Presunção relativa de veracidade. Prazo decadencial (incorporação da OJ 102 da SDI-2)

SÚM. 100, V – Ação rescisória. Decadência. Sentença homologatória de acordo. Momento do trânsito em julgado. (incorporação da OJ 104 da SDI-2)

SÚM. 100, VI – Ação rescisória. Decadência. Ministério Público. "Dies a quo". Colusão das partes. (incorporação da OJ 122 da SDI-2)

SÚM. 100, VIII – Decadencial. Ação rescisória. Exceção de incompetência. (incorporação da OJ 16 da SDI-2)

SÚM. 100, IX – Ação rescisória. Decadência. "Dies ad quem" expirado quando não há expediente forense. Férias forenses, feriados, finais de semana. Prorrogação do prazo. CLT, art. 775. (incorporação da OJ 13 da SDI-2)

SÚM. 100, X – Ação rescisória. Decadência. Não esgotamento das vias recursais. Prazo legal do recurso extraordinário. (incorporação da OJ 145 da SDI-2)

SÚM. 114 – Prescrição intercorrente. Inaplicabilidade na Justiça do Trabalho.

SÚM. 153 – Prescrição. Arguição. Momento oportuno.

SÚM. 154 – CANCELADA – *Mandado de segurança. Recurso ordinário para o TST. (cancelada – Res. 121/03, DJ 21.11.03)*

SÚM. 156 – Prescricional. Soma de períodos descontínuos de trabalho.

SÚM. 168 – CANCELADA – *Prescricional. Prestações periódicas. Prescrição parcial. (cancelada pela Súm. 294)*

SÚM. 196 – CANCELADA – *Recurso adesivo. Prazo. (cancelada – Res. 121/03, DJ 21.11.03)*

SÚM. 197 – Recursal. Publicação da sentença. Ausência da parte à audiência.

SÚM. 198 – CANCELADA – *Prescricional. Prestações periódicas. Prescrição parcial. Ato único. Exceção. (cancelada pela Súm. 294)*

SÚM. 201 – Mandado de segurança. Recurso ordinário para o TST. (revisão da Súmula n. 154)

SÚM. 213 – CANCELADA – *Recursal. Suspensão. Embargos de declaração. (cancelada – Res. 46/95, DJ 20.04.95)*

SÚM. 223 – CANCELADA – *Prescrição. Anulação da opção pelo FGTS. Marco inicial. (cancelada – Res. 121/03, DJ 21.11.03)*

SÚM. 245 – Depósito recursal. Prazo para pagamento e comprovação. Interposição antecipada do recurso.

SÚM. 262, I – Judicial. Notificação ou intimação em sábado.

SÚM. 262, II – Suspensão. Recesso forense. Férias coletivas. (incorporação da OJ 209 da SDI-1)

SÚM. 263 – Para saneamento de vício. Petição inicial. Indeferimento. Instrução obrigatória deficiente. (nova redação – Res. 121/03, DJ 21.11.03)

SÚM. 268 – Prescricional. Interrupção. Demanda trabalhista arquivada. Pedidos idênticos. (nova redação – Res. 121/03, DJ 21.11.03)

SÚM. 275, I – Pedido de correção de desvio funcional. Incidência da prescrição parcial.

SÚM. 275, II – Pedido de reenquadramento. Incidência da prescrição total (incorporação da OJ 144 da SDI-1)

SÚM. 277 – Sentença normativa. Vigência. Repercussão nos contratos de trabalho.

SÚM. 283 – Recurso adesivo. Pertinência no processo do trabalho. Correlação de matérias.

SÚM. 294 – Prescricional. Alteração contratual. Trabalhador urbano. (cancela as Súmulas ns. 168 e 198)

SÚM. 299, II – Ação rescisória. Trânsito em julgado da decisão rescindenda. Documento comprobatório. Concessão de prazo para juntada.

SÚM. 308, I – Contagem. Prescrição quinquenal. (incorporação da OJ 204 da SDI-1)

SÚM. 308, II – Prescrição quinquenal. Aplicação imediata.

SÚM. 326 – Prescrição total. Complementação de aposentadoria. Parcela nunca recebida.

SÚM. 350 – Prescricional. Ação de cumprimento. Marco inicial. Sentença normativa. Trânsito em julgado.

SÚM. 352 – CANCELADA – *Custas processuais. Prazo para comprovação. (cancelada – Res. 114/02, DJ 28.11.02)*

SÚM. 362 – Prescrição trintenária. FGTS. Prazo de dois anos do término do contrato de trabalho. (nova redação – Res. 121/03, DJ 21.11.03)

SÚM. 380 – Aviso prévio. Aplicação do Código Civil de 2002, art. 132, "caput". (conversão da OJ 122 da SDI-1)

SÚM. 383, I – Mandato. CPC, art. 37. Inaplicável na fase recursal. (conversão da OJ 311 da SDI-1)

SÚM. 385 – Feriado local. Ausência de expediente forense. Comprovação. Prorrogação do prazo recursal. (conversão da OJ 161 da SDI-1)

SÚM. 387, II – Lei n. 9.800/99, art. 2º. Prazo. Apresentação dos originais. (conversão da OJ 337 da SDI-1)

SÚM. 387, III – Fac-símile. Juntada de originais. Ato que não depende de notificação. "Dies a quo". CPC, art. 184. Inaplicável. (conversão da OJ 337 da SDI-1)

SÚM. 395, I – Mandato. Cláusula com ressalva de vigência. Prorrogação até o final da demanda. (conversão da OJ 312 da SDI-1)

SÚM. 395, II – Mandato. Cláusula fixando prazo para juntada. (conversão da OJ 313 da SDI-1)

SÚM. 409 – Ação rescisória. Prazo prescricional aplicável aos créditos trabalhistas. Total ou parcial. Violação do art. 7º, XXIX, da CF/88. Matéria infraconstitucional. (conversão da OJ 119 da SDI-2)

OJ-SDI-1 14 – Aviso prévio. Cumprimento em casa. Verbas rescisórias. Prazo para pagamento a partir da notificação da despedida. CLT, art. 477, § 6º, "b". (verificar os demais)

OJ-SDI-1 30 – CONVERTIDA – Custas processuais. Prazo para comprovação. (convertida na Súm. 352)

OJ-SDI-1 82 – Aviso prévio. Baixa na CTPS. Término do prazo do aviso prévio.

OJ-SDI-1 83 – Aviso prévio indenizado. Prescrição. CLT, art. 487, § 1º.

OJ-SDI-1 162 – Multa. Art. 477 da CLT. Contagem do prazo para pagamento das verbas rescisórias. Exclusão do dia da notificação e inclusão do dia do vencimento. Código Civil de 2002, art. 132. Código Civil de 1916, art. 125.

OJ-SDI-1 192 – Em dobro. Embargos declaratórios. Pessoa jurídica de direito público. Decreto-lei n. 779/69.

OJ-SDI-1 204 – INCORPORADA – Contagem. Prescrição quinquenal. (incorporada à Súm. 308, I)

OJ-SDI-1 238 – Multa. Art. 477 da CLT. Pessoa jurídica de direito público. Prazo para pagamento das verbas rescisórias.

OJ-SDI-1 268 – Contagem do prazo do aviso prévio. Projeção. Indenização adicional. Leis ns. 6.708/79 e 7.238/84.

OJ-SDI-1 269 – Justiça gratuita. Requerimento de isenção de despesas processuais. Momento oportuno.

OJ-SDI-1 284 – Agravo de instrumento. Traslado. Ausência de certidão de publicação. Etiqueta adesiva imprestável para aferição da tempestividade.

OJ-SDI-1 285 – Agravo de instrumento. Traslado. Carimbo do protocolo do recurso ilegível.

OJ-SDI-1 310 – Litisconsortes. Procuradores distintos. Prazo em dobro. CPC, art. 191. Inaplicável ao processo do trabalho.

OJ-SDI-1 322 – Cláusula de termo aditivo. Acordo coletivo de trabalho. Prorrogação do acordo para prazo indeterminado.

OJ-SDI-1 344 – FGTS. Multa de 40%. Diferenças decorrentes dos expurgos inflacionários. Prescrição. Termo inicial. (alterada em decorrência do julgamento do processo TST IUJ-RR 1577/2003-019-03-00.8 – DJ 22.11.05)

OJ-SDI-2 12, I – Ação rescisória. Decadência. Pessoa jurídica de direito público. Ampliação do prazo. Consumação posterior à Medida Provisória n. 1.577/97. CPC, art. 495. Liminar em ação direta de inconstitucionalidade (ADIn 1753-2). (incorporação da OJ 17 da SDI-II)

OJ-SDI-2 12, II – Ação rescisória. Decadência. Pessoa jurídica de direito público. Ampliação do prazo. Consumação anterior à Medida Provisória n. 1.577/97. CPC, art. 495. (nova redação – DJ 22.08.05)

OJ-SDI-2 14 – CANCELADA – Ação rescisória. Decadência. "Dies a quo". Recurso intempestivo. (cancelada devido à nova redação conferida à Súm. 100, III, pela Res. 109/01, DJ 18.04.01)

OJ-SDI-2 15 – CANCELADA – Ação rescisória. Decadência. Duas decisões rescindendas. Recurso parcial no processo principal. (cancelada devido à nova redação conferida à Súm. 100, II, pela Res. 109/01, DJ 18.04.01)

OJ-SDI-2 18 – Ação rescisória. Interrupção. Decadência. União Federal. Lei Complementar n. 73/93, art. 67. Lei n. 8.682/93, art. 6º.

OJ-SDI-2 37 – CANCELADA – Prescrição quinquenal. Matéria constitucional. Ação rescisória. CPC, art. 485, V. Súm. 83 do TST. Súm. 343 do STF. Não aplicação quando tratar-se de prazo prescricional com assento constitucional. (cancelada em decorrência da redação conferida à Súm. 83 pela Res. 121/03, DJ 21.11.03)

OJ-SDI-2 80 – Decadência. Ação rescisória. "Dies a quo". Recurso deserto. Súm. 100.

OJ-SDI-2 127 – Mandado de segurança. Decadência. Contagem. Efetivo ato coator.

OJ-SDI-2 146 – Ação rescisória. Início do prazo para apresentação da contestação. CLT, art. 774.

OJ-SDI-2 148 – Custas processuais. Comprovação do recolhimento. Prazo. Interposição de recurso ordinário em mandado de segurança. (conversão da OJ 29 da SDI-1)

OJ-SDC 35 – Edital de convocação da AGT. Disposição estatutária específica. Prazo mínimo entre a publicação e a realização da assembleia. Observância obrigatória.

OJ-SDI-1 T 27 – Banrisul. Gratificação Jubileu. Vantagem paga de uma única vez. Prazo prescricional a partir da data da aposentadoria. Inaplicabilidade da Súmula 294.

OJ-TP-11 – Recurso em matéria administrativa. Órgão Colegiado. Oito dias. Art. 6º da Lei n. 5.584, de 26.06.1970.

PN 98 – Retenção da CTPS. Um dia de salário. Prazo de 48 horas.

PRECATÓRIO

OJ-TP 1 – Crédito trabalhista. Pequeno valor. Emenda Constitucional n. 37/02.

OJ-TP 2 – Revisão de cálculos. Requisitos. Limites da competência do Presidente do TRT.

OJ-TP 3 – Sequestro. Emenda Constitucional n. 30/00. Preterição. Não inclusão no orçamento. ADIn 1662-8. CF/88, art. 100, § 2º.

OJ-TP 6 – Execução. Limitação da condenação imposta pelo título judicial exequendo à data do advento da Lei n. 8.112, de 11.12.1990.

OJ-TP 7 – Juros de mora. Condenação da Fazenda Pública. Lei n. 9.494, de 10.09.1997, art. 1º-F.

OJ-TP 8 – Matéria administrativa. Remessa necessária. Não cabimento.

OJ-TP 9 – Pequeno valor. Individualização do crédito apurado. Reclamação trabalhista plúrima. Execução direta contra a Fazenda Pública. Possibilidade.

OJ-TP 10 – Processamento e pagamento. Natureza administrativa. Mandado de segurança. Cabimento.

STF – SÚM. VINCULANTE 17.

PRECLUSÃO

SÚM. 184 – Embargos declaratórios. Omissão em recurso de revista ou de embargos. Preclusão.

SÚM. 297, II – Prequestionamento. Oportunidade. (nova redação – Res. 121/03, DJ 21.11.03)

OJ-SDI-2 134 – Ação rescisória. Decisão rescindenda. Preclusão declarada. Formação da coisa julgada formal. Impossibilidade jurídica do pedido.

PRÉ-CONTRATAÇÃO

SÚM. 199, I – Bancário. Horas extras. Pré-contratação ou pactuadas após a admissão. Efeitos. (redação original dada pela Res. 41/95 e incorporação da OJ 48 da SDI-1)

SÚM. 199, II – Bancário. Horas extras. Supressão. Prescrição total. (incorporação da OJ 63 da SDI-1)

PREPOSTO

SÚM. 122 – Revelia. Ausência da reclamada. Comparecimento de advogado munido de procuração. Indispensabilidade de apresentação do atestado médico. (primeira parte – incorporação da OJ 74 da SDI-1)

SÚM. 377 – Preposto. Exigência da condição de empregado. (nova redação – Res.146/2008, DJ 28.04.2008, 02 e 05.05.2008)

PREQUESTIONAMENTO

SÚM. 297 – Oportunidade. Configuração. (nova redação – Res. 121/03, DJ 21.11.03)

SÚM. 298, I – Ação rescisória. Violência de lei. Prequestionamento. Pronunciamento explícito.

SÚM. 298, II – Ação rescisória. Prequestionamento quanto à matéria e ao conteúdo da norma, não necessariamente do dispositivo legal tido por violado. (incorporação da OJ 72 da SDI-2)

SÚM. 298, III – Ação rescisória. Remessa de ofício. Decisão regional que simplesmente confirma a sentença. (incorporação da OJ 75 da SDI-2)

SÚM. 298, IV – Ação rescisória. Sentença meramente homologatória. Prequestionamento. (incorporação da parte final da OJ 85 da SDI-2)

SÚM. 298, V – Ação rescisória. Violação ocorrida na própria decisão rescindenda. (incorporação da OJ 36 da SDI-2)

OJ-SDI-1 62 – Pressuposto de recorribilidade em apelo de natureza extraordinária.

OJ-SDI-1 118 – Tese explícita. Indicação expressa do dispositivo legal tido como violado. Súm. 297.

OJ-SDI-1 119 – Violação nascida na própria decisão recorrida. Súm. 297.

OJ-SDI-1 151 – Decisão regional que adota a sentença. Súm. 297.

OJ-SDI-1 256 – Configuração. Tese explícita. Súm. 297.

OJ-SDI-2 124 – Ação rescisória. Arguição de incompetência absoluta. CPC, art. 485, II. Prequestionamento inexigível.

OJ-SDI-2 135 – Ação rescisória. Violação do art. 37, "caput", da CF/88. Princípio da legalidade administrativa. Necessidade de prequestionamento.

OJ-SDI-1 T 32 – Banco do Brasil. Complementação de aposentadoria. Sucumbência. Inversão.

PRESCRIÇÃO

SÚM. 6, IX – Parcial. Equiparação salarial. (incorporação da Súm. 274)

SÚM. 64 – CANCELADA – Anotação na carteira profissional. (cancelada – Res. 121/03, DJ 21.11.03)

SÚM. 95 – CANCELADA – Trintenária. Recolhimento. FGTS. (cancelada – Res. 121/03, DJ 21.11.03)

SÚM. 114 – Intercorrente. Inaplicabilidade na Justiça do Trabalho.

SÚM. 153 – Arguição. Momento oportuno.

SÚM. 156 – Marco inicial. Soma de períodos descontínuos de trabalho.

SÚM. 168 – CANCELADA – Parcial. Prestações periódicas. (cancelada pela Súm. 294)

SÚM. 198 – CANCELADA – Parcial. Prestações periódicas. Ato único. Exceção. (cancelada pela Súm. 294)

SÚM. 199, II – Total. Bancário. Pré-contratação. Horas extras. Supressão. (incorporação da OJ 63 da SDI-1)

SÚM. 206 – FGTS. Incidência sobre parcelas prescritas. (nova redação – Res. 121/03, DJ 21.11.03)

SÚM. 223 – CANCELADA – Marco inicial. Anulação da opção pelo FGTS. (cancelada – Res. 121/03, DJ 21.11.03)

SÚM. 268 – Interrupção. Demanda trabalhista arquivada. Pedidos idênticos. (nova redação – Res. 121/03, DJ 21.11.03)

SÚM. 275, I – Pedido de correção de desvio funcional. Incidência da prescrição parcial.

SÚM. 275, II – Pedido de reenquadramento. Incidência da prescrição total (incorporação da OJ 144 da SDI-1)

SÚM. 294 – Total. Alteração contratual. Prestações sucessivas. (cancela as Súmulas ns. 168 e 198)

SÚM. 308, I – Quinquenal. Contagem do prazo. (incorporação da OJ 204 da SDI-1)

SÚM. 308, II – Quinquenal. Aplicação imediata.

SÚM. 326 – Total. Complementação de aposentadoria. Parcela nunca recebida. Norma regulamentar.

SÚM. 327 – Parcial. Complementação de aposentadoria. Diferenças. (nova redação – Res. 121/03, DJ 21.11.03)

SÚM. 350 – Ação de cumprimento. Marco inicial. Sentença normativa. Trânsito em julgado.

SÚM. 362 – FGTS. Prescrição trintenária. Prazo de dois anos do término do contrato de trabalho. (nova redação – Res. 121/03, DJ 21.11.03)

SÚM. 373 – Parcial. Gratificação semestral. Congelamento. (conversão da OJ 46 da SDI-1)

SÚM. 382 – Bienal. Regime celetista para estatutário. Extinção do contrato. (conversão da OJ 128 da SDI-1)

SÚM. 409 – Ação rescisória. Prazo prescricional aplicável aos créditos trabalhistas. Total ou parcial. Violação do art. 7º, XXIX, da CF/88. Matéria infraconstitucional. (conversão da OJ 119 da SDI-2)

OJ-SDI-1 38 – Trabalhador rural. Empresa de reflorestamento. Lei n. 5.889/73, art. 10 e Decreto n. 73.626/74, art. 2º, § 4º.

OJ-SDI-1 76 – Total. Substituição dos avanços trienais por quinquênios. CEEE.

OJ-SDI-1 83 – Aviso prévio indenizado. Marco inicial. CLT, art. 487, § 1º.

OJ-SDI-1 129 – Marco inicial. Complementação da pensão e auxílio-funeral.

OJ-SDI-1 130 – Ministério Público. Parecer na remessa de ofício, na qualidade de "custos legis". Ilegitimidade. Arguição de prescrição em favor de entidade de direito público. Matéria de direito patrimonial. (nova redação – Res. 129/05, DJ 20.04.05)

OJ-SDI-1 156 – Total. Complementação de aposentadoria. Diferenças.

OJ-SDI-1 175 – Total. Alteração ou supressão. Comissões. (nova redação em decorrência da incorporação da Orientação Jurisprudencial n. 248 da SBDI-1, DJ 22.11.05)

OJ-SDI-1 242 – Total. Adicional de horas extras. Incorporação.

OJ-SDI-1 243 – Total. Planos econômicos.

OJ-SDI-1 248 – CANCELADA – Total. Comissões. Alteração. Súmula n. 294. Aplicável. Inserida em 13.03.02. (cancelada em decorrência da sua incorporação à Orientação Jurisprudencial n. 175 da SBDI-1, DJ 22.11.05)

OJ-SDI-1 271 – Rurícola. Prescrição. Contrato de emprego extinto. Emenda Constitucional n. 28/2000. Inaplicabilidade. (alterada, DJ 22.11.05)

OJ-SDI-1 344 – FGTS. Multa de 40%. Diferenças decorrentes dos expurgos inflacionários. Prescrição. Termo inicial. (alterada em decorrência do julgamento do processo TST IUJ-RR 1577/2003-019-03-00.8 – DJ 22.11.05)

OJ-SDI-1 359 – Substituição processual. Sindicato. Legitimidade. Prescrição. Interrupção. (DJ 14.03.2008)

OJ-SDI-1 370 – FGTS. Multa de 40%. Diferenças dos expurgos inflacionários. Prescrição. Interrupção decorrente de protestos judiciais. (DEJT 03.12.2008)

OJ-SDI-2 37 – CANCELADA – Quinquenal. Matéria constitucional. Ação rescisória. CPC, art. 485, V. Súm. 83 do TST. Súm. 343 do STF. (cancelada em decorrência da redação conferida à Súm. 83 pela Res. 121/03, DJ 21.11.03)

OJ-SDI-1 T 27 – Banrisul. Gratificação Jubileu. Vantagem paga de uma única vez. Prazo prescricional a partir da data da aposentadoria. Inaplicabilidade da Súmula 294.

EN 46 – Acidente do trabalho. Prescrição. Termo inicial.

EN 47 – Acidente do trabalho. Prescrição. Suspensão do contrato de trabalho.

EN 61 – Prescrição. Multas administrativas impostas pela DRT.

STF SÚM. VINCULANTE 8.

PREVIDÊNCIA PRIVADA

SÚM. 87 – Criada pela empresa. Benefício. Vantagem equivalente. Norma regulamentar anterior. Compensação.

SÚM. 174 – CANCELADA – Aposentadoria. Lei n. 3.841/60. Previdência privada. Inaplicabilidade. (cancelada – Res. 121/03, DJ 21.11.03)

SÚM. 311 – Benefício previdenciário devido a dependente de ex-empregado. Correção monetária. Aplicação da Lei n. 6.899/81.

OJ-SDI-1 T 41 – Fundação Clemente de Faria. Banco Real. Complementação de aposentadoria. (conversão da OJ 157 da SDI-1)

PRINCÍPIO DA LEGALIDADE ADMINISTRATIVA

OJ-SDI-2 135 – Ação rescisória. Violação do art. 37, "caput", da CF/88. Princípio da legalidade administrativa. Necessidade de prequestionamento.

PRINCÍPIO "IURA NOVIT CURIA"

SÚM. 408 – Ação rescisória. Petição inicial. Causa de pedir. Ausência de capitulação ou capitulação errônea. Art. 485 do CPC. Princípio "iura novit curia". Exceção feita ao inc. V do art. 485 do CPC. (conversão das OJs 32 e 33 da SDI-2)

PRINCÍPIOS DA LEGALIDADE, DO DEVIDO PROCESSO LEGAL, DO CONTRADITÓRIO E AMPLA DEFESA

OJ-SDI-2 97 – Ação rescisória. Violação do art. 5º, II, LIV e LV, da CF/88. Fundamento para desconstituição de decisão judicial transitada em julgado. (nova redação – DJ 22.08.05)

PRISÃO CIVIL

OJ-SDI-2 89 – "Habeas corpus". Depositário. Termo de depósito não assinado pelo paciente. Necessidade de aceitação do encargo.

OJ-SDI-2 143 – "Habeas corpus". Penhora sobre coisa futura e incerta. Prisão. Depositário infiel. (redação alterada – Res. n. 151/08 – DEJT 20, 21 e 24.11.08).

PROCEDIMENTO SUMARÍSSIMO

OJ-SDI-1 260, I – Recurso de revista. Rito sumaríssimo. Processos em curso. Lei n. 9.957/00. Aplicabilidade.

OJ-SDI-1 260, II – Recurso de revista. Processos em curso. Lei n. 9.957/00. Despacho denegatório. Apelo calcado em divergência jurisprudencial ou violação de dispositivo infraconstitucional. Apreciação do recurso sob esses fundamentos.

OJ-SDI-1 352 – Recurso de revista fundamentado em contrariedade a Orientação Jurisprudencial. Inadmissibilidade. Art. 896, § 6º, da CLT, acrescentado pela Lei n. 9.957, de 12.01.2000.

PROCESSO ADMINISTRATIVO

SÚM. 40 – CANCELADA – Cabimento. Recurso para o TST. Interesse de funcionário. (cancelada – Res. 121/03, DJ 21.11.03)

SÚM. 302 – CANCELADA – Cabimento. Recurso para o TST. Interesse de magistrado. (cancelada – Res. 121/03, DJ 21.11.03)

SÚM. 321 – Cabimento. Recurso para o TST. Exame da legalidade do ato. (revisão das Súm. 40 e 302. Cancelada – Res. 135/05, DJ 05.07.05)

STF SÚM. VINCULANTE 5.

PROCESSO DO TRABALHO

SÚM. 114 – Prescrição intercorrente. Inaplicabilidade.

SÚM. 136 – Identidade física do juiz. Varas do Trabalho.

SÚM. 144 – CANCELADA – Ação rescisória. Cabimento. (cancelada – Res. 121/03, DJ 21.11.03)

SÚM. 175 – CANCELADA – Recurso adesivo. CPC, art. 500. Inaplicabilidade. (cancelada – Res. 121/03, DJ 21.11.03)

SÚM. 196 – CANCELADA – Recurso adesivo. Prazo. (cancelada – Res. 121/03, DJ 21.11.03)

SÚM. 214 – Decisão interlocutória. Irrecorribilidade. (nova redação – Res. 127/05, DJ 16.03.05)

SÚM. 283 – Recurso adesivo. Pertinência no processo do trabalho. Correlação de matérias.

OJ-SDI-1 227 – CANCELADA – Denunciação da lide. Incompatibilidade. (cancelada, DJ 22.11.2005)

OJ-SDI-1 305 – Honorários advocatícios. Requisitos.

OJ-SDI-1 310 – Litisconsortes. Procuradores distintos. Prazo em dobro. CPC, art. 191. Inaplicável ao processo do trabalho.

OJ-SDI-2 98 – Mandado de segurança. Cabimento. Exigência do depósito prévio dos honorários periciais. Incompatibilidade com o processo do trabalho. (nova redação – DJ 22.08.05)

PROCURAÇÃO

Ver Mandato.

OJ-SDI-1 373 – Irregularidade de representação. Pessoa jurídica. Procuração inválida. Ausência de identificação do outorgante e de seu representante. Art. 654, § 1º, do Código Civil. (DJe divulgado em 10, 11 e 12.03.2009)

PROCURADOR

OJ-SDI-1 310 – Litisconsortes. Procuradores distintos. Prazo em dobro. CPC, art. 191. Inaplicável ao processo do trabalho.

OJ-SDI-1 318 – Representação irregular. Autarquia.

PROFESSOR

SÚM. 10 – Dispensa sem justa causa durante as férias escolares. Direito aos salários.

SÚM. 281 – CANCELADA – Piso salarial. Fundo de Participação dos Estados e Municípios. (cancelada – Res. 121/03, DJ 21.11.03)

SÚM. 351 – Repouso semanal remunerado. Lei n. 605/49, art. 7º, § 2º. CLT, art. 320. (conversão da OJ 66 da SDI-1)

OJ-SDI-1 65 – Professor adjunto. Ingresso no cargo de professor titular. CF/88, arts. 37, II e 206, V.

OJ-SDI-1 206 – Hora extra. Adicional de, no mínimo, 50%. CLT, art. 318. CF/88, art. 7º, XVI.

OJ-SDI-1 244 – Redução da carga horária. Alteração contratual.

OJ-SDI-2 38 – Ação rescisória. Professor adjunto. Ingresso no cargo de professor titular. Concurso público. Lei n. 7.596/87. Decreto n. 94.664/87. CF/88, art. 206, V.

PN 31 – Horário vago (janelas).

PN 78 – Redução salarial. Diminuição de carga horária.

PROFORTE

OJ-SDI-1 T 30 – Cisão parcial de empresa. Responsabilidade solidária. Constatação de fraude.

PROGRAMA DE ALIMENTAÇÃO DO TRABALHADOR – PAT

OJ-SDI-1 133 – Integração no salário. Lei n. 6.321/76.

PROGRAMA DE INCENTIVO À DEMISSÃO VOLUNTÁRIA – PDV

OJ-SDI-2 19 – Ação rescisória. Imposto de renda. Incidência. Abono pecuniário. Súm. 83. Violação de lei.

OJ-SDI-1 207 – Indenização. Imposto de renda.

OJ-SDI-1 270 – Transação extrajudicial. Quitação total.

OJ-SDI-1 356 – Programa de incentivo à demissão voluntária (PDV). Créditos trabalhistas reconhecidos em juízo. Compensação. Impossibilidade. DJ 14.03.2008

PROTOCOLO INTEGRADO

OJ-SDI-1 320 – CANCELADA – Norma interna. Eficácia limitada a recursos da competência do TRT que a editou. CLT, art. 896, § 1º. (cancelada, DJ 14.09.04)

PROVA

Ver também Ônus da Prova.

SÚM. 74, II – Confissão ficta. Confronto com prova pré-constituída. Produção de prova posterior. CPC, art. 400, I. (incorporação da OJ 184 da SDI-1)

SÚM. 102, I – Bancário. Cargo de confiança. Configuração dependente da prova das reais atribuições. CLT, arts. 224, § 2º, e 62, letra "b". (incorporação da Súm. 204)

SÚM. 107 – CANCELADA – Ação rescisória. Prova do trânsito em julgado da decisão rescindenda. (cancelada pela Súm. 299)

SÚM. 217 – Depósito recursal. Credenciamento bancário. Prova dispensável.

SÚM. 254 – Salário-família. Marco inicial da obrigação. Prova da filiação ou data do pedido.

SÚM. 299, I – Ação rescisória. Prova do trânsito em julgado da decisão rescindenda.

SÚM. 299, II – Ação rescisória. Trânsito em julgado da decisão rescindenda. Documento comprobatório. Concessão de prazo para juntada.

SÚM. 338, II – Horas extras. Presunção de veracidade. Previsão em instrumento coletivo. Elisão. (incorporação da OJ 234 da SDI-1)

SÚM. 357 – Testemunha. Ação contra a mesma reclamada. Suspeição.

SÚM. 403, I – Ação rescisória. CPC, art. 485, III. Silêncio da parte vencedora acerca de eventual fato que lhe seja desfavorável. Descaracterizado o dolo processual. (conversão da OJ 125 da SDI-2)

SÚM. 415 – Mandado de segurança. Prova documental pré-constituída. CPC, art. 284. (conversão da OJ 52 da SDI-2)

OJ-SDI-1 36 – Instrumento normativo. Cópia não autenticada. Documento comum às partes.

OJ-SDI-1 233 – Horas extras. Comprovação de parte do período alegado. (nova redação, DJ 20.04.2005)

OJ-SDI-1 234 – INCORPORADA – Horas extras. Prova oral. Prevalência sobre folha individual de presença (FIP) instituída por norma coletiva. (incorporada à Súm. 338, II)

OJ-SDI-1 278 – Adicional de insalubridade. Perícia. Local de trabalho desativado. Utilização de outros meios de prova.

EN 54 – Prova pericial. Possibilidade de dispensa.

Q

QUADRO DE AVISOS

PN 104 – Quadro de avisos na empresa.

QUADRO DE CARREIRA

SÚM. 6, I – Equiparação salarial. Homologação. Ministério do Trabalho. CLT, art. 461, § 2º. (nova redação – Res. 104/00, DJ 18.12.00)

SÚM. 19 – Competência da Justiça do Trabalho.

SÚM. 127 – Reclamação. Preterição.

SÚM. 231 – CANCELADA – Equiparação salarial. Homologação. CNPS. CLT, art. 461, § 2º. (cancelada – Res. 121/03, DJ 21.11.03)

OJ-SDI-1 125 – Desvio de função iniciado antes da vigência da CF/88. Reenquadramento indevido. Direito apenas às diferenças salariais.

OJ-SDI-1 193 – CANCELADA – Equiparação salarial. Homologação. Governo Estadual. (cancelada em decorrência da redação da Súm. 6 conferida pela Res. 104/00, DJ 18.12.00)

OJ-SDI-1 T 29 – CEEE. Equiparação salarial. Quadro de carreira. Reestruturação em 1991. Válido.

PN 16 – CANCELADO – Comissão para disciplinar quadro de carreira da empresa. (cancelado – Res. 86/98, DJ 15.10.98)

QUITAÇÃO

Ver também Rescisão Contratual.

SÚM. 41 – CANCELADA – Validade. (cancelada – Res. 121/03, DJ 21.11.03)

SÚM. 330 – Validade. (nova redação – Res. 108/01, DJ 18.04.01)

OJ-SDI-1 270 – Programa de incentivo à demissão voluntária. Transação extrajudicial. Quitação total.

OJ-SDI-2 132 – Ação rescisória. Acordo homologado judicialmente. Alcance. Ofensa à coisa julgada.

"QUORUM"

OJ-SDC 13 – CANCELADA – Legitimação da entidade sindical. Assembleia deliberativa. "Quorum" de validade. CLT, art. 612. (cancelada, DJ 24.11.03)

OJ-SDC 14 – CANCELADA – Sindicato. Base territorial excedente de um município. Múltiplas assembleias. (cancelada, DJ 02.12.03)

OJ-SDC 21 – CANCELADA – Ilegitimidade "ad causam" do sindicato. Ausência de indicação do total de associados da entidade sindical. Insuficiência de "quorum". CLT, art. 612. (cancelada, DJ 02.12.03)

R

RADIAÇÃO IONIZANTE

OJ-SDI-1 345 – Adicional de Periculosidade. Radiação ionizante ou substância radioativa. Devido. (Portarias ns. 3.393 de 17.12.87 e 518 de 07.04.03). Indevido na vigência da Portaria n. 496/02.

RADIOLOGISTA

SÚM. 358 – Técnico. Salário profissional. Lei n. 7.394/85.

OJ-SDI-1 67 – CONVERTIDA – *Salário profissional. Lei n. 7.394/85. (convertida na Súm. 358)*

OJ-SDI-1 208 – Gratificação de raios X. Redução. Lei n. 7.923/89.

READMISSÃO

SÚM. 20 – CANCELADA – *Rescisão contratual. Permanência na empresa ou readmissão em curto prazo. Fraude à lei. (cancelada – Res. 106/01, DJ 21.03.01)*

SÚM. 138 – Cômputo do período anterior à readmissão no caso de encerrado o contrato com saída espontânea.

OJ-SDI-1 91 – Anistia. ADCT, art. 8º, § 1º. Efeitos financeiros. ECT.

PN 39 – CANCELADO – *Preferência. Demissão sem justa causa. (cancelado – Res. 86/98, DJ 15.10.98)*

PN 75 – CANCELADO – *Contrato de experiência. (cancelado – Res. 81/98, DJ 20.08.98)*

REAJUSTAMENTO SALARIAL

SÚM. 5 – CANCELADA – *Reajuste salarial concedido no curso do aviso prévio. Recebimento antecipado. (cancelada – Res. 121/03, DJ 19.11.03, Rep. DJ 25.11.03)*

SÚM. 57 – CANCELADA – *Normativo. Categoria profissional de industriários. Trabalhador rural. Usinas de açúcar. (cancelada – Res. 3/93, DJ 06.05.93)*

SÚM. 116 – CANCELADA – *Funcionário público cedido. RFFSA. Lei n. 4.345/64. (cancelada – Res. 121/03, DJ 21.11.03)*

SÚM. 141 – CANCELADA – *Art. 2º da Lei n. 4.725/65. Reajustamento salarial. Dissídio coletivo. (cancelada – Res. 121/03, DJ 21.11.03)*

SÚM. 181 – CANCELADA – *Adicional por tempo de serviço. Reajuste semestral. Lei n. 6.708/79. (cancelada – Res. 121/03, DJ 21.11.03)*

SÚM. 235 – CANCELADA – *Servidor do Distrito Federal e autarquias. Correção automática de salários. Lei n. 6.708/79. (cancelada – Res. 121/03, DJ 21.11.03)*

SÚM. 249 – CANCELADA – *Setorizado. Tabela única. (cancelada – Res. 121/03, DJ 21.11.03)*

SÚM. 252 – CANCELADA – *Funcionário público cedido. RFFSA. Lei n. 4.345/64. (cancelada – Res. 121/03, DJ 21.11.03)*

SÚM. 273 – CANCELADA – *Decretos-leis ns. 2.012/83 e 2.045/83. Constitucionalidade. (cancelada – Res. 121/03, DJ 21.11.03)*

SÚM. 315 – IPC de mar./90. Plano Collor. Lei n. 8.030/90. Inexistência de direito adquirido.

SÚM. 316 – CANCELADA – *IPC de jun./87. Plano Bresser. Existência de direito adquirido. (cancelada – Res. 37/94, DJ 25.11.94)*

SÚM. 317 – CANCELADA – *Plano Verão. URP de fev./89. Existência de direito adquirido. (cancelada – Res. 37/94, DJ 25.11.94)*

SÚM. 319 – Gatilhos. Decretos-leis ns. 2.284/86 e 2.302/86. Servidores públicos celetistas.

SÚM. 322 – Planos econômicos. Diferenças salariais. Limitação à data-base.

SÚM. 323 – CANCELADA – *URP de abril e maio/88. Decreto-lei n. 2.425/88. (cancelada – Res. 38/94, DJ 25.11.94)*

SÚM. 375 – Previsto em norma coletiva. Prevalência. Legislação de política salarial. (conversão das OJs 69 da SDI-1 e 40 da SDI-2)

OJ-SDI-1 57 – PCCS. Adiantamento. Lei n. 7.686/88, art. 1º.

OJ-SDI-1 59 – Plano Verão. URP de fev/89. Inexistência de direito adquirido.

OJ-SDI-1 69 – CONVERTIDA – *Previsto em norma coletiva. Prevalência dos Decretos-leis ns. 2.283/86 e 2.284/86. "Plano Cruzado". (convertida na Súm. 375)*

OJ-SDI-1 79 – URPs de abril e maio/88. Decreto-lei n. 2.425/88. (alterada em decorrência do julgamento do processo TST-RXOFROAR 573062/1999 pelo Tribunal Pleno – certidão de julgamento publicada no DJ 14.06.05)

OJ-SDI-1 100 – Previsto em legislação federal. Incidência sobre as relações contratuais trabalhistas do estado-membro, autarquias e fundações públicas.

OJ-SDI-1 243 – Planos econômicos. Prescrição total.

OJ-SDI-1 262 – Planos econômicos. Limitação à data-base na fase de execução. Coisa julgada.

OJ-SDI-1 325 – Concedido pela empresa. Compensação no ano seguinte em antecipação sem a participação do sindicato profissional. Impossibilidade.

OJ-SDI-2 39 – Reajustes bimestrais e quadrimestrais. Lei n. 8.222/91. Ação rescisória. Súm. 83.

OJ-SDI-2 40 – CONVERTIDA – *Previsto em norma coletiva. Prevalência. Legislação de política salarial. Ação rescisória. (convertida na Súm. 375)*

OJ-SDI-1 T 25 – Banco Meridional. Extensão. Complementação de aposentadoria.

OJ-SDI-1 T 26 – Banerj. Plano Bresser. Acordo coletivo de 1991. Não é norma programática.

OJ-SDI-1 T 35 – Reajustes bimestrais e quadrimestrais (Lei n. 8.222/91). Base de cálculo. (conversão da OJ 68 da SDI-1)

OJ-SDI-1 T 47 – Décimo terceiro salário. Dedução da 1ª parcela. URV. Lei n. 8.880/94. (conversão da OJ 187 da SDI-1)

OJ-SDI-1 T 49 – Serpro. Norma regulamentar. Superveniência de sentença normativa. (conversão da OJ 212 da SDI-1)

OJ-SDI-1 T 55 – IPC de mar./90. Servidores celetistas da Administração Direta, Fundações e Autarquias do GDF. Legislação federal. Prevalência. (conversão das OJs 218 e 241 da SDI-1)

OJ-SDI-1 T 58 – URP de junho e julho/88. Suspensão do pagamento. Data-base em maio. Decreto-lei n. 2.425/88. Inexistência de violação a direito adquirido. (conversão da OJ 214 da SDI-1)

PN 45 – CANCELADO – *Trimestralidade. (cancelado – Res. 81/98, DJ 20.08.98)*

OJ-SDI-1 T 68 – Banco do Estado de São Paulo S.A. – Banespa. Convenção Coletiva. Reajuste salarial. Superveniência de acordo em dissídio coletivo. Prevalência (DJe divulgado em 03, 04 e 05.11.2009)

RECESSO FORENSE

SÚM. 262, II – Férias coletivas. Suspensão dos prazos recursais. (incorporação da OJ 209 da SDI-1)

RECLAMAÇÃO CORREICIONAL

OJ-TP 5 – Decisão de agravo regimental interposto em pedido de providência ou reclamação correicional. Recurso ordinário. Descabimento. (conversão da OJ 70 da SDI-1)

RECONHECIMENTO DE FIRMA

SÚM. 270 – CANCELADA – Representação processual. Mandato expresso. (cancelada – Res. 49/95, DJ 30.08.95)

OJ-SDI-1 75 – Substabelecimento sem o reconhecimento de firma do substabelecente. Lei n. 8.952/94

RECURSO

OJ-SDI-1 357 – Recurso. Interposição antes da publicação do acórdão impugnado. Extemporaneidade. Não conhecimento. DJ 14.03.2008

RECURSO ADESIVO

SÚM. 175 – CANCELADA – Cabimento. CPC, art. 500. (cancelada – Res. 121/03, DJ 21.11.03)

SÚM. 195 – CANCELADA – Decisão em agravo regimental. (cancelada – Res. 121/03, DJ 21.11.03)

SÚM. 196 – CANCELADA – Cabimento. Prazo. (cancelada – Res. 121/03, DJ 21.11.03)

SÚM. 283 – Pertinência no processo do trabalho. Correlação de matérias. Prazo.

RECURSO DE EMBARGOS

SÚM. 23 – Comprovação de divergência jurisprudencial. Abrangência de todos os fundamentos da decisão recorrida.

SÚM. 38 – CANCELADA – Comprovação de divergência jurisprudencial. (cancelada – Res. 121/03, DJ 21.11.03)

SÚM. 42 – CANCELADA – Comprovação de divergência jurisprudencial. Decisões superadas por iterativa, notória e atual jurisprudência. (cancelada – Res. 121/03, DJ 21.11.03)

SÚM. 126 – Reexame de fatos e provas.

SÚM. 183 – CANCELADA – Decisão em agravo de instrumento. Despacho denegatório. Recurso de revista. (cancelada – Res. 121/03, DJ 21.11.03)

SÚM. 184 – Preclusão. Omissão. Embargos declaratórios.

SÚM. 196 – CANCELADA – Recurso adesivo. Prazo. (cancelada – Res. 121/03, DJ 21.11.03)

SÚM. 221, I – Recurso de revista ou de embargos. Fundamentação. Violação legal. Indicação expressa de dispositivo de lei. (incorporação da OJ 94 da SDI-1)

SÚM. 221, II – Fundamentação. Violação legal. Interpretação razoável.

SÚM. 283 – Recurso adesivo. Pertinência no processo do trabalho. Prazo. Correlação de matérias.

SÚM. 296, I – Divergência jurisprudencial específica. Interpretação diversa de mesmo dispositivo legal.

SÚM. 296, II – Divergência jurisprudencial. Especificidade. Conhecimento ou desconhecimento pela Turma. (incorporação da OJ 37 da SDI-1)

SÚM. 297 – Prequestionamento. Oportunidade. Configuração. (nova redação – Res. 121/03, DJ 21.11.03)

SÚM. 333 – Recurso de revista. Conhecimento. (Res. 155/09, DEJT 26/02, 27/02 e 02.03.09).

SÚM. 335 – CANCELADA – Decisão em agravo de instrumento. Despacho denegatório. Recurso de revista. (cancelada – Res. 121/03, DJ 21.11.03)

SÚM. 337, I – Recurso de revista ou de embargos. Comprovação de divergência jurisprudencial. (revisão da Súm. 38)

SÚM. 337, II – Repositório de jurisprudência autorizado. Validade das edições anteriores à concessão do registro. (incorporação da OJ 317 da SDI-1)

SÚM. 353 – Recurso de embargos à SDI. Agravo. Cabimento. (nova redação – Res. 128/05, DJ 16.03.05)

OJ-SDI-1 95 – Admissibilidade. Aresto oriundo da mesma Turma do TST. Inservível ao conhecimento. CLT, art. 894, "b".

OJ-SDI-1 115 – Recurso de revista ou de embargos. Nulidade por negativa de prestação jurisdicional. Conhecimento. Art. 832 da CLT. Art. 458 do CPC ou art. 93, IX, da CF/88. (nova redação – Res. 129/05, DJ 20.04.05)

OJ-SDI-1 120 – Recurso sem assinatura. Assinatura da petição ou das razões recursais. (nova redação – Res. 129/05, DJ 20.04.05)

OJ-SDI-1 147, I – Recurso de revista. Conhecimento por divergência jurisprudencial. Lei estadual, norma coletiva ou regulamento empresarial. Âmbito de aplicação. Necessidade de comprovação. (incorporação da OJ 309 da SDI-1)

OJ-SDI-1 147, II – Recurso de embargos. Admissibilidade indevida do recurso de revista por divergência jurisprudencial. Lei estadual, norma coletiva ou norma regulamentar de âmbito restrito ao Regional. Necessidade de arguição de afronta ao art. 896 da CLT. (nova redação – Res. 129/05, DJ 20.04.05)

OJ-SDI-1 219 – Recurso de revista ou de embargos. Invocação de orientação jurisprudencial do TST. Indicação de número ou conteúdo.

OJ-SDI-1 257 – Fundamentação. Violação legal. Vocábulo "violação".

OJ-SDI-1 293 – Embargos à SDI contra decisão de Turma do TST em agravo do art. 557, § 1º, do CPC.

OJ-SDI-1 294 – Recurso de revista não conhecido quanto aos pressupostos intrínsecos. Necessária a indicação expressa de ofensa ao art. 896 da CLT.

OJ-SDI-1 295 – Revista não conhecida por má aplicação de súmula ou de orientação jurisprudencial. Exame do mérito pela SDI.

OJ-SDI-1 335 – Contrato nulo. Administração pública. Efeitos. Conhecimento do recurso por violação do art. 37, II e § 2º, da CF/88.

OJ-SDI-1 336 – Recurso não conhecido com base em orientação jurisprudencial. Desnecessário o exame das violações legais e constitucionais alegadas na revista.

RECURSO DE REVISTA

SÚM. 23 – Comprovação da divergência jurisprudencial. Abrangência de todos os fundamentos da decisão recorrida.

SÚM. 38 – CANCELADA – Comprovação da divergência jurisprudencial. (cancelada – Res. 121/03, DJ 21.11.03)

SÚM. 42 – CANCELADA – Conhecimento. Decisões superadas por iterativa, notória e atual jurisprudência. (cancelada – Res. 121/03, DJ 21.11.03)

SÚM. 126 – Reexame de fatos e provas.

SÚM. 183 – CANCELADA – Decisão em agravo de instrumento. Despacho denegatório. Recurso de revista. (cancelada – Res. 121/03, DJ 21.11.03)

SÚM. 184 – Preclusão. Omissão. Embargos declaratórios.

SÚM. 196 – CANCELADA – Recurso adesivo. Prazo. (cancelada – Res. 121/03, DJ 21.11.03)

SÚM. 208 – CANCELADA – Admissibilidade. Interpretação de cláusula contratual ou de regulamento da empresa. (cancelada – Res. 59/96, DJ 28.06.96)

SÚM. 210 – CANCELADA – Admissibilidade. Execução de sentença. (cancelada – Res. 121/03, DJ 21.11.03)

SÚM. 218 – Recurso de revista. Acórdão proferido em agravo de instrumento.

SÚM. 221, I – Recurso de revista ou de embargos. Fundamentação. Violação legal. Indicação expressa de dispositivo de lei. (incorporação da OJ 94 da SDI-1)

SÚM. 221, II – Admissibilidade. Violação legal. Interpretação razoável.

SÚM. 266 – Admissibilidade. Execução de sentença. (revisão da Súm. 210)

SÚM. 283 – Recurso adesivo. Pertinência no processo do trabalho. Prazo. Correlação de matérias.

SÚM. 285 – Recurso de revista. Admissibilidade parcial pelo Juiz-Presidente do TRT. Apreciação integral pela Turma do TST. Imprópria a interposição de agravo de instrumento.

SÚM. 296, I – Recurso. Divergência jurisprudencial específica. Interpretação diversa de mesmo dispositivo legal.

SÚM. 297 – Prequestionamento. Oportunidade. Configuração. (nova redação – Res. 121/03, DJ 21.11.03)

SÚM. 312 – Constitucionalidade. Alínea "b" do art. 896 da CLT. Lei n. 7.701/88.

SÚM. 333 – Recurso de revista. Conhecimento. (Res. n. 155/09, DEJT 26/02, 27/02 e 02.03.09)

SÚM. 335 – CANCELADA – Despacho denegatório. Decisão em agravo de instrumento. Recurso de embargos à SDI. (cancelada – Res. 121/03, DJ 21.11.03)

SÚM. 337, I – Recurso de revista ou de embargos. Comprovação de divergência jurisprudencial. (revisão da Súm. 38)

SÚM. 337, II – Repositório autorizado. Validade das edições anteriores à concessão do registro. (incorporação da OJ 317 da SDI-1)

SÚM. 353 – Recurso de embargos à SDI. Agravo. Cabimento. (nova redação – Res. 128/05, DJ 16.03.05)

OJ-SDI-1 111 – Comprovação de divergência jurisprudencial. Aresto oriundo do mesmo Tribunal Regional. (nova redação – Res. 129/05, DJ 20.04.05)

OJ-SDI-1 115 – Admissibilidade. Recurso de revista ou de embargos. Nulidade por negativa de prestação jurisdicional. Conhecimento. Art. 832 da CLT. Art. 458 do CPC ou art. 93, IX, da CF/88. (nova redação – Res. 129/05, DJ 20.04.05)

OJ-SDI-1 120 – Recurso sem assinatura. Assinatura da petição ou das razões recursais. (nova redação – Res. 129/05, DJ 20.04.05)

OJ-SDI-1 147, I – Recurso de revista. Conhecimento por divergência jurisprudencial. Lei estadual, norma coletiva ou regulamento empresarial. Âmbito de aplicação. Necessidade de comprovação. (incorporação da OJ 309 da SDI-1)

OJ-SDI-1 147, II – Recurso de embargos. Admissibilidade indevida do recurso de revista por divergência jurisprudencial. Lei estadual, norma coletiva ou norma regulamentar de âmbito restrito ao Regional. Necessidade de arguição de afronta ao art. 896 da CLT. (nova redação – Res. 129/05, DJ 20.04.05)

OJ-SDI-1 219 – Recurso de revista ou de embargos. Invocação de orientação jurisprudencial do TST. Indicação de número ou conteúdo.

OJ-SDI-1 257 – Fundamentação. Violação legal. Vocábulo "violação".

OJ-SDI-1 260, I – Recurso de revista. Rito sumaríssimo. Processos em curso. Lei n. 9.957/00. Aplicabilidade.

OJ-SDI-1 260, II – Recurso de revista. Processos em curso. Lei n. 9.957/00. Despacho denegatório. Apelo calcado em divergência jurisprudencial ou violação de dispositivo infraconstitucional. Apreciação do recurso sob esses fundamentos.

OJ-SDI-1 282 – Agravo de Instrumento. Juízo de admissibilidade "ad quem". Alcance.

OJ-SDI-1 284 – Agravo de instrumento. Traslado. Ausência de certidão de publicação. Etiqueta adesiva imprestável para aferição da tempestividade.

OJ-SDI-1 295 – Embargos. Revista não conhecida por má aplicação de súmula ou de orientação jurisprudencial. Exame do mérito pela SDI.

OJ-SDI-1 334 – Recurso de revista. Inexistência de recurso ordinário voluntário de ente público. Impossibilidade.

OJ-SDI-1 335 – Ausência de concurso público. Contrato nulo. Administração pública. Efeitos. Conhecimento do recurso por violação do art. 37, II e § 2º, da CF/88.

OJ-SDI-1 336 – Embargos. Recurso não conhecido com base em orientação jurisprudencial. Desnecessário o exame das violações legais e constitucionais alegadas na revista.

OJ-SDI-1 352 – Procedimento sumaríssimo. Recurso de revista fundamentado em contrariedade a Orientação Jurisprudencial. Inadmissibilidade. Art. 896, § 6º, da CLT, acrescentado pela Lei n. 9.957, de 12.01.2000.

OJ-SDI-2 152 – Ação rescisória e mandado de segurança. Recurso de revista de acórdão regional que julga ação rescisória ou mandado de segurança. Princípio da fungibilidade. Inaplicabilidade. Erro grosseiro na interposição do recurso. (DEJT 03.12.2008)

OJ-SDI-1 T 3 – Interposto antes da edição da Súm. 337. Inaplicabilidade.

OJ-SDI-1 T 17 – Agravo de instrumento. Traslado. Certidão de publicação do acórdão dos embargos declaratórios. Comprovação de tempestividade da revista. Lei n. 9.756/98.

OJ-SDI-1 T 18 – Agravo de instrumento. Traslado. Certidão de publicação do acórdão regional. Comprovação de tempestividade. Lei n. 9.756/98.

SÚM. 424 – Recurso administrativo. Pressuposto de admissibilidade. Depósito prévio da multa administrativa. Não recepção pela Constituição Federal do § 1º do art. 636 da CLT.

STF – SÚM. Vinculante 21.

RECURSO EM MATÉRIA ADMINISTRATIVA

OJ-TP 11 – Prazo. Órgão Colegiado. Oito dias. Art. 6º da Lei n. 5.584, de 26.06.1970.

RECURSO "EX OFFICIO"

Ver Remessa "ex officio".

RECURSO EXTRAORDINÁRIO

SÚM. 100, X – Ação rescisória. Decadência. Não esgotamento das vias recursais. Prazo legal do recurso extraordinário. (incorporação da OJ 145 da SDI-2)

OJ-SDI-2 56 – Mandado de segurança. Execução. Pendência de recurso extraordinário ou de agravo de instrumento.

RECURSO ORDINÁRIO

SÚM. 99 – Ação rescisória. Depósito recursal. Recurso ordinário. Pedido rescisório procedente. Condenação em pecúnia. Prazo. Deserção. (incorporação da OJ 117 da SDI-2)

SÚM. 100, VII – Ação rescisória. Decadência afastada em recurso ordinário. Julgamento imediato do mérito. Duplo grau de jurisdição. (incorporação da OJ 79 da SDI-2)

SÚM. 154 – CANCELADA – Mandado de segurança. Prazo. (cancelada – Res. 121/03, DJ 21.11.03)

SÚM. 158 – Recurso ordinário para o TST. Cabimento. Ação rescisória. Decisão de TRT.

SÚM. 167 – CANCELADA – Impugnação à investidura de vogal. (cancelada – Res. 121/03, DJ 21.11.03)

SÚM. 196 – CANCELADA – Recurso adesivo. Prazo. (cancelada – Res. 121/03, DJ 21.11.03)

SÚM. 201 – Mandado de segurança. Recurso ordinário para o TST. (revisão da Súmula n. 154)

SÚM. 283 – Recurso adesivo. Pertinência no processo do trabalho. Prazo. Correlação de matérias.

SÚM. 393 – Efeito devolutivo. Profundidade. CPC, art. 515, § 1º. Aplicação. (conversão da OJ 340 da SDI-1)

SÚM. 405, II – Ação rescisória. Pedido de antecipação de tutela. Recebimento como medida acautelatória. (conversão das OJs 1, 3 e 121 da SDI-2)

OJ-SDI-1 334 – Recurso de revista. Inexistência de recurso ordinário voluntário de ente público. Impossibilidade.

OJ-SDI-2 3 – CONVERTIDA – Ação rescisória. Pedido de antecipação de tutela recebido como medida acautelatória. Entidade pública. Medida Provisória n. 1.906 e reedições. (convertida na Súm. 405, II)

OJ-SDI-2 69 – Fungibilidade recursal. Indeferimento liminar de ação rescisória ou mandado de segurança em despacho monocrático. Recurso para o TST. Recebimento como agravo regimental. Devolução dos autos ao TRT.

OJ-SDI-2 90 – CONVERTIDA – Apelo que não ataca os fundamentos da decisão recorrida. CPC, art. 514, II. (convertida na Súm. 422)

OJ-SDI-2 100 – Cabimento. Decisão regional proferida em agravo regimental contra liminar em ação cautelar ou em mandado de segurança.

OJ-SDI-2 113 – Ação cautelar. Incabível. Efeito suspensivo ao recurso ordinário em mandado de segurança. Ausência de interesse de agir. Extinção do processo sem julgamento do mérito.

OJ-SDI-2 148 – Custas processuais. Mandado de segurança. Interposição de recurso ordinário. Exigência do pagamento. Comprovação. (conversão da OJ 29 da SDI-1)

OJ-TP 5 – Decisão de agravo regimental interposto em pedido de providência ou reclamação correicional. Recurso ordinário. Descabimento. (conversão da OJ 70 da SDI-1)

REEXAME DE FATOS E PROVAS

SÚM. 126 – Recurso de revista ou de embargos. Reexame de fatos e provas.

SÚM. 410 – Ação rescisória. Inviabilidade. (conversão da OJ 109 da SDI-2)

REEXAME NECESSÁRIO

Ver Remessa "ex officio".

REGIME DE COMPENSAÇÃO DE HORÁRIO

Ver Compensação de Horário.

REGIME DE REVEZAMENTO

Ver também Turno Ininterrupto de Revezamento.

SÚM. 110 – Intervalo mínimo de 11 horas. Jornada de trabalho. Horas extras.

SÚM. 130 – CANCELADA – Adicional noturno. CLT, art. 73. CF/47, art. 157, III. (cancelada – Res. 121/03, DJ 21.11.03)

SÚM. 391, I – Petroleiros. Turnos ininterruptos de revezamento. Lei n. 5.811/72. Recepcionada pela CF/88. (conversão da OJ 240 da SDI-1)

SÚM. 391, II – Petroleiros. Turnos ininterruptos de revezamento. Alteração da jornada para horário fixo. Não configura alteração contratual ilícita. Lei n. 5.811/72, art. 10. CF/88. (conversão da OJ 333 da SDI-1)

REGIME JURÍDICO

SÚM. 58 – Pessoal de obras. Aplicação da legislação trabalhista.

SÚM. 103 – CANCELADA – Tempo de serviço. Licença-prêmio. Lei n. 1.890/53. Opção estatutário. (cancelada – Res. 121/03, DJ 21.11.03)

SÚM. 105 – CANCELADA – Funcionário público. Opção pelo regime celetista. Congelamento dos quinquênios. (cancelada – Res. 121/03, DJ 21.11.03)

SÚM. 121 – CANCELADA – Funcionário público de ex-autarquia. Administração portuária. Opção pelo regime celetista. Gratificação de produtividade. (cancelada – Res. 121/03, DJ 21.11.03)

SÚM. 123 – CANCELADA – Contrato por tempo determinado. Servidor temporário. Lei (estadual ou municipal) que estabelece o regime jurídico. CF, art. 106. Competência. Justiça do Trabalho. (cancelada – Res. 121/03, DJ 21.11.03)

SÚM. 235 – CANCELADA – Servidor do Distrito Federal e autarquias. Correção automática de salários. Lei n. 6.708/79. (cancelada – Res. 121/03, DJ 21.11.03)

SÚM. 243 – Funcionário público. Opção pelo regime celetista. Renúncia das vantagens estatutárias.

SÚM. 319 – Servidores públicos celetistas. Reajustes salariais (gatilhos). Decretos-leis ns. 2.284/86 e 2.302/86.

SÚM. 382 – Regime celetista para estatutário. Extinção do contrato. Prescrição bienal. (conversão da OJ 128 da SDI-1)

OJ-SDI-1 138 – Competência residual da Justiça do Trabalho. Período anterior à Lei n. 8.112/90. Limitação da execução ao período celetista. (incorporação da OJ 249 da SDI-1)

OJ-SDI-1 297 – Equiparação salarial. Servidor público da administração direta, autárquica e fundacional. CF/88, art. 37, XIII.

OJ-TP 6 – Precatório. Execução. Limitação da condenação imposta pelo título judicial exequendo à data do advento da Lei n. 8.112, de 11.12.1990.

REGISTRO NO MINISTÉRIO DO TRABALHO

OJ-SDC 15 – Sindicato. Legitimidade "ad processum".

REGISTRO SINDICAL

EN 29 – Pedido de registro sindical. Cooperativa. Impossibilidade diante do princípio da unicidade sindical. Não configura categoria para fins de organização sindical, nos termos do art. 511 da CLT e art. 4º da Portaria MTE n. 343/2000.

REGULAMENTO DA EMPRESA

Ver Norma Regulamentar.

REINTEGRAÇÃO

SÚM. 28 – Conversão em indenização dobrada. (nova redação – Res. 121/03, DJ 21.11.03)

SÚM. 150 – CANCELADA – Demissão do empregado. Atos institucionais. Reintegração. Indenização. Incompetência da Justiça do Trabalho. (cancelada – Res. 121/03, DJ 21.11.03)

SÚM. 244, II – Gestante. Estabilidade provisória. Direito à reintegração durante período da garantia de emprego.

SÚM. 339, II – CIPA. Suplente. Estabilidade provisória. Extinção do estabelecimento. (incorporação da OJ 329 da SDI-1)

SÚM. 396, I – Estabilidade provisória. Período estabilitário exaurido. Efeitos financeiros. (conversão da OJ 116 da SDI-1)

SÚM. 396, II – Estabilidade provisória. Pedido de reintegração. Salário relativo ao período estabilitário. Julgamento "extra petita". (conversão da OJ 106 da SDI-1)

OJ-SDI-1 101 – CANCELADA – Conversão em indenização dobrada. (cancelada em decorrência da redação da Súm. 28 conferida pela Res. 121/03, DJ 21.11.03)

OJ-SDI-2 24 – Ação rescisória. Estabilidade provisória. Decisão rescindenda que determina a reintegração. Período estabilitário exaurido. Devida apenas indenização.

OJ-SDI-2 63 – Concedida em ação cautelar. Mandado de segurança. Cabimento.

OJ-SDI-2 64 – Mandado de segurança. Reintegração. Tutela antecipada. Estabilidade provisória prevista em lei ou norma coletiva.

OJ-SDI-2 65 – Mandado de segurança. Reintegração liminarmente concedida. Dirigente sindical. CLT, art. 659, X.

OJ-SDI-2 87 – CANCELADA – Mandado de segurança. Reintegração em execução provisória. CPC, art. 899. (cancelada – DJ 22.08.05)

OJ-SDI-2 142 – Mandado de segurança. Reintegração liminarmente concedida. Tutela antecipada. CLT, art. 659, X.

RELAÇÃO DE EMPREGO

Ver Vínculo Empregatício.

RELAÇÃO NOMINAL DE EMPREGADOS

SÚM. 216 – CANCELADA – Depósito recursal. Relação de empregados. Autenticação mecânica. Necessidade. Deserção. (cancelada – Res. 87/98, DJ 15.10.98)

PN 41 – Contribuição sindical e assistencial.

PN 111 – Obrigatoriedade de remessa pela empresa ao sindicato.

REMESSA "EX OFFICIO"

SÚM. 298, III – Ação rescisória. Prequestionamento. Decisão regional que simplesmente confirma a sentença. (incorporação da OJ 75 da SDI-2)

SÚM. 303, I – Decisão contrária à Fazenda Pública. Duplo grau de jurisdição. Exceções. (incorporação da OJ 9 da SDI-1)

SÚM. 303, II – Ação rescisória. Decisão contrária à Fazenda Pública. (incorporação da OJ 71 da SDI-1)

SÚM. 303, III – Mandado de segurança. Fazenda Pública prejudicada pela concessão da ordem. (incorporação das OJs 72 e 73 da SDI-1)

OJ-SDI-1 9 – INCORPORADA – *Alçada. Decisão contrária a ente público. Decreto-lei n. 779/69. Lei n. 5.584/70. (incorporada à Súm. 303, I, "a")*

OJ-SDI-1 72 – CANCELADA – *Mandado de segurança concedido. Impetrante e terceiro interessado pessoas de direito privado. Incabível, ressalvadas as hipóteses de matéria administrativa, de competência do órgão especial. Inserida em 25.11.96 (cancelada em decorrência da nova redação conferida à Súmula n. 303, DJ 20.04.2005)*

OJ-SDI-1 73 – INCORPORADA – *Mandado de segurança. Decisões proferidas pelo TRT favoráveis a ente público. Lei n. 1.533/51, art. 12. (incorporada à Súm. 303, III)*

OJ-SDI-1 334 – Recurso de revista. Inexistência de recurso ordinário voluntário de ente público. Impossibilidade.

OJ-TP 8 – Precatório. Matéria administrativa. Remessa necessária. Não cabimento.

RENÚNCIA

SÚM. 243 – Funcionário público. Opção pelo regime celetista. Renúncia das vantagens estatutárias.

SÚM. 276 – Aviso prévio. Renúncia pelo empregado.

OJ-SDC 30 – Estabilidade da gestante. Cláusula coletiva. Renúncia ou transação de direitos constitucionais.

REPOSITÓRIO AUTORIZADO DE JURISPRUDÊNCIA

SÚM. 337, II – Autorizado após a interposição do recurso. (incorporação da OJ 317 da SDI-1)

REPOUSO SEMANAL REMUNERADO

SÚM. 15 – Ausência motivada por doença. Percepção do salário-enfermidade. Atestado médico. Ordem preferencial estabelecida em lei. Repouso semanal remunerado.

SÚM. 27 – Comissionista.

SÚM. 113 – Bancário. Sábado. Dia útil. Repercussão de horas extras.

SÚM. 146 – Domingos e feriados trabalhados e não compensados. Pagamento em dobro. (nova redação – Res. 121/03, DJ 21.11.03)

SÚM. 147 – CANCELADA – *Intercorrentes nas férias indenizadas. (cancelada – Res. 121/03, DJ 21.11.03)*

SÚM. 172 – Repouso semanal remunerado. Incidência das horas extras habituais.

SÚM. 225 – Repercussão. Gratificações por tempo de serviço e produtividade.

SÚM. 290 – CANCELADA – *Gorjetas. Natureza jurídica. Repercussões. (cancelada – Res. 121/03, DJ 21.11.03)*

SÚM. 351 – Professor. Lei n. 605/49, art. 7º, § 2º. CLT, art. 320. (conversão da OJ 66 da SDI-1)

SÚM. 354 – Gorjetas. Natureza jurídica. Repercussões. (revisão da Súm. n. 290 – Res. 23/1988, DJ 24.03.1988)

SÚM. 360 – Turnos ininterruptos de revezamento. Intervalos intrajornada e semanal.

OJ-SDI-1 93 – CANCELADA – *Domingos e feriados trabalhados e não compensados. Pagamento em dobro. (cancelada em decorrência da redação da Súm. 146 conferida pela Res. 121/03, DJ 21.11.03)*

OJ-SDI-1 103 – Adicional de insalubridade. Incidência. Cálculo. (nova redação – Res. 129/05, DJ 20.04.05)

OJ-SDI-1 T 5 – Servita. Bonificação de assiduidade e produtividade pagas semanalmente. Repercussão no repouso semanal remunerado.

PN 40 – CANCELADA – *Comissionista. Repouso semanal. Cálculo. (cancelada – Res. 81/98, DJ 20.08.98)*

PN 79 – Trabalhador temporário. Descanso semanal. Aplicação analógica da Lei n. 605/1949.

PN 87 – Trabalho em domingos e feriados não compensados. Pagamento em dobro dos salários. Repouso remunerado.

PN 92 – Ingresso com atraso.

EN 17 – Limitação da jornada. Repouso semanal remunerado. Direito constitucionalmente assegurado a todos os trabalhadores. Inconstitucionalidade do art. 62 da CLT.

REPRESENTAÇÃO PROCESSUAL

Ver também Mandato.

OJ-SDI-1 7 – Advogado. Atuação fora da seção da OAB onde está inscrito. Ausência de comunicação. Infração disciplinar. Lei n. 4.215/63, art. 56, § 2º.

OJ-SDI-1 318 – Autarquia. Legitimidade de Estados e Municípios. Irregularidade.

OJ-SDI-1 319 – Estagiário. Habilitação posterior.

OJ-SDI-1 371 – Irregularidade de representação. Substabelecimento não datado. Inaplicabilidade do art. 654, § 1º, do Código Civil. (DEJT 03.12.2008)

OJ-SDI-1 373 – Irregularidade de representação. Pessoa jurídica. Procuração inválida. Ausência de identificação do outorgante e de seu representante. Art. 654, § 1º, do Código Civil. (DJe divulgado em 10, 11 e 12.03.2009)

OJ-SDI-2 151 – Ação rescisória e mandado de segurança. Irregularidade de representação processual verificada na fase recursal. Procuração outorgada com poderes específicos para ajuizamento de reclamação trabalhista. Vício processual insanável. (DEJT 03.12.2008)

OJ-SDI-1 T 65 – Representação judicial da União. Assistente jurídico. Apresentação do ato de designação. (DEJT 03.12.2008)

REPRESENTAÇÃO SINDICAL

SÚM. 177 – CANCELADA – *Sindicato. Dissídio coletivo. CLT, art. 859. (cancelada – Res. 121/03, DJ 21.11.03)*

OJ-SDC 4 – CANCELADA – *Disputa por titularidade de representação. Incompetência da Justiça do Trabalho. (cancelada – DJ 18.10.2006)*

OJ-SDC 9 – Dissídio coletivo. Categoria profissional diferenciada. Enquadramento sindical. Incompetência material da Justiça do Trabalho.

OJ-SDC 13 – CANCELADA – *Legitimação da entidade sindical. Assembleia deliberativa. "Quorum" de validade. CLT, art. 612. (cancelada, DJ 24.11.03)*

OJ-SDC 14 – CANCELADA – *Sindicato. Base territorial excedente de um município. Múltiplas assembleias. (cancelada, DJ 02.12.03)*

OJ-SDC 21 – CANCELADA – *Ilegitimidade "ad causam" do sindicato. Ausência de indicação do total de associados da entidade sindical. Insuficiência de "quorum". CLT, art. 612. (cancelada, DJ 02.12.03)*

OJ-SDC 22 – Legitimidade "ad causam" do sindicato. Correspondência entre as atividades exercidas pelos setores profissional e econômico envolvidos no conflito.

OJ-SDC 23 – Legitimidade "ad causam". Sindicato representativo de segmento profissional ou patronal.

RESCISÃO CONTRATUAL

Ver também Dispensa de Empregado.

SÚM. 2 – CANCELADA – *Contrato a prazo. Safra. Gratificação natalina proporcional. Lei n. 4.090/62. (cancelada – Res. 121/03, DJ 19.11.2003, Rep. DJ 25.11.03)*

SÚM. 3 – CANCELADA – *Aposentadoria. Gratificação natalina proporcional. Lei n. 4.090/62. (cancelada – Res. 121/03, DJ 19.11.2003, Rep. DJ 25.11.03)*

SÚM. 7 – Férias indenizadas. Base de cálculo. Remuneração do empregado na época da reclamação ou da extinção do contrato.

SÚM. 10 – Professor. Dispensa sem justa causa durante as férias escolares. Direito aos salários.

SÚM. 13 – Mora salarial. Pagamento dos salários em audiência.

SÚM. 14 – Culpa recíproca. Aviso prévio, décimo terceiro e férias proporcionais. (nova redação – Res. 121/03, DJ 21.11.03)

SÚM. 20 – CANCELADA – *Permanência na empresa ou readmissão em curto prazo. Fraude à lei. (cancelada – Res. 121/03, DJ 19.11.2003, Rep. DJ 25.11.03)*

SÚM. 26 – Despedida obstativa. Estabilidade decenal. (cancelada – Res. 121/03, DJ 19.11.2003, Rep. DJ 25.11.03)

SÚM. 31 – CANCELADA – *Despedida indireta. Aviso prévio. Incabível. (cancelamento mantido – Res. Res. 121/03, DJ 19.11.2003, Rep. DJ 25.11.03)*

SÚM. 44 – Cessação da atividade da empresa. Aviso prévio.

SÚM. 54 – Rescisão do contrato por acordo. Empregado estável optante. Indenização em dobro.

SÚM. 69 – Revelia. Lei n. 10.272/01. Verbas rescisórias não quitadas na primeira audiência. Acréscimo de 50%. Pagamento em dobro até o advento da Lei n. 10.272/01 (nova redação – Res. 121/03, DJ 21.11.03)

SÚM. 73 – Falta grave. Decurso do prazo do aviso prévio. Verbas rescisórias indenizatórias. (nova redação – Res. 121/03, DJ 21.11.03)

SÚM. 125 – Contrato por prazo determinado. Indenização. Dispensa sem justa causa. Opção. FGTS. CLT, art. 479. Decreto n. 59.820/66, art. 30, § 3º.

SÚM. 142 – CANCELADA – *Gestante. Dispensa sem justa causa. Salário-maternidade. (cancelada – Res. 121/03, DJ 21.11.03)*

SÚM. 157 – Iniciativa do empregado. Gratificação natalina. Lei n. 4.090/62.

SÚM. 163 – Contrato de experiência. Aviso prévio. CLT, art. 481.

SÚM. 171 – Férias proporcionais. Extinção do contrato de trabalho. (nova redação – Res. 121/03, DJ 21.11.03)

SÚM. 173 – Cessação das atividades da empresa. Salários devidos até a data da extinção.

SÚM. 182 – Aviso prévio. Indenização adicional. Contagem. Lei n. 6.708/79, art. 9º. (nova redação – Res. 5/83, DJ 09.11.83)

SÚM. 212 – Iniciativa da rescisão do contrato. Ônus da prova. Término do contrato de trabalho.

SÚM. 261 – Férias proporcionais. Rescisão contratual por iniciativa do empregado. Contrato vigente há menos de 1 ano. (nova redação – Res. 121/03, DJ 21.11.03)

SÚM. 306 – CANCELADA – *Trintídio que antecede a data-base. Indenização adicional. Arts. 9º das Leis ns. 6.708/79 e 7.238/84. (cancelada – Res. 121/03, DJ 21.11.03)*

SÚM. 314 – Trintídio que antecede a data-base. Pagamento das verbas rescisórias com salário corrigido. Indenização adicional. Leis ns. 6.708/79 e 7.238/84.

OJ-SDI-1 162 – Multa. Art. 477 da CLT. Contagem do prazo para pagamento das verbas rescisórias. Exclusão do dia da notificação e inclusão do dia do vencimento. Código Civil de 2002, art. 132. Código Civil de 1916, art. 125.

OJ-SDC 16 – Taxa de homologação de rescisão contratual. Cláusula coletiva. Ilegalidade.

OJ-SDI-1 T 1 – FGTS. Multa de 40%. Rescisão contratual anterior a CF/88. Complementação do percentual de 30%.

PN 7 – CANCELADO – *Assistência sindical. Tempo de serviço inferior a 1 ano. (cancelado – Res. 81/98, DJ 20.08.98)*

PN 8 – Atestados de afastamento e salários. Empregado demitido.

PN 28 – CANCELADO – *Férias proporcionais. Iniciativa do empregado. Tempo de serviço inferior a 1 ano. (cancelado – Res. 81/98, DJ 20.08.98)*

RESPONSABILIDADE

SÚM. 236 – CANCELADA – *Honorários periciais. Responsabilidade. Sucumbência. (cancelada – Res. 121/03, DJ 21.11.03)*

SÚM. 368, II – Descontos previdenciários e fiscais. Responsabilidade pelo recolhimento. Sentenças trabalhistas. Critério de apuração dos descontos fiscais. (conversão das OJs 32 e 228 da SDI-1)

OJ-SDI-1 261 – Bancos. Sucessão trabalhista. Responsabilidade do sucessor. Obrigações trabalhistas.

OJ-SDI-1 341 – FGTS. Multa de 40%. Diferenças decorrentes dos expurgos inflacionários. Responsabilidade pelo pagamento.

EN 10 – Terceirização. Limites. Responsabilidade solidária.

EN 11 – Terceirização. Serviços Públicos. Responsabilidade solidária.

EN 13 – Dono da obra. Responsabilidade.

EN 37 – Responsabilidade civil objetiva no acidente de trabalho. Atividade de risco.

EN 38 – Responsabilidade civil. Doenças ocupacionais decorrentes dos danos ao meio ambiente do trabalho.

EN 40 – Responsabilidade civil. Acidente do trabalho. Empregado público.

EN 41 – Responsabilidade civil. Acidente do trabalho. Ônus da prova.

EN 42 – Acidente do trabalho. Nexo Técnico Epidemiológico.

EN 44 – Responsabilidade civil. Acidente do trabalho. Terceirização. Solidariedade.

EN 45 – Responsabilidade civil. Acidente do trabalho. Prescrição.

EN 51 – Responsabilidade civil. Danos morais. Critérios para arbitramento.

EN 52 – Responsabilidade civil. Danos morais. Correção monetária.

RESPONSABILIDADE SOLIDÁRIA OU SUBSIDIÁRIA

SÚM. 205 – CANCELADA – Integrante de grupo econômico, que não participou da relação processual. Execução. (cancelada – Res. 121/03, DJ 21.11.03)

SÚM. 331, IV – Contrato de prestação de serviços. Inadimplemento das obrigações trabalhistas. Responsabilidade subsidiária.

OJ-SDI-1 92 – Desmembramento de municípios.

OJ-SDI-1 185 – Contrato de trabalho. Associação de Pais e Mestres – APM. Responsabilidade solidária ou subsidiária do Estado. Inexistência.

OJ-SDI-1 191 – Dono da obra.

OJ-SDI-1 225, I – Sucessão trabalhista. Responsabilidade. Contrato de trabalho extinto após a vigência da concessão. (nova redação – Res. 129/05, DJ 20.04.05)

OJ-SDI-1 225, II – Sucessão trabalhista. Responsabilidade. Contrato de trabalho extinto antes da vigência da concessão. (nova redação – Res. 129/05, DJ 20.04.05)

OJ-SDI-1 T 30 – PROFORTE. Cisão parcial de empresa. Constatação de fraude.

OJ-SDI-1 T 59 – Interbras. Sucessão. Responsabilidade.

OJ-SDI-1 T 66 – SPTRANS. Responsabilidade subsidiária. Não configuração. Contrato de concessão de serviço público. Transporte coletivo. (DEJT 03.12.2008)

EN 10 – Terceirização. Limites. Responsabilidade solidária.

EN 11 – Terceirização. Serviços Públicos. Responsabilidade solidária.

EN 44 – Responsabilidade civil. Acidente do trabalho. Terceirização. Solidariedade.

RESTITUIÇÃO DA PARCELA JÁ RECEBIDA

OJ-SDI-2 28 – Restituição da parcela já recebida. Proposição de ação própria. Inviabilidade de condenação em ação rescisória.

REVELIA

SÚM. 69 – Lei n. 10.272/01. Verbas rescisórias não quitadas na primeira audiência. Acréscimo de 50%. Pagamento em dobro até o advento da Lei n. 10.272/01 (nova redação – Res. 121/03, DJ 21.11.03)

SÚM. 122 – Revelia. Ausência da reclamada. Comparecimento de advogado munido de procuração. Indispensabilidade de apresentação do atestado médico. (primeira parte – incorporação da OJ 74 da SDI-1)

SÚM. 398 – Ação rescisória. Ausência de defesa. Inaplicáveis os efeitos da revelia. (conversão da OJ 126 da SDI-2)

SÚM. 404 – Ação rescisória. Fundamento para invalidar confissão. Confissão ficta. Inadequação do enquadramento no art. 485, VIII, do CPC. (conversão da OJ 108 da SDI-2)

OJ-SDI-1 152 – Pessoa jurídica de direito público. CLT, art. 844.

OJ-SDI-1 245 – Atraso à audiência.

REVISTA DE EMPREGADO

EN 15 – Revista de empregado.

RITO SUMARÍSSIMO

Ver Procedimento Sumaríssimo.

RURÍCOLA

Ver Trabalhador Rural.

EN 20 – Rurícola. Pagamento integral das horas extras. Não incidência da Súmula 340 do TST.

S

SALÁRIO

Ver Desconto Salarial.

SÚM. 13 – Mora. Pagamento em audiência. Rescisão do contrato de trabalho.

SÚM. 91 – Complessivo. Nulidade de cláusula contratual.

SÚM. 101 – Diárias de viagem excedentes a 50% do salário. Integração temporária no salário. (incorporação da OJ 292 da SDI-1)

SÚM. 159, I – Substituição de caráter não eventual. Direito ao salário contratual do substituído.

SÚM. 159, II – Vacância do cargo. Salário do sucessor. (incorporação da OJ 112 da SDI-1)

SÚM. 173 – Cessação das atividades da empresa. Salários devidos até a data da extinção.

SÚM. 363 – Ausência de concurso público. Contrato nulo. Servidor público. Efeitos financeiros. (nova redação – Res. 121/03, DJ 21.11.03)

SÚM. 367, I – Vantagens "in natura". Habitação. Energia elétrica. Veículo. Indispensáveis para a realização do trabalho. Natureza indenizatória. (conversão das OJs 131 e 246 da SDI-1)

SÚM. 381 – Data-limite para pagamento ultrapassada. Correção monetária. CLT, art. 459. (conversão da OJ 124 da SDI-1)

SÚM. 396, I – Estabilidade provisória. Período estabilitário exaurido. Reintegração. Efeitos financeiros. (conversão da OJ 116 da SDI-1)

OJ-SDI-1 43 – Conversão de cruzeiros para cruzados. Decreto-lei n. 2.284/86. Direito adquirido. (nova redação – Res. 129/05, DJ 20.04.05)

OJ-SDI-1 28 – Correção monetária. Diferenças salariais decorrentes da aplicação retroativa da Lei n. 7.596/87. Universidades Federais. (nova redação – Res. 129/05, DJ 20.04.05)

OJ-SDI-1 96 – CANCELADA – Férias. Salário substituição. (cancelada em decorrência da redação da Súm. 159 conferida pela Res. 121/03, DJ 21.11.03)

OJ-SDI-1 133 – Ajuda-alimentação. PAT. Integração no salário. Lei n. 6.321/76.

OJ-SDI-1 159 – Data de pagamento. Alteração. CLT, arts. 468 e 459, parágrafo único.

OJ-SDI-1 272 – Servidor. Salário-base inferior ao salário mínimo. Apuração. Soma de todas as parcelas de natureza salarial.

OJ-SDI-1 325 – Aumento salarial concedido pela empresa. Compensação no ano seguinte em antecipação sem a participação do sindicato profissional. Impossibilidade

OJ-SDI-1 T 12 – CSN. Adicional de insalubridade e periculosidade. Prevalência do acordo coletivo.

PN 1 – CANCELADO – Antecipação salarial trimestral (cancelado – Res. 86/98, DJ 15.10.98)

PN 6 – Período de amamentação. Garantia de salário, sem contraprestação de serviços.

PN 58 – Pagamento ao analfabeto. Testemunhas.

PN 65 – Trabalhador rural. Pagamento de salário. Moeda corrente e horário.

PN 72 – Multa. Atraso no pagamento do salário.

PN 78 – Professor. Redução salarial. Diminuição de carga horária.

PN 82 – Dissídio coletivo. Garantia de salários e consectários. Demissão sem justa causa.

PN 87 – Trabalho em domingos e feriados não compensados. Pagamento em dobro dos salários. Repouso remunerado.

PN 93 – Comprovante de pagamento. Recibo.

PN 99 – CANCELADO – Nova função. Art. 460 da CLT. (cancelado – Res. 81/98, DJ 20.08.98)

PN 117 – Pagamento com cheque.

EN 16 – Salário.

SALÁRIO COMPLESSIVO

SÚM. 91 – Nulidade de cláusula contratual.

OJ-SDI-1 T 12 – CSN. Adicional de insalubridade e periculosidade. Prevalência do acordo coletivo.

SALÁRIO-ENFERMIDADE

SÚM. 15 – Ausência motivada por doença. Percepção do salário-enfermidade. Atestado médico. Ordem preferencial estabelecida em lei. Repouso semanal remunerado.

SALÁRIO-FAMÍLIA

SÚM. 254 – Marco inicial da obrigação. Prova da filiação ou data do pedido.

SÚM. 227 – CANCELADA – Trabalhador rural. (cancelada – Res. 121/03, DJ 21.11.03)

SÚM. 344 – Trabalhador rural. Devido somente após a Lei n. 8.213/91.

SALÁRIO "IN NATURA"

Ver Salário-utilidade.

SALÁRIO-MATERNIDADE

SÚM. 142 – CANCELADA – Gestante. Dispensa sem justa causa. (cancelada – Res. 121/03, DJ 21.11.03)

SÚM. 260 – CANCELADA – Gestante. Contrato de experiência. (cancelada – Res. 121/03, DJ 21.11.03)

OJ-SDI-1 44 – Gestante. Salário-maternidade de 120 dias.

SALÁRIO MÍNIMO

SÚM. 35 – CANCELADA – Majoração. Complementação do depósito recursal. CLT, art. 899. (cancelada – Res. 121/03, DJ 21.11.03)

SÚM. 131 – CANCELADA – Vigência. (cancelada – Res. 121/03, DJ 21.11.03)

SÚM. 134 – CANCELADA – Menor não aprendiz. (cancelada – Res. 121/03, DJ 21.11.03)

SÚM. 137 – CANCELADA – Regional. Cálculo. Adicional de insalubridade. (cancelada – Res. 121/03, DJ 21.11.03)

SÚM. 228 – Adicional de insalubridade. Base de cálculo. (redação alterada na sessão do Tribunal Pleno em 26.06.2008) – Res. 148/2008, DJ 04 e 07.07.2008 – Republicada DJ 08, 09 e 10.07.2008).

SÚM. 356 – Vinculação. Alçada. (conversão da OJ 11 da SDI-1)

OJ-SDI-1 2 – CANCELADA – Adicional de insalubridade. Base de cálculo. Mesmo na vigência da CF/1988: Salário mínimo. (cancelada na sessão do Tribunal Pleno realizada em 26.06.2008 – Res. 148/2008, DJ 04 e 07.07.2008 – Republicada DJ 08, 09 e 10.07.2008).

OJ-SDI-1 47 – Hora extra. Adicional de insalubridade. Base de cálculo (redação alterada na sessão do Tribunal

Pleno em 26.06.2008 – Res. 148/2008, DJ 04 e 07.07.2008 – Republicada DJ 08, 09 e 10.07.2008).

OJ-SDI-1 272 – Servidor. Salário-base inferior ao salário mínimo. Apuração. Soma de todas as parcelas de natureza salarial.

OJ-SDI-1 358 – Salário mínimo e piso salarial profissional à jornada reduzida. Possibilidade. DJ 14.03.2008

OJ-SDI-2 2 – Ação rescisória. Adicional de insalubridade. Base de cálculo. Salário mínimo. Cabível (mantida pela Res. 148/08 – DJ 08.07.08)

OJ-SDI-2 71 – Ação rescisória. Salário profissional. Fixação. Múltiplo de salário mínimo. CF/88, art. 7º, IV. (nova redação – DJ 11.11.04)

STF SÚM. VINCULANTE 4.
STF SÚM. VINCULANTE 6.
STF SÚM. VINCULANTE 15.

SALÁRIO MÍNIMO PROFISSIONAL

Ver Salário Profissional.

OJ-SDC 26 – Salário normativo. Salário mínimo profissional. Menor empregado. CF/88, art. 7º, XXX.

SALÁRIO NORMATIVO

OJ-SDC 25 – Salário normativo estabelecido com base em tempo de serviço. Contrato de experiência. Princípio de isonomia salarial. Violação não configurada.

OJ-SDC 26 – Salário mínimo profissional. Menor empregado. CF/88, art. 7º, XXX.

PN 67 – Contrato por produção. Remuneração. Diária. Salário normativo.

SALÁRIO POR PRODUÇÃO

OJ-SDI-1 235 – Horas extras. Devido apenas o adicional.

PN 67 – Contrato por produção. Remuneração. Diária. Salário normativo.

SALÁRIO PROFISSIONAL

SÚM. 17 – RESTAURADA E CANCELADA – Base de cálculo. Adicional de insalubridade. (restaurada – Res. 121/03, DJ 21.11.03. Cancelada – Res. 148/2008, DJe do TST 04.07.2008)

SÚM. 143 – Médicos e dentistas. Proporcionalidade. Horas trabalhadas.

SÚM. 358 – Radiologista. Técnico. Lei n. 7.394/85.

OJ-SDI-1 67 – CONVERTIDA – Radiologista. Lei n. 7.394/85. (convertida na Súm. 358)

OJ-SDI-2 71 – Ação rescisória. Salário profissional. Fixação. Múltiplo de salário mínimo. CF/88, art. 7º, IV. (nova redação – DJ 11.11.04)

OJ-SDC 26 – Salário normativo. Salário mínimo profissional. Menor empregado. CF/88, art. 7º, XXX.

SALÁRIO-UTILIDADE

SÚM. 241 – Vale para refeição fornecido por força do contrato de trabalho. Natureza jurídica.

SÚM. 258 – Percentuais. (nova redação – Res. 121/03, DJ 21.11.03)

SÚM. 367, I – Habitação. Energia elétrica. Veículo. Indispensáveis para a realização do trabalho. Natureza indenizatória. (conversão das OJs 131 e 246 da SDI-1)

SÚM. 367, II – Cigarro. Salário-utilidade. Integração. (conversão da OJ 24 da SDI-1)

SEGURO-DESEMPREGO

SÚM. 389, I – Não fornecimento das guias. Competência material da Justiça do Trabalho. (conversão da OJ 210 da SDI-1)

SÚM. 389, II – Não fornecimento das guias. Indenização substitutiva. (conversão da OJ 211 da SDI-1)

SEGURO DE VIDA

PN 42 – Obrigatório. Acidente ou morte. Transporte de valores. Vigia ou vigilante.

PN 84 – Assalto.

PN 112 – Jornalista designado para serviço em área de risco.

"SEMANA ESPANHOLA"

OJ-SDI-1 323 – Acordo de compensação de jornada. Validade.

SENTENÇA "CITRA", "ULTRA" E "EXTRA PETITA"

Ver Decisão "Citra", "Ultra" e "Extra Petita"

SENTENÇA DE MÉRITO

Ver Decisão de Mérito.

SENTENÇA HOMOLOGATÓRIA DE ACORDO

SÚM. 100, V – Ação rescisória. Decadência. Momento do trânsito em julgado. (incorporação da OJ 104 da SDI-2)

SÚM. 403, II – Ação rescisória. Art. 485, III, do CPC. Sentença homologatória de acordo. Dolo da parte vencedora em detrimento da vencida. Causa de rescindibilidade inadequada. (conversão da OJ 111 da SDI-2)

SENTENÇA HOMOLOGATÓRIA DE ADJUDICAÇÃO

SÚM. 399, I – Ação rescisória. Sentença de mérito. Decisão homologatória de adjudicação e de arrematação. Incabível. (conversão das OJs 44 e 45 da SDI-2)

OJ-SDI-2 66 – Mandado de segurança. Decisão homologatória de adjudicação. Existência de recurso próprio. Embargos à adjudicação. CPC, art. 746.

SENTENÇA HOMOLOGATÓRIA DE ARREMATAÇÃO

SÚM. 399, I – Ação rescisória. Sentença de mérito. Decisão homologatória de adjudicação e de arrematação. Incabível. (conversão das OJs 44 e 45 da SDI-2)

SENTENÇA HOMOLOGATÓRIA DE CÁLCULOS

SÚM. 399, II – Ação rescisória. Decisão de mérito. (conversão da primeira parte da OJ 85 da SDI-2)

OJ-SDI-2 85 – CONVERTIDA E INCORPORADA – Ação rescisória. Existência de contraditório. Decisão de mérito. (1ª parte convertida na Súm. 399, II, e parte final incorporada à Súm. 298, IV)

SENTENÇA NORMATIVA

SÚM. 202 – Gratificação por tempo de serviço. Compensação. Vantagem de mesma natureza instituída por instrumento coletivo. Simultaneidade.

SÚM. 246 – Ação de cumprimento. Trânsito em julgado da sentença normativa. Desnecessidade.

SÚM. 264 – Hora suplementar. Cálculo.

SÚM. 277 – Vigência. Repercussão nos contratos de trabalho.

SÚM. 279 – Recurso. Efeito suspensivo. Cassação.

SÚM. 350 – Ação de cumprimento. Prescrição. Marco inicial. Sentença normativa. Trânsito em julgado.

SÚM. 397 – Ação rescisória. CPC, art. 485, IV. Ação de Cumprimento. Ofensa à coisa julgada. Sentença normativa modificada em grau de recurso. Exceção de preexecutividade e mandado de segurança. Cabimento. (conversão da OJ 116 da SDI-2)

SÚM. 402 – Ação rescisória. Documento novo. Descaracterização. Sentença normativa. (conversão da OJ 20 da SDI-2)

OJ-SDI-1 188 – Decisão normativa que defere direitos. Falta de interesse de agir para ação individual. Ação de cumprimento. Cabimento.

OJ-SDI-1 277 – Ação de cumprimento fundada em decisão normativa. Reforma posterior. Coisa julgada. Não configuração.

OJ-SDI-2 49 – CANCELADA – Mandado de segurança. Extinção da execução. Decisão normativa que sofreu posterior reforma. Trânsito em julgado da sentença condenatória proferida na ação de cumprimento. (cancelada em decorrência da conversão da tese mais abrangente da OJ 116 da SDI-2 na Súm. 397)

OJ-SDI-1 T 6 – Adicional de produtividade. Limitação. Vigência. DC-TST 6/79.

OJ-SDI-1 T 49 – Serpro. Norma regulamentar. Reajuste salarial. Superveniência de sentença normativa. (conversão da OJ 212 da SDI-1)

PN 119 – Contribuições sindicais. Inobservância de preceitos constitucionais. (nova redação – Res. 82/98, DJ 20.08.98)

SEQUESTRO

OJ-TP-1 – Crédito trabalhista. Pequeno valor. Emenda Constitucional n. 37/02.

OJ-TP-3 – Precatório. Sequestro. Emenda Constitucional n. 30/00. Preterição. Não inclusão no orçamento. ADIn 1662-8. CF/88, art. 100, § 2º.

SERVIÇO MILITAR

PN 80 – Garantia de emprego ao alistando.

SERVIÇOS ESSENCIAIS

OJ-SDC 38 – Greve. Garantia das necessidades inadiáveis da população usuária. Fator determinante da qualificação jurídica do movimento.

SERVIDOR PÚBLICO

SÚM. 6, I – Equiparação salarial. Quadro de carreira. Homologação. Ministério do Trabalho. CLT, art. 461, § 2º. (nova redação – Res. 104/00, DJ 18.12.00)

SÚM. 50 – Cedido. Gratificação natalina. Lei n. 4.090/62.

SÚM. 75 – CANCELADA – Funcionário público. Ferroviário. Competência da Justiça do Trabalho. (cancelada – Res. 121/03, DJ 21.11.03)

SÚM. 103 – CANCELADA – Tempo de serviço. Licença-prêmio. Lei n. 1.890/53. Opção estatutário. (cancelada – Res. 121/03, DJ 21.11.03)

SÚM. 105 – CANCELADA – Opção. Regime celetista. Congelamento dos quinquênios. (cancelada – Res. 121/03, DJ 21.11.03)

SÚM. 116 – CANCELADA – Cedido. Reajuste salarial. Lei n. 4.345/64. (cancelada – Res. 121/03, DJ 21.11.03)

SÚM. 121 – CANCELADA – Funcionário público de ex-autarquia. Administração portuária. Opção pelo regime celetista. Gratificação de produtividade. (cancelada – Res. 121/03, DJ 21.11.03)

SÚM. 123 – CANCELADA – Contrato por tempo determinado. Servidor temporário. Lei (estadual ou municipal) que estabelece o regime jurídico. CF, art. 106. Competência. Justiça do Trabalho. (cancelada – Res. 121/03, DJ 21.11.03)

SÚM. 235 – CANCELADA – Servidor do Distrito Federal e autarquias. Correção automática de salários. Lei n. 6.708/79. (cancelada – Res. 121/03, DJ 21.11.03)

SÚM. 243 – Opção pelo regime celetista. Renúncia das vantagens estatutárias.

SÚM. 252 – CANCELADA – Cedido. Reajuste salarial. Lei n. 4.345/64. (cancelada – Res. 121/03, DJ 21.11.03)

SÚM. 319 – Celetista. Reajustes salariais (gatilhos). Decretos-leis ns. 2.284/86 e 2.302/86.

SÚM. 363 – Ausência de concurso público. Contrato nulo. Servidor público. Efeitos financeiros. (nova redação – Res. 121/03, DJ 21.11.03)

SÚM. 390, I – Celetista. Administração direta, autárquica ou fundacional. Estabilidade do art. 41 da CF/88. (conversão das OJs 265 da SDI-1 e 22 da SDI-2)

SÚM. 390, II – Estabilidade do art. 41 da CF/88. Servidor público celetista. Empresa pública e sociedade de economia mista. (conversão da OJ 229 da SDI-1)

OJ-SDI-1 51 – Estabilidade provisória. Legislação eleitoral. Lei n. 7.773/89, art. 15. Aplicável aos empregados públicos.

OJ-SDI-1 100 – Celetista. Reajuste salarial previsto em legislação federal. Incidência sobre as relações contratuais trabalhistas do estado-membro, autarquias e fundações públicas.

OJ-SDI-1 193 – CANCELADA – *Equiparação salarial. Quadro de carreira. Homologação. Governo Estadual. (cancelada em decorrência da redação da Súm. 6 conferida pela Res. 104/00, DJ 18. 12.00)*

OJ-SDI-1 216 – Celetista. Vale-transporte. Lei n. 7.418/85.

OJ-SDI-1 263– CANCELADA – *Contrato por tempo determinado. Natureza administrativa. Lei especial (estadual ou municipal). Incompetência da Justiça do Trabalho. (cancelada, DJ 14.09.04)*

OJ-SDI-1 247 – Servidor público. Celetista concursado. Despedida imotivada. Empresa pública ou sociedade de economia mista. Possibilidade. (Res. n. 143/2007 – DJ 13.11.2007).

OJ-SDI-1 272 – Salário-base inferior ao salário mínimo. Apuração. Soma de todas as parcelas de natureza salarial.

OJ-SDI-1 297 – Equiparação salarial. Servidor público da administração direta, autárquica e fundacional. CF/88, art. 37, XIII.

OJ-SDI-1 308 – Jornada de trabalho. Retorno à jornada inicialmente contratada.

OJ-SDI-1 364 – Estabilidade. Art. 19 do ADCT. Servidor público de fundação regido pela CLT. (DJ 20.05.2008)

OJ-SDI-2 10 – Ausência de concurso público. Contrato nulo. Servidor. Administração pública. Ação rescisória. Indicação expressa. CF/88, art. 37, II e § 2º.

OJ-SDI-2 26 – Celetista exercente de atividade de nível superior. Extensão. Gratificação de nível superior. Suframa. CF/88, arts. 37, XIII e 39, § 1º. Ação rescisória.

OJ-SDC 5 – Dissídio coletivo contra pessoa jurídica de direito público. Impossibilidade jurídica.

OJ-SDI-1 T 55 – IPC de mar./90. Servidores celetistas da Administração Direta, Fundações e Autarquias do GDF. Legislação federal. Prevalência. (conversão das OJs 218 e 241 da SDI-1)

STF SÚM. VINCULANTE 15.

STF SÚM. VINCULANTE 16.

SERVITA

OJ-SDI-1 T 5 – Bonificação de assiduidade e produtividade pagas semanalmente. Repercussão no repouso semanal remunerado.

SIMULAÇÃO DE RECLAMAÇÃO TRABALHISTA

Ver Colusão.

SINDICALIZAÇÃO

PN 13 – CANCELADO – Local na empresa. (cancelado – Res. 86/98, DJ 15.10.98)

SINDICATO

SÚM. 177 – CANCELADA – *Dissídio coletivo. Representação. CLT, art. 859. (cancelada – Res. 121/03, DJ 21.11.03)*

SÚM. 220 – CANCELADA – *Honorários advocatícios. Substituição processual. (cancelada – Res. 55/96, DJ 19.04.96)*

SÚM. 271 – CANCELADA – *Substituição processual. Adicionais de insalubridade e de periculosidade. (cancelada – Res. 121/03, DJ 21.11.03)*

SÚM. 286 – Substituição processual. Sindicato. Legitimidade. Convenção e acordos coletivos. (nova redação – Res. 98/00, DJ 18.09.00)

SÚM. 310 – CANCELADA – *Substituição processual. (cancelada – Res. 119/03, DJ 01.10.03)*

SÚM. 334 – CANCELADA – *Ação de cumprimento. Recolhimento de desconto assistencial. Sindicato. Incompetência da Justiça do Trabalho. (cancelada – Res. 59/96, DJ 28.06.96)*

SÚM. 369 – Dirigente sindical. Estabilidade provisória (conversão das Orientações Jurisprudenciais ns. 34, 35, 86, 145 e 266 da SBDI-1) – Res. 129/2005, DJ 20, 22 e 25.04.2005

SÚM. 406, II – Ação rescisória. Réu sindicato. Substituto processual na ação originária. Legitimidade passiva "ad causam". Inexistência de litisconsórcio passivo necessário. (conversão da OJ 110 da SDI-2)

OJ-SDI-1 1 – CONVERTIDA – *Ação rescisória. Réu sindicato. Legitimidade passiva "ad causam". (convertida na OJ 110 da SDI-2)*

OJ-SDI-1 121 – Substituição processual. Legitimidade. Diferença do adicional de insalubridade. (nova redação – Res. 129/05, DJ 20.04.05)

OJ-SDI-1 290 – CANCELADA – *Contribuição sindical patronal. Ação de cumprimento. Incompetência da Justiça do Trabalho (cancelada, DJ 05.07.05)*

OJ-SDI-1 325 – Aumento salarial concedido pela empresa. Compensação no ano seguinte em antecipação sem a participação do sindicato profissional. Impossibilidade.

OJ-SDI-1 359 – Substituição processual. Sindicato. Legitimidade. Prescrição. Interrupção. DJ 14.03.2008

OJ-SDC 4 – CANCELADA – *Disputa por titularidade de representação. Incompetência da Justiça do Trabalho. (cancelada – DJ 18.10.2006)*

OJ-SDC 8 – Dissídio coletivo. Pauta reivindicatória não registrada em ata. Causa de extinção.

OJ-SDC 9 – Dissídio coletivo. Categoria profissional diferenciada. Enquadramento sindical. Incompetência material da Justiça do Trabalho.

OJ-SDC 12 – Greve. Qualificação jurídica. Ilegitimidade ativa "ad causam" do sindicato profissional que deflagra o movimento.

OJ-SDC 13 – CANCELADA – *Legitimação da entidade sindical. Assembleia deliberativa. "Quorum" de validade. CLT, art. 612. (cancelada, DJ 24.11.03)*

OJ-SDC 14 – CANCELADA – *Base territorial excedente de um município. Múltiplas assembleias. (cancelada, DJ 02.12.03)*

OJ-SDC 15 – Legitimidade "ad processum". Registro no Ministério do Trabalho.

OJ-SDC 17 – Contribuições para entidades sindicais. Cláusulas coletivas. Inconstitucionalidade. Extensão a não associados.

OJ-SDC 19 – Dissídio coletivo contra empresa. Legitimação da entidade sindical. Autorização dos trabalhadores diretamente envolvidos no conflito.

OJ-SDC 20 – Empregados sindicalizados. Admissão preferencial. CF/88, art. 8º, V.

OJ-SDC 21 – CANCELADA – Ilegitimidade "ad causam". Ausência de indicação do total de associados da entidade sindical. Insuficiência de "quorum". CLT, art. 612. (cancelada, DJ 02.12.03)

OJ-SDC 22 – Legitimidade "ad causam". Correspondência entre as atividades exercidas pelos setores profissional e econômico envolvidos no conflito.

OJ-SDC 23 – Legitimidade "ad causam". Sindicato representativo de segmento profissional ou patronal.

OJ-SDC 35 – Edital de convocação da AGT. Disposição estatutária específica. Prazo mínimo entre a publicação e a realização da assembleia. Observância obrigatória.

OJ-SDC 37 – CANCELADA – Empregados de entidades sindicais. Estabelecimento de condições coletivas de trabalho distintas daquelas às quais sujeitas as categorias representadas pelos empregadores. Impossibilidade jurídica. Lei n. 4.725/65, art. 10. (cancelada – DJ 18.10.2006)

PN 18 – CANCELADO – Cópia. Contrato de experiência. (cancelado – Res. 86/98, DJ 15.10.98)

PN 41 – Contribuição sindical e assistencial. Relação nominal de empregados.

PN 81 – Atestados médicos e odontológicos. Eficácia. Fornecimento. Profissionais do sindicato dos trabalhadores. Convênio com a Previdência Social.

PN 104 – Quadro de avisos na empresa.

PN 111 – Relação de empregados. Obrigatoriedade de remessa pela empresa ao sindicato.

EN 30 – Entidade sindical. Denominação. Resultado de sua real representatividade. Art. 572 da Consolidação das Leis do Trabalho. Explicitação da categoria e base territorial.

EN 31 – Entidade sindical constituída por categorias similares ou conexas. Formação de nova entidade com categoria mais específica. Possibilidade. Não ferimento da unicidade sindical. Invocação ao princípio da liberdade sindical.

EN 32 – Entidades sindicais de grau superior. Requisitos para sua constituição. Arts. 534 e 535 da CLT. Manutenção desses requisitos para a permanência do registro junto ao Ministério do Trabalho e Emprego.

SISTEMA ELÉTRICO DE POTÊNCIA

OJ-SDI-1 324 – Adicional de periculosidade. Decreto n. 93.412/86, art. 2º, § 1º.

OJ-SDI-1 347 – Adicional de periculosidade. Lei n. 7.369, de 20.09.1985, regulamentada pelo Decreto n. 93.412, de 14.10.1986. Extensão do direito aos cabistas, instaladores e reparadores de linhas e aparelhos em empresa de telefonia.

SOBREAVISO

SÚM. 132, II – Horas de sobreaviso. Base de cálculo. Incabível a integração do adicional de periculosidade. (incorporação da OJ 174 da SDI-1)

SÚM. 229 – Eletricitários. Remuneração das horas de sobreaviso. Art. 244, § 2º, da CLT (nova redação – Res. 121/03, DJ 21.11.03)

OJ-SDI-1 49 – Uso do BIP. Não caracteriza sobreaviso. Horas extras. Indevidas.

SOCIEDADE DE ECONOMIA MISTA

SÚM. 170 – Custas processuais. Isenção. Decreto-lei n. 779/69.

SÚM. 280 – CANCELADA – Convenção coletiva. Audiência prévia do órgão oficial competente. (cancelada – Res. 2/90, DJ 10.01.91)

SÚM. 331, II – Contrato de prestação de serviços. Irregularidade. Vínculo de emprego. Órgãos da administração pública direta, indireta ou fundacional. CF/88, art. 37, II.

SÚM. 331, IV – Contrato de prestação de serviços. Inadimplemento das obrigações trabalhistas. Responsabilidade subsidiária.

SÚM. 390, II – Estabilidade do art. 41 da CF/88. Servidor público celetista. Empresa pública e sociedade de economia mista. (conversão da OJ 229 da SDI-1)

OJ-SDI-1 51 – Estabilidade provisória. Legislação eleitoral. Lei n. 7.773/89, art. 15. Aplicável aos empregados públicos.

OJ-SDI-1 237 – Ministério Público. Ilegitimidade para recorrer na defesa de empresa pública ou sociedade de economia mista. Interesse patrimonial privado.

OJ-SDI-1 247 – Servidor público. Celetista concursado. Despedida imotivada. Empresa pública ou sociedade de economia mista. Possibilidade. (Res. n. 143/2007 – DJ 13.11.2007).

OJ-SDI-1 338 – Ausência de concurso público. Contrato nulo. Ministério Público do Trabalho. Legitimidade para recorrer. Sociedade de economia mista e empresa pública.

OJ-SDI-1 339 – Teto remuneratório. CF/88, art. 37, XI. Emenda Constitucional n. 19/98. (nova redação – Res. 129/05, DJ 20.04.05)

OJ-SDI-1 353 – Equiparação salarial. Sociedade de economia mista. Art. 37, XIII, da CF/1988. Possibilidade. DJ 14.03.2008

SOLIDARIEDADE

Ver Responsabilidade Solidária ou Subsidiária.

SUBSIDIARIEDADE

Ver Responsabilidade Solidária ou Subsidiária.

SUBSTABELECIMENTO

SÚM. 395, III – Mandato expresso. Ausência de poderes para substabelecer. Código Civil de 2002, art. 667 e parágrafos.

(Código Civil de 1916, art. 1300, §§ 1º e 2º) (conversão da OJ 108 da SDI-1)

SÚM. 395, IV – Irregularidade de representação. Substabelecimento anterior à procuração. (conversão da OJ 330 da SDI-1)

OJ-SDI-1 75 – Substabelecimento sem o reconhecimento de firma do substabelecente. Lei n. 8.952/94

OJ-SDI-1 200 – Mandato tácito.

OJ-SDI-1 319 – Representação regular. Estagiário. Habilitação posterior.

OJ-SDI-1 371 – Irregularidade de representação. Substabelecimento não datado. Inaplicabilidade do art. 654, §1º, do Código Civil. (DEJT 03.12.2008)

SUBSTITUIÇÃO

SÚM. 159, I – Substituição de caráter não eventual. Direito ao salário contratual do substituído.

OJ-SDI-1 96 – CANCELADA – Salário substituição. Férias. (cancelada em decorrência da redação da Súm. 159 conferida pela Res. 121/03, DJ 21.11.03)

SUBSTITUIÇÃO PROCESSUAL

SÚM. 180 – CANCELADA – Ação de cumprimento. Desistência da ação. Comprovação de transação (cancelada – Res. 121/03, DJ 21.11.03)

SÚM. 220 – CANCELADA – Sindicato. Honorários advocatícios. (cancelada – Res. 55/96, DJ 19.04.96)

SÚM. 255 – CANCELADA – Desistência da ação. Sentença de primeiro grau. (cancelada – Res. 121/03, DJ 21.11.03)

SÚM. 271 – CANCELADA – Sindicato. Adicionais de insalubridade e de periculosidade. (cancelada – Res. 121/03, DJ 21.11.03)

SÚM. 286 – Sindicato. Legitimidade. Convenção e acordos coletivos. (nova redação – Res. 98/00, DJ 18.09.00)

SÚM. 310 – CANCELADA – Sindicato. (cancelada – Res. 119/03, DJ 01.10.03)

SÚM. 359 – CANCELADA – Federação. Ilegitimidade para ajuizar ação de cumprimento. (cancelada – Res. 121/03, DJ 21.11.03)

SÚM. 406, II – Ação rescisória. Réu sindicato. Substituto processual na ação originária. Legitimidade passiva "ad causam". Inexistência de litisconsórcio passivo necessário. (conversão da OJ 110 da SDI-2)

OJ-SDI-1 1 – CONVERTIDA – Ação rescisória. Réu sindicato. Legitimidade passiva "ad causam". (convertida na OJ 110 da SDI-2)

OJ-SDI-1 121 – Sindicato. Diferença do adicional de insalubridade. Legitimidade. (nova redação – Res. 129/05, DJ 20.04.05)

OJ-SDI-1 359 – Substituição processual. Sindicato. Legitimidade. Prescrição. Interrupção. DJ 14.03.2008

SUCESSÃO

OJ-SDI-1 225, I – Sucessão trabalhista. Responsabilidade. Contrato de trabalho extinto após a vigência da concessão. (nova redação – Res. 129/05, DJ 20.04.05)

OJ-SDI-1 225, II – Sucessão trabalhista. Responsabilidade. Contrato de trabalho extinto antes da vigência da concessão. (nova redação – Res. 129/05, DJ 20.04.05)

OJ-SDI-1 261 – Bancos. Responsabilidade do sucessor. Obrigações trabalhistas.

OJ-SDI-1 343 – Penhora. Bens de pessoa jurídica de direito privado. Sucessão pela União ou Estado-membro. CF/88, art. 100.

OJ-SDI-1 T 28 – Sucessão trabalhista. CONESP. CDHU.

OJ-SDI-1 T 48 – Petromisa. Petrobras. Legitimidade. (conversão da OJ 202 da SDI-1)

OJ-SDI-1 T 59 – Interbras. Responsabilidade.

SUPLENTE

SÚM. 339, I – CIPA. Suplente. Estabilidade provisória. Garantia de emprego a partir da CF/88. (incorporação da OJ 25 da SDI-1)

SÚM. 339, II – CIPA. Estabilidade provisória. Extinção do estabelecimento. (incorporação da OJ 329 da SDI-1)

OJ-SDI-1 253 – Cooperativa. Diretor eleito. Garantia de emprego. Lei n. 5.764/71. Conselho fiscal.

OJ-SDI-2 6 – CIPA. Suplente. Estabilidade provisória. Ação rescisória. Decisão rescindenda anterior à Súm. 339. Matéria constitucional. ADCT, art. 10, II. Súm. 83. (nova redação – DJ 22.08.05)

PN 51 – CANCELADO – CIPA. Estabilidade provisória. (cancelado – Res. 81/98, DJ 20.08.98)

SUSPEIÇÃO

SÚM. 357 – Testemunha. Ação contra a mesma reclamada.

OJ-SDI-1 77 – CONVERTIDA – Testemunha que move ação contra a mesma reclamada. (convertida na Súm. 357)

T

TACÓGRAFO

OJ-SDI-1 332 – Motorista. Horas extras. Controle de jornada. Res. 816/86 do CONTRAN.

TAREFEIRO

SÚM. 149 – Férias. Base de cálculo.

TAXA DE HOMOLOGAÇÃO

OJ-SDC 16 – Rescisão contratual. Cláusula coletiva. Ilegalidade.

TÉCNICO EM RADIOLOGIA

SÚM. 358 – Radiologista. Salário profissional. Lei n. 7.394/85.

OJ-SDI-1 67 – CONVERTIDA – Salário profissional. Lei n. 7.394/85. (convertida na Súm. 358)

OJ-SDI-1 208 – Gratificação de raios X. Redução. Lei n. 7.923/89.

TELEFONISTA

SÚM. 178 – Empresa que não explora o serviço de telefonia. Jornada de trabalho. CLT, art. 227 e parágrafos.

TELEMAR

OJ-SDI-1 T 67 – Telemar. Privatização. Plano de incentivo à rescisão contratual (PIRC). Previsão de pagamento da indenização com redutor de 30%. Aplicação limitada ao período da reestruturação. (DEJT 03.12.2008)

"TELEMARKETING"

OJ-SDI-1 273 – Operadores. Jornada reduzida. CLT, art. 227. Não aplicável.

TELEX

OJ-SDI-1 213 – Operadores. Jornada reduzida. CLT, art. 227. Não aplicável.

TEMPESTIVIDADE

SÚM. 100, III – Ação rescisória. Prazo de decadência. "Dies a quo". Recurso intempestivo ou incabível. (nova redação – Res. 109/01, DJ 18.04.01)

SÚM. 387, II – Lei n. 9.800/99, art. 2º. Prazo. Apresentação dos originais. (conversão da OJ 337 da SDI-1)

SÚM. 387, III – Fac-símile. Juntada de originais. Ato que não depende de notificação. "Dies a quo". CPC, art. 184. Inaplicável. (conversão da OJ 337 da SDI-1)

OJ-SDI-1 284 – Agravo de instrumento. Traslado. Ausência de certidão de publicação. Etiqueta adesiva imprestável para aferição da tempestividade.

OJ-SDI-1 285 – Agravo de instrumento. Traslado. Carimbo do protocolo do recurso ilegível.

OJ-SDI-1 310 – Litisconsortes. Procuradores distintos. Prazo em dobro. CPC, art. 191. Inaplicável ao processo do trabalho.

OJ-SDI-1 T 17 – Agravo de instrumento. Traslado. Certidão de publicação do acórdão dos embargos declaratórios. Comprovação de tempestividade da revista. Lei n. 9.756/98.

OJ-SDI-1 T 18 – Agravo de instrumento. Traslado. Certidão de publicação do acórdão regional. Comprovação de tempestividade. Lei n. 9.756/98.

OJ-SDI-1 T 20 – Agravo de instrumento. Interposição pelo Ministério Público. Comprovação da tempestividade. Juntada da cópia da intimação pessoal. Lei Complementar n. 75/93, art. 84, IV.

TEMPO DE SERVIÇO

SÚM. 6, II – Adicional. Contagem para efeitos de equiparação salarial. Tempo na função. Trabalho igual. (incorporação da Súm. 135)

SÚM. 21 – CANCELADA – Adicional. Cômputo. Período anterior à aposentadoria. Permanência na empresa. (cancelada – Res. 30/94, DJ 12.05.94)

SÚM. 52 – Adicional por tempo de serviço (quinquênios). Lei n. 4.345/64, art. 19.

SÚM. 66 – CANCELADA – Adicional. Quinquênios. RFFSA. Base de cálculo. (cancelada – Res. 121/03, DJ 21.11.03)

SÚM. 70 – Petrobras. Adicional de periculosidade. Incidência. Base de cálculo. Triênio.

SÚM. 79 – CANCELADA – Adicional de antiguidade. Fepasa. Base de cálculo. (cancelada – Res. 121/03, DJ 21.11.03)

SÚM. 103 – CANCELADA – Adicional. Licença-prêmio. Lei n. 1.890/53. Opção estatutário. (cancelada – Res. 121/03, DJ 21.11.03)

SÚM. 105 – CANCELADA – Adicional. Funcionário público. Opção. Regime celetista. Congelamento dos quinquênios. (cancelada – Res. 121/03, DJ 21.11.03)

SÚM. 138 – Adicional. Cômputo do período anterior à readmissão no caso de encerrado o contrato com saída espontânea.

SÚM. 174 – CANCELADA – Adicional. Lei n. 3.841/60. Previdência privada. Inaplicabilidade. (cancelada – Res. 121/03, DJ 21.11.03)

SÚM. 181 – CANCELADA – Adicional por tempo de serviço. Reajuste semestral. Lei n. 6.708/79. (cancelada – Res. 121/03, DJ 21.11.03)

SÚM. 202 – Adicional. Gratificação por tempo de serviço. Compensação. Vantagem de mesma natureza instituída por instrumento coletivo. Simultaneidade.

SÚM. 203 – Adicional. Gratificação por tempo de serviço. Natureza salarial.

SÚM. 225 – Adicional. Repercussão. Gratificações por tempo de serviço e produtividade.

SÚM. 226 – Adicional. Bancário. Base de cálculo. Integração. Gratificação por tempo de serviço.

SÚM. 240 – Adicional. Integração. Gratificação de função. Bancário. CLT, art. 224, § 2º.

SÚM. 269 – Adicional. Suspensão do contrato de trabalho. Diretor eleito. Tempo de serviço.

OJ-SDI-1 56 – Adicional. Nossa Caixa-Nosso Banco (Caixa Econômica do Estado de São Paulo). Regulamento. Gratificação especial e/ou anuênios. Direito.

OJ-SDI-1 84 – Adicional. Aviso prévio. Tempo de serviço. Proporcionalidade. Ausência de lei regulamentadora. CF/88, art. 7º, XXI.

OJ-SDI-2 57 – Adicional. Mandado de segurança. Cabimento. INSS. Averbação e/ou reconhecimento.

OJ-SDC 25 – Adicional. Salário normativo estabelecido com base em tempo de serviço. Contrato de experiência. Princípio de isonomia salarial. Violação não configurada.

OJ-SDI-1 T 44 – Adicional. Anistia. Lei n. 6.683/79. Tempo de afastamento. Não computável para efeito de indenização e adicional por tempo de serviço, licença-prêmio e promoção. (conversão da OJ 176 da SDI-1)

OJ-SDI-1 T 60 – Adicional por tempo de serviço. Base de cálculo. Salário-base. Art. 129 da Constituição do Estado de São Paulo. DJ 14.03.2008.

PN 38 – CANCELADO – Adicional Concessão. Quinquênios, triênios e anuênios. (cancelado – Res. 86/98, DJ 15.10.98)

TERCEIRIZAÇÃO
EN 10 – Terceirização. Limites. Responsabilidade solidária.

EN 11 – Terceirização. Serviços Públicos. Responsabilidade solidária.

EN 44 – Responsabilidade civil. Acidente do trabalho. Terceirização. Solidariedade.

TERÇO CONSTITUCIONAL
SÚM. 328 – Férias integrais ou proporcionais, usufruídas ou não, na vigência da CF/1988.

OJ-SDI-1 T 50 – Abono de férias instituído por instrumento normativo e terço constitucional. Idêntica natureza jurídica. Simultaneidade. (conversão da OJ 231 da SDI-1)

TERMO DE AJUSTE DE CONDUTA
EN 55 – Termo de ajuste de conduta. Alcance.

TERMO DE CONCILIAÇÃO
SÚM. 259 – Ação rescisória. Cabimento.

TESTEMUNHA
SÚM. 357 – Ação contra a mesma reclamada. Suspeição.

OJ-SDI-1 77 – CONVERTIDA – Que move ação contra a mesma reclamada. Suspeição. (convertida na Súm. 357)

TETO
OJ-SDI-1 18, II – Banco do Brasil. Complementação de aposentadoria. Adicionais AP e ADI. (incorporação da OJ 21 da SDI-1)

OJ-SDI-1 339 – Teto remuneratório. Empresa pública e sociedade de economia mista. CF/88, art. 37, XI. Emenda Constitucional n. 19/98. (nova redação – Res.129/05, DJ 20.04.05)

OJ-SDI-1 T 32 – Banco do Brasil. Complementação de aposentadoria. Sucumbência. Inversão.

TÍTULO EXECUTIVO JUDICIAL
SÚM. 205 – CANCELADA – Integrante de grupo econômico, que não participou da relação processual. Execução. Solidariedade. (cancelada – Res. 121/03, DJ 21.11.03)

SÚM. 211 – Juros de mora e correção monetária. Omissão no pedido inicial ou na condenação. Inclusão na liquidação.

OJ-SDI-2 101 – Ação rescisória. CPC, art. 485, IV. Ofensa a coisa julgada. Necessidade de fixação de tese na decisão rescindenda.

OJ-SDI-2 123 – Decisão exequenda e recindenda. Interpretação do sentido e alcance do título executivo. Coisa julgada. CF/88, art. 5º, XXXVI. (nova redação – DJ 22.08.05)

TRABALHADOR RURAL
SÚM. 34 – CANCELADA – Gratificação natalina. Lei n. 4.090/62. (cancelada – Res. 121/03, DJ 21.11.03)

SÚM. 57 – CANCELADA – Usinas de açúcar. Categoria profissional de industriários. (cancelada – Res. 3/93, DJ 06.05.93)

SÚM. 104 – CANCELADA – Férias. (cancelada – Res. 121/03, DJ 21.11.03)

SÚM. 227 – CANCELADA – Salário-família. (cancelada – Res. 121/03, DJ 21.11.03)

SÚM. 292 – CANCELADA – Adicional de insalubridade. (cancelada – Res. 121/03, DJ 21.11.03)

SÚM. 344 – Salário-família. Devido somente após a vigência da Lei n. 8.213/91.

OJ-SDI-1 38 – Empresa de reflorestamento. Prescrição. Lei n. 5.889/73, art. 10. Decreto n. 73.626/74, art. 2º, § 4º.

OJ-SDI-1 271 – Prescrição. Contrato de emprego extinto. Emenda Constitucional n. 28/2000. Inaplicabilidade. (alterada, DJ 22.11.05)

OJ-SDI-1 315 – Motorista. Empresa. Atividade predominantemente rural. Enquadramento.

PN 20 – Contrato por tarefa, parceria ou meação se celebrado por escrito. Obrigatoriedade do fornecimento da via do empregado.

PN 34 – Moradia. Condições de habitabilidade.

PN 48 – CANCELADO – Concessão de terra. (cancelado pelo T. Pleno em Sessão de 02.09.04 – Homologação Res. 125/04, DJ 10.09.04)

PN 50 – Defensivos agrícolas. Obrigação do receituário pelo empregador.

PN 53 – Rescisão do contrato de trabalho sem justa causa do chefe de família. Efeitos.

PN 57 – CANCELADO – Atividade insalubre. Perícia técnica. (cancelado – Res. 81/98, DJ 20.08.98)

PN 59 – Aferição das balanças utilizadas pelo INPM.

PN 60 – Latão de café. Padronização normas do INPM.

PN 62 – Moradia. Conservação e reparos das casas. Responsabilidade.

PN 63 – Ficha de controle da produção.

PN 64 – Horário e local de condução fornecida pelo empregador.

PN 65 – Pagamento de salário. Moeda corrente e horário.

PN 68 – Chefe de família. Faltas ao serviço sem remuneração ou mediante compensação mas sem prejuízo do repouso remunerado para efetuar compras.

PN 69 – Pagamento de dia não trabalhado. Chuva ou de outro motivo alheio à sua vontade.

PN 71 – Transporte. Condições de segurança.

PN 94 – CANCELADO – Salário-doença. (cancelado – Res. 81/98, DJ 20.08.98)

PN 106 – Atividade insalubre. Fornecimento diário pelo empregador de l litro de leite.

PN 107 – Caixa de medicamentos. Fornecimento pelo empregador no local de trabalho.

PN 108 – Abrigo no local de trabalho. Obrigatoriedade.

PN 110 – Ferramentas. Fornecimento pelo empregador.

EN 20 – Rurícola. Pagamento integral das horas extras. Não incidência da Súmula 340 do TST.

TRABALHADOR TEMPORÁRIO

OJ-SDI-1 205, II – CANCELADA – Competência material. Justiça do Trabalho. Ente Público. Contratação irregular. Regime especial. Desvirtuamento. (cancelada pela Res. n. 156/09 – DEJT 27, 28 e 29.04.09)

OJ-SDI-1 263 – CANCELADA – Contrato por tempo determinado. Natureza administrativa. Lei especial (estadual ou municipal). Incompetência da Justiça do Trabalho. (cancelada, DJ 14.09.04)

PN 79 – Descanso semanal. Aplicação analógica da Lei n. 605/1949.

TRABALHO

EN 12 – Ações civis públicas. Trabalho escravo. Reversão da condenação às comunidades lesadas.

EN 18 – Princípio da proteção integral. Trabalho do adolescente. Ilegalidade da concessão de autorização judicial.

EN 19 – Trabalho do menor. Direitos assegurados sem prejuízo de indenização suplementar.

TRABALHO INTELECTUAL

SÚM. 6, VII – Equiparação salarial. Perfeição técnica. Critérios objetivos. (incorporação da OJ 298 da SDI-1)

OJ-SDI-1 298 – INCORPORADA – Equiparação salarial. (incorporada à Súm. 6, VII)

TRABALHO NOTURNO

SÚM. 65 – Vigia. Hora reduzida.

SÚM. 112 – Petroleiro. Hora reduzida. Lei n. 5.811/72. CLT, art. 73, § 2º.

SÚM. 140 – Vigia. Adicional noturno.

OJ-SDI-1 60, I – Portuário. Duração da hora noturna. 60 minutos (entre 19 e 7 h do dia seguinte). Lei n. 4.860/65, art. 4º. (nova redação – Res. 129/05, DJ 20.04.05)

OJ-SDI-1 127 – Redução da hora noturna. CLT, art. 73, § 1º. CF/88, art. 7º, IX.

PN 44 – CANCELADO – Trabalho após 22 horas. Transporte. (cancelado – Res. 86/98, DJ 15.10.98)

PN 90 – CANCELADO – Adicional de 60%. (cancelado – Res. 81/98, DJ 20.08.98)

TRANSAÇÃO

SÚM. 180 – CANCELADA – Ação de cumprimento. Desistência. Substituição processual. Comprovação de transação. (cancelada – Res. 121/03, DJ 21.11.03)

SÚM. 418 – Mandado de segurança visando à concessão de liminar ou homologação de acordo. (conversão das OJs 120 e 141 da SDI-2)

OJ-SDI-1 270 – Transação extrajudicial. Programa de incentivo à demissão voluntária. Quitação total.

OJ-SDC 30 – Transação de direitos constitucionais. Estabilidade da gestante. Renúncia ou transação de direitos constitucionais.

TRANSFERÊNCIA

SÚM. 29 – Ato unilateral. Despesa de transporte.

SÚM. 43 – Abusiva. CLT, art. 469, § 1º.

OJ-SDI-1 113 – Adicional de transferência. Exercente de cargo de confiança ou previsão contratual de transferência. Transferência provisória. Devido.

OJ-SDI-1 232 – FGTS. Incidência. Remuneração. Empregado transferido para o exterior.

OJ-SDI-2 67 – Mandado de segurança. Liminar obstativa da transferência do empregado. CLT, art. 659, IX.

PN 77 – Empregado transferido. Garantia de emprego.

TRÂNSITO EM JULGADO

SÚM. 100, IV – Ação rescisória. Certidão de trânsito em julgado. Descompasso com a realidade. Presunção relativa de veracidade. Prazo decadencial (incorporação da OJ 102 da SDI-2)

SÚM. 100, V – Ação rescisória. Decadência. Sentença homologatória de acordo. Momento do trânsito em julgado. (incorporação da OJ 104 da SDI-2)

SÚM. 299, I – Ação rescisória. Prova do trânsito em julgado da decisão rescindenda. Indispensabilidade.

SÚM. 299, II – Ação rescisória. Trânsito em julgado da decisão rescindenda. Documento comprobatório. Prazo para juntada.

SÚM. 299, III – Ação rescisória. Decisão rescindenda. Ausência de trânsito em julgado. Descabimento de ação rescisória preventiva. (incorporação da OJ 106 da SDI-2)

SÚM. 299, IV – Ação rescisória. Vício de intimação da decisão rescindenda. Ausência da formação da coisa julgada material. Carência de ação. (incorporação da OJ 96 da SDI-2)

OJ-SDI-2 3 – CONVERTIDA – Ação rescisória. Pedido de antecipação de tutela recebido como medida acautelatória. Entidade pública. Medida Provisória n. 1.906 e reedições. (convertida na Súm. 405, II)

OJ-SDI-2 21 – Ação rescisória. Ausência de trânsito em julgado. Inobservância do duplo grau de jurisdição. Decreto-lei n. 779/69, art. 1º, V. (nova redação – DJ 22.08.05)

OJ-SDI-2 49 – CANCELADA – Mandado de segurança. Extinção da execução. Decisão normativa que sofreu posterior reforma. Trânsito em julgado da sentença condenatória proferida na ação de cumprimento. (cancelada em decorrência da conversão da tese mais abrangente da OJ 116 da SDI-2 na Súm. 397)

OJ-SDI-2 76 – Ação rescisória. Ação cautelar para suspender execução. Juntada de documento indispensável. Possibilidade de êxito na rescisão do julgado.

OJ-SDI-2 84 – Ação rescisória. Decisão rescindenda e/ou certidão de seu trânsito em julgado devidamente autenticadas. Peças essenciais. Fase recursal. Arguição de ofício. Extinção do processo sem julgamento do mérito. (alterada em 26.11.02)

OJ-SDI-2 99 – Mandado de segurança. Cabimento. Esgotamento de todas as vias processuais disponíveis. Coisa julgada formal.

OJ-SDI-2 131 – Ação rescisória. Ação cautelar para suspender execução da decisão rescindenda. Pendência de trânsito em julgado da ação rescisória principal. Efeitos.

TRANSPORTE

SÚM. 29 – Transferência para local mais distante da residência. Despesa de transporte.

SÚM. 90, I – Fornecido pelo empregador. Local de difícil acesso. Horas "in itinere". (nova redação – RA 80/78, DJ 10.11.78)

SÚM. 90, II – Horas "in itinere". Incompatibilidade entre horários de início, término da jornada e transporte público regular. (incorporação da OJ 50 da SDI-1)

SÚM. 90, III – Horas "in itinere". Insuficiência de transporte público. (incorporação da Súm. 324)

SÚM. 90, IV – Horas "in itinere". Trecho não servido por transporte público. (incorporação da Súm. 325)

SÚM. 320 – Horas "in itinere". Cômputo na jornada de trabalho. Fornecimento de transporte pelo empregador. Cobrança.

PN 44 – CANCELADO – Trabalho após 22 horas. (cancelado – Res. 86/98, DJ 15.10.98)

PN 54 – CANCELADO – Transporte para audiência. (cancelado – Res. 86/98, DJ 15.10.98)

PN 71 – Trabalhador rural. Condições de segurança.

PN 113 – Acidentados, doentes e parturientes. Fornecimento pelo empregador.

PN 114 – CANCELADO – Fornecido pelo empregador. Local de difícil acesso. (cancelado – Res. 81/98, DJ 20.08.98)

TRASLADO DE PEÇAS

SÚM. 272 – CANCELADA – Agravo de instrumento. Traslado deficiente. (cancelada – Res. 121/03, DJ 21.11.03)

OJ-SDI-1 90– CANCELADA – Agravo de instrumento. Traslado. Certidão de publicação do acórdão regional. Instrução Normativa n. 6/96. (cancelada em decorrência da nova redação conferida ao art. 897 da CLT pela Lei n. 9.756/98)

OJ-SDI-1 132 – Agravo regimental. Peças essenciais nos autos principais. Não previsão em lei exigindo tramitação em autos apartados. Efeitos.

OJ-SDI-1 217 – Agravo de instrumento. Traslado. Guias de custas e de depósito recursal relativas ao recurso ordinário. Lei n. 9.756/98.

OJ-SDI-1 283 – Agravo de instrumento. Traslado de peças essenciais realizado pelo agravado.

OJ-SDI-1 284 – Agravo de instrumento. Ausência de certidão de publicação. Etiqueta adesiva imprestável para aferição da tempestividade.

OJ-SDI-1 285 – Agravo de instrumento. Traslado. Carimbo do protocolo do recurso ilegível.

OJ-SDI-1 286 – Agravo de instrumento. Traslado. Mandato tácito. Ata de audiência.

OJ-SDI-2 84 – Ação rescisória. Decisão rescindenda e/ou certidão de seu trânsito em julgado devidamente autenticadas. Peças essenciais. Fase recursal. Arguição de ofício. Extinção do processo sem julgamento do mérito. (alterada em 26.11.02)

OJ-SDI-1 T 16 – Agravo de instrumento. Traslado de peças essenciais. Agravo de instrumento interposto antes da vigência da Lei n. 9.756/98 e anteriormente à edição da Instrução Normativa n. 16/99.

OJ-SDI-1 T 17 – Agravo de instrumento. Traslado. Certidão de publicação do acórdão dos embargos declaratórios. Comprovação de tempestividade da revista. Lei n. 9.756/98.

OJ-SDI-1 T 18 – Agravo de instrumento. Traslado. Certidão de publicação do acórdão regional. Comprovação de tempestividade. Lei n. 9.756/98.

OJ-SDI-1 T 20 – Agravo de instrumento. Interposição pelo Ministério Público. Comprovação da tempestividade. Juntada da cópia da intimação pessoal. Lei Complementar n. 75/93, art. 84, IV.

OJ-SDI-1 T 21 – Agravo de instrumento. Traslado. Certidão do Regional conferindo autenticidade às peças. Instrução Normativa n. 6/96.

OJ-SDI-1 T 19 – Agravo de Instrumento interposto na vigência da Lei n. 9.756/98. Traslado de peças dispensáveis à compreensão da controvérsia. CLT, art. 897, § 5º, I.

OJ-SDI-1 T 52 – Agravo de instrumento. Acórdão do TRT não assinado. Interposição anterior à Instrução Normativa n. 16/99. Carimbo aposto por servidor. Validade. (conversão da OJ 281 da SDI-1)

TROCA DE UNIFORMES, LANCHE E HIGIENE PESSOAL

OJ-SDI-1 326 – CONVERTIDA – Cartão de ponto. Registro. Horas extras. Minutos que antecedem e sucedem a jornada de trabalho. Tempo utilizado para uniformização, lanche e higiene pessoal. (convertida na Súm. 366)

TURNO ININTERRUPTO DE REVEZAMENTO

Ver também Regime de Revezamento.

SÚM. 360 – Intervalos intrajornada e semanal.

SÚM. 391, I – Petroleiros. Lei n. 5.811/72. Recepcionada pela CF/88. (conversão da OJ 240 da SDI-1)

SÚM. 391, II – Petroleiros. Alteração da jornada para horário fixo. Lei n. 5.811/72, art. 10. CF/88. (conversão da OJ 333 da SDI-1)

SÚM. 423 – Fixação de jornada de trabalho mediante negociação coletiva. Validade. (conversão da Orientação Jurisprudencial n. 169 da SBDI-1) Res. 139/06 – DJ 10, 11 e 13.10.2006)

OJ-SDI-1 169 – CANCELADA – Fixação de jornada de trabalho superior a seis horas mediante negociação coletiva. (cancelada em decorrência da sua conversão na Súmula n. 423 – Res. 139/2006 – DJ 10.10.2006)

OJ-SDI-1 274 – Ferroviário. Horas extras. CF/88, art. 7º, XIV.

OJ-SDI-1 275 – Horista. Horas extras e adicional. Inexistência de instrumento coletivo fixando jornada diversa.

OJ-SDI-1 360 – Turno ininterrupto de revezamento. Dois turnos. Horário diurno e noturno. Caracterização. DJ 14.03.2008

TUTELA ANTECIPADA

Ver Antecipação de Tutela.

U

UNICIDADE CONTRATUAL

OJ-SDI-1 361 – Aposentadoria espontânea. Unicidade do contrato de trabalho. Multa de 40% do FGTS sobre todo o período. (DJ 20.05.2008)

UNIFORMES

PN 115 – Fornecimento gratuito.

URP

SÚM. 317 – CANCELADA – Plano Verão. URP de fev./89. Existência de direito adquirido. (cancelada – Res. 37/94, DJ 25.11.94)

SÚM. 322 – Planos econômicos. Diferenças salariais. Limitação à data-base.

SÚM. 323 – CANCELADA – URP de abril e maio/88. Decreto-lei n. 2.425/88. (cancelada – Res. 38/94, DJ 25.11.94)

OJ-SDI-1 59 – Plano Verão. URP de fev./89. Inexistência de direito adquirido.

OJ-SDI-1 79 – URPs de abril e maio/88. Decreto-lei n. 2.425/88. (alterada em decorrência do julgamento do processo TST-RXOFROAR 573062/1999 pelo Tribunal Pleno – certidão de julgamento publicada no DJ 14.06.05)

OJ-SDI-1 262 – Planos econômicos. Limitação à data-base na fase de execução. Coisa julgada.

OJ-SDI-1 351 – Multa. Art. 477, § 8º, da CLT. Verbas rescisórias reconhecidas em juízo.

OJ-SDI-1 T 58 – URP de junho e julho/88. Suspensão do pagamento. Data-base em maio. Decreto-lei n. 2.425/88. Inexistência de violação a direito adquirido. (conversão da OJ 214 da SDI-1)

URV

OJ-SDI-1 T 47 – Décimo terceiro salário. Dedução da 1ª parcela. Lei n. 8.880/94. (conversão da OJ 187 da SDI-1)

UTILIDADE "IN NATURA"

Ver Salário-utilidade.

V

VACÂNCIA

SÚM. 159, II – Do cargo. Salário do sucessor. (incorporação da OJ 112 da SDI-1)

VALE-TRANSPORTE

OJ-SDI-1 215 – Ônus da prova. Empregado.

OJ-SDI-1 216 – Servidor público celetista. Lei n. 7.418/85.

VALOR DA CAUSA

OJ-SDI-2 88 – Mandado de segurança. Valor da causa. Custas processuais. Cabimento.

OJ-SDI-2 147 – CANCELADA – Ação rescisória. Valor da causa. (cancelada pela Res. n. 142/07 – DJ 10, 11 e 15.10.2007)

VEÍCULO

SÚM. 367, I – Utilidade "in natura". Indispensável para a realização do trabalho. Natureza indenizatória. (conversão das OJs 131 e 246 da SDI-1)

VENDEDOR

PN 15 – Comissão sobre cobrança.

VERBAS RESCISÓRIAS

SÚM. 69 – Lei n. 10.272/01. Verbas rescisórias não quitadas na primeira audiência. Acréscimo de 50%. Pagamento em dobro até o advento da Lei n. 10.272/01 (nova redação – Res. 121/03, DJ 21.11.03)

SÚM. 73 – Falta grave. Decurso do prazo do aviso prévio. Verbas rescisórias indenizatórias. (nova redação – Res. 121/03, DJ 21.11.03)

SÚM. 314 – Dispensa imotivada. Trintídio que antecede a data-base. Pagamento das verbas rescisórias com salário corrigido. Leis ns. 6.708/79 e 7.238/84.

SÚM. 371 – Concessão de auxílio-doença no curso do aviso prévio indenizado. Efeitos da dispensa. (conversão das OJs 40 e 135 da SDI-1)

OJ-SDI-1 14 – Aviso prévio. Cumprimento em casa. Verbas rescisórias. Prazo para pagamento a partir da notificação da despedida. CLT, art. 477, § 6º, "b".

OJ-SDI-1 42, II – FGTS. Multa de 40%. Aviso prévio indenizado. Cálculo. (incorporação da OJ 254 da SDI-1)

OJ-SDI-1 162 – Multa. Art. 477 da CLT. Contagem do prazo para pagamento das verbas rescisórias. Exclusão do dia da notificação e inclusão do dia do vencimento. Código Civil de 2002, art. 132. Código Civil de 1916, art. 125.

OJ-SDI-1 181 – Décimo terceiro salário. Cálculo. Valor das comissões corrigido monetariamente. Férias, 13º salário e verbas rescisórias.

OJ-SDI-1 238 – Multa. Art. 477 da CLT. Pessoa jurídica de direito público. Prazo para pagamento das verbas rescisórias.

PN 46 – CANCELADO – Atraso. Multa. (cancelado – Res. 81/98, DJ 20.08.98)

OJ-SDI-1 351 – CANCELADA – Multa. Art. 477, § 8º, da CLT. Verbas rescisórias reconhecidas em juízo. (cancelada pela Res. 163/09 – DEJT 20, 23 e 24.11.09)

VÍCIO DE CONSENTIMENTO
OJ-SDI-1 160 – Presunção. Descontos. Autorização no ato da admissão.

VIGIA
SÚM. 59 – CANCELADA – Estabelecimento bancário. Jornada de trabalho reduzida. (cancelada – Res. 121/03, DJ 21.11.03)

SÚM. 65 – Noturno. Hora reduzida.

SÚM. 140 – Adicional noturno.

PN 42 – Seguro obrigatório. Acidente ou morte. Transporte de valores.

PN 102 – Assistência jurídica. Ação penal.

VIGIA PORTUÁRIO
SÚM. 309 – Terminal privativo. Requisição. Sindicato.

VIGILANTE
SÚM. 257 – Vigilante de banco. Enquadramento como bancário. Impossibilidade.

PN 42 – Seguro obrigatório. Acidente ou morte. Transporte de valores.

VÍNCULO EMPREGATÍCIO
SÚM. 173 – Cessação das atividades da empresa. Salários devidos até a data da extinção.

SÚM. 256 – CANCELADA – Contrato de prestação de serviços. Legalidade. (cancelada – Res. 121/03, DJ 21.11.03)

SÚM. 269 – Suspensão do contrato de trabalho. Diretor eleito. Tempo de serviço.

SÚM. 331, I – Contrato de prestação de serviços. Irregularidade.

SÚM. 331, II – Contrato de prestação de serviços. Irregularidade. Órgãos da administração pública direta, indireta ou fundacional. CF/88, art. 37, II.

SÚM. 331, III – Contrato de prestação de serviços. Serviços de vigilância (Lei n. 7.102/83) e de conservação e limpeza, serviços especializados ligados à atividade-meio.

SÚM. 386 – Policial militar. CLT, art. 3º. (conversão da OJ 167 da SDI-1)

OJ-SDI-1 164 – Oficial de justiça "ad hoc".

OJ-SDI-1 205, I – CANCELADA – Competência material. Justiça do Trabalho. Ente Público. Contratação irregular. Regime especial. Desvirtuamento. (cancelada pela Res. n. 156/09 – DEJT 27, 28 e 29.04.09)

OJ-SDI-1 321 – Administração Pública. Período anterior à CF/88. Contratação por empresa interposta. (nova redação – Res.129/05, DJ 20.04.05)

OJ-SDI-1 338 – Ausência de concurso público. Contrato nulo. Ministério Público do Trabalho. Legitimidade para recorrer. Sociedade de economia mista e empresa pública.

OJ-SDI-1 366 – Estagiário. Desvirtuamento do contrato de estágio. Reconhecimento do vínculo empregatício com a Administração Pública Direta ou Indireta. Período posterior à Constituição Federal de 1988. Impossibilidade. (DJ 20.05.2008)

EN 56 – Auditor fiscal do trabalho. Reconhecimento da relação de emprego. Possibilidade.

EN 57 – Fiscalização do trabalho. Reconhecimento de vínculo empregatício. Desconsideração da pessoa jurídica e dos contratos civis.

VIOLAÇÃO A DISPOSITIVO LEGAL
SÚM. 221, I – Recurso de revista ou de embargos. Fundamentação. Violação legal. Indicação expressa de dispositivo de lei. (incorporação da OJ 94 da SDI-1)

SÚM. 221, II – Recursos de revista ou de embargos. Interpretação razoável.

SÚM. 298, I – Ação rescisória. Violência de lei. Prequestionamento. Pronunciamento explícito.

SÚM. 298, II – Ação rescisória. Prequestionamento quanto à matéria e ao conteúdo da norma, não necessariamente do dispositivo legal tido por violado. (incorporação da OJ 72 da SDI-2)

SÚM. 298, V – Ação rescisória. Prequestionamento. Violação ocorrida na própria decisão rescindenda. (incorporação da OJ 36 da SDI-2)

SÚM. 400 – Ação rescisória de ação rescisória. Indicação dos mesmos dispositivos legais apontados na rescisória primitiva. (conversão da OJ 95 da SDI-2)

SÚM. 410 – Ação rescisória. Reexame de fatos e provas. Inviabilidade. (conversão da OJ 109 da SDI-2)

OJ-SDI-1 257 – Recurso de revista ou de embargos. Fundamentação. Violação legal. Vocábulo "violação".

OJ-SDI-1 294 – Embargos à SDI. Recurso de revista não conhecido quanto aos pressupostos intrínsecos. Necessária a indicação expressa de ofensa ao art. 896 da CLT.

OJ-SDI-1 336 – Embargos. Recurso não conhecido com base em orientação jurisprudencial. Desnecessário o exame das violações legais e constitucionais alegadas na revista.

OJ-SDI-2 25 – Ação rescisória. Expressão "lei" do art. 485, V, do CPC. Indicação de contrariedade a ACT, CCT, portaria, regulamento, súmula e orientação jurisprudencial de tribunal. (incorporação da OJ 118 da SDI-II)

OJ-SDI-2 97 – Ação rescisória. Violação do art. 5º, II, LIV e LV, da CF/88. Princípios da legalidade, do devido processo legal, do contraditório e da ampla defesa. Fundamento para desconstituição de decisão judicial transitada em julgado. (nova redação – DJ 22.08.05)

OJ-SDI-2 112 – Ação rescisória. Violação de lei. Decisão rescindenda por duplo fundamento. Impugnação parcial.

VIOLAÇÃO DA COISA JULGADA

Ver Coisa Julgada.

VIÚVA

OJ-SDI-1 26 – Competência da Justiça do Trabalho. Complementação de pensão.

VOGAL

SÚM. 167 – CANCELADA – Impugnação à investidura. Cabimento de recurso para o TST. (cancelada – Res. 121/03, DJ 21.11.03)